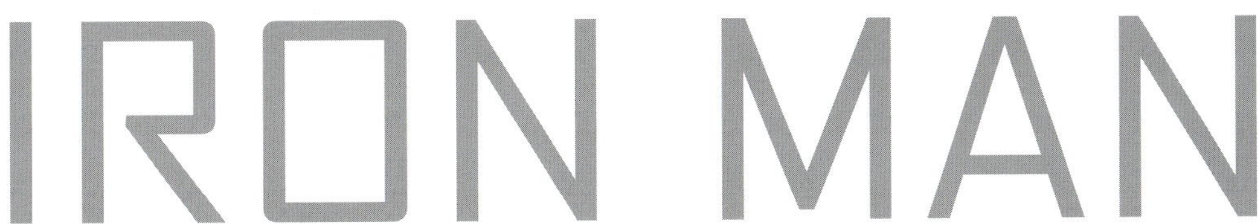

DÄMON AUS DER FLASCHE

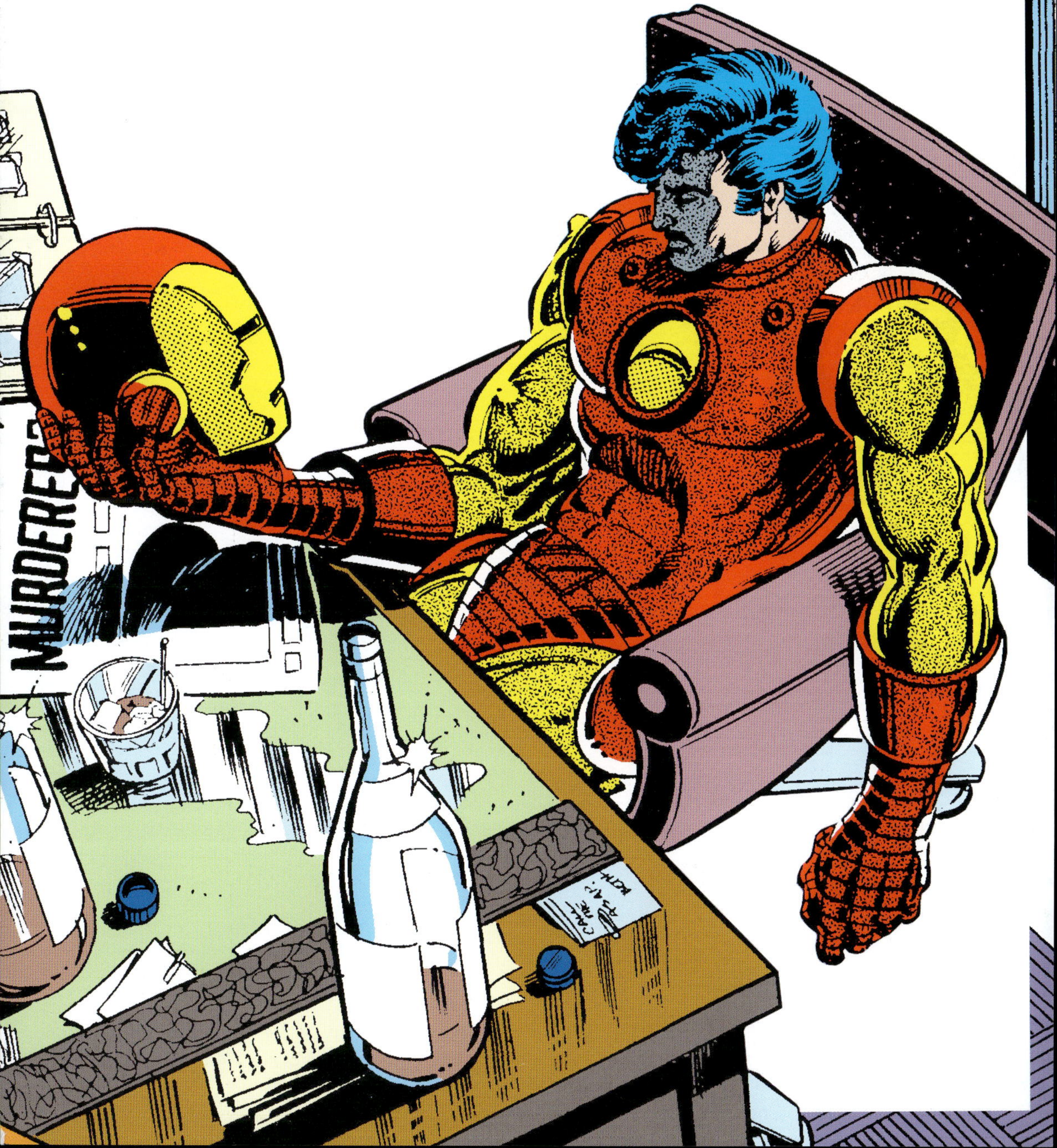

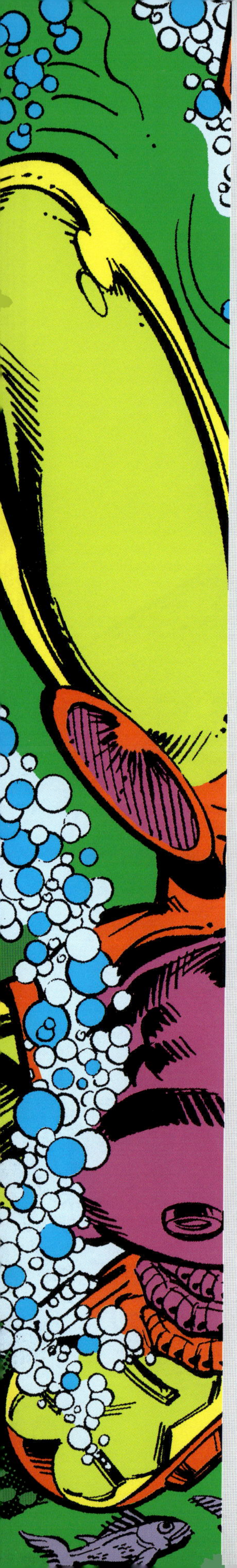

INHALT

MARVEL

FSC
www.fsc.org
MIX
Paper | Supporting responsible forestry
FSC® C115044

IRON MAN

DÄMON AUS DER FLASCHE

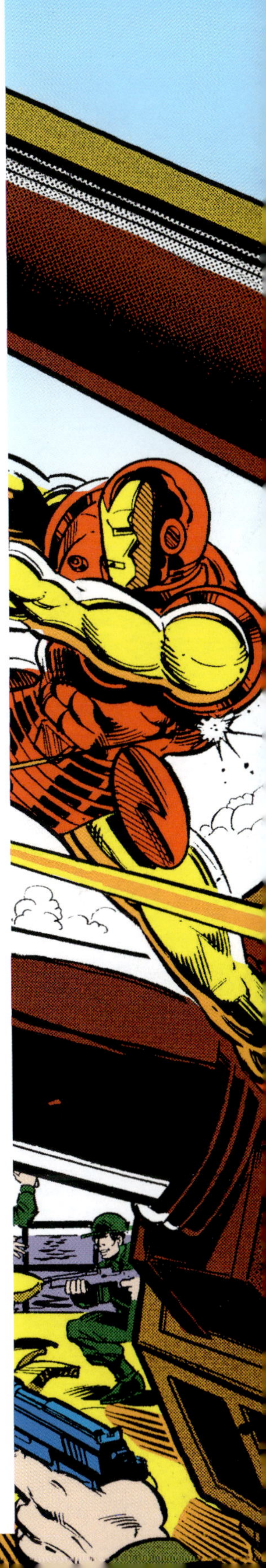

BOB LAYTON
(120-121, 123-128)
DAVID MICHELINIE
STORY

CARMINE INFANTINO
(122)
JOHN ROMITA JR.
(120-121, 123-128)
ZEICHNUNGEN

BOB LAYTON
TUSCHE

CARL GAFFORD
(121)
BEN SEAN
(120, 122, 125-127)
BOB SHAREN
(123-124, 128)
FARBEN

ASTARTE DESIGN
FABIO CIACCI
LETTERING

ALEXANDER RÖSCH
ÜBERSETZUNG

JIM SHOOTER
ROGER STERN
REDAKTION USA

C. B. CEBULSKI
CHEFREDAKTEUR USA

MARVEL MUST-HAVE: IRON MAN – DÄMON AUS DER FLASCHE erscheint bei **PANINI COMICS**, Schloßstraße 76, D-70176 Stuttgart. Druck: Lito Terrazzi S.r.l. – Prato. Pressevertrieb: Stella Distribution GmbH, D-22297 Hamburg. Direkt-Abos auf **www.paninicomics.de.** Geschäftsführer **Hermann Paul**, Publishing Director Europe **Marco M. Lupoi**, Finanzen/Logistik **Felix Bauer**, Marketing Director **Holger Wiest**, Marketing **Fabio Cunetto**, Vertrieb **Alexander Bubenheimer**, PR/Presse **Steffen Volkmer**, Publishing Manager **Lisa Pancaldi**, Redaktion **Monty Arnold**, **Harald Gantzberg**, **Matthias Korn**, **Anja Seiffert**, **Nicola Soressi**, **Kristina Starschinski**, **Daniela Uhlmann**, Übersetzung **Bernd Kronsbein**, **Alexander Rösch**, Proofreading **Pia Oddo**, Lettering **Astarte Desgin**, **Fabio Ciacci**, grafische Gestaltung **Marco Paroli** (coordinator), **Cinzia Morando**, **Barbara Sarti**, Art Director **Alessandro Gucciardo**, Redaktion Panini Comics **Annalisa Califano**, **Beatrice Doti**, Prepress **Cristina Bedini**, **Daniela Guidetti**, **Andrea Lusoli**, Repro/Packager **Alessandro Nalli** (coordinator), **Anna Boselli**, **Mario Da Rin Zanco**, **Valentina Esposito**, **Luca Ficarelli**, **Linda Leporati**. Deutsche Edition bei Panini Verlags-GmbH unter Lizenz von Marvel Characters B.V. Cover von **John Romita Jr.**, *Iron Man: Demon in a Bottle* TPB (2006).

Bibliografische Information der Deutschen Nationalbibliothek
Die Deutsche Nationalbibliothek verzeichnet diese Publikation in der Deutschen Nationalbibliografie; detaillierte bibliografische Daten sind im Internet über dnb.d-nb.de abrufbar.

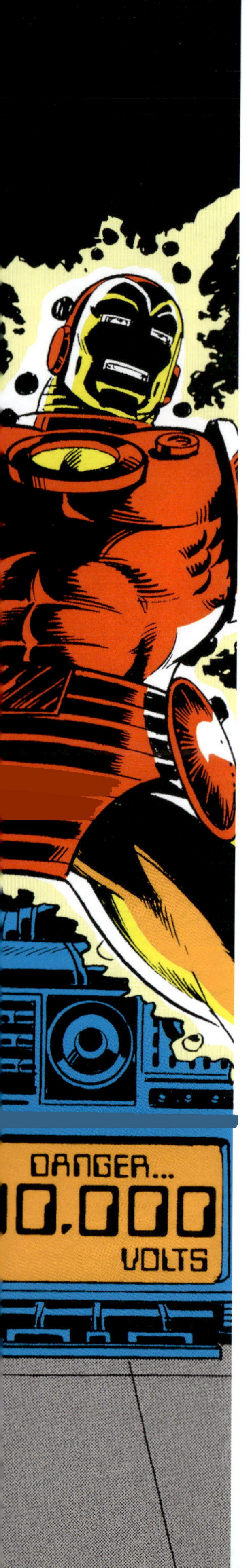

WIE BEI MARVEL, SO AUF ERDEN

Wer sich jenseits persönlicher Vorlieben in der Popkultur auskennt, weiß, dass der Tod von **Gwen Stacy**, **Peter Parkers** großer Liebe, in *Amazing Spider-Man* 121 der Point of no Return war, jenes Ereignis, das den Comic seine Unschuld verlieren ließ und Maßstäbe setzte. Auf der Titelseite hieß die Episode *Turning Point* – der wahre Titel *The Night Gwen Stacy Died* wurde erst später verraten, um nicht zu spoilern. Es war der vorläufige Höhepunkt einer Entwicklung, die **Stan Lee** persönlich angeschoben hatte, indem er die gesellschaftlichen Themen, die ihm und seinen Mitarbeitern tagtäglich in New York begegneten, auch in seinen Comics zuließ: Kriminalität, protestierende Studenten, eine marode Infrastruktur.

Hin und wieder bekam Lee auch konkrete Stichworte, wie er 2001 in einer TV-Dokumentation erzählte, als er einen Brief aus Washington vom Ministerium für Gesundheit, Erziehung und Wohlfahrt erhielt. Sie würden es sehr zu schätzen wissen, wenn er in einer **Spider-Man**-Geschichte den Lesern die Gefahren der Drogenabhängigkeit schildern könnte. Also schrieb er eine kleine Szene, in der ein Freund von Peter Parker irgendetwas einnimmt, sich für einen Vogel hält und Spider-Man ihn daraufhin vom Dach holen muss. Doch daran stieß sich die Comics Code Authority, die seit Mitte der 1950er-Jahre darüber wachte, dass in Comics nichts dargestellt wurde, was ihrer Ansicht nach die Entwicklung der jungen Leserschaft beeinträchtigen könnte. Lee erzählte, dass die Freigabestelle das Heft zurückschickte mit dem Hinweis, dass in den Geschichten keine Drogen vorkommen dürften. Er entgegnete, dass es eine Antidrogengeschichte sei und ihn die Regierung darum gebeten habe zu zeigen, dass Drogen gefährlich seien. Die Comics Code Authority war nicht damit einverstanden, doch Lee druckte das Heft trotzdem, ohne das Freigabesiegel auf dem Cover. Mit diesem rebellischen Akt sollte Marvel dazu beitragen, die Macht der Prüfstelle allmählich zu untergraben. Das war keine Absicht, aber ein längst überfälliger Nebeneffekt.

Ein weiteres Beispiel für die lebensnahe Fiktion der Comics zeigt der vorliegende Band, in dem der Playboy, Multimillionär und Waffenhändler **Tony Stark** – ohnehin keine einnehmende Identifikationsfigur – zum Säufer wird. Als die Marvel Studios 2006 mit *Iron Man* die erste eigene Comic-Verfilmung planten, standen Starks Suchtprobleme besonders im Fokus. Obwohl sich Nicolas Cage und Tom Cruise für diese Rolle interessierten, fiel die Wahl auf Robert Downey Jr., den seine eigene Alkohol- und Drogensucht mehrmals in die Schlagzeilen gebracht und aus einer TV-Serie hinausbefördert hatte. In der Folge verschmolzen Darsteller und Figur in überzeugender Weise miteinander, was dem Marvel Cinematic Universe einen guten Start in das Serienkonzept ermöglichte. Robert Downey Jr. stieg zum bestbezahlten Schauspieler seiner Generation auf – ein Umstand, der ihn Tony Stark noch ähnlicher machte.

Monty Arnold

DER ALTE MANN UND DER MEERESPRINZ

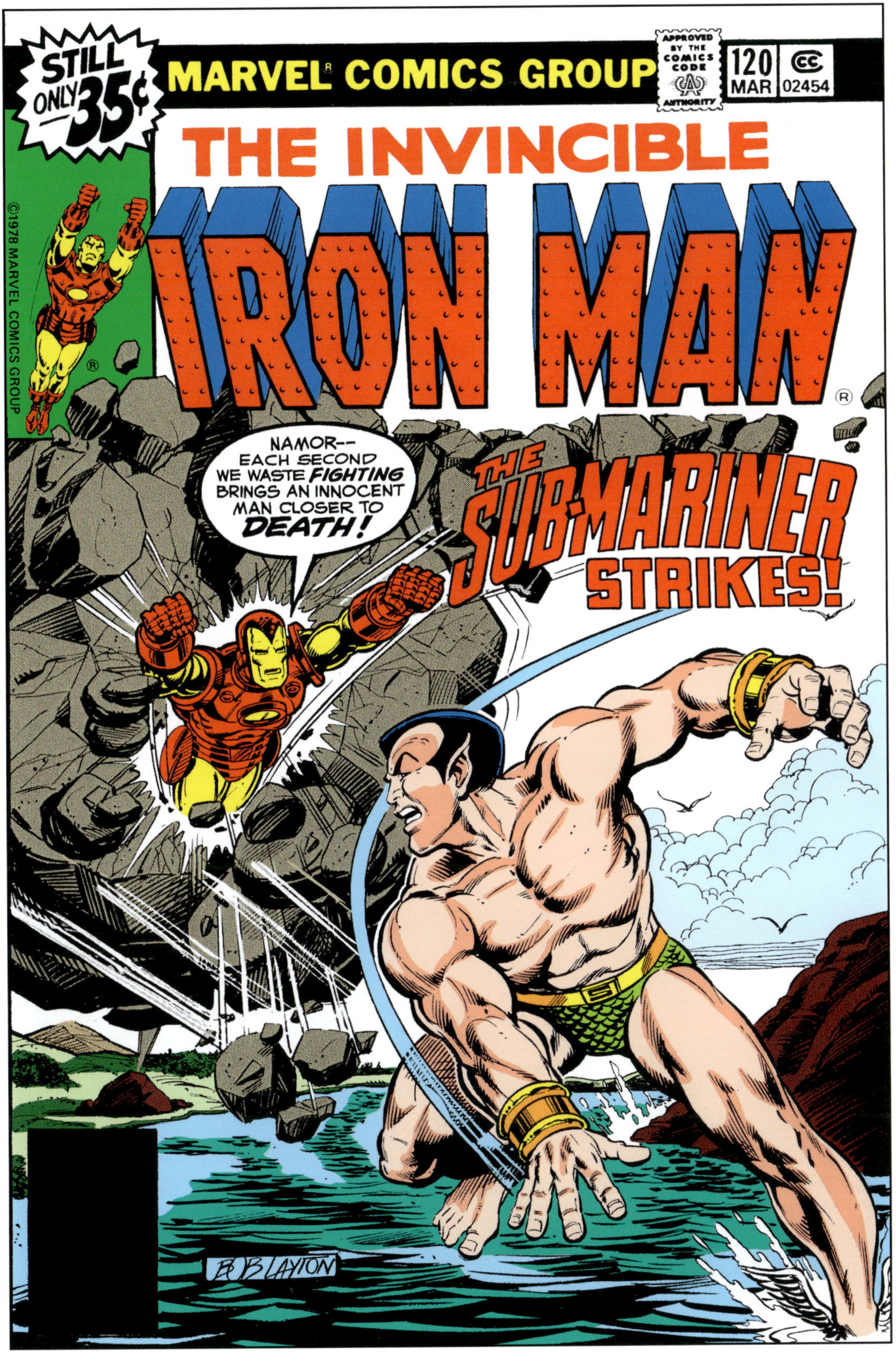

Iron Man (1968) 120
Cover von **BOB LAYTON**

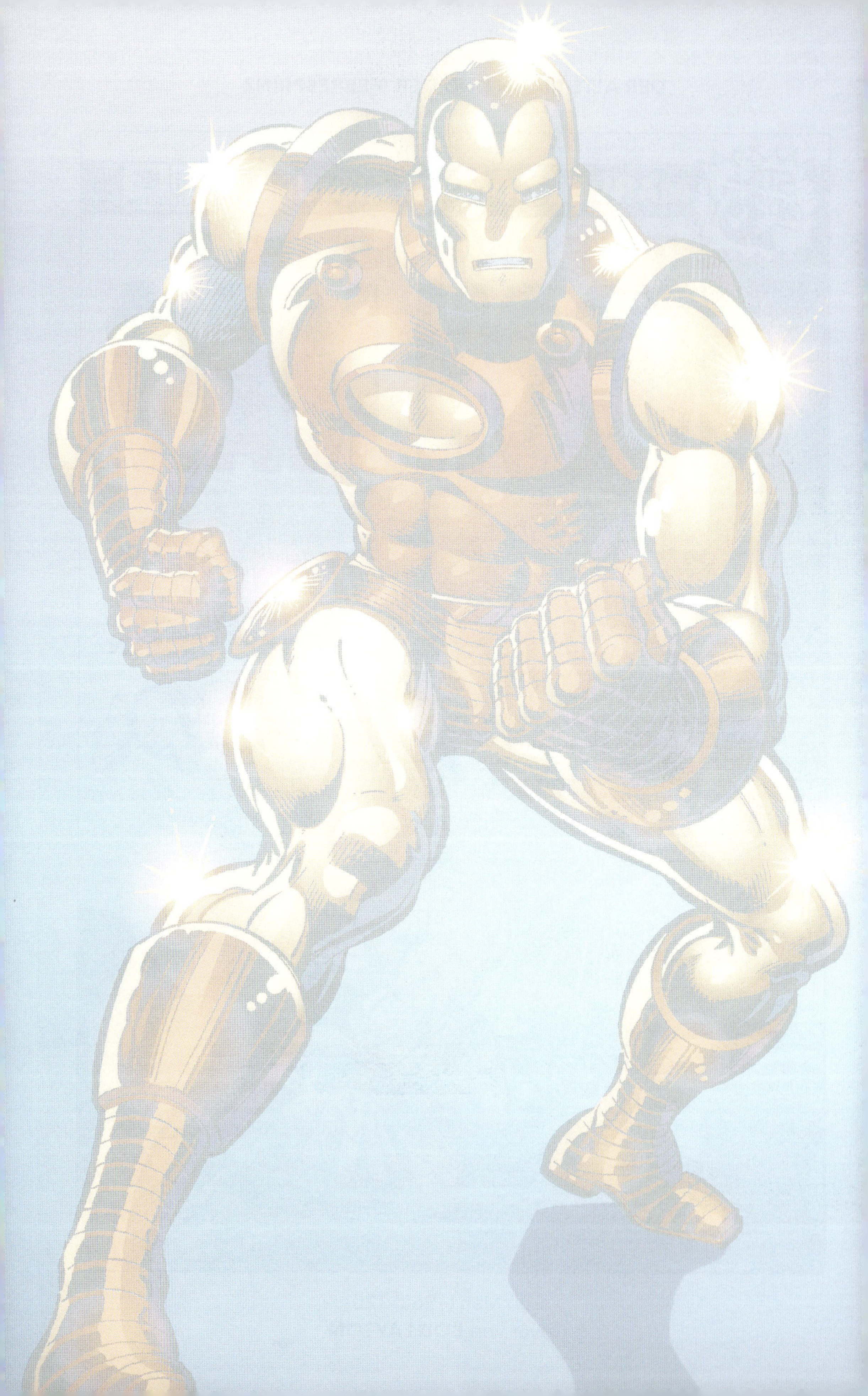

Wenn der millionenschwere Unternehmer und meisterliche Erfinder **Tony Stark** in seine solarbetriebene Stahlrüstung klettert, wird er zur weltweit stärksten menschlichen Kampfmaschine…

Stan Lee präsentiert: DER UNBESIEGBARE

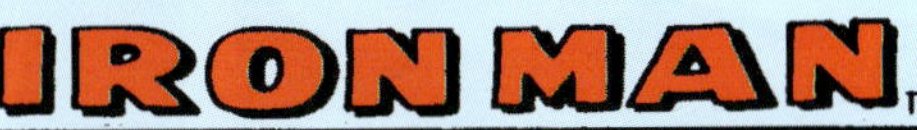

DAVID MICHELINIE	JOHN ROMITA JR.	BOB LAYTON	BEN SEAN	ALEXANDER RÖSCH	FABIO CIACCI	ROGER STERN & JIM SHOOTER
STORY	ZEICHNUNGEN	TUSCHE/PLOT	FARBEN	ÜBERSETZUNG	LETTERING	REDAKTION USA

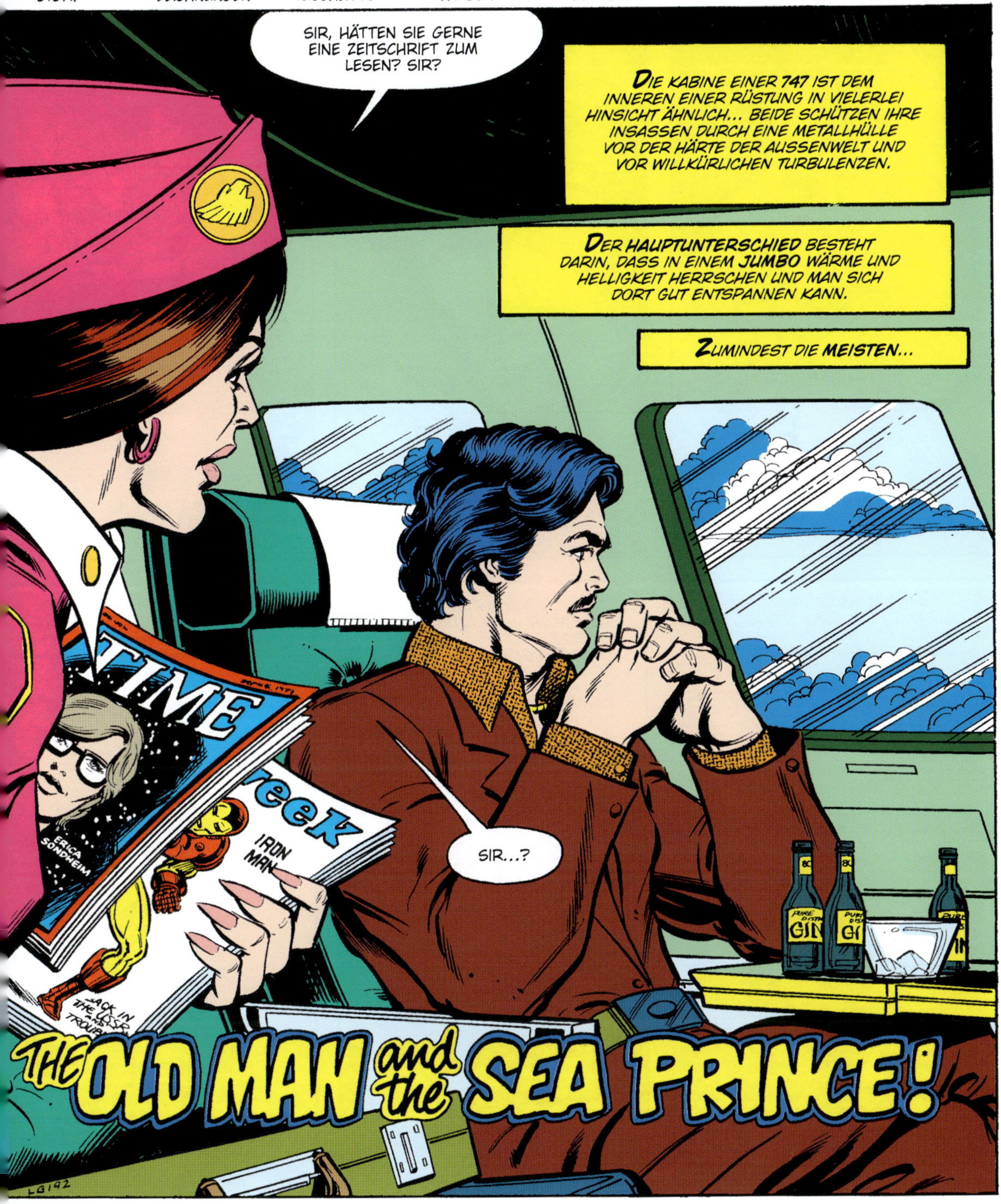

SIR, HÄTTEN SIE GERNE EINE ZEITSCHRIFT ZUM LESEN? SIR?

DIE KABINE EINER 747 IST DEM INNEREN EINER RÜSTUNG IN VIELERLEI HINSICHT ÄHNLICH… BEIDE SCHÜTZEN IHRE INSASSEN DURCH EINE METALLHÜLLE VOR DER HÄRTE DER AUSSENWELT UND VOR WILLKÜRLICHEN TURBULENZEN.

DER **HAUPTUNTERSCHIED** BESTEHT DARIN, DASS IN EINEM **JUMBO** WÄRME UND HELLIGKEIT HERRSCHEN UND MAN SICH DORT GUT ENTSPANNEN KANN.

ZUMINDEST DIE **MEISTEN**…

SIR…?

THE OLD MAN and the SEA PRINCE!*

* DER ALTE MANN UND DER MEERESPRINZ

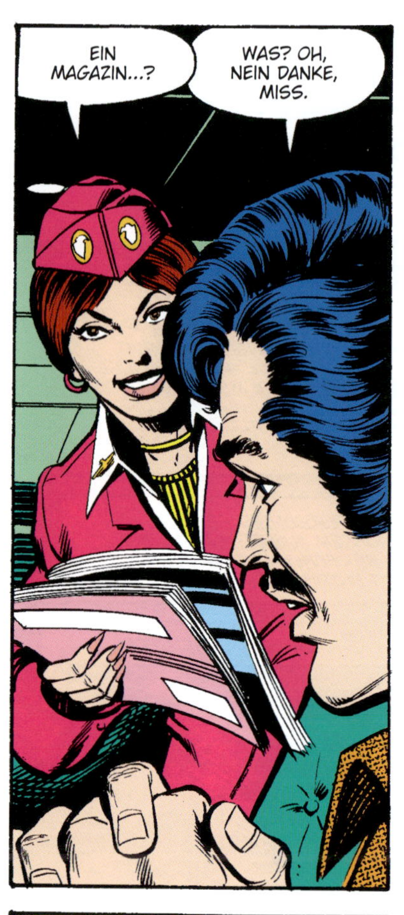
EIN MAGAZIN...?
WAS? OH, NEIN DANKE, MISS.

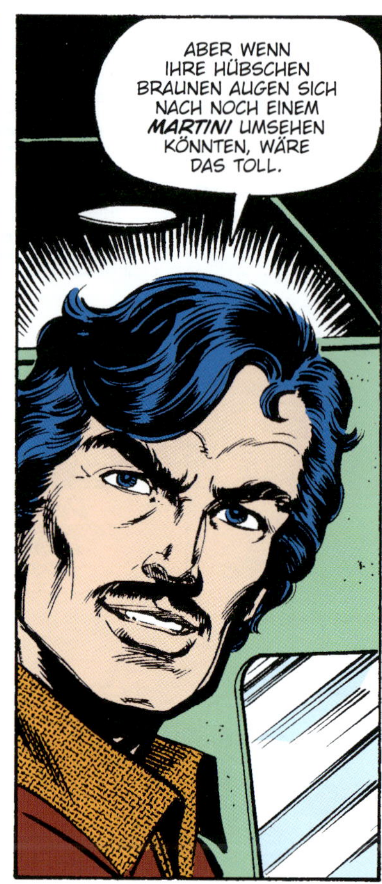
ABER WENN IHRE HÜBSCHEN BRAUNEN AUGEN SICH NACH NOCH EINEM MARTINI UMSEHEN KÖNNTEN, WÄRE DAS TOLL.

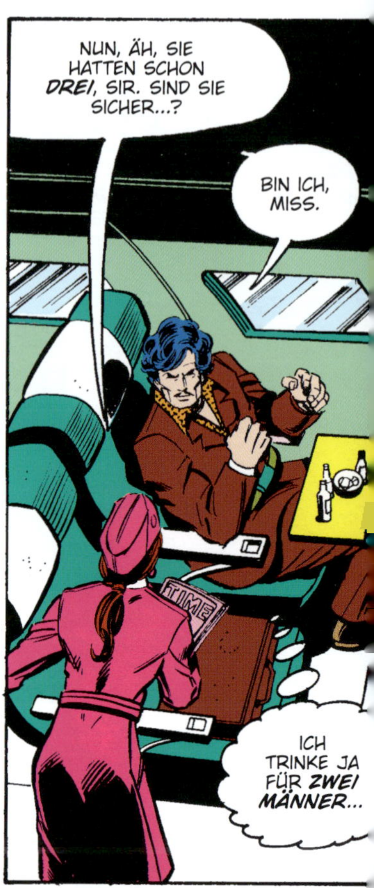
NUN, ÄH, SIE HATTEN SCHON DREI, SIR. SIND SIE SICHER...?
BIN ICH, MISS.
TIME
ICH TRINKE JA FÜR ZWEI MÄNNER...

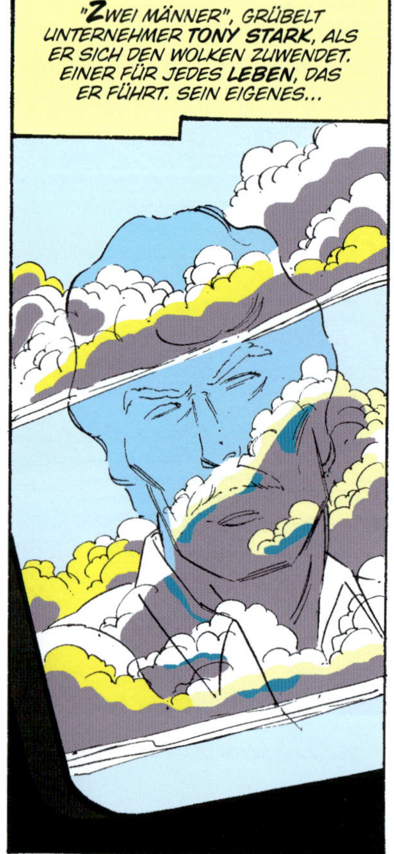
"ZWEI MÄNNER", GRÜBELT UNTERNEHMER TONY STARK, ALS ER SICH DEN WOLKEN ZUWENDET. EINER FÜR JEDES LEBEN, DAS ER FÜHRT. SEIN EIGENES...

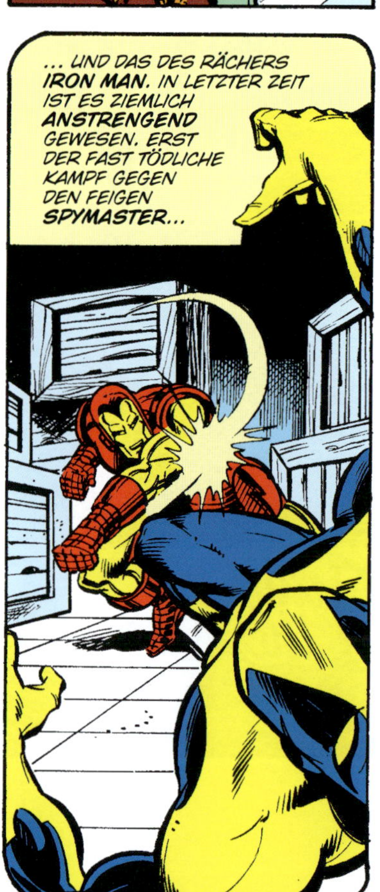
... UND DAS DES RÄCHERS IRON MAN. IN LETZTER ZEIT IST ES ZIEMLICH ANSTRENGEND GEWESEN. ERST DER FAST TÖDLICHE KAMPF GEGEN DEN FEIGEN SPYMASTER...

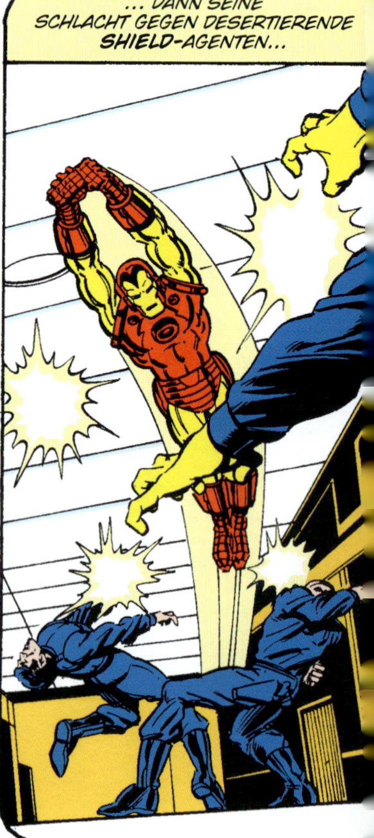
... DANN SEINE SCHLACHT GEGEN DESERTIERENDE SHIELD-AGENTEN...

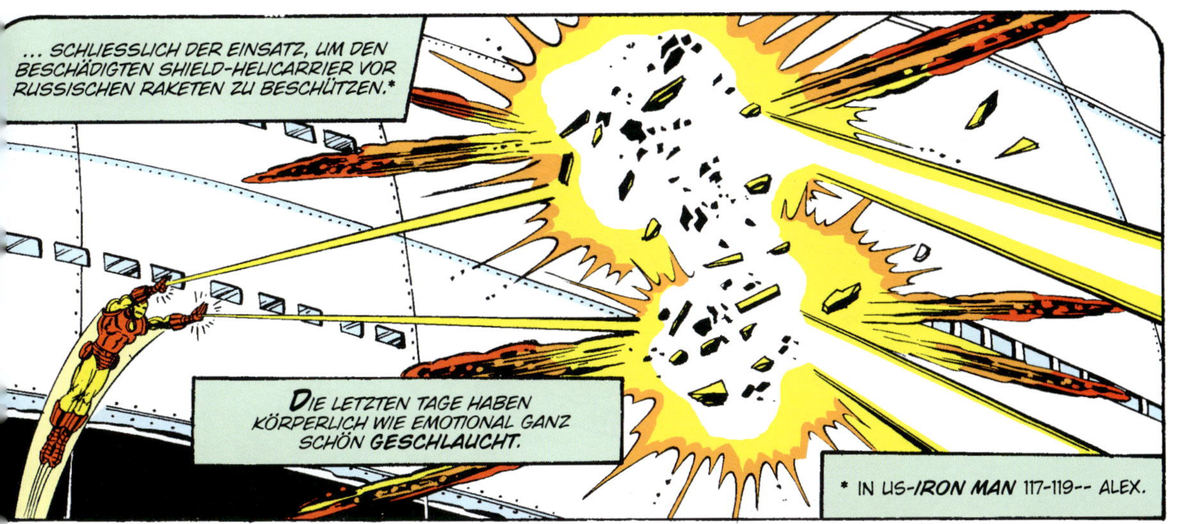
... SCHLIESSLICH DER EINSATZ, UM DEN BESCHÄDIGTEN SHIELD-HELICARRIER VOR RUSSISCHEN RAKETEN ZU BESCHÜTZEN.*
DIE LETZTEN TAGE HABEN KÖRPERLICH WIE EMOTIONAL GANZ SCHÖN GESCHLAUCHT.
* IN US-IRON MAN 117-119-- ALEX.

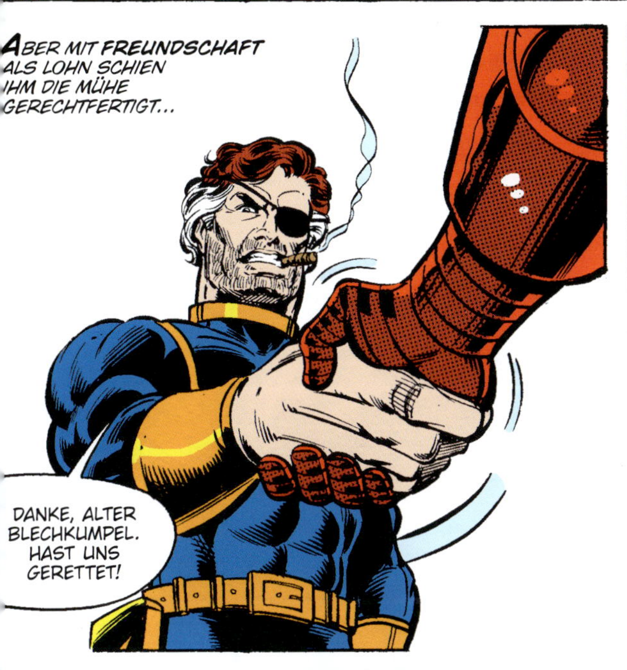
ABER MIT FREUNDSCHAFT ALS LOHN SCHIEN IHM DIE MÜHE GERECHTFERTIGT...
DANKE, ALTER BLECHKUMPEL. HAST UNS GERETTET!

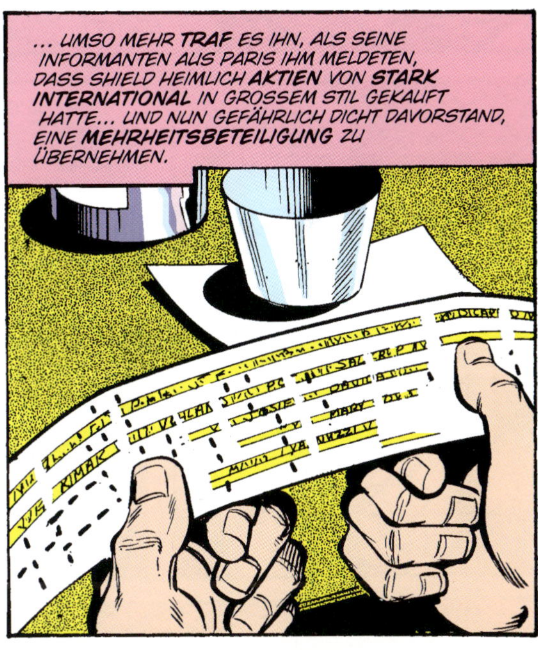
... UMSO MEHR TRAF ES IHN, ALS SEINE INFORMANTEN AUS PARIS IHM MELDETEN, DASS SHIELD HEIMLICH AKTIEN VON STARK INTERNATIONAL IN GROSSEM STIL GEKAUFT HATTE... UND NUN GEFÄHRLICH DICHT DAVORSTAND, EINE MEHRHEITSBETEILIGUNG ZU ÜBERNEHMEN.

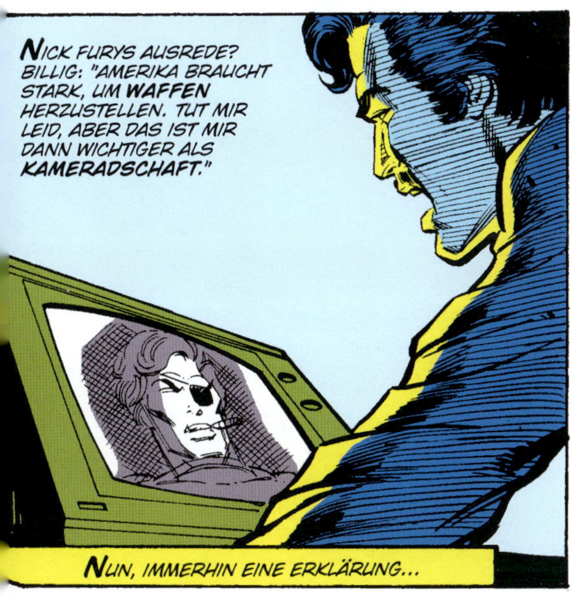
NICK FURYS AUSREDE? BILLIG: "AMERIKA BRAUCHT STARK, UM WAFFEN HERZUSTELLEN. TUT MIR LEID, ABER DAS IST MIR DANN WICHTIGER ALS KAMERADSCHAFT."
NUN, IMMERHIN EINE ERKLÄRUNG...

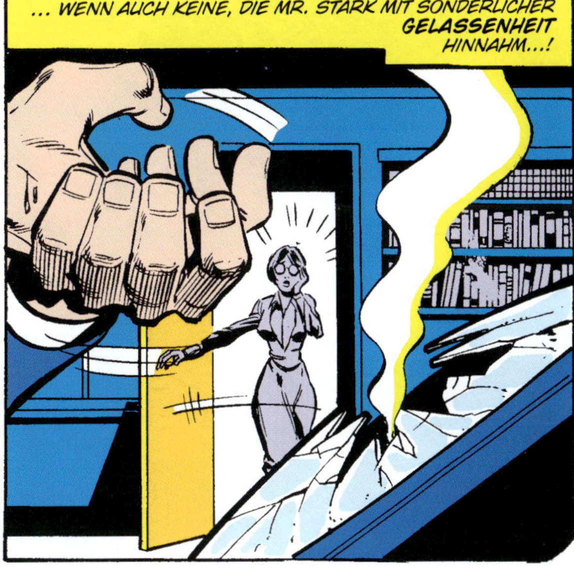
... WENN AUCH KEINE, DIE MR. STARK MIT SONDERLICHER GELASSENHEIT HINNAHM...!

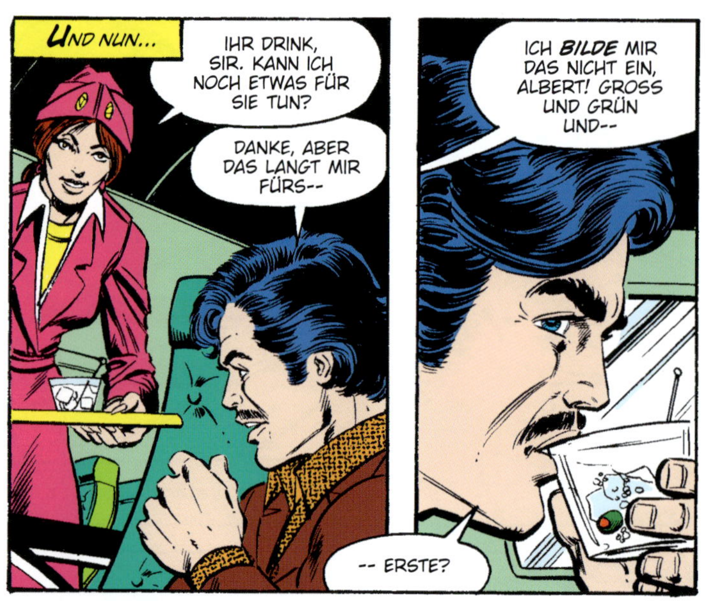
UND NUN...
IHR DRINK, SIR. KANN ICH NOCH ETWAS FÜR SIE TUN?
DANKE, ABER DAS LANGT MIR FÜRS--
ICH BILDE MIR DAS NICHT EIN, ALBERT! GROSS UND GRÜN UND--
-- ERSTE?
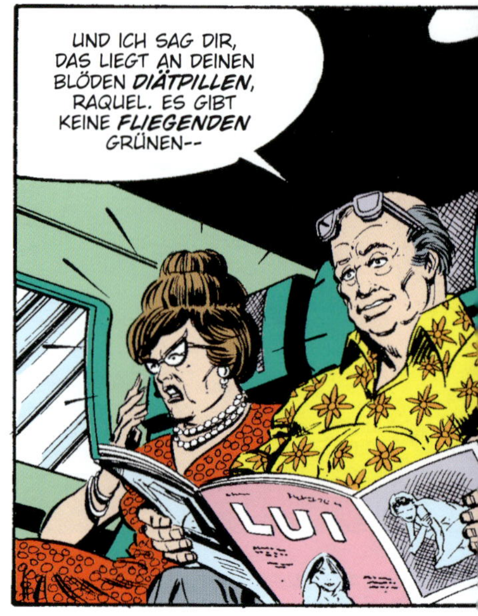
UND ICH SAG DIR, DAS LIEGT AN DEINEN BLÖDEN DIÄTPILLEN, RAQUEL. ES GIBT KEINE FLIEGENDEN GRÜNEN--
LUI
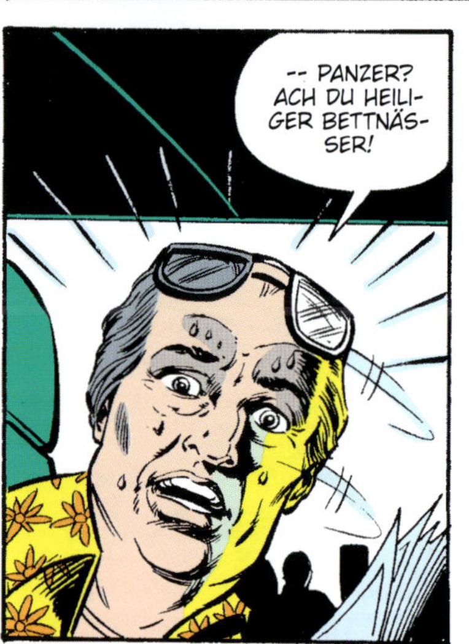
-- PANZER? ACH DU HEILIGER BETTNÄSSER!
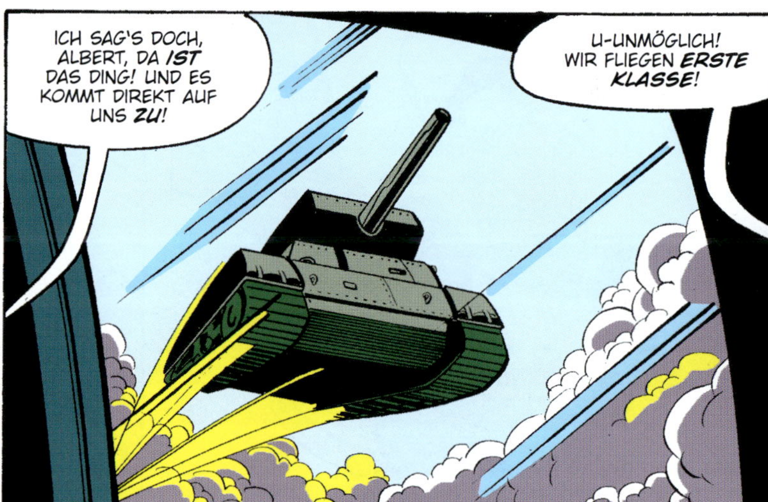
ICH SAG'S DOCH, ALBERT, DA IST DAS DING! UND ES KOMMT DIREKT AUF UNS ZU!
U-UNMÖGLICH! WIR FLIEGEN ERSTE KLASSE!
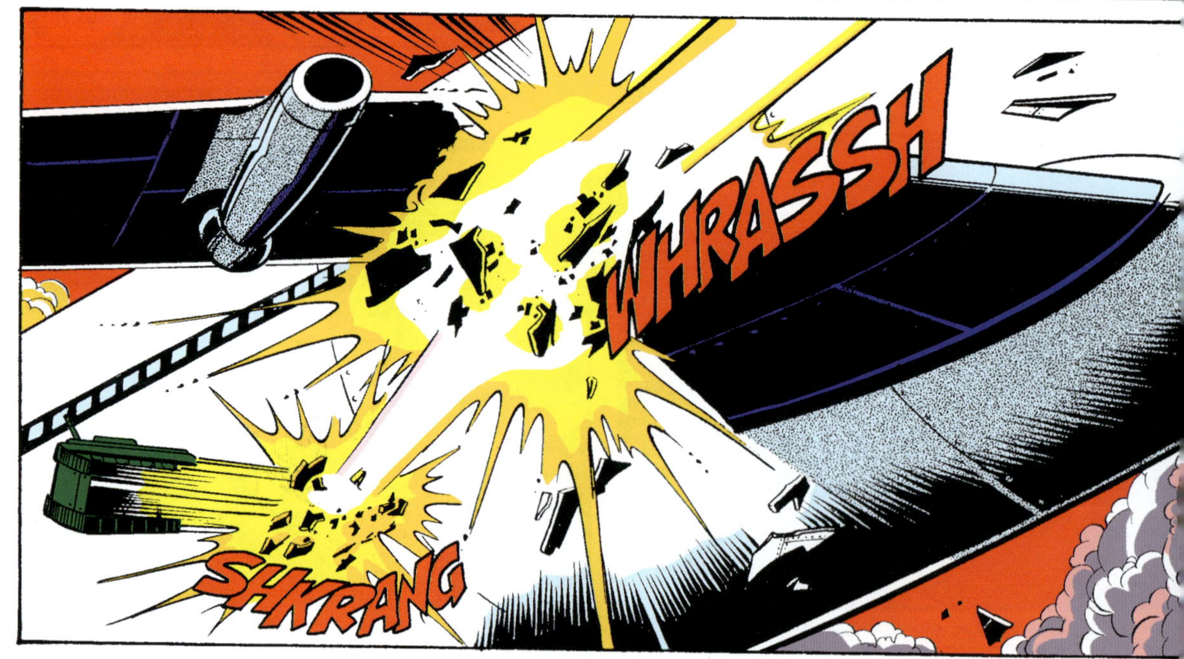
WHRASSH
SHKRANG

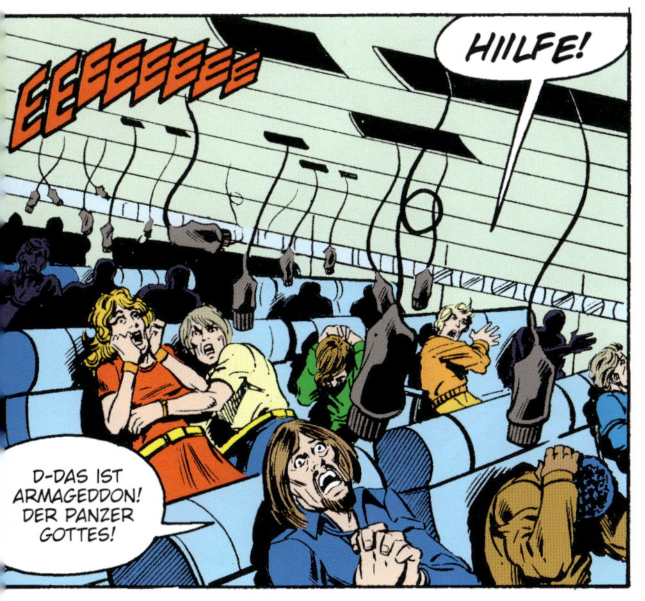
EEEEEEEE
HIILFE!
D-DAS IST ARMAGEDDON! DER PANZER GOTTES!

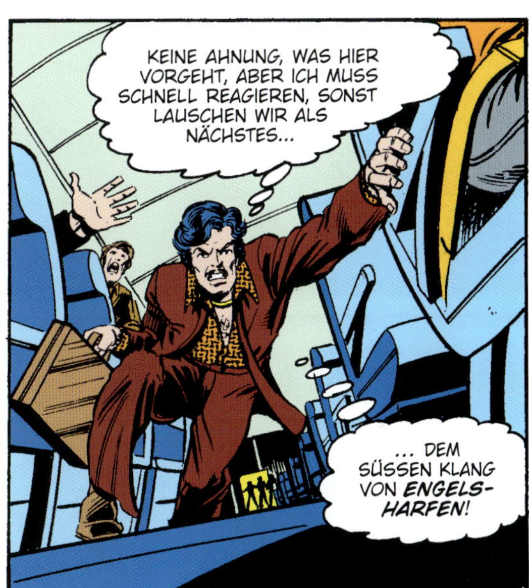
KEINE AHNUNG, WAS HIER VORGEHT, ABER ICH MUSS SCHNELL REAGIEREN, SONST LAUSCHEN WIR ALS NÄCHSTES...
... DEM SÜSSEN KLANG VON ENGELS-HARFEN!

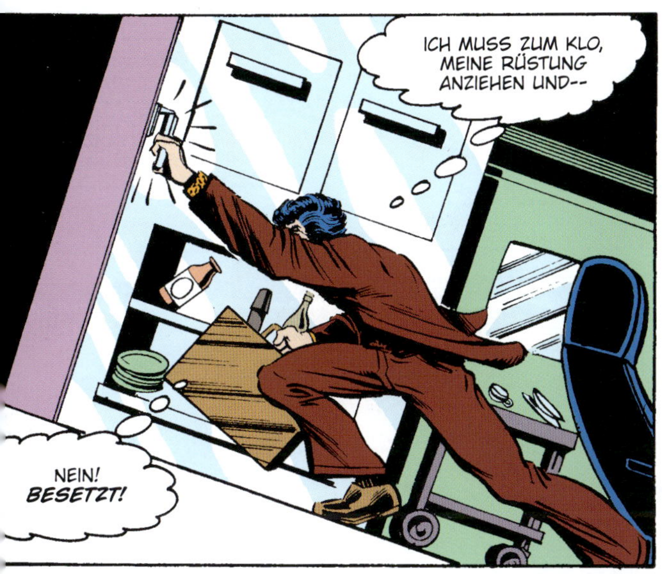
ICH MUSS ZUM KLO, MEINE RÜSTUNG ANZIEHEN UND--
NEIN! BESETZT!

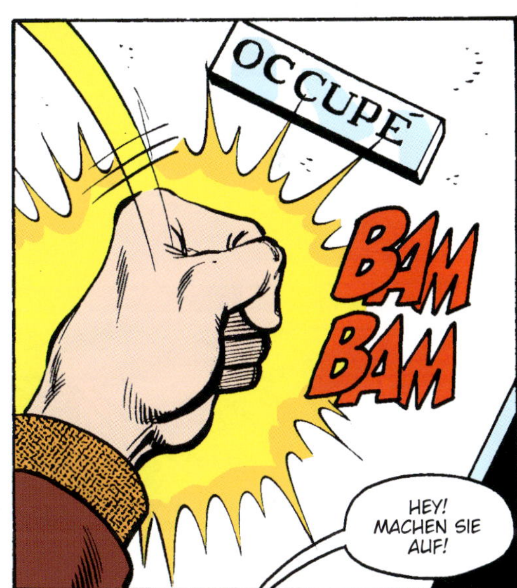
OCCUPÉ
BAM BAM
HEY! MACHEN SIE AUF!

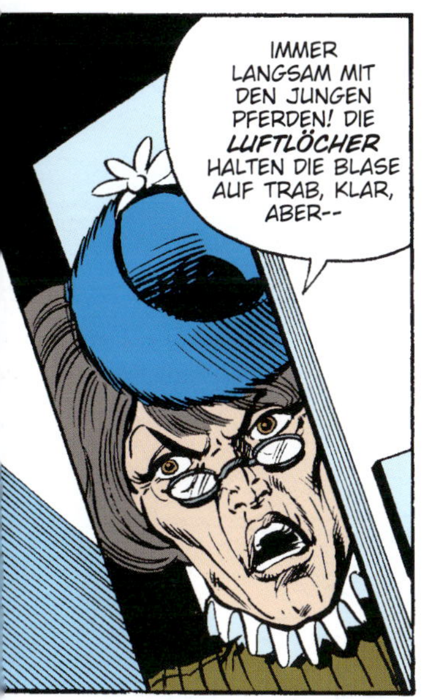
IMMER LANGSAM MIT DEN JUNGEN PFERDEN! DIE LUFTLÖCHER HALTEN DIE BLASE AUF TRAB, KLAR, ABER--

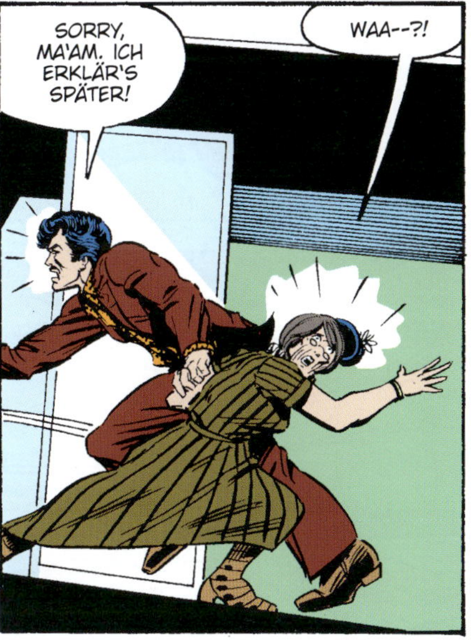
SORRY, MA'AM. ICH ERKLÄR'S SPÄTER!
WAA--?!

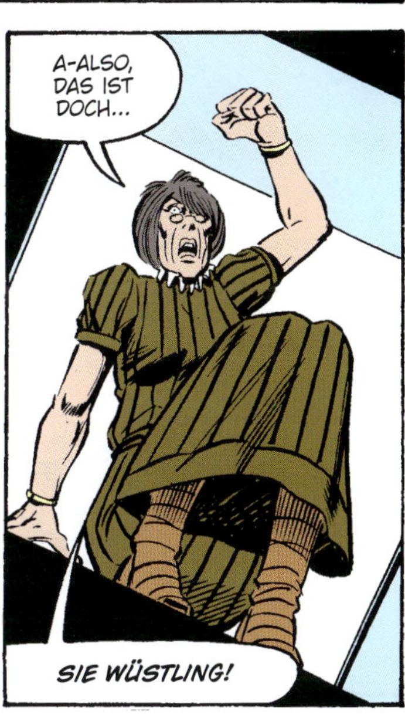
A-ALSO, DAS IST DOCH...
SIE WÜSTLING!

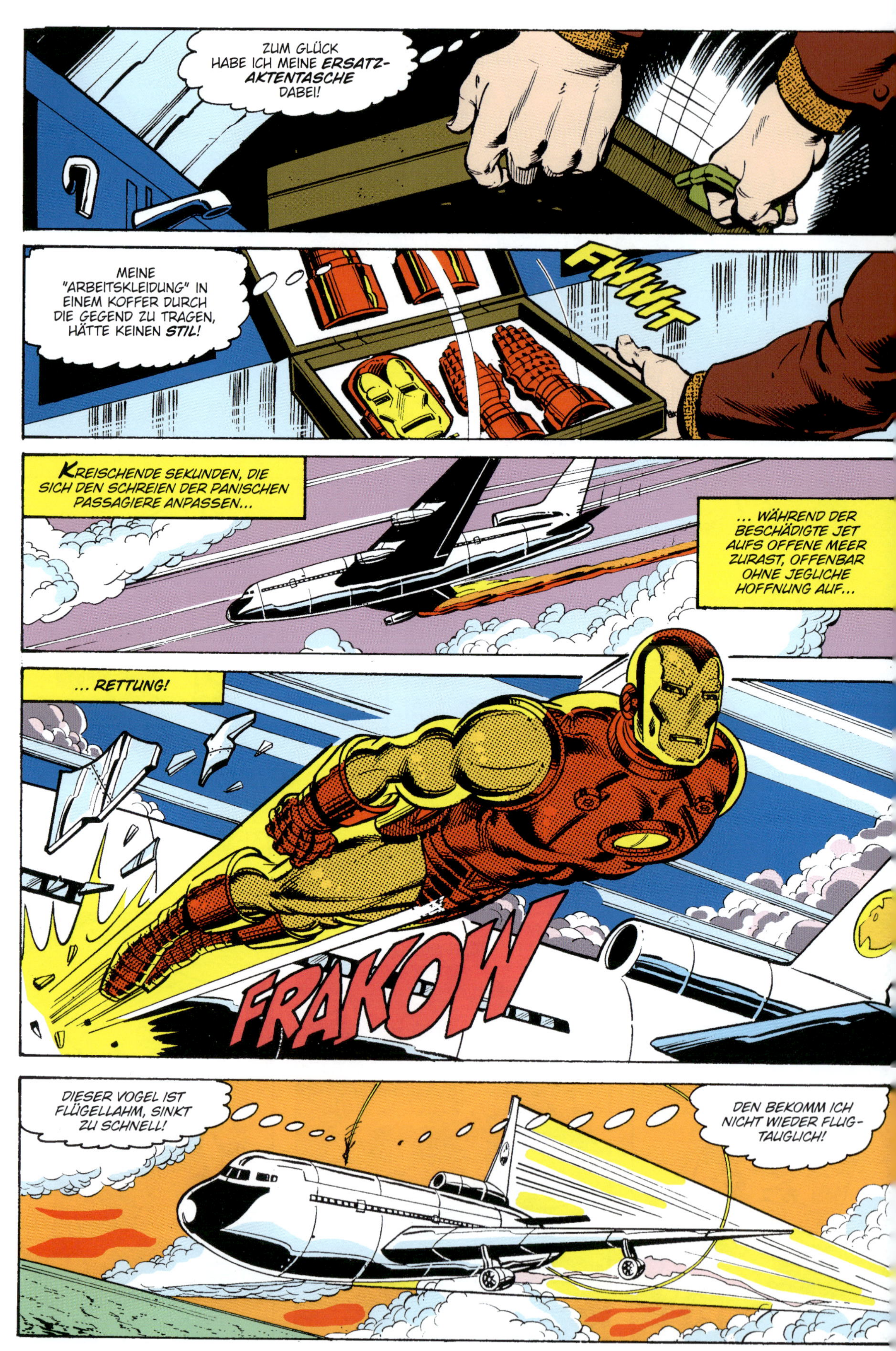
ZUM GLÜCK HABE ICH MEINE ERSATZ-AKTENTASCHE DABEI!
MEINE "ARBEITSKLEIDUNG" IN EINEM KOFFER DURCH DIE GEGEND ZU TRAGEN, HÄTTE KEINEN STIL!
FWWT
KREISCHENDE SEKUNDEN, DIE SICH DEN SCHREIEN DER PANISCHEN PASSAGIERE ANPASSEN...
... WÄHREND DER BESCHÄDIGTE JET AUFS OFFENE MEER ZURAST, OFFENBAR OHNE JEGLICHE HOFFNUNG AUF...
... RETTUNG!
FRAKOW
DIESER VOGEL IST FLÜGELLAHM, SINKT ZU SCHNELL!
DEN BEKOMM ICH NICHT WIEDER FLUG-TAUGLICH!

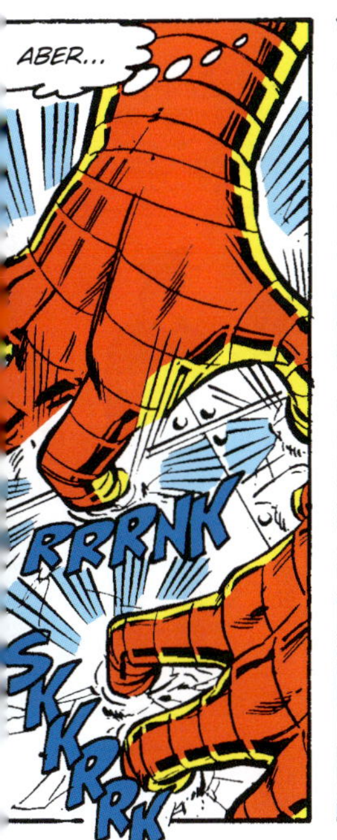
ABER...
RRRNK
SKKRRRK

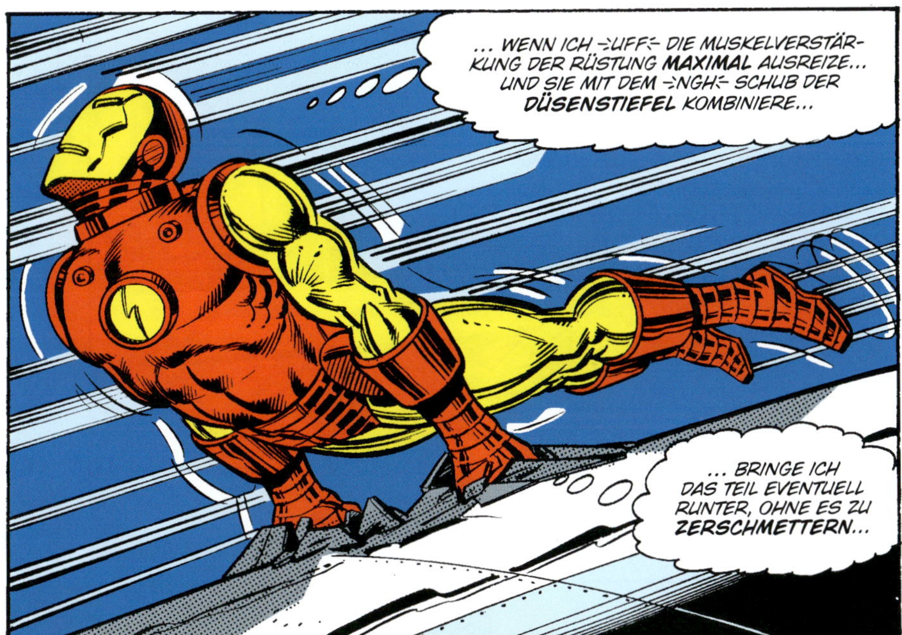
... WENN ICH -UFF- DIE MUSKELVERSTÄRKUNG DER RÜSTUNG MAXIMAL AUSREIZE... UND SIE MIT DEM -NGH- SCHUB DER DÜSENSTIEFEL KOMBINIERE...
... BRINGE ICH DAS TEIL EVENTUELL RUNTER, OHNE ES ZU ZERSCHMETTERN...

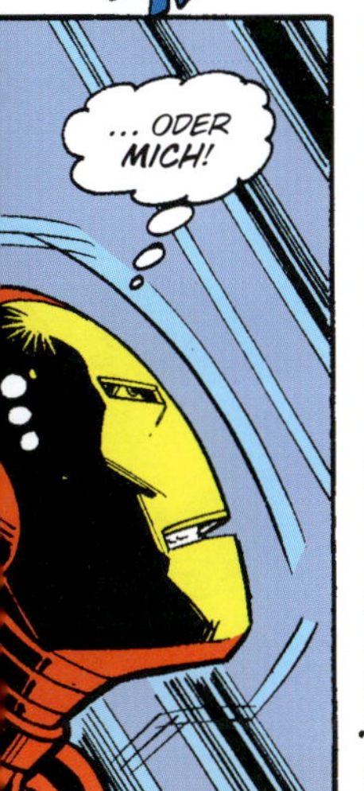
... ODER MICH!

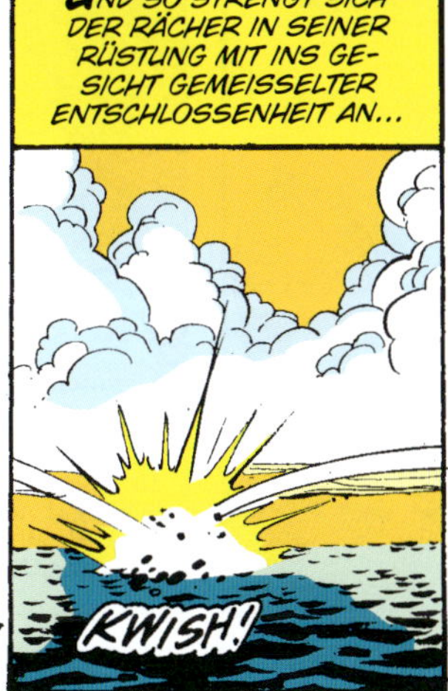
UND SO STRENGT SICH DER RÄCHER IN SEINER RÜSTUNG MIT INS GESICHT GEMEISSELTER ENTSCHLOSSENHEIT AN...
KWISH!

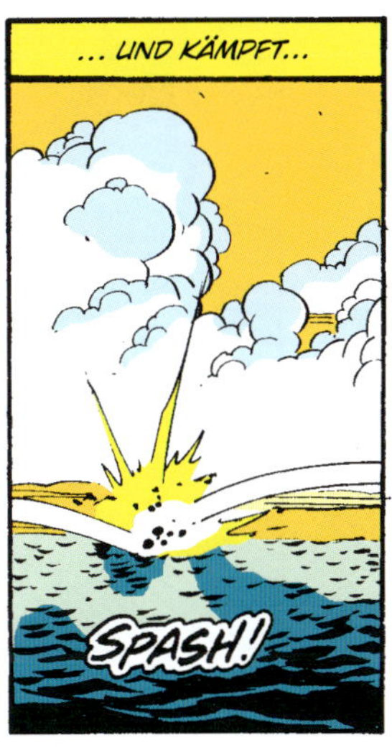
... UND KÄMPFT...
SPASH!

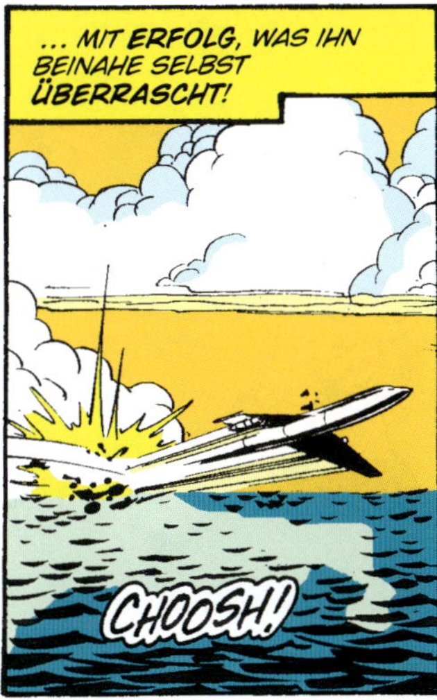
... MIT ERFOLG, WAS IHN BEINAHE SELBST ÜBERRASCHT!
CHOOSH!

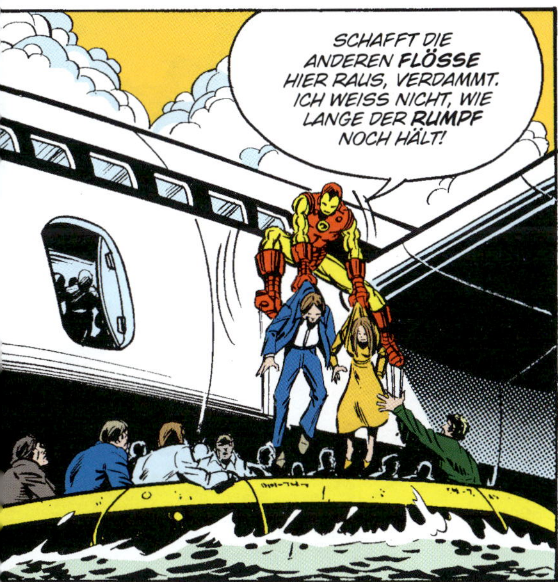
SCHAFFT DIE ANDEREN FLÖSSE HIER RAUS, VERDAMMT. ICH WEISS NICHT, WIE LANGE DER RUMPF NOCH HÄLT!

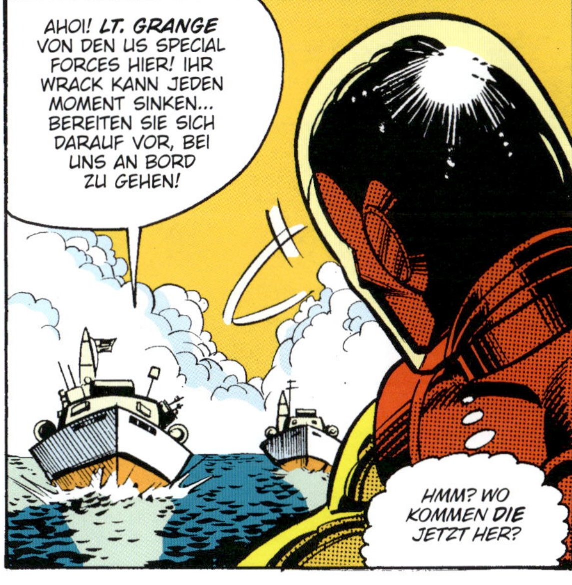
AHOI! LT. GRANGE VON DEN US SPECIAL FORCES HIER! IHR WRACK KANN JEDEN MOMENT SINKEN... BEREITEN SIE SICH DARAUF VOR, BEI UNS AN BORD ZU GEHEN!
HMM? WO KOMMEN DIE JETZT HER?

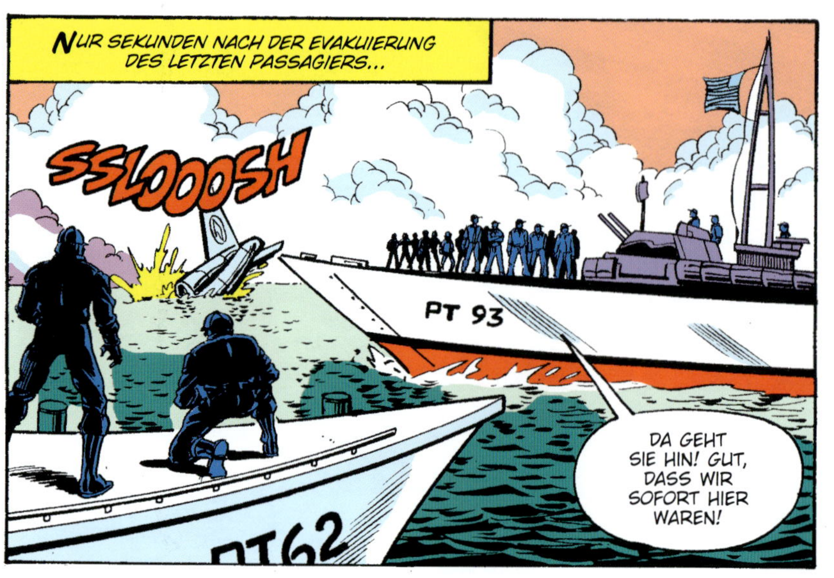
NUR SEKUNDEN NACH DER EVAKUIERUNG DES LETZTEN PASSAGIERS...
SSLOOOSH
PT 93
DA GEHT SIE HIN! GUT, DASS WIR SOFORT HIER WAREN!
PT62

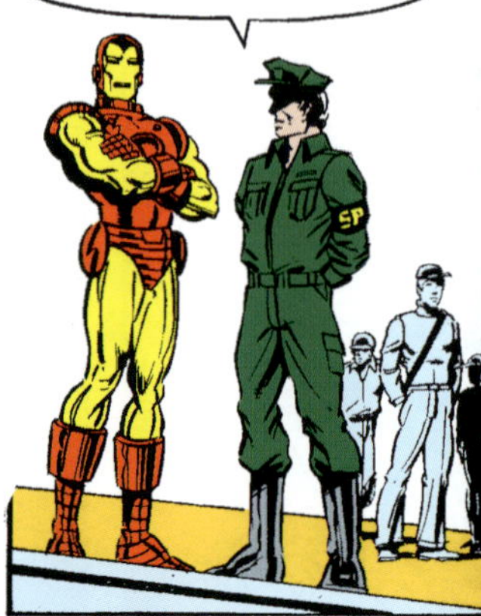
MEINE MÄNNER WERDEN ERSTE HILFE LEISTEN UND DIE ÜBERLEBENDEN DANACH DIREKT ZUM NÄCHSTEN HAFEN BRINGEN.
SP

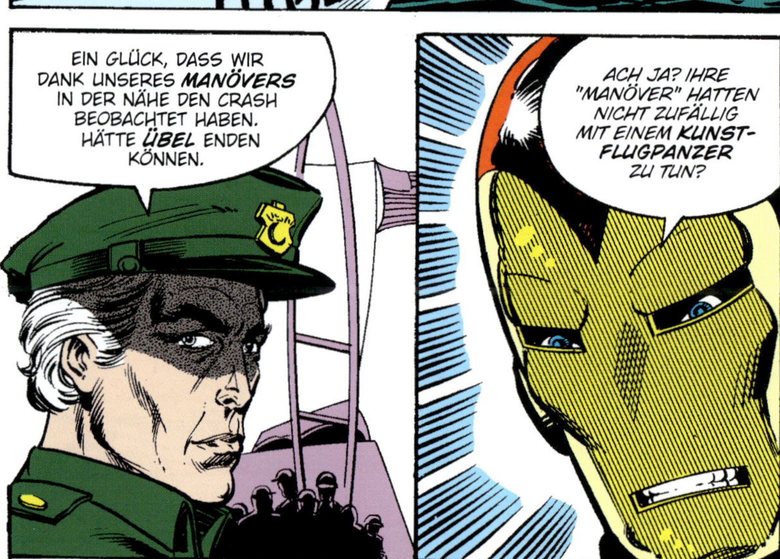
EIN GLÜCK, DASS WIR DANK UNSERES **MANÖVERS** IN DER NÄHE DEN CRASH BEOBACHTET HABEN. HÄTTE **ÜBEL** ENDEN KÖNNEN.
ACH JA? IHRE "MANÖVER" HATTEN NICHT ZUFÄLLIG MIT EINEM **KUNSTFLUGPANZER** ZU TUN?

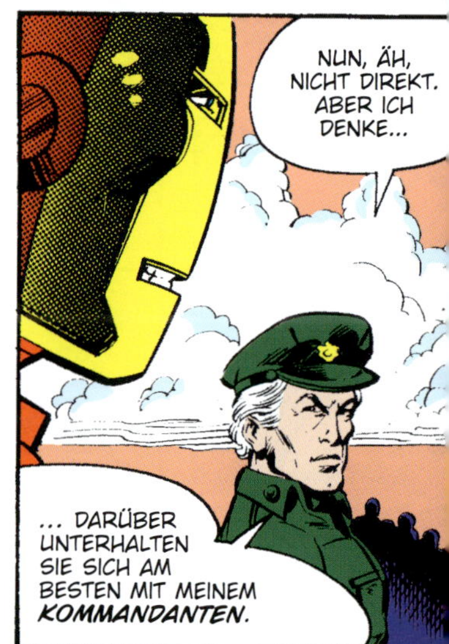
NUN, ÄH, NICHT DIREKT. ABER ICH DENKE...
... DARÜBER UNTERHALTEN SIE SICH AM BESTEN MIT MEINEM **KOMMANDANTEN**.

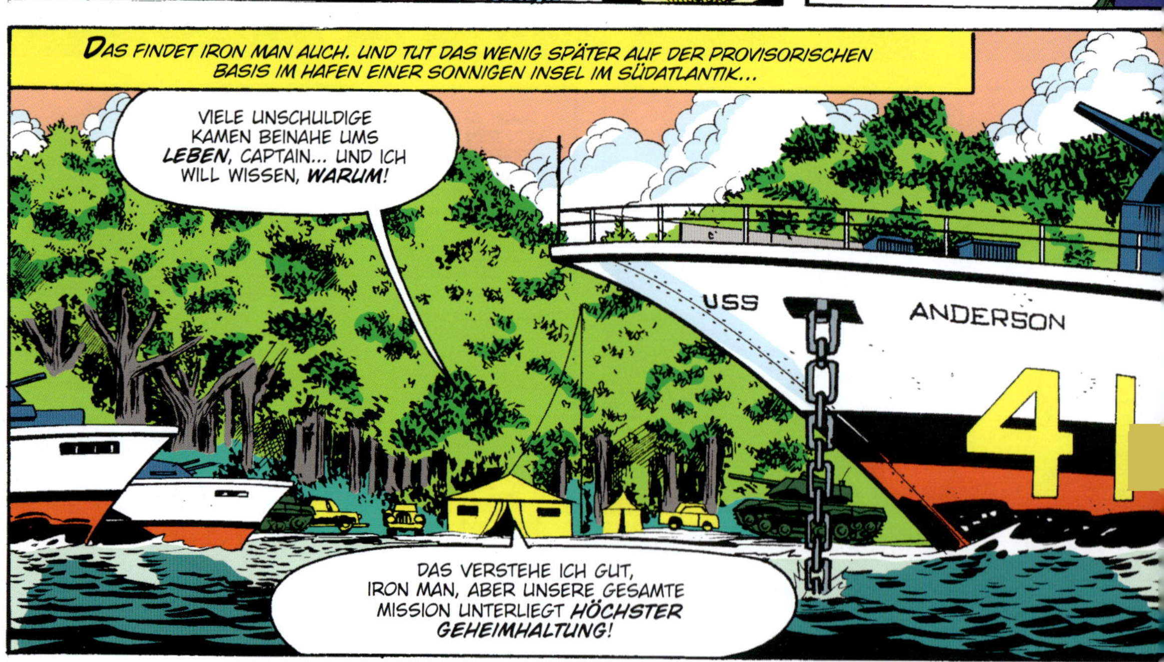
DAS FINDET IRON MAN AUCH. UND TUT DAS WENIG SPÄTER AUF DER PROVISORISCHEN BASIS IM HAFEN EINER SONNIGEN INSEL IM SÜDATLANTIK...
VIELE UNSCHULDIGE KAMEN BEINAHE UMS **LEBEN**, CAPTAIN... UND ICH WILL WISSEN, **WARUM**!
USS ANDERSON
41
DAS VERSTEHE ICH GUT, IRON MAN, ABER UNSERE GESAMTE MISSION UNTERLIEGT **HÖCHSTER GEHEIMHALTUNG**!

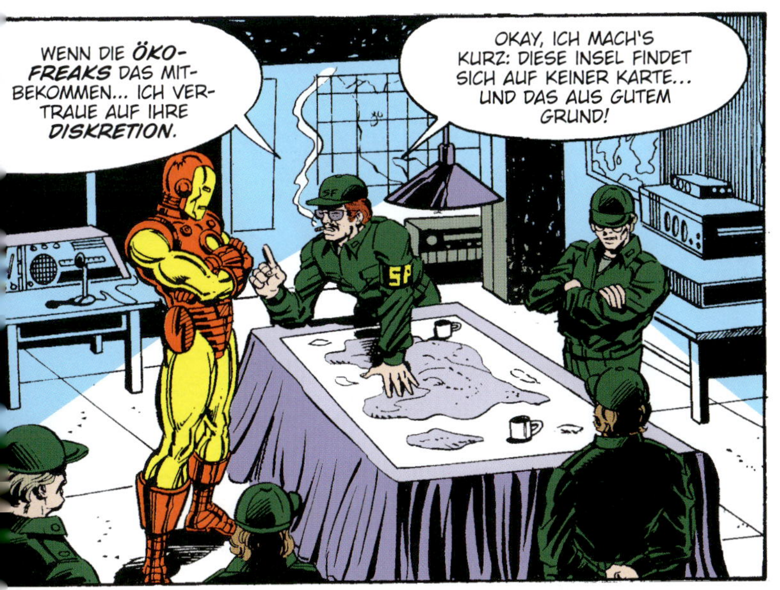
WENN DIE ÖKO-FREAKS DAS MIT-BEKOMMEN... ICH VER-TRAUE AUF IHRE DISKRETION.
OKAY, ICH MACH'S KURZ: DIESE INSEL FINDET SICH AUF KEINER KARTE... UND DAS AUS GUTEM GRUND!

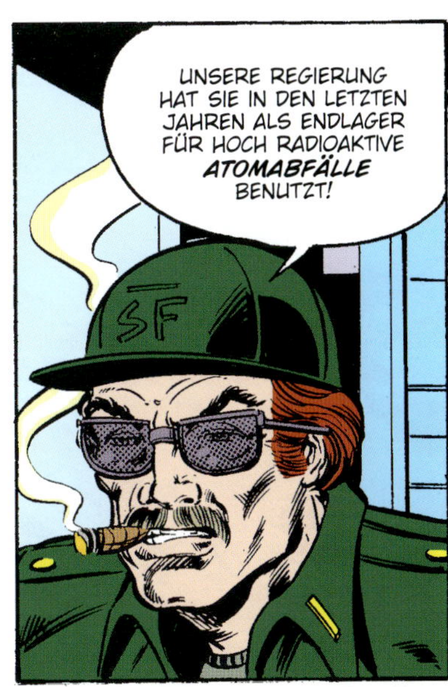
UNSERE REGIERUNG HAT SIE IN DEN LETZTEN JAHREN ALS ENDLAGER FÜR HOCH RADIOAKTIVE ATOMABFÄLLE BENUTZT!

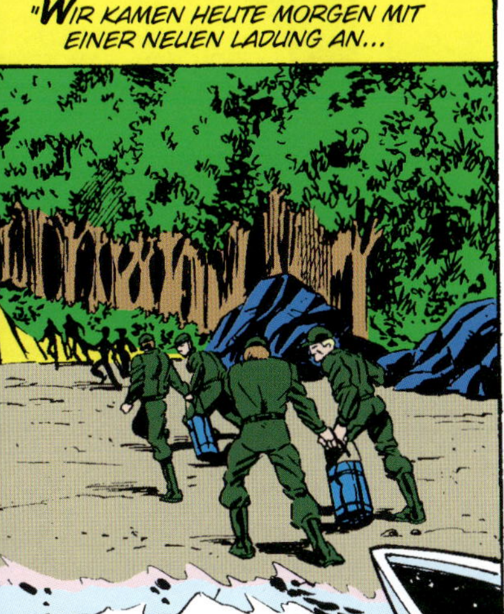
"WIR KAMEN HEUTE MORGEN MIT EINER NEUEN LADUNG AN...

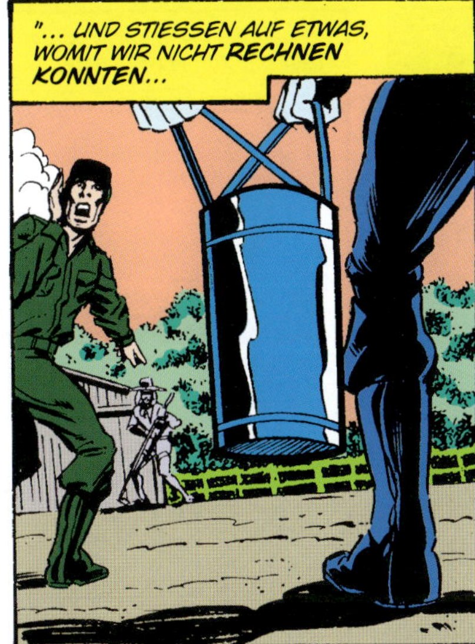
"... UND STIESSEN AUF ETWAS, WOMIT WIR NICHT RECHNEN KONNTEN...

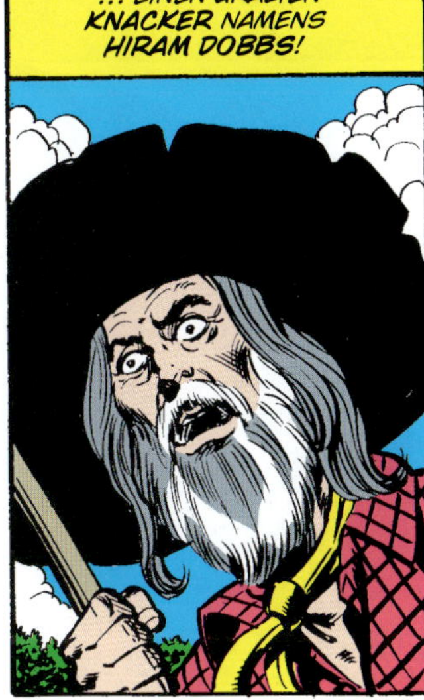
"... EINEN URALTEN KNACKER NAMENS HIRAM DOBBS!

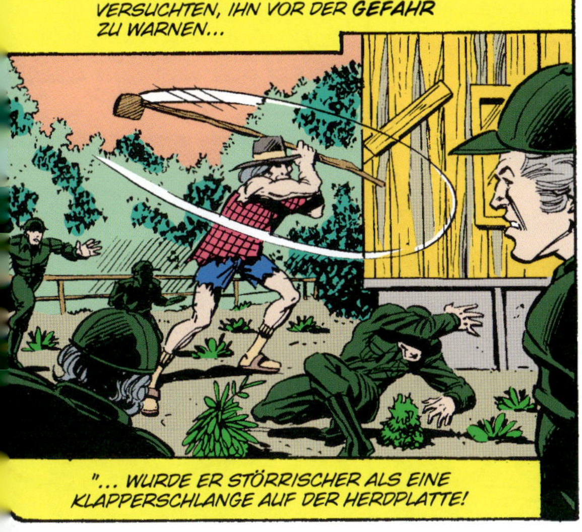
"MR. DOBBS HATTE ZWISCHEN ZWEI LIEFERUNGEN HIER SEIN QUARTIER BEZOGEN. DOCH ALS WIR VERSUCHTEN, IHN VOR DER GEFAHR ZU WARNEN...
"... WURDE ER STÖRRISCHER ALS EINE KLAPPERSCHLANGE AUF DER HERDPLATTE!

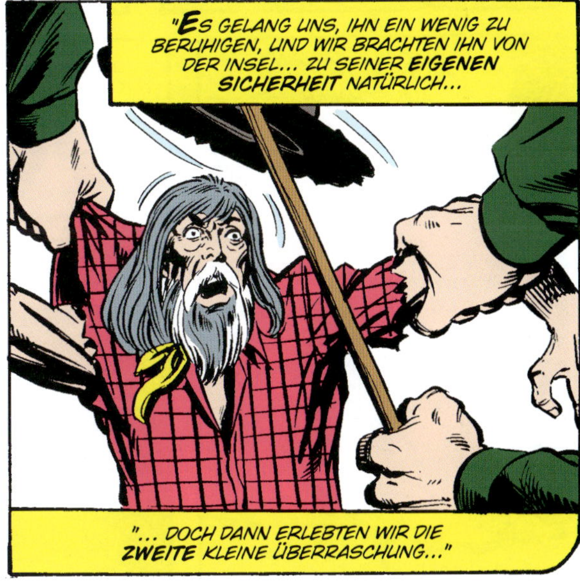
"ES GELANG UNS, IHN EIN WENIG ZU BERUHIGEN, UND WIR BRACHTEN IHN VON DER INSEL... ZU SEINER EIGENEN SICHERHEIT NATÜRLICH...
"... DOCH DANN ERLEBTEN WIR DIE ZWEITE KLEINE ÜBERRASCHUNG..."

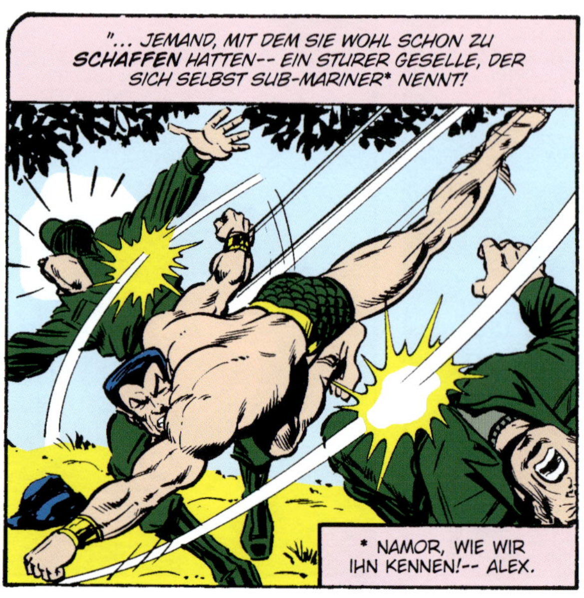
"... JEMAND, MIT DEM SIE WOHL SCHON ZU SCHAFFEN HATTEN-- EIN STURER GESELLE, DER SICH SELBST SUB-MARINER* NENNT!
* NAMOR, WIE WIR IHN KENNEN!-- ALEX.

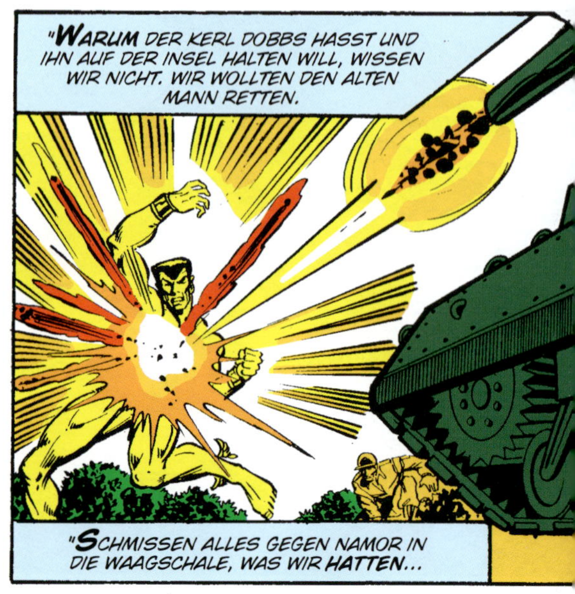
"WARUM DER KERL DOBBS HASST UND IHN AUF DER INSEL HALTEN WILL, WISSEN WIR NICHT. WIR WOLLTEN DEN ALTEN MANN RETTEN.
"SCHMISSEN ALLES GEGEN NAMOR IN DIE WAAGSCHALE, WAS WIR HATTEN...

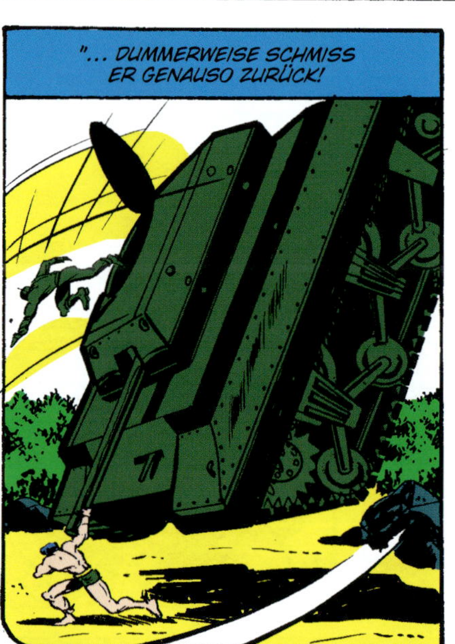
"... DUMMERWEISE SCHMISS ER GENAUSO ZURÜCK!

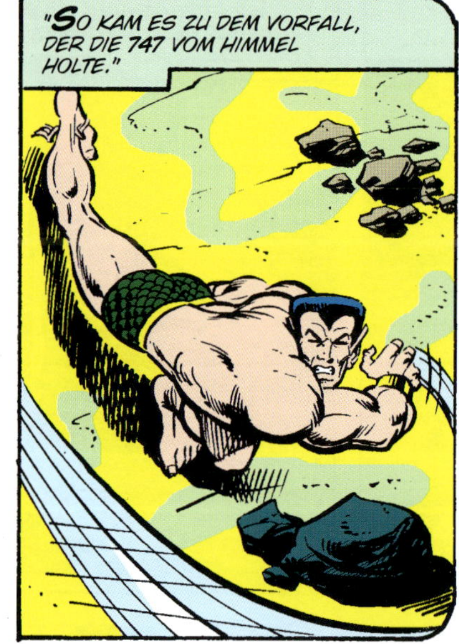
"SO KAM ES ZU DEM VORFALL, DER DIE 747 VOM HIMMEL HOLTE."

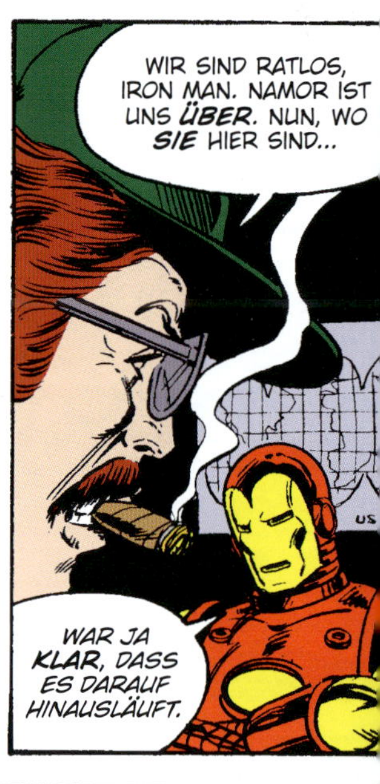
WIR SIND RATLOS, IRON MAN. NAMOR IST UNS ÜBER. NUN, WO SIE HIER SIND...
WAR JA KLAR, DASS ES DARAUF HINAUSLÄUFT.

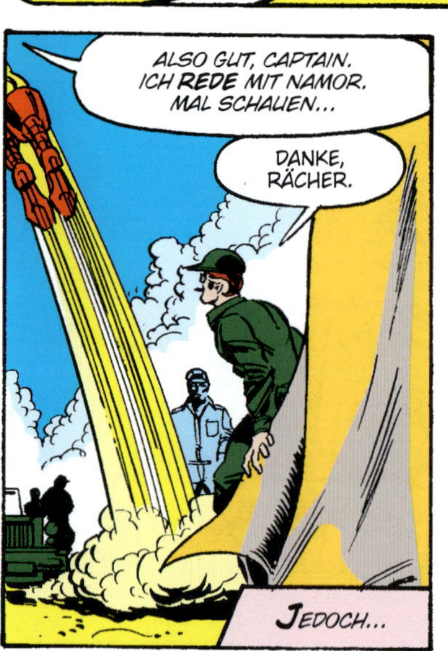
ALSO GUT, CAPTAIN. ICH REDE MIT NAMOR. MAL SCHAUEN...
DANKE, RÄCHER.
JEDOCH...

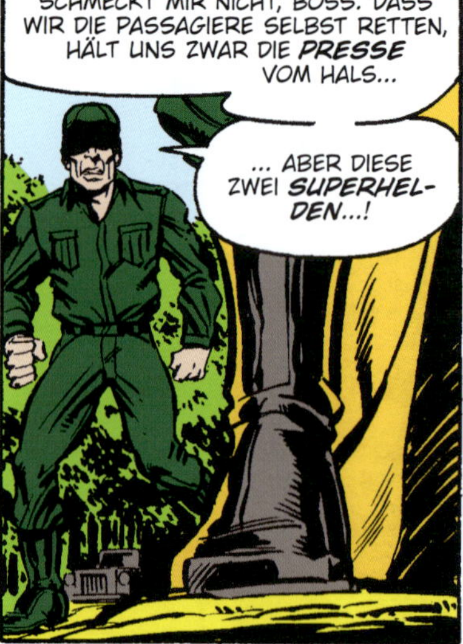
SCHMECKT MIR NICHT, BOSS. DASS WIR DIE PASSAGIERE SELBST RETTEN, HÄLT UNS ZWAR DIE PRESSE VOM HALS...
... ABER DIESE ZWEI SUPERHELDEN...!

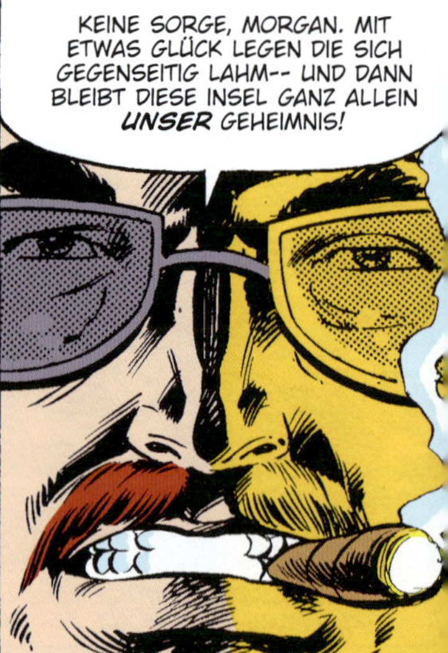
KEINE SORGE, MORGAN. MIT ETWAS GLÜCK LEGEN DIE SICH GEGENSEITIG LAHM-- UND DANN BLEIBT DIESE INSEL GANZ ALLEIN UNSER GEHEIMNIS!

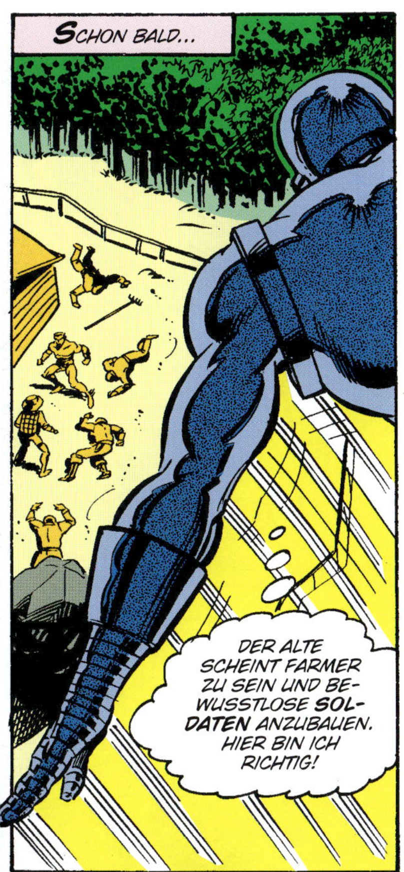
SCHON BALD...
DER ALTE SCHEINT FARMER ZU SEIN UND BEWUSSTLOSE SOLDATEN ANZUBAUEN. HIER BIN ICH RICHTIG!

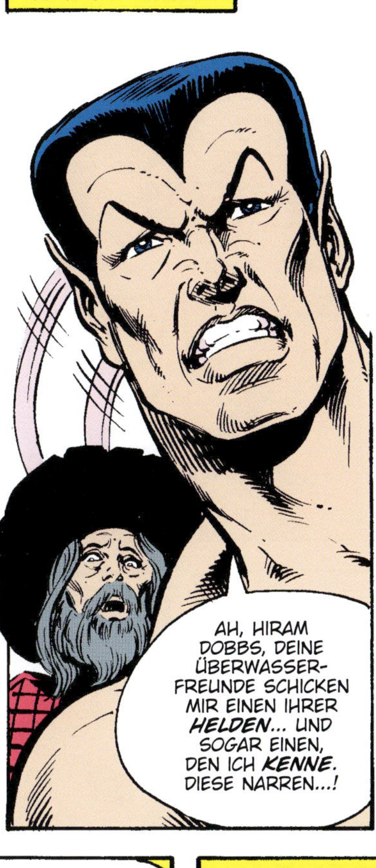
WÄHREND UNTEN...
AH, HIRAM DOBBS, DEINE ÜBERWASSER-FREUNDE SCHICKEN MIR EINEN IHRER HELDEN... UND SOGAR EINEN, DEN ICH KENNE. DIESE NARREN...!

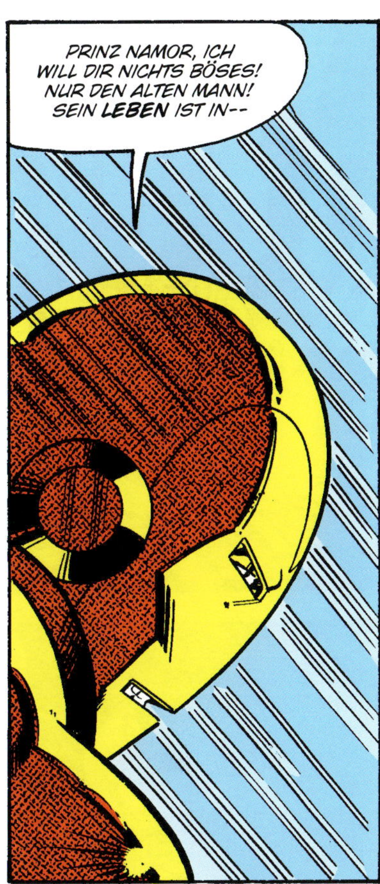
PRINZ NAMOR, ICH WILL DIR NICHTS BÖSES! NUR DEN ALTEN MANN! SEIN LEBEN IST IN--

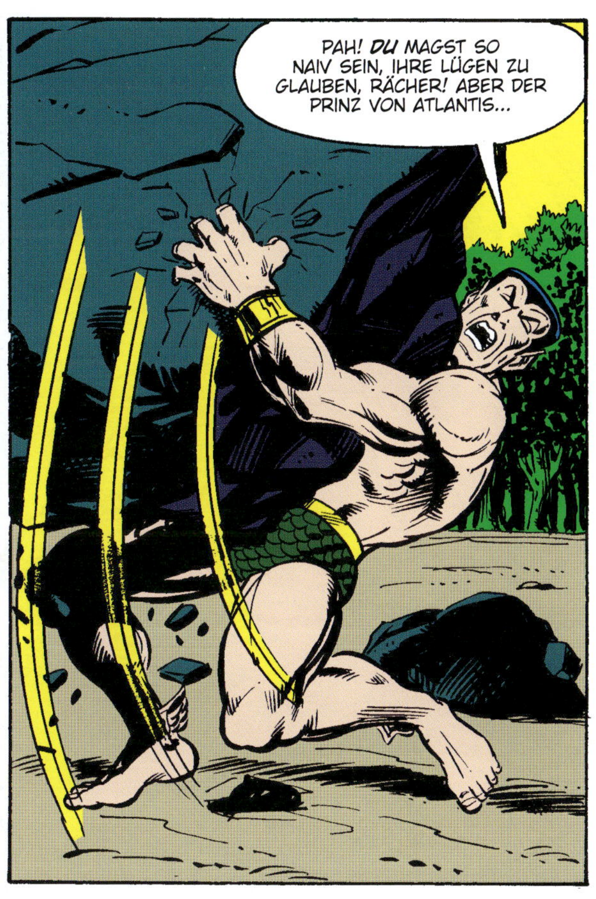
PAH! DU MAGST SO NAIV SEIN, IHRE LÜGEN ZU GLAUBEN, RÄCHER! ABER DER PRINZ VON ATLANTIS...

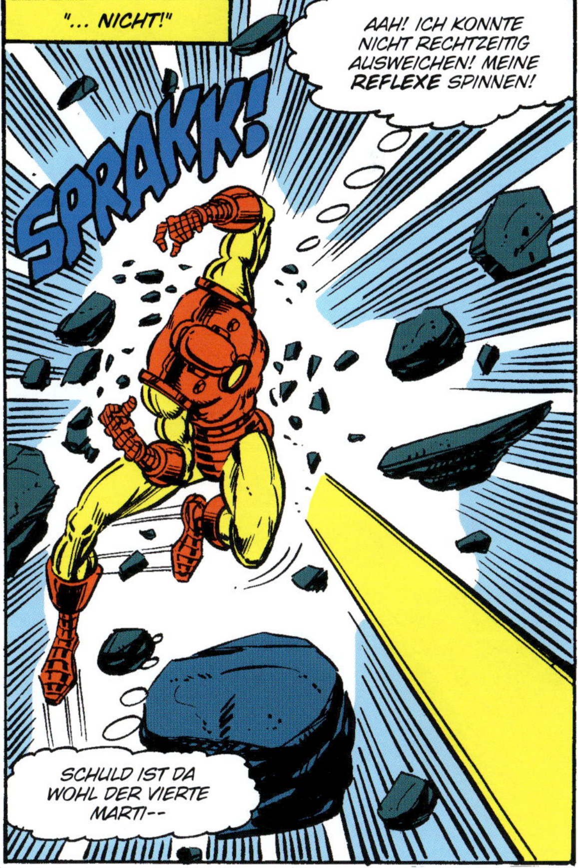
"... NICHT!"
AAH! ICH KONNTE NICHT RECHTZEITIG AUSWEICHEN! MEINE REFLEXE SPINNEN!
SPRAKK!
SCHULD IST DA WOHL DER VIERTE MARTI--

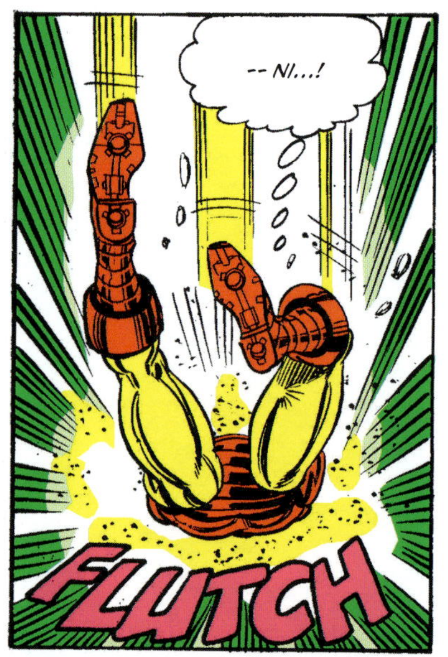
-- NI...!
FLUTCH

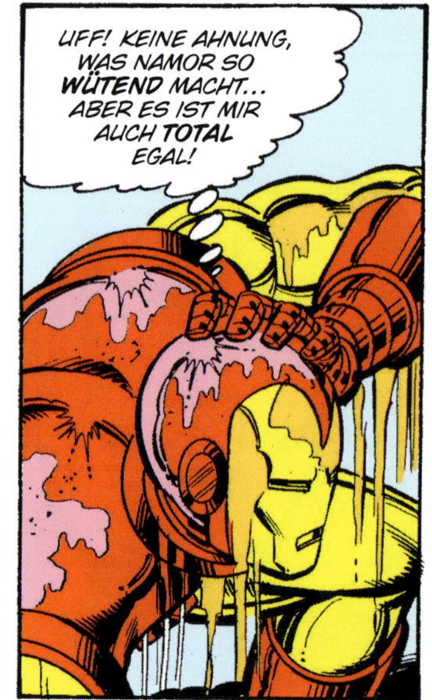
UFF! KEINE AHNUNG, WAS NAMOR SO WÜTEND MACHT... ABER ES IST MIR AUCH TOTAL EGAL!

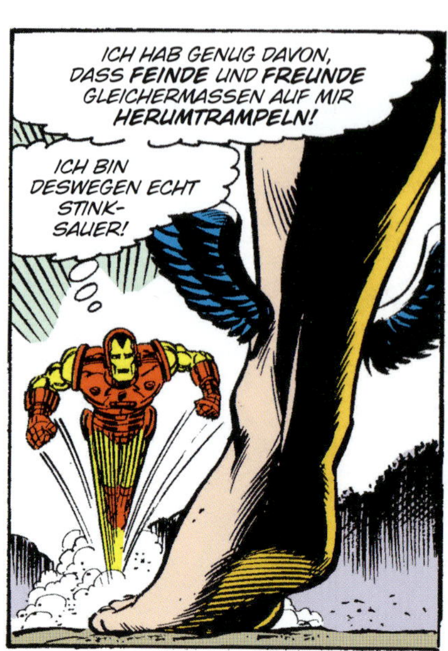
ICH HAB GENUG DAVON, DASS FEINDE UND FREUNDE GLEICHERMASSEN AUF MIR HERUMTRAMPELN!
ICH BIN DESWEGEN ECHT STINK-SAUER!

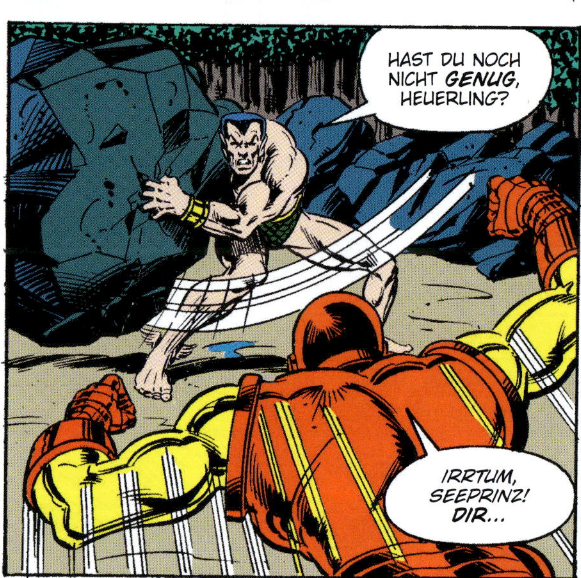
HAST DU NOCH NICHT GENUG, HEUERLING?
IRRTUM, SEEPRINZ! DIR...

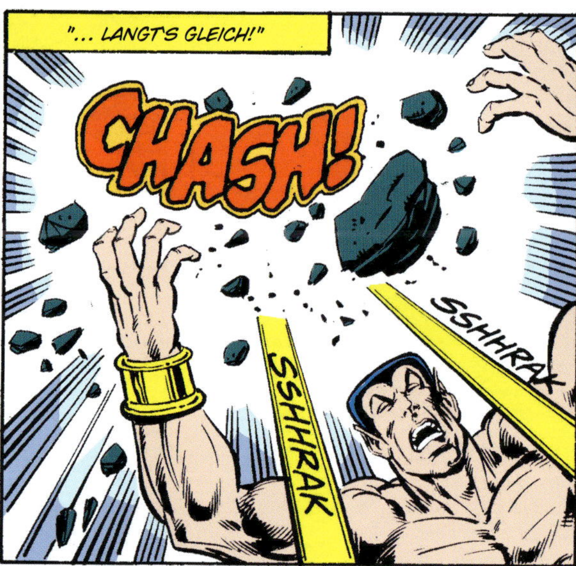
"... LANGT'S GLEICH!"
CHASH!
SSHHRAK
SSHHRAK

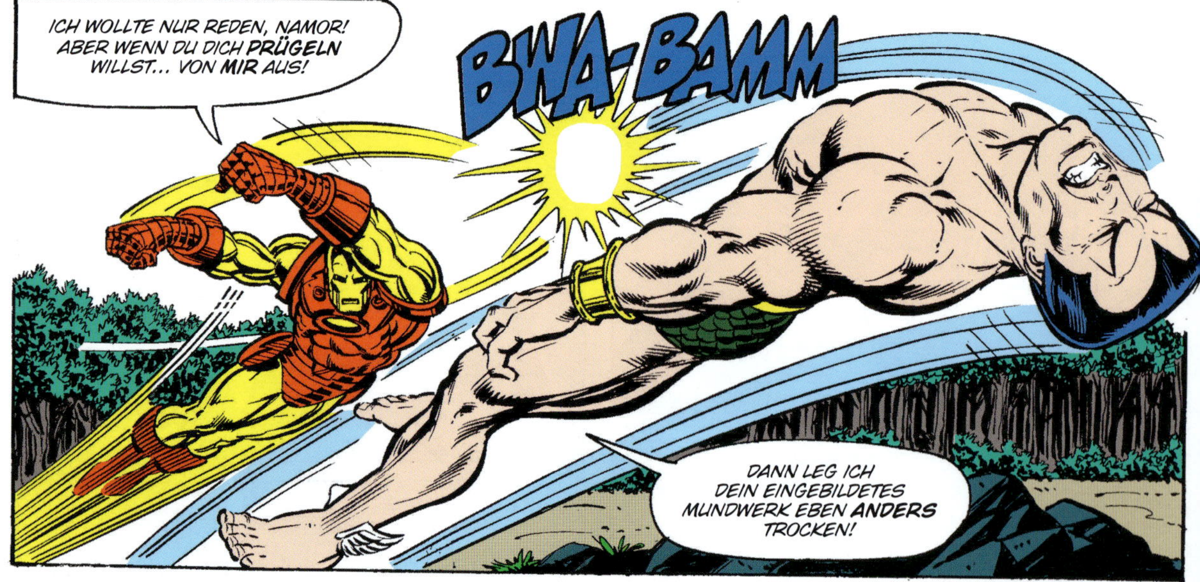
ICH WOLLTE NUR REDEN, NAMOR! ABER WENN DU DICH PRÜGELN WILLST... VON MIR AUS!
BWA-BAMM
DANN LEG ICH DEIN EINGEBILDETES MUNDWERK EBEN ANDERS TROCKEN!

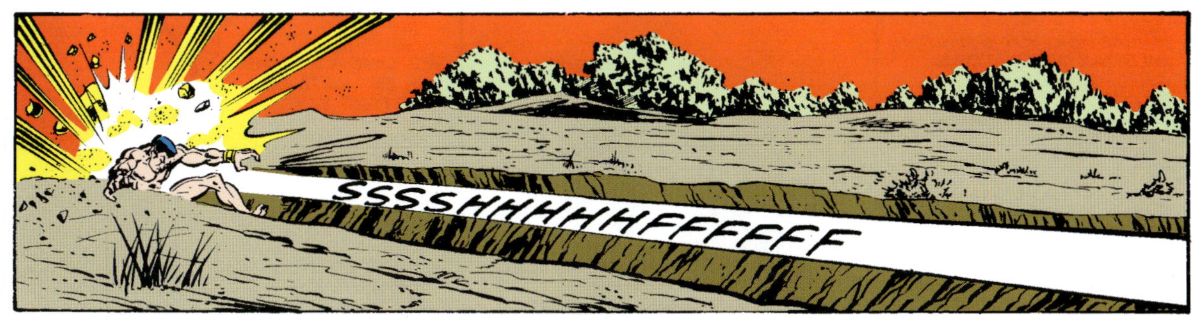

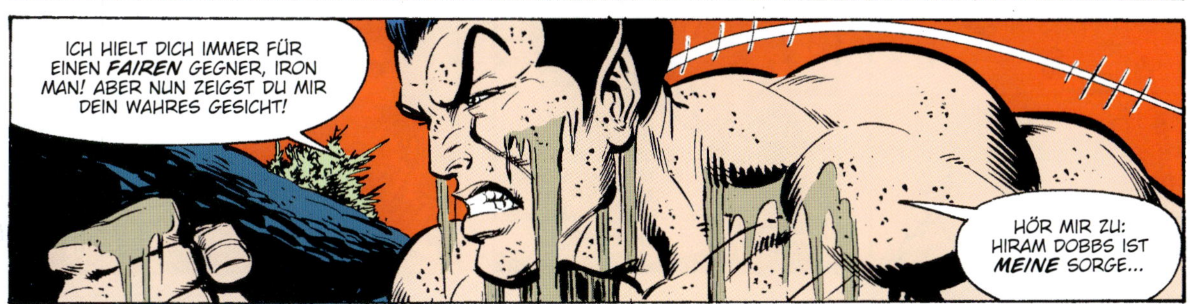

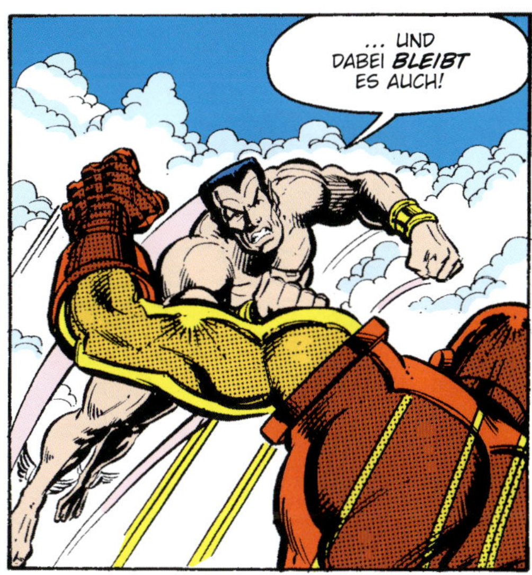

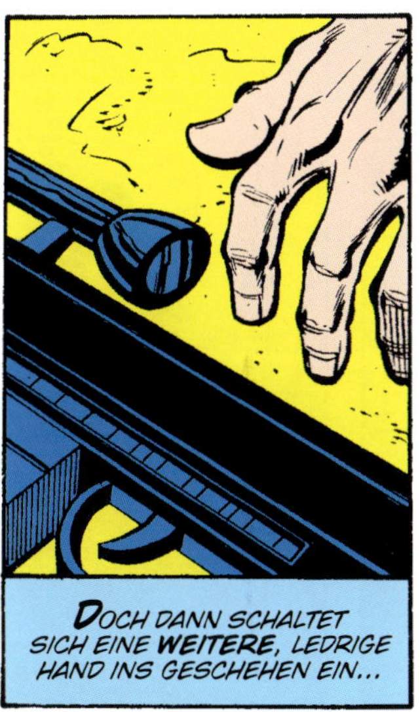

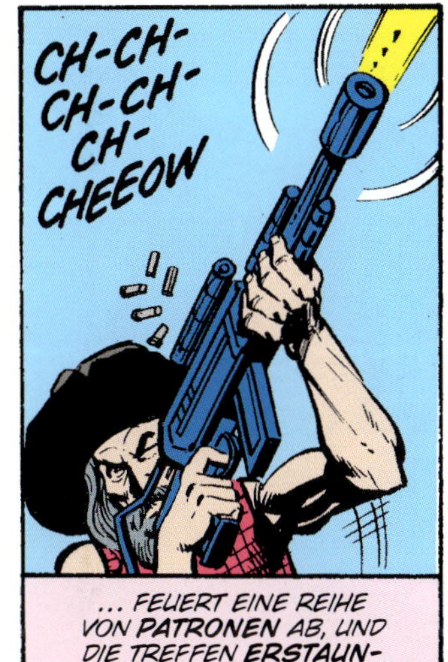

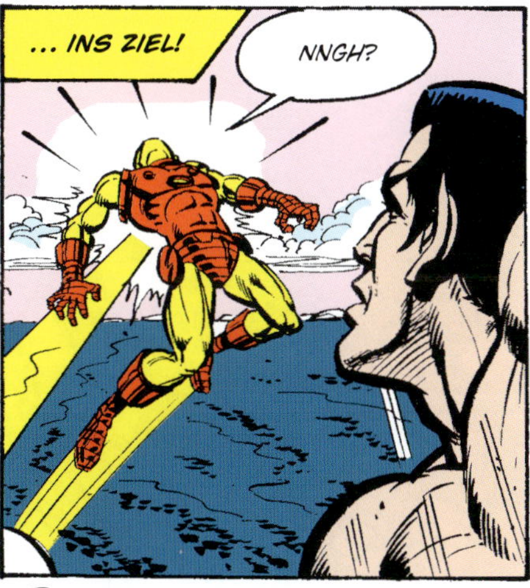

DIE KUGELN HINTERLASSEN KAUM EINEN KRATZER AN DER GOLDENEN RÜSTUNG, DOCH DER EINSCHLAG IST UNERWARTET, ÜBERRASCHEND UND BRINGT IHREN TRÄGER AUS DEM GLEICHGEWICHT. EXAKT EINE SEKUNDE...

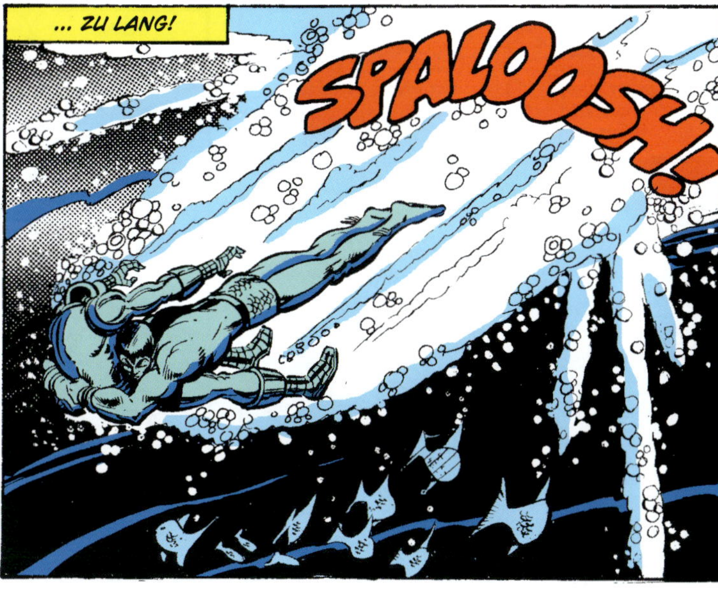

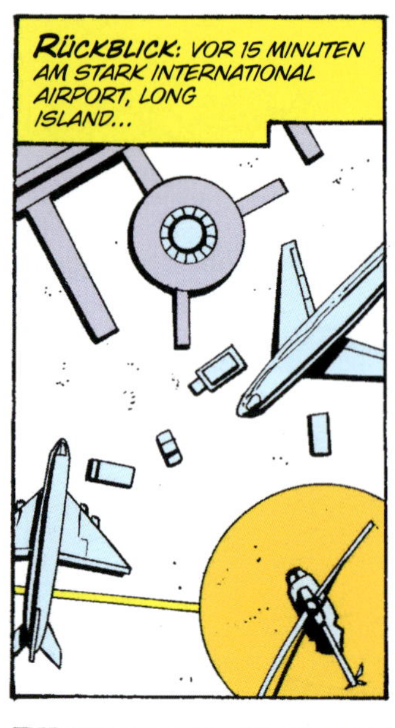
RÜCKBLICK: VOR 15 MINUTEN AM STARK INTERNATIONAL AIRPORT, LONG ISLAND...

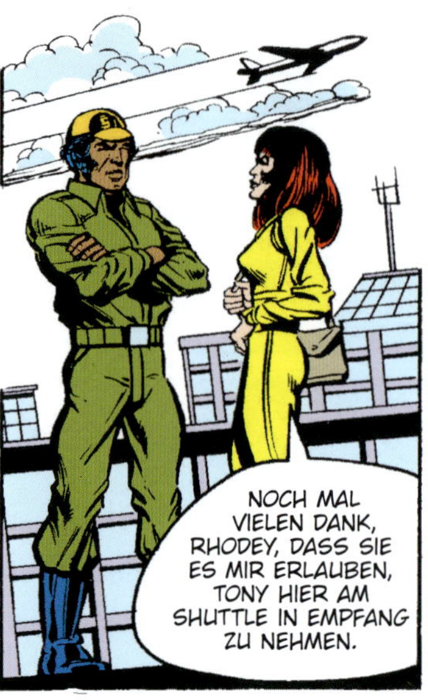
NOCH MAL VIELEN DANK, RHODEY, DASS SIE ES MIR ERLAUBEN, TONY HIER AM SHUTTLE IN EMPFANG ZU NEHMEN.
SI

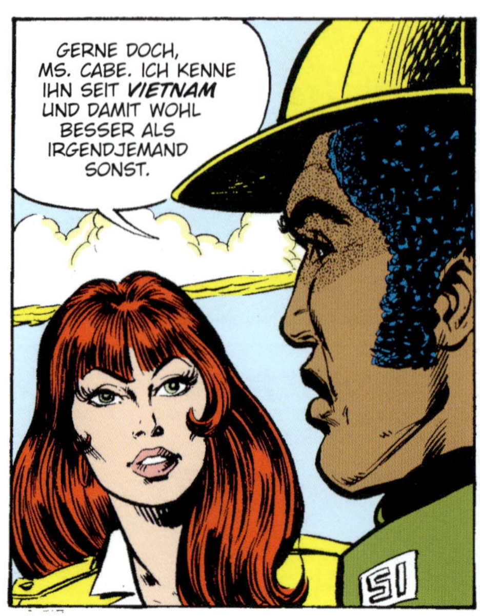
GERNE DOCH, MS. CABE. ICH KENNE IHN SEIT VIETNAM UND DAMIT WOHL BESSER ALS IRGENDJEMAND SONST.
SI

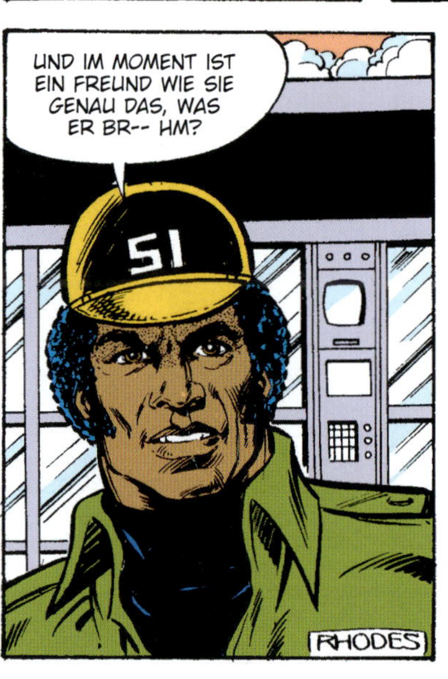
UND IM MOMENT IST EIN FREUND WIE SIE GENAU DAS, WAS ER BR-- HM?
SI
RHODES

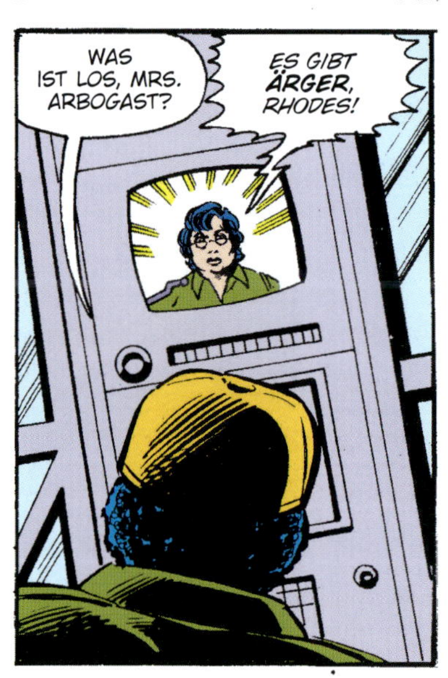
WAS IST LOS, MRS. ARBOGAST?
ES GIBT ÄRGER, RHODES!

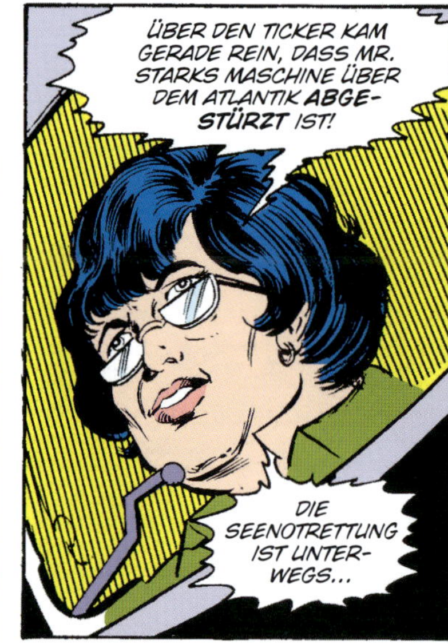
ÜBER DEN TICKER KAM GERADE REIN, DASS MR. STARKS MASCHINE ÜBER DEM ATLANTIK ABGE-STÜRZT IST!
DIE SEENOTRETTUNG IST UNTER-WEGS...

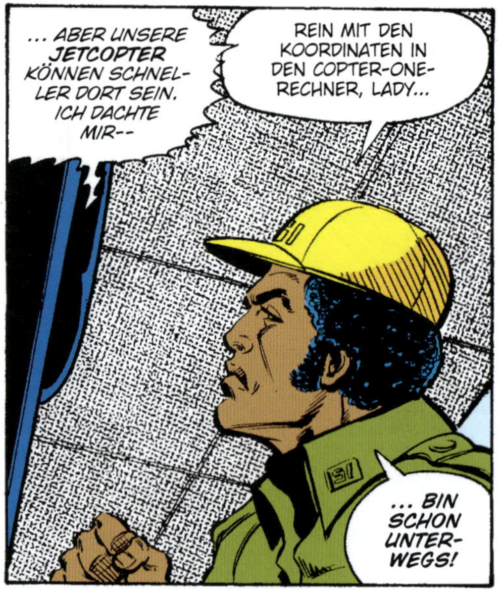
... ABER UNSERE JETCOPTER KÖNNEN SCHNEL-LER DORT SEIN. ICH DACHTE MIR--
REIN MIT DEN KOORDINATEN IN DEN COPTER-ONE-RECHNER, LADY...
... BIN SCHON UNTER-WEGS!

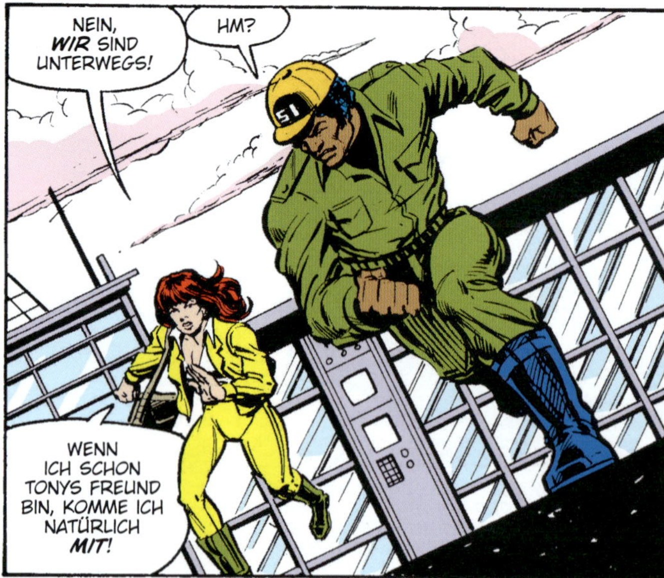
NEIN, WIR SIND UNTERWEGS!
HM?
SI
WENN ICH SCHON TONYS FREUND BIN, KOMME ICH NATÜRLICH MIT!

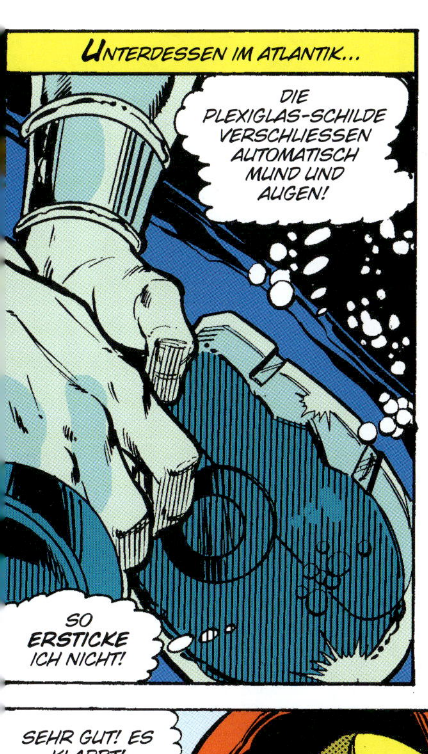
UNTERDESSEN IM ATLANTIK...
DIE PLEXIGLAS-SCHILDE VERSCHLIESSEN AUTOMATISCH MUND UND AUGEN!
SO **ERSTICKE** ICH NICHT!

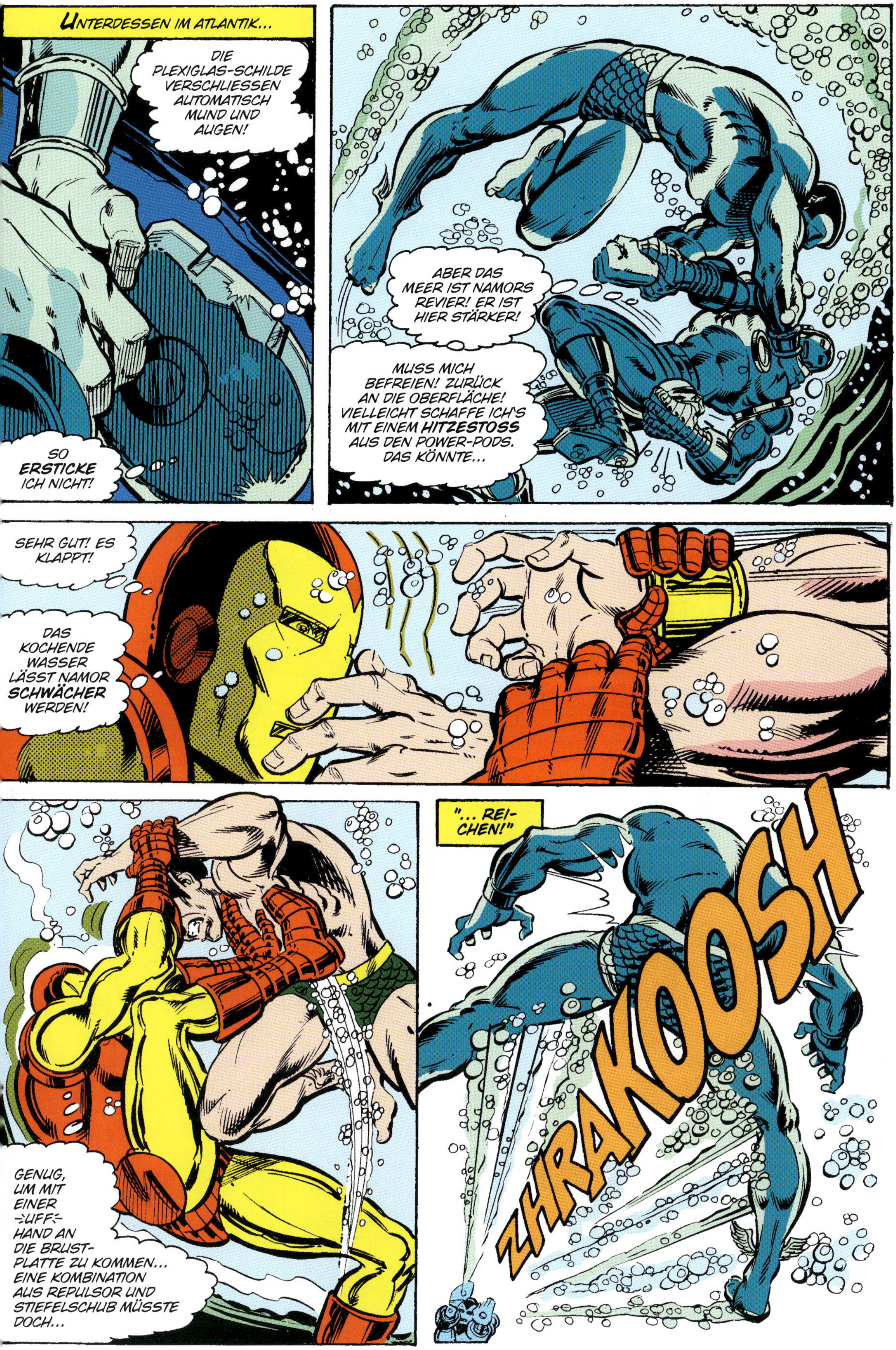

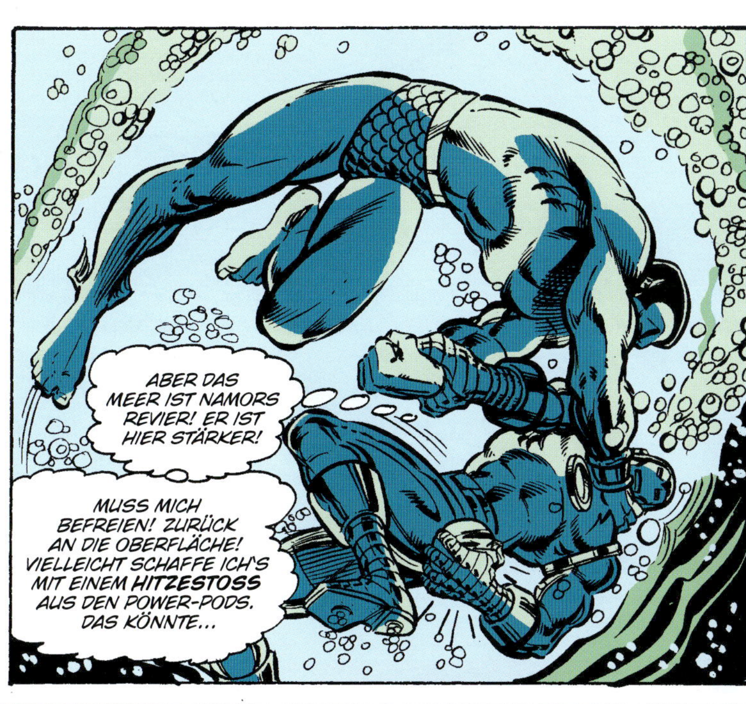
ABER DAS MEER IST NAMORS REVIER! ER IST HIER STÄRKER!
MUSS MICH BEFREIEN! ZURÜCK AN DIE OBERFLÄCHE! VIELLEICHT SCHAFFE ICH'S MIT EINEM **HITZESTOSS** AUS DEN POWER-PODS. DAS KÖNNTE...

SEHR GUT! ES KLAPPT!
DAS KOCHENDE WASSER LÄSST NAMOR **SCHWÄCHER** WERDEN!
GENUG, UM MIT EINER -UFF- HAND AN DIE BRUST-PLATTE ZU KOMMEN... EINE KOMBINATION AUS REPULSOR UND STIEFELSCHUB MÜSSTE DOCH...
"... REI-CHEN!"
ZHRAKOOSH

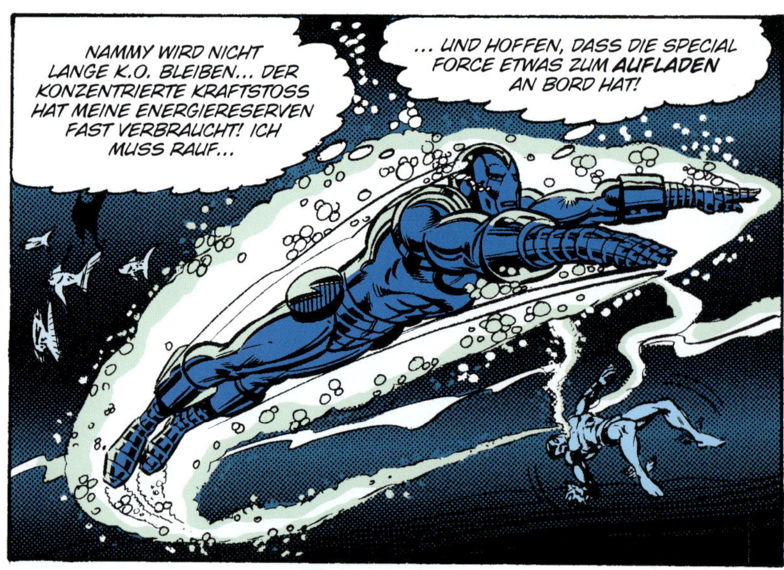
NAMMY WIRD NICHT LANGE K.O. BLEIBEN... DER KONZENTRIERTE KRAFTSTOSS HAT MEINE ENERGIERESERVEN FAST VERBRAUCHT! ICH MUSS RAUF...
... UND HOFFEN, DASS DIE SPECIAL FORCE ETWAS ZUM **AUFLADEN** AN BORD HAT!

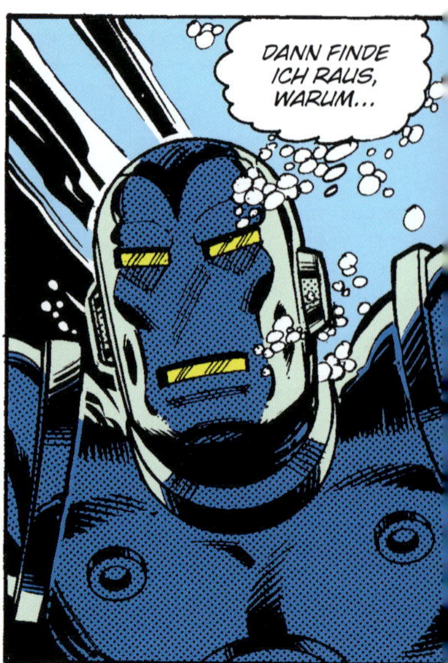
DANN FINDE ICH RAUS, WARUM...

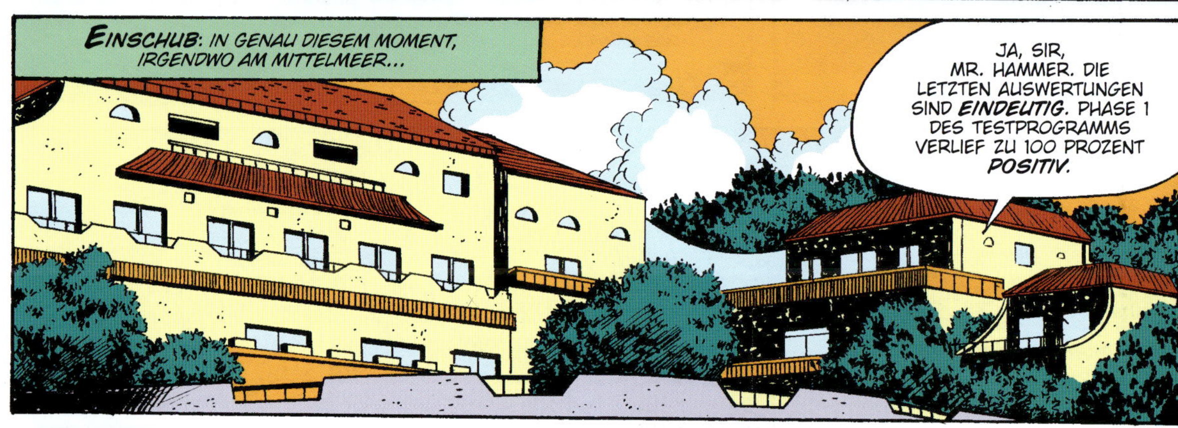
EINSCHUB: IN GENAU DIESEM MOMENT, IRGENDWO AM MITTELMEER...
JA, SIR, MR. HAMMER. DIE LETZTEN AUSWERTUNGEN SIND **EINDEUTIG**. PHASE 1 DES TESTPROGRAMMS VERLIEF ZU 100 PROZENT **POSITIV**.

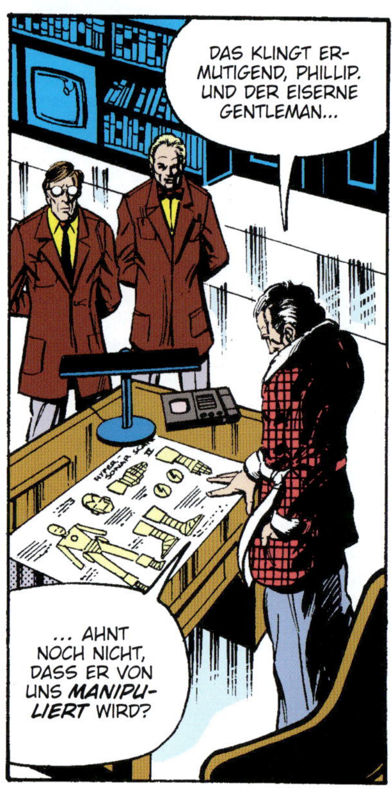
DAS KLINGT ERMUTIGEND, PHILLIP. UND DER EISERNE GENTLEMAN...
... AHNT NOCH NICHT, DASS ER VON UNS **MANIPULIERT** WIRD?

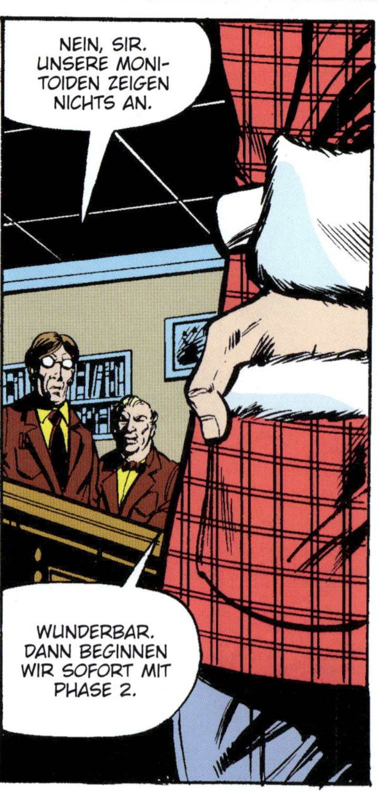
NEIN, SIR. UNSERE MONITOIDEN ZEIGEN NICHTS AN.
WUNDERBAR. DANN BEGINNEN WIR SOFORT MIT PHASE 2.

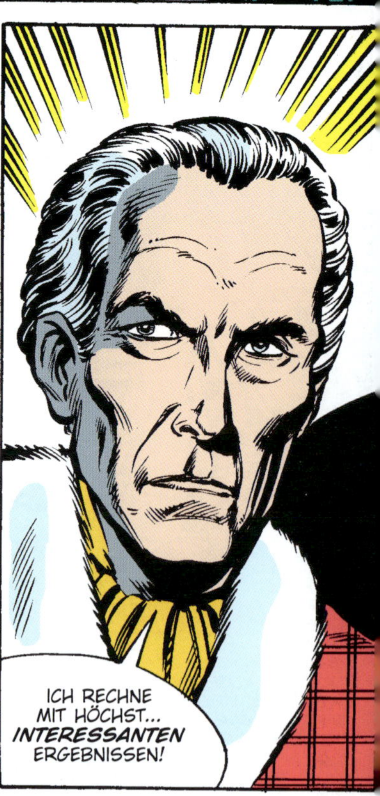
ICH RECHNE MIT HÖCHST... **INTERESSANTEN** ERGEBNISSEN!

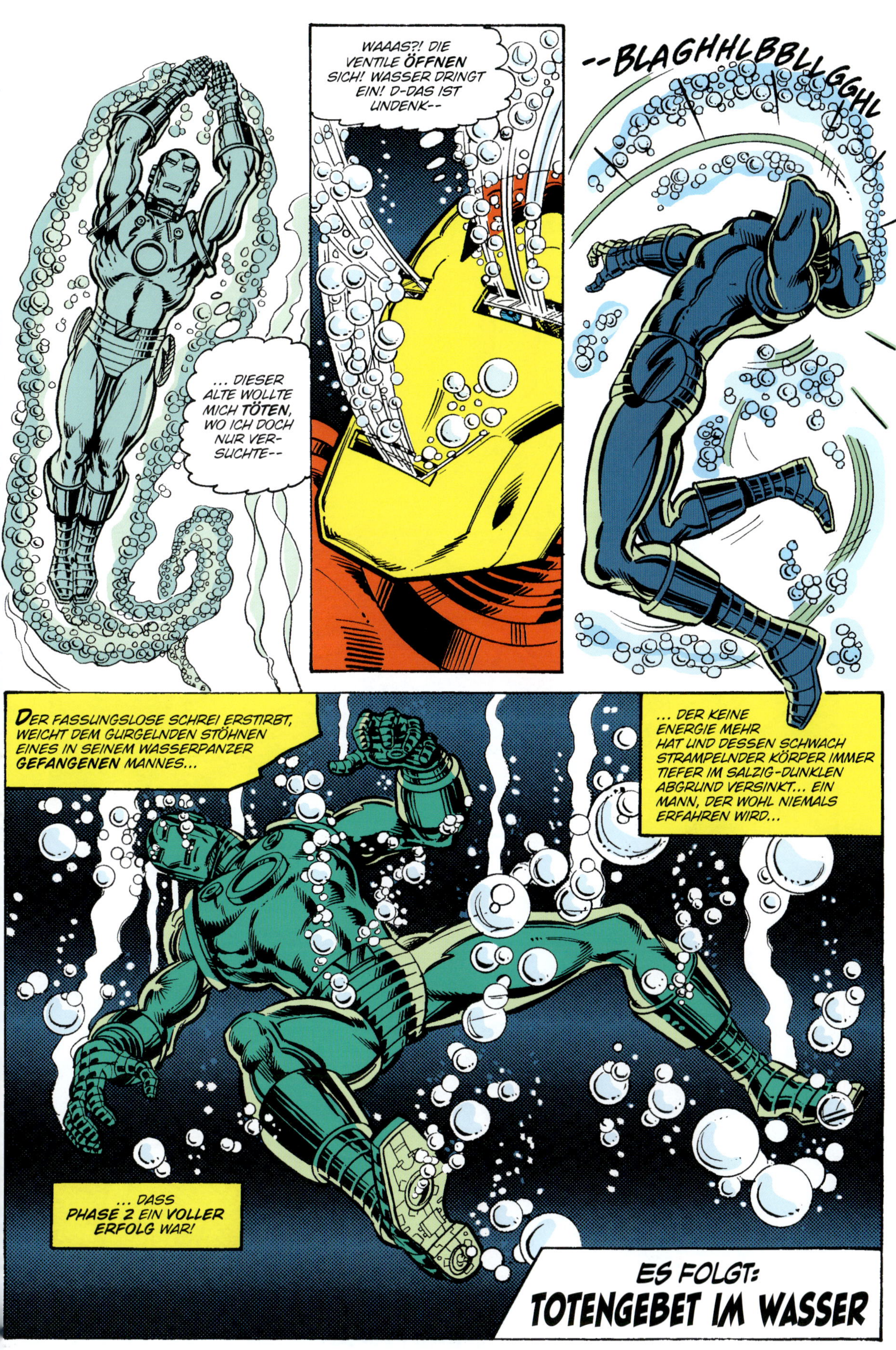
... DIESER ALTE WOLLTE MICH TÖTEN, WO ICH DOCH NUR VERSUCHTE--
WAAAS?! DIE VENTILE ÖFFNEN SICH! WASSER DRINGT EIN! D-DAS IST UNDENK--
--BLAGHHLBBLLGGHL
DER FASSUNGSLOSE SCHREI ERSTIRBT, WEICHT DEM GURGELNDEN STÖHNEN EINES IN SEINEM WASSERPANZER GEFANGENEN MANNES...
... DER KEINE ENERGIE MEHR HAT UND DESSEN SCHWACH STRAMPELNDER KÖRPER IMMER TIEFER IM SALZIG-DUNKLEN ABGRUND VERSINKT... EIN MANN, DER WOHL NIEMALS ERFAHREN WIRD...
... DASS PHASE 2 EIN VOLLER ERFOLG WAR!
ES FOLGT:
TOTENGEBET IM WASSER

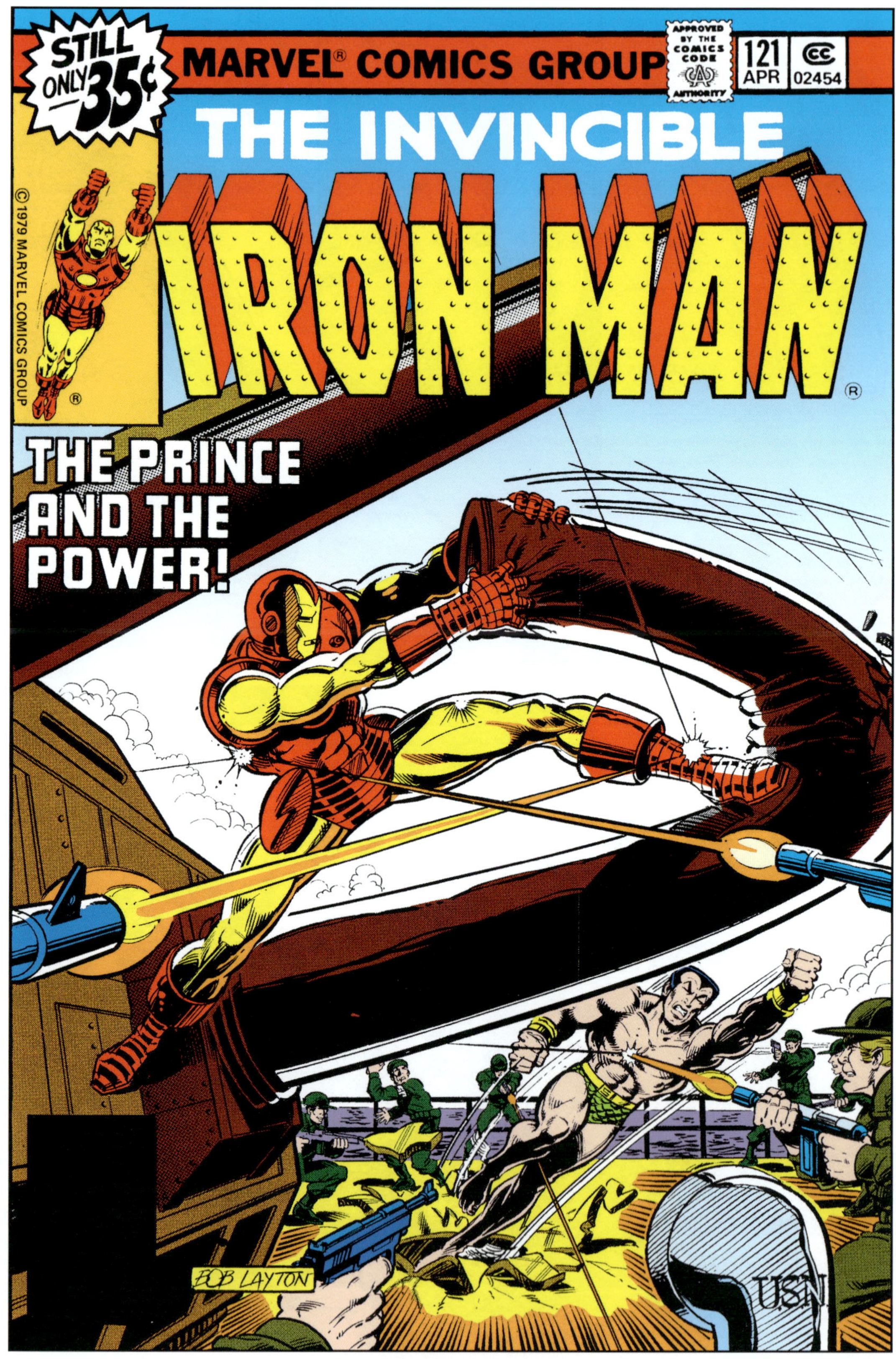

Iron Man (1968) 121
Cover von **BOB LAYTON**

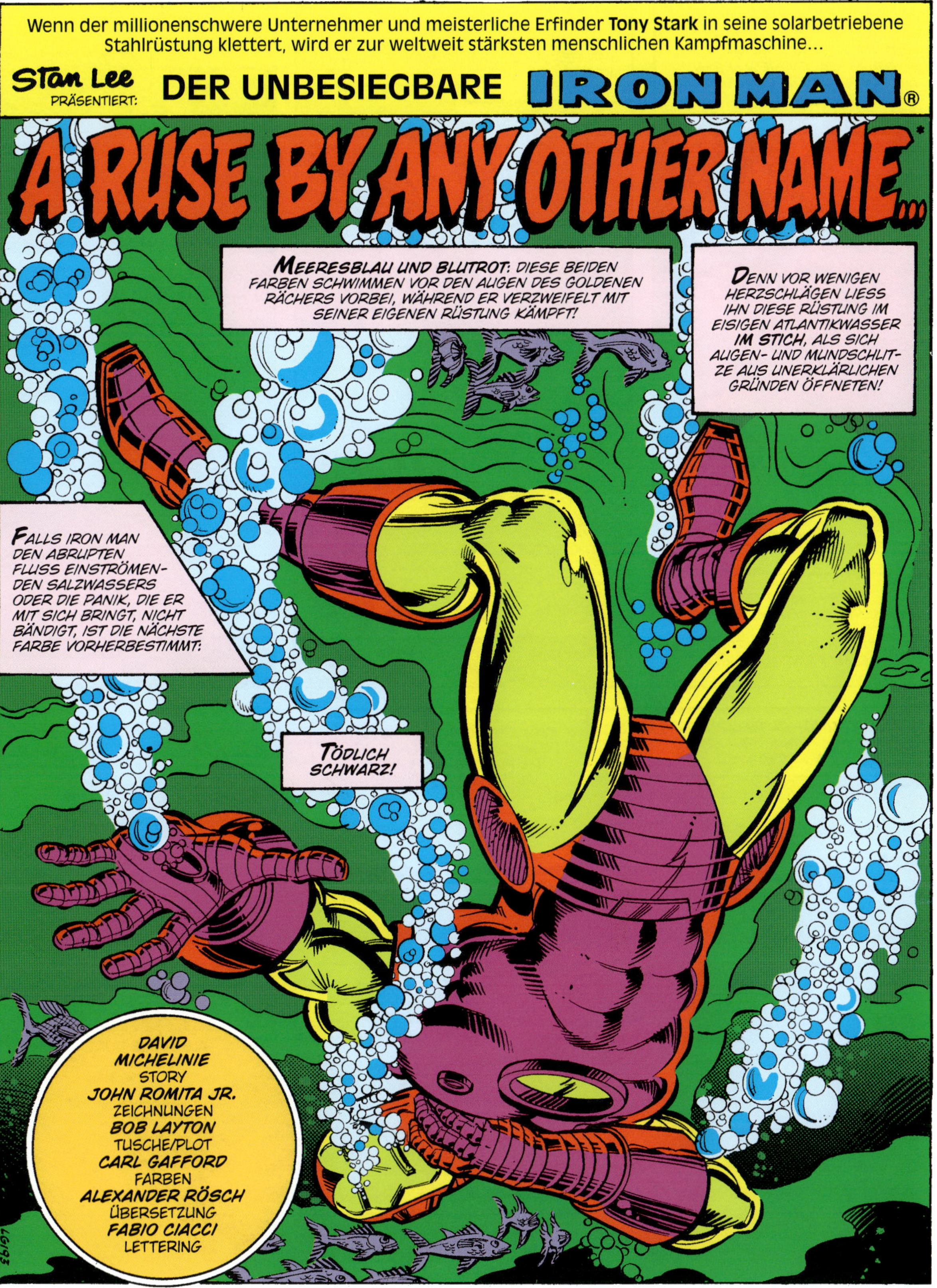

* EINE LIST DER BESONDEREN ART

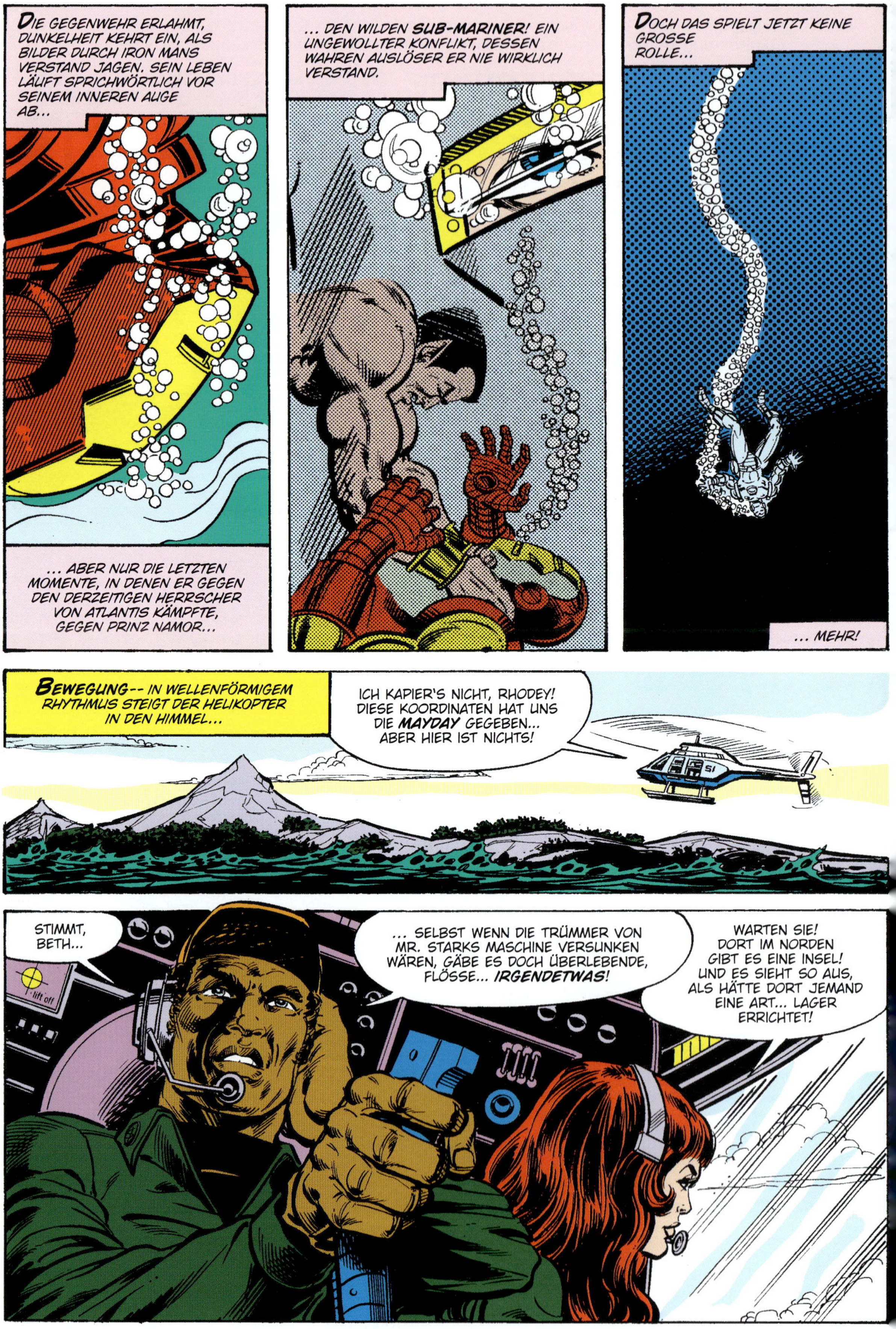

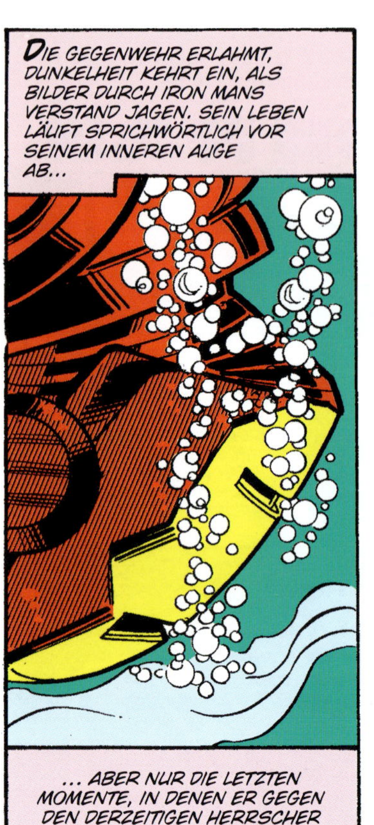
DIE GEGENWEHR ERLAHMT, DUNKELHEIT KEHRT EIN, ALS BILDER DURCH IRON MANS VERSTAND JAGEN. SEIN LEBEN LÄUFT SPRICHWÖRTLICH VOR SEINEM INNEREN AUGE AB...
... ABER NUR DIE LETZTEN MOMENTE, IN DENEN ER GEGEN DEN DERZEITIGEN HERRSCHER VON ATLANTIS KÄMPFTE, GEGEN PRINZ NAMOR...

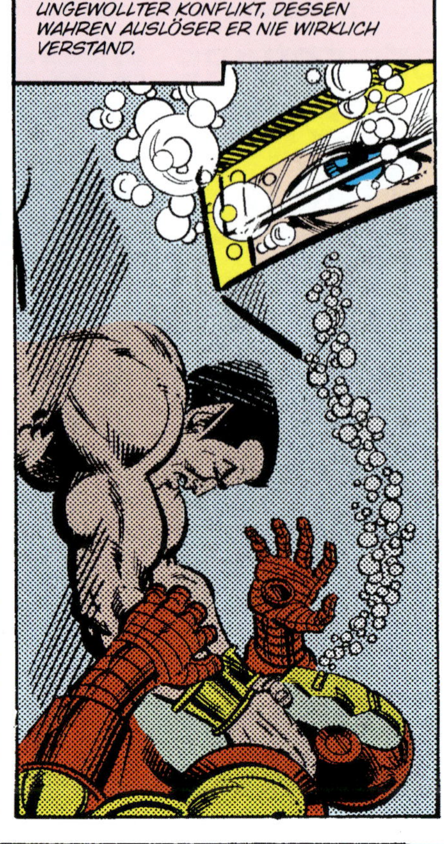
... DEN WILDEN SUB-MARINER! EIN UNGEWOLLTER KONFLIKT, DESSEN WAHREN AUSLÖSER ER NIE WIRKLICH VERSTAND.

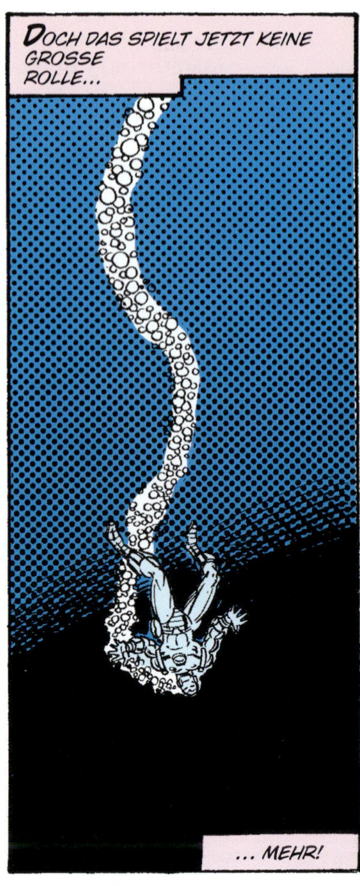
DOCH DAS SPIELT JETZT KEINE GROSSE ROLLE...
... MEHR!

BEWEGUNG-- IN WELLENFÖRMIGEM RHYTHMUS STEIGT DER HELIKOPTER IN DEN HIMMEL...
ICH KAPIER'S NICHT, RHODEY! DIESE KOORDINATEN HAT UNS DIE MAYDAY GEGEBEN... ABER HIER IST NICHTS!
SI
STIMMT, BETH...
lift off
... SELBST WENN DIE TRÜMMER VON MR. STARKS MASCHINE VERSUNKEN WÄREN, GÄBE ES DOCH ÜBERLEBENDE, FLÖSSE... IRGENDETWAS!
WARTEN SIE! DORT IM NORDEN GIBT ES EINE INSEL! UND ES SIEHT SO AUS, ALS HÄTTE DORT JEMAND EINE ART... LAGER ERRICHTET!

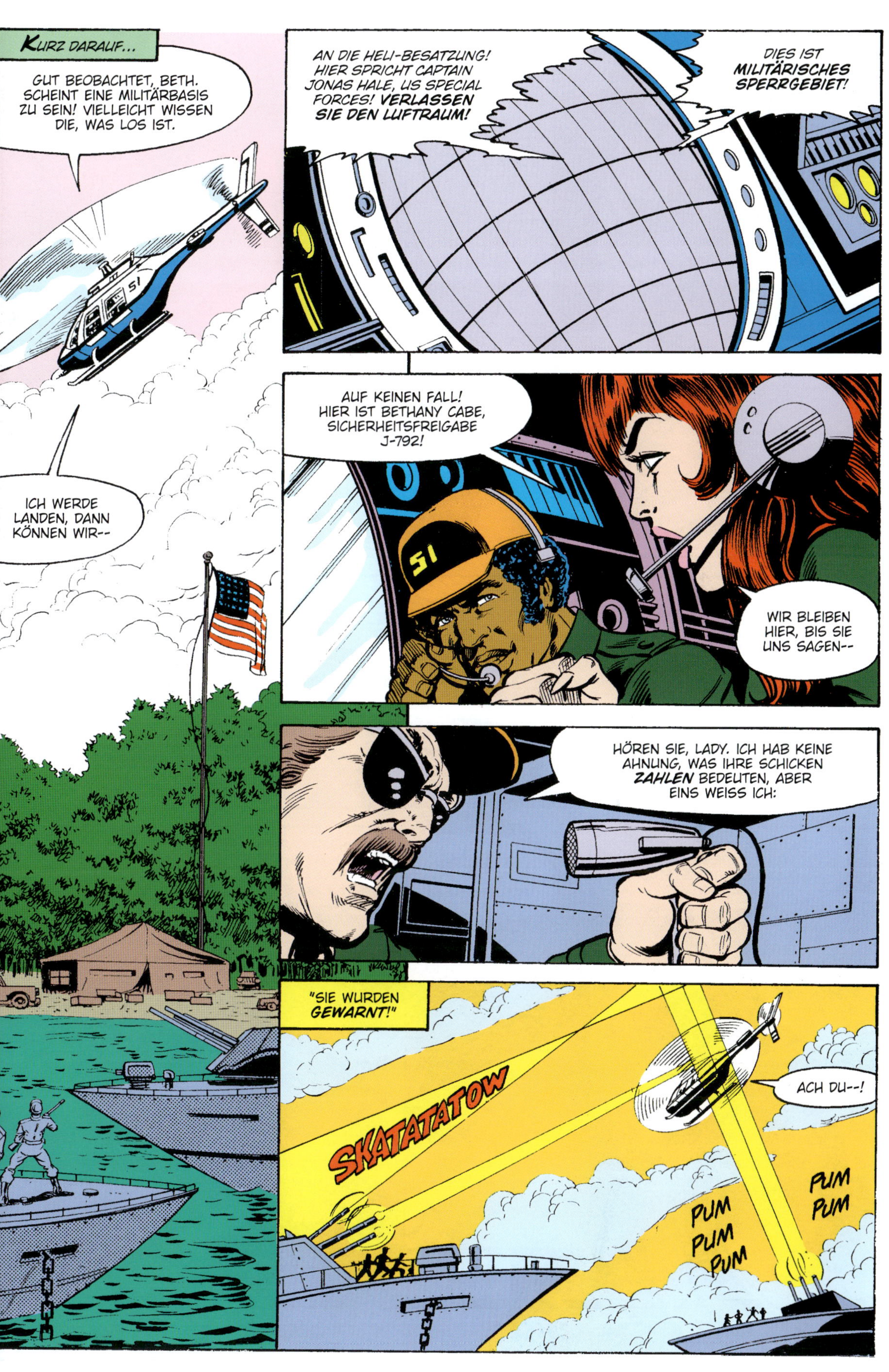
KURZ DARAUF...
GUT BEOBACHTET, BETH. SCHEINT EINE MILITÄRBASIS ZU SEIN! VIELLEICHT WISSEN DIE, WAS LOS IST.
AN DIE HELI-BESATZUNG! HIER SPRICHT CAPTAIN JONAS HALE, US SPECIAL FORCES! VERLASSEN SIE DEN LUFTRAUM!
DIES IST MILITÄRISCHES SPERRGEBIET!
ICH WERDE LANDEN, DANN KÖNNEN WIR--
AUF KEINEN FALL! HIER IST BETHANY CABE, SICHERHEITSFREIGABE J-792!
WIR BLEIBEN HIER, BIS SIE UNS SAGEN--
HÖREN SIE, LADY. ICH HAB KEINE AHNUNG, WAS IHRE SCHICKEN ZAHLEN BEDEUTEN, ABER EINS WEISS ICH:
"SIE WURDEN GEWARNT!"
SKATATATOW
ACH DU--!
PUM PUM PUM
PUM PUM

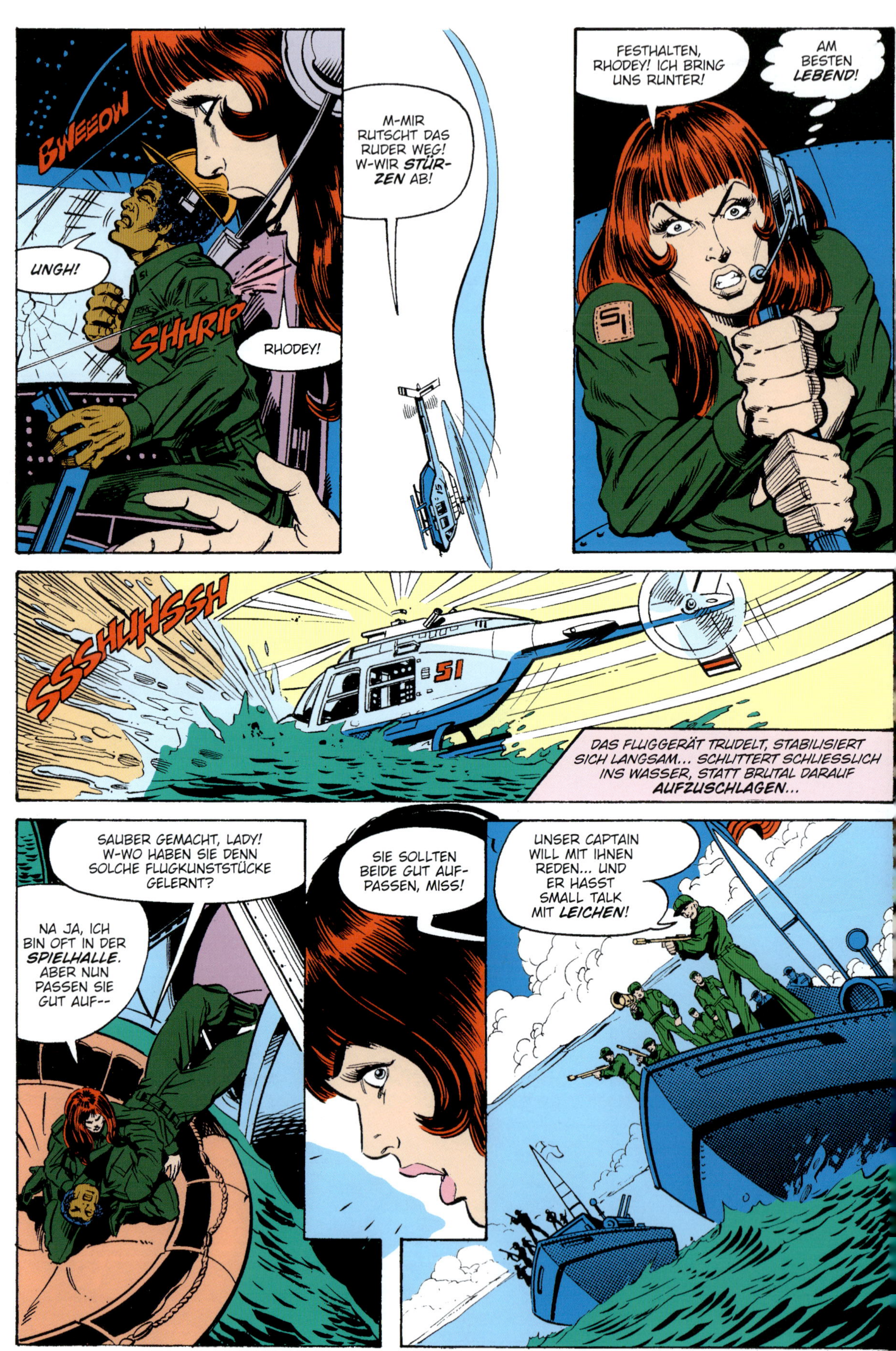
BWEEOW
UNGH!
SHHRIP
RHODEY!
M-MIR RUTSCHT DAS RUDER WEG! W-WIR STÜRZEN AB!
FESTHALTEN, RHODEY! ICH BRING UNS RUNTER!
AM BESTEN LEBEND!
SSSHUHSSSH
DAS FLUGGERÄT TRUDELT, STABILISIERT SICH LANGSAM... SCHLITTERT SCHLIESSLICH INS WASSER, STATT BRUTAL DARAUF AUFZUSCHLAGEN...
SAUBER GEMACHT, LADY! W-WO HABEN SIE DENN SOLCHE FLUGKUNSTSTÜCKE GELERNT?
NA JA, ICH BIN OFT IN DER SPIELHALLE. ABER NUN PASSEN SIE GUT AUF--
SIE SOLLTEN BEIDE GUT AUFPASSEN, MISS!
UNSER CAPTAIN WILL MIT IHNEN REDEN... UND ER HASST SMALL TALK MIT LEICHEN!

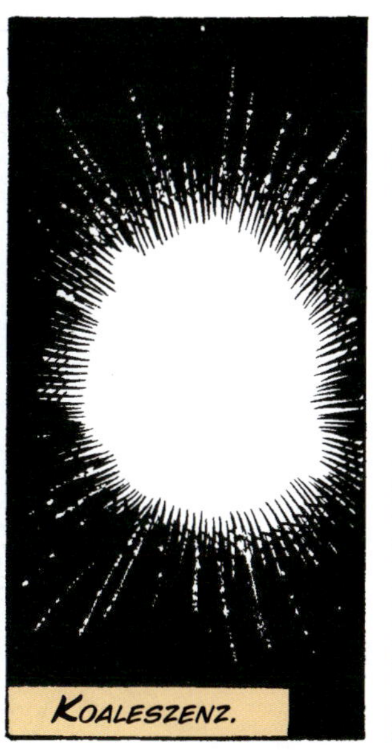
KOALESZENZ.
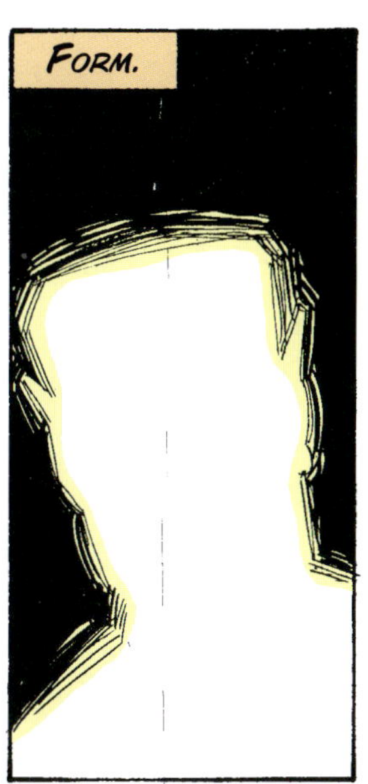
FORM.
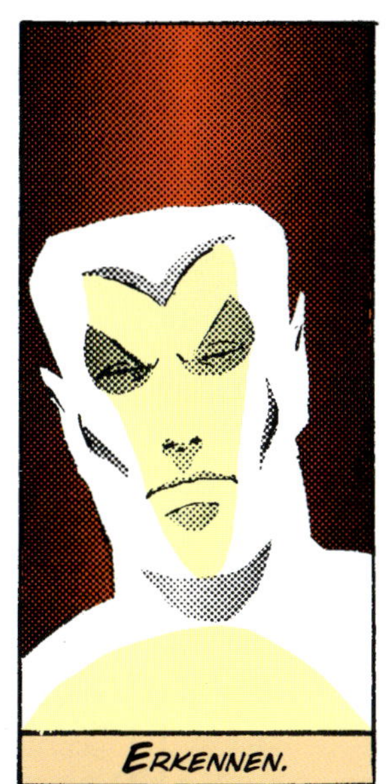
ERKENNEN.
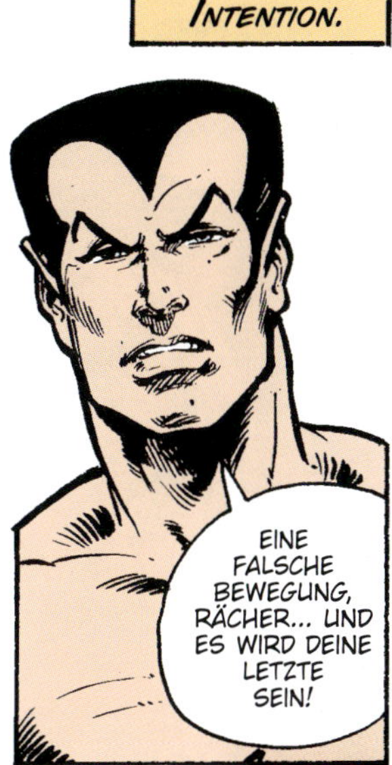
INTENTION.
EINE FALSCHE BEWEGUNG, RÄCHER... UND ES WIRD DEINE LETZTE SEIN!
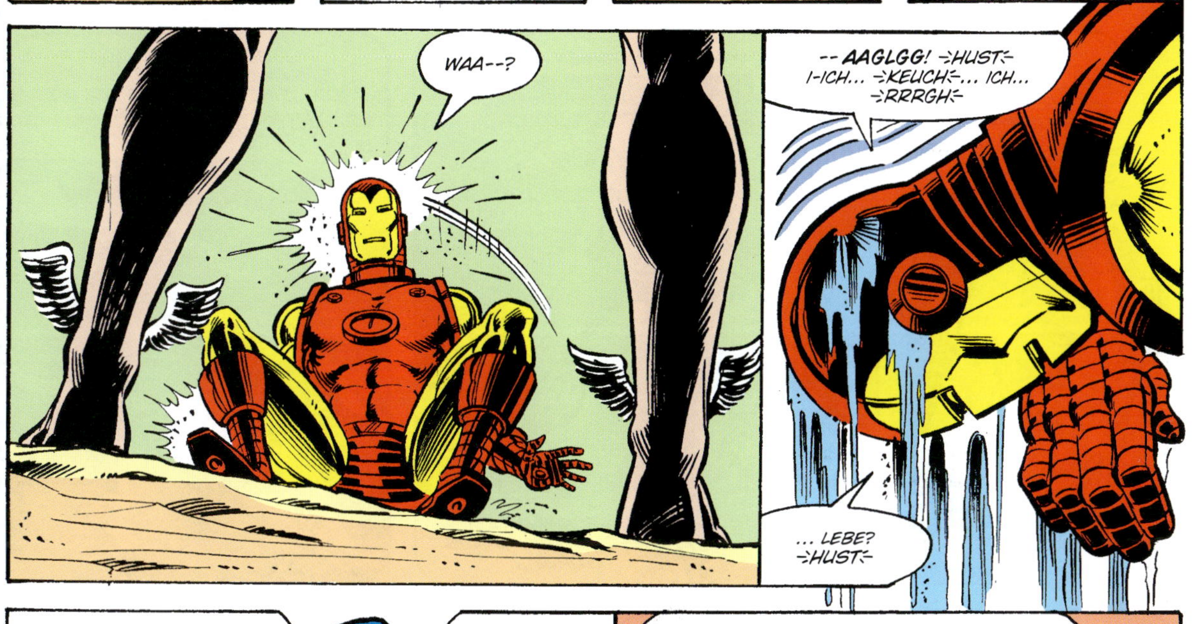
WAA--?
--AAGLGG! =HUST= I-ICH... =KEUCH=... ICH... =RRRGH=
... LEBE? =HUST=
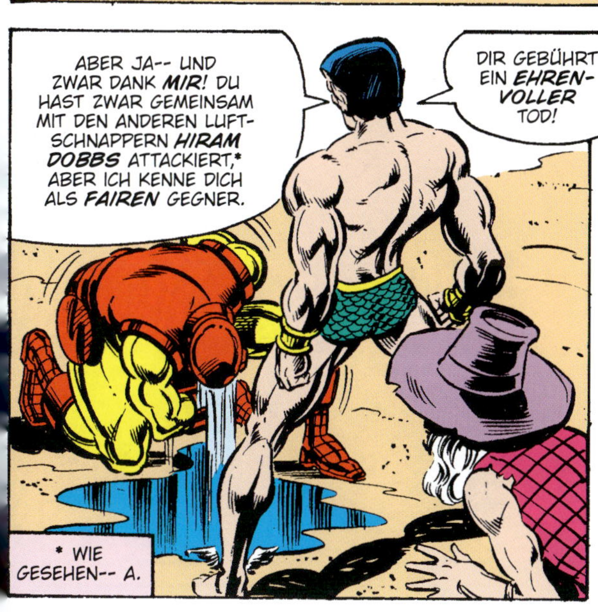
ABER JA-- UND ZWAR DANK MIR! DU HAST ZWAR GEMEINSAM MIT DEN ANDEREN LUFT-SCHNAPPERN HIRAM DOBBS ATTACKIERT,* ABER ICH KENNE DICH ALS FAIREN GEGNER.
DIR GEBÜHRT EIN EHREN-VOLLER TOD!
* WIE GESEHEN-- A.
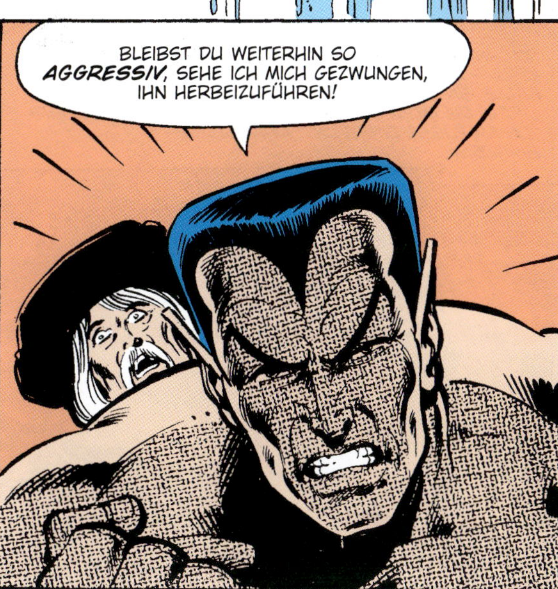
BLEIBST DU WEITERHIN SO AGGRESSIV, SEHE ICH MICH GEZWUNGEN, IHN HERBEIZUFÜHREN!

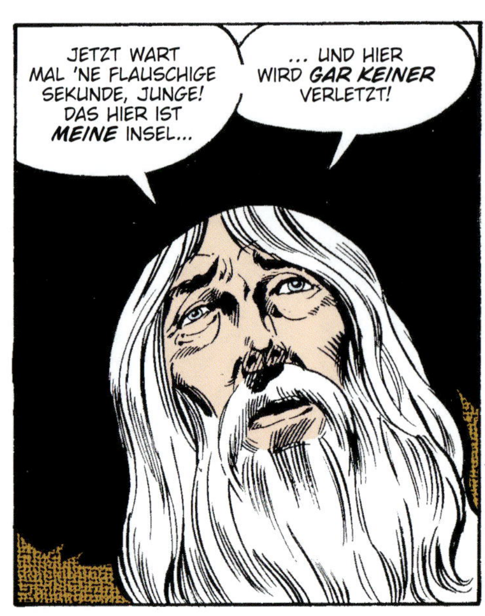
JETZT WART MAL 'NE FLAUSCHIGE SEKUNDE, JUNGE! DAS HIER IST MEINE INSEL...
... UND HIER WIRD GAR KEINER VERLETZT!

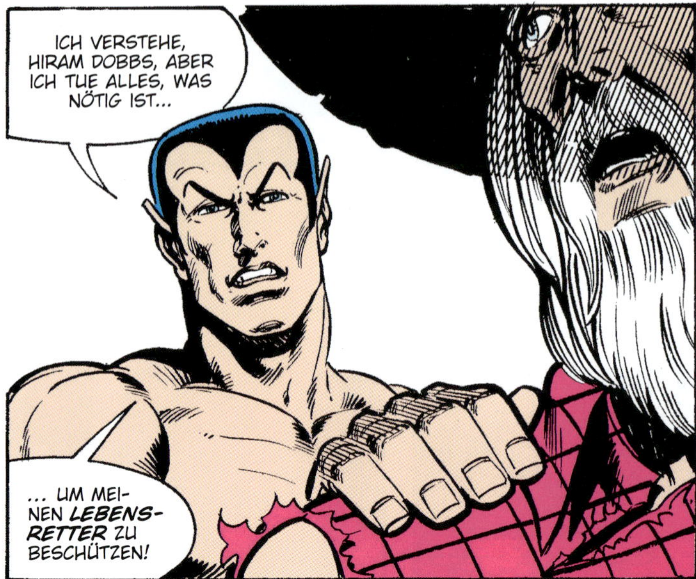
ICH VERSTEHE, HIRAM DOBBS, ABER ICH TUE ALLES, WAS NÖTIG IST...
... UM MEINEN LEBENSRETTER ZU BESCHÜTZEN!

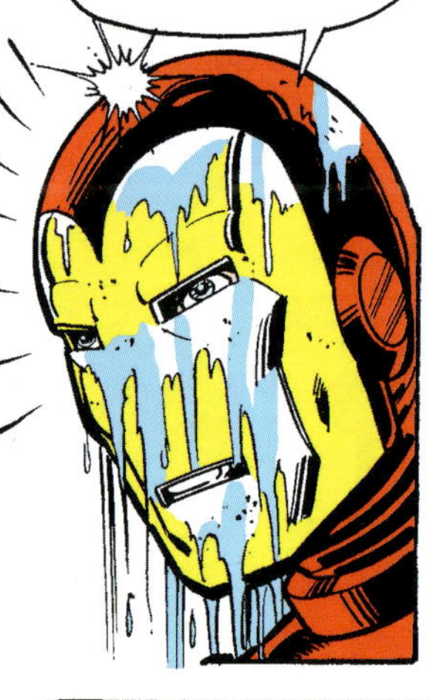
WAS? DIESER ALTE... ÄHM... "GENTLEMAN" HAT DIR DAS LEBEN GERETTET?

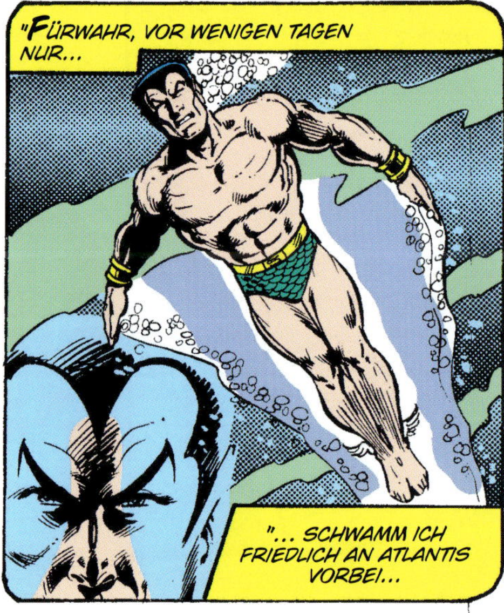
"FÜRWAHR, VOR WENIGEN TAGEN NUR...
"... SCHWAMM ICH FRIEDLICH AN ATLANTIS VORBEI...

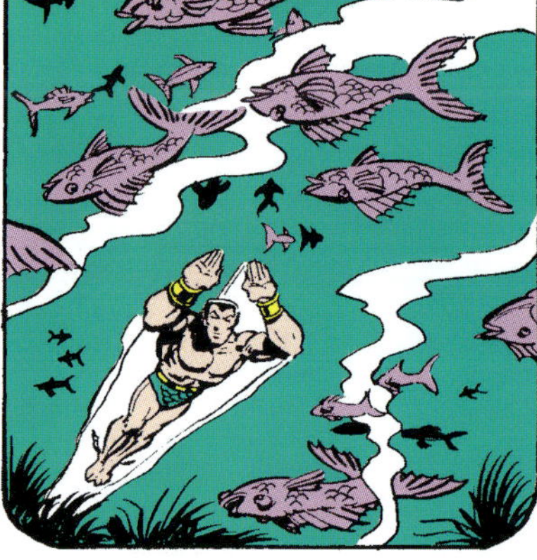
"... SEHNTE MICH NACH EINSAMKEIT UND STIESS AUF TOD... EINE KRÄNKLICHE SEE MIT DEN ÜBERRESTEN GANZER SCHWÄRME VON FISCHEN.

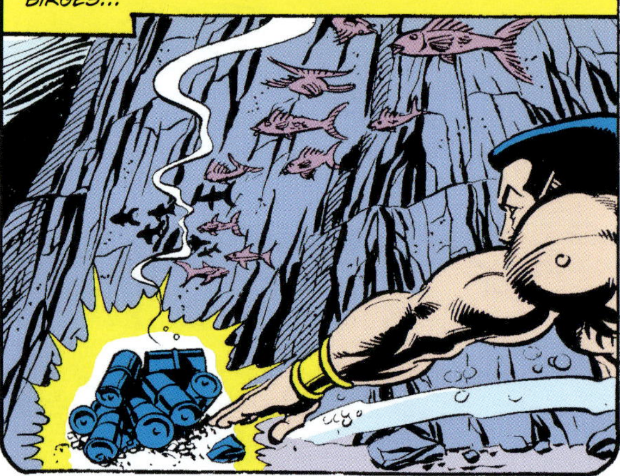
"SCHNELL ENTDECKTE ICH DIE URSACHE DES MASSAKERS-- KANISTER VOLLER PETROCHEMISCHER GIFTABFÄLLE, ENTSORGT VON LUFTATMERN, DIE IHR TÖDLICHES GIFT IN DIE OZEANE SCHWEMMEN. DIE KANISTER LAGERTEN AM FUSSE EINES UNTERWASSERGEBIRGES...

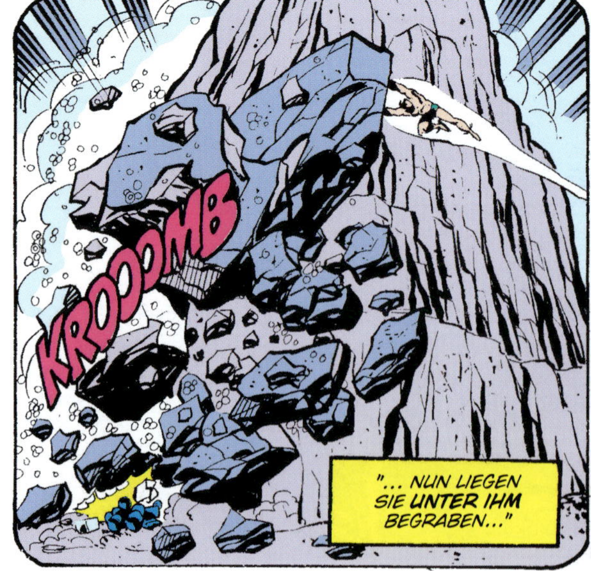
KROOOMB
"... NUN LIEGEN SIE UNTER IHM BEGRABEN..."

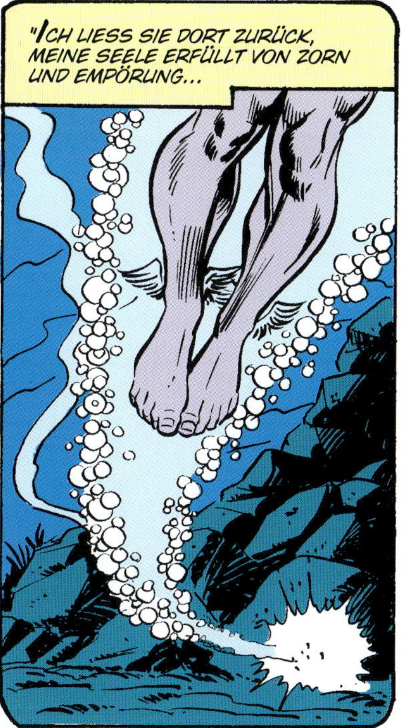
"Ich liess sie dort zurück, meine Seele erfüllt von Zorn und Empörung...

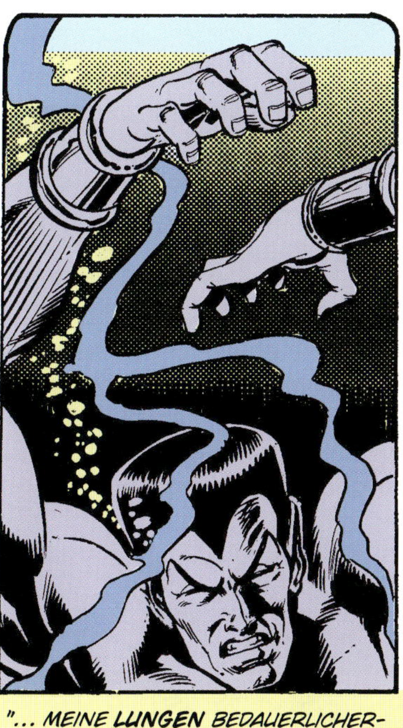
"... meine **Lungen** bedauerlicherweise gefüllt mit giftigem Wasser! Ich verlor das Bewusstsein...

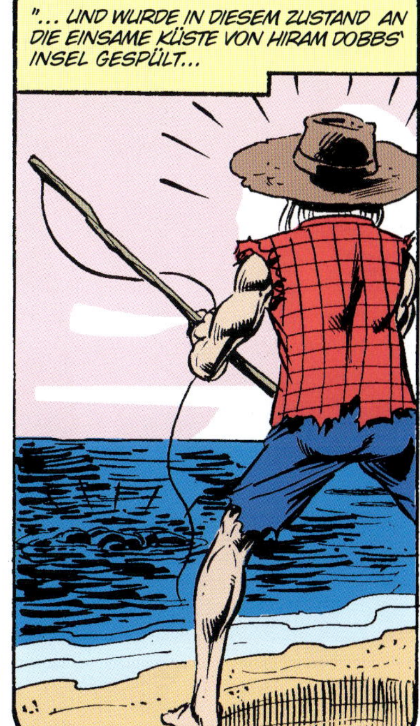
"... und wurde in diesem Zustand an die einsame Küste von Hiram Dobbs' Insel gespült...

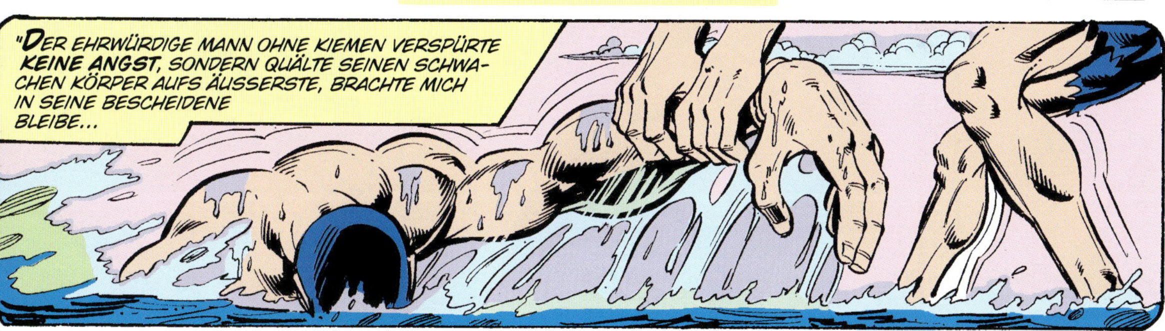
"Der ehrwürdige Mann ohne Kiemen verspürte **keine Angst**, sondern quälte seinen schwachen Körper aufs Äusserste, brachte mich in seine bescheidene Bleibe...

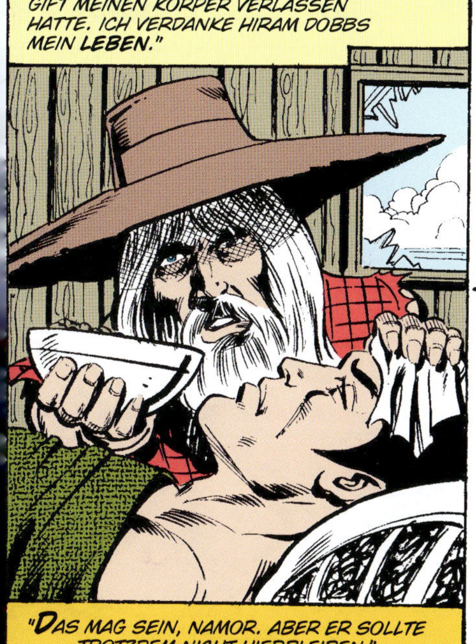
"... dort pflegte er mich, bis das Gift meinen Körper verlassen hatte. Ich verdanke Hiram Dobbs mein **Leben**."
"Das mag sein, Namor. Aber er sollte trotzdem nicht hierbleiben."

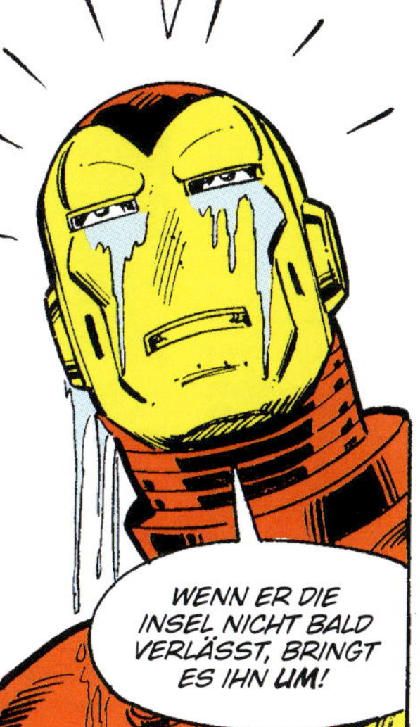
Diese Insel wird vom Militär schon seit Jahren als geheime Lagerstätte für **Nuklearabfälle** genutzt!
Wenn er die Insel nicht bald verlässt, bringt es ihn **um**!

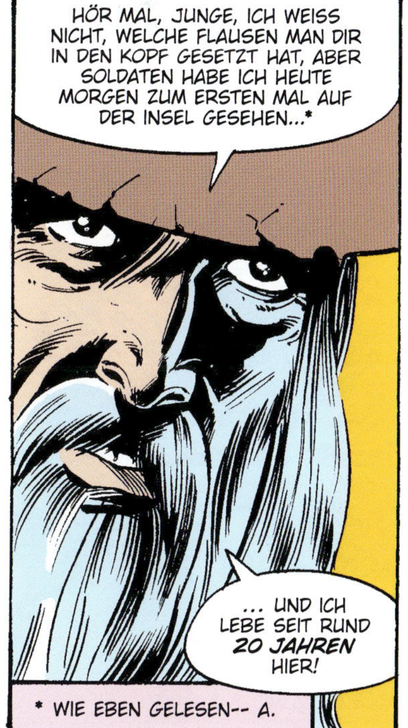
Hör mal, Junge, ich weiss nicht, welche Flausen man dir in den Kopf gesetzt hat, aber Soldaten habe ich heute Morgen zum ersten Mal auf der Insel gesehen...*
... und ich lebe seit rund **20 Jahren** hier!
* Wie eben gelesen-- A.

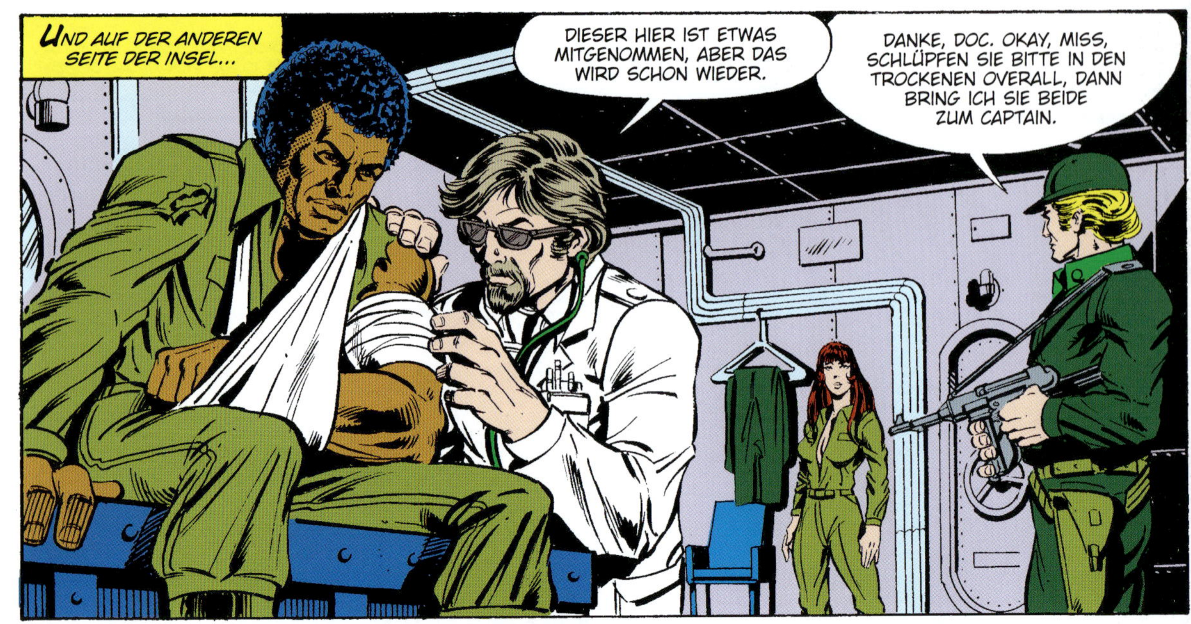
UND AUF DER ANDEREN SEITE DER INSEL...
DIESER HIER IST ETWAS MITGENOMMEN, ABER DAS WIRD SCHON WIEDER.
DANKE, DOC. OKAY, MISS, SCHLÜPFEN SIE BITTE IN DEN TROCKENEN OVERALL, DANN BRING ICH SIE BEIDE ZUM CAPTAIN.

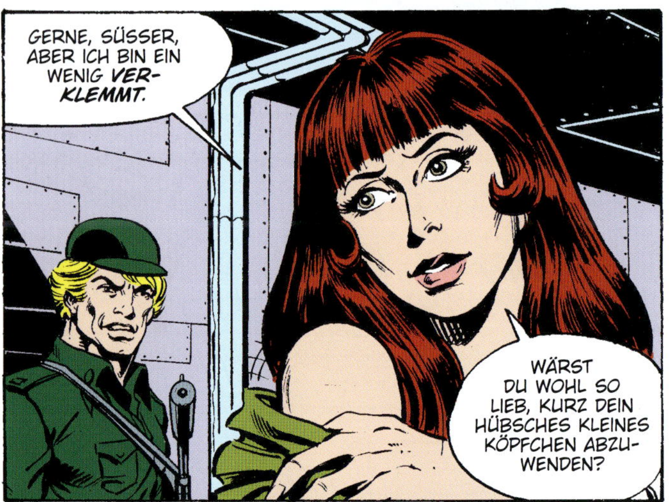
GERNE, SÜSSER, ABER ICH BIN EIN WENIG **VERKLEMMT**.
WÄRST DU WOHL SO LIEB, KURZ DEIN HÜBSCHES KLEINES KÖPFCHEN ABZUWENDEN?

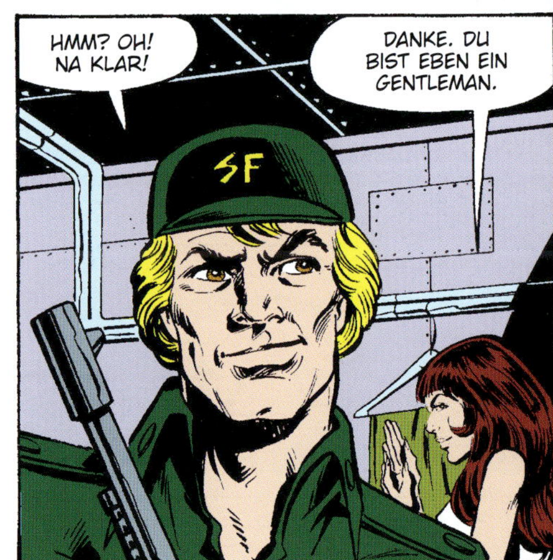
HMM? OH! NA KLAR!
DANKE. DU BIST EBEN EIN GENTLEMAN.
SF

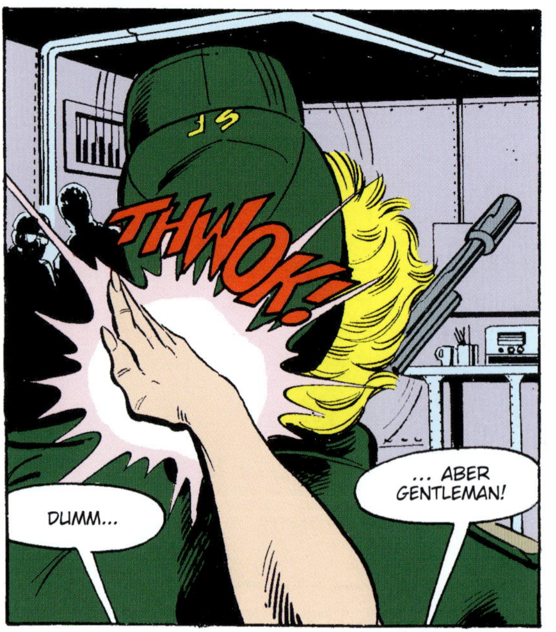
SF
THWOK!
DUMM...
... ABER GENTLEMAN!

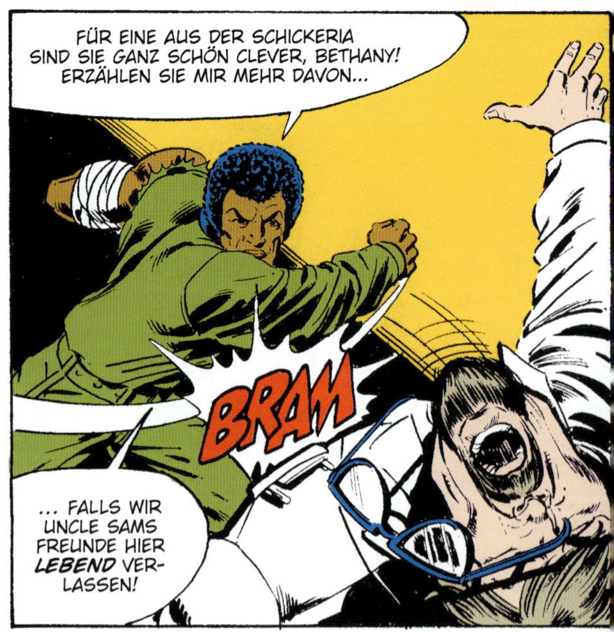
FÜR EINE AUS DER SCHICKERIA SIND SIE GANZ SCHÖN CLEVER, BETHANY! ERZÄHLEN SIE MIR MEHR DAVON...
BRAM
... FALLS WIR UNCLE SAMS FREUNDE HIER **LEBEND** VERLASSEN!

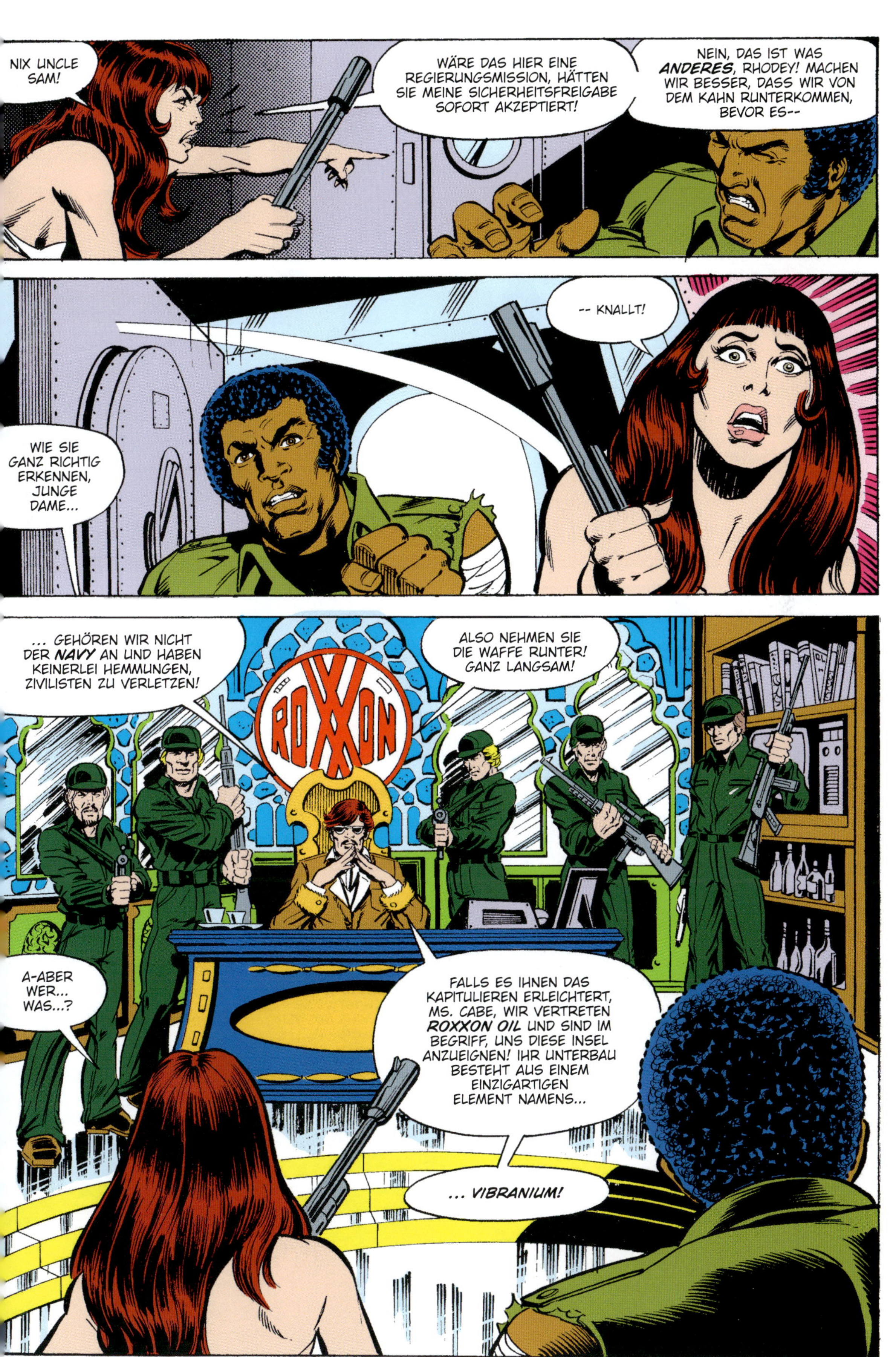
NIX UNCLE SAM!
WÄRE DAS HIER EINE REGIERUNGSMISSION, HÄTTEN SIE MEINE SICHERHEITSFREIGABE SOFORT AKZEPTIERT!
NEIN, DAS IST WAS ANDERES, RHODEY! MACHEN WIR BESSER, DASS WIR VON DEM KAHN RUNTERKOMMEN, BEVOR ES--
-- KNALLT!
WIE SIE GANZ RICHTIG ERKENNEN, JUNGE DAME...
... GEHÖREN WIR NICHT DER NAVY AN UND HABEN KEINERLEI HEMMUNGEN, ZIVILISTEN ZU VERLETZEN!
ALSO NEHMEN SIE DIE WAFFE RUNTER! GANZ LANGSAM!
ROXXON
A-ABER WER... WAS...?
FALLS ES IHNEN DAS KAPITULIEREN ERLEICHTERT, MS. CABE, WIR VERTRETEN ROXXON OIL UND SIND IM BEGRIFF, UNS DIESE INSEL ANZUEIGNEN! IHR UNTERBAU BESTEHT AUS EINEM EINZIGARTIGEN ELEMENT NAMENS...
... VIBRANIUM!

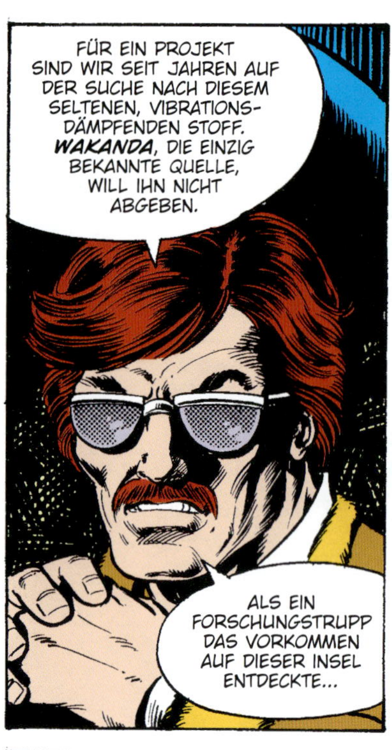
FÜR EIN PROJEKT SIND WIR SEIT JAHREN AUF DER SUCHE NACH DIESEM SELTENEN, VIBRATIONS-DÄMPFENDEN STOFF. WAKANDA, DIE EINZIG BEKANNTE QUELLE, WILL IHN NICHT ABGEBEN.
ALS EIN FORSCHUNGSTRUPP DAS VORKOMMEN AUF DIESER INSEL ENTDECKTE...

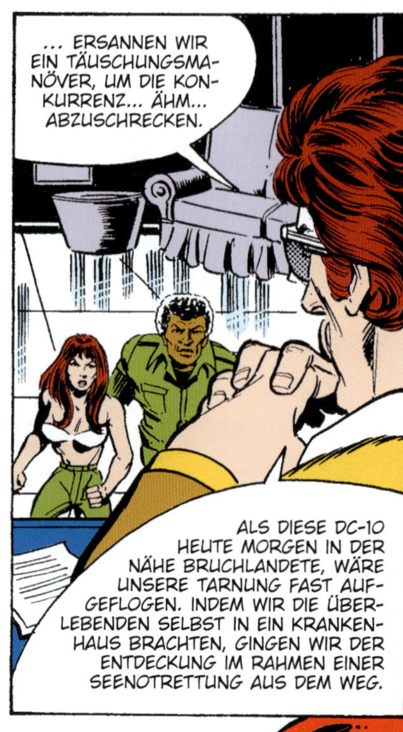
... ERSANNEN WIR EIN TÄUSCHUNGSMANÖVER, UM DIE KONKURRENZ... ÄHM... ABZUSCHRECKEN.
ALS DIESE DC-10 HEUTE MORGEN IN DER NÄHE BRUCHLANDETE, WÄRE UNSERE TARNUNG FAST AUFGEFLOGEN. INDEM WIR DIE ÜBERLEBENDEN SELBST IN EIN KRANKENHAUS BRACHTEN, GINGEN WIR DER ENTDECKUNG IM RAHMEN EINER SEENOTRETTUNG AUS DEM WEG.

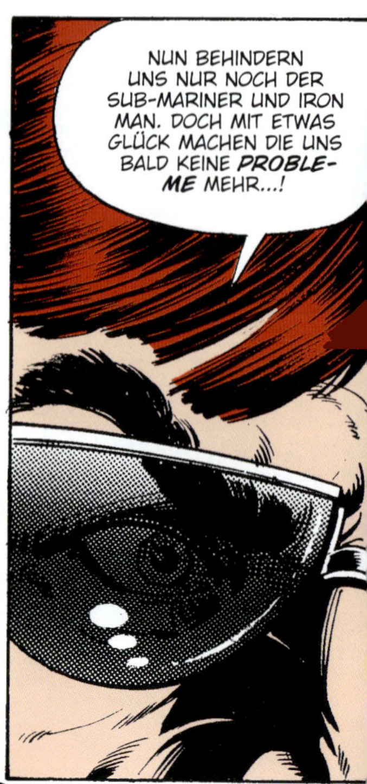
NUN BEHINDERN UNS NUR NOCH DER SUB-MARINER UND IRON MAN. DOCH MIT ETWAS GLÜCK MACHEN DIE UNS BALD KEINE PROBLEME MEHR...!

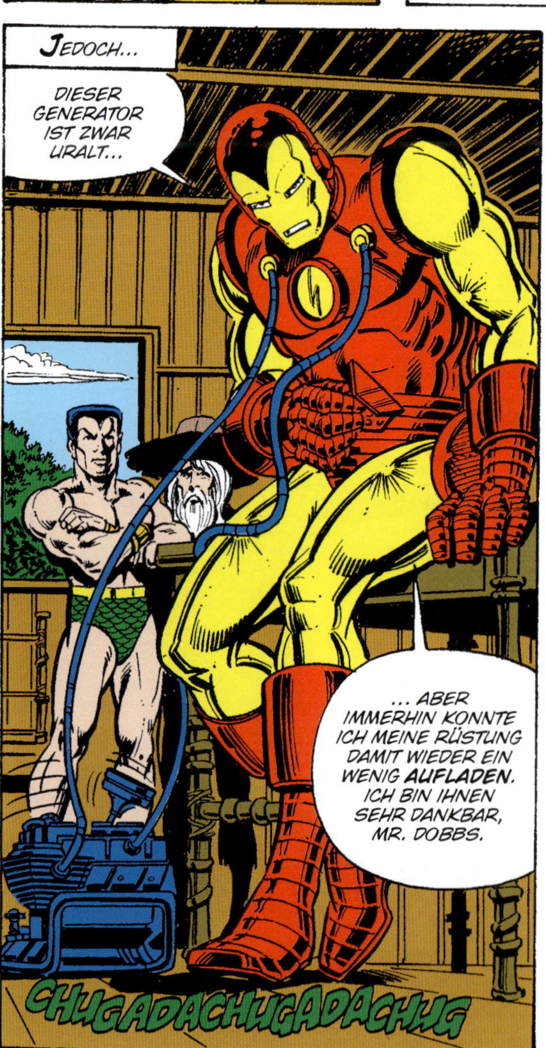
JEDOCH...
DIESER GENERATOR IST ZWAR URALT...
... ABER IMMERHIN KONNTE ICH MEINE RÜSTUNG DAMIT WIEDER EIN WENIG AUFLADEN. ICH BIN IHNEN SEHR DANKBAR, MR. DOBBS.
CHUGADACHUGADACHUG

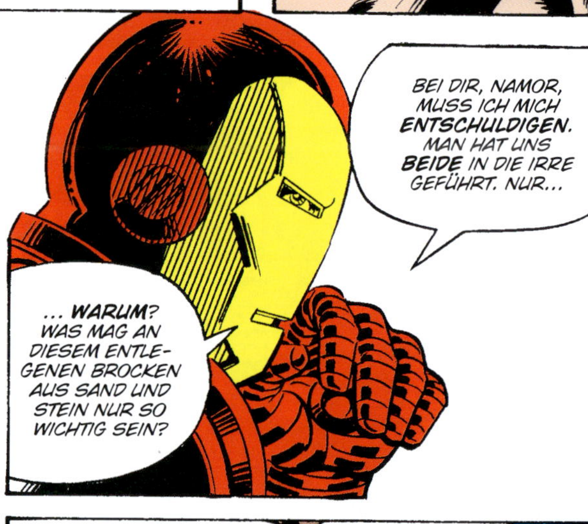
BEI DIR, NAMOR, MUSS ICH MICH ENTSCHULDIGEN. MAN HAT UNS BEIDE IN DIE IRRE GEFÜHRT. NUR...
... WARUM? WAS MAG AN DIESEM ENTLEGENEN BROCKEN AUS SAND UND STEIN NUR SO WICHTIG SEIN?

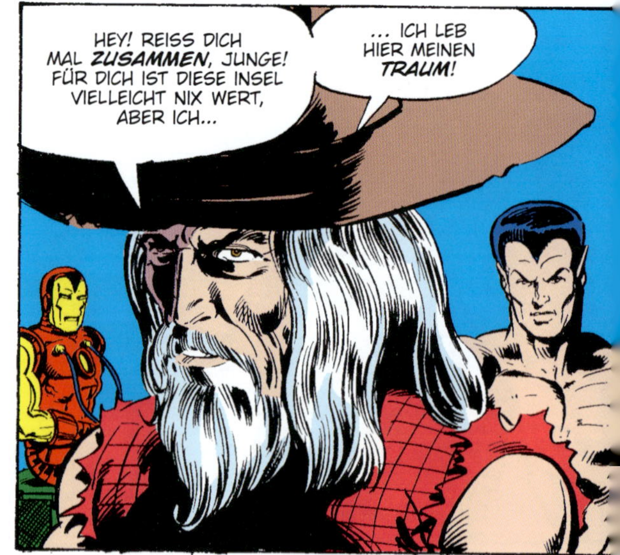
HEY! REISS DICH MAL ZUSAMMEN, JUNGE! FÜR DICH IST DIESE INSEL VIELLEICHT NIX WERT, ABER ICH...
... ICH LEB HIER MEINEN TRAUM!

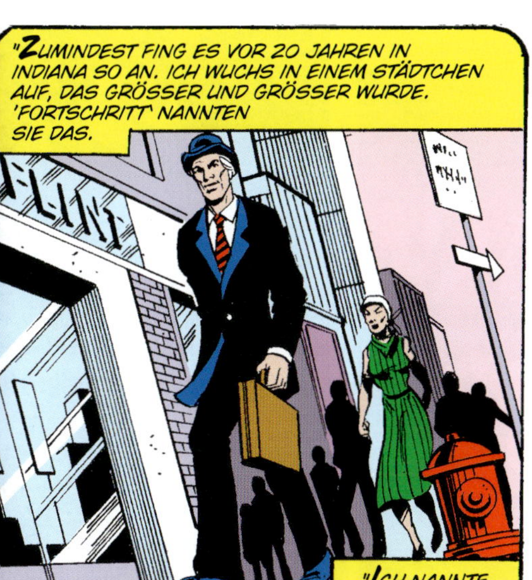
"ZUMINDEST FING ES VOR 20 JAHREN IN INDIANA SO AN. ICH WUCHS IN EINEM STÄDTCHEN AUF, DAS GRÖSSER UND GRÖSSER WURDE. 'FORTSCHRITT' NANNTEN SIE DAS.
"ICH NANNTE ES SCHANDE.

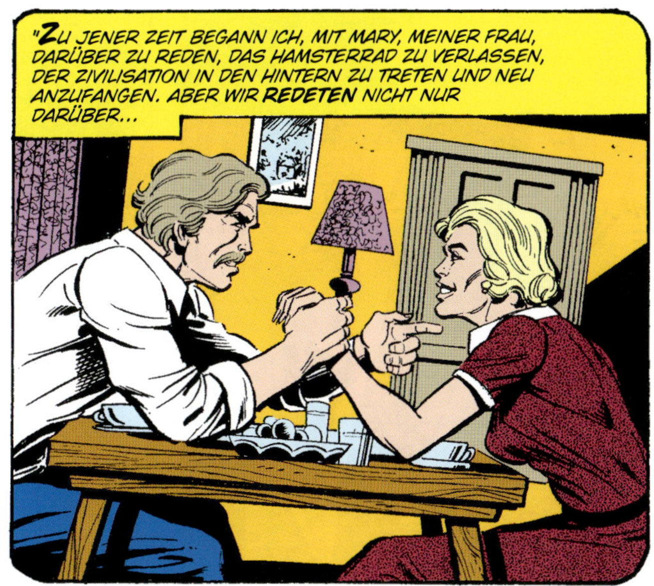
"ZU JENER ZEIT BEGANN ICH, MIT MARY, MEINER FRAU, DARÜBER ZU REDEN, DAS HAMSTERRAD ZU VERLASSEN, DER ZIVILISATION IN DEN HINTERN ZU TRETEN UND NEU ANZUFANGEN. ABER WIR REDETEN NICHT NUR DARÜBER...

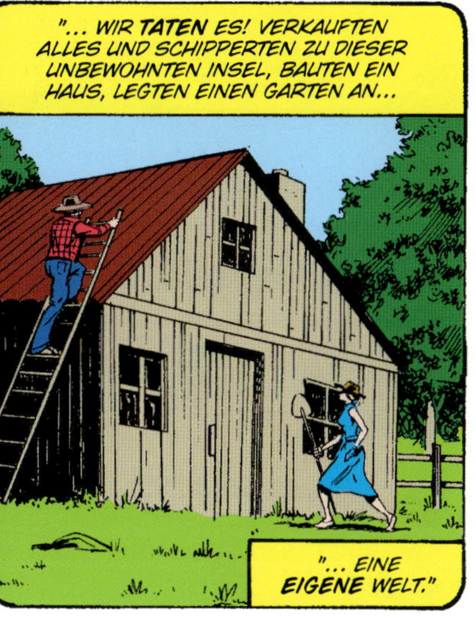
"... WIR TATEN ES! VERKAUFTEN ALLES UND SCHIPPERTEN ZU DIESER UNBEWOHNTEN INSEL, BAUTEN EIN HAUS, LEGTEN EINEN GARTEN AN...
"... EINE EIGENE WELT."

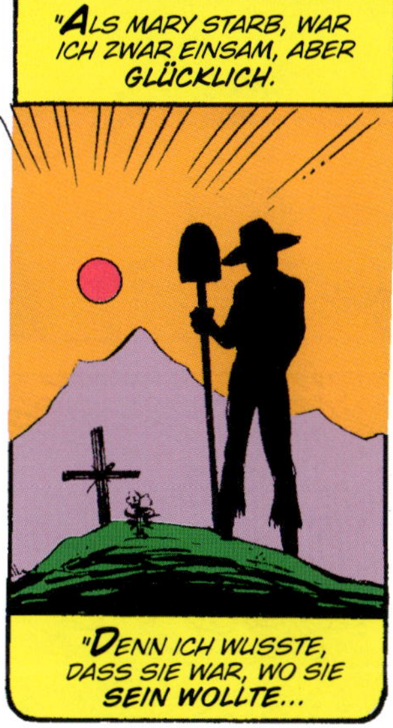
"ALS MARY STARB, WAR ICH ZWAR EINSAM, ABER GLÜCKLICH.
"DENN ICH WUSSTE, DASS SIE WAR, WO SIE SEIN WOLLTE...

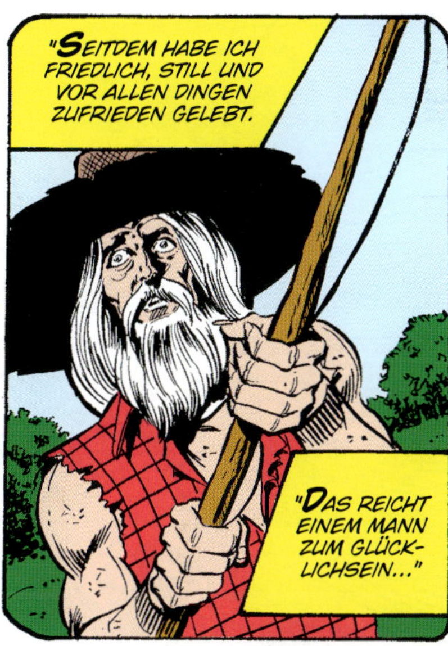
"SEITDEM HABE ICH FRIEDLICH, STILL UND VOR ALLEN DINGEN ZUFRIEDEN GELEBT.
"DAS REICHT EINEM MANN ZUM GLÜCKLICHSEIN..."

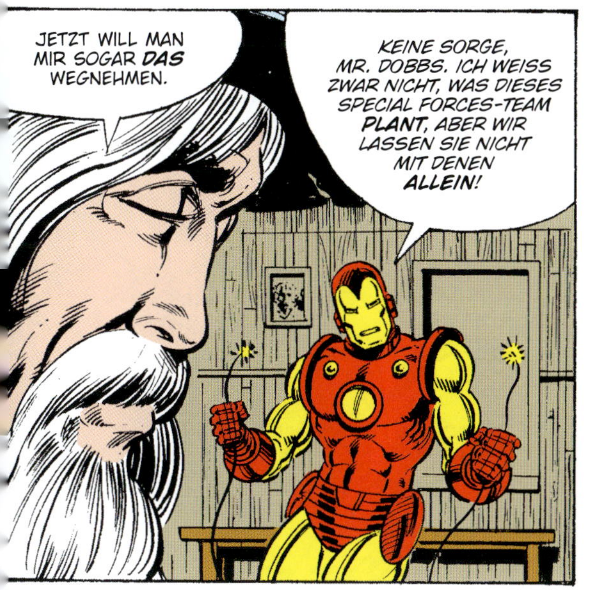
JETZT WILL MAN MIR SOGAR DAS WEGNEHMEN.
KEINE SORGE, MR. DOBBS. ICH WEISS ZWAR NICHT, WAS DIESES SPECIAL FORCES-TEAM PLANT, ABER WIR LASSEN SIE NICHT MIT DENEN ALLEIN!

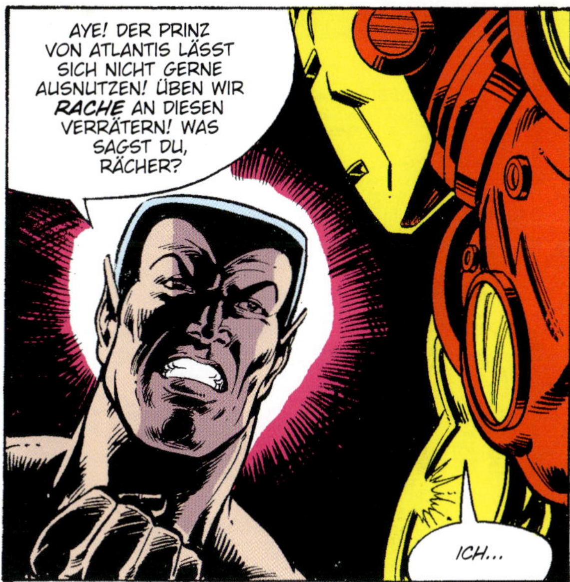
AYE! DER PRINZ VON ATLANTIS LÄSST SICH NICHT GERNE AUSNUTZEN! ÜBEN WIR RACHE AN DIESEN VERRÄTERN! WAS SAGST DU, RÄCHER?
ICH...

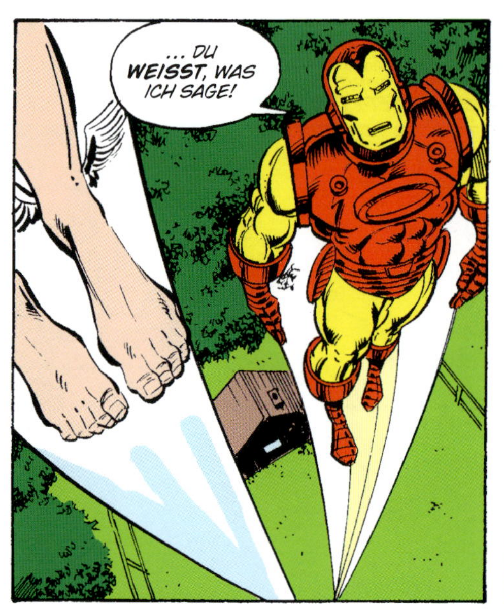
... DU **WEISST**, WAS ICH SAGE!

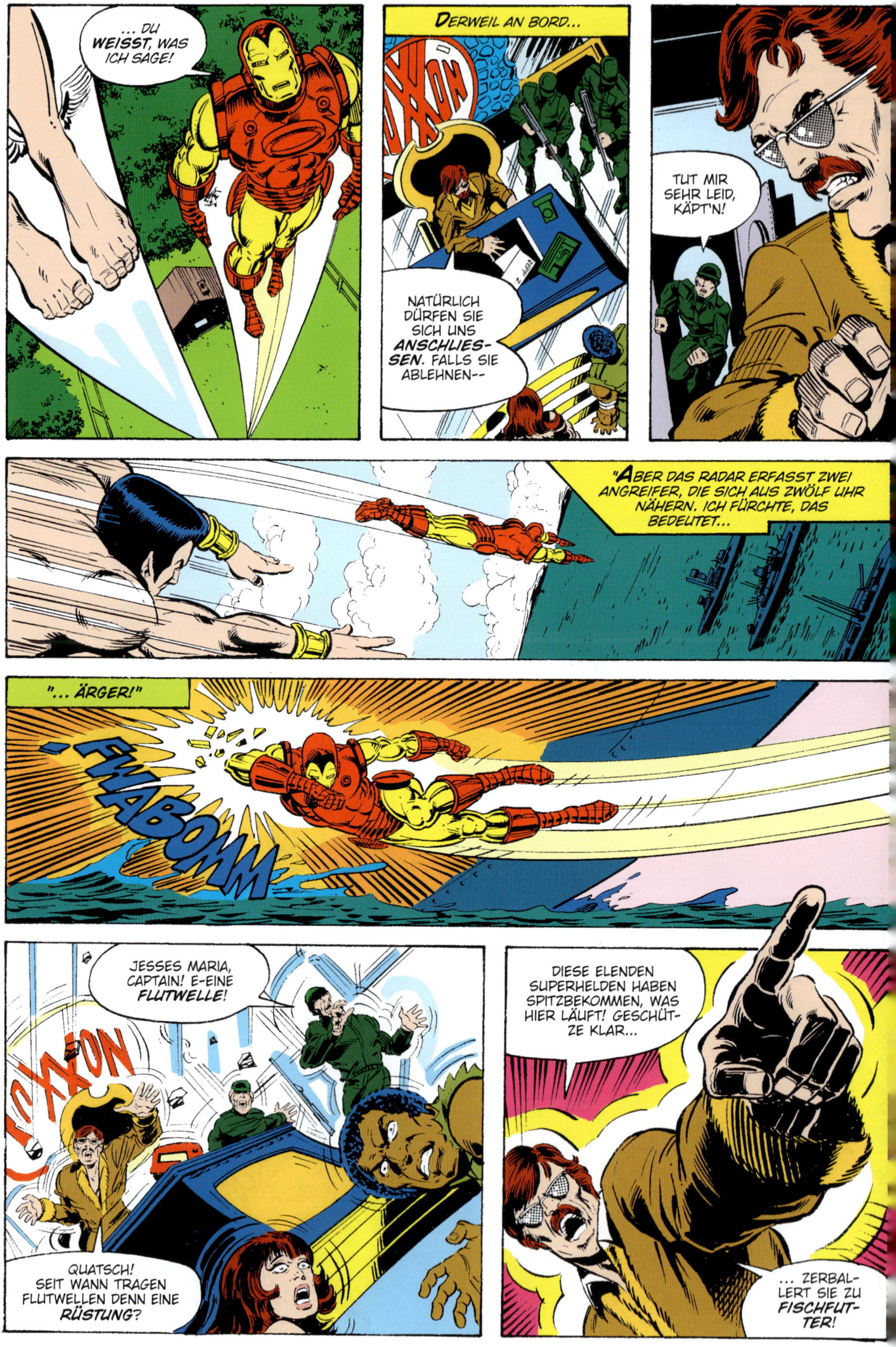

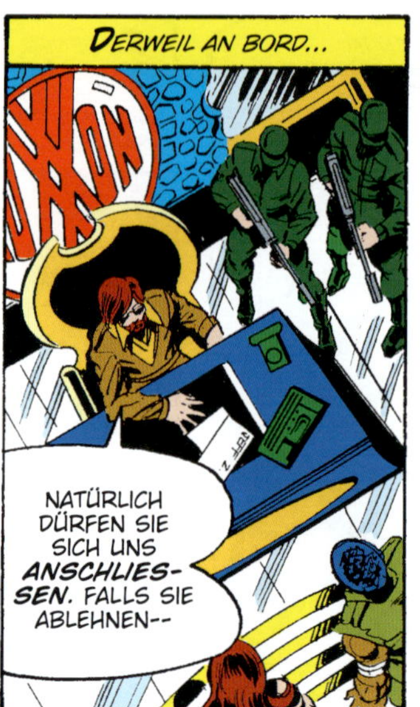
DERWEIL AN BORD...
NATÜRLICH DÜRFEN SIE SICH UNS **ANSCHLIES-SEN**. FALLS SIE ABLEHNEN--

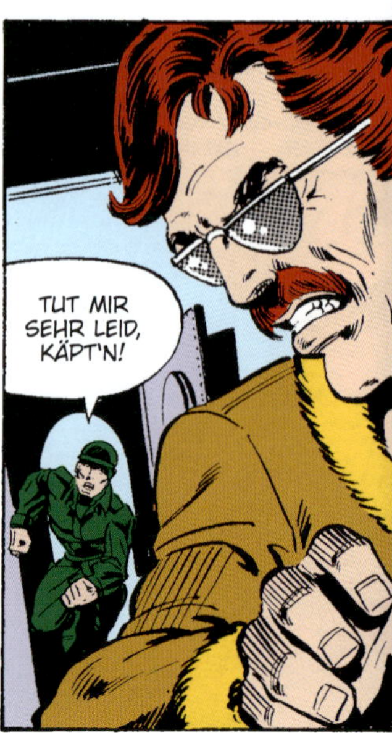
TUT MIR SEHR LEID, KÄPT'N!

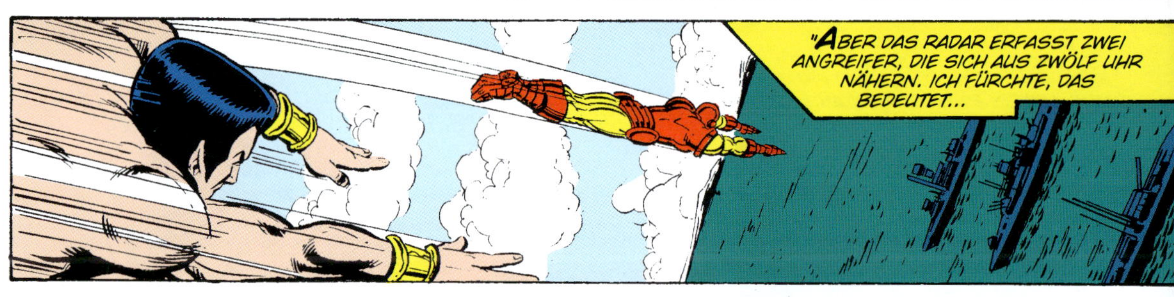
"ABER DAS RADAR ERFASST ZWEI ANGREIFER, DIE SICH AUS ZWÖLF UHR NÄHERN. ICH FÜRCHTE, DAS BEDEUTET...

"... ÄRGER!"
FWABOMM
JESSES MARIA, CAPTAIN! E-EINE **FLUTWELLE**!
QUATSCH! SEIT WANN TRAGEN FLUTWELLEN DENN EINE **RÜSTUNG**?
DIESE ELENDEN SUPERHELDEN HABEN SPITZBEKOMMEN, WAS HIER LÄUFT! GESCHÜT-ZE KLAR...
... ZERBAL-LERT SIE ZU **FISCHFUT-TER**!

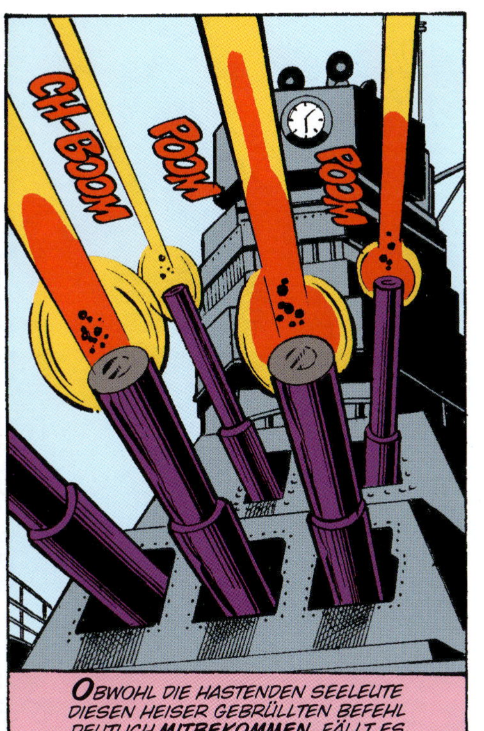

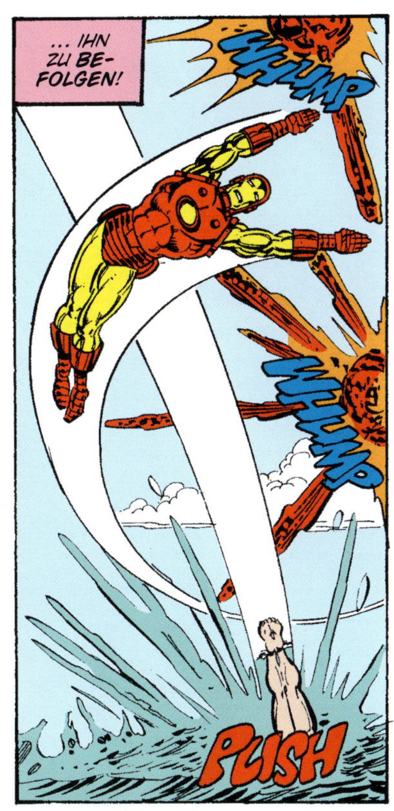

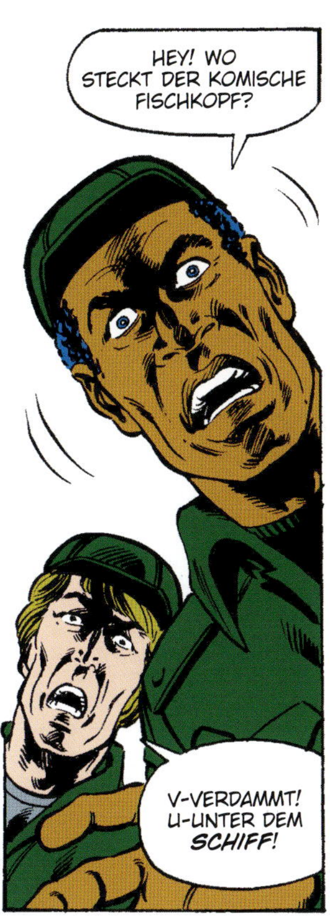

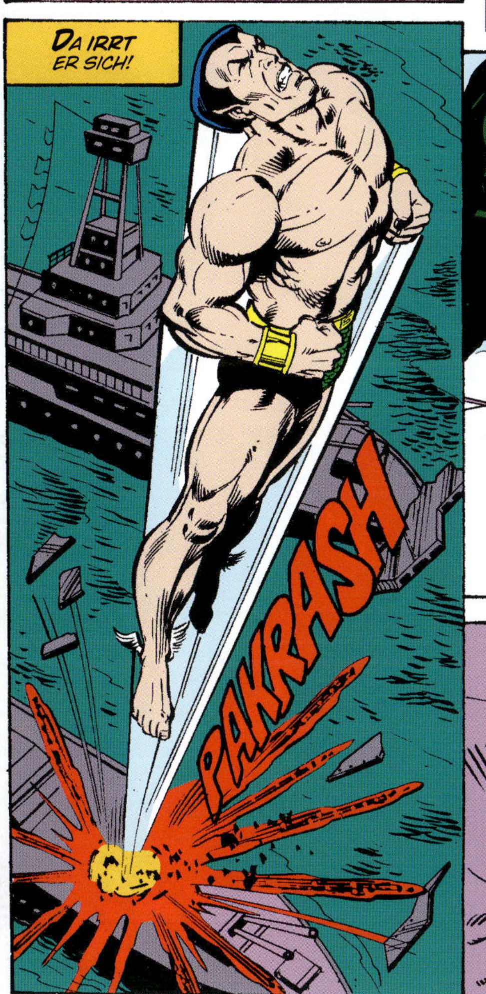

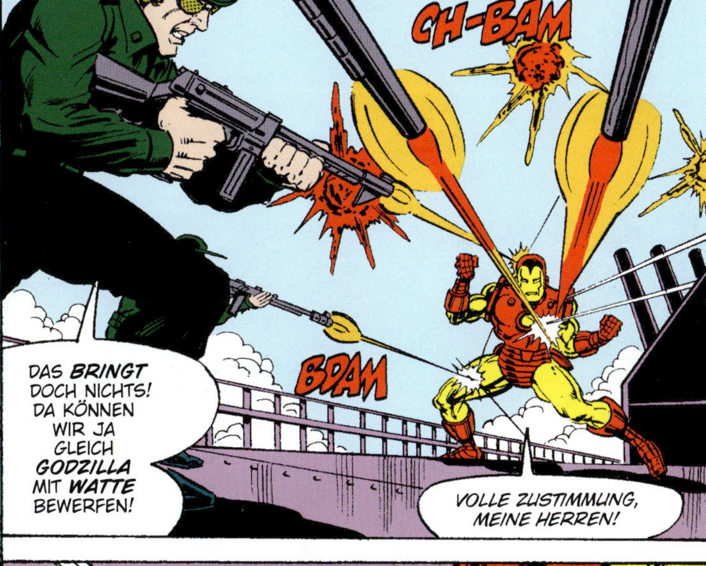

PRAK
KRUNK
ALSO REISSEN WIR UNS ALLE ZUSAMMEN...

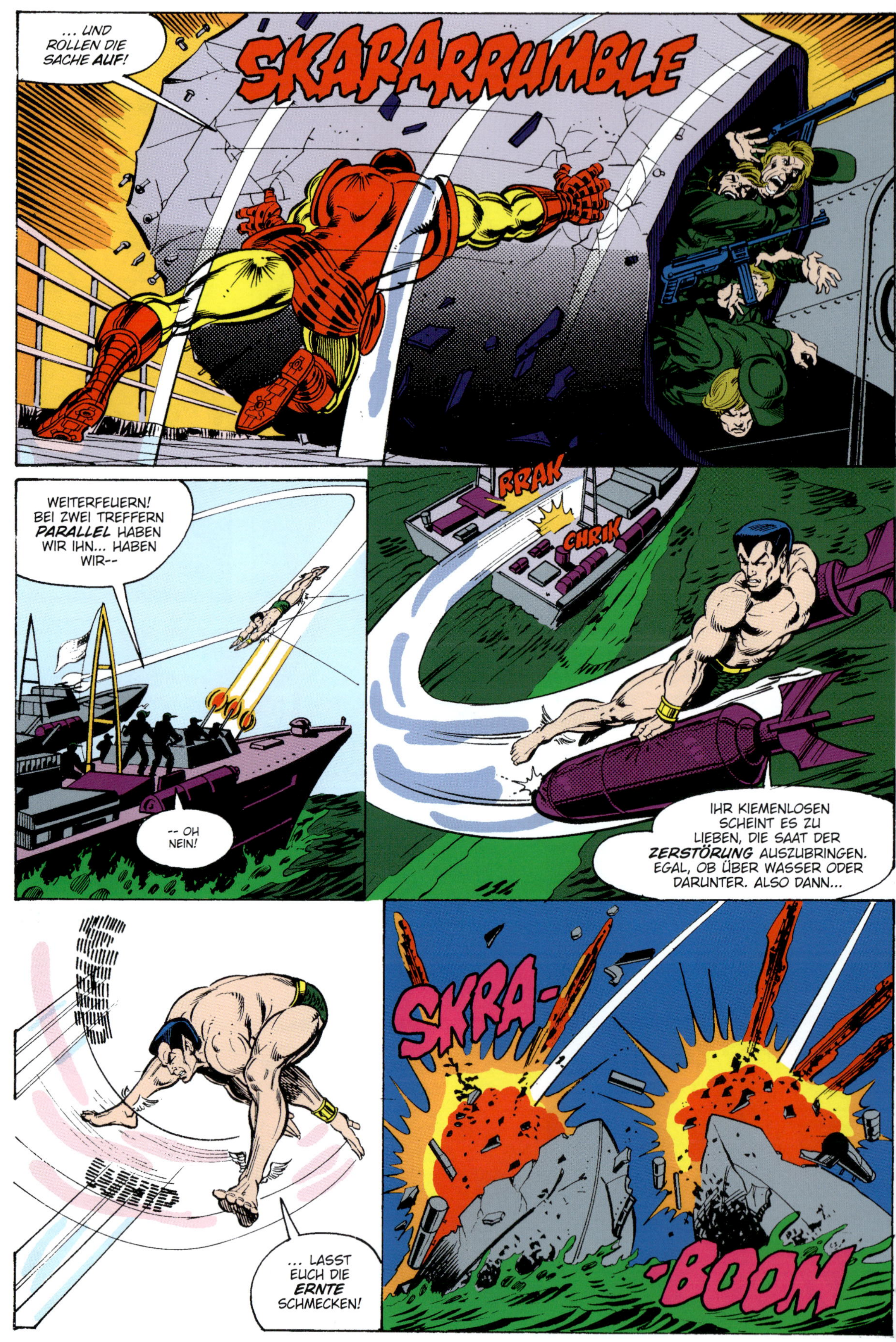
... UND ROLLEN DIE SACHE AUF!
SKARARRUMBLE
WEITERFEUERN! BEI ZWEI TREFFERN PARALLEL HABEN WIR IHN... HABEN WIR--
-- OH NEIN!
RRAK
CHRIK
IHR KIEMENLOSEN SCHEINT ES ZU LIEBEN, DIE SAAT DER ZERSTÖRUNG AUSZUBRINGEN. EGAL, OB ÜBER WASSER ODER DARUNTER. ALSO DANN...
WHIP
... LASST EUCH DIE ERNTE SCHMECKEN!
SKRA-
-BOOM

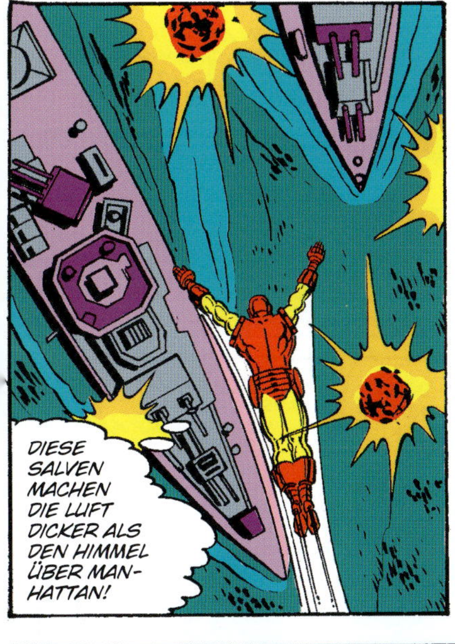
DIESE SALVEN MACHEN DIE LUFT DICKER ALS DEN HIMMEL ÜBER MAN-HATTAN!

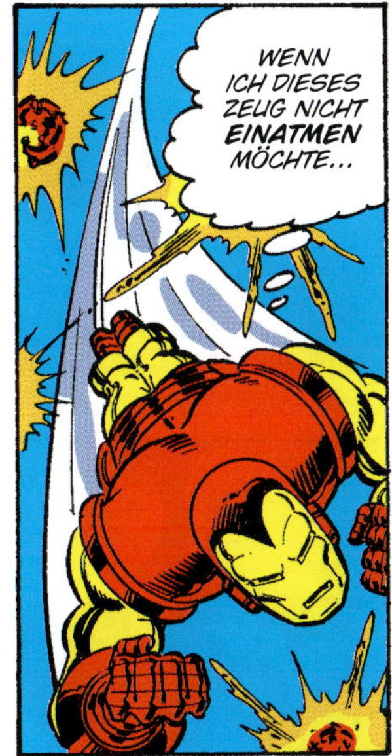
WENN ICH DIESES ZEUG NICHT EINATMEN MÖCHTE...

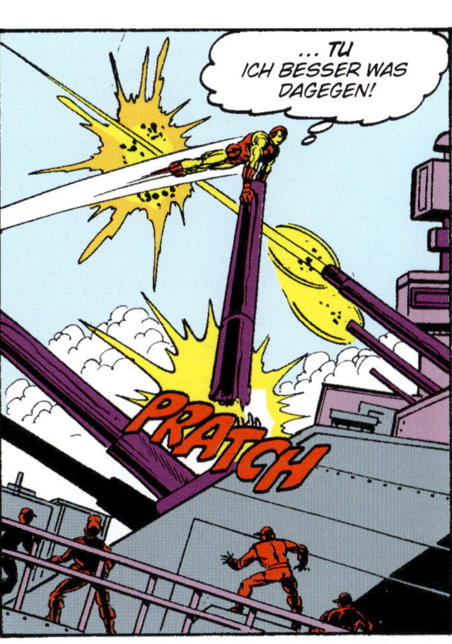
... TU ICH BESSER WAS DAGEGEN!
PRATCH

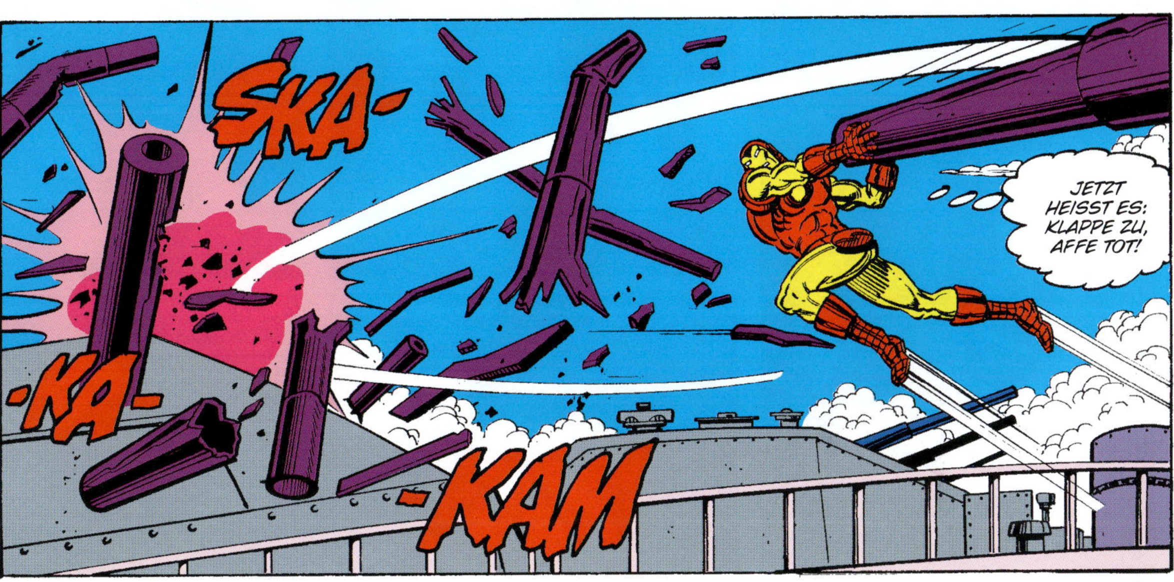
SKA-
-KA-
-KAM
JETZT HEISST ES: KLAPPE ZU, AFFE TOT!

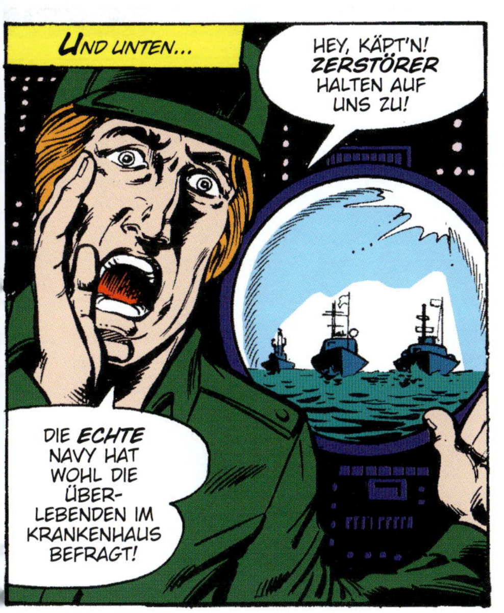
UND UNTEN...
HEY, KÄPT'N! ZERSTÖRER HALTEN AUF UNS ZU!
DIE ECHTE NAVY HAT WOHL DIE ÜBER-LEBENDEN IM KRANKENHAUS BEFRAGT!

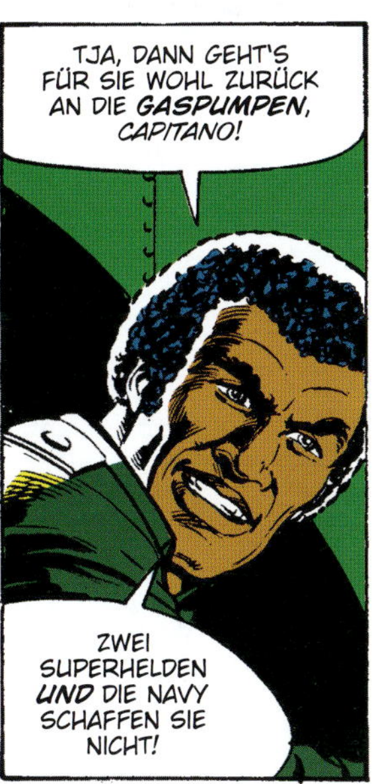
TJA, DANN GEHT'S FÜR SIE WOHL ZURÜCK AN DIE GASPUMPEN, CAPITANO!
ZWEI SUPERHELDEN UND DIE NAVY SCHAFFEN SIE NICHT!

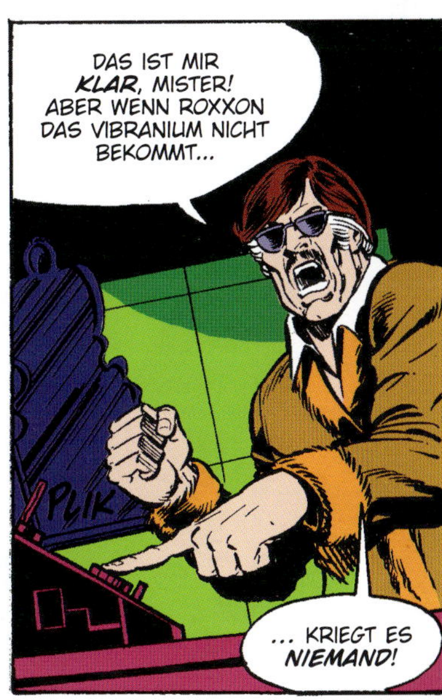
DAS IST MIR KLAR, MISTER! ABER WENN ROXXON DAS VIBRANIUM NICHT BEKOMMT...
PLIK
... KRIEGT ES NIEMAND!

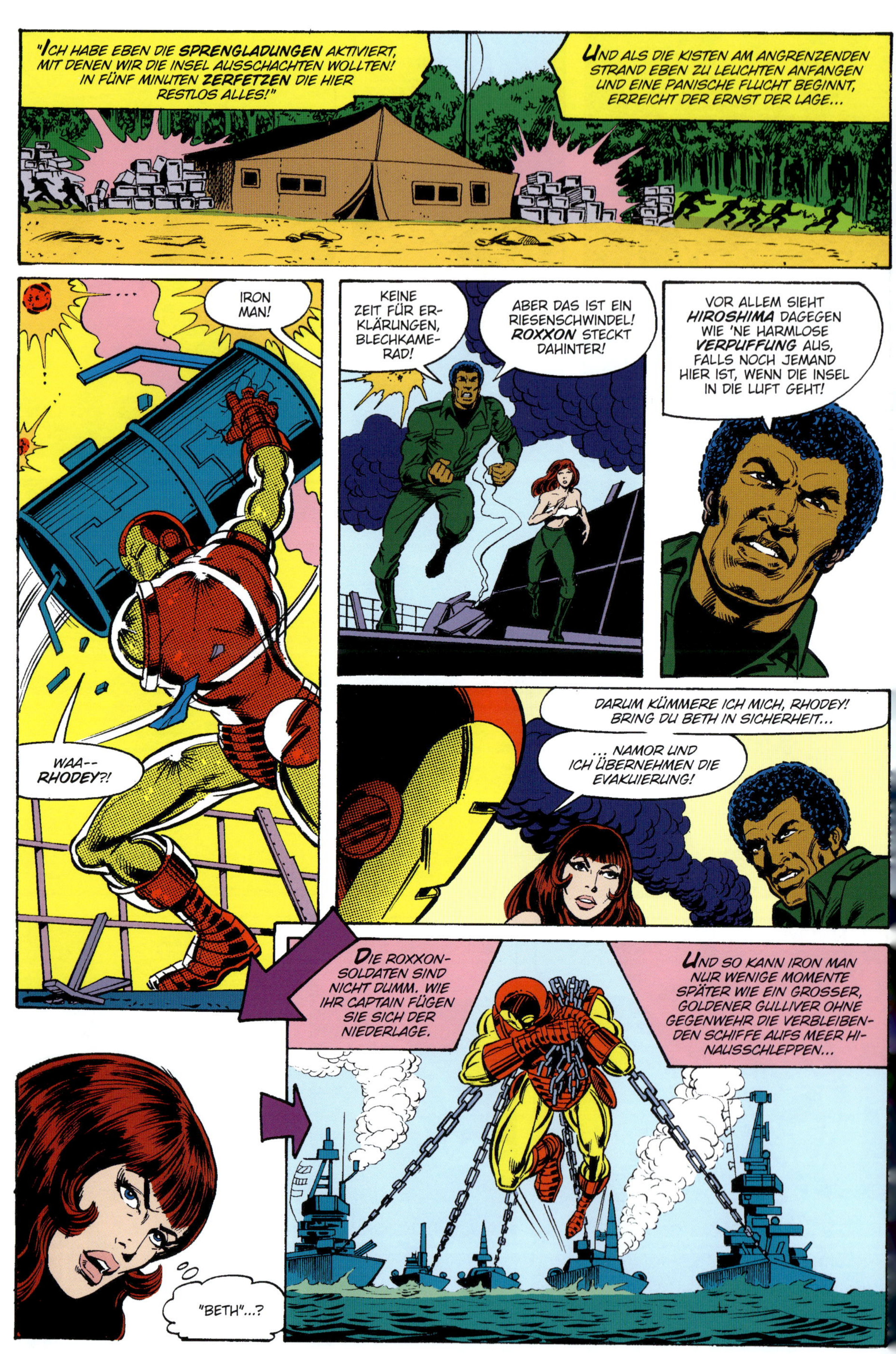
"Ich habe eben die SPRENGLADUNGEN aktiviert, mit denen wir die Insel ausschachten wollten! In fünf Minuten ZERFETZEN die hier restlos alles!"
Und als die Kisten am angrenzenden Strand eben zu leuchten anfangen und eine panische Flucht beginnt, erreicht der Ernst der Lage...
IRON MAN!
WAA-- RHODEY?!
KEINE ZEIT FÜR ERKLÄRUNGEN, BLECHKAMERAD!
ABER DAS IST EIN RIESENSCHWINDEL! ROXXON STECKT DAHINTER!
VOR ALLEM SIEHT HIROSHIMA DAGEGEN WIE 'NE HARMLOSE VERPUFFUNG AUS, FALLS NOCH JEMAND HIER IST, WENN DIE INSEL IN DIE LUFT GEHT!
DARUM KÜMMERE ICH MICH, RHODEY! BRING DU BETH IN SICHERHEIT...
... NAMOR UND ICH ÜBERNEHMEN DIE EVAKUIERUNG!
Die Roxxon-Soldaten sind nicht dumm. Wie ihr Captain fügen sie sich der Niederlage.
Und so kann Iron Man nur wenige Momente später wie ein grosser, goldener Gulliver ohne Gegenwehr die verbleibenden Schiffe aufs Meer hinausschleppen...
"BETH"...?

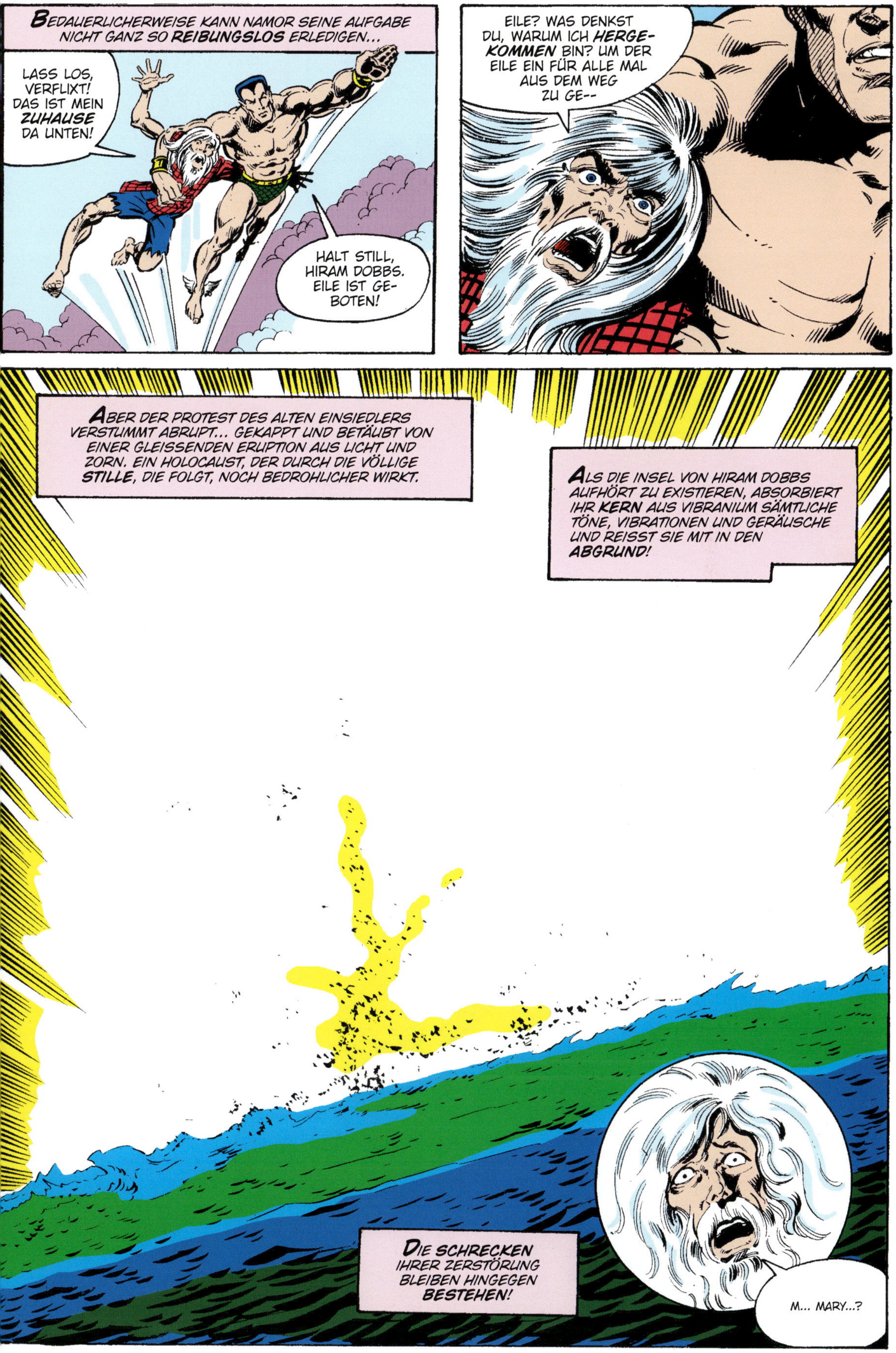

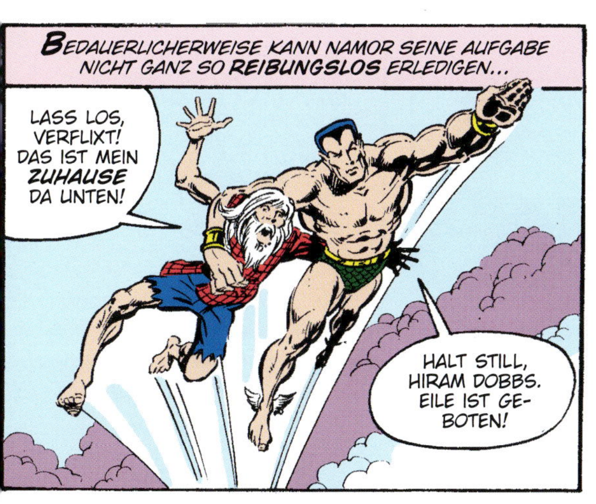

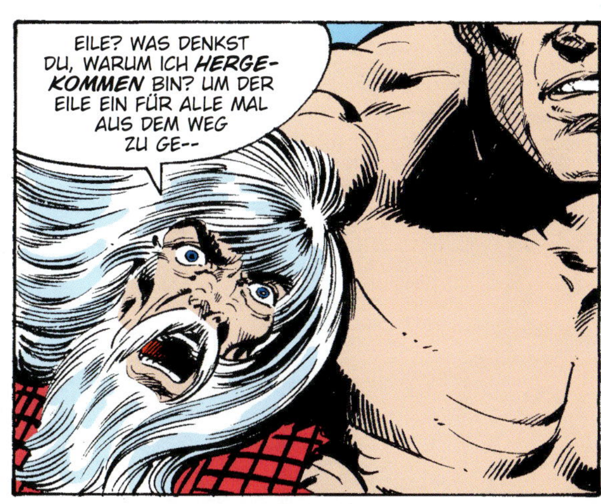

ABER DER PROTEST DES ALTEN EINSIEDLERS VERSTUMMT ABRUPT... GEKAPPT UND BETÄUBT VON EINER GLEISSENDEN ERUPTION AUS LICHT UND ZORN. EIN HOLOCAUST, DER DURCH DIE VÖLLIGE **STILLE**, DIE FOLGT, NOCH BEDROHLICHER WIRKT.

ALS DIE INSEL VON HIRAM DOBBS AUFHÖRT ZU EXISTIEREN, ABSORBIERT IHR **KERN** AUS VIBRANIUM SÄMTLICHE TÖNE, VIBRATIONEN UND GERÄUSCHE UND REISST SIE MIT IN DEN **ABGRUND**!

DIE **SCHRECKEN** IHRER ZERSTÖRUNG BLEIBEN HINGEGEN **BESTEHEN**!

M... MARY...?

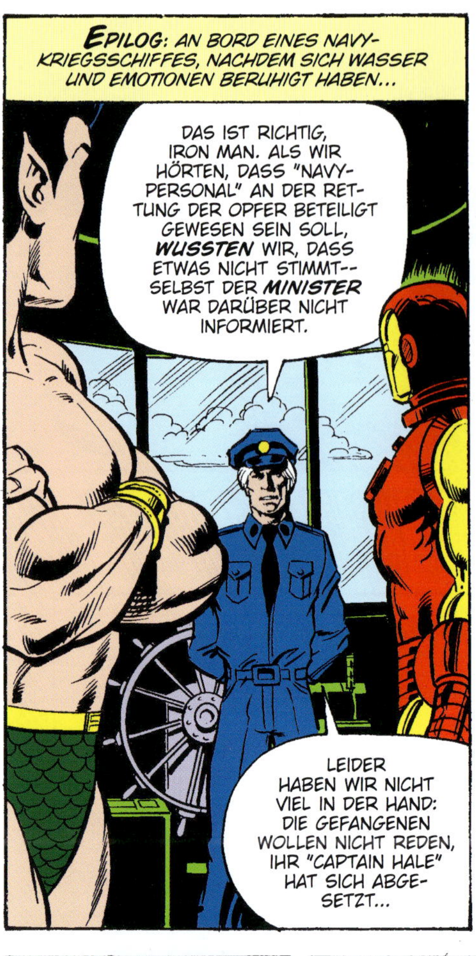
EPILOG: AN BORD EINES NAVY-KRIEGSSCHIFFES, NACHDEM SICH WASSER UND EMOTIONEN BERUHIGT HABEN...
DAS IST RICHTIG, IRON MAN. ALS WIR HÖRTEN, DASS "NAVY-PERSONAL" AN DER RETTUNG DER OPFER BETEILIGT GEWESEN SEIN SOLL, WUSSTEN WIR, DASS ETWAS NICHT STIMMT-- SELBST DER MINISTER WAR DARÜBER NICHT INFORMIERT.
LEIDER HABEN WIR NICHT VIEL IN DER HAND: DIE GEFANGENEN WOLLEN NICHT REDEN, IHR "CAPTAIN HALE" HAT SICH ABGESETZT...

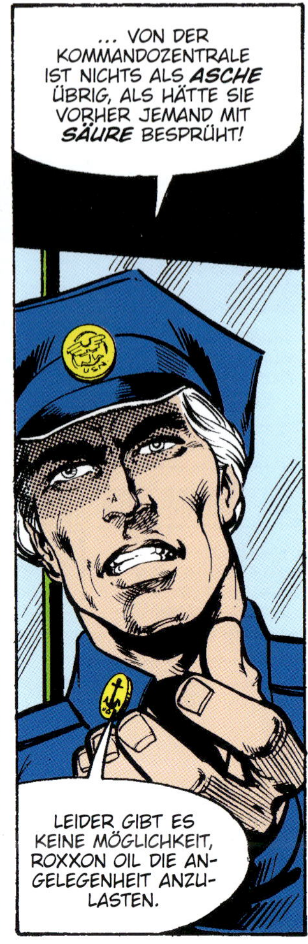
... VON DER KOMMANDOZENTRALE IST NICHTS ALS ASCHE ÜBRIG, ALS HÄTTE SIE VORHER JEMAND MIT SÄURE BESPRÜHT!
LEIDER GIBT ES KEINE MÖGLICHKEIT, ROXXON OIL DIE ANGELEGENHEIT ANZULASTEN.

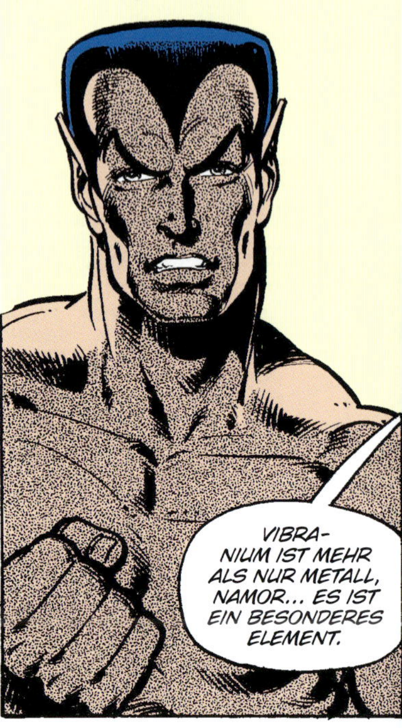
IST ES DENN SO WICHTIG, DEN SCHULDIGEN ZU FINDEN? TRÄGT NICHT DIE GANZE MENSCHHEIT DIE SCHULD, WEGEN EIN BISSCHEN METALL EINE SOLCHE ZERSTÖRUNG ZU ENTFACHEN?
VIBRANIUM IST MEHR ALS NUR METALL, NAMOR... ES IST EIN BESONDERES ELEMENT.

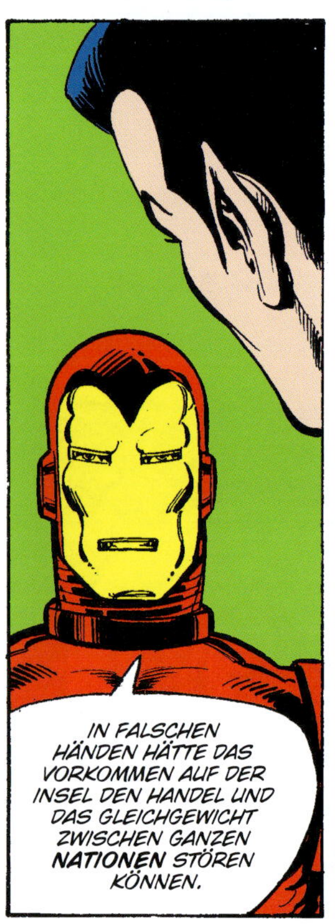
IN FALSCHEN HÄNDEN HÄTTE DAS VORKOMMEN AUF DER INSEL DEN HANDEL UND DAS GLEICHGEWICHT ZWISCHEN GANZEN NATIONEN STÖREN KÖNNEN.

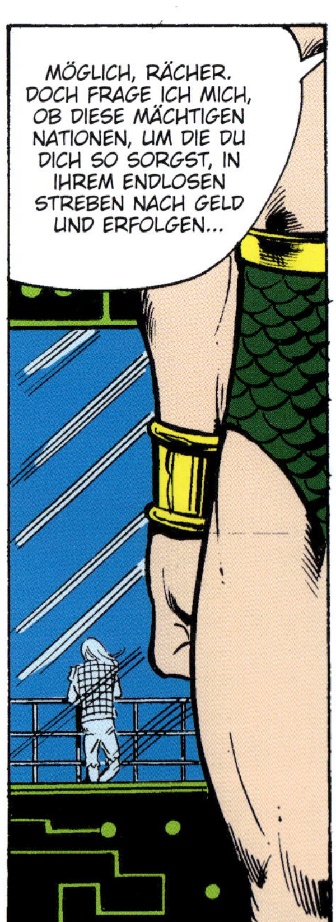
MÖGLICH, RÄCHER. DOCH FRAGE ICH MICH, OB DIESE MÄCHTIGEN NATIONEN, UM DIE DU DICH SO SORGST, IN IHREM ENDLOSEN STREBEN NACH GELD UND ERFOLGEN...

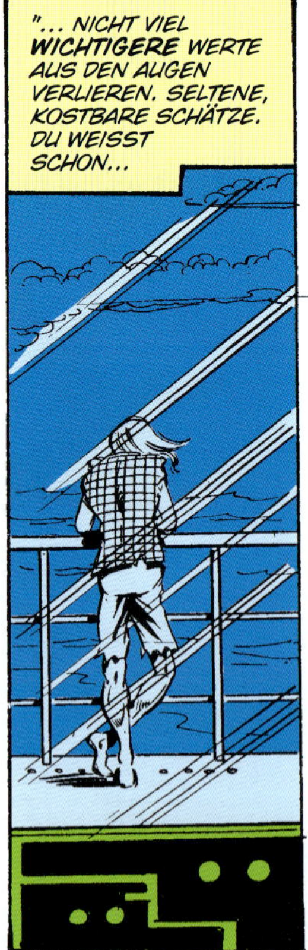
"... NICHT VIEL WICHTIGERE WERTE AUS DEN AUGEN VERLIEREN. SELTENE, KOSTBARE SCHÄTZE. DU WEISST SCHON...

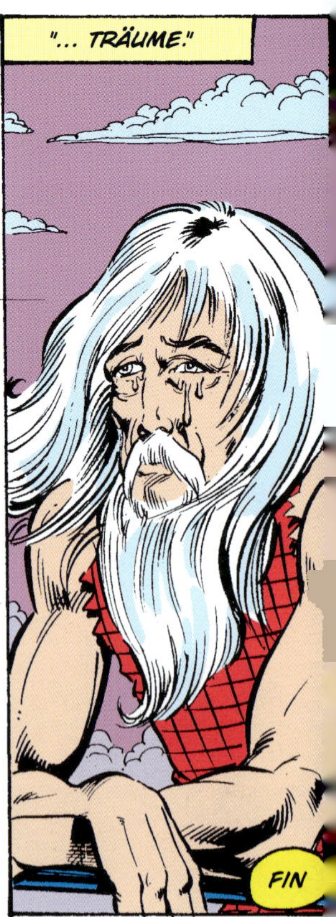
"... TRÄUME."
FIN

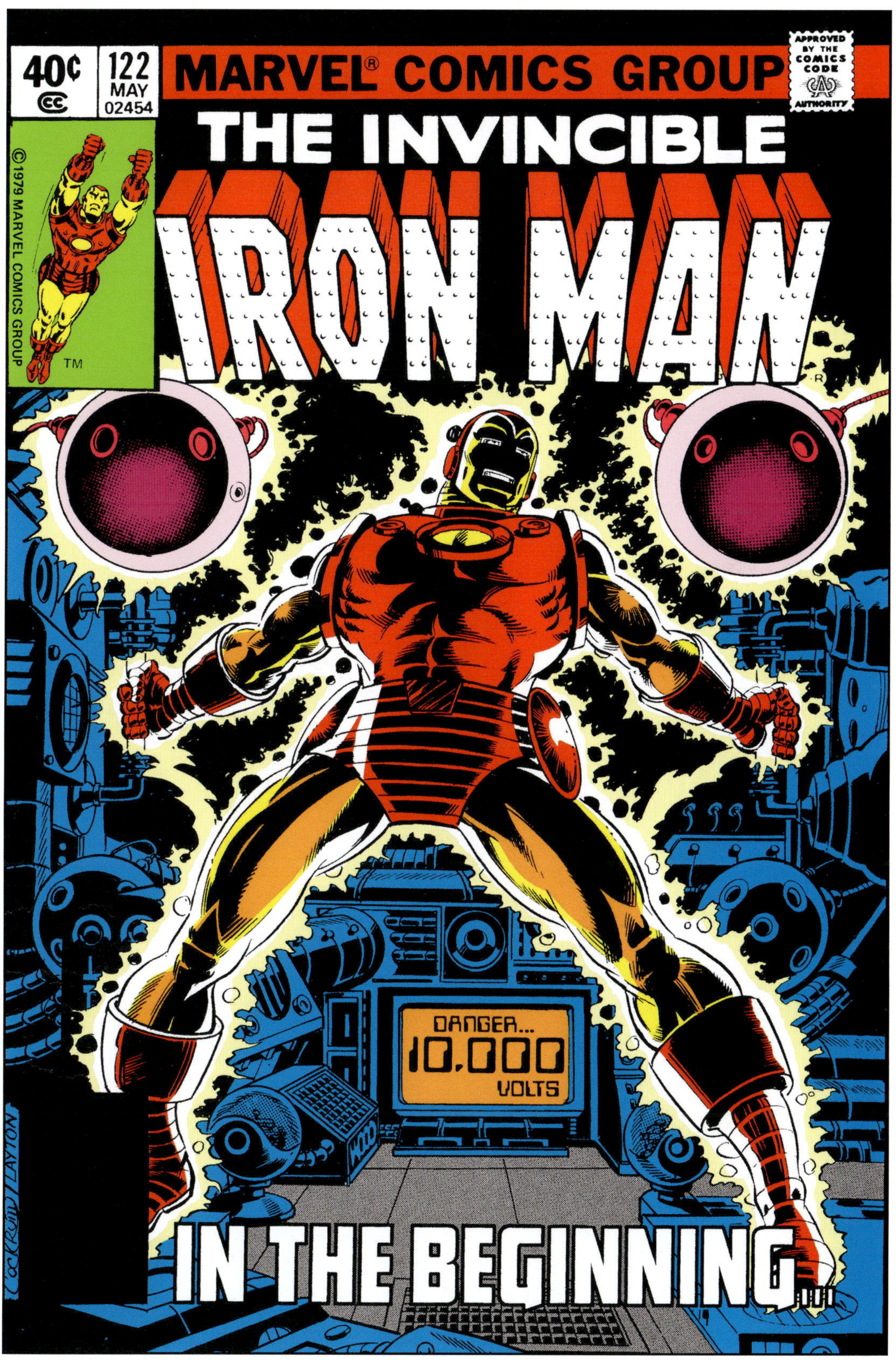

Iron Man (1968) 122
Cover von **DAVE COCKRUM**

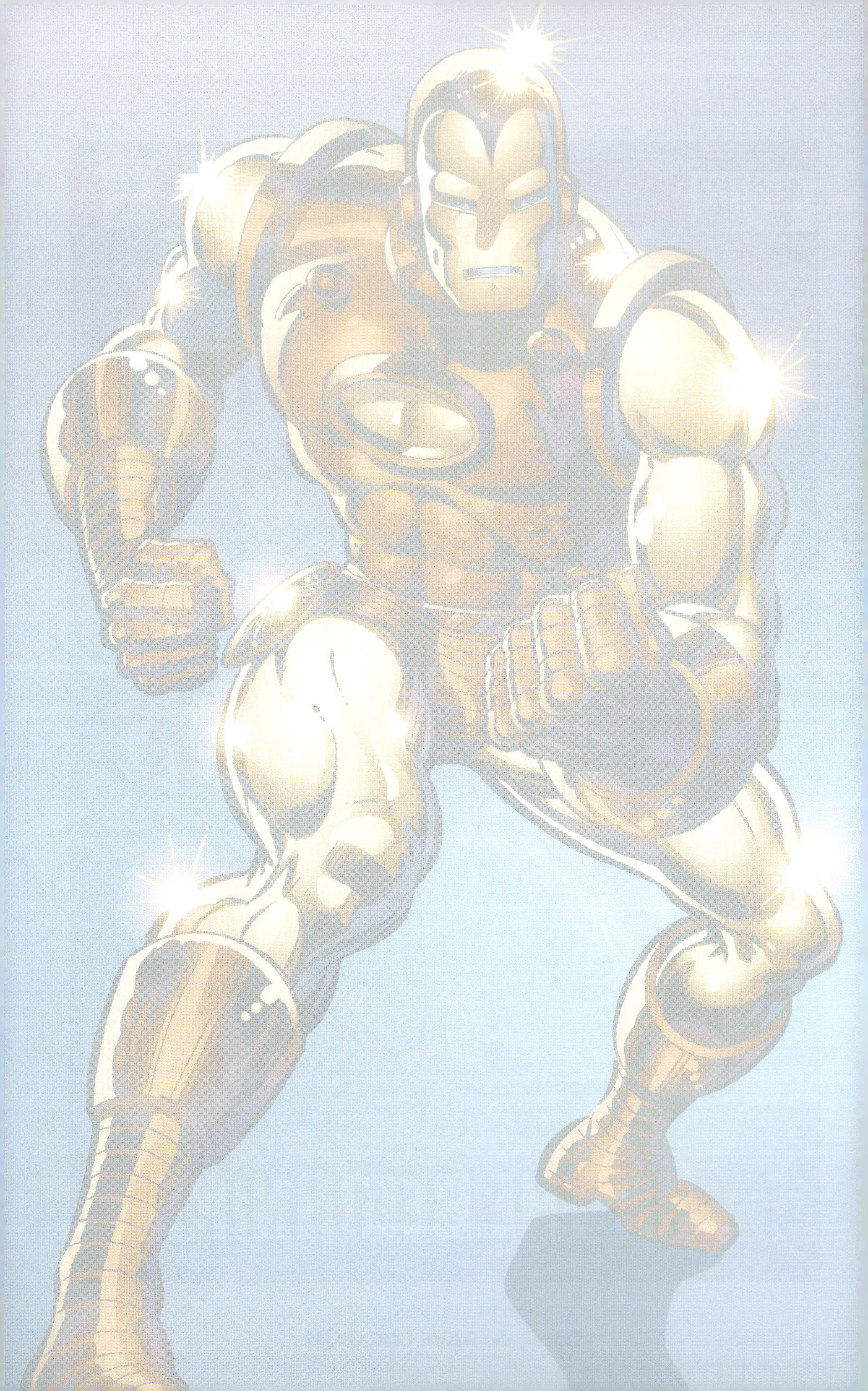

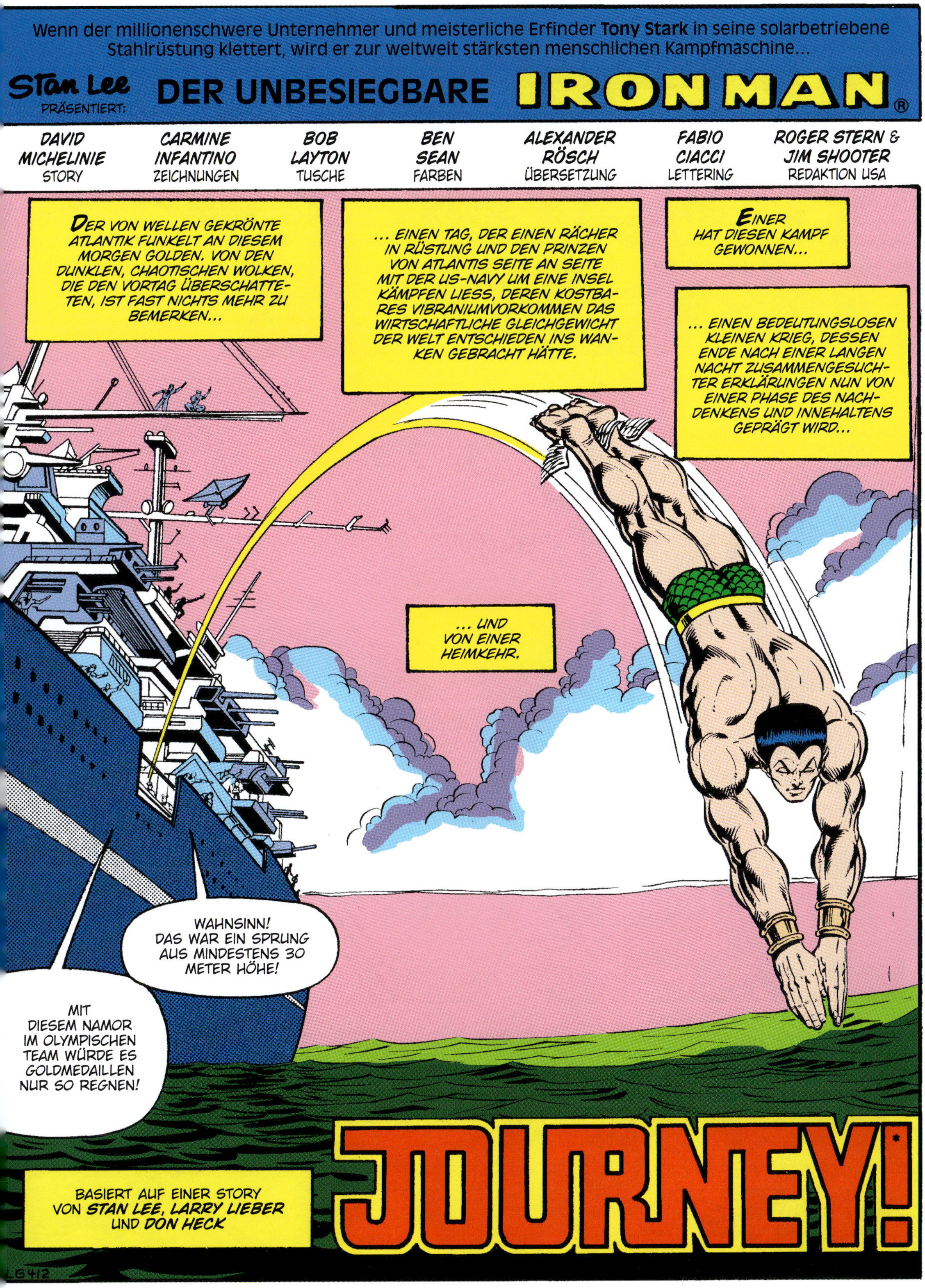

Wenn der millionenschwere Unternehmer und meisterliche Erfinder **Tony Stark** in seine solarbetriebene Stahlrüstung klettert, wird er zur weltweit stärksten menschlichen Kampfmaschine…

Stan Lee PRÄSENTIERT:

DER UNBESIEGBARE IRON MAN®

DAVID MICHELINIE	CARMINE INFANTINO	BOB LAYTON	BEN SEAN	ALEXANDER RÖSCH	FABIO CIACCI	ROGER STERN & JIM SHOOTER
STORY	ZEICHNUNGEN	TUSCHE	FARBEN	ÜBERSETZUNG	LETTERING	REDAKTION USA

DER VON WELLEN GEKRÖNTE ATLANTIK FUNKELT AN DIESEM MORGEN GOLDEN. VON DEN DUNKLEN, CHAOTISCHEN WOLKEN, DIE DEN VORTAG ÜBERSCHATTETEN, IST FAST NICHTS MEHR ZU BEMERKEN…

… EINEN TAG, DER EINEN RÄCHER IN RÜSTUNG UND DEN PRINZEN VON ATLANTIS SEITE AN SEITE MIT DER US-NAVY UM EINE INSEL KÄMPFEN LIESS, DEREN KOSTBARES VIBRANIUMVORKOMMEN DAS WIRTSCHAFTLICHE GLEICHGEWICHT DER WELT ENTSCHIEDEN INS WANKEN GEBRACHT HÄTTE.

EINER HAT DIESEN KAMPF GEWONNEN…

… EINEN BEDEUTUNGSLOSEN KLEINEN KRIEG, DESSEN ENDE NACH EINER LANGEN NACHT ZUSAMMENGESUCHTER ERKLÄRUNGEN NUN VON EINER PHASE DES NACHDENKENS UND INNEHALTENS GEPRÄGT WIRD…

… UND VON EINER HEIMKEHR.

WAHNSINN! DAS WAR EIN SPRUNG AUS MINDESTENS 30 METER HÖHE!

MIT DIESEM NAMOR IM OLYMPISCHEN TEAM WÜRDE ES GOLDMEDAILLEN NUR SO REGNEN!

JOURNEY!*

BASIERT AUF EINER STORY VON *STAN LEE, LARRY LIEBER* UND *DON HECK*

LG412

* REISENDE

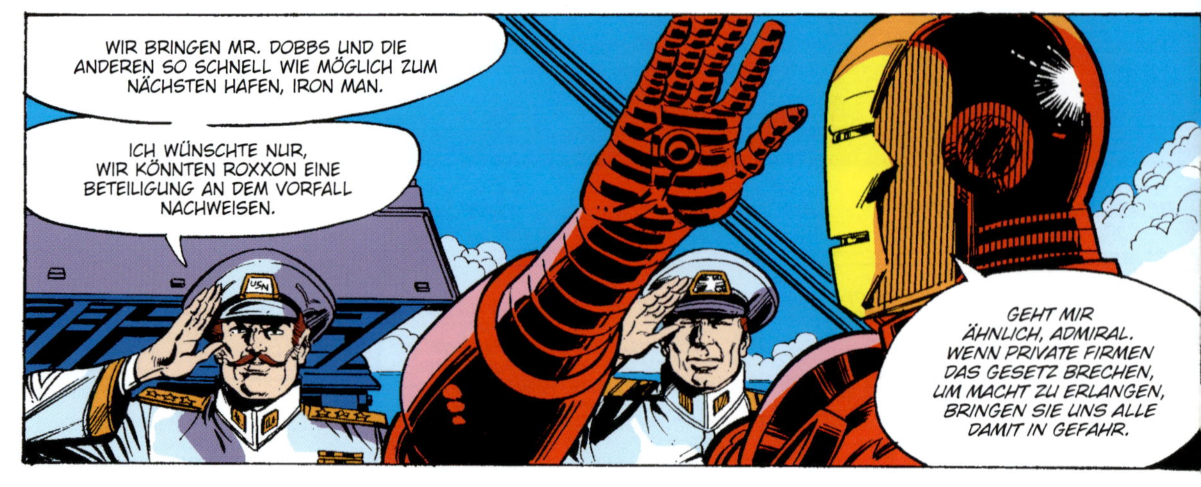
WIR BRINGEN MR. DOBBS UND DIE ANDEREN SO SCHNELL WIE MÖGLICH ZUM NÄCHSTEN HAFEN, IRON MAN.
ICH WÜNSCHTE NUR, WIR KÖNNTEN ROXXON EINE BETEILIGUNG AN DEM VORFALL NACHWEISEN.
USN
GEHT MIR ÄHNLICH, ADMIRAL. WENN PRIVATE FIRMEN DAS GESETZ BRECHEN, UM MACHT ZU ERLANGEN, BRINGEN SIE UNS ALLE DAMIT IN GEFAHR.

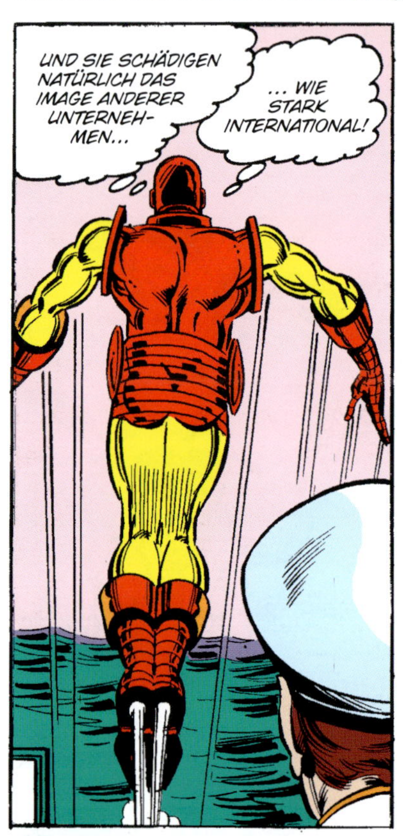
UND SIE SCHÄDIGEN NATÜRLICH DAS IMAGE ANDERER UNTERNEH-MEN...
... WIE STARK INTERNATIONAL!

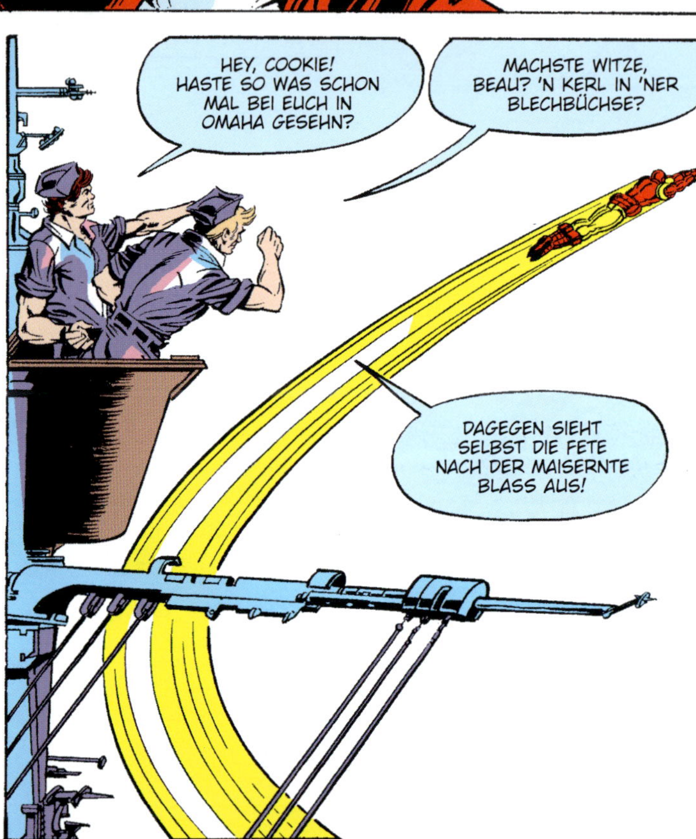
HEY, COOKIE! HASTE SO WAS SCHON MAL BEI EUCH IN OMAHA GESEHN?
MACHSTE WITZE, BEAU? 'N KERL IN 'NER BLECHBÜCHSE?
DAGEGEN SIEHT SELBST DIE FETE NACH DER MAISERNTE BLASS AUS!

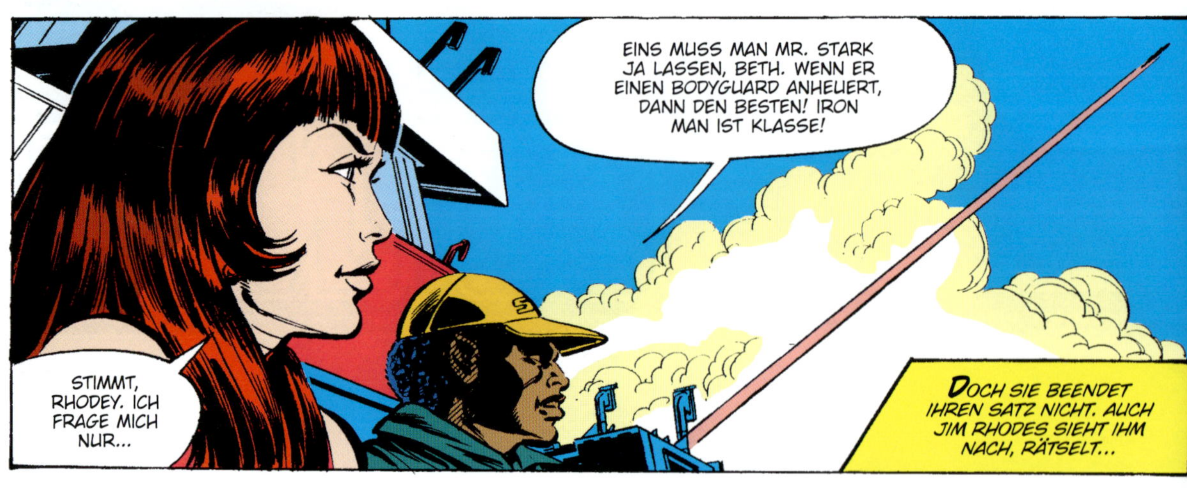
EINS MUSS MAN MR. STARK JA LASSEN, BETH. WENN ER EINEN BODYGUARD ANHEUERT, DANN DEN BESTEN! IRON MAN IST KLASSE!
STIMMT, RHODEY. ICH FRAGE MICH NUR...
DOCH SIE BEENDET IHREN SATZ NICHT. AUCH JIM RHODES SIEHT IHM NACH, RÄTSELT...

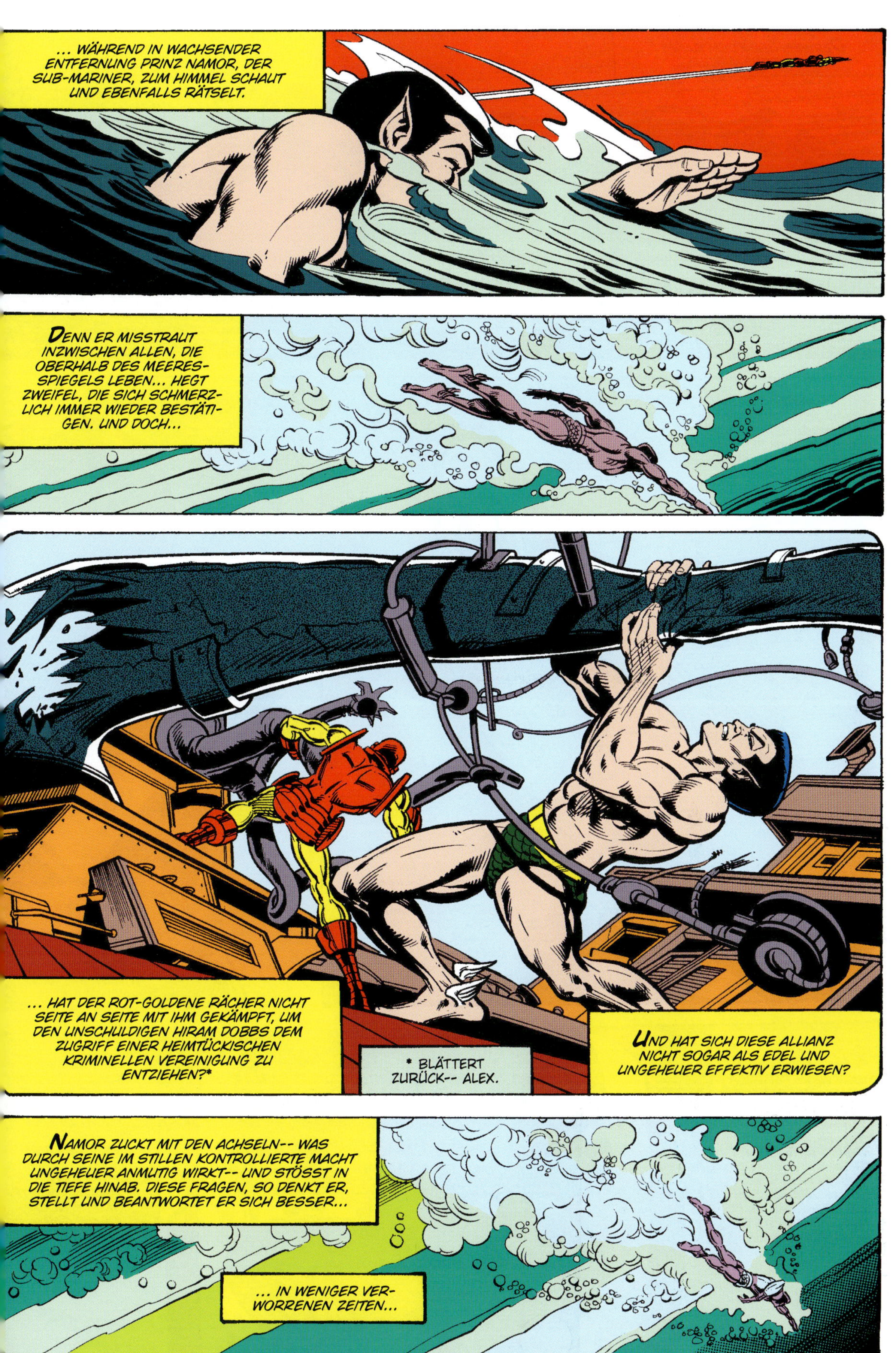
... WÄHREND IN WACHSENDER ENTFERNUNG PRINZ NAMOR, DER SUB-MARINER, ZUM HIMMEL SCHAUT UND EBENFALLS RÄTSELT.
DENN ER MISSTRAUT INZWISCHEN ALLEN, DIE OBERHALB DES MEERES-SPIEGELS LEBEN... HEGT ZWEIFEL, DIE SICH SCHMERZ-LICH IMMER WIEDER BESTÄTI-GEN. UND DOCH...
... HAT DER ROT-GOLDENE RÄCHER NICHT SEITE AN SEITE MIT IHM GEKÄMPFT, UM DEN UNSCHULDIGEN HIRAM DOBBS DEM ZUGRIFF EINER HEIMTÜCKISCHEN KRIMINELLEN VEREINIGUNG ZU ENTZIEHEN?*
* BLÄTTERT ZURÜCK-- ALEX.
UND HAT SICH DIESE ALLIANZ NICHT SOGAR ALS EDEL UND UNGEHEUER EFFEKTIV ERWIESEN?
NAMOR ZUCKT MIT DEN ACHSELN-- WAS DURCH SEINE IM STILLEN KONTROLLIERTE MACHT UNGEHEUER ANMUTIG WIRKT-- UND STÖSST IN DIE TIEFE HINAB. DIESE FRAGEN, SO DENKT ER, STELLT UND BEANTWORTET ER SICH BESSER...
... IN WENIGER VER-WORRENEN ZEITEN...

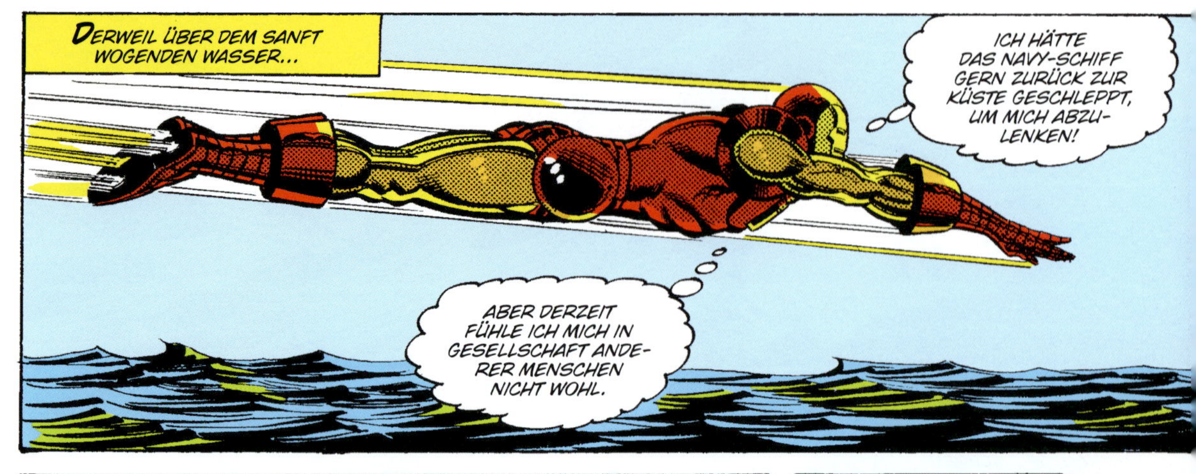
DERWEIL ÜBER DEM SANFT WOGENDEN WASSER...
ICH HÄTTE DAS NAVY-SCHIFF GERN ZURÜCK ZUR KÜSTE GESCHLEPPT, UM MICH ABZULENKEN!
ABER DERZEIT FÜHLE ICH MICH IN GESELLSCHAFT ANDERER MENSCHEN NICHT WOHL.

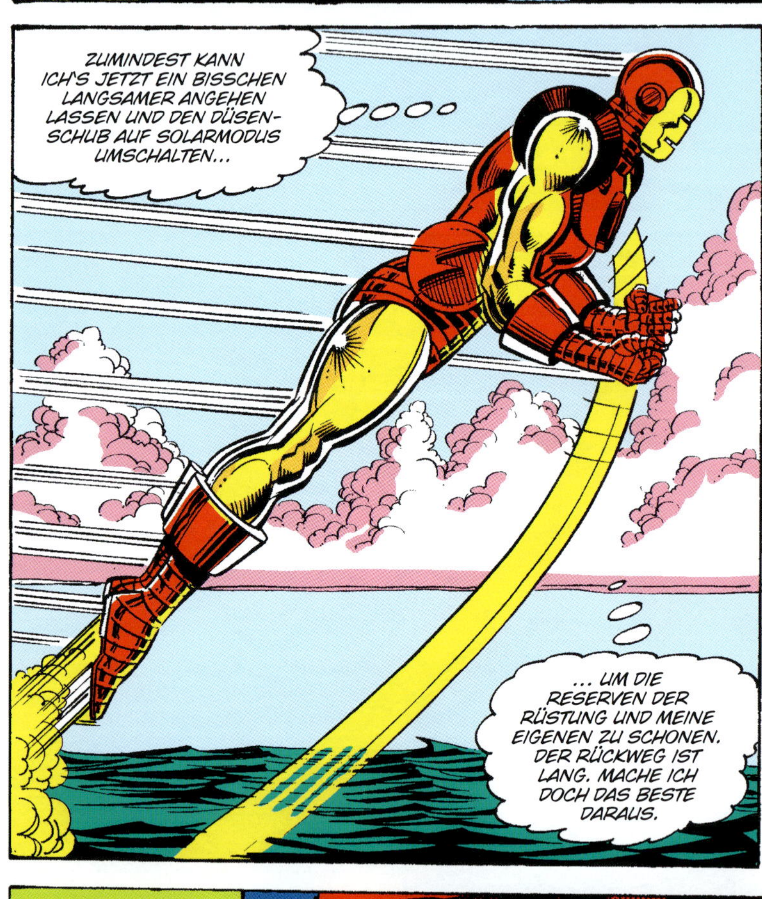
ZUMINDEST KANN ICH'S JETZT EIN BISSCHEN LANGSAMER ANGEHEN LASSEN UND DEN DÜSENSCHUB AUF SOLARMODUS UMSCHALTEN...
... UM DIE RESERVEN DER RÜSTUNG UND MEINE EIGENEN ZU SCHONEN. DER RÜCKWEG IST LANG. MACHE ICH DOCH DAS BESTE DARAUS.

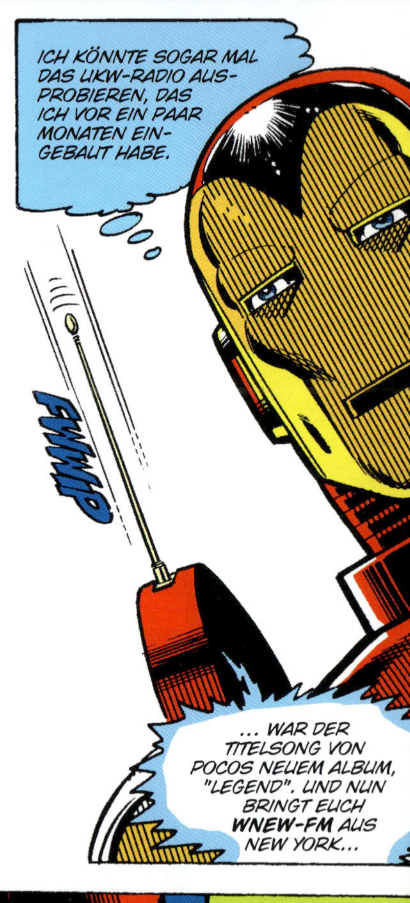
ICH KÖNNTE SOGAR MAL DAS UKW-RADIO AUSPROBIEREN, DAS ICH VOR EIN PAAR MONATEN EINGEBAUT HABE.
FWWIP
... WAR DER TITELSONG VON POCOS NEUEM ALBUM, "LEGEND". UND NUN BRINGT EUCH WNEW-FM AUS NEW YORK...

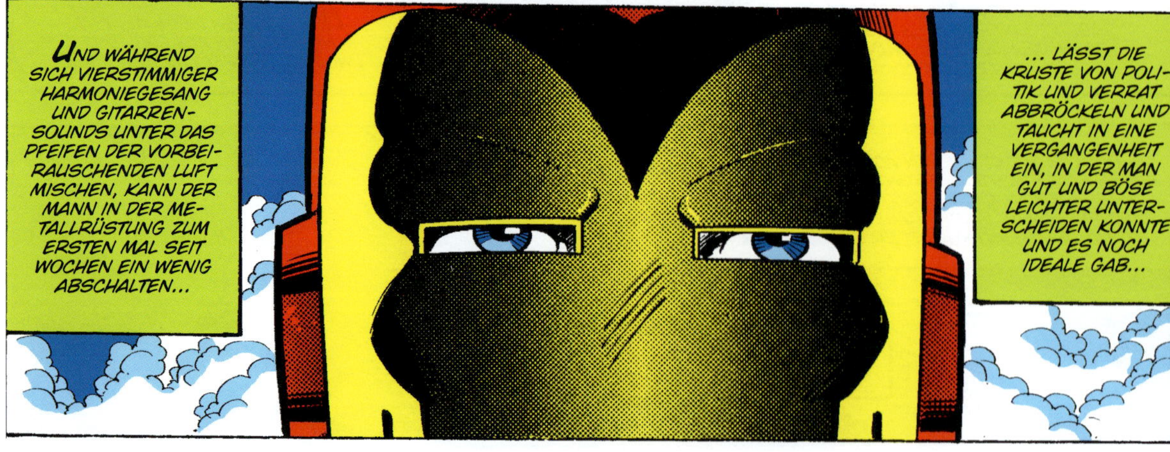
UND WÄHREND SICH VIERSTIMMIGER HARMONIEGESANG UND GITARRENSOUNDS UNTER DAS PFEIFEN DER VORBEIRAUSCHENDEN LUFT MISCHEN, KANN DER MANN IN DER METALLRÜSTUNG ZUM ERSTEN MAL SEIT WOCHEN EIN WENIG ABSCHALTEN...
... LÄSST DIE KRUSTE VON POLITIK UND VERRAT ABBRÖCKELN UND TAUCHT IN EINE VERGANGENHEIT EIN, IN DER MAN GUT UND BÖSE LEICHTER UNTERSCHEIDEN KONNTE UND ES NOCH IDEALE GAB...

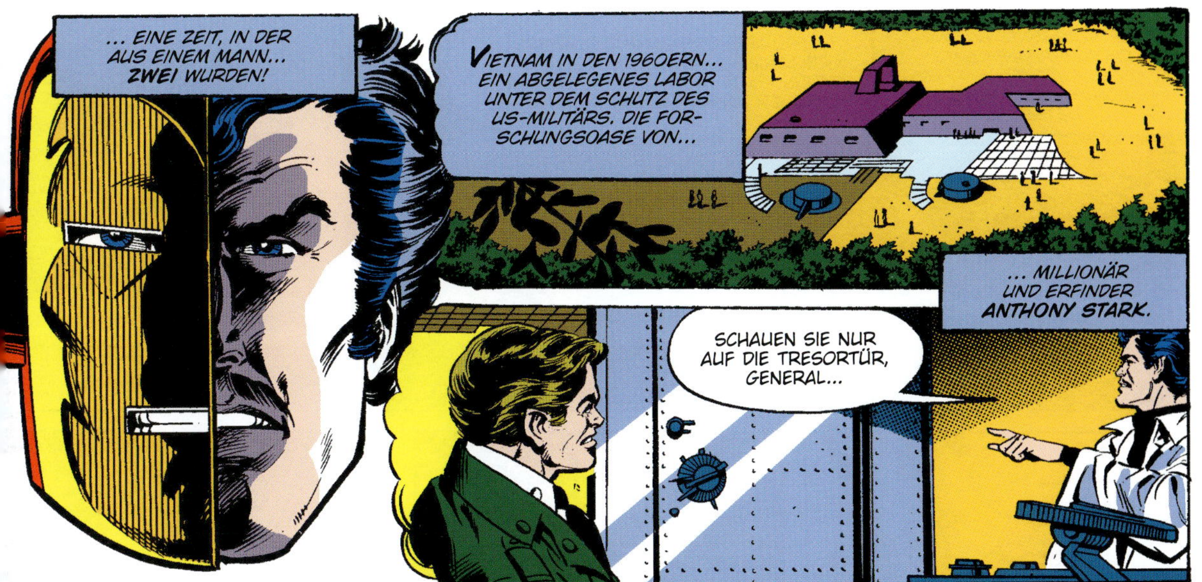
... EINE ZEIT, IN DER AUS EINEM MANN... ZWEI WURDEN!
VIETNAM IN DEN 1960ERN... EIN ABGELEGENES LABOR UNTER DEM SCHUTZ DES US-MILITÄRS. DIE FORSCHUNGSOASE VON...
... MILLIONÄR UND ERFINDER ANTHONY STARK.
SCHAUEN SIE NUR AUF DIE TRESORTÜR, GENERAL...

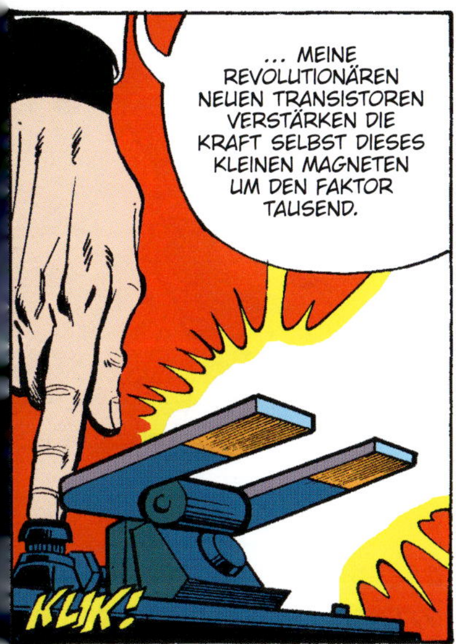
... MEINE REVOLUTIONÄREN NEUEN TRANSISTOREN VERSTÄRKEN DIE KRAFT SELBST DIESES KLEINEN MAGNETEN UM DEN FAKTOR TAUSEND.
KLIK!

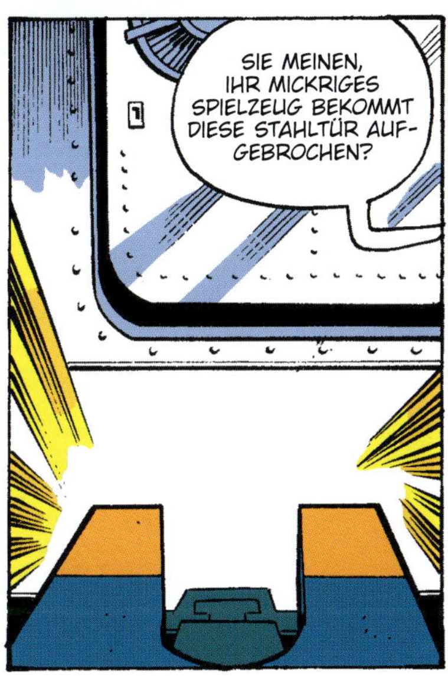
SIE MEINEN, IHR MICKRIGES SPIELZEUG BEKOMMT DIESE STAHLTÜR AUFGEBROCHEN?

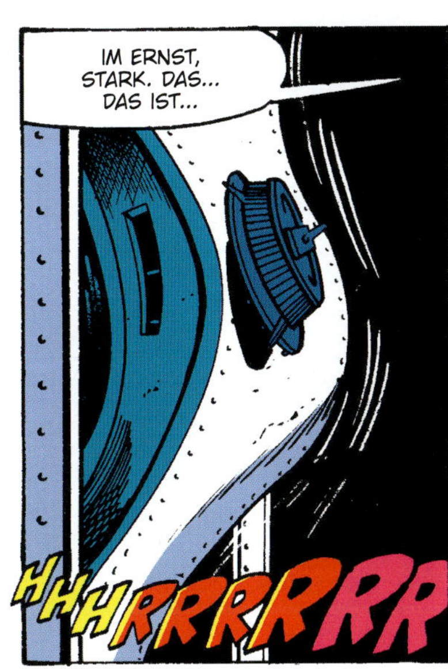
IM ERNST, STARK. DAS... DAS IST...
HHHRRRRRR

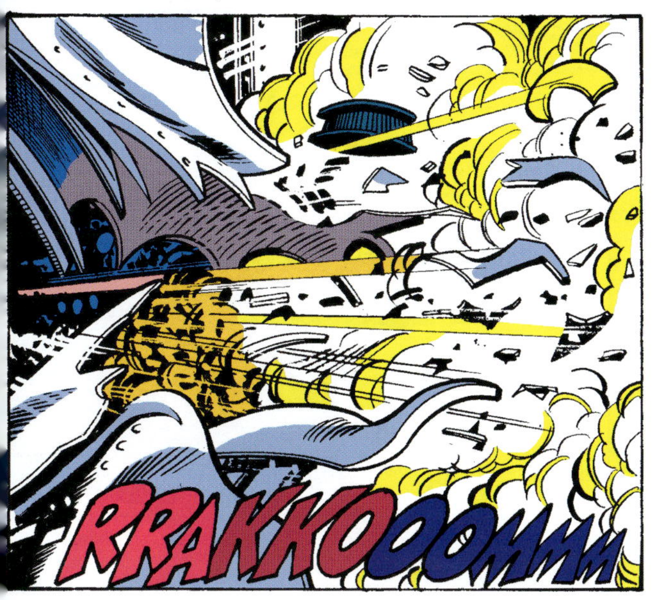
RRAKKOOOMMM

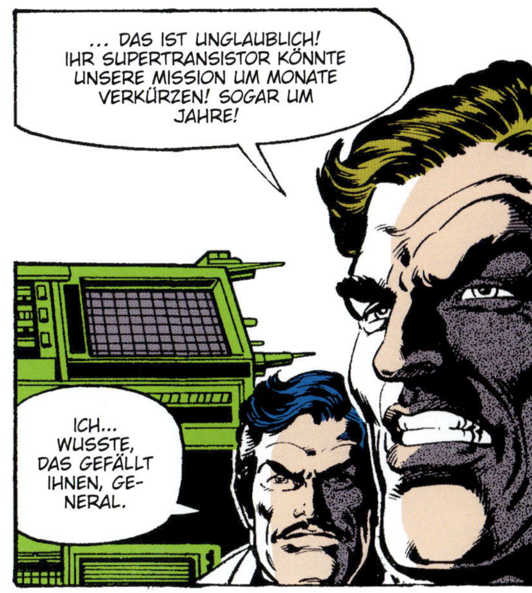
... DAS IST UNGLAUBLICH! IHR SUPERTRANSISTOR KÖNNTE UNSERE MISSION UM MONATE VERKÜRZEN! SOGAR UM JAHRE!
ICH... WUSSTE, DAS GEFÄLLT IHNEN, GENERAL.

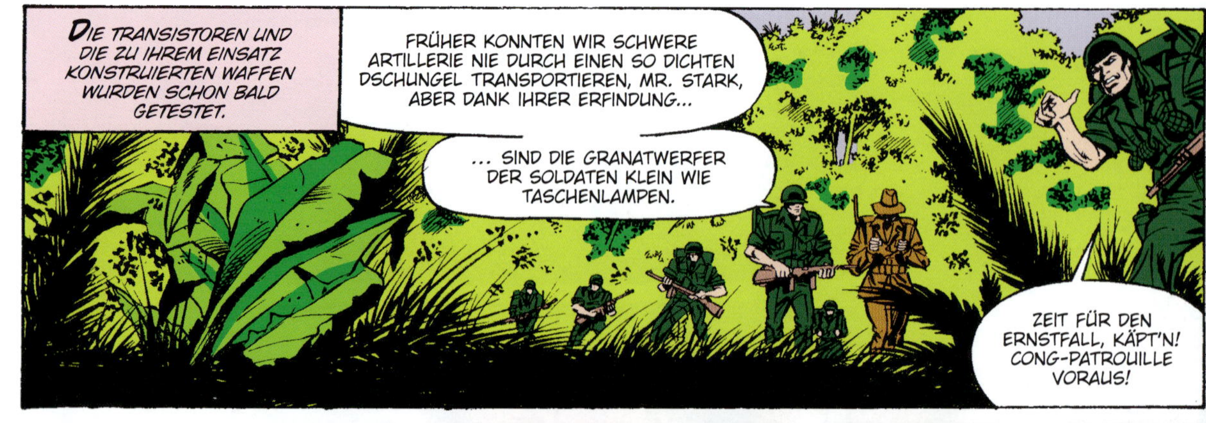
DIE TRANSISTOREN UND DIE ZU IHREM EINSATZ KONSTRUIERTEN WAFFEN WURDEN SCHON BALD GETESTET.
FRÜHER KONNTEN WIR SCHWERE ARTILLERIE NIE DURCH EINEN SO DICHTEN DSCHUNGEL TRANSPORTIEREN, MR. STARK, ABER DANK IHRER ERFINDUNG...
... SIND DIE GRANATWERFER DER SOLDATEN KLEIN WIE TASCHENLAMPEN.
ZEIT FÜR DEN ERNSTFALL, KÄPT'N! CONG-PATROUILLE VORAUS!

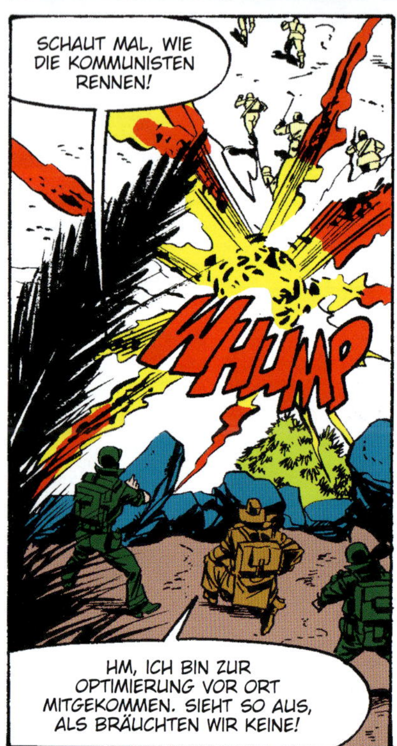
SCHAUT MAL, WIE DIE KOMMUNISTEN RENNEN!
WHUMP
HM, ICH BIN ZUR OPTIMIERUNG VOR ORT MITGEKOMMEN. SIEHT SO AUS, ALS BRÄUCHTEN WIR KEINE!

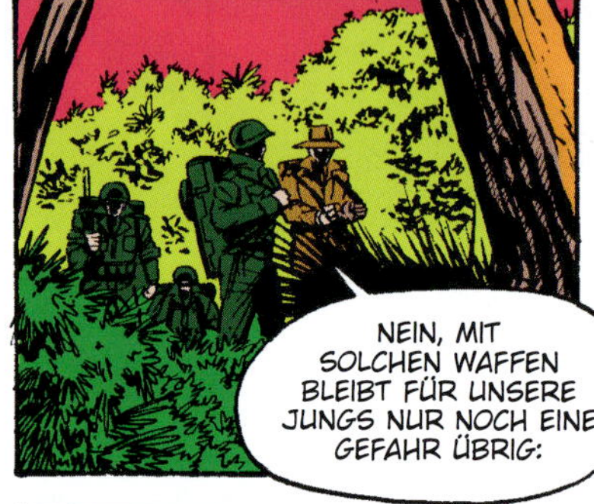
NEIN, MIT SOLCHEN WAFFEN BLEIBT FÜR UNSERE JUNGS NUR NOCH EINE GEFAHR ÜBRIG:

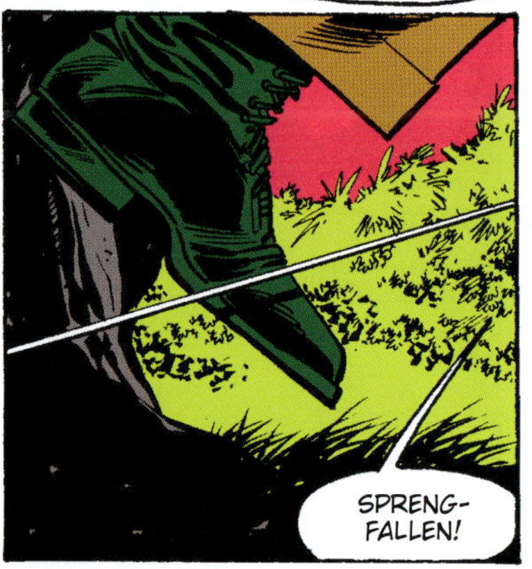
SPRENG-FALLEN!

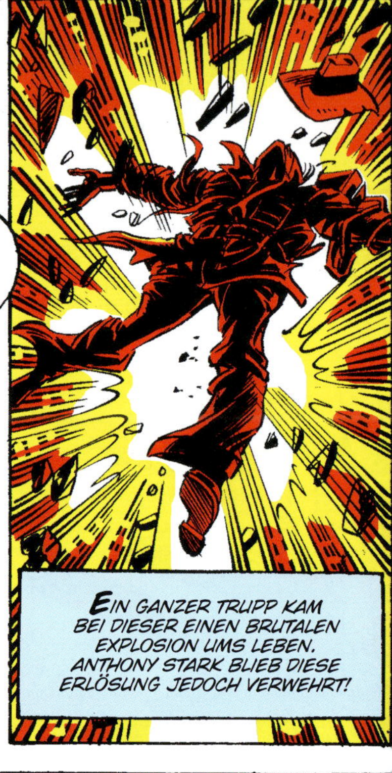
EIN GANZER TRUPP KAM BEI DIESER EINEN BRUTALEN EXPLOSION UMS LEBEN. ANTHONY STARK BLIEB DIESE ERLÖSUNG JEDOCH VERWEHRT!

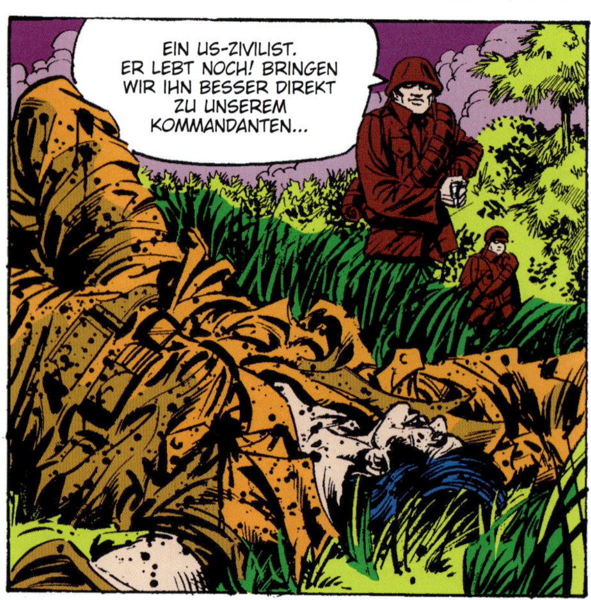
EIN US-ZIVILIST. ER LEBT NOCH! BRINGEN WIR IHN BESSER DIREKT ZU UNSEREM KOMMANDANTEN...

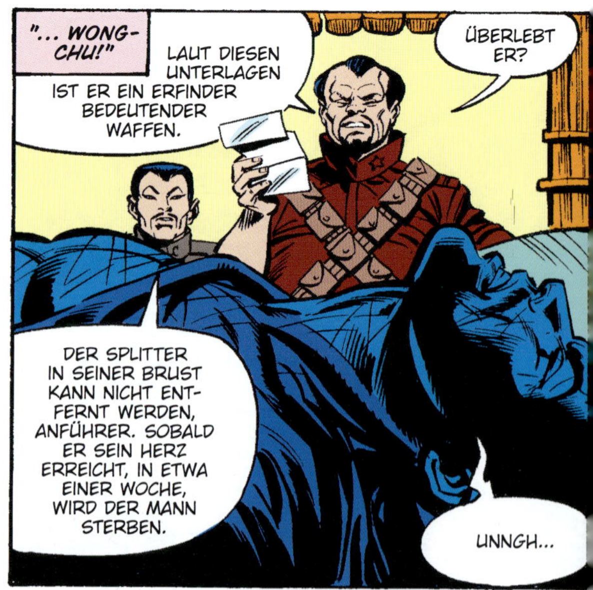
"... WONG-CHU!"
LAUT DIESEN UNTERLAGEN IST ER EIN ERFINDER BEDEUTENDER WAFFEN.
ÜBERLEBT ER?
DER SPLITTER IN SEINER BRUST KANN NICHT ENT-FERNT WERDEN, ANFÜHRER. SOBALD ER SEIN HERZ ERREICHT, IN ETWA EINER WOCHE, WIRD DER MANN STERBEN.
UNNGH...

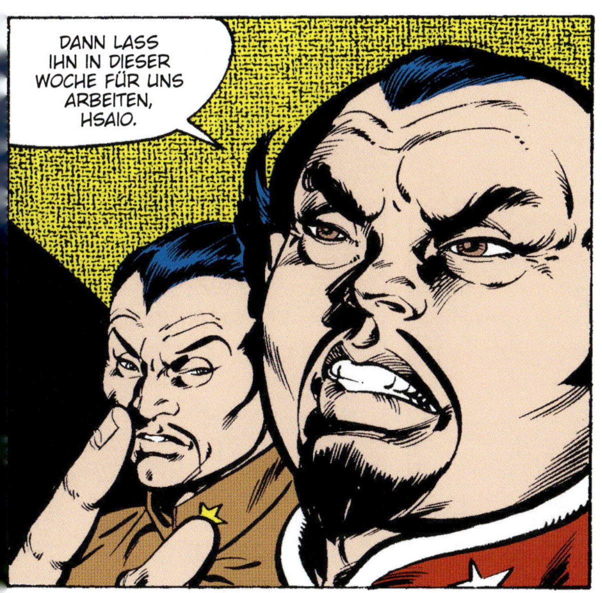
DANN LASS IHN IN DIESER WOCHE FÜR UNS ARBEITEN, HSAIO.

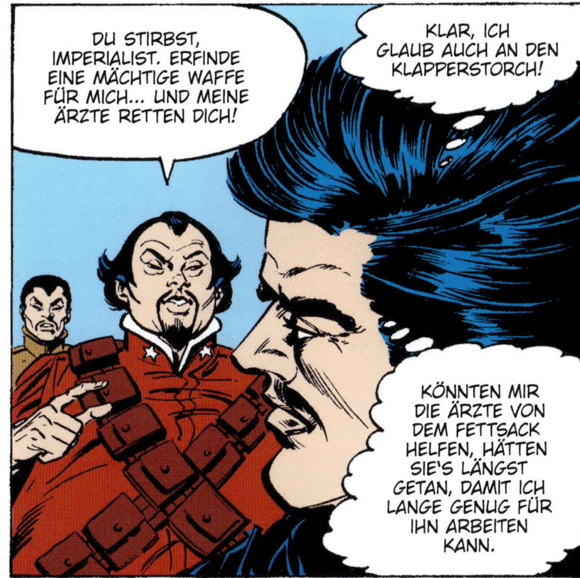
DU STIRBST, IMPERIALIST. ERFINDE EINE MÄCHTIGE WAFFE FÜR MICH... UND MEINE ÄRZTE RETTEN DICH!
KLAR, ICH GLAUB AUCH AN DEN KLAPPERSTORCH!
KÖNNTEN MIR DIE ÄRZTE VON DEM FETTSACK HELFEN, HÄTTEN SIE'S LÄNGST GETAN, DAMIT ICH LANGE GENUG FÜR IHN ARBEITEN KANN.

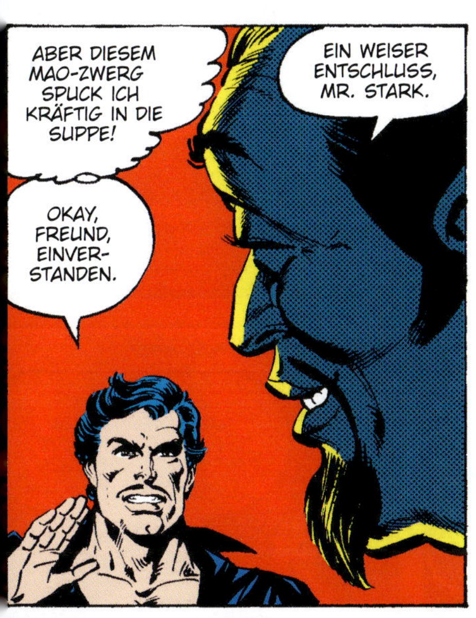
ABER DIESEM MAO-ZWERG SPUCK ICH KRÄFTIG IN DIE SUPPE!
OKAY, FREUND, EINVER-STANDEN.
EIN WEISER ENTSCHLUSS, MR. STARK.

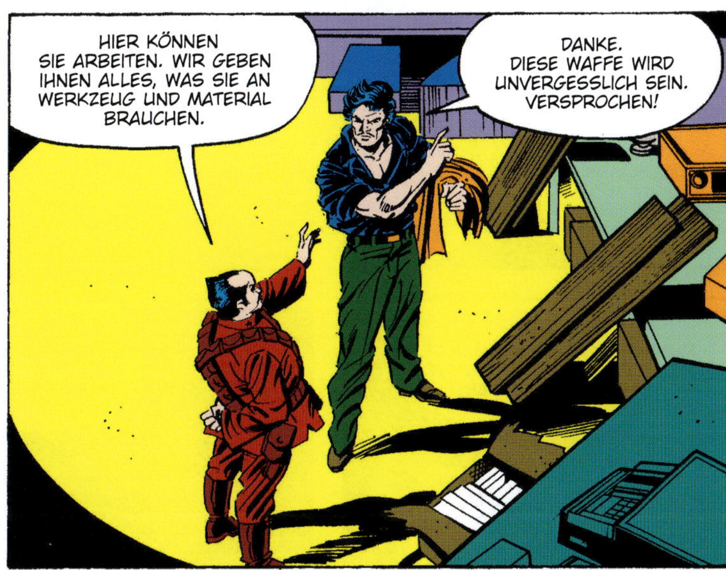
HIER KÖNNEN SIE ARBEITEN. WIR GEBEN IHNEN ALLES, WAS SIE AN WERKZEUG UND MATERIAL BRAUCHEN.
DANKE. DIESE WAFFE WIRD UNVERGESSLICH SEIN. VERSPROCHEN!

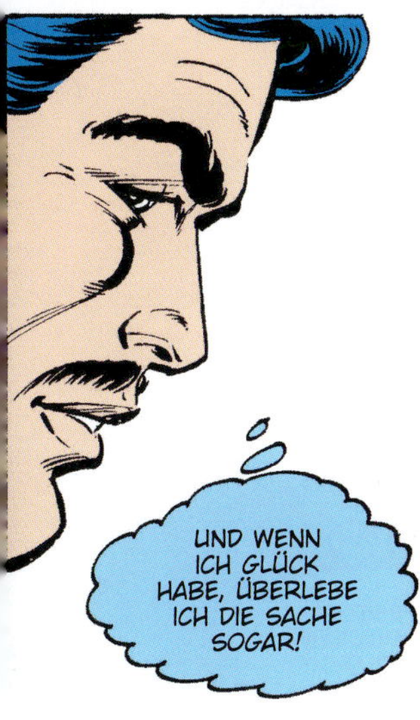
UND WENN ICH GLÜCK HABE, ÜBERLEBE ICH DIE SACHE SOGAR!

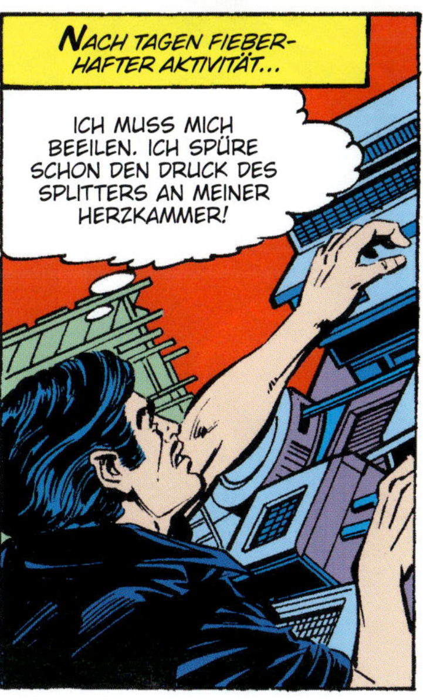
NACH TAGEN FIEBER-HAFTER AKTIVITÄT...
ICH MUSS MICH BEEILEN. ICH SPÜRE SCHON DEN DRUCK DES SPLITTERS AN MEINER HERZKAMMER!

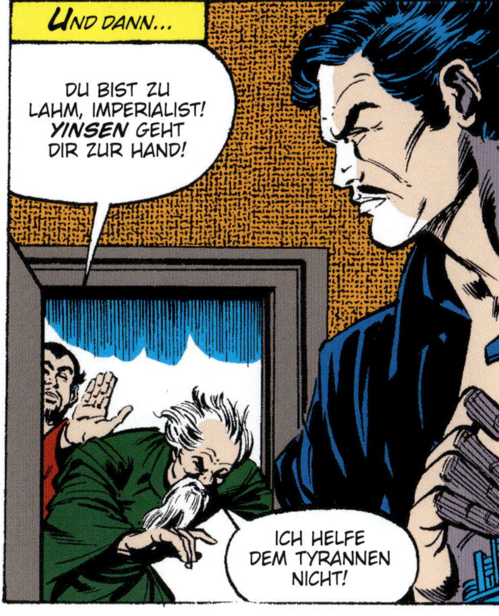
UND DANN...
DU BIST ZU LAHM, IMPERIALIST! YINSEN GEHT DIR ZUR HAND!
ICH HELFE DEM TYRANNEN NICHT!

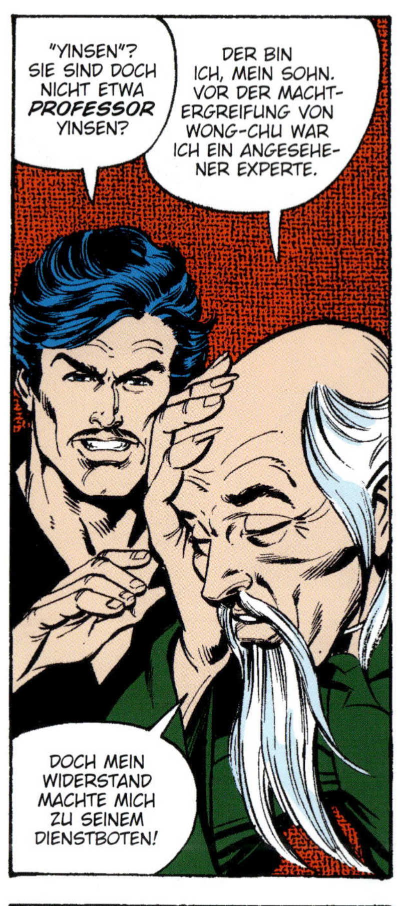
"YINSEN"? SIE SIND DOCH NICHT ETWA PROFESSOR YINSEN?
DER BIN ICH, MEIN SOHN. VOR DER MACHTERGREIFUNG VON WONG-CHU WAR ICH EIN ANGESEHENER EXPERTE.
DOCH MEIN WIDERSTAND MACHTE MICH ZU SEINEM DIENSTBOTEN!
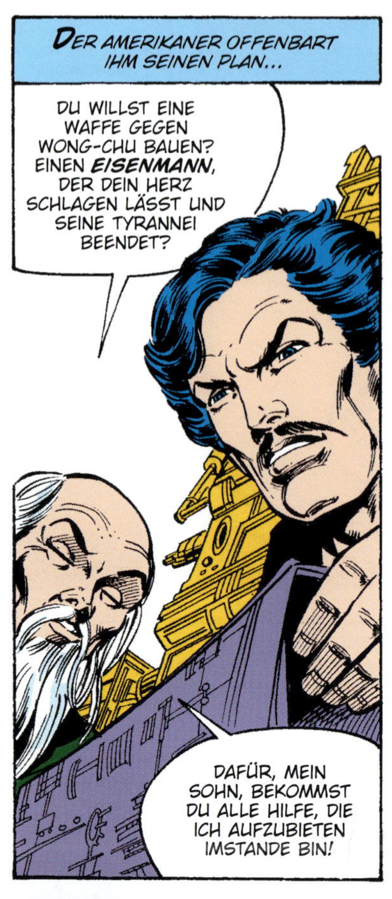
DER AMERIKANER OFFENBART IHM SEINEN PLAN ...
DU WILLST EINE WAFFE GEGEN WONG-CHU BAUEN? EINEN EISENMANN, DER DEIN HERZ SCHLAGEN LÄSST UND SEINE TYRANNEI BEENDET?
DAFÜR, MEIN SOHN, BEKOMMST DU ALLE HILFE, DIE ICH AUFZUBIETEN IMSTANDE BIN!
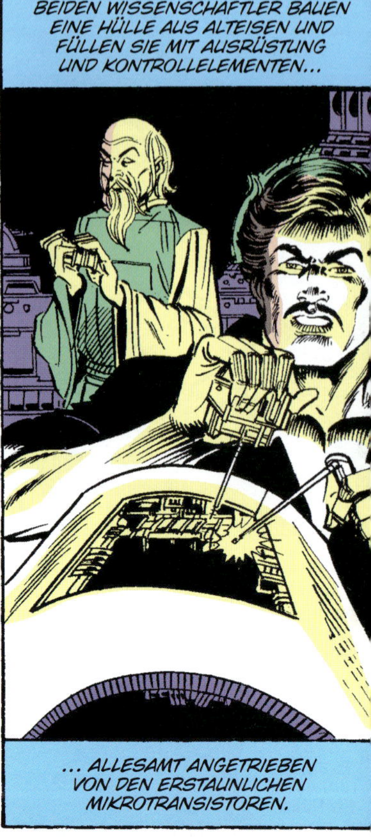
DIE TAGE VERGEHEN, UND DIE BEIDEN WISSENSCHAFTLER BAUEN EINE HÜLLE AUS ALTEISEN UND FÜLLEN SIE MIT AUSRÜSTUNG UND KONTROLLELEMENTEN ...
... ALLESAMT ANGETRIEBEN VON DEN ERSTAUNLICHEN MIKROTRANSISTOREN.
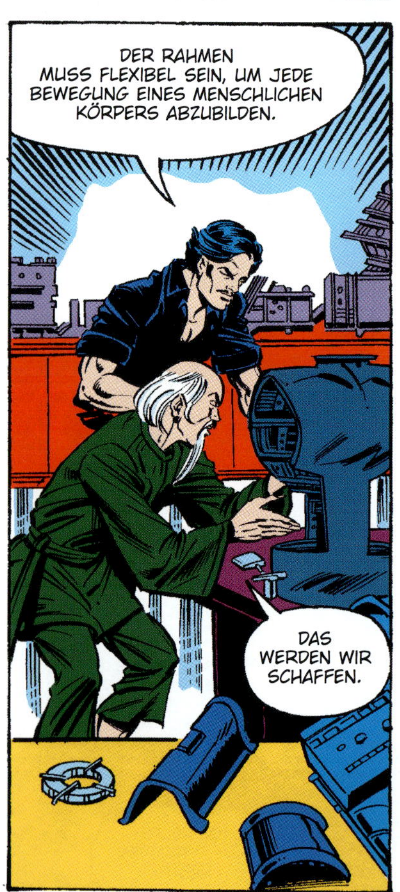
DER RAHMEN MUSS FLEXIBEL SEIN, UM JEDE BEWEGUNG EINES MENSCHLICHEN KÖRPERS ABZUBILDEN.
DAS WERDEN WIR SCHAFFEN.
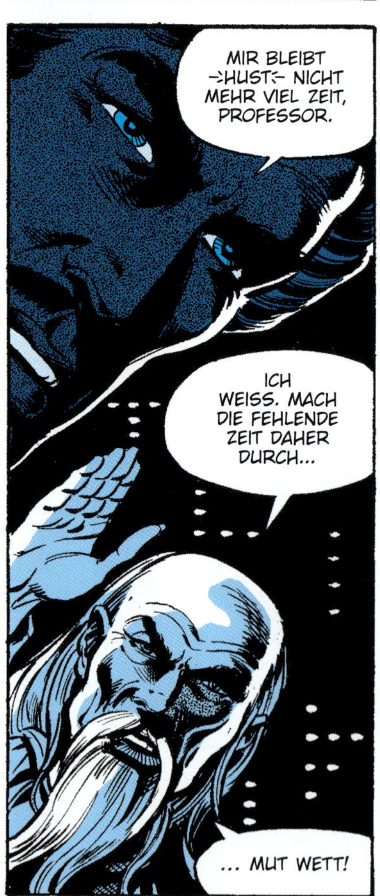
MIR BLEIBT -HUST- NICHT MEHR VIEL ZEIT, PROFESSOR.
ICH WEISS. MACH DIE FEHLENDE ZEIT DAHER DURCH ...
... MUT WETT!
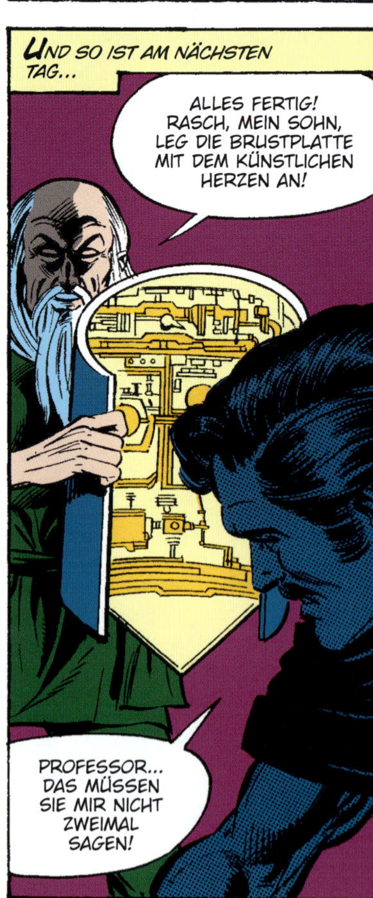
UND SO IST AM NÄCHSTEN TAG ...
ALLES FERTIG! RASCH, MEIN SOHN, LEG DIE BRUSTPLATTE MIT DEM KÜNSTLICHEN HERZEN AN!
PROFESSOR ... DAS MÜSSEN SIE MIR NICHT ZWEIMAL SAGEN!

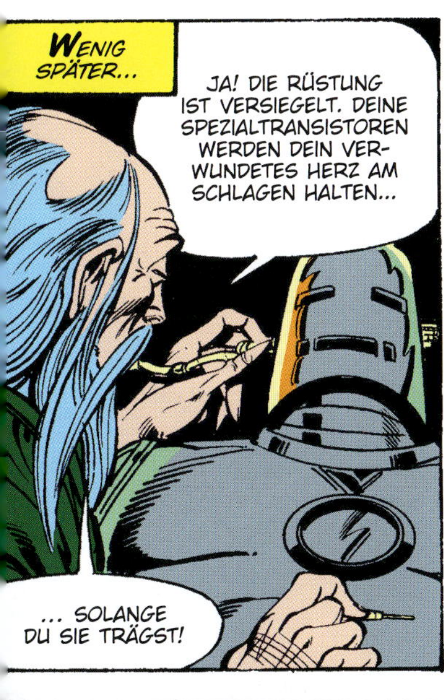

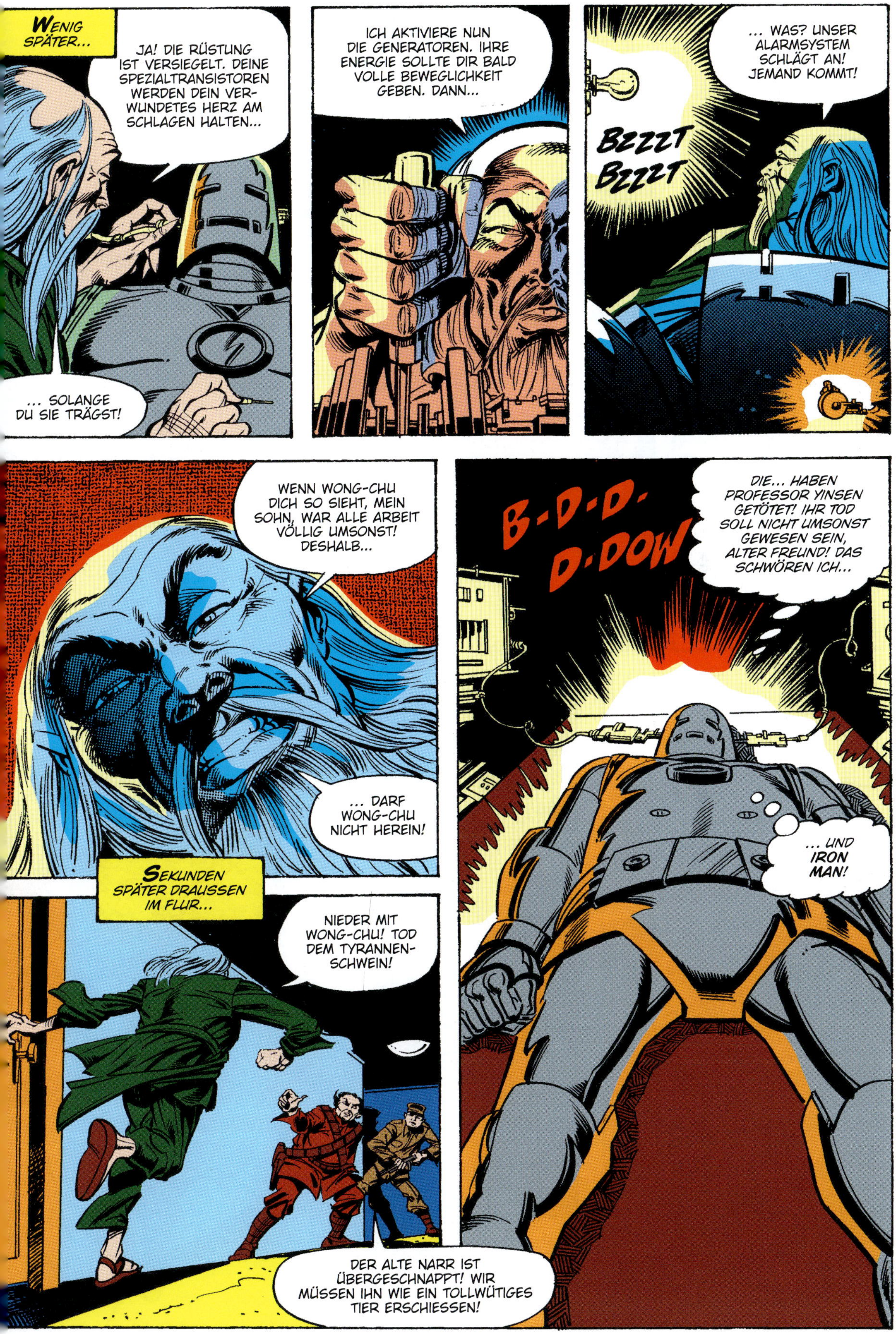

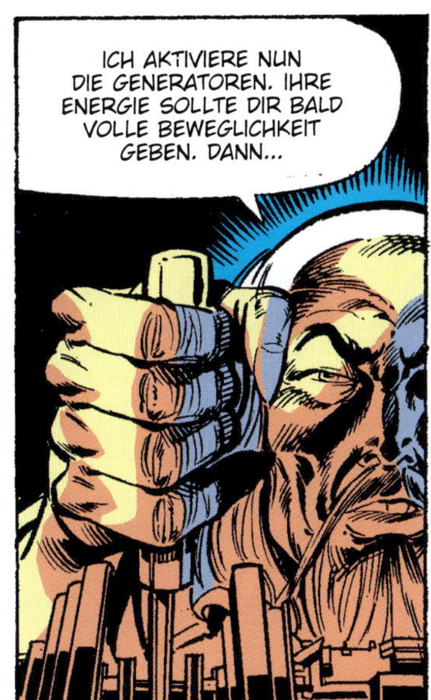

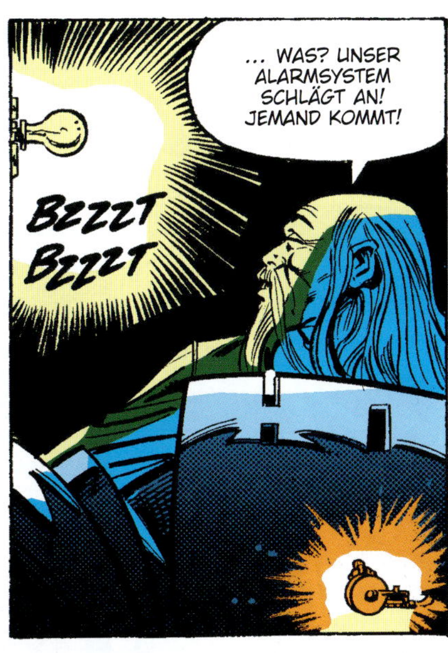

WENN WONG-CHU DICH SO SIEHT, MEIN SOHN, WAR ALLE ARBEIT VÖLLIG UMSONST! DESHALB...

... DARF WONG-CHU NICHT HEREIN!

SEKUNDEN SPÄTER DRAUSSEN IM FLUR...

NIEDER MIT WONG-CHU! TOD DEM TYRANNEN-SCHWEIN!

DER ALTE NARR IST ÜBERGESCHNAPPT! WIR MÜSSEN IHN WIE EIN TOLLWÜTIGES TIER ERSCHIESSEN!

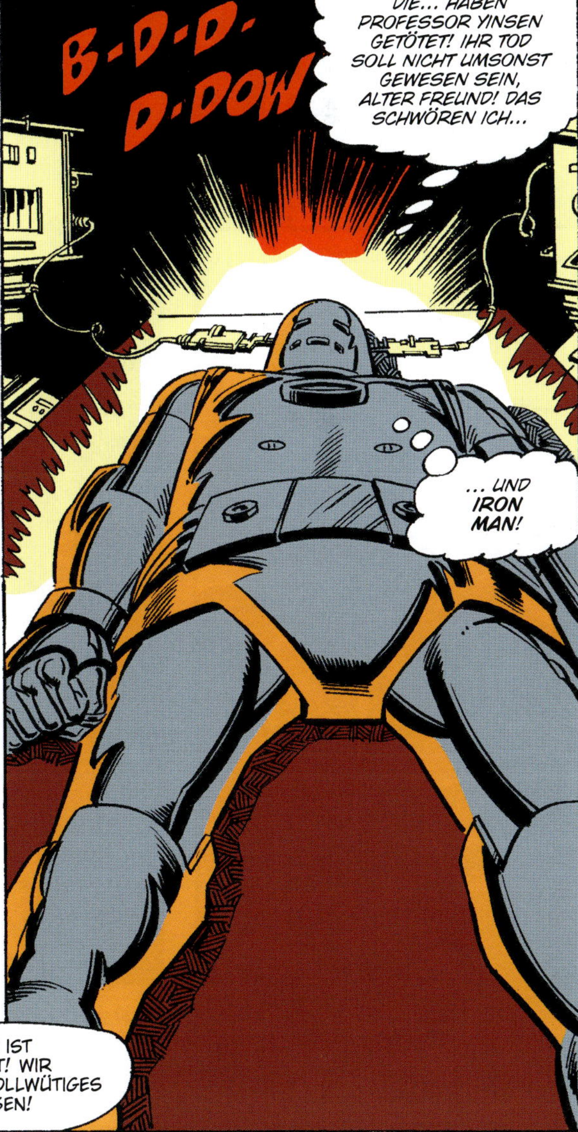

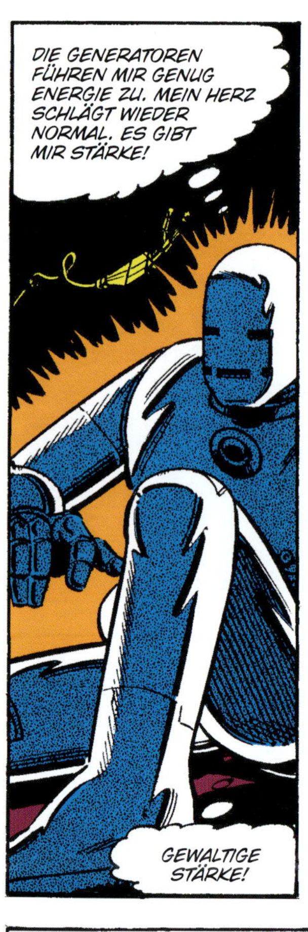
DIE GENERATOREN FÜHREN MIR GENUG ENERGIE ZU. MEIN HERZ SCHLÄGT WIEDER NORMAL. ES GIBT MIR STÄRKE!
GEWALTIGE STÄRKE!

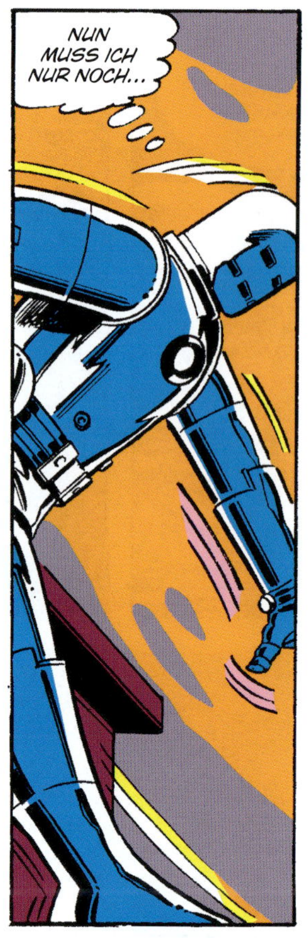
NUN MUSS ICH NUR NOCH...

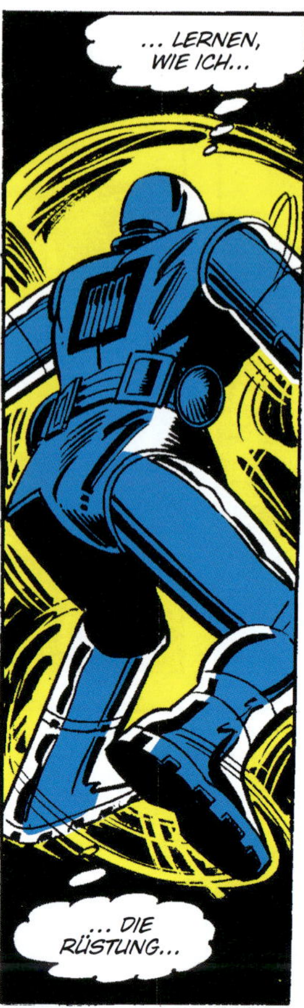
... LERNEN, WIE ICH...
... DIE RÜSTUNG...

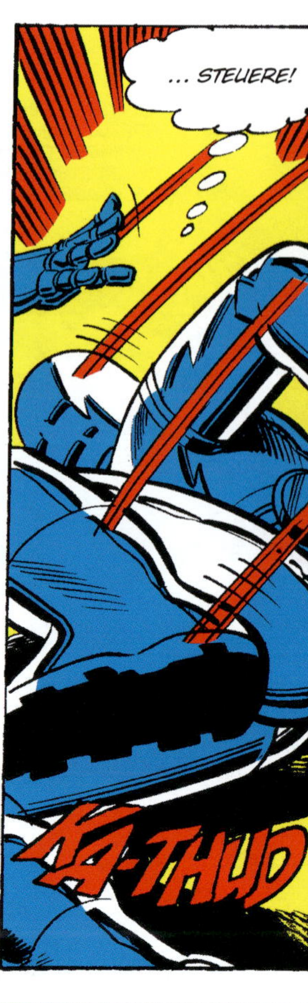
... STEUERE!
KA-THUD

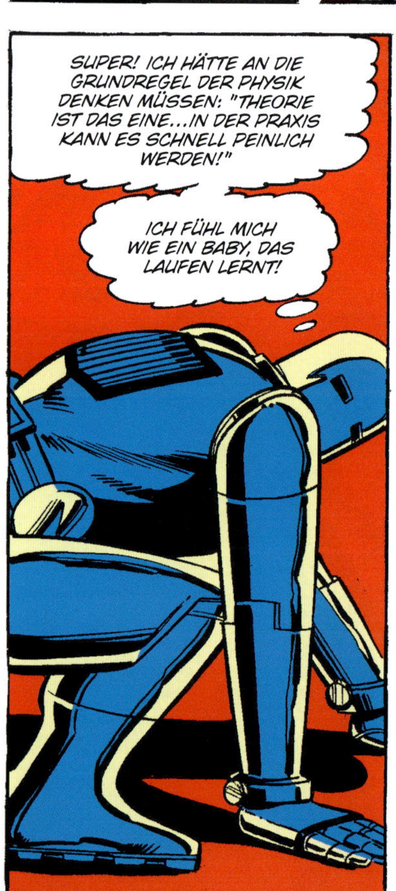
SUPER! ICH HÄTTE AN DIE GRUNDREGEL DER PHYSIK DENKEN MÜSSEN: "THEORIE IST DAS EINE...IN DER PRAXIS KANN ES SCHNELL PEINLICH WERDEN!"
ICH FÜHL MICH WIE EIN BABY, DAS LAUFEN LERNT!

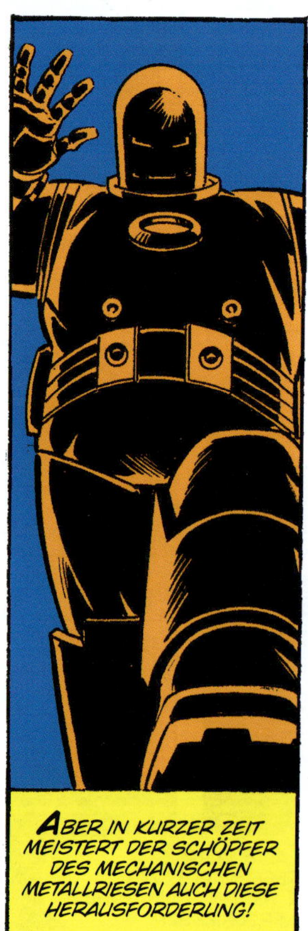
ABER IN KURZER ZEIT MEISTERT DER SCHÖPFER DES MECHANISCHEN METALLRIESEN AUCH DIESE HERAUSFORDERUNG!

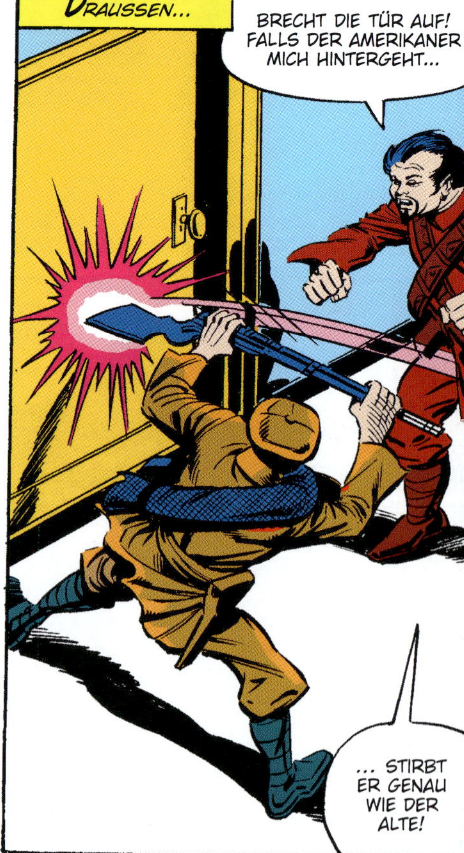
DRAUSSEN...
BRECHT DIE TÜR AUF! FALLS DER AMERIKANER MICH HINTERGEHT...
... STIRBT ER GENAU WIE DER ALTE!

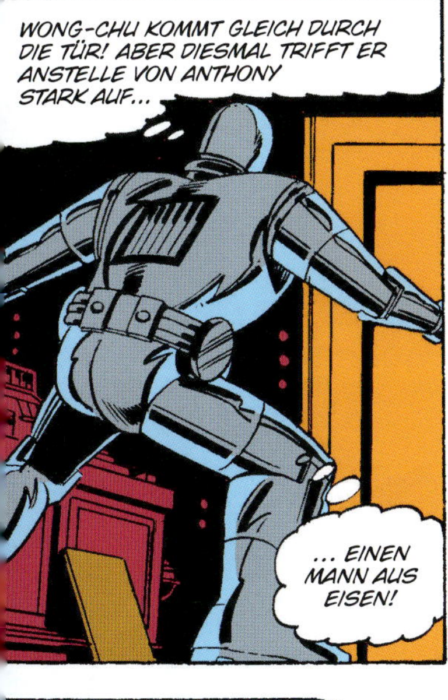
WONG-CHU KOMMT GLEICH DURCH DIE TÜR! ABER DIESMAL TRIFFT ER ANSTELLE VON ANTHONY STARK AUF...
... EINEN MANN AUS EISEN!

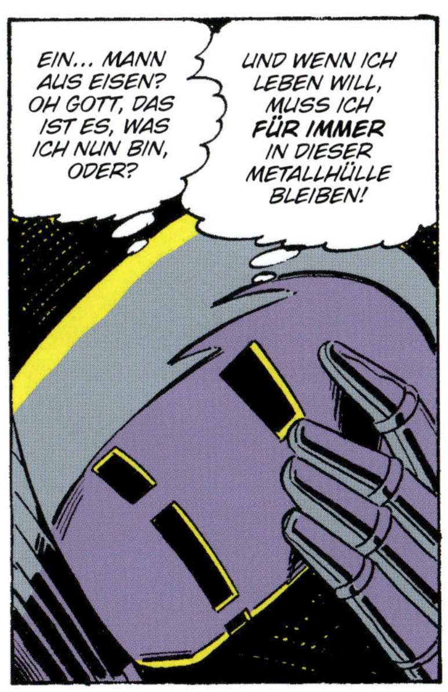
EIN... MANN AUS EISEN? OH GOTT, DAS IST ES, WAS ICH NUN BIN, ODER?
UND WENN ICH LEBEN WILL, MUSS ICH **FÜR IMMER** IN DIESER METALLHÜLLE BLEIBEN!

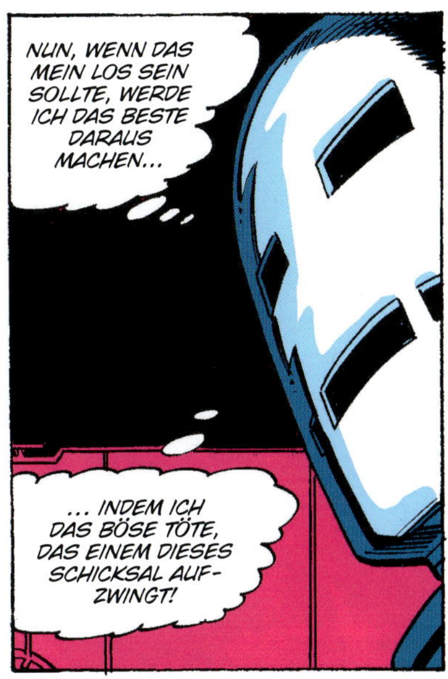
NUN, WENN DAS MEIN LOS SEIN SOLLTE, WERDE ICH DAS BESTE DARAUS MACHEN...
... INDEM ICH DAS BÖSE TÖTE, DAS EINEM DIESES SCHICKSAL AUFZWINGT!

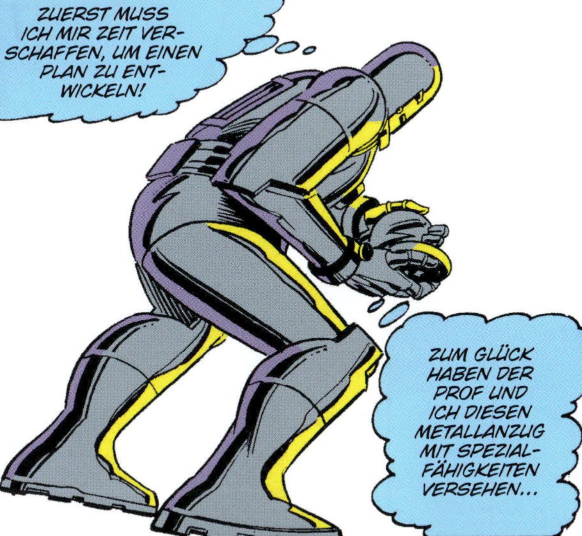
ZUERST MUSS ICH MIR ZEIT VERSCHAFFEN, UM EINEN PLAN ZU ENTWICKELN!
ZUM GLÜCK HABEN DER PROF UND ICH DIESEN METALLANZUG MIT SPEZIALFÄHIGKEITEN VERSEHEN...

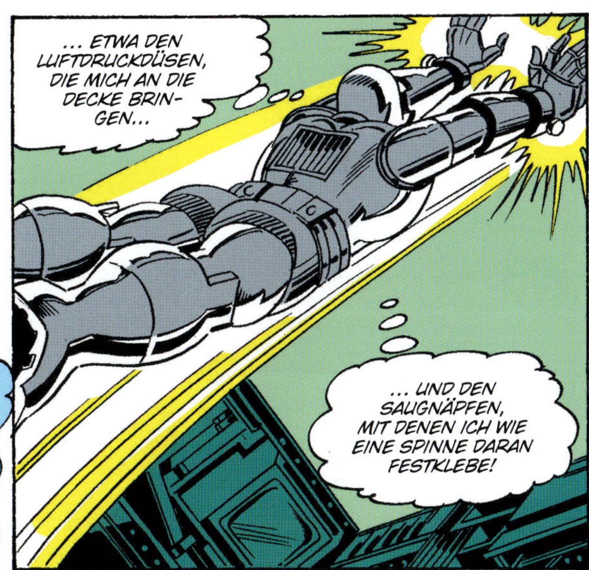
... ETWA DEN LUFTDRUCKDÜSEN, DIE MICH AN DIE DECKE BRINGEN...
... UND DEN SAUGNÄPFEN, MIT DENEN ICH WIE EINE SPINNE DARAN FESTKLEBE!

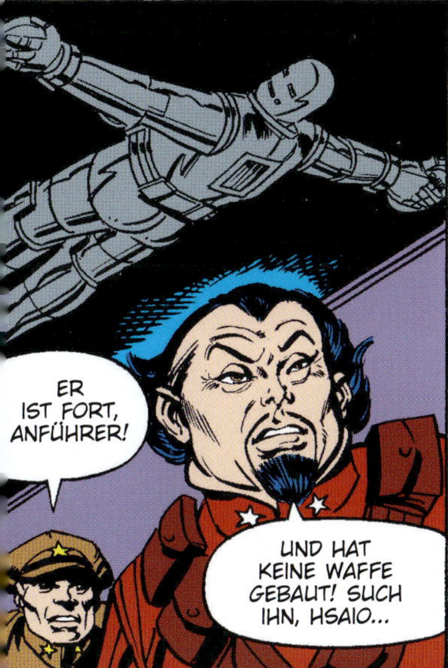
ER IST FORT, ANFÜHRER!
UND HAT KEINE WAFFE GEBAUT! SUCH IHN, HSAIO...

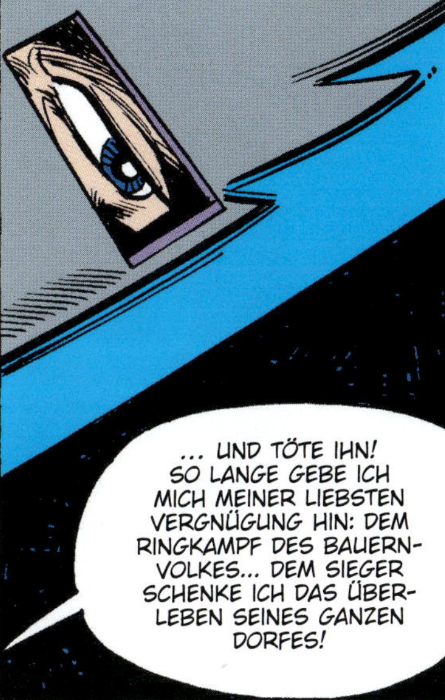
... UND TÖTE IHN! SO LANGE GEBE ICH MICH MEINER LIEBSTEN VERGNÜGUNG HIN: DEM RINGKAMPF DES BAUERNVOLKES... DEM SIEGER SCHENKE ICH DAS ÜBERLEBEN SEINES GANZEN DORFES!

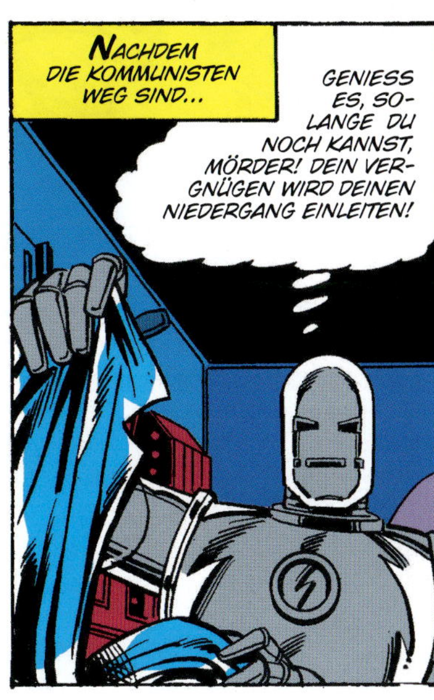
NACHDEM DIE KOMMUNISTEN WEG SIND...
GENIESS ES, SOLANGE DU NOCH KANNST, MÖRDER! DEIN VERGNÜGEN WIRD DEINEN NIEDERGANG EINLEITEN!

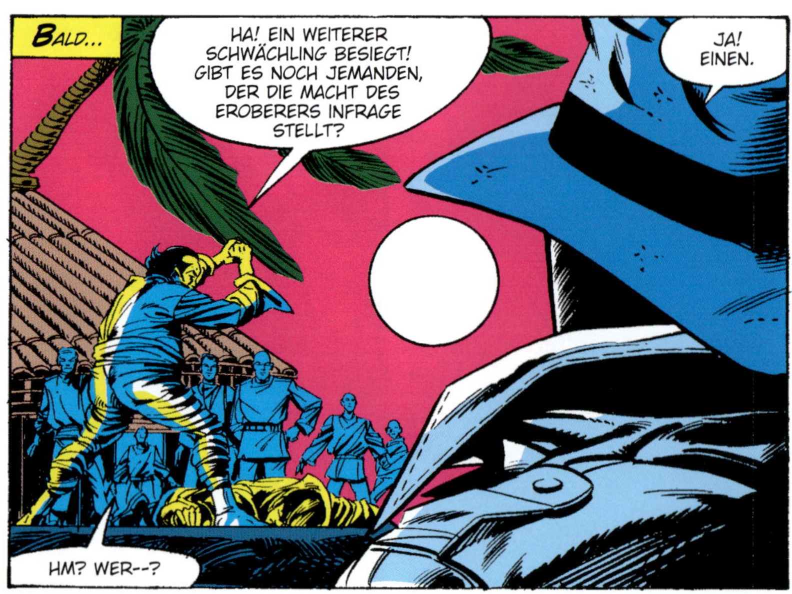
BALD...
HA! EIN WEITERER SCHWÄCHLING BESIEGT! GIBT ES NOCH JEMANDEN, DER DIE MACHT DES EROBERERS INFRAGE STELLT?
JA! EINEN.
HM? WER--?

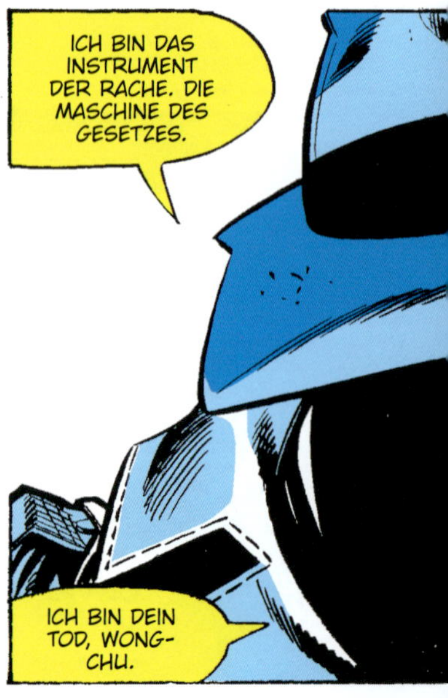
ICH BIN DAS INSTRUMENT DER RACHE. DIE MASCHINE DES GESETZES.
ICH BIN DEIN TOD, WONG-CHU.

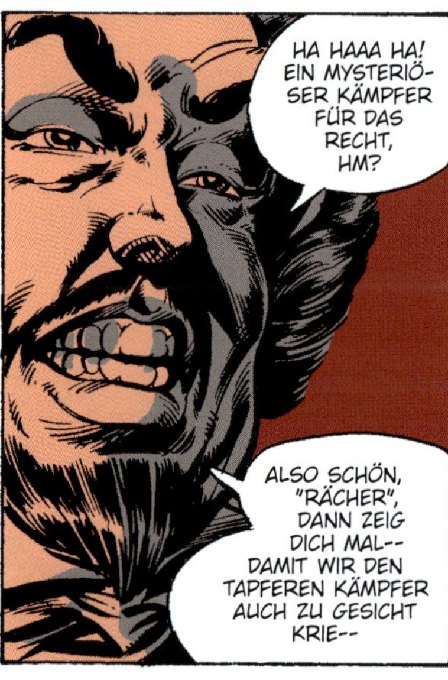
HA HAAA HA! EIN MYSTERIÖSER KÄMPFER FÜR DAS RECHT, HM?
ALSO SCHÖN, "RÄCHER", DANN ZEIG DICH MAL--DAMIT WIR DEN TAPFEREN KÄMPFER AUCH ZU GESICHT KRIE--

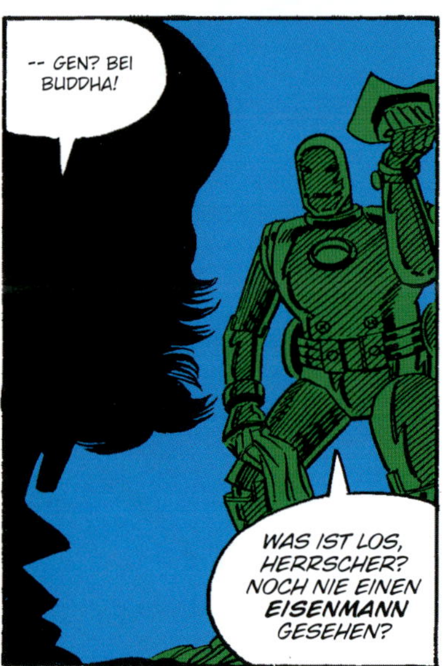
-- GEN? BEI BUDDHA!
WAS IST LOS, HERRSCHER? NOCH NIE EINEN EISENMANN GESEHEN?

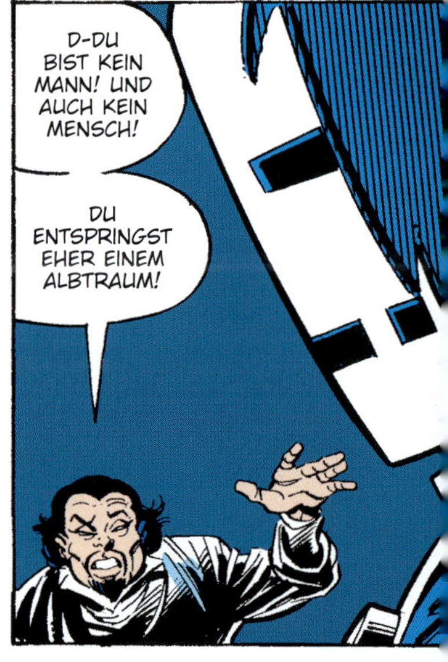
D-DU BIST KEIN MANN! UND AUCH KEIN MENSCH!
DU ENTSPRINGST EHER EINEM ALBTRAUM!

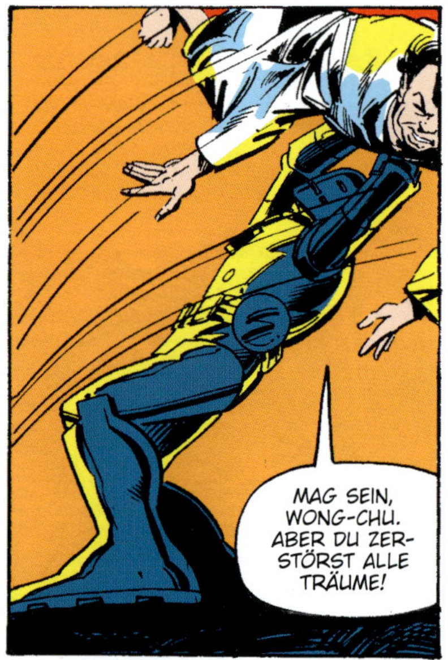
MAG SEIN, WONG-CHU. ABER DU ZERSTÖRST ALLE TRÄUME!

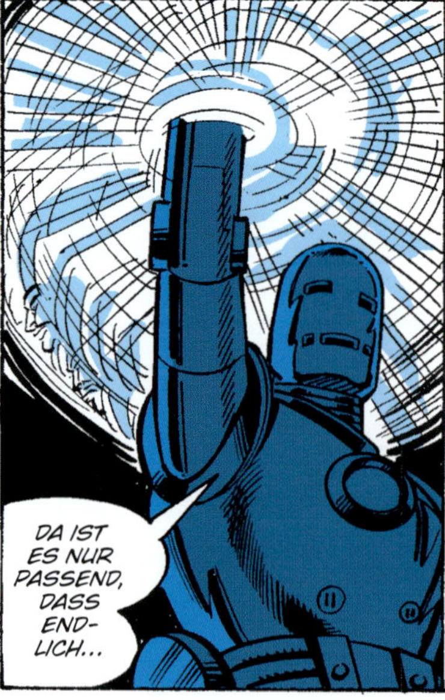
DA IST ES NUR PASSEND, DASS ENDLICH...

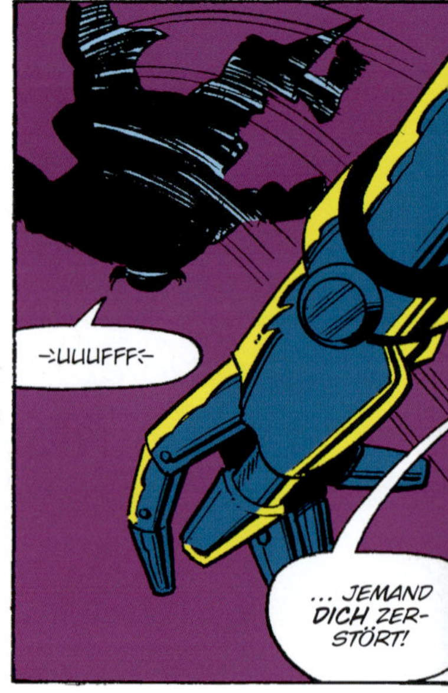
UUUFFF
... JEMAND DICH ZERSTÖRT!

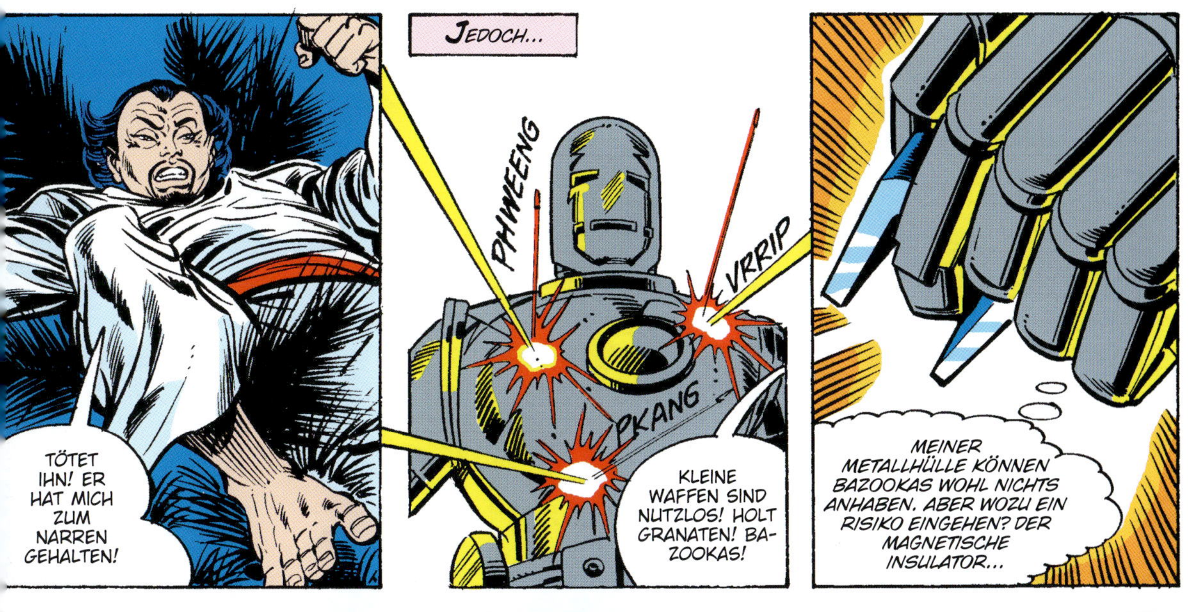
TÖTET IHN! ER HAT MICH ZUM NARREN GEHALTEN!
JEDOCH...
PHWEENG
VRRIP
PKANG
KLEINE WAFFEN SIND NUTZLOS! HOLT GRANATEN! BAZOOKAS!
MEINER METALLHÜLLE KÖNNEN BAZOOKAS WOHL NICHTS ANHABEN. ABER WOZU EIN RISIKO EINGEHEN? DER MAGNETISCHE INSULATOR...

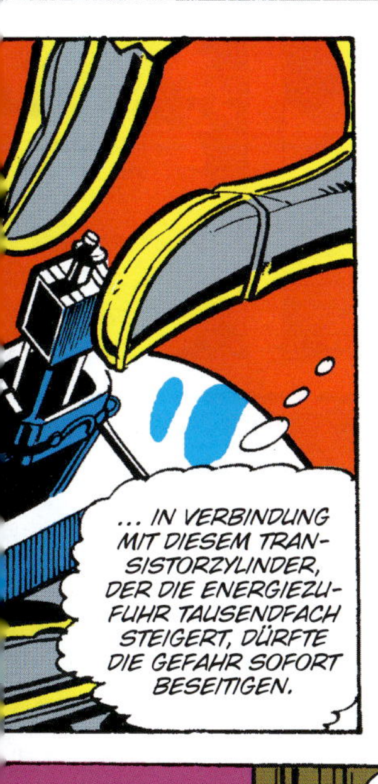
... IN VERBINDUNG MIT DIESEM TRANSISTORZYLINDER, DER DIE ENERGIEZUFUHR TAUSENDFACH STEIGERT, DÜRFTE DIE GEFAHR SOFORT BESEITIGEN.

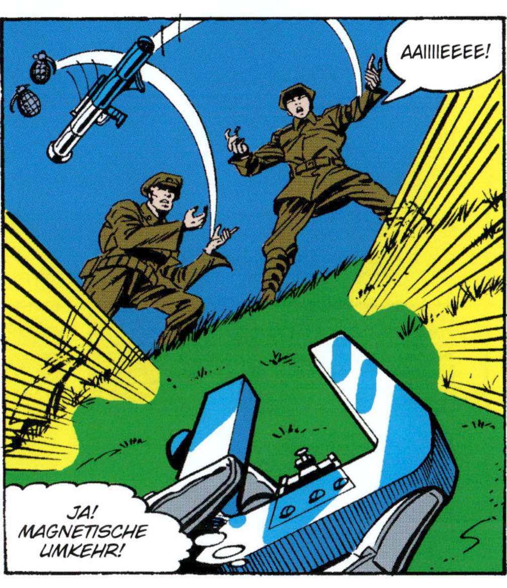
AAIIIIEEEE!
JA! MAGNETISCHE UMKEHR!

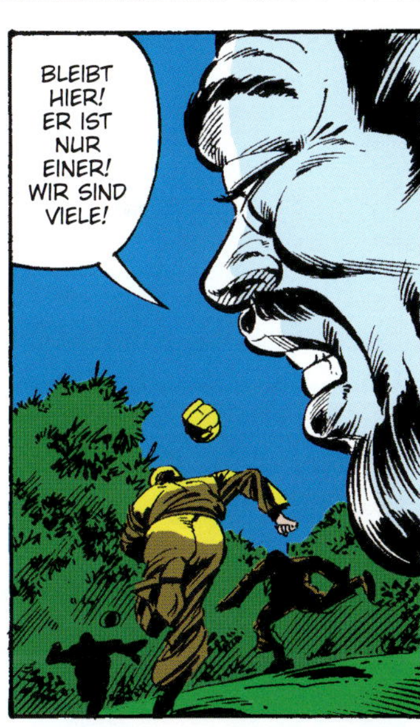
BLEIBT HIER! ER IST NUR EINER! WIR SIND VIELE!

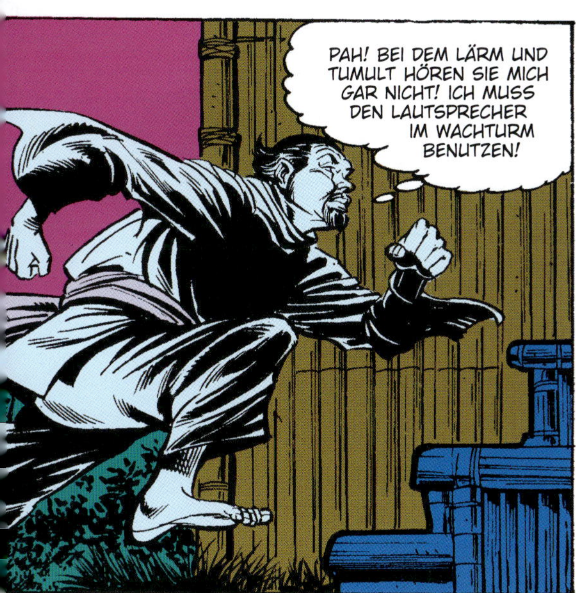
PAH! BEI DEM LÄRM UND TUMULT HÖREN SIE MICH GAR NICHT! ICH MUSS DEN LAUTSPRECHER IM WACHTURM BENUTZEN!

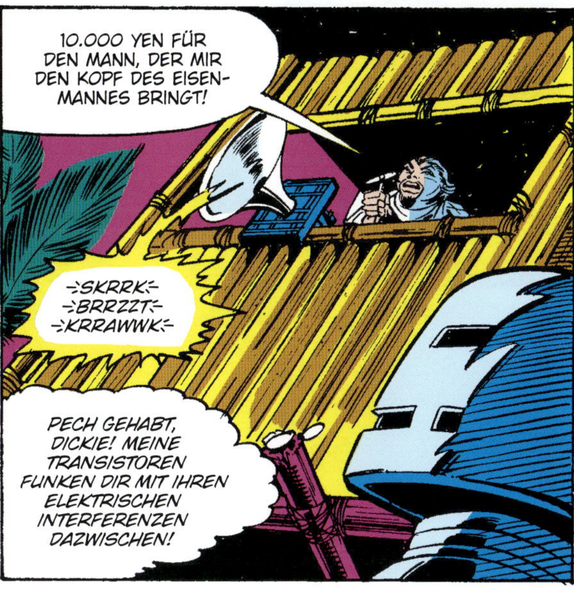
10.000 YEN FÜR DEN MANN, DER MIR DEN KOPF DES EISENMANNES BRINGT!
SKRRK
BRRZZT
KRRAWWK
PECH GEHABT, DICKIE! MEINE TRANSISTOREN FUNKEN DIR MIT IHREN ELEKTRISCHEN INTERFERENZEN DAZWISCHEN!

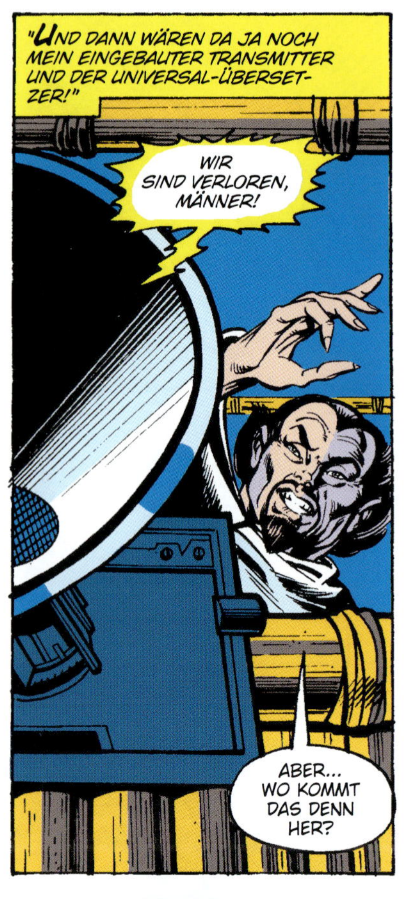
"UND DANN WÄREN DA JA NOCH MEIN EINGEBAUTER TRANSMITTER UND DER UNIVERSAL-ÜBERSETZER!"
WIR SIND VERLOREN, MÄNNER!
ABER... WO KOMMT DAS DENN HER?
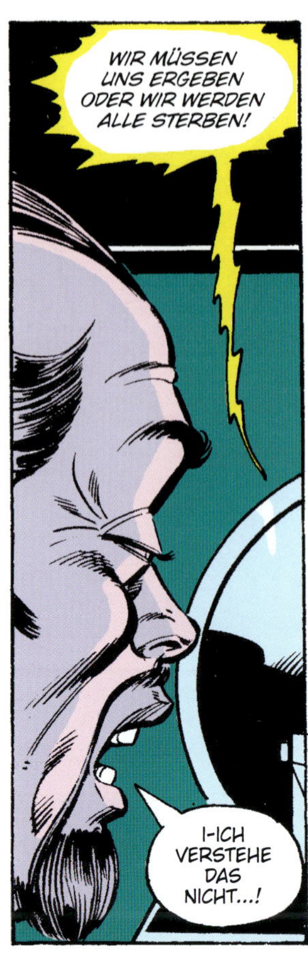
WIR MÜSSEN UNS ERGEBEN ODER WIR WERDEN ALLE STERBEN!
I-ICH VERSTEHE DAS NICHT...!
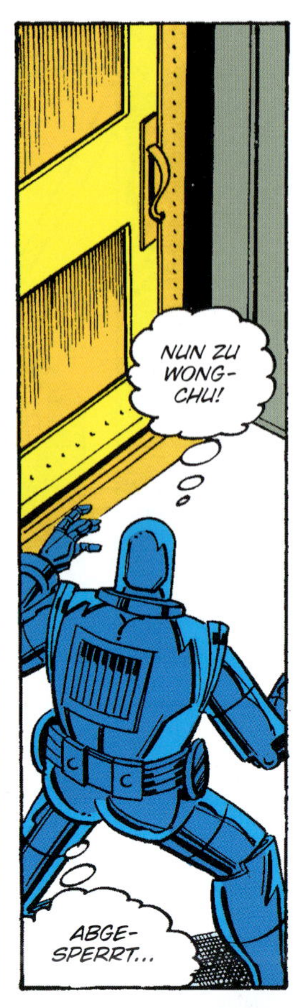
NUN ZU WONG-CHU!
ABGESPERRT...
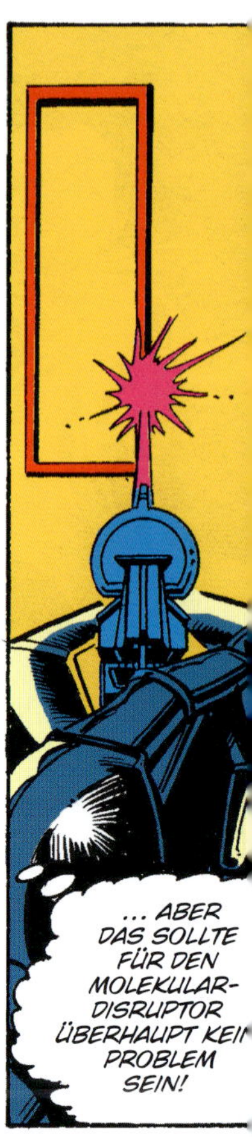
... ABER DAS SOLLTE FÜR DEN MOLEKULAR-DISRUPTOR ÜBERHAUPT KEIN PROBLEM SEIN!
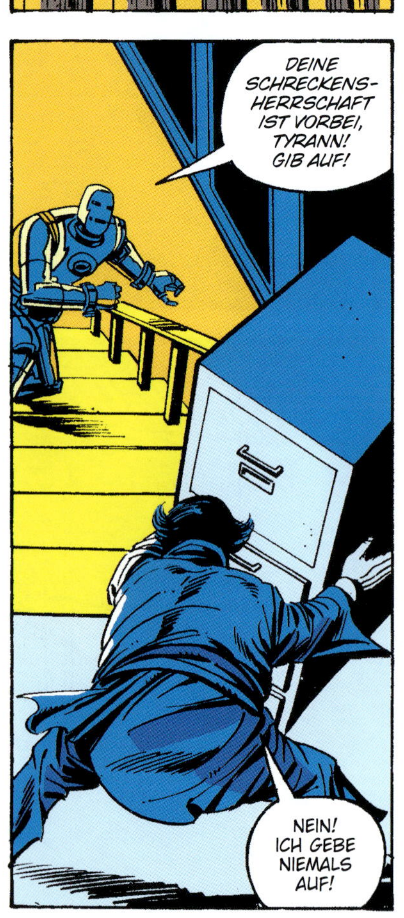
DEINE SCHRECKENSHERRSCHAFT IST VORBEI, TYRANN! GIB AUF!
NEIN! ICH GEBE NIEMALS AUF!
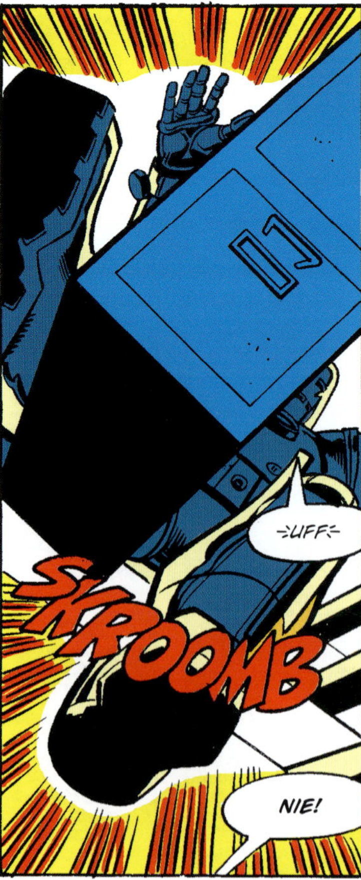
-UFF-
SKROOMB
NIE!
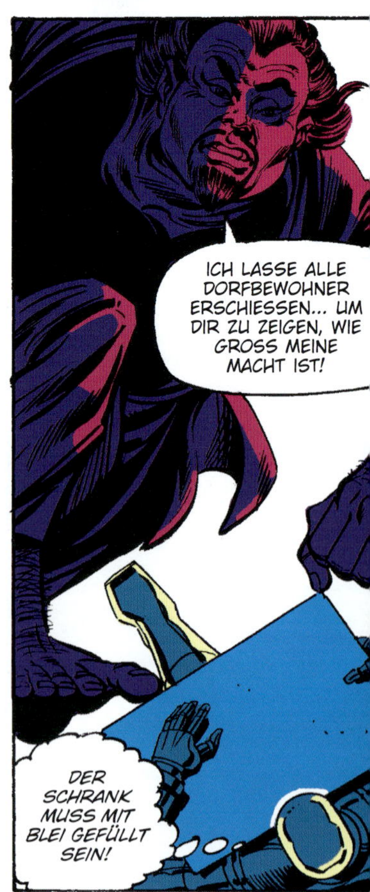
ICH LASSE ALLE DORFBEWOHNER ERSCHIESSEN... UM DIR ZU ZEIGEN, WIE GROSS MEINE MACHT IST!
DER SCHRANK MUSS MIT BLEI GEFÜLLT SEIN!

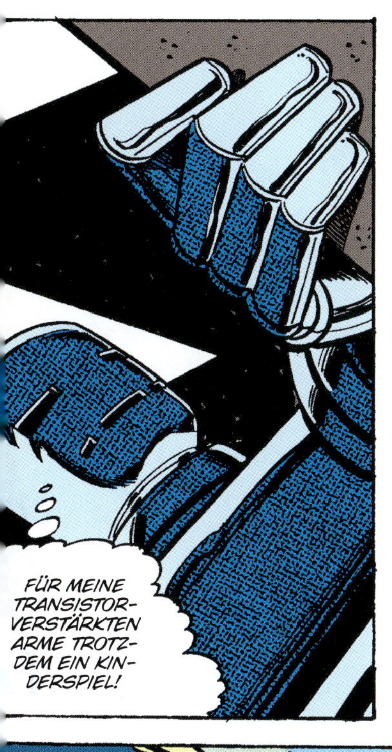
FÜR MEINE TRANSISTOR-VERSTÄRKTEN ARME TROTZ-DEM EIN KIN-DERSPIEL!

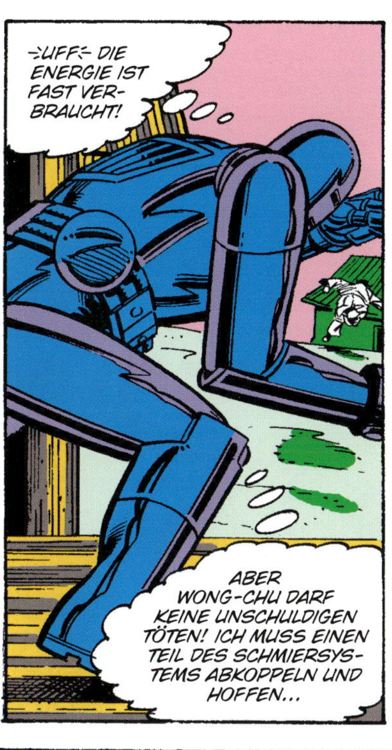
-UFF- DIE ENERGIE IST FAST VER-BRAUCHT!
ABER WONG-CHU DARF KEINE UNSCHULDIGEN TÖTEN! ICH MUSS EINEN TEIL DES SCHMIERSYS-TEMS ABKOPPELN UND HOFFEN...

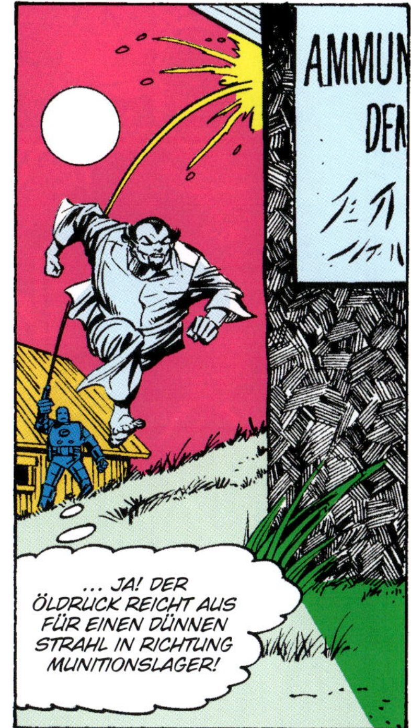
AMMUN
DEN
... JA! DER ÖLDRUCK REICHT AUS FÜR EINEN DÜNNEN STRAHL IN RICHTUNG MUNITIONSLAGER!

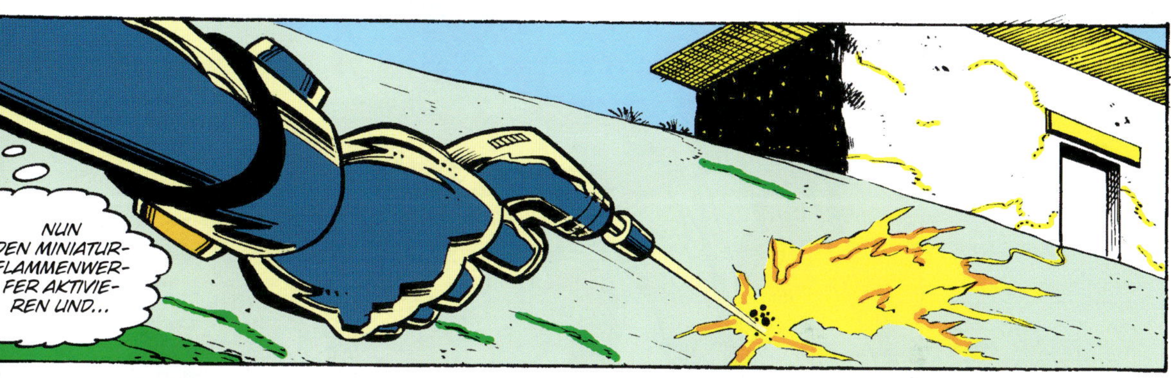
NUN DEN MINIATUR-FLAMMENWER-FER AKTIVIE-REN UND...

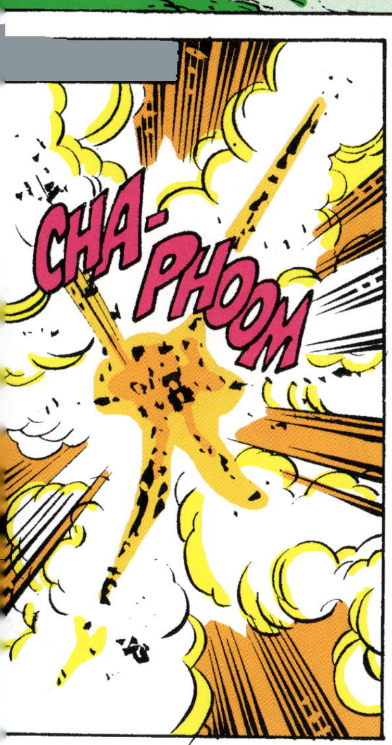
CHA-PHOOM

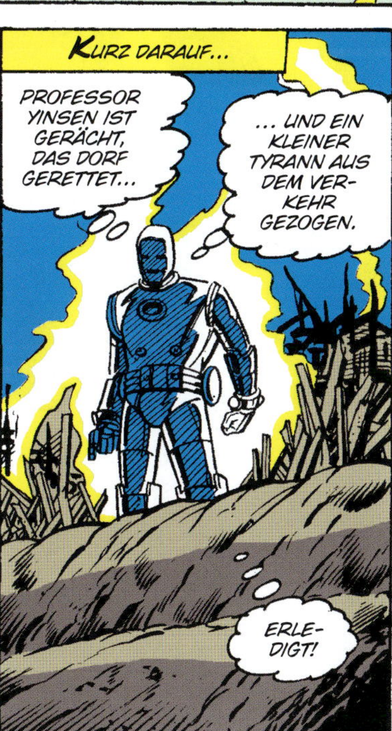
KURZ DARAUF...
PROFESSOR YINSEN IST GERÄCHT, DAS DORF GERETTET...
... UND EIN KLEINER TYRANN AUS DEM VER-KEHR GEZOGEN.
ERLE-DIGT!

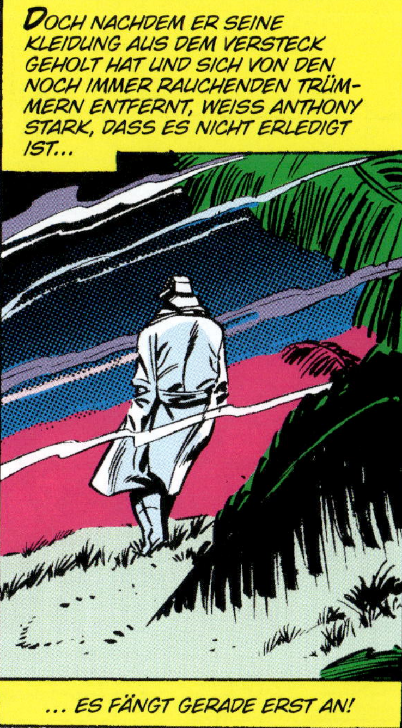
DOCH NACHDEM ER SEINE KLEIDUNG AUS DEM VERSTECK GEHOLT HAT UND SICH VON DEN NOCH IMMER RAUCHENDEN TRÜM-MERN ENTFERNT, WEISS ANTHONY STARK, DASS ES NICHT ERLEDIGT IST...
... ES FÄNGT GERADE ERST AN!

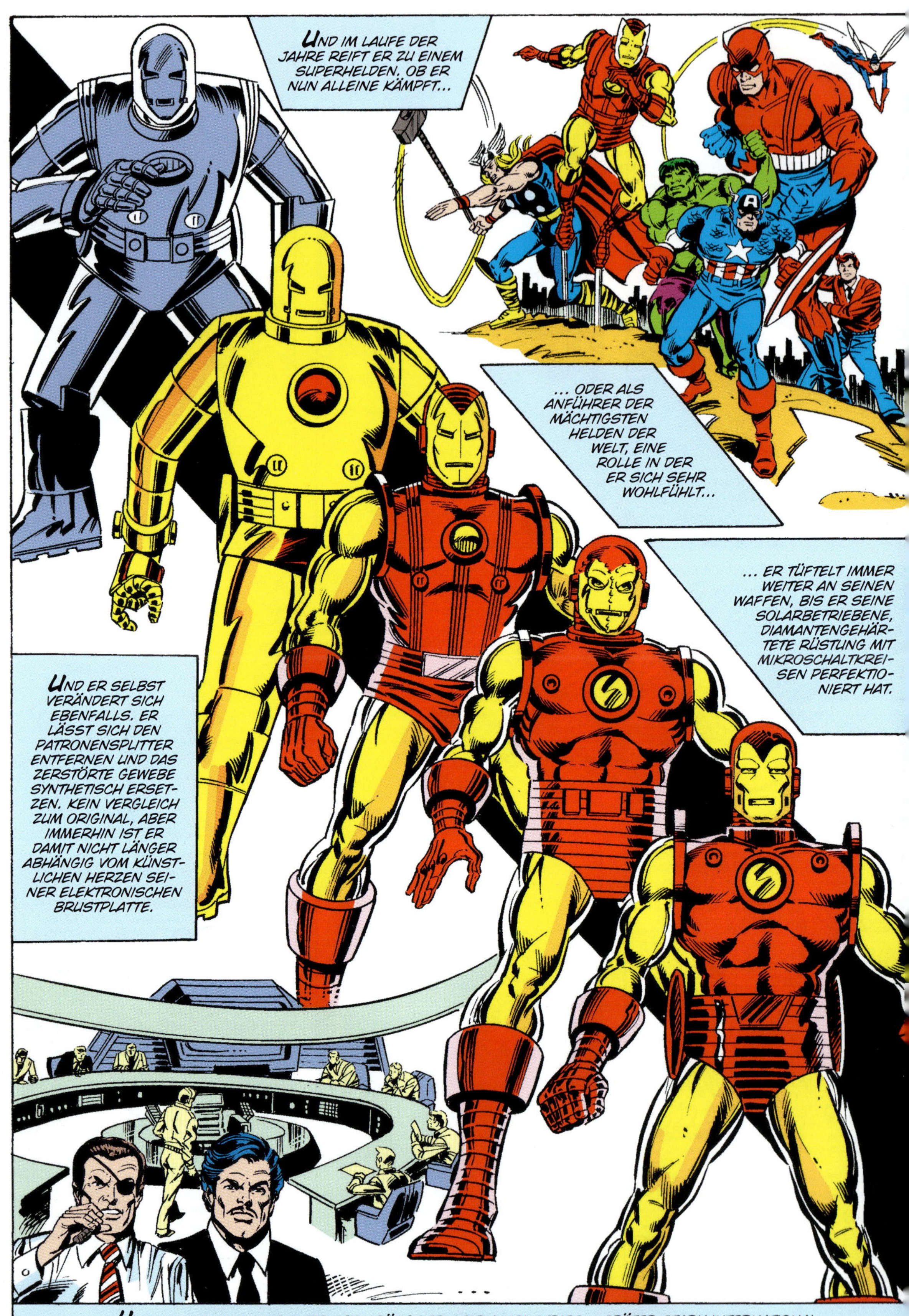

UND IM LAUFE DER JAHRE REIFT ER ZU EINEM SUPERHELDEN. OB ER NUN ALLEINE KÄMPFT...
... ODER ALS ANFÜHRER DER MÄCHTIGSTEN HELDEN DER WELT, EINE ROLLE IN DER ER SICH SEHR WOHLFÜHLT...
... ER TÜFTELT IMMER WEITER AN SEINEN WAFFEN, BIS ER SEINE SOLARBETRIEBENE, DIAMANTENGEHÄRTETE RÜSTUNG MIT MIKROSCHALTKREISEN PERFEKTIONIERT HAT.
UND ER SELBST VERÄNDERT SICH EBENFALLS. ER LÄSST SICH DEN PATRONENSPLITTER ENTFERNEN UND DAS ZERSTÖRTE GEWEBE SYNTHETISCH ERSETZEN. KEIN VERGLEICH ZUM ORIGINAL, ABER IMMERHIN IST ER DAMIT NICHT LÄNGER ABHÄNGIG VOM KÜNSTLICHEN HERZEN SEINER ELEKTRONISCHEN BRUSTPLATTE.
...
UND MIT IRON MAN ALS ALTER EGO DRÄNGT ER STARK INDUSTRIES-- SPÄTER STARK INTERNATIONAL-- IN EINE FÜHRENDE ROLLE IN WELTWIRTSCHAFT UND POLITIK. ES IST EIN VON PERSÖNLICHEN TRAGÖDIEN GESÄUMTER WEG, DEN ER TROTZDEM TAPFER SCHRITT FÜR SCHRITT WEITERGEHT.

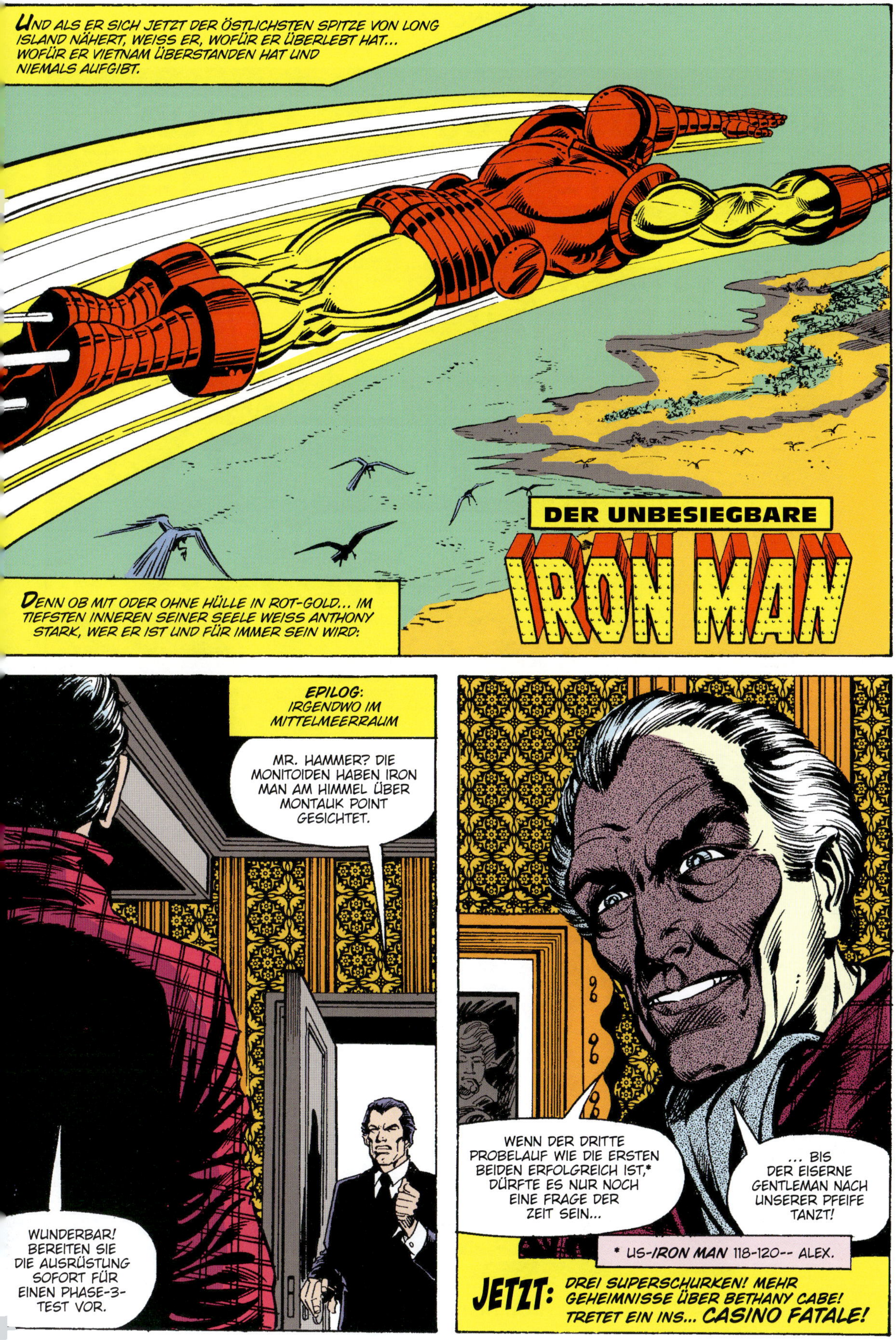

UND ALS ER SICH JETZT DER ÖSTLICHSTEN SPITZE VON LONG ISLAND NÄHERT, WEISS ER, WOFÜR ER ÜBERLEBT HAT... WOFÜR ER VIETNAM ÜBERSTANDEN HAT UND NIEMALS AUFGIBT.

DER UNBESIEGBARE

IRON MAN

DENN OB MIT ODER OHNE HÜLLE IN ROT-GOLD... IM TIEFSTEN INNEREN SEINER SEELE WEISS ANTHONY STARK, WER ER IST UND FÜR IMMER SEIN WIRD:

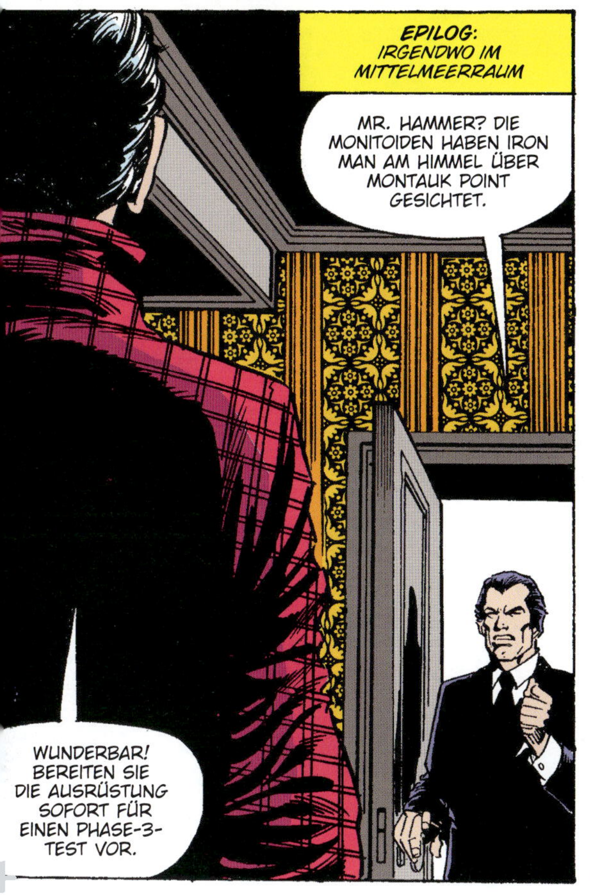

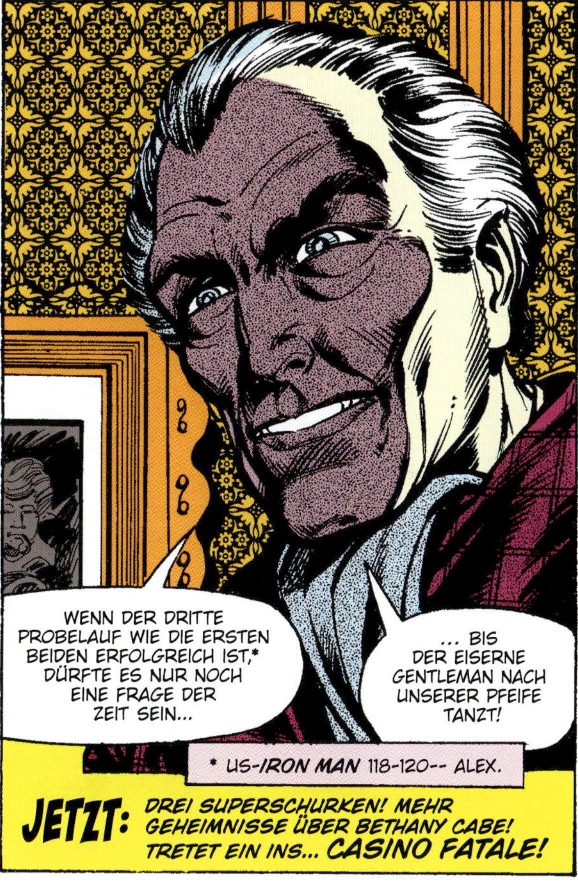

CASINO FATALE!

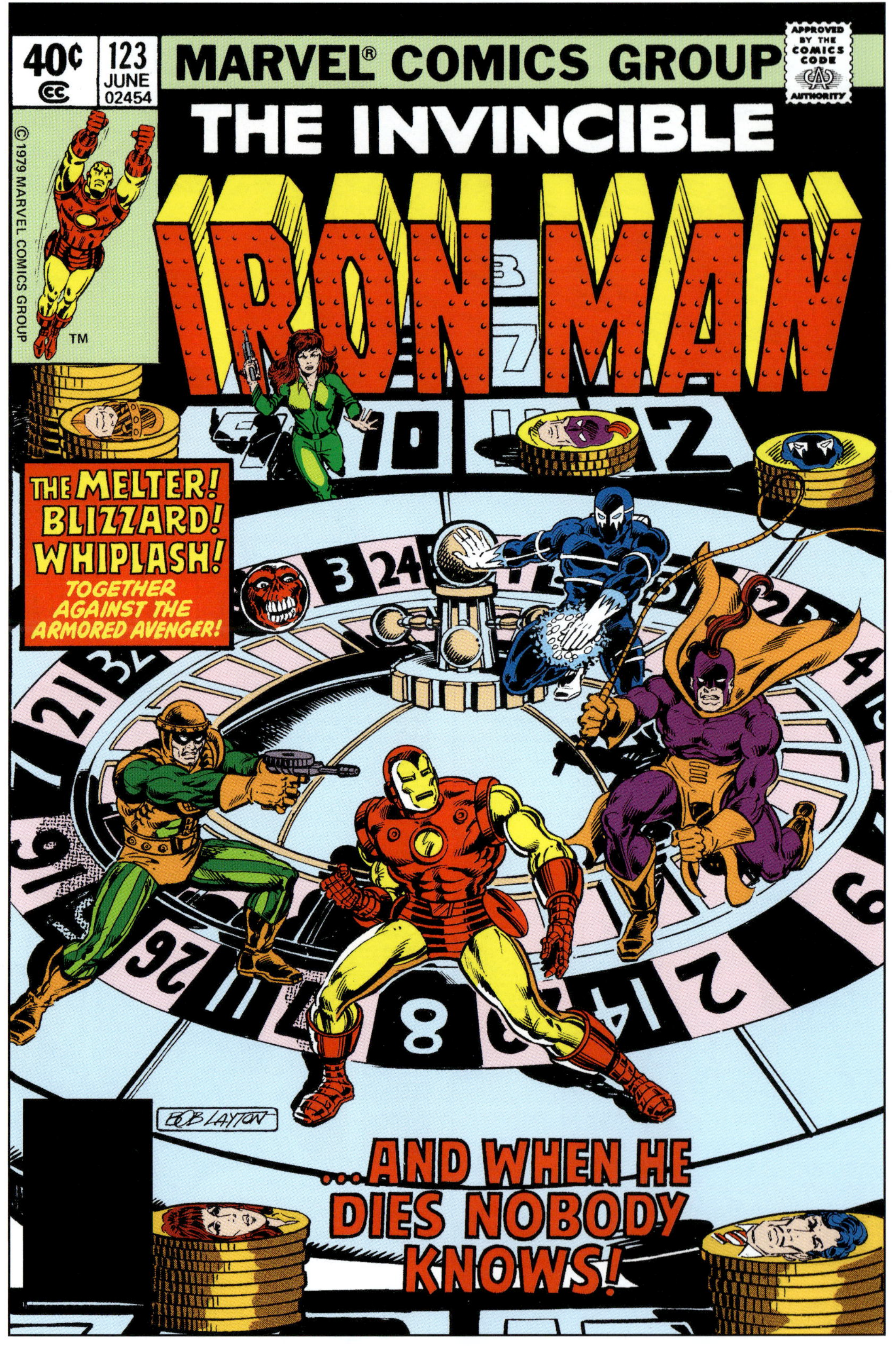

Iron Man (1968) 123
Cover von **BOB LAYTON**

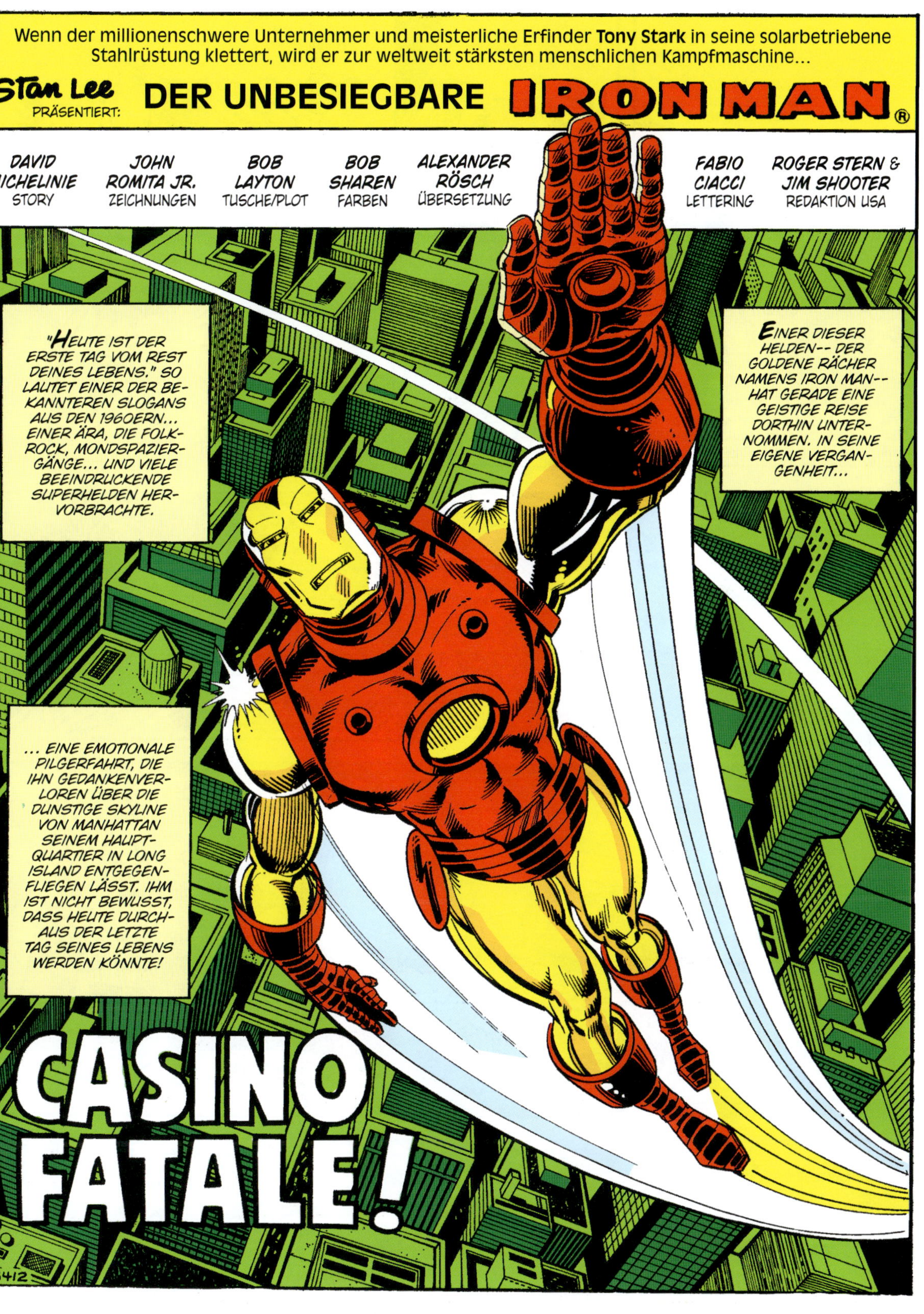
Wenn der millionenschwere Unternehmer und meisterliche Erfinder Tony Stark in seine solarbetriebene Stahlrüstung klettert, wird er zur weltweit stärksten menschlichen Kampfmaschine…
Stan Lee präsentiert: DER UNBESIEGBARE IRON MAN®
DAVID MICHELINIE STORY
JOHN ROMITA JR. ZEICHNUNGEN
BOB LAYTON TUSCHE/PLOT
BOB SHAREN FARBEN
ALEXANDER RÖSCH ÜBERSETZUNG
FABIO CIACCI LETTERING
ROGER STERN & JIM SHOOTER REDAKTION USA
"HEUTE IST DER ERSTE TAG VOM REST DEINES LEBENS." SO LAUTET EINER DER BEKANNTEREN SLOGANS AUS DEN 1960ERN… EINER ÄRA, DIE FOLK-ROCK, MONDSPAZIERGÄNGE… UND VIELE BEEINDRUCKENDE SUPERHELDEN HERVORBRACHTE.
EINER DIESER HELDEN-- DER GOLDENE RÄCHER NAMENS IRON MAN-- HAT GERADE EINE GEISTIGE REISE DORTHIN UNTERNOMMEN. IN SEINE EIGENE VERGANGENHEIT…
… EINE EMOTIONALE PILGERFAHRT, DIE IHN GEDANKENVERLOREN ÜBER DIE DUNSTIGE SKYLINE VON MANHATTAN SEINEM HAUPTQUARTIER IN LONG ISLAND ENTGEGENFLIEGEN LÄSST. IHM IST NICHT BEWUSST, DASS HEUTE DURCHAUS DER LETZTE TAG SEINES LEBENS WERDEN KÖNNTE!
CASINO FATALE!
G412

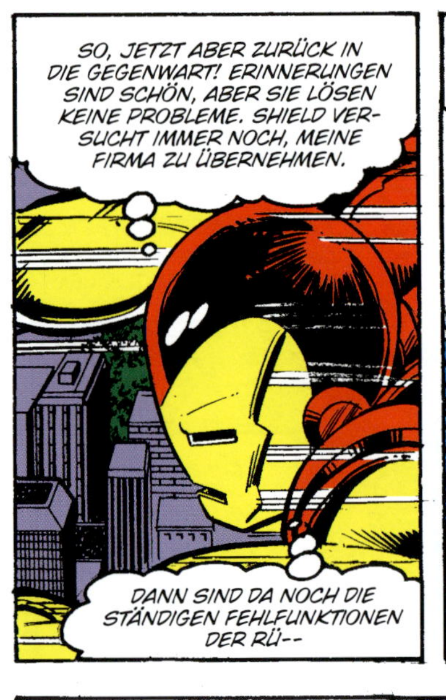
SO, JETZT ABER ZURÜCK IN DIE GEGENWART! ERINNERUNGEN SIND SCHÖN, ABER SIE LÖSEN KEINE PROBLEME. SHIELD VERSUCHT IMMER NOCH, MEINE FIRMA ZU ÜBERNEHMEN.
DANN SIND DA NOCH DIE STÄNDIGEN FEHLFUNKTIONEN DER RÜ--
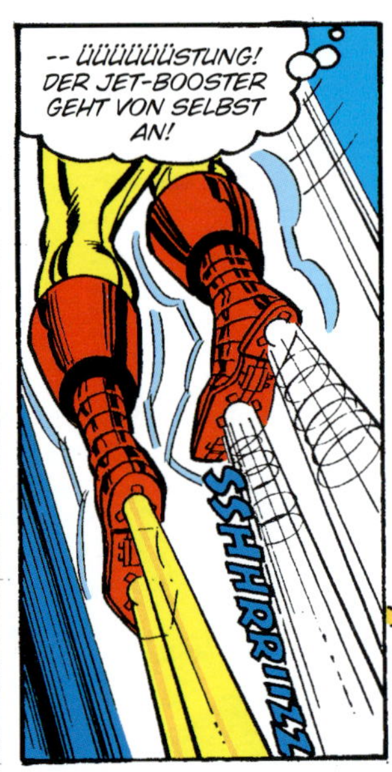
-- ÜÜÜÜÜÜÜSTUNG! DER JET-BOOSTER GEHT VON SELBST AN!
SSHHRRIIZZ
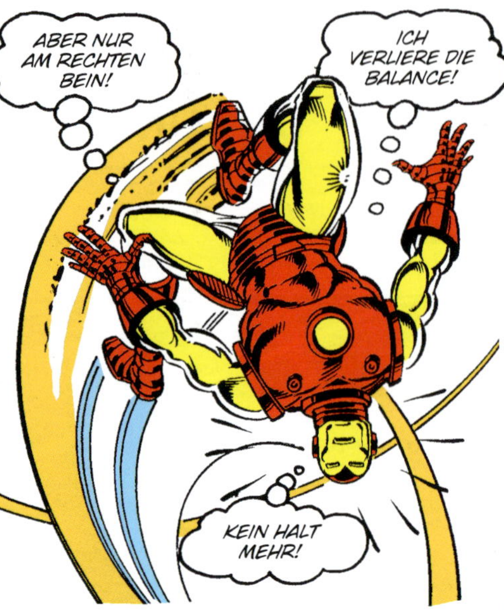
ABER NUR AM RECHTEN BEIN!
ICH VERLIERE DIE BALANCE!
KEIN HALT MEHR!
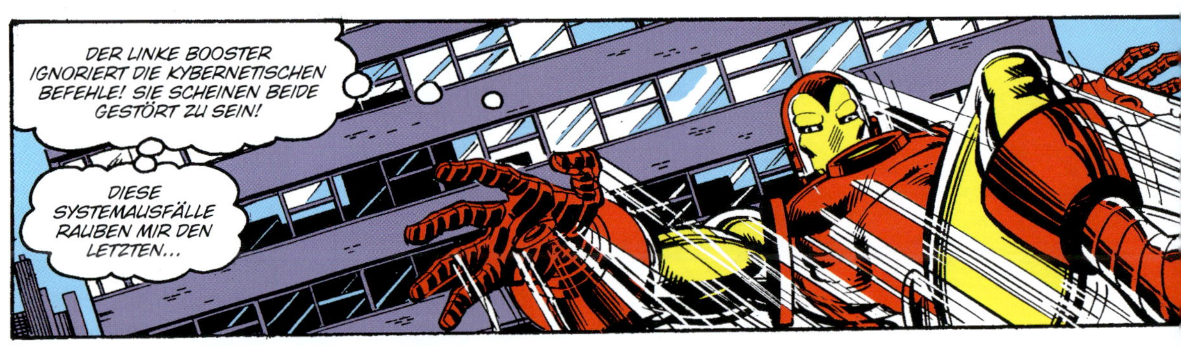
DER LINKE BOOSTER IGNORIERT DIE KYBERNETISCHEN BEFEHLE! SIE SCHEINEN BEIDE GESTÖRT ZU SEIN!
DIESE SYSTEMAUSFÄLLE RAUBEN MIR DEN LETZTEN...
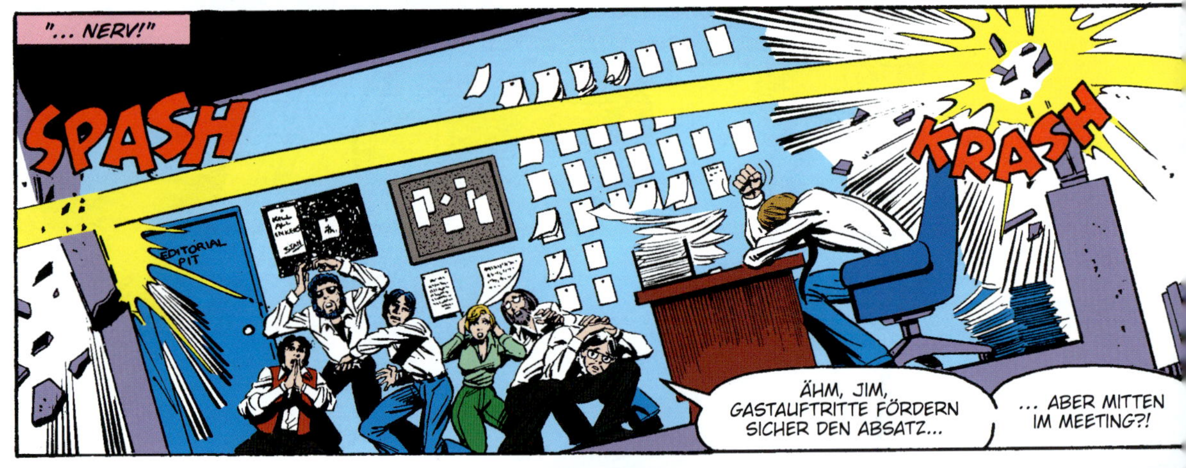
"... NERV!"
SPASH
KRASH
EDITORIAL PIT
ÄHM, JIM, GASTAUFTRITTE FÖRDERN SICHER DEN ABSATZ...
... ABER MITTEN IM MEETING?!
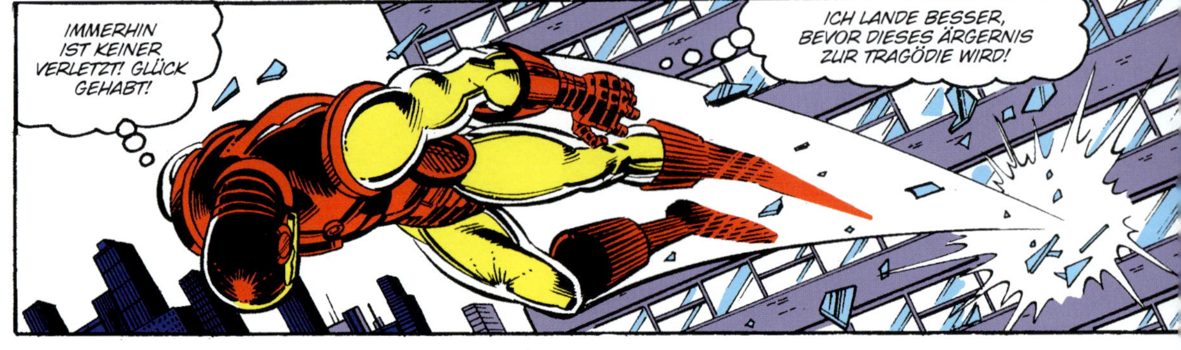
IMMERHIN IST KEINER VERLETZT! GLÜCK GEHABT!
ICH LANDE BESSER, BEVOR DIESES ÄRGERNIS ZUR TRAGÖDIE WIRD!

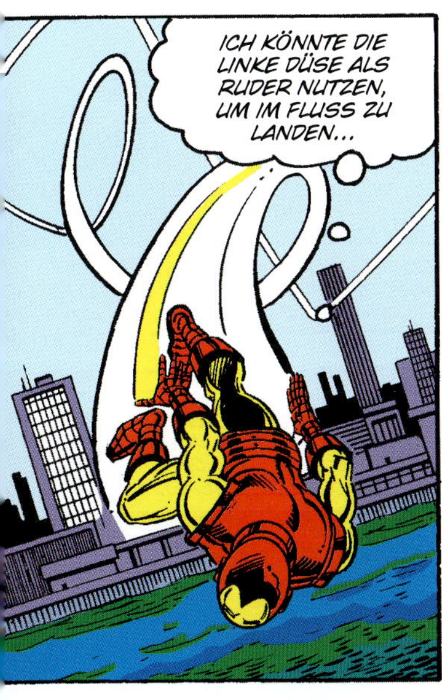
ICH KÖNNTE DIE LINKE DÜSE ALS RUDER NUTZEN, UM IM FLUSS ZU LANDEN...

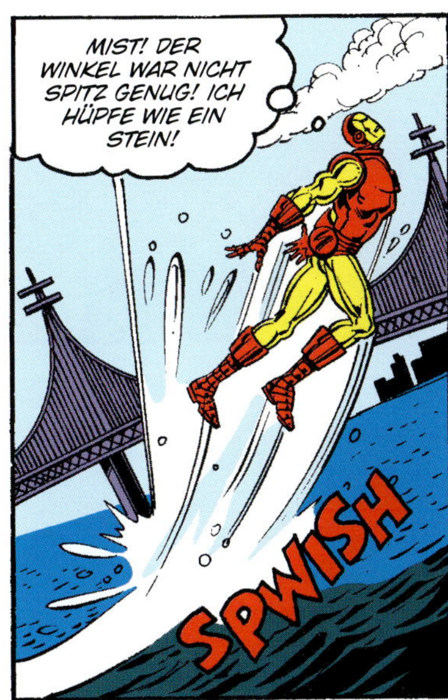
MIST! DER WINKEL WAR NICHT SPITZ GENUG! ICH HÜPFE WIE EIN STEIN!
SPWISH

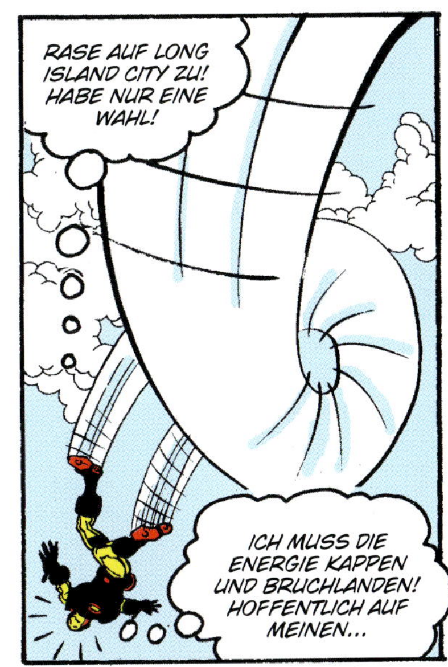
RASE AUF LONG ISLAND CITY ZU! HABE NUR EINE WAHL!
ICH MUSS DIE ENERGIE KAPPEN UND BRUCHLANDEN! HOFFENTLICH AUF MEINEN...

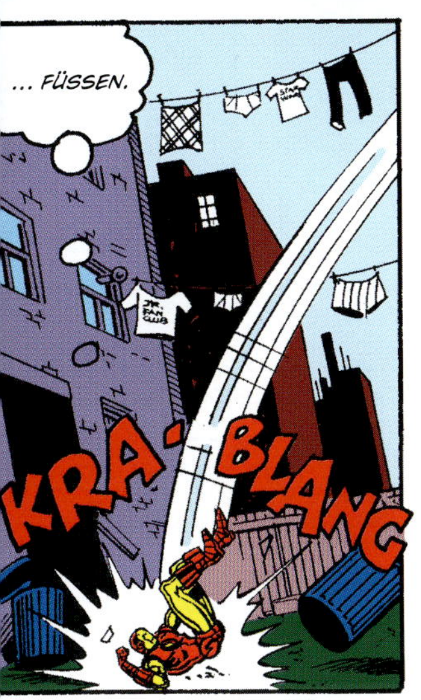
... FÜSSEN.
KRA-BLANG

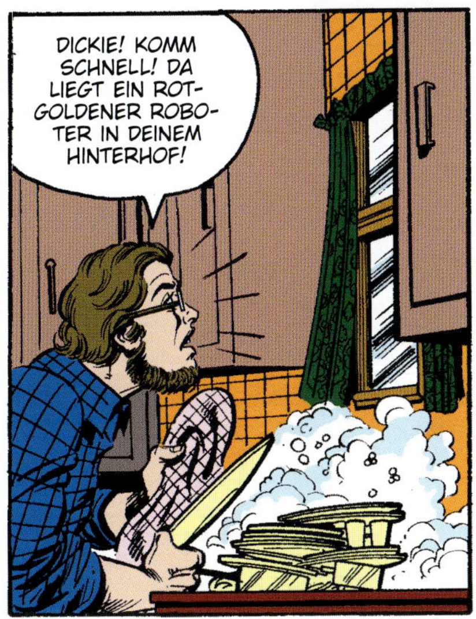
DICKIE! KOMM SCHNELL! DA LIEGT EIN ROT-GOLDENER ROBOTER IN DEINEM HINTERHOF!

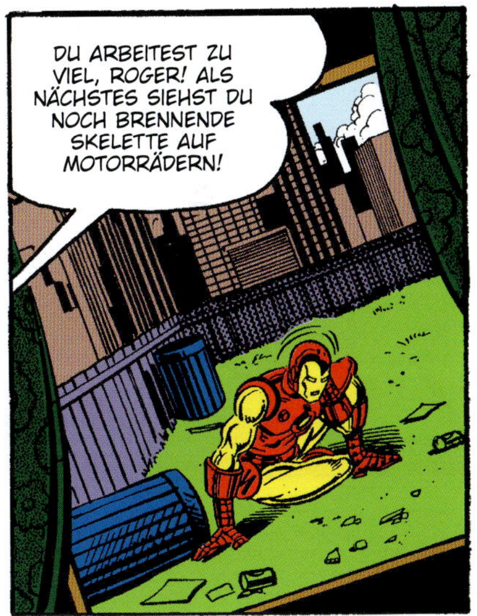
DU ARBEITEST ZU VIEL, ROGER! ALS NÄCHSTES SIEHST DU NOCH BRENNENDE SKELETTE AUF MOTORRÄDERN!

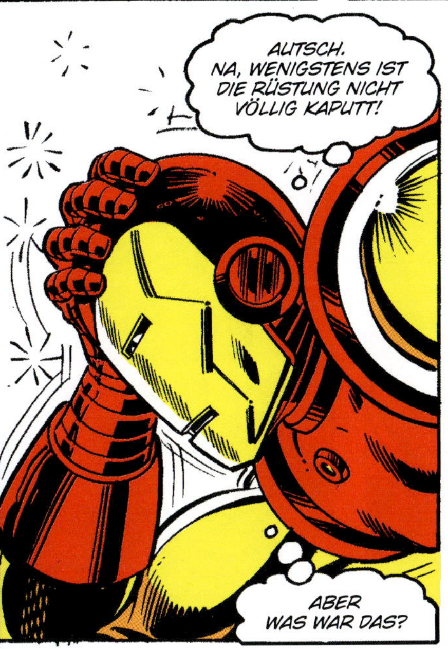
AUTSCH. NA, WENIGSTENS IST DIE RÜSTUNG NICHT VÖLLIG KAPUTT!
ABER WAS WAR DAS?

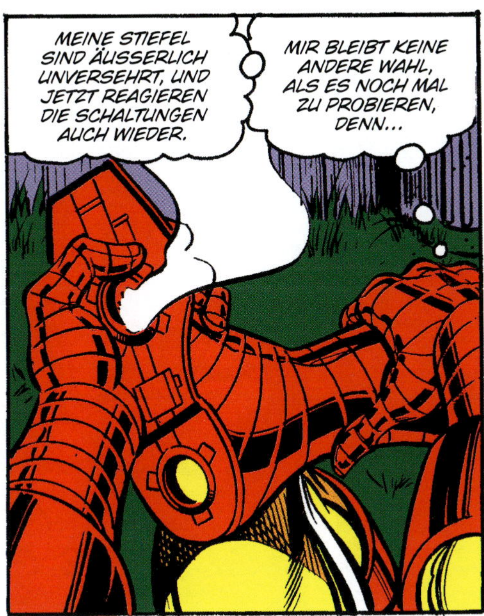
MEINE STIEFEL SIND ÄUSSERLICH UNVERSEHRT, UND JETZT REAGIEREN DIE SCHALTUNGEN AUCH WIEDER.
MIR BLEIBT KEINE ANDERE WAHL, ALS ES NOCH MAL ZU PROBIEREN, DENN...

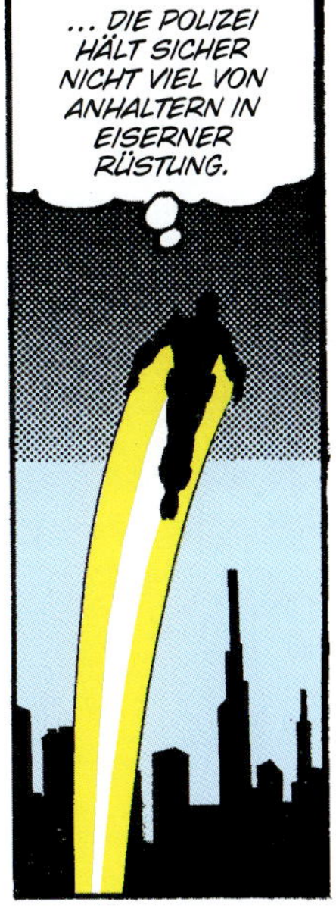
... DIE POLIZEI HÄLT SICHER NICHT VIEL VON ANHALTERN IN EISERNER RÜSTUNG.

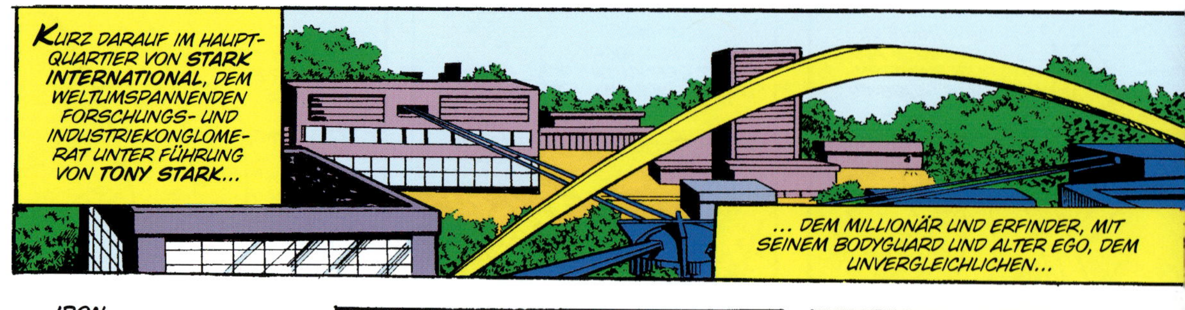
KURZ DARAUF IM HAUPTQUARTIER VON **STARK INTERNATIONAL**, DEM WELTUMSPANNENDEN FORSCHUNGS- UND INDUSTRIEKONGLOMERAT UNTER FÜHRUNG VON **TONY STARK**...
... DEM MILLIONÄR UND ERFINDER, MIT SEINEM BODYGUARD UND ALTER EGO, DEM UNVERGLEICHLICHEN...

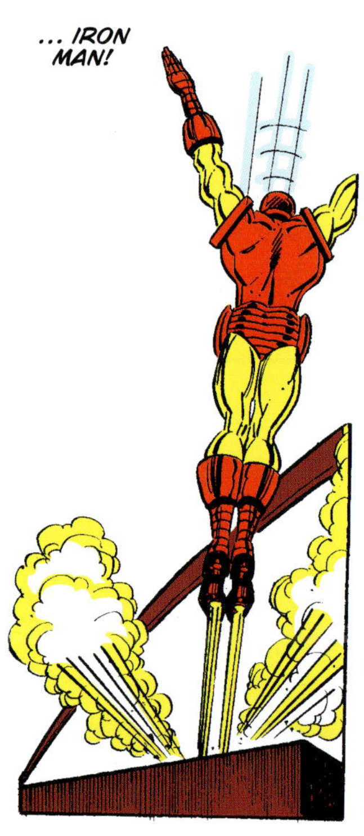
... IRON MAN!

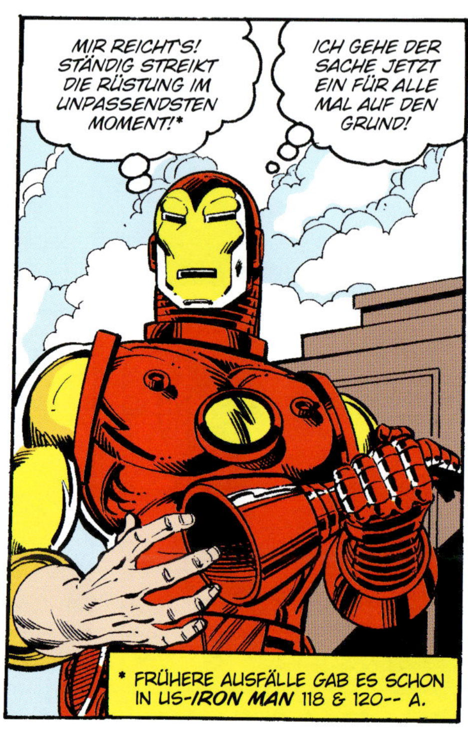
MIR REICHT'S! STÄNDIG STREIKT DIE RÜSTUNG IM UNPASSENDSTEN MOMENT!*
ICH GEHE DER SACHE JETZT EIN FÜR ALLE MAL AUF DEN GRUND!
* FRÜHERE AUSFÄLLE GAB ES SCHON IN US-**IRON MAN** 118 & 120-- A.

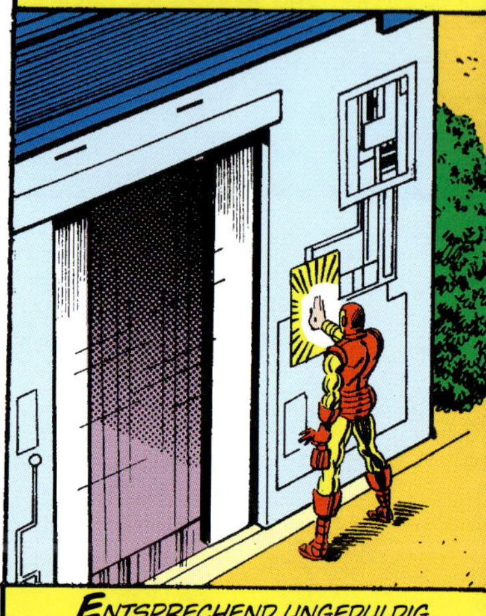
IN DER REGEL LÄSST SICH TONY STARK NICHT SO LEICHT AUF DIE PALME BRINGEN. IN LETZTER ZEIT WIRKT ER ALLERDINGS ZUNEHMEND GEREIZT.
ENTSPRECHEND UNGEDULDIG HAUT ER SEINE HAND AUF EIN ABDRUCKGESICHERTES SCHLOSS. DIESES ÖFFNET EINEN PRIVATEN AUFZUG, DER IHN IN SEIN UNTERIRDISCHES LABOR BRINGT...

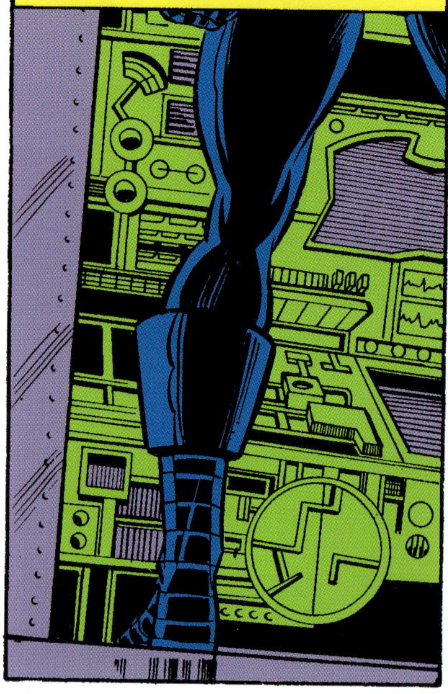
... DORT WENDET ER SICH ENTSCHLOSSEN EINER DER AM BESTEN AUSGERÜSTETEN UND KOMPLEXESTEN ELEKTRODIAGNOSTISCHEN ANALYSEEINHEITEN DER WELT ZU!

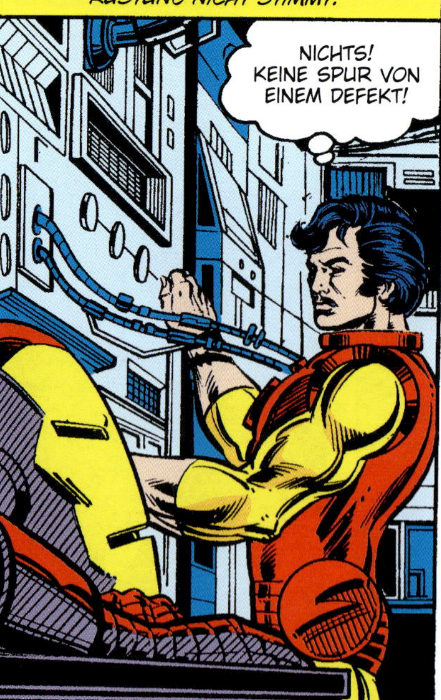
ETWA ZWEIEINHALB STUNDEN SPÄTER HAT ER **TATSÄCHLICH** HERAUSGEFUNDEN, WAS MIT SEINER RÜSTUNG NICHT STIMMT:
NICHTS! KEINE SPUR VON EINEM DEFEKT!

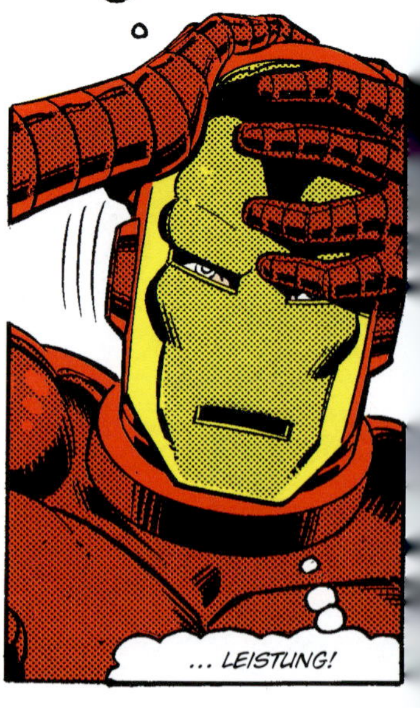
ABER MEIN ÜBERLEBEN HÄNGT VON DIESEM ANZUG AB. ALSO FÜHRE ICH NOCH EINEN WEITEREN TEST DURCH. IN DEM BEREICH, DER AM MEISTEN ZÄHLT...
... LEISTUNG!

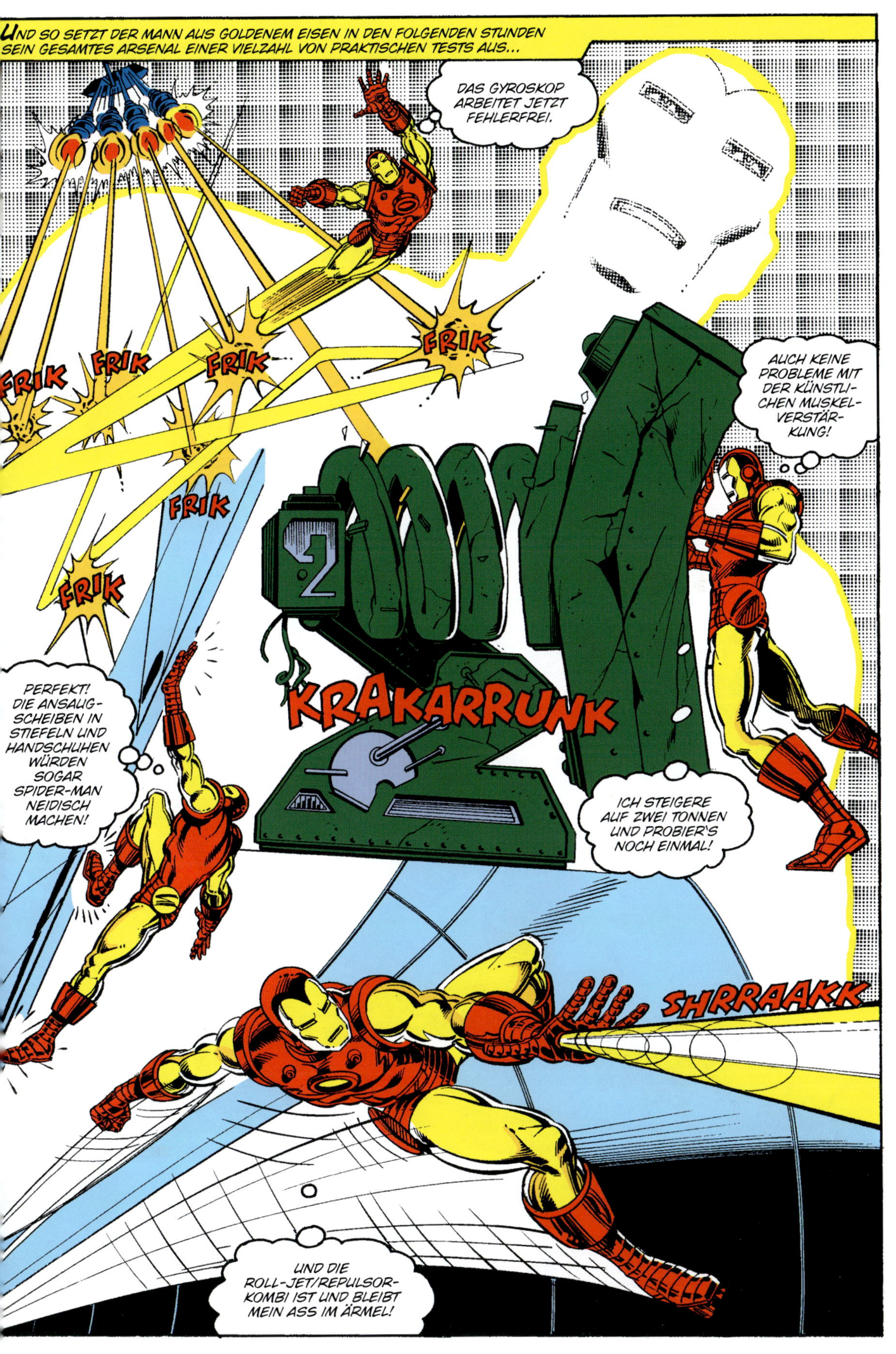
UND SO SETZT DER MANN AUS GOLDENEM EISEN IN DEN FOLGENDEN STUNDEN SEIN GESAMTES ARSENAL EINER VIELZAHL VON PRAKTISCHEN TESTS AUS...
DAS GYROSKOP ARBEITET JETZT FEHLERFREI.
FRIK
FRIK
FRIK
FRIK
FRIK
FRIK
AUCH KEINE PROBLEME MIT DER KÜNSTLICHEN MUSKELVERSTÄRKUNG!
KRAKARRUNK
PERFEKT! DIE ANSAUGSCHEIBEN IN STIEFELN UND HANDSCHUHEN WÜRDEN SOGAR SPIDER-MAN NEIDISCH MACHEN!
ICH STEIGERE AUF ZWEI TONNEN UND PROBIER'S NOCH EINMAL!
SHRRAAKK
UND DIE ROLL-JET/REPULSOR-KOMBI IST UND BLEIBT MEIN ASS IM ÄRMEL!

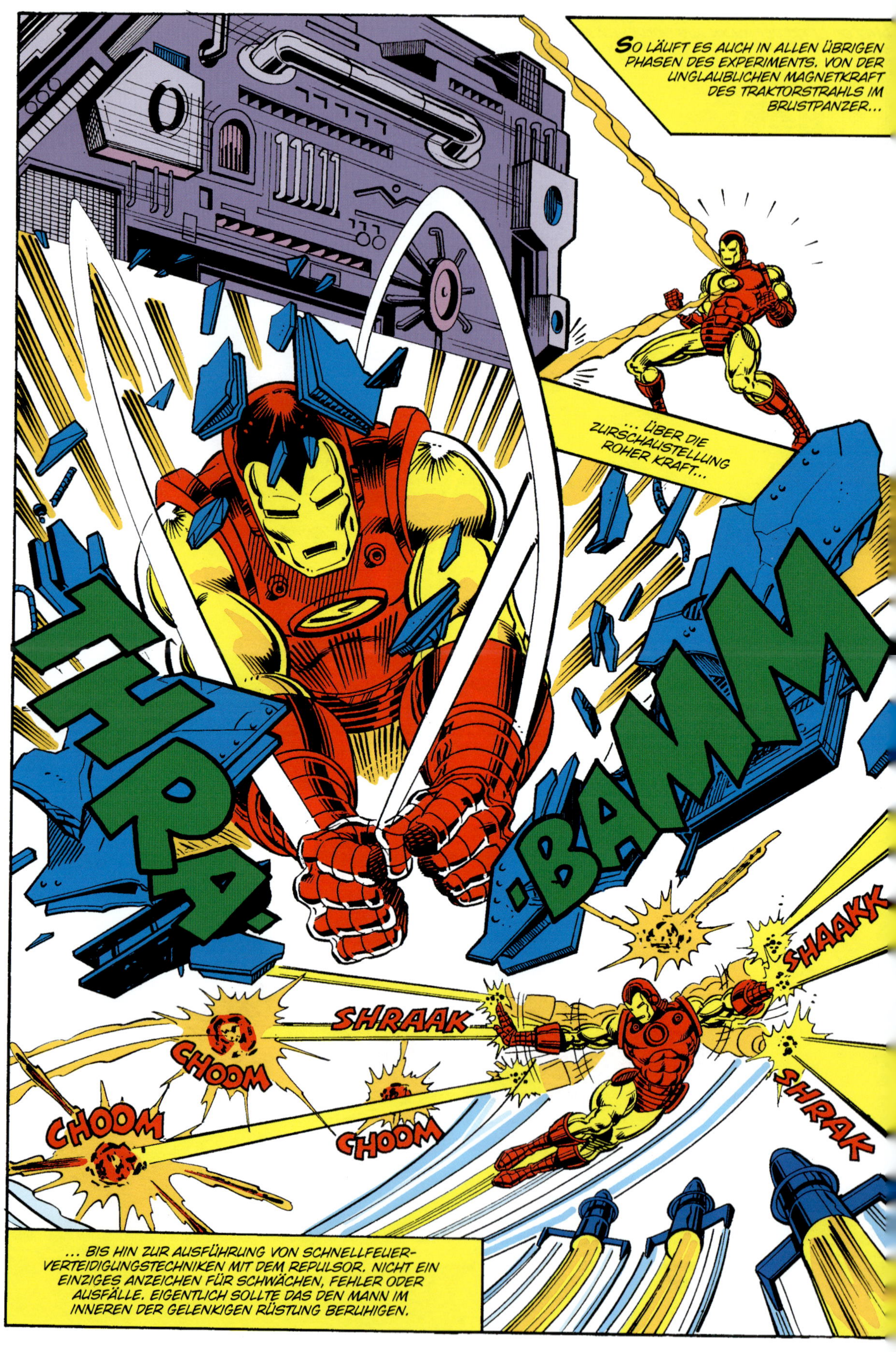
SO LÄUFT ES AUCH IN ALLEN ÜBRIGEN PHASEN DES EXPERIMENTS. VON DER UNGLAUBLICHEN MAGNETKRAFT DES TRAKTORSTRAHLS IM BRUSTPANZER...
... ÜBER DIE ZURSCHAUSTELLUNG ROHER KRAFT...
THRA-BAMM
SHRAAK
SHAAKK
CHOOM
CHOOM
CHOOM
SHRAK
... BIS HIN ZUR AUSFÜHRUNG VON SCHNELLFEUER-VERTEIDIGUNGSTECHNIKEN MIT DEM REPULSOR. NICHT EIN EINZIGES ANZEICHEN FÜR SCHWÄCHEN, FEHLER ODER AUSFÄLLE. EIGENTLICH SOLLTE DAS DEN MANN IM INNEREN DER GELENKIGEN RÜSTUNG BERUHIGEN.

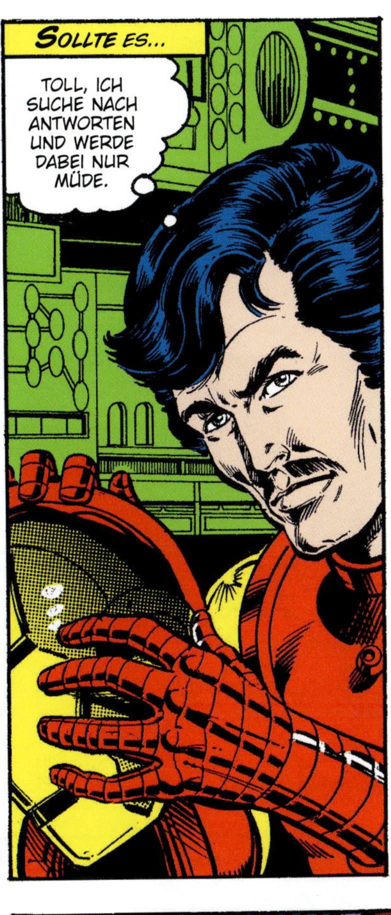
SOLLTE ES...
TOLL, ICH SUCHE NACH ANTWORTEN UND WERDE DABEI NUR MÜDE.

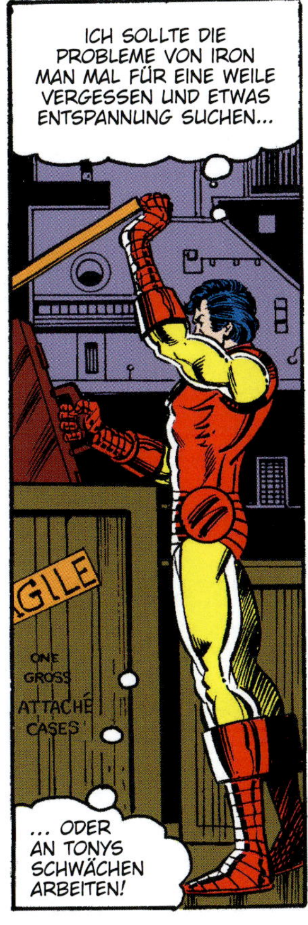
ICH SOLLTE DIE PROBLEME VON IRON MAN MAL FÜR EINE WEILE VERGESSEN UND ETWAS ENTSPANNUNG SUCHEN...
ONE GROSS ATTACHÉ CASES
... ODER AN TONYS SCHWÄCHEN ARBEITEN!

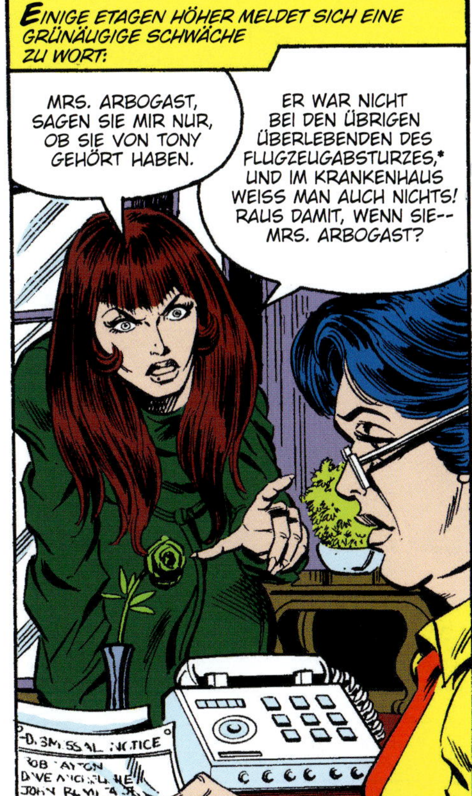
EINIGE ETAGEN HÖHER MELDET SICH EINE GRÜNÄUGIGE SCHWÄCHE ZU WORT:
MRS. ARBOGAST, SAGEN SIE MIR NUR, OB SIE VON TONY GEHÖRT HABEN.
ER WAR NICHT BEI DEN ÜBRIGEN ÜBERLEBENDEN DES FLUGZEUGABSTURZES,* UND IM KRANKENHAUS WEISS MAN AUCH NICHTS! RAUS DAMIT, WENN SIE-- MRS. ARBOGAST?
* IHR ERINNERT EUCH?-- A.

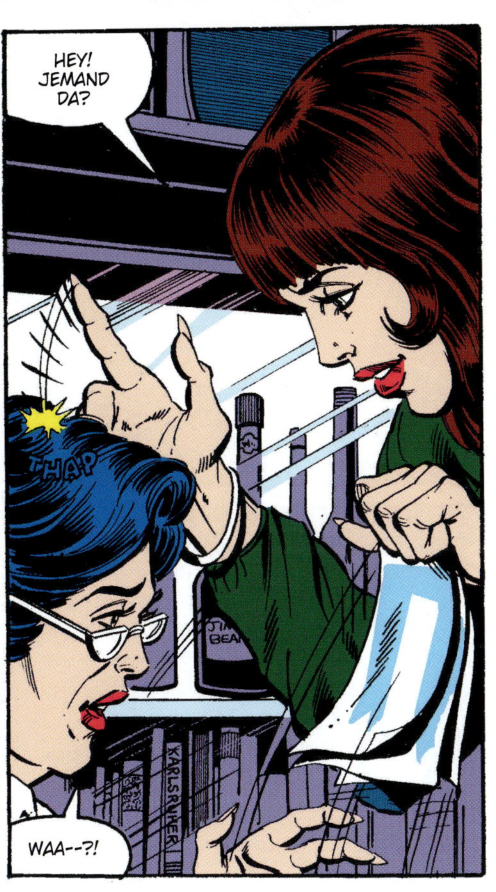
HEY! JEMAND DA?
THAP
WAA--?!

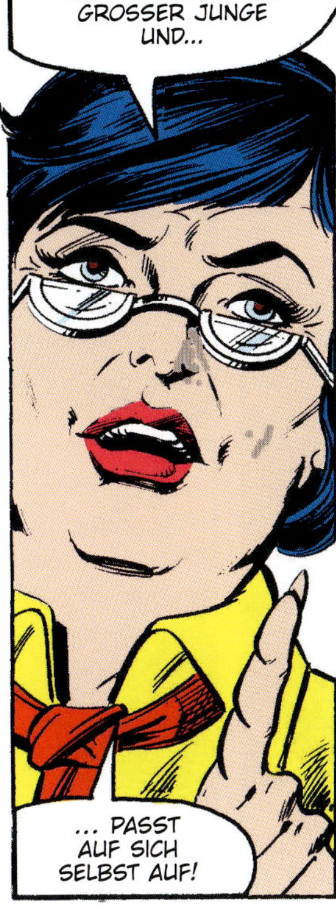
HÖREN SIE, LIEBES, ICH HABE ZU TUN. GEHEN SIE DOCH IN DIE DISCO SPIELEN! MR. STARK IST EIN GROSSER JUNGE UND...
... PASST AUF SICH SELBST AUF!

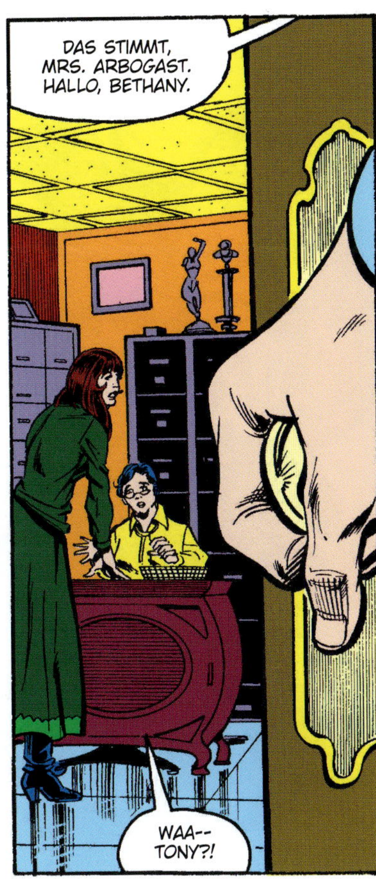
DAS STIMMT, MRS. ARBOGAST. HALLO, BETHANY.
WAA-- TONY?!

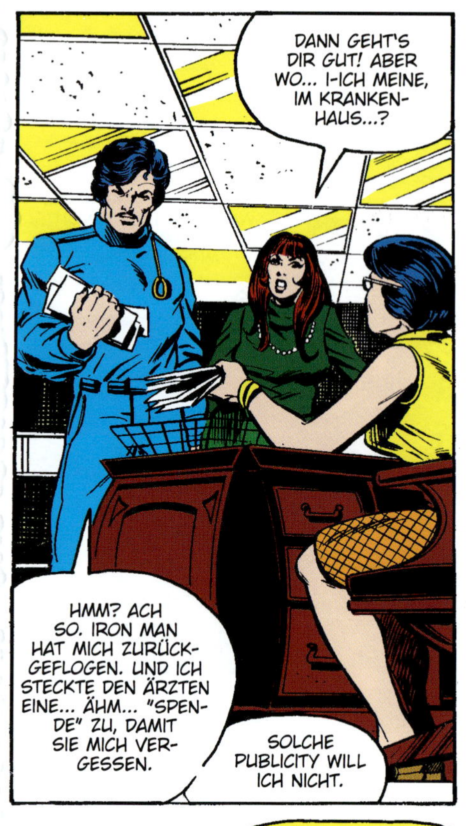
DANN GEHT'S DIR GUT! ABER WO... I-ICH MEINE, IM KRANKENHAUS...?
HMM? ACH SO. IRON MAN HAT MICH ZURÜCKGEFLOGEN. UND ICH STECKTE DEN ÄRZTEN EINE... ÄHM... "SPENDE" ZU, DAMIT SIE MICH VERGESSEN.
SOLCHE PUBLICITY WILL ICH NICHT.

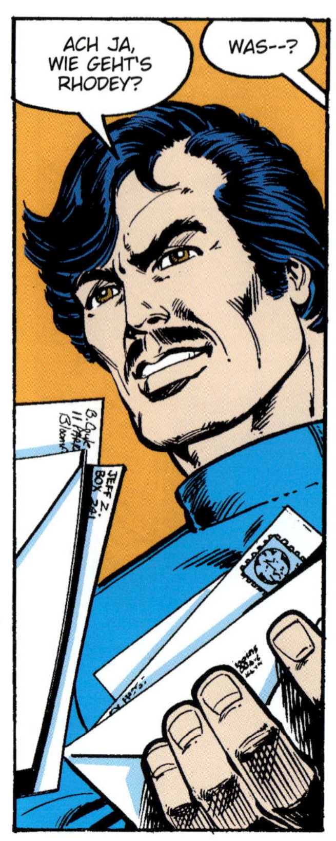
ACH JA, WIE GEHT'S RHODEY?
WAS--?

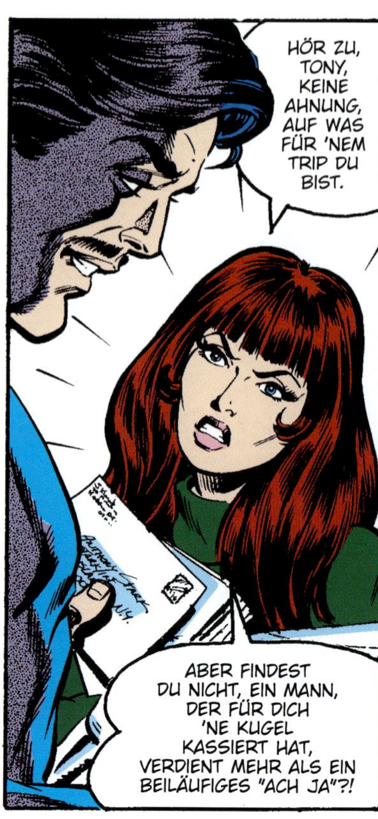
HÖR ZU, TONY, KEINE AHNUNG, AUF WAS FÜR 'NEM TRIP DU BIST.
ABER FINDEST DU NICHT, EIN MANN, DER FÜR DICH 'NE KUGEL KASSIERT HAT, VERDIENT MEHR ALS EIN BEILÄUFIGES "ACH JA"?!

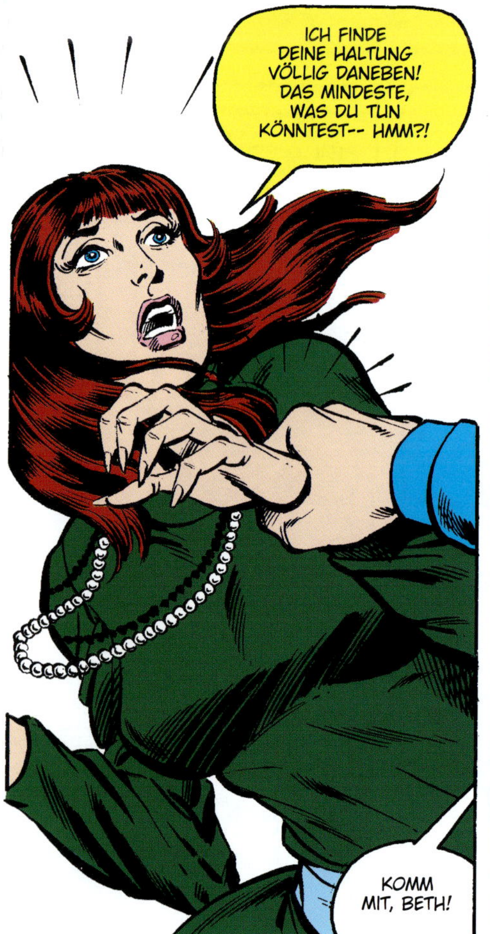
ICH FINDE DEINE HALTUNG VÖLLIG DANEBEN! DAS MINDESTE, WAS DU TUN KÖNNTEST-- HMM?!
KOMM MIT, BETH!

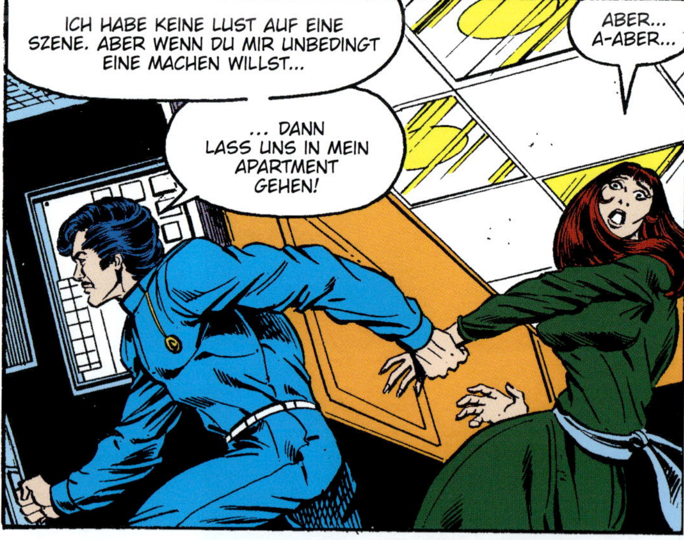
ICH HABE KEINE LUST AUF EINE SZENE. ABER WENN DU MIR UNBEDINGT EINE MACHEN WILLST...
... DANN LASS UNS IN MEIN APARTMENT GEHEN!
ABER... A-ABER...

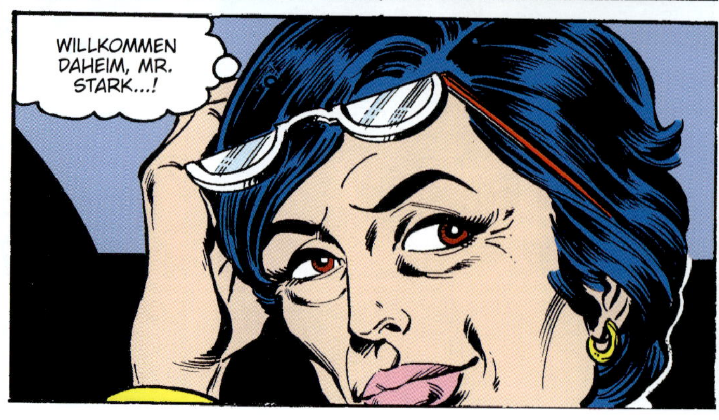
WILLKOMMEN DAHEIM, MR. STARK...!

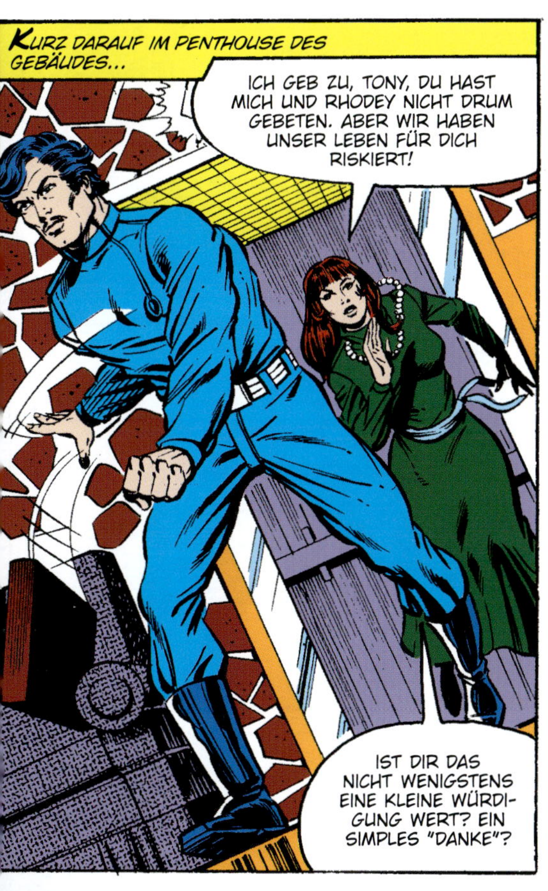
KURZ DARAUF IM PENTHOUSE DES GEBÄUDES...
ICH GEB ZU, TONY, DU HAST MICH UND RHODEY NICHT DRUM GEBETEN. ABER WIR HABEN UNSER LEBEN FÜR DICH RISKIERT!
IST DIR DAS NICHT WENIGSTENS EINE KLEINE WÜRDIGUNG WERT? EIN SIMPLES "DANKE"?

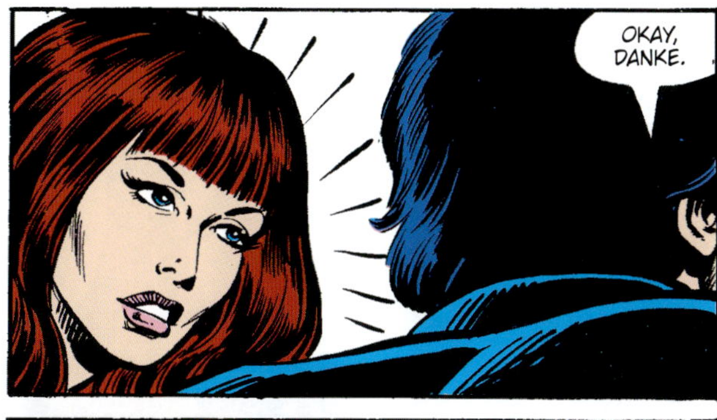
OKAY, DANKE.

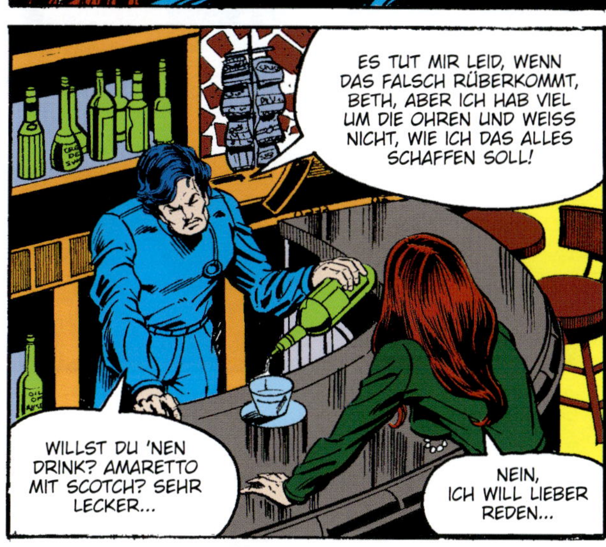
ES TUT MIR LEID, WENN DAS FALSCH RÜBERKOMMT, BETH, ABER ICH HAB VIEL UM DIE OHREN UND WEISS NICHT, WIE ICH DAS ALLES SCHAFFEN SOLL!
WILLST DU 'NEN DRINK? AMARETTO MIT SCOTCH? SEHR LECKER...
NEIN, ICH WILL LIEBER REDEN...

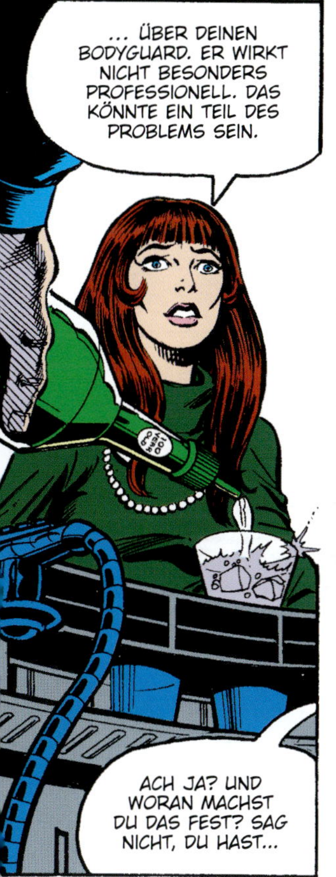
... ÜBER DEINEN BODYGUARD. ER WIRKT NICHT BESONDERS PROFESSIONELL. DAS KÖNNTE EIN TEIL DES PROBLEMS SEIN.
ACH JA? UND WORAN MACHST DU DAS FEST? SAG NICHT, DU HAST...

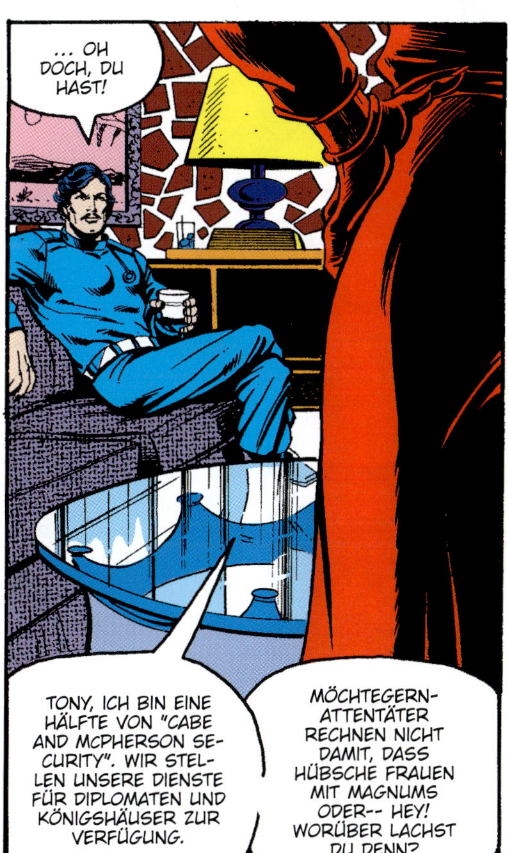
... OH DOCH, DU HAST!
TONY, ICH BIN EINE HÄLFTE VON "CABE AND MCPHERSON SECURITY". WIR STELLEN UNSERE DIENSTE FÜR DIPLOMATEN UND KÖNIGSHÄUSER ZUR VERFÜGUNG.
MÖCHTEGERN-ATTENTÄTER RECHNEN NICHT DAMIT, DASS HÜBSCHE FRAUEN MIT MAGNUMS ODER-- HEY! WORÜBER LACHST DU DENN?

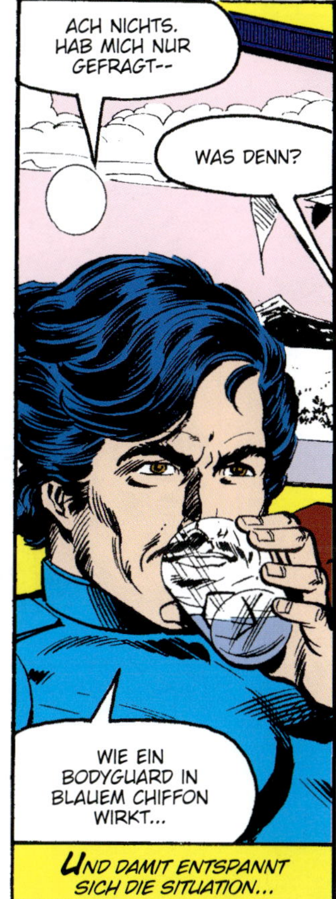
ACH NICHTS. HAB MICH NUR GEFRAGT--
WAS DENN?
WIE EIN BODYGUARD IN BLAUEM CHIFFON WIRKT...
UND DAMIT ENTSPANNT SICH DIE SITUATION...

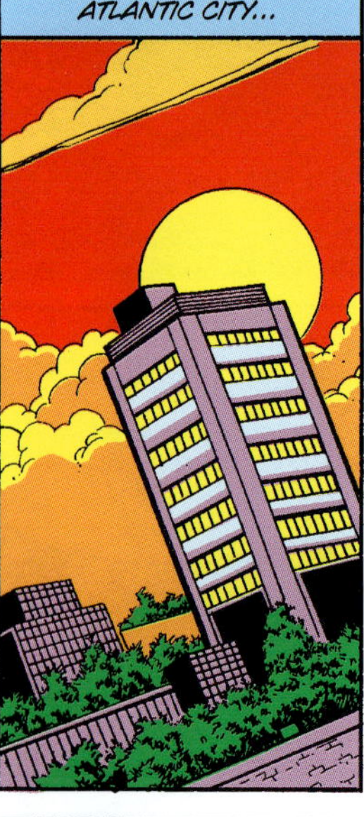
... UND DIE SZENE VERLAGERT SICH RICHTUNG SONNENUNTERGANG, HIN ZU EINEM CASINOHOTEL AN DER FLANIERMEILE VON ATLANTIC CITY...

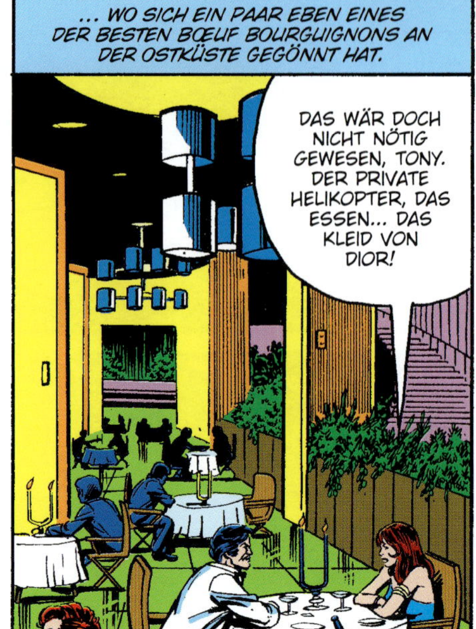
... WO SICH EIN PAAR EBEN EINES DER BESTEN BŒUF BOURGUIGNONS AN DER OSTKÜSTE GEGÖNNT HAT.
DAS WÄR DOCH NICHT NÖTIG GEWESEN, TONY. DER PRIVATE HELIKOPTER, DAS ESSEN... DAS KLEID VON DIOR!

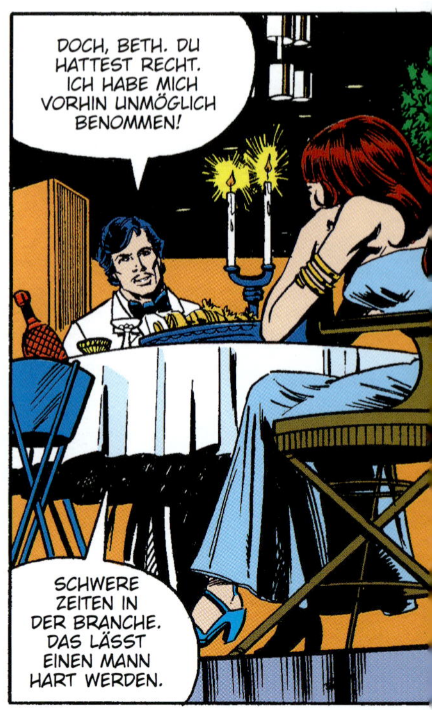
DOCH, BETH. DU HATTEST RECHT. ICH HABE MICH VORHIN UNMÖGLICH BENOMMEN!
SCHWERE ZEITEN IN DER BRANCHE. DAS LÄSST EINEN MANN HART WERDEN.

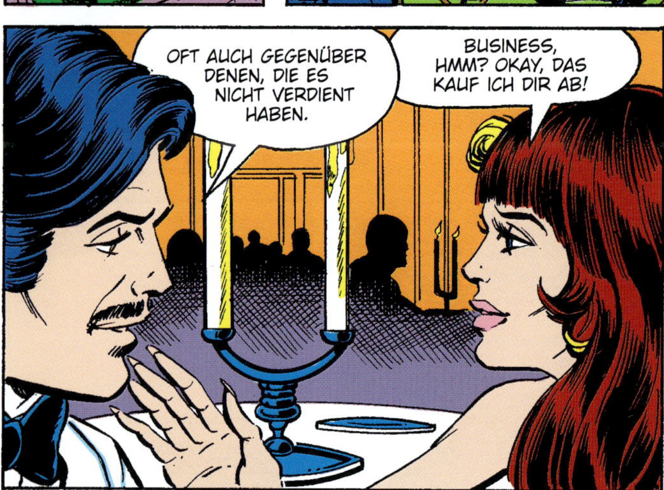
OFT AUCH GEGENÜBER DENEN, DIE ES NICHT VERDIENT HABEN.
BUSINESS, HMM? OKAY, DAS KAUF ICH DIR AB!

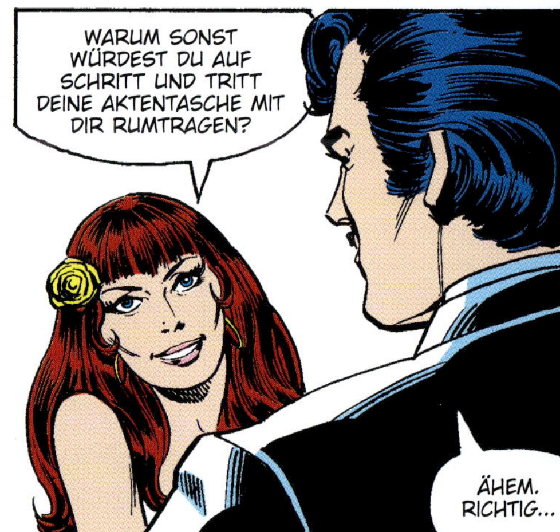
WARUM SONST WÜRDEST DU AUF SCHRITT UND TRITT DEINE AKTENTASCHE MIT DIR RUMTRAGEN?
ÄHEM. RICHTIG...

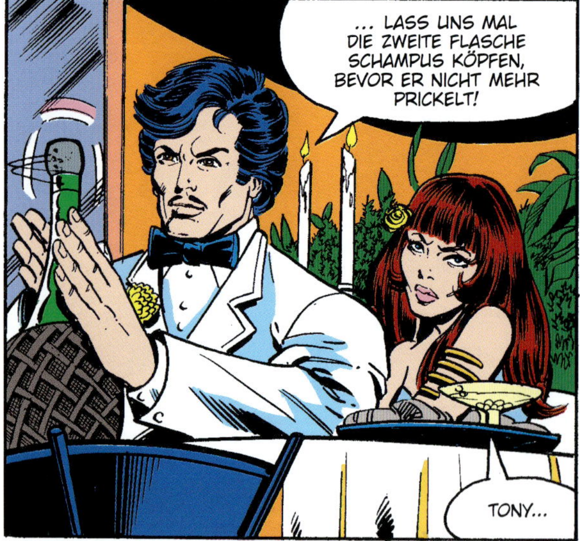
... LASS UNS MAL DIE ZWEITE FLASCHE SCHAMPUS KÖPFEN, BEVOR ER NICHT MEHR PRICKELT!
TONY...

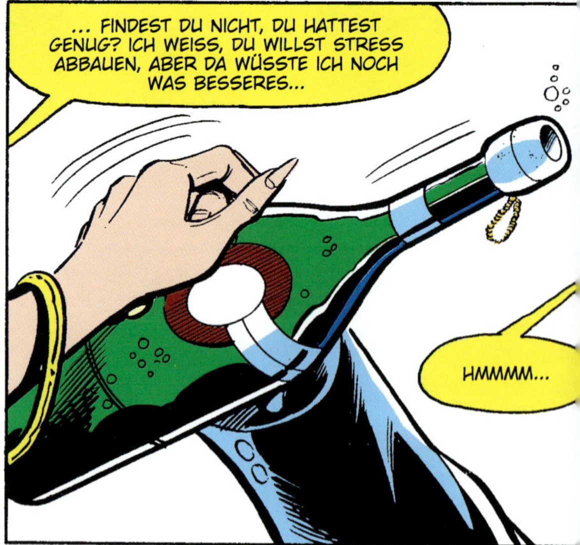
... FINDEST DU NICHT, DU HATTEST GENUG? ICH WEISS, DU WILLST STRESS ABBAUEN, ABER DA WÜSSTE ICH NOCH WAS BESSERES...
HMMMM...

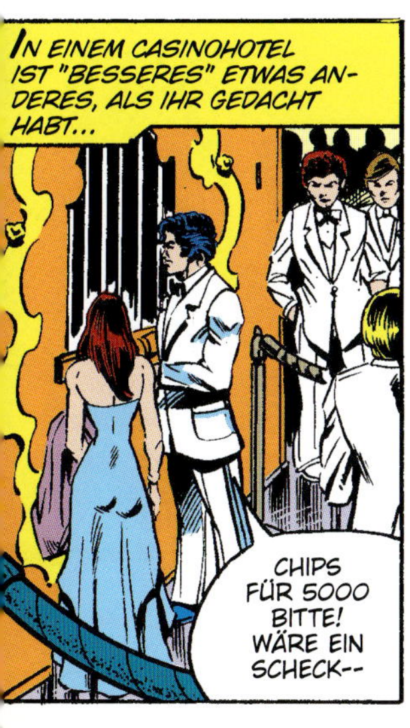
IN EINEM CASINOHOTEL IST "BESSERES" ETWAS ANDERES, ALS IHR GEDACHT HABT...
CHIPS FÜR 5000 BITTE! WÄRE EIN SCHECK--

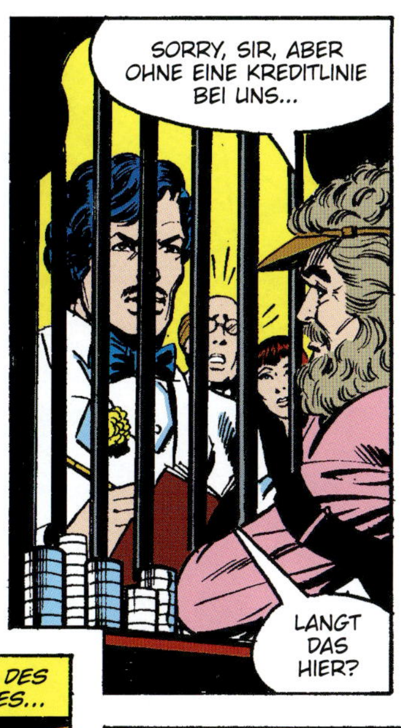
SORRY, SIR, ABER OHNE EINE KREDITLINIE BEI UNS...
LANGT DAS HIER?

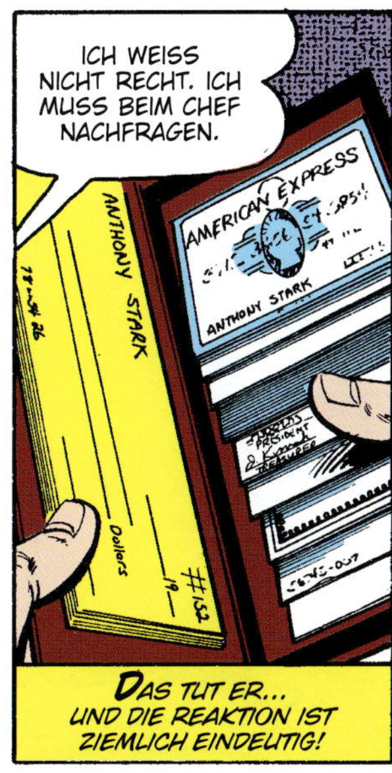
ICH WEISS NICHT RECHT. ICH MUSS BEIM CHEF NACHFRAGEN.
ANTHONY STARK
AMERICAN EXPRESS
DAS TUT ER... UND DIE REAKTION IST ZIEMLICH EINDEUTIG!

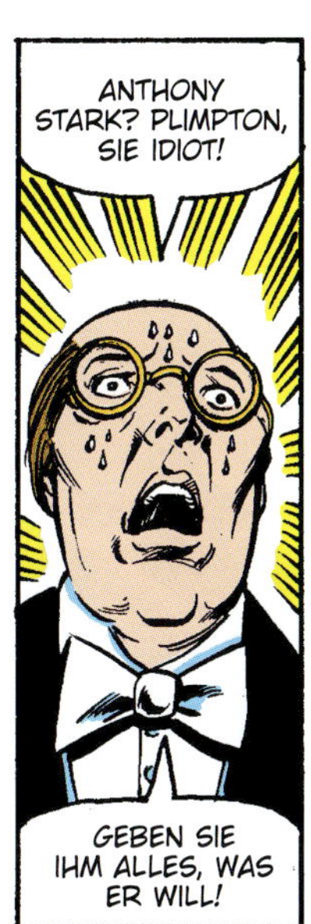
ANTHONY STARK? PLIMPTON, SIE IDIOT!
GEBEN SIE IHM ALLES, WAS ER WILL!

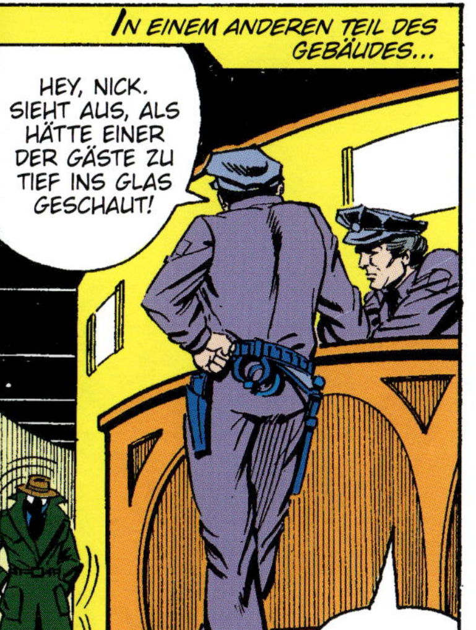
IN EINEM ANDEREN TEIL DES GEBÄUDES...
HEY, NICK. SIEHT AUS, ALS HÄTTE EINER DER GÄSTE ZU TIEF INS GLAS GESCHAUT!
JAU. HELFEN WIR IHM BESSER.

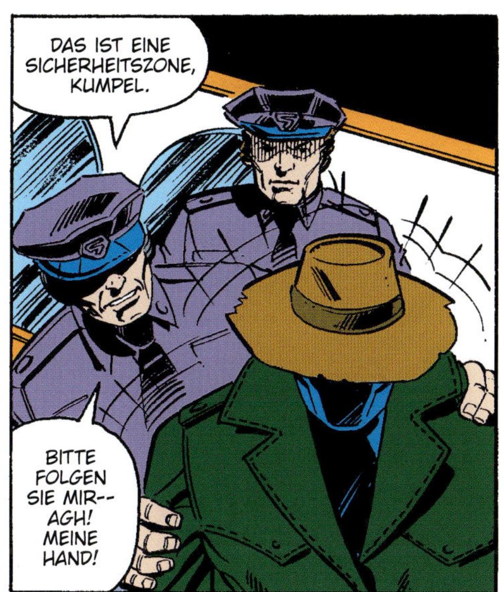
DAS IST EINE SICHERHEITSZONE, KUMPEL.
BITTE FOLGEN SIE MIR-- AGH! MEINE HAND!

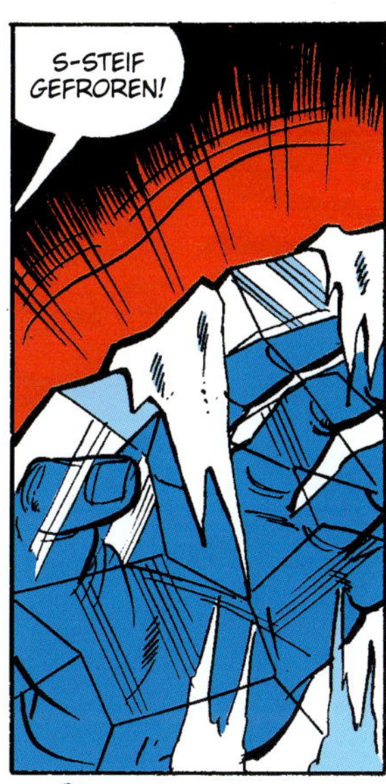
S-STEIF GEFROREN!

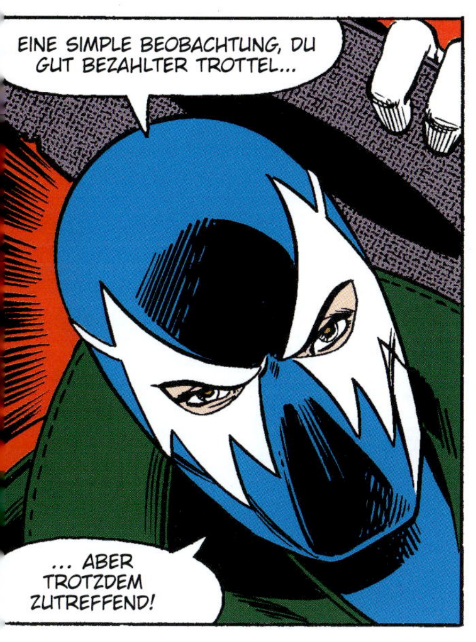
EINE SIMPLE BEOBACHTUNG, DU GUT BEZAHLTER TROTTEL...
... ABER TROTZDEM ZUTREFFEND!

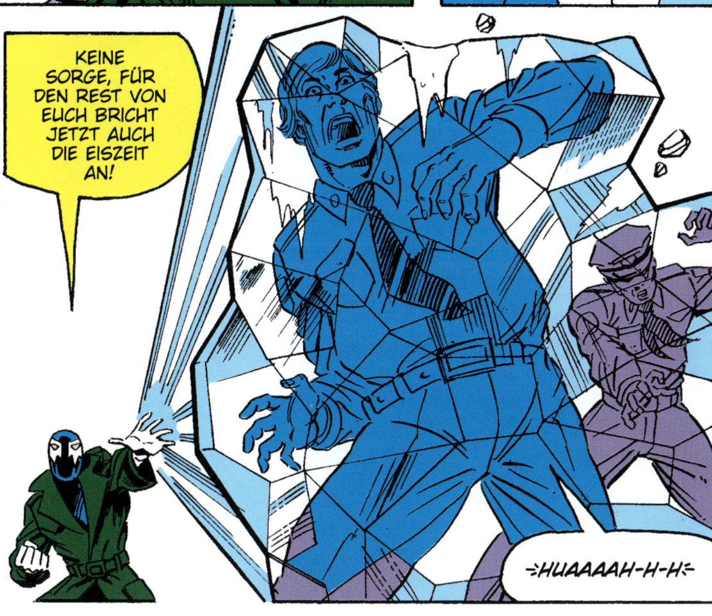
KEINE SORGE, FÜR DEN REST VON EUCH BRICHT JETZT AUCH DIE EISZEIT AN!
HUAAAAH-H-H

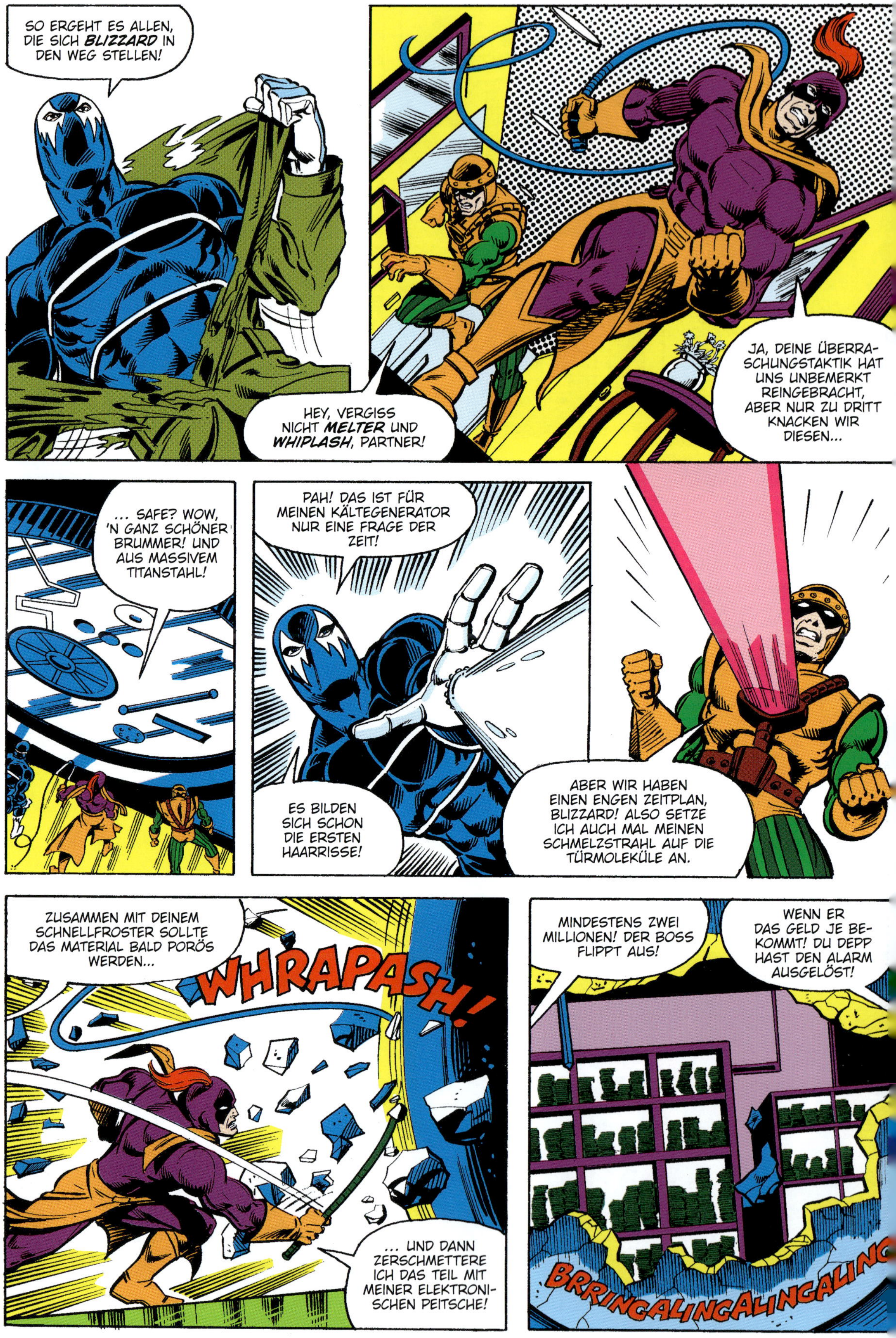

SO ERGEHT ES ALLEN, DIE SICH **BLIZZARD** IN DEN WEG STELLEN!

HEY, VERGISS NICHT **MELTER** UND **WHIPLASH**, PARTNER!

JA, DEINE ÜBERRASCHUNGSTAKTIK HAT UNS UNBEMERKT REINGEBRACHT, ABER NUR ZU DRITT KNACKEN WIR DIESEN...

... SAFE? WOW, 'N GANZ SCHÖNER BRUMMER! UND AUS MASSIVEM TITANSTAHL!

PAH! DAS IST FÜR MEINEN KÄLTEGENERATOR NUR EINE FRAGE DER ZEIT!

ES BILDEN SICH SCHON DIE ERSTEN HAARRISSE!

ABER WIR HABEN EINEN ENGEN ZEITPLAN, BLIZZARD! ALSO SETZE ICH AUCH MAL MEINEN SCHMELZSTRAHL AUF DIE TÜRMOLEKÜLE AN.

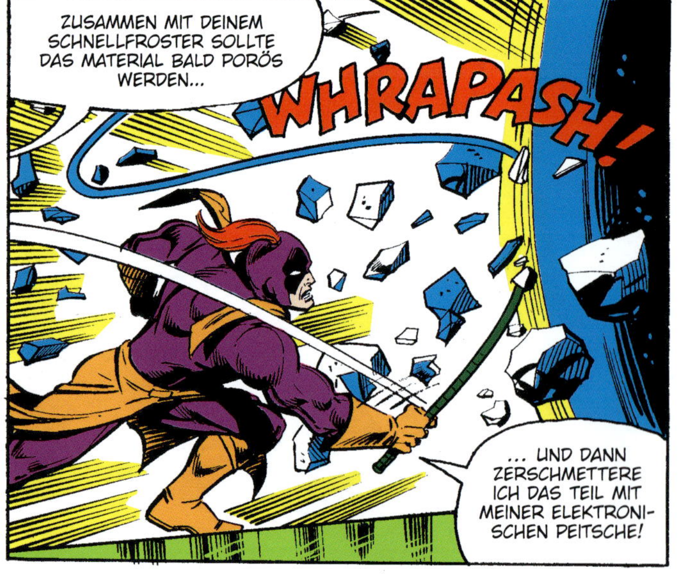

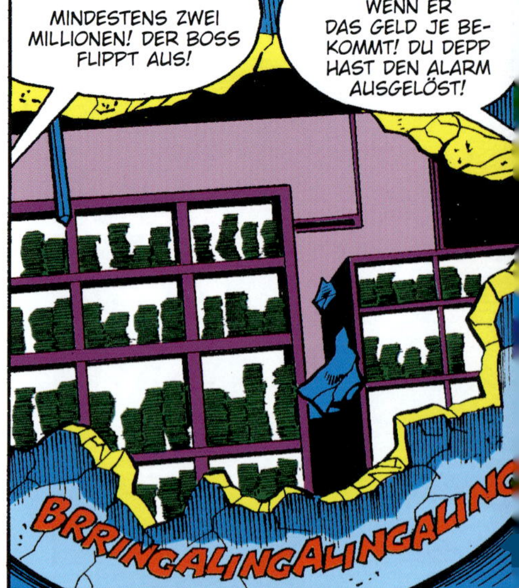

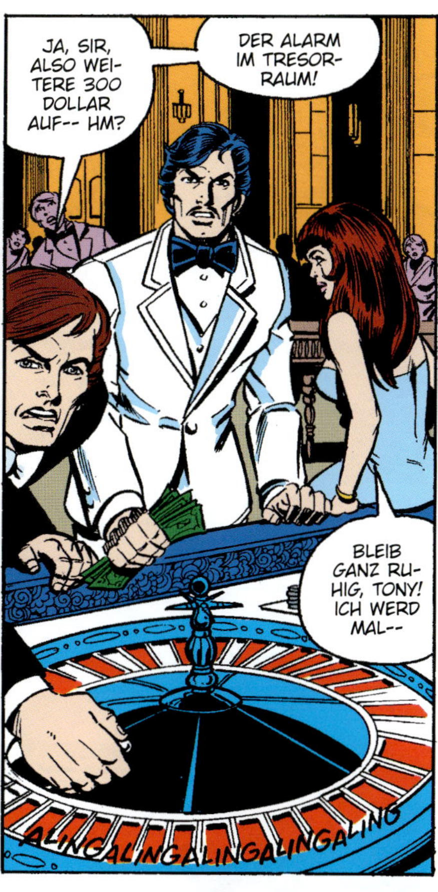
JA, SIR, ALSO WEITERE 300 DOLLAR AUF-- HM?
DER ALARM IM TRESORRAUM!
BLEIB GANZ RUHIG, TONY! ICH WERD MAL--
ALINGALINGALINGALINGALING

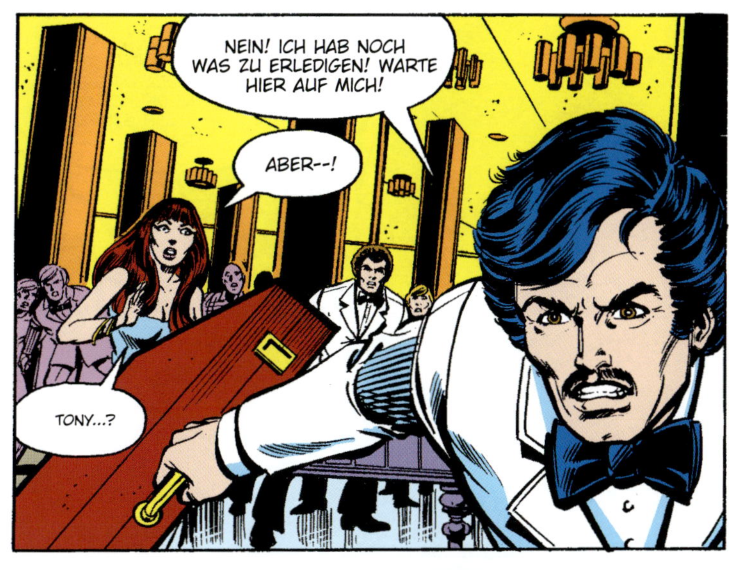
NEIN! ICH HAB NOCH WAS ZU ERLEDIGEN! WARTE HIER AUF MICH!
ABER--!
TONY...?

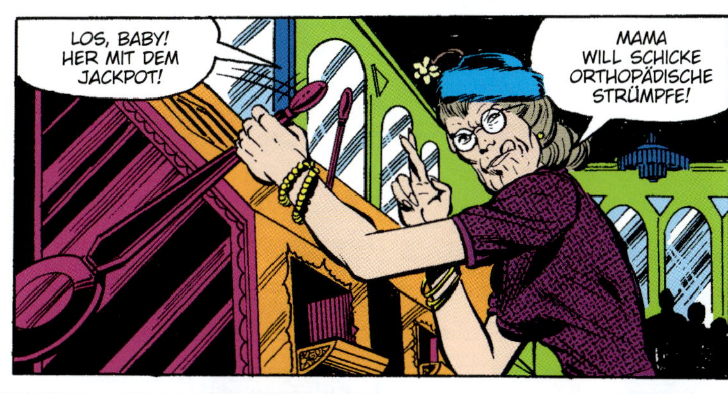
LOS, BABY! HER MIT DEM JACKPOT!
MAMA WILL SCHICKE ORTHOPÄDISCHE STRÜMPFE!

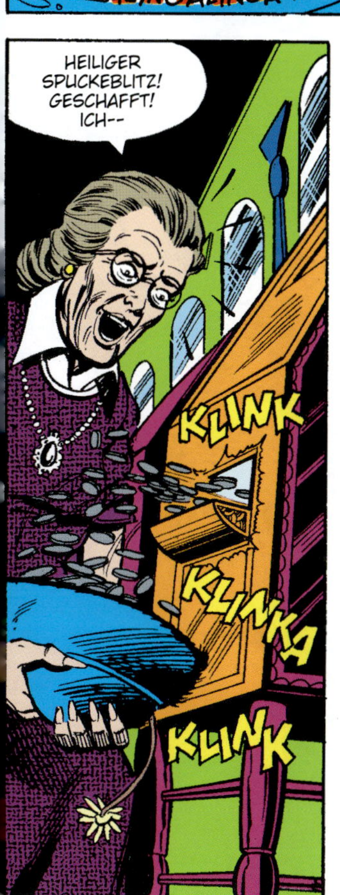
HEILIGER SPUCKEBLITZ! GESCHAFFT! ICH--
KLINK
KLINKA
KLINK

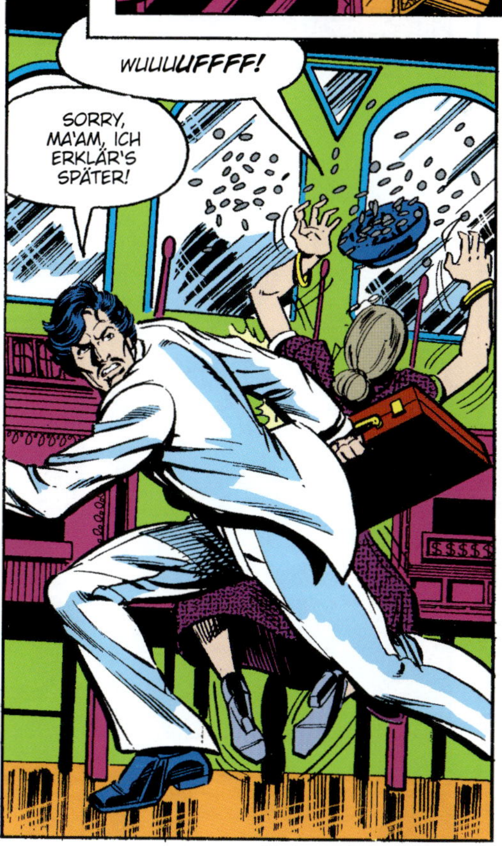
WUUUUFFFF!
SORRY, MA'AM, ICH ERKLÄR'S SPÄTER!

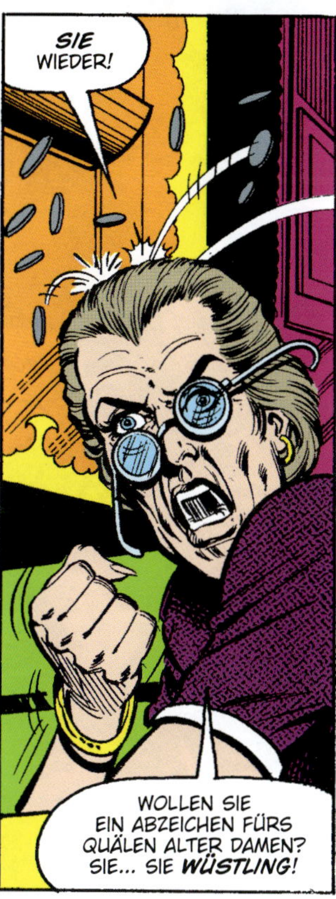
SIE WIEDER!
WOLLEN SIE EIN ABZEICHEN FÜRS QUÄLEN ALTER DAMEN? SIE... SIE WÜSTLING!

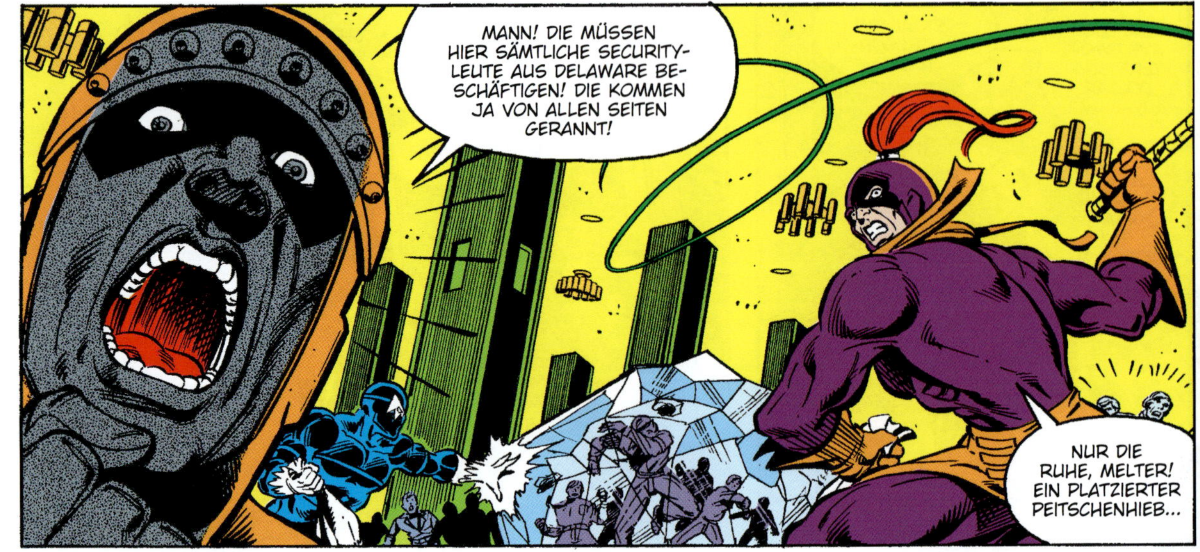
MANN! DIE MÜSSEN HIER SÄMTLICHE SECURITY-LEUTE AUS DELAWARE BESCHÄFTIGEN! DIE KOMMEN JA VON ALLEN SEITEN GERANNT!
NUR DIE RUHE, MELTER! EIN PLATZIERTER PEITSCHENHIEB...

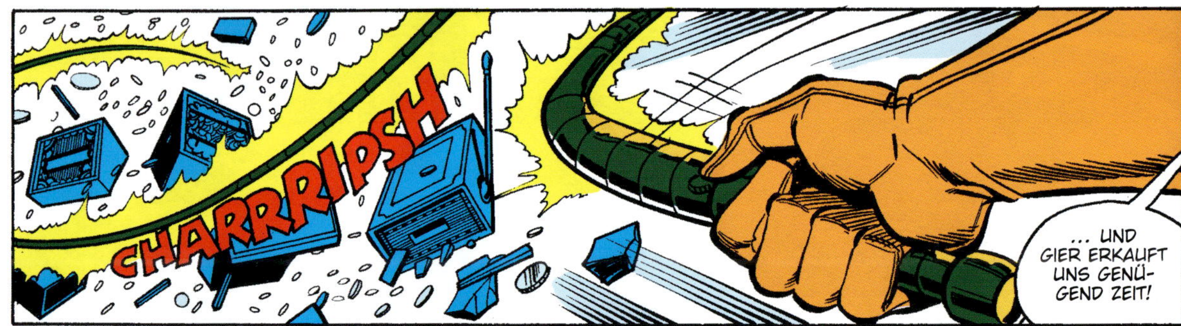
CHARRRIPSH
... UND GIER ERKAUFT UNS GENÜGEND ZEIT!

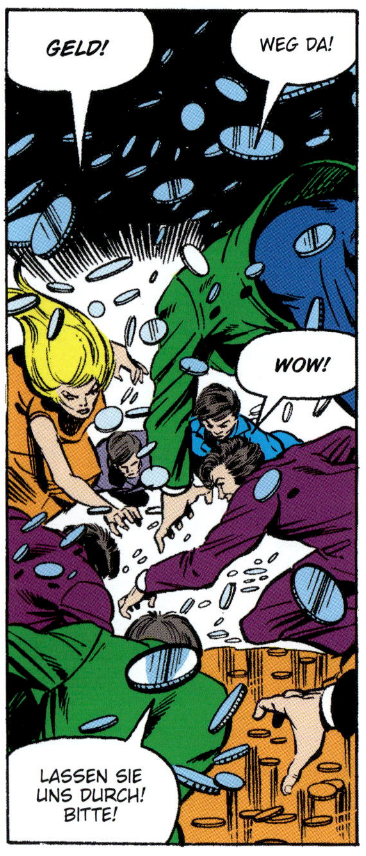
GELD!
WEG DA!
WOW!
LASSEN SIE UNS DURCH! BITTE!

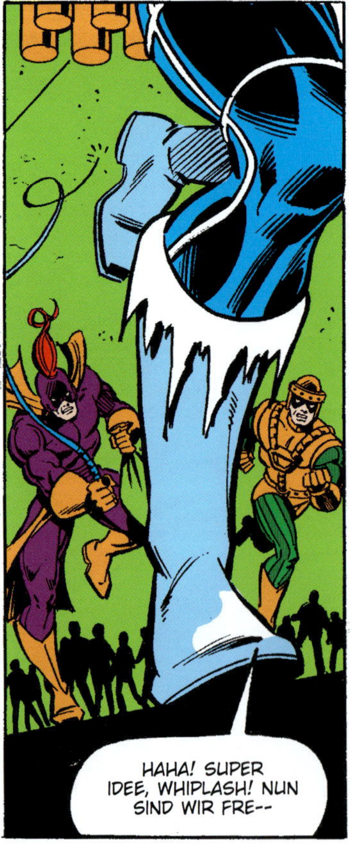
HAHA! SUPER IDEE, WHIPLASH! NUN SIND WIR FRE--

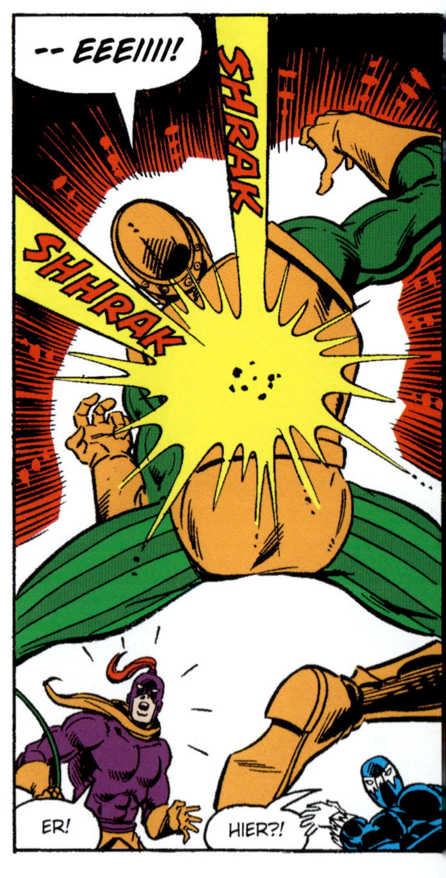
-- EEEIIII!
SHRAK
SHHRAK
ER!
HIER?!

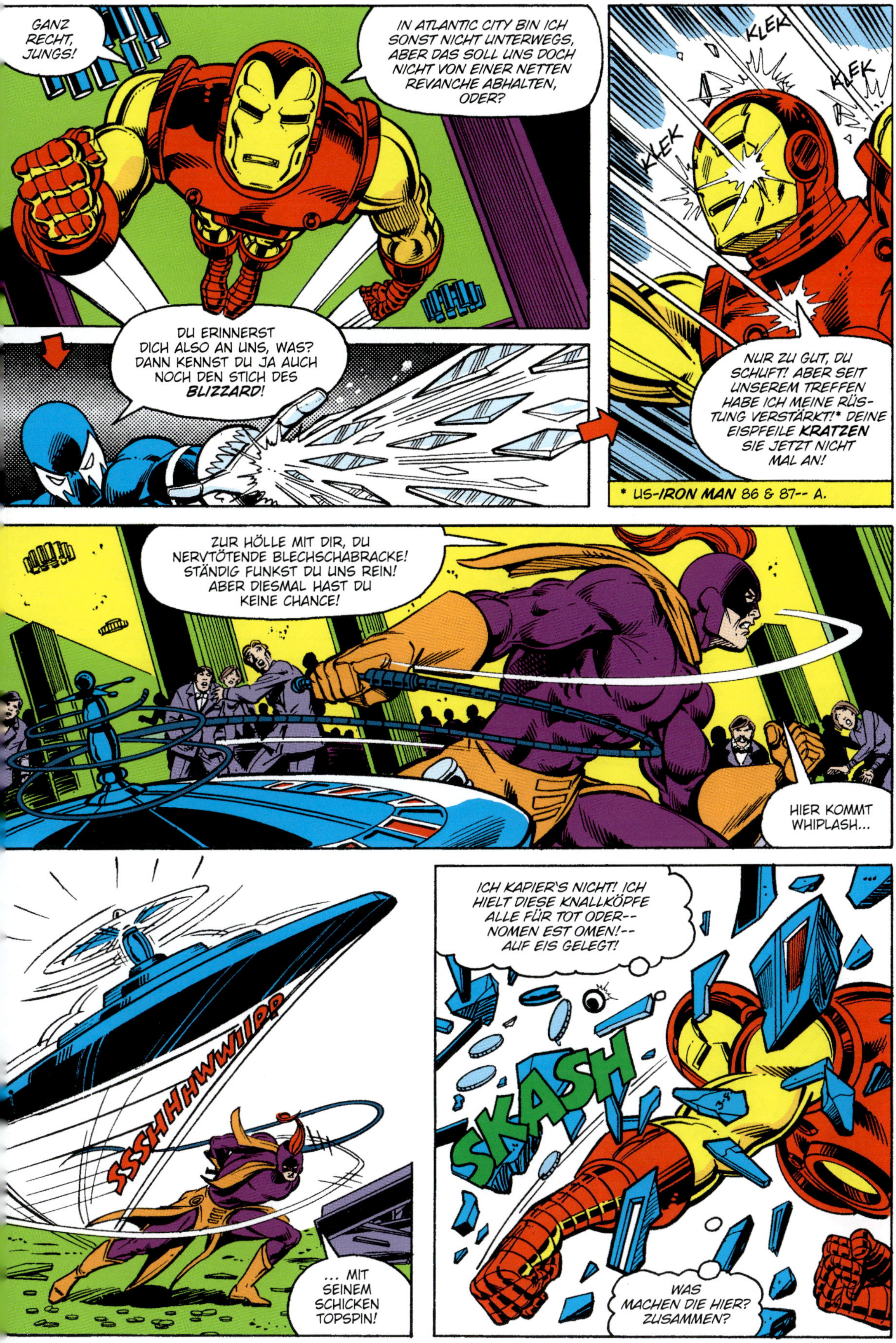

GANZ RECHT, JUNGS!
IN ATLANTIC CITY BIN ICH SONST NICHT UNTERWEGS, ABER DAS SOLL UNS DOCH NICHT VON EINER NETTEN REVANCHE ABHALTEN, ODER?
KLEK
KLEK
KLEK
DU ERINNERST DICH ALSO AN UNS, WAS? DANN KENNST DU JA AUCH NOCH DEN STICH DES **BLIZZARD**!
NUR ZU GUT, DU SCHUFT! ABER SEIT UNSEREM TREFFEN HABE ICH MEINE RÜSTUNG VERSTÄRKT!* DEINE EISPFEILE **KRATZEN** SIE JETZT NICHT MAL AN!

* US-**IRON MAN** 86 & 87-- A.

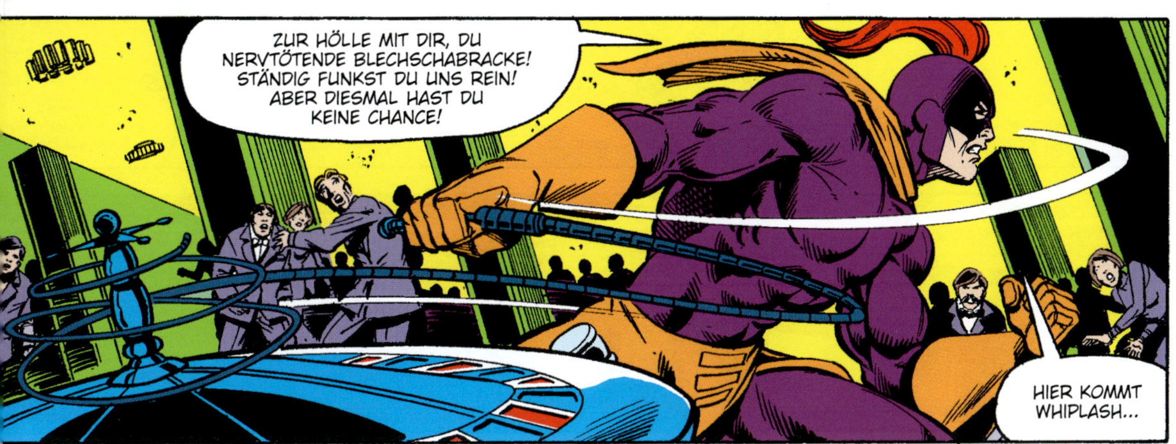

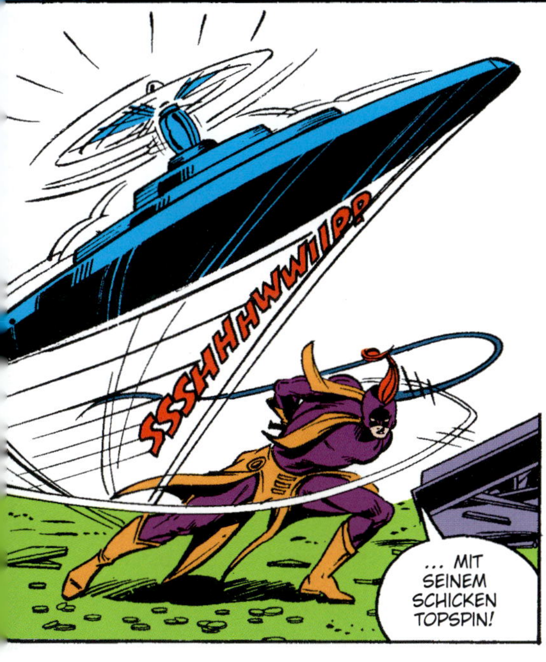

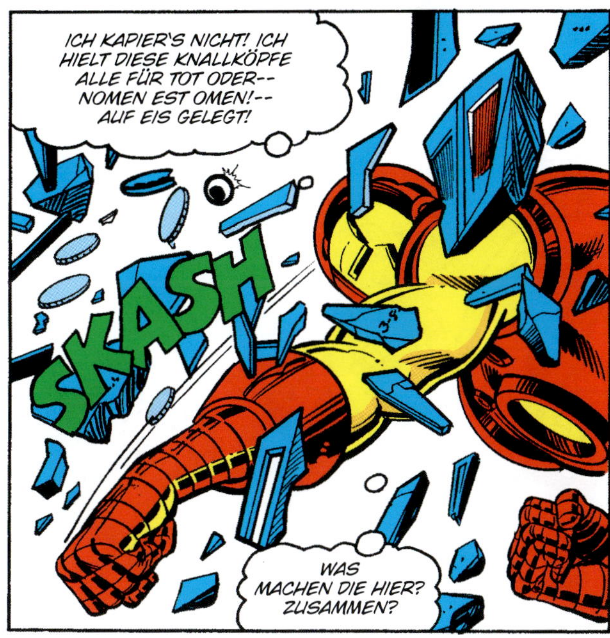

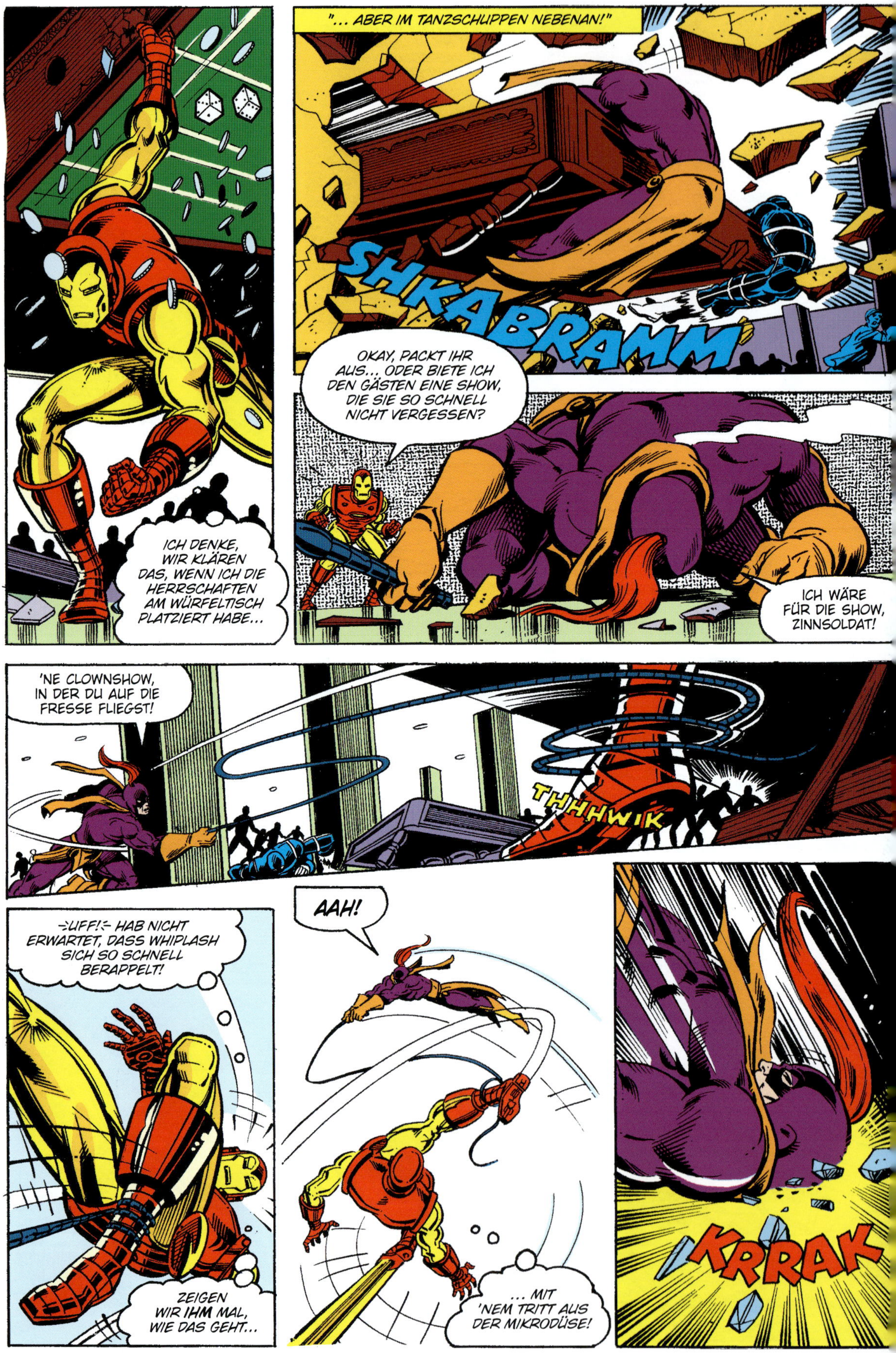

ICH DENKE, WIR KLÄREN DAS, WENN ICH DIE HERRSCHAFTEN AM WÜRFELTISCH PLATZIERT HABE…

"… ABER IM TANZSCHUPPEN NEBENAN!"

SHKABRAMM

OKAY, PACKT IHR AUS… ODER BIETE ICH DEN GÄSTEN EINE SHOW, DIE SIE SO SCHNELL NICHT VERGESSEN?

ICH WÄRE FÜR DIE SHOW, ZINNSOLDAT!

'NE CLOWNSHOW, IN DER DU AUF DIE FRESSE FLIEGST!

THHHWIK

-UFF!- HAB NICHT ERWARTET, DASS WHIPLASH SICH SO SCHNELL BERAPPELT!

ZEIGEN WIR **IHM** MAL, WIE DAS GEHT…

AAH!

… MIT 'NEM TRITT AUS DER MIKRODÜSE!

KRRAK

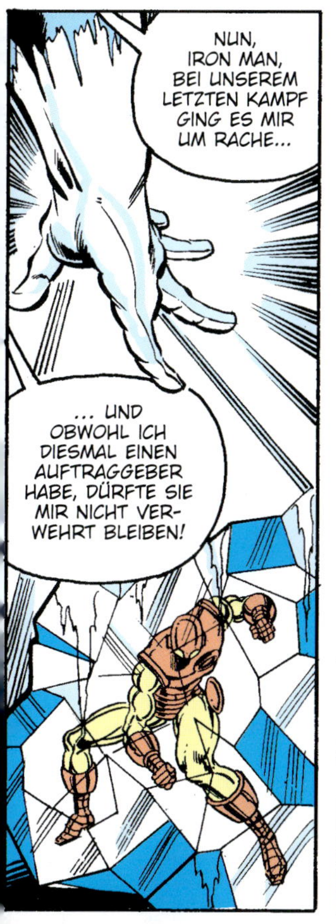

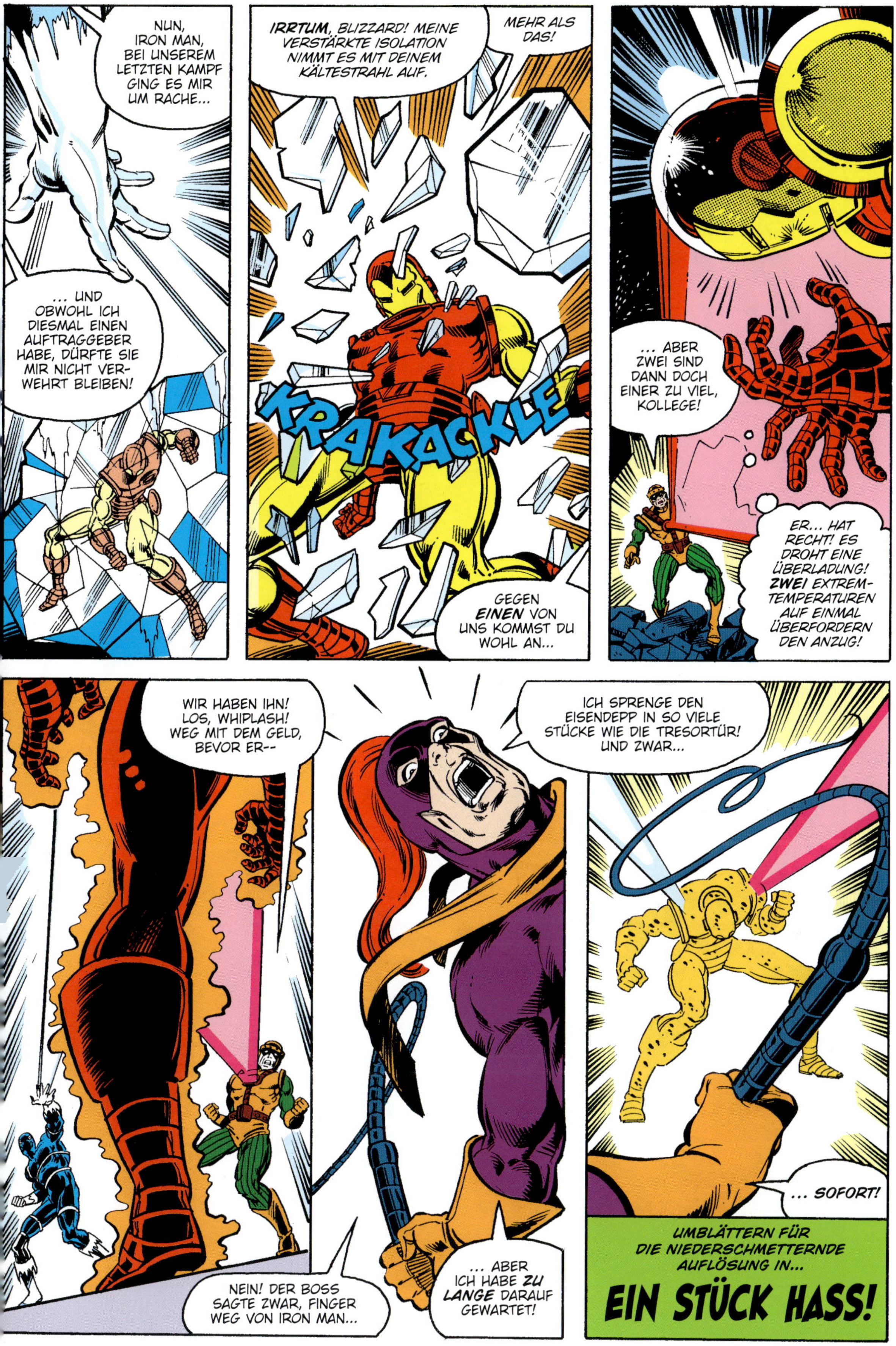

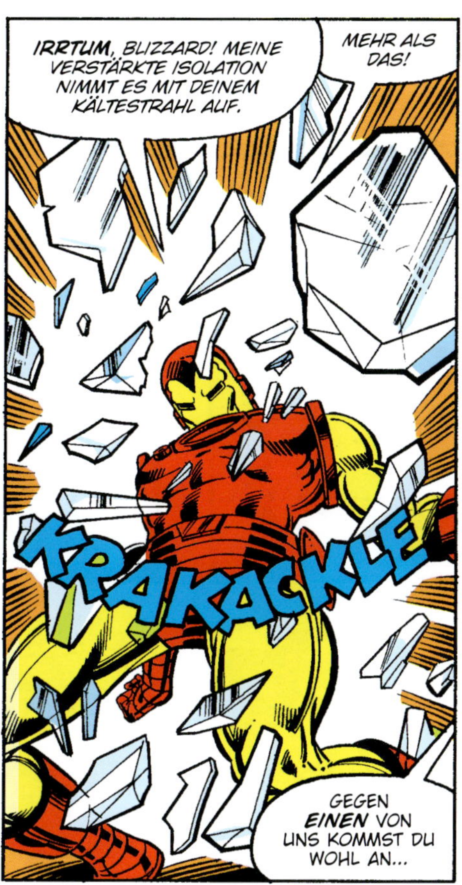

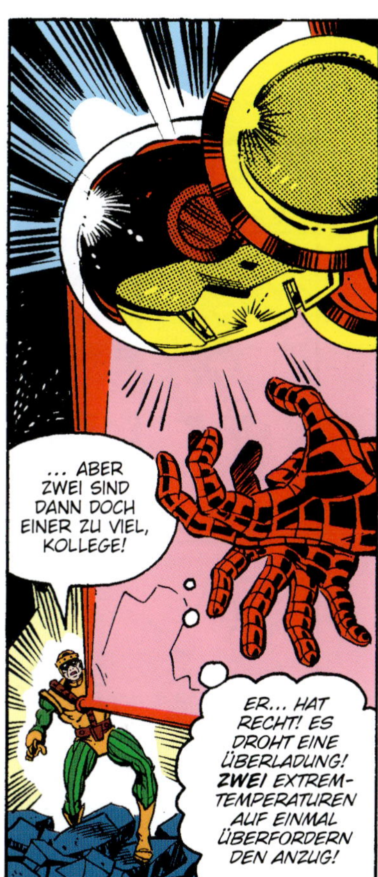

WIR HABEN IHN! LOS, WHIPLASH! WEG MIT DEM GELD, BEVOR ER--

NEIN! DER BOSS SAGTE ZWAR, FINGER WEG VON IRON MAN...

... ABER ICH HABE **ZU LANGE** DARAUF GEWARTET!

ICH SPRENGE DEN EISENDEPP IN SO VIELE STÜCKE WIE DIE TRESORTÜR! UND ZWAR...

... SOFORT!

UMBLÄTTERN FÜR DIE NIEDERSCHMETTERNDE AUFLÖSUNG IN...

EIN STÜCK HASS!

EIN STÜCK HASS!

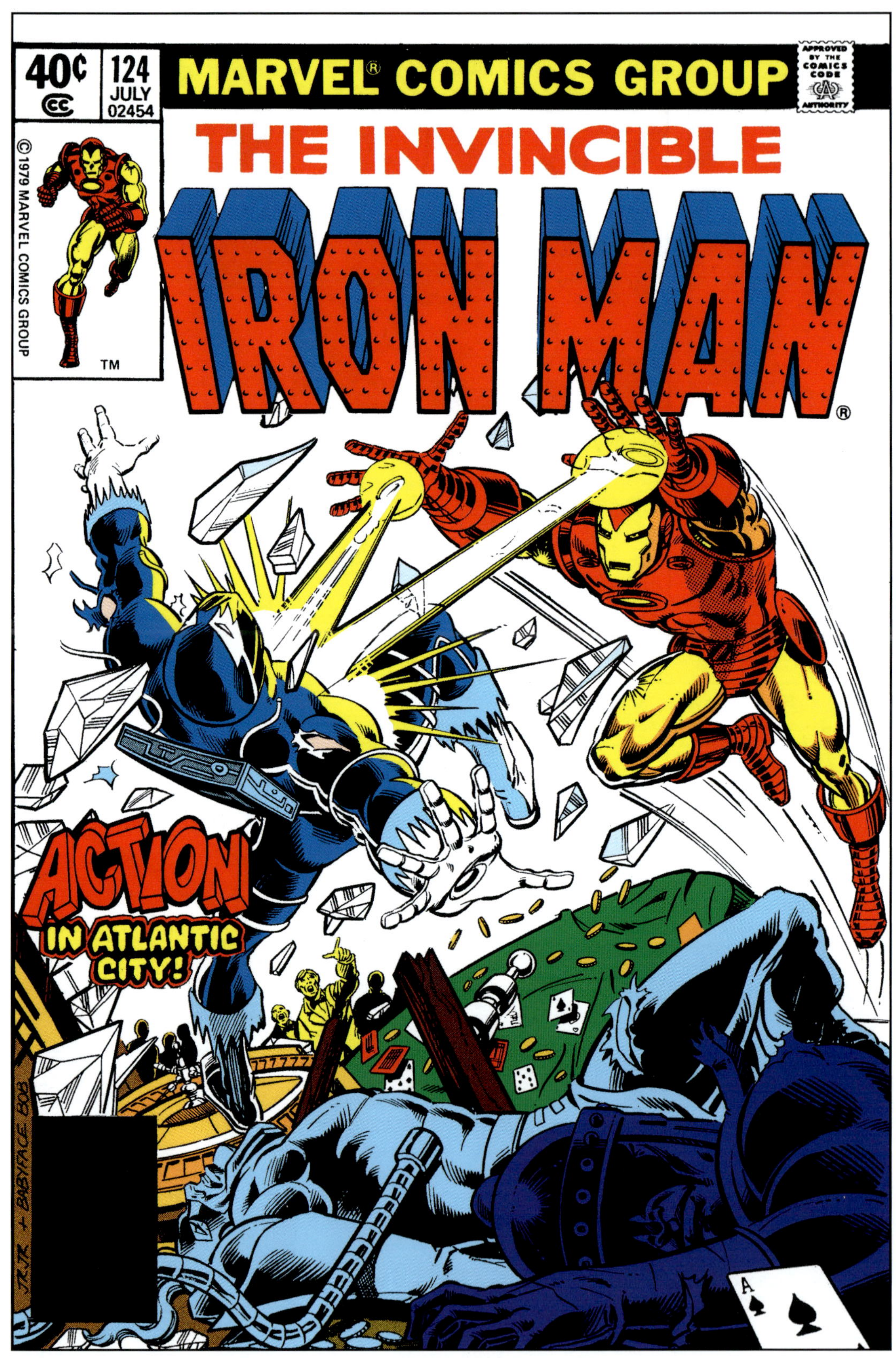

Iron Man (1968) 124
Cover von **JOHN ROMITA JR.**

Wenn der millionenschwere Unternehmer und meisterliche Erfinder **Tony Stark** in seine solarbetriebene Stahlrüstung klettert, wird er zur weltweit stärksten menschlichen Kampfmaschine...

Stan Lee präsentiert: DER UNBESIEGBARE IRON MAN®

David Michelinie – Story
John Romita Jr. – Zeichnungen
Bob Layton – Plot
Layton & Freunde – Tusche
Bob Sharen – Farben
Alexander Rösch – Übersetzung
Fabio Ciacci – Lettering
Roger Stern & Jim Shooter – Redaktion USA

3:1... EINE ZIEMLICH NIEDRIGE QUOTE, AUF DIE KEIN GERISSENER BUCHMACHER IN NEW YORK ETWAS SETZEN WÜRDE. ABER WIR BEFINDEN UNS HIER NICHT IN NEW YORK, SONDERN IN ATLANTIC CITY...

... UND DIESE WIE GAUKLER GEWANDETEN GAUNER SPIELEN UM **HÖHERE** EINSÄTZE ALS SILBERMÜNZEN UND SCHULDSCHEINE!

WEITER SO, BLIZZARD! DU UND MELTER BESCHIESST IRON MAN SCHÖN MIT DEN STRAHLEN! BALD IST SEINE HÜLLE SO ***DÜNN***...

... DASS MEINE ELEKTRISCHE PEITSCHE IHN WIE EIN ROT-GOLDENES EI ***KÖPFT!***

PIECES OF HATE!*

LG437

* EIN STÜCK HASS!

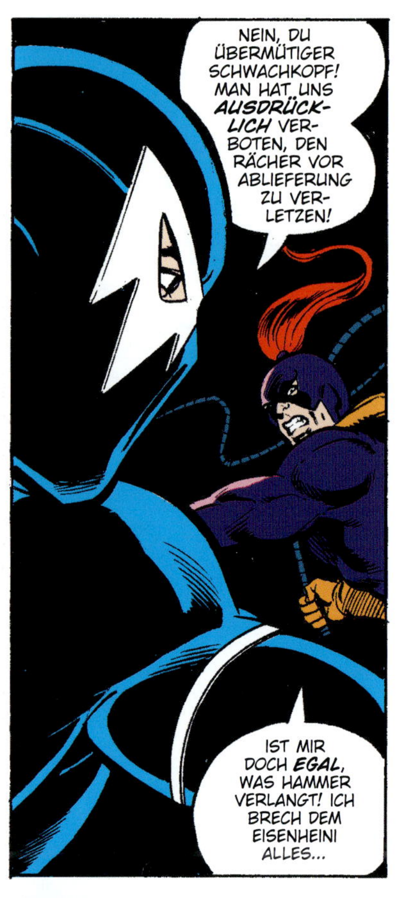
NEIN, DU ÜBERMÜTIGER SCHWACHKOPF! MAN HAT UNS AUSDRÜCKLICH VERBOTEN, DEN RÄCHER VOR ABLIEFERUNG ZU VERLETZEN!
IST MIR DOCH EGAL, WAS HAMMER VERLANGT! ICH BRECH DEM EISENHEINI ALLES...

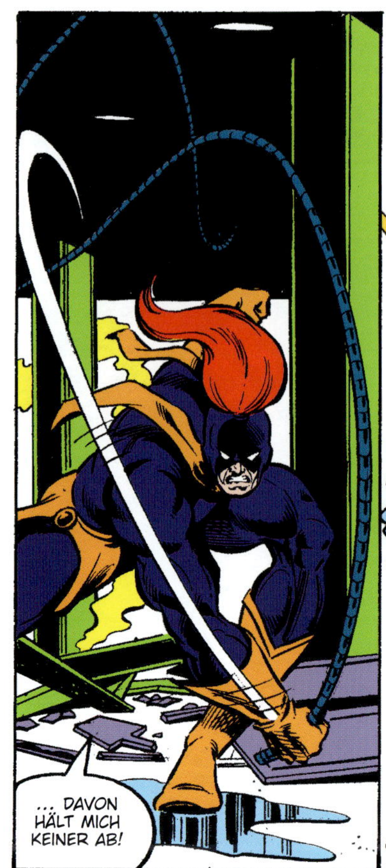
... DAVON HÄLT MICH KEINER AB!

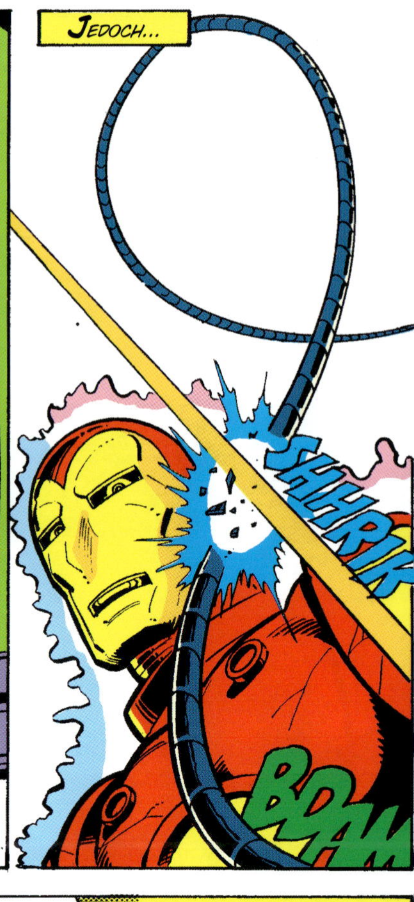
JEDOCH...
SHHRIK
BRAM

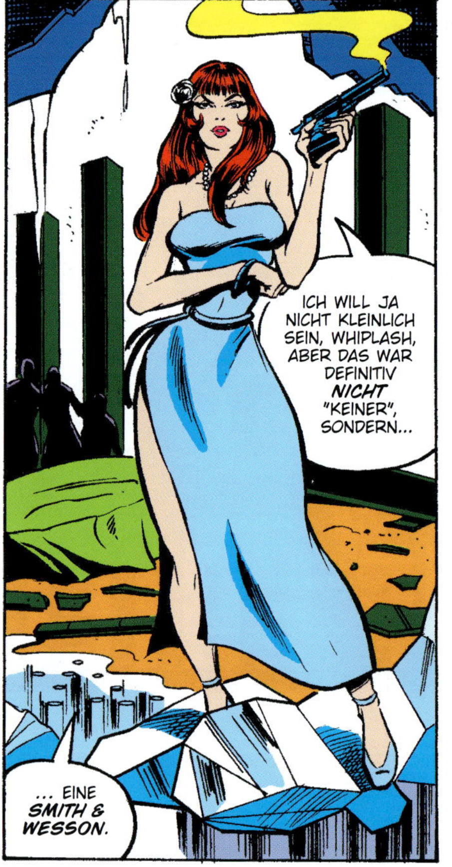
ICH WILL JA NICHT KLEINLICH SEIN, WHIPLASH, ABER DAS WAR DEFINITIV NICHT "KEINER", SONDERN...
... EINE SMITH & WESSON.

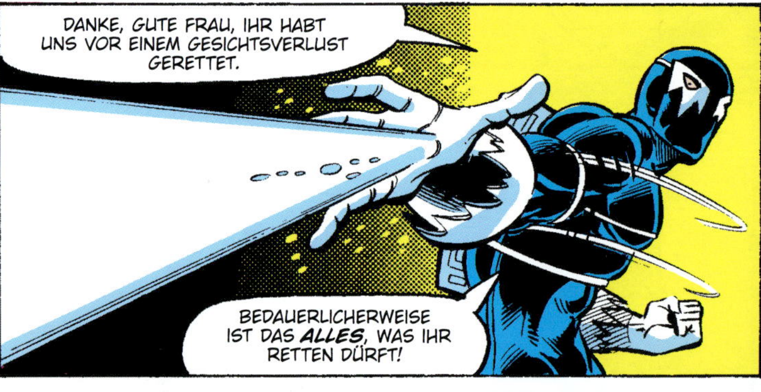
DANKE, GUTE FRAU, IHR HABT UNS VOR EINEM GESICHTSVERLUST GERETTET.
BEDAUERLICHERWEISE IST DAS ALLES, WAS IHR RETTEN DÜRFT!

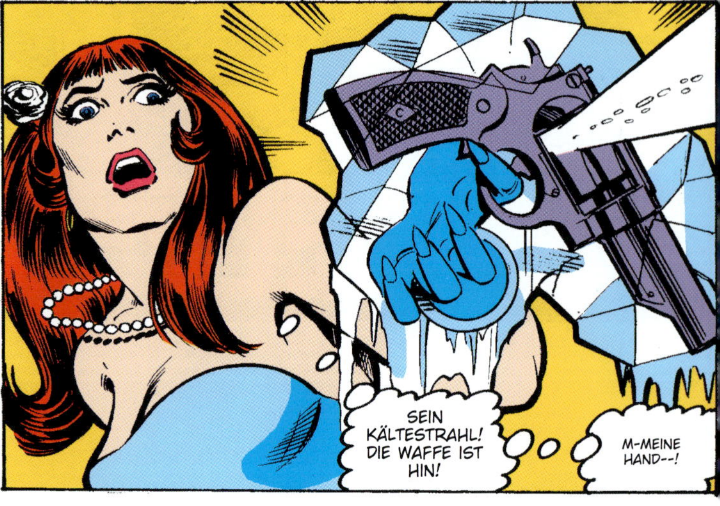
SEIN KÄLTESTRAHL! DIE WAFFE IST HIN!
M-MEINE HAND--!

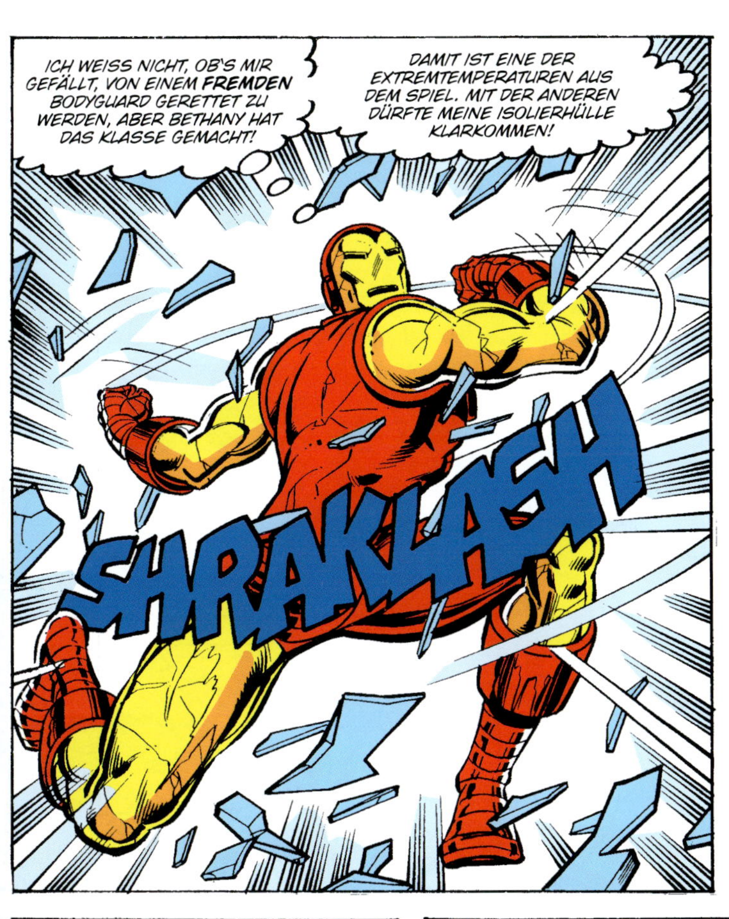
ICH WEISS NICHT, OB'S MIR GEFÄLLT, VON EINEM **FREMDEN** BODYGUARD GERETTET ZU WERDEN, ABER BETHANY HAT DAS KLASSE GEMACHT!
DAMIT IST EINE DER EXTREMTEMPERATUREN AUS DEM SPIEL. MIT DER ANDEREN DÜRFTE MEINE ISOLIERHÜLLE KLARKOMMEN!
SHRAKLASH

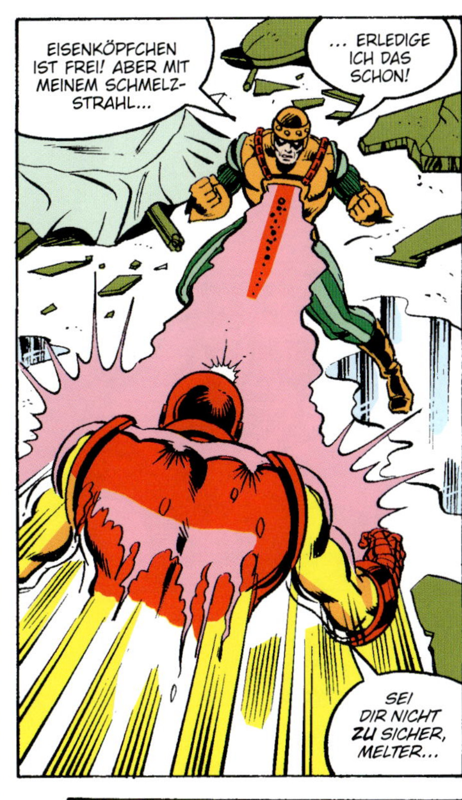
EISENKÖPFCHEN IST FREI! ABER MIT MEINEM SCHMELZ-STRAHL...
... ERLEDIGE ICH DAS SCHON!
SEI DIR NICHT **ZU** SICHER, MELTER...

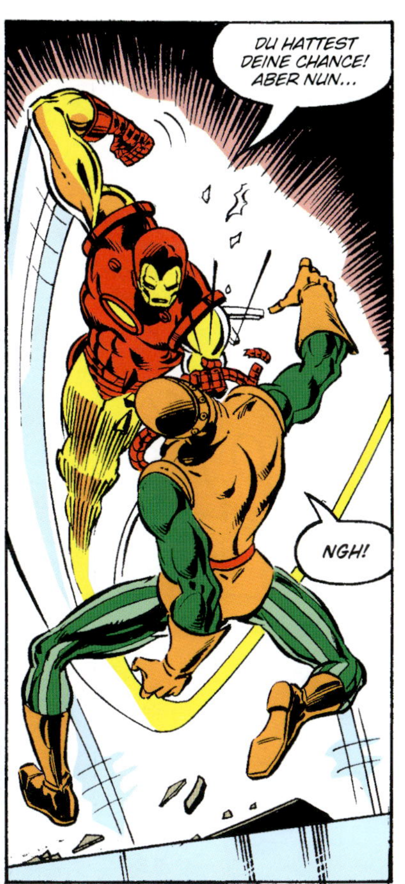
DU HATTEST DEINE CHANCE! ABER NUN...
NGH!

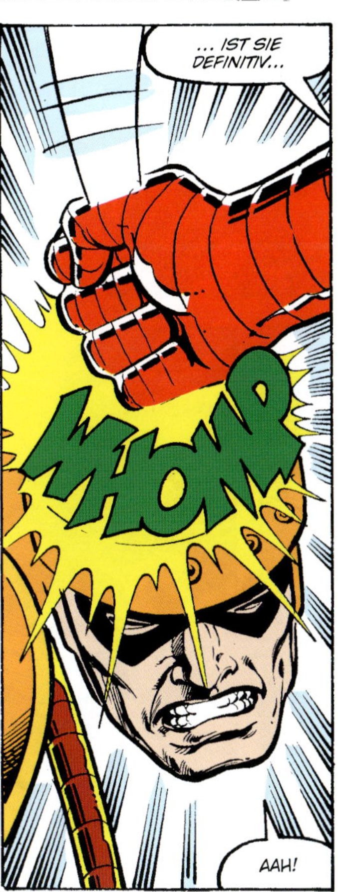
... IST SIE DEFINITIV...
WHOMP
AAH!

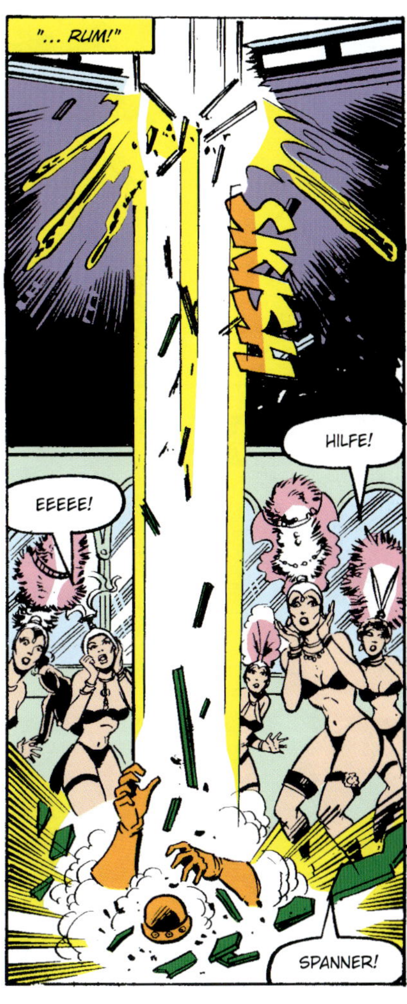
"... RUM!"
SKKASH
HILFE!
EEEEE!
SPANNER!

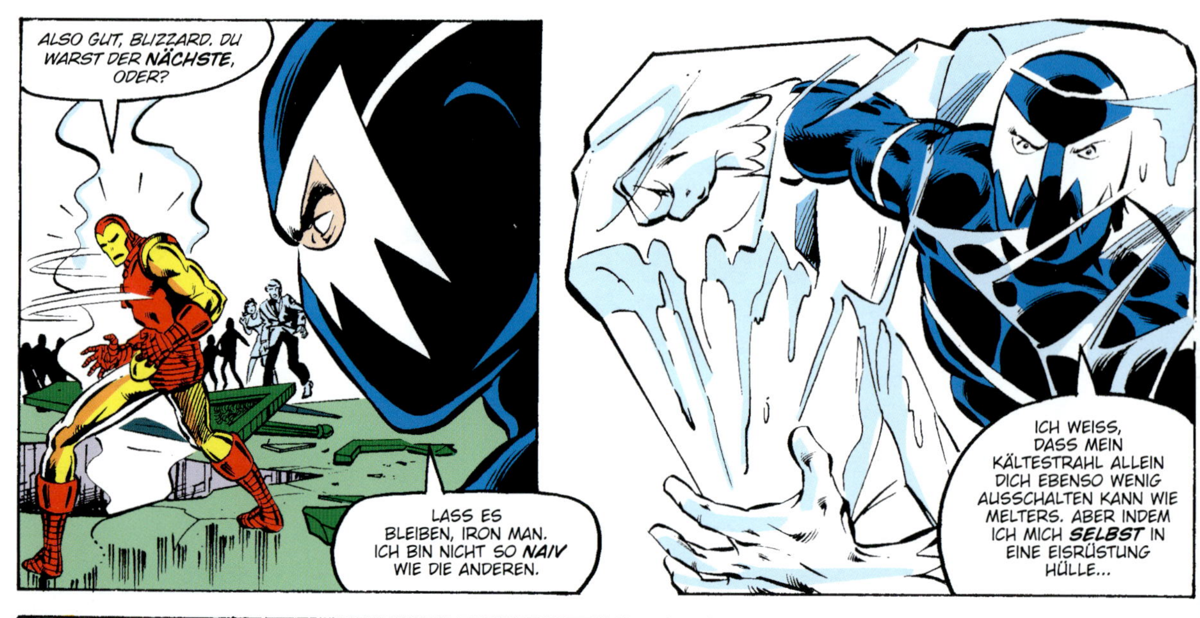
ALSO GUT, BLIZZARD. DU WARST DER NÄCHSTE, ODER?
LASS ES BLEIBEN, IRON MAN. ICH BIN NICHT SO NAIV WIE DIE ANDEREN.
ICH WEISS, DASS MEIN KÄLTESTRAHL ALLEIN DICH EBENSO WENIG AUSSCHALTEN KANN WIE MELTERS. ABER INDEM ICH MICH SELBST IN EINE EISRÜSTUNG HÜLLE...

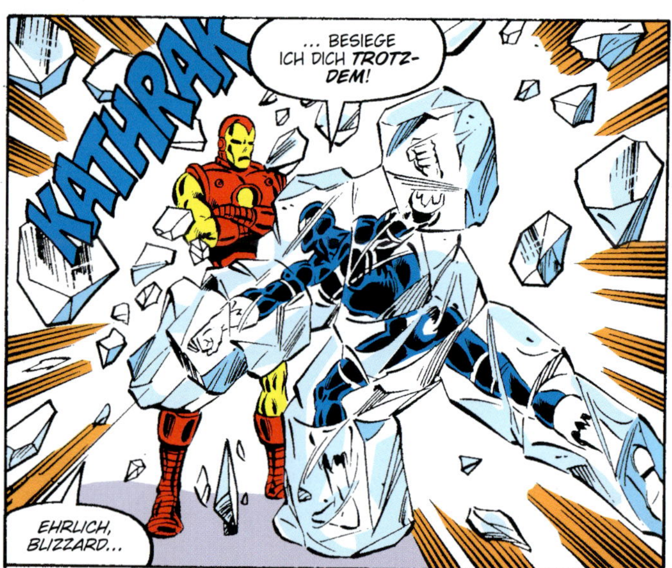
KATHRAK
... BESIEGE ICH DICH TROTZDEM!
EHRLICH, BLIZZARD...

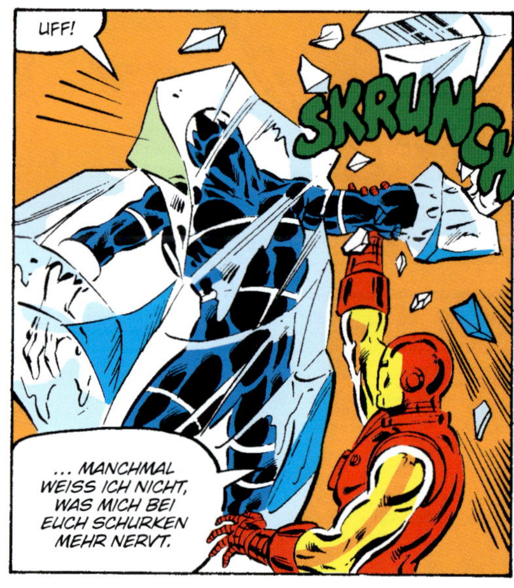
UFF!
SKRUNCH
... MANCHMAL WEISS ICH NICHT, WAS MICH BEI EUCH SCHURKEN MEHR NERVT.

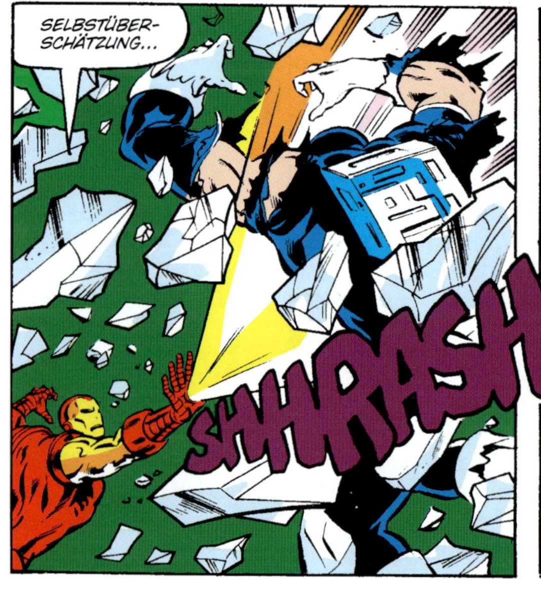
SELBSTÜBERSCHÄTZUNG...
SHHRASH

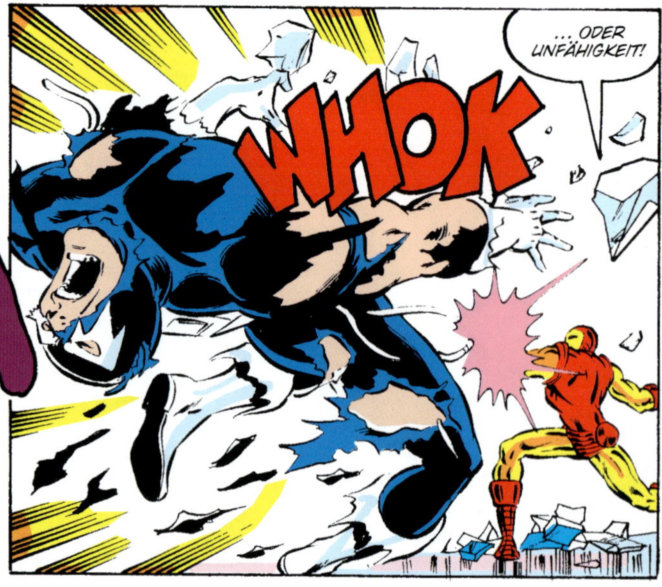
... ODER UNFÄHIGKEIT!
WHOK

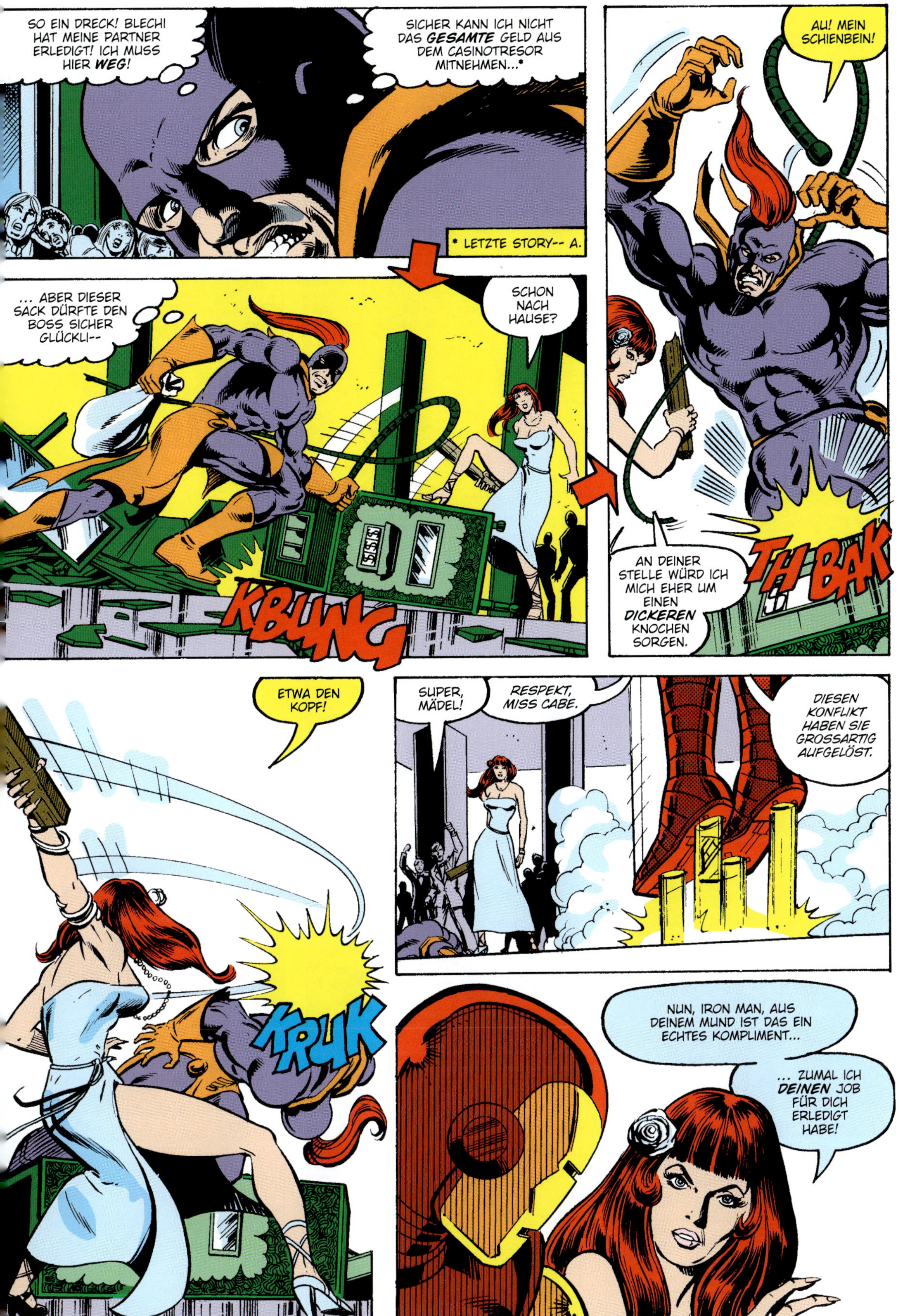
SO EIN DRECK! BLECHI HAT MEINE PARTNER ERLEDIGT! ICH MUSS HIER WEG!
SICHER KANN ICH NICHT DAS GESAMTE GELD AUS DEM CASINOTRESOR MITNEHMEN...*
* LETZTE STORY-- A.
AU! MEIN SCHIENBEIN!
... ABER DIESER SACK DÜRFTE DEN BOSS SICHER GLÜCKLI--
SCHON NACH HAUSE?
KBUNG
AN DEINER STELLE WÜRD ICH MICH EHER UM EINEN DICKEREN KNOCHEN SORGEN.
TH BAK
ETWA DEN KOPF!
KRUK
SUPER, MÄDEL!
RESPEKT, MISS CABE.
DIESEN KONFLIKT HABEN SIE GROSSARTIG AUFGELÖST.
NUN, IRON MAN, AUS DEINEM MUND IST DAS EIN ECHTES KOMPLIMENT...
... ZUMAL ICH DEINEN JOB FÜR DICH ERLEDIGT HABE!

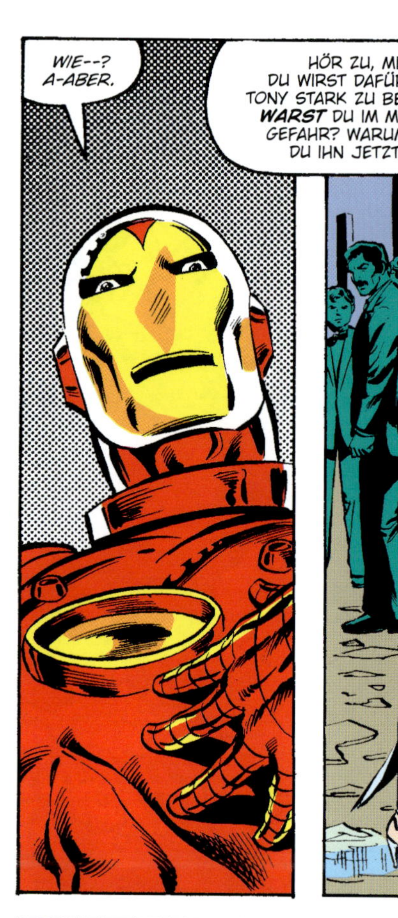
WIE--?
A-ABER.

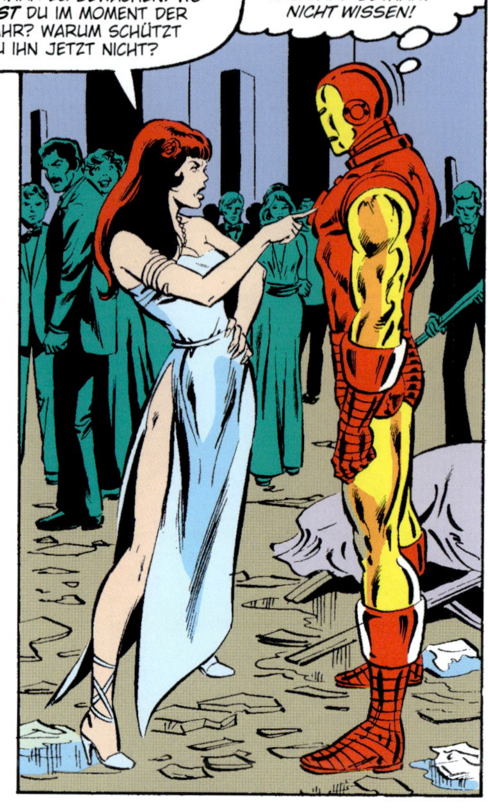
HÖR ZU, MISTER! DU WIRST DAFÜR BEZAHLT, TONY STARK ZU BEWACHEN. WO **WARST** DU IM MOMENT DER GEFAHR? WARUM SCHÜTZT DU IHN JETZT NICHT?
WEIL ICH TONY STARK **BIN**! ABER DAS DARF BETHANY NICHT WISSEN!

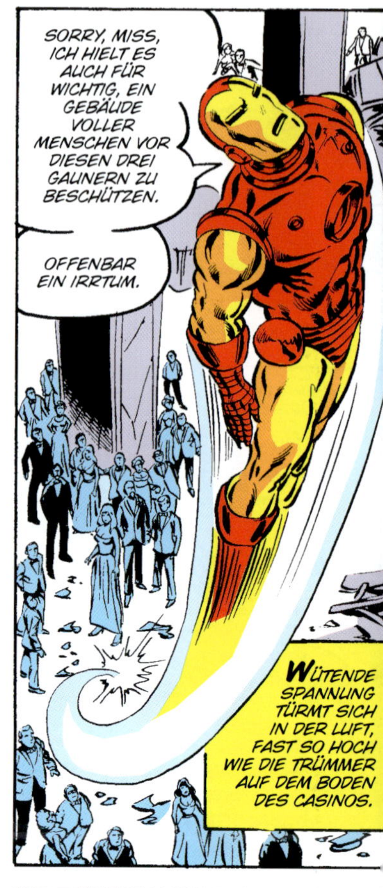
SORRY, MISS, ICH HIELT ES AUCH FÜR WICHTIG, EIN GEBÄUDE VOLLER MENSCHEN VOR DIESEN DREI GAUNERN ZU BESCHÜTZEN.
OFFENBAR EIN IRRTUM.
WÜTENDE SPANNUNG TÜRMT SICH IN DER LUFT, FAST SO HOCH WIE DIE TRÜMMER AUF DEM BODEN DES CASINOS.

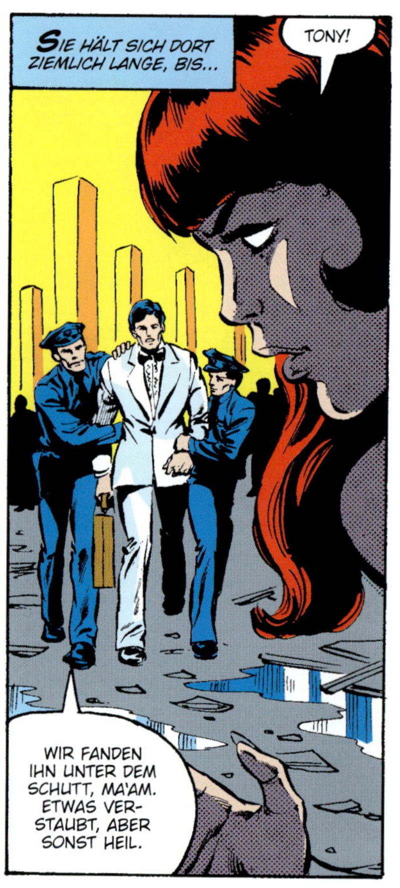
SIE HÄLT SICH DORT ZIEMLICH LANGE, BIS...
TONY!
WIR FANDEN IHN UNTER DEM SCHUTT, MA'AM. ETWAS VERSTAUBT, ABER SONST HEIL.

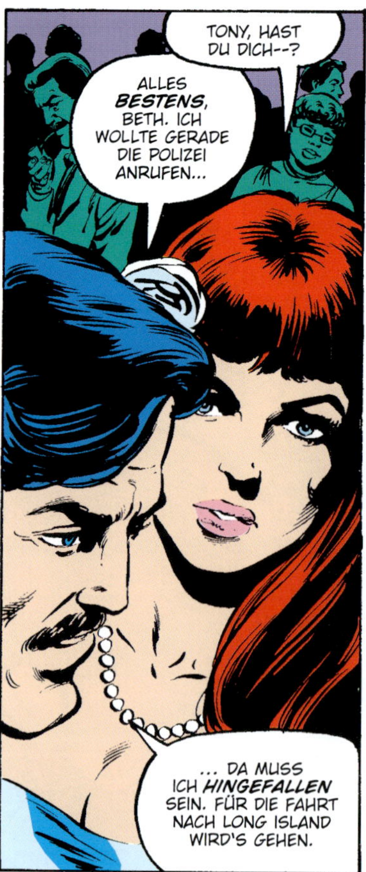
TONY, HAST DU DICH--?
ALLES **BESTENS**, BETH. ICH WOLLTE GERADE DIE POLIZEI ANRUFEN...
... DA MUSS ICH **HINGEFALLEN** SEIN. FÜR DIE FAHRT NACH LONG ISLAND WIRD'S GEHEN.

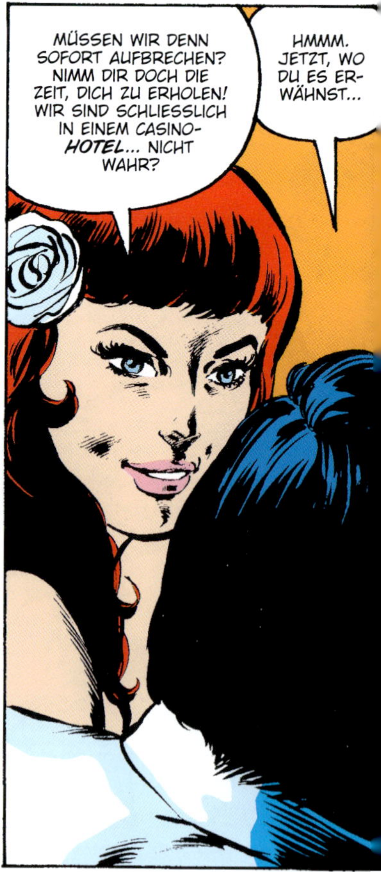
MÜSSEN WIR DENN SOFORT AUFBRECHEN? NIMM DIR DOCH DIE ZEIT, DICH ZU ERHOLEN! WIR SIND SCHLIESSLICH IN EINEM CASINO-**HOTEL**... NICHT WAHR?
HMMM. JETZT, WO DU ES ERWÄHNST...

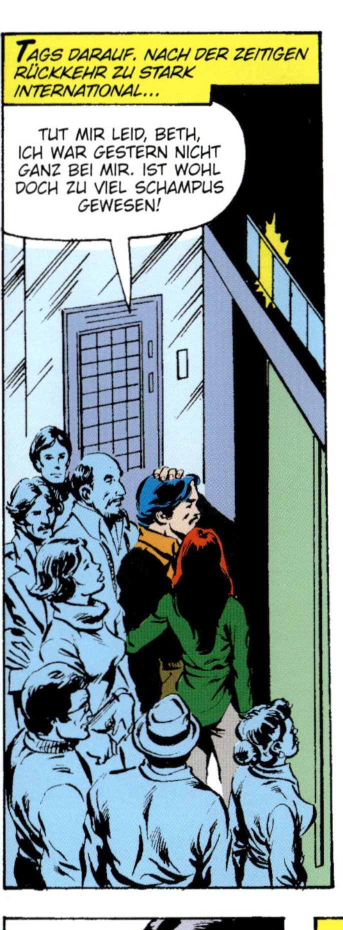
TAGS DARAUF. NACH DER ZEITIGEN RÜCKKEHR ZU STARK INTERNATIONAL...
TUT MIR LEID, BETH, ICH WAR GESTERN NICHT GANZ BEI MIR. IST WOHL DOCH ZU VIEL SCHAMPUS GEWESEN!

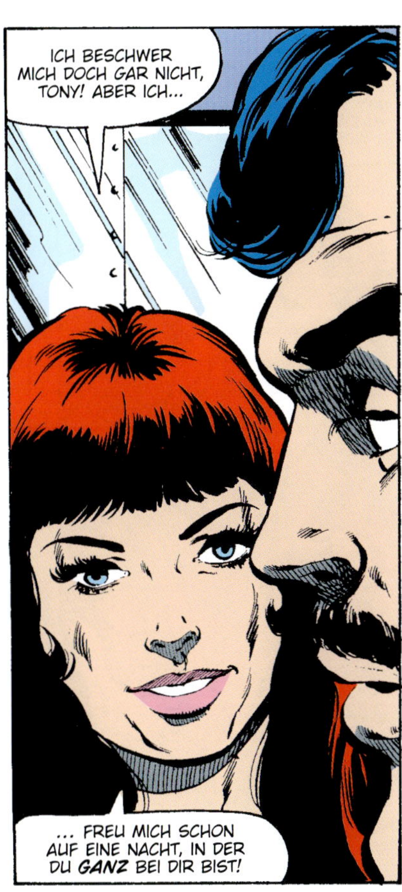
ICH BESCHWER MICH DOCH GAR NICHT, TONY! ABER ICH...
... FREU MICH SCHON AUF EINE NACHT, IN DER DU GANZ BEI DIR BIST!

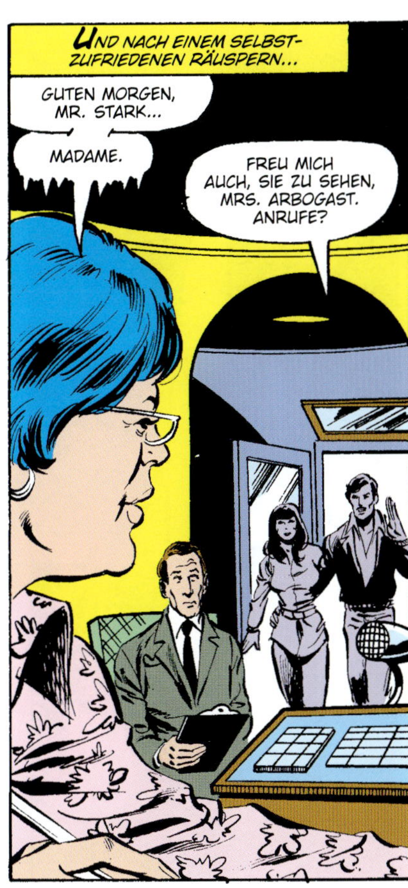
UND NACH EINEM SELBSTZUFRIEDENEN RÄUSPERN...
GUTEN MORGEN, MR. STARK...
MADAME.
FREU MICH AUCH, SIE ZU SEHEN, MRS. ARBOGAST. ANRUFE?

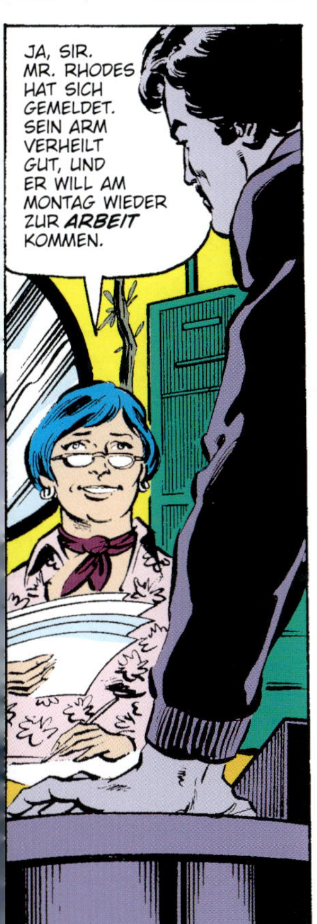
JA, SIR. MR. RHODES HAT SICH GEMELDET. SEIN ARM VERHEILT GUT, UND ER WILL AM MONTAG WIEDER ZUR ARBEIT KOMMEN.

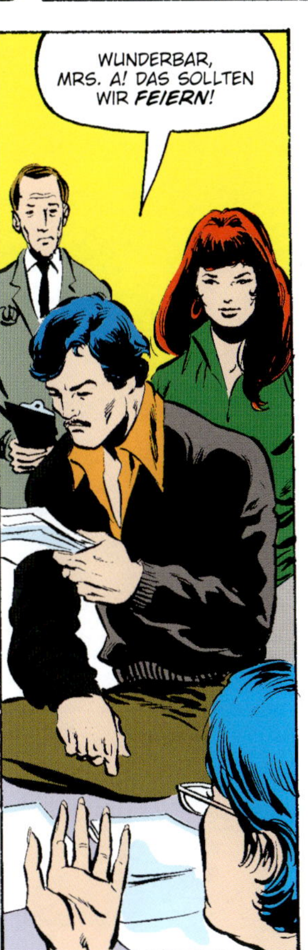
WUNDERBAR, MRS. A! DAS SOLLTEN WIR FEIERN!

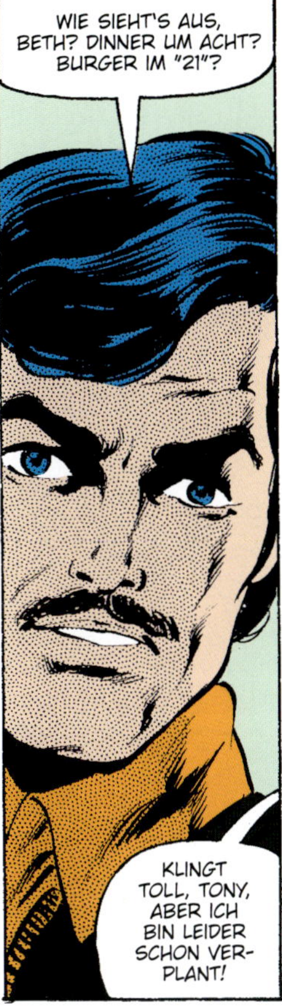
WIE SIEHT'S AUS, BETH? DINNER UM ACHT? BURGER IM "21"?
KLINGT TOLL, TONY, ABER ICH BIN LEIDER SCHON VERPLANT!

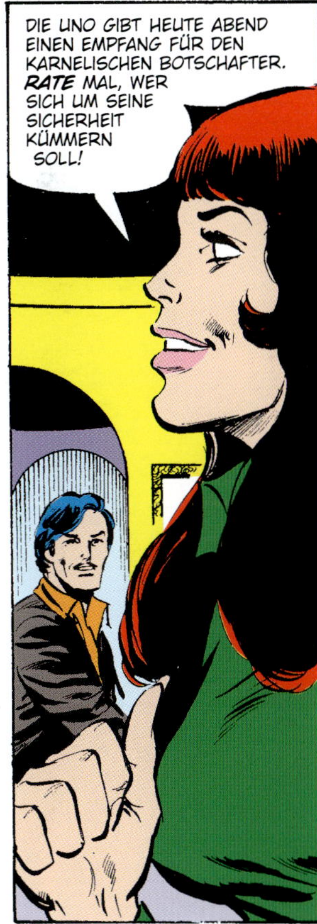
DIE UNO GIBT HEUTE ABEND EINEN EMPFANG FÜR DEN KARNELISCHEN BOTSCHAFTER. RATE MAL, WER SICH UM SEINE SICHERHEIT KÜMMERN SOLL!

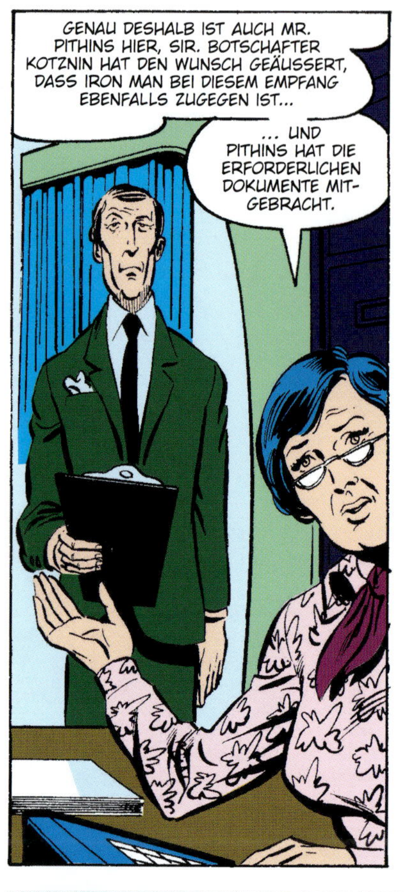

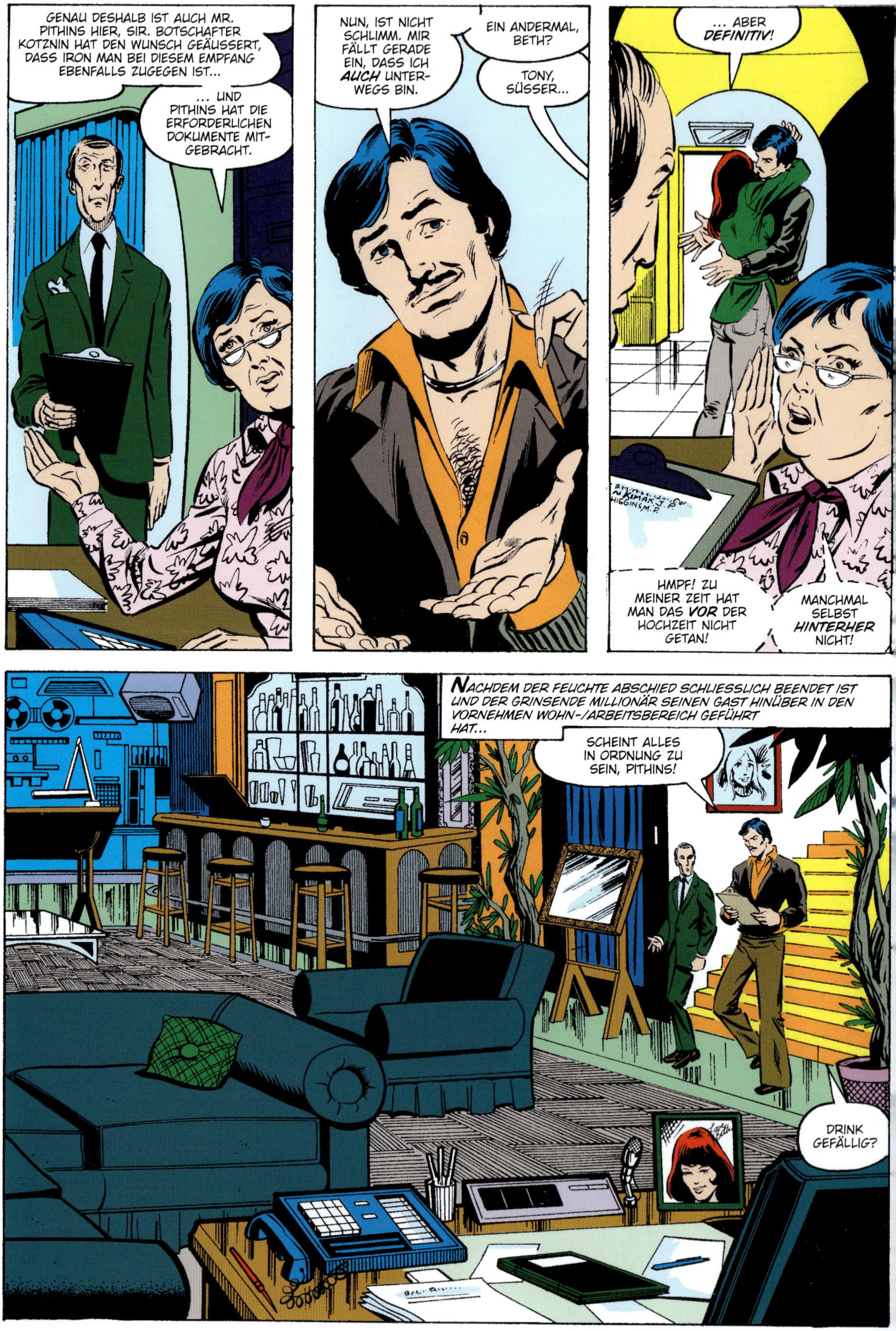

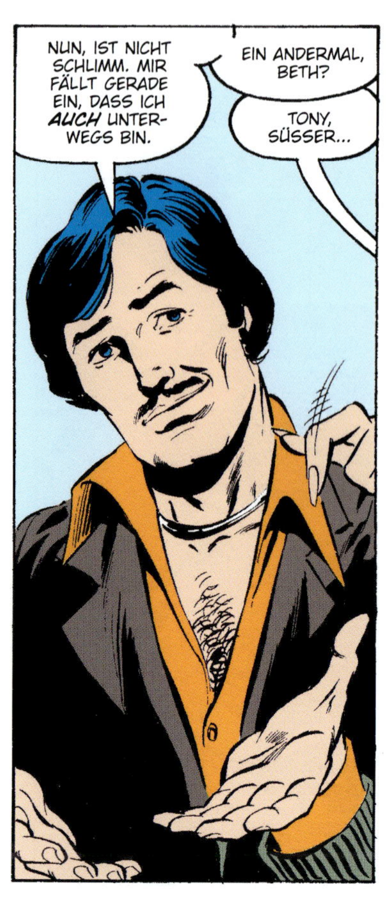

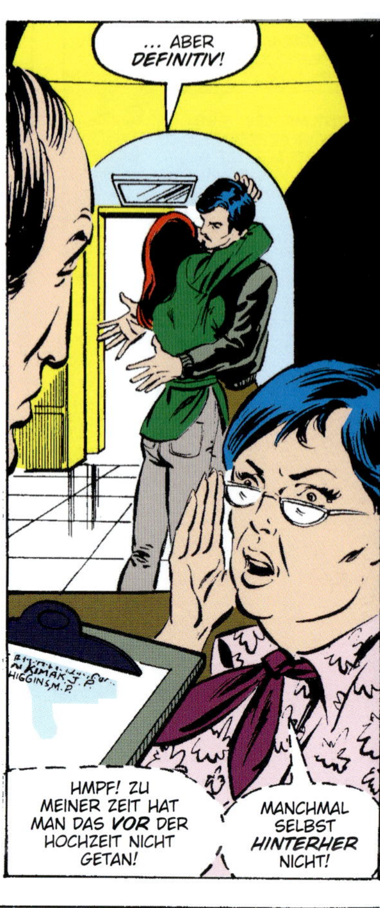

NACHDEM DER FEUCHTE ABSCHIED SCHLIESSLICH BEENDET IST UND DER GRINSENDE MILLIONÄR SEINEN GAST HINÜBER IN DEN VORNEHMEN WOHN-/ARBEITSBEREICH GEFÜHRT HAT...

SCHEINT ALLES IN ORDNUNG ZU SEIN, PITHINS!

DRINK GEFÄLLIG?

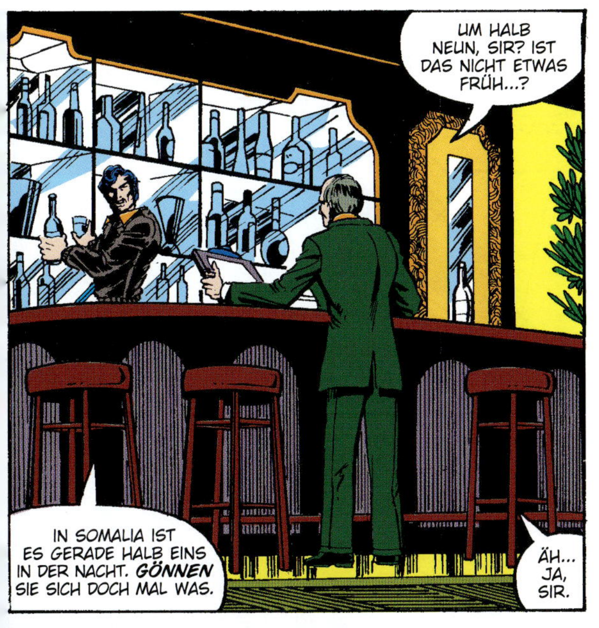

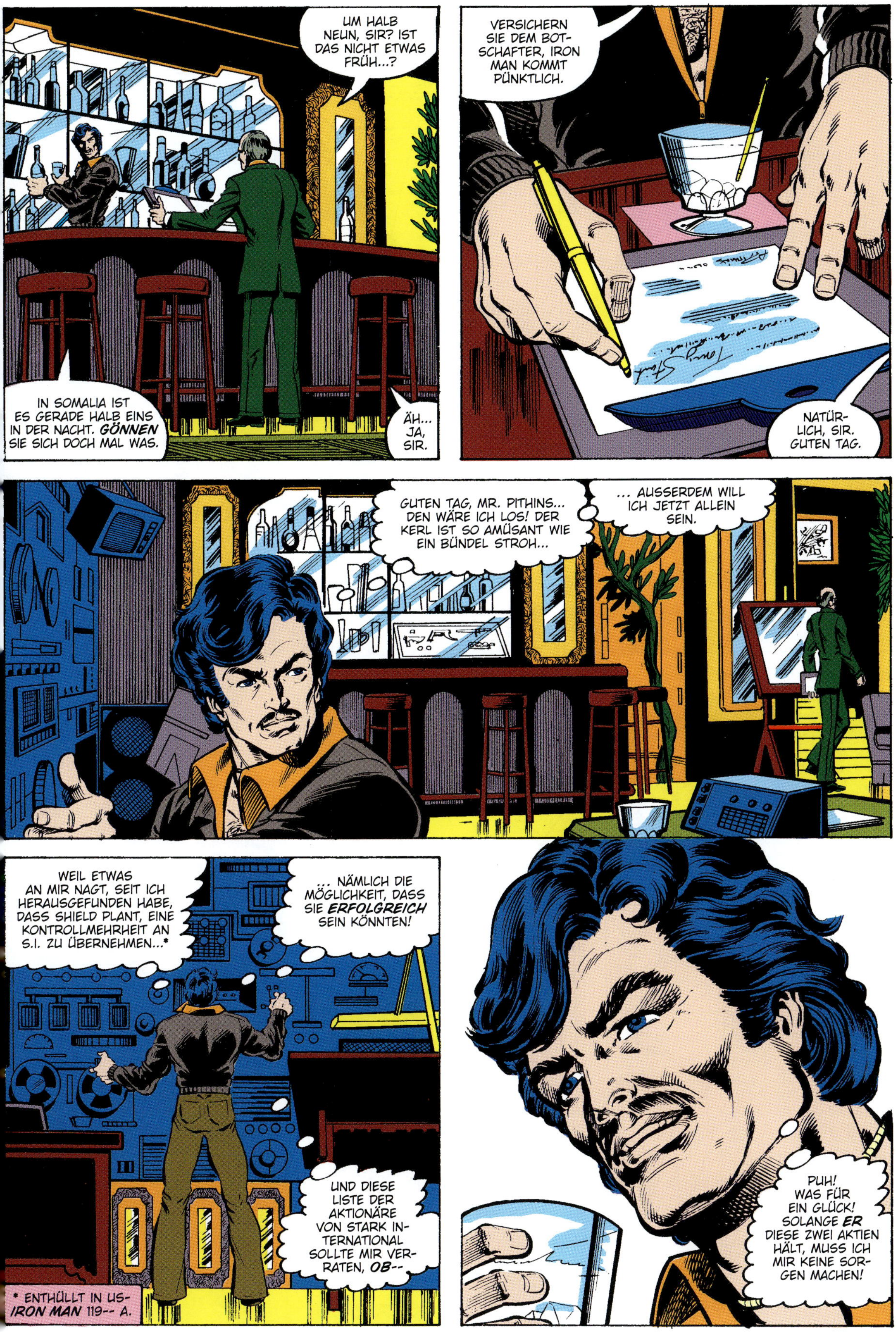

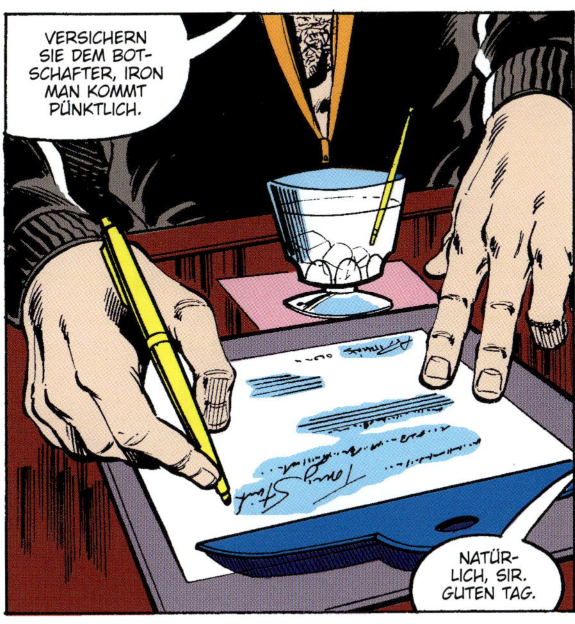

GUTEN TAG, MR. PITHINS... DEN WÄRE ICH LOS! DER KERL IST SO AMÜSANT WIE EIN BÜNDEL STROH...

... AUSSERDEM WILL ICH JETZT ALLEIN SEIN.

WEIL ETWAS AN MIR NAGT, SEIT ICH HERAUSGEFUNDEN HABE, DASS SHIELD PLANT, EINE KONTROLLMEHRHEIT AN S.I. ZU ÜBERNEHMEN...*

... NÄMLICH DIE MÖGLICHKEIT, DASS SIE *ERFOLGREICH* SEIN KÖNNTEN!

UND DIESE LISTE DER AKTIONÄRE VON STARK IN-TERNATIONAL SOLLTE MIR VER-RATEN, *OB--*

* ENTHÜLLT IN US-*IRON MAN* 119-- A.

PUH! WAS FÜR EIN GLÜCK! SOLANGE *ER* DIESE ZWEI AKTIEN HÄLT, MUSS ICH MIR KEINE SOR-GEN MACHEN!

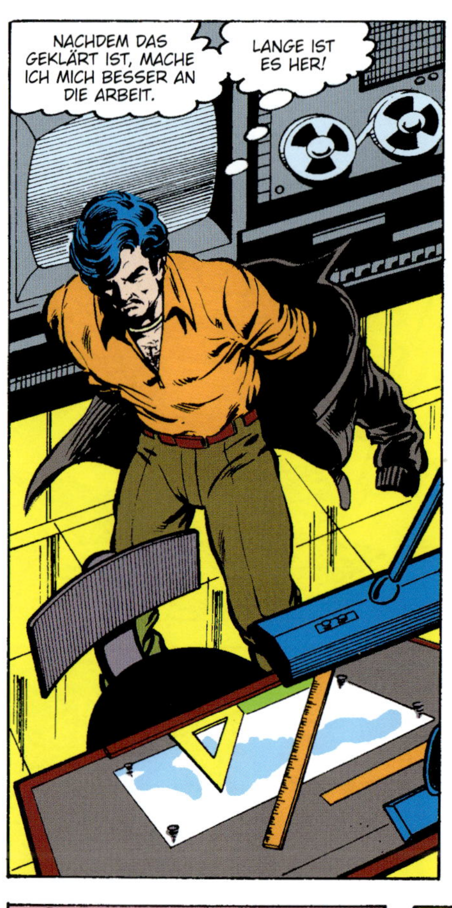
NACHDEM DAS GEKLÄRT IST, MACHE ICH MICH BESSER AN DIE ARBEIT.
LANGE IST ES HER!

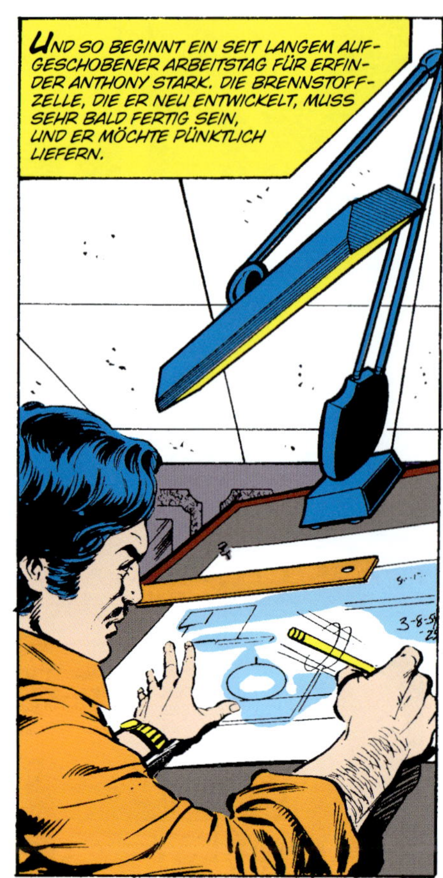
UND SO BEGINNT EIN SEIT LANGEM AUFGESCHOBENER ARBEITSTAG FÜR ERFINDER ANTHONY STARK. DIE BRENNSTOFFZELLE, DIE ER NEU ENTWICKELT, MUSS SEHR BALD FERTIG SEIN, UND ER MÖCHTE PÜNKTLICH LIEFERN.

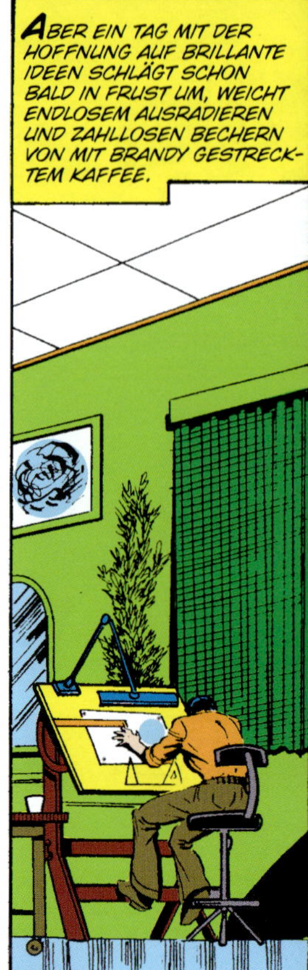
ABER EIN TAG MIT DER HOFFNUNG AUF BRILLANTE IDEEN SCHLÄGT SCHON BALD IN FRUST UM, WEICHT ENDLOSEM AUSRADIEREN UND ZAHLLOSEN BECHERN VON MIT BRANDY GESTRECKTEM KAFFEE.

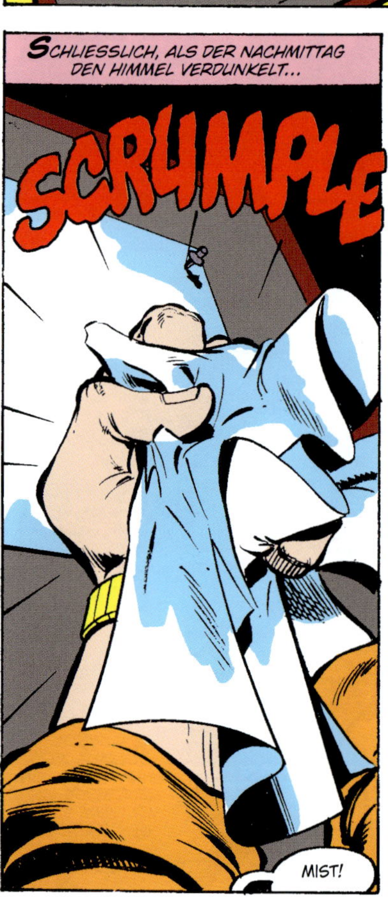
SCHLIESSLICH, ALS DER NACHMITTAG DEN HIMMEL VERDUNKELT...
SCRUMPLE
MIST!

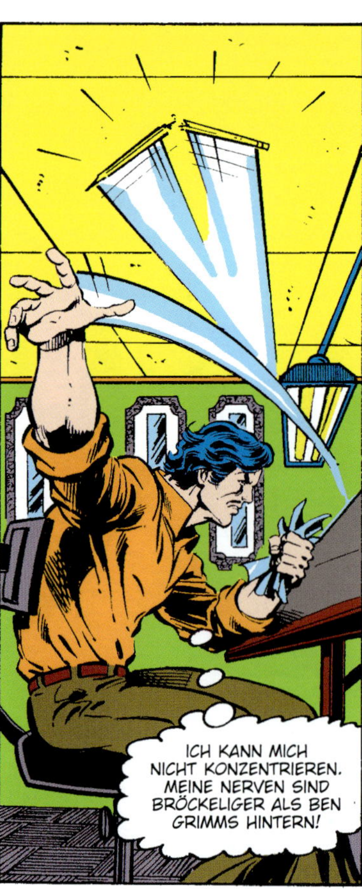
ICH KANN MICH NICHT KONZENTRIEREN. MEINE NERVEN SIND BRÖCKELIGER ALS BEN GRIMMS HINTERN!

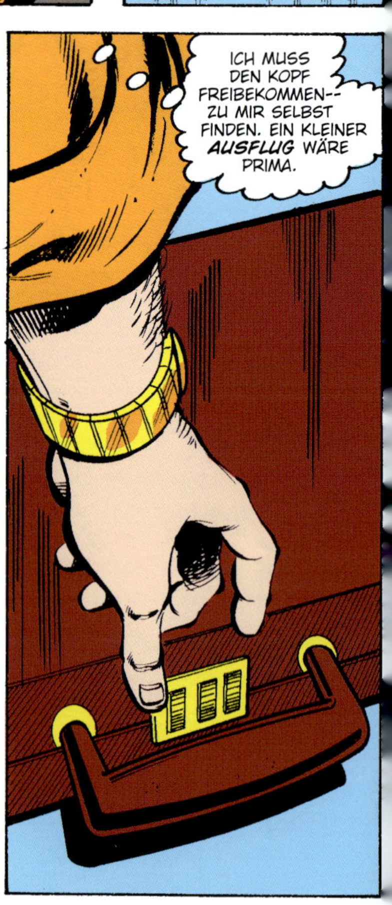
ICH MUSS DEN KOPF FREIBEKOMMEN-- ZU MIR SELBST FINDEN. EIN KLEINER AUSFLUG WÄRE PRIMA.

FÜR DIESEN SPEZIELLEN ANGESTELLTEN BEDEUTET "AUSFLUG" NICHT PICKNICK IM GRÜNEN, SONDERN "ROT UND GOLD" UND EINEN WECHSEL IN DIE RÜSTUNG VON...

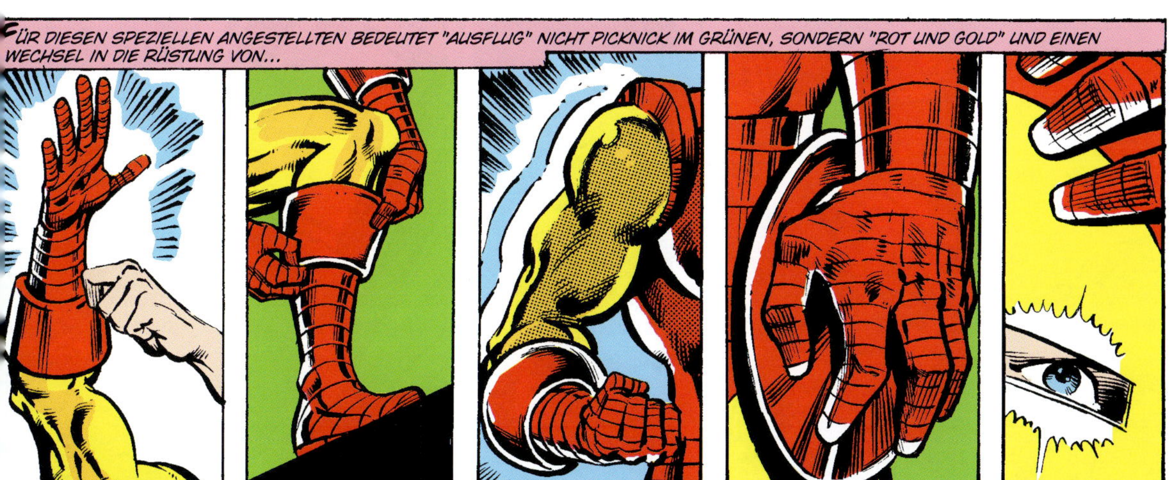

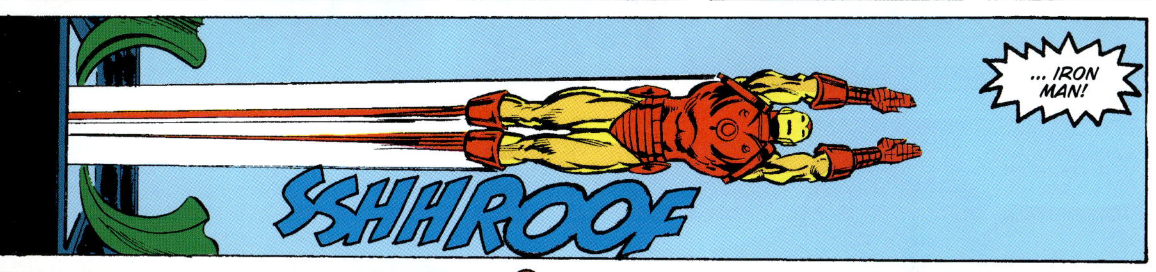

KURZ DARAUF AUF DEM LONG ISLAND EXPRESSWAY...

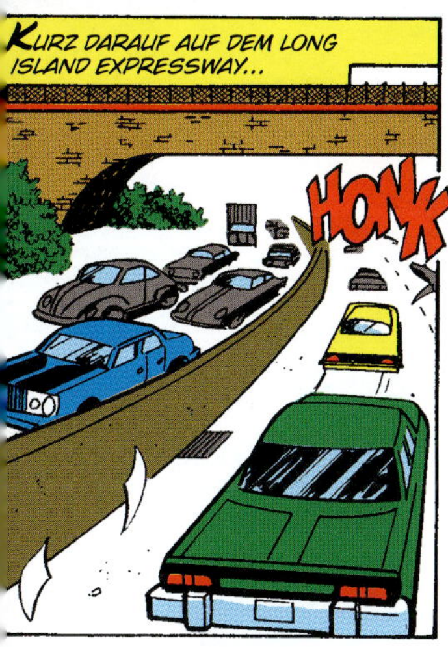

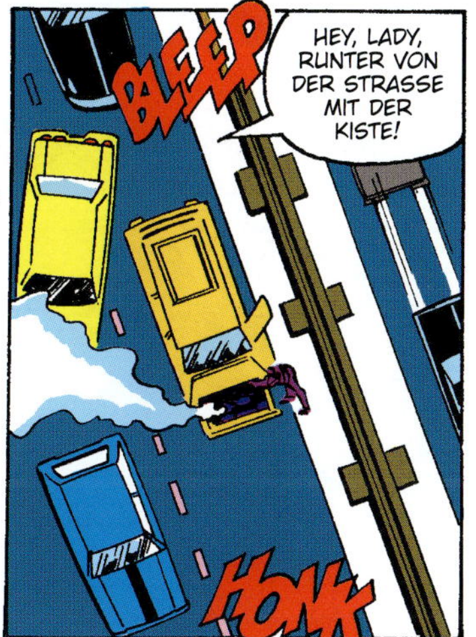

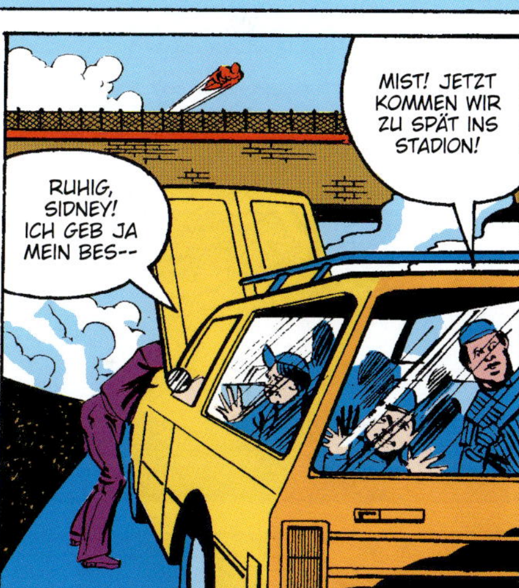

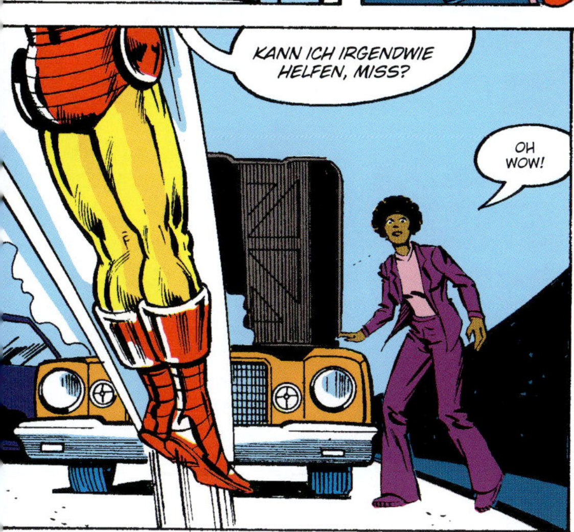

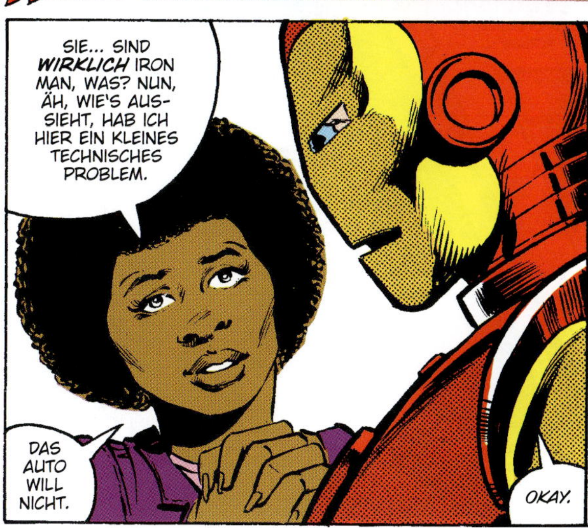

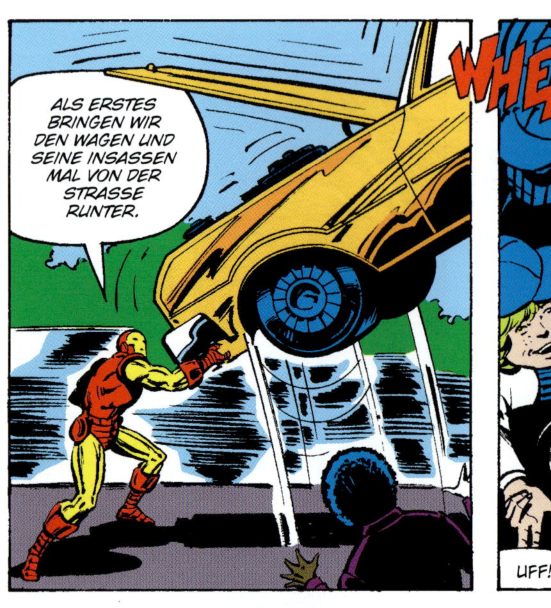
ALS ERSTES BRINGEN WIR DEN WAGEN UND SEINE INSASSEN MAL VON DER STRASSE RUNTER.

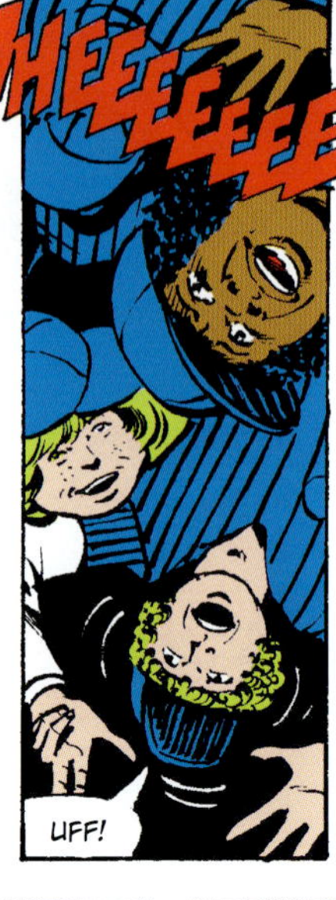
WHEEEEEEEE
UFF!

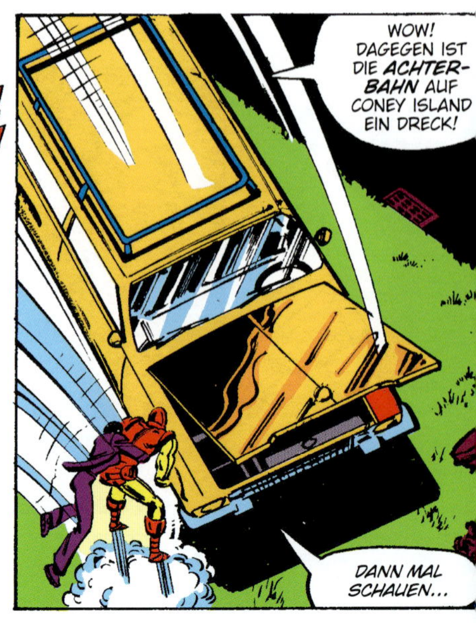
WOW! DAGEGEN IST DIE ACHTERBAHN AUF CONEY ISLAND EIN DRECK!
DANN MAL SCHAUEN...

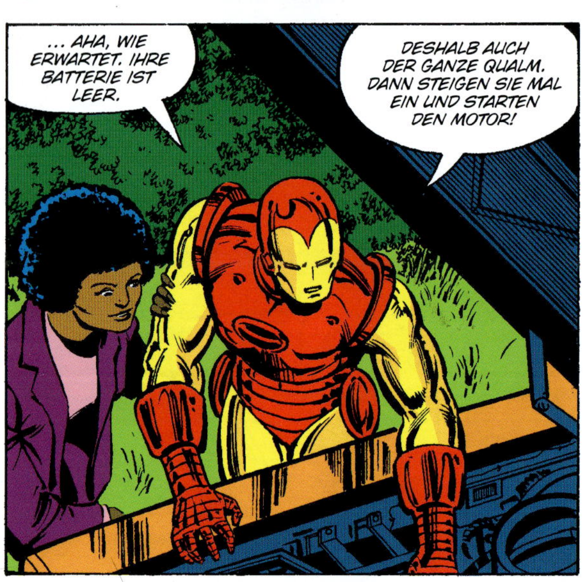
... AHA, WIE ERWARTET. IHRE BATTERIE IST LEER.
DESHALB AUCH DER GANZE QUALM. DANN STEIGEN SIE MAL EIN UND STARTEN DEN MOTOR!

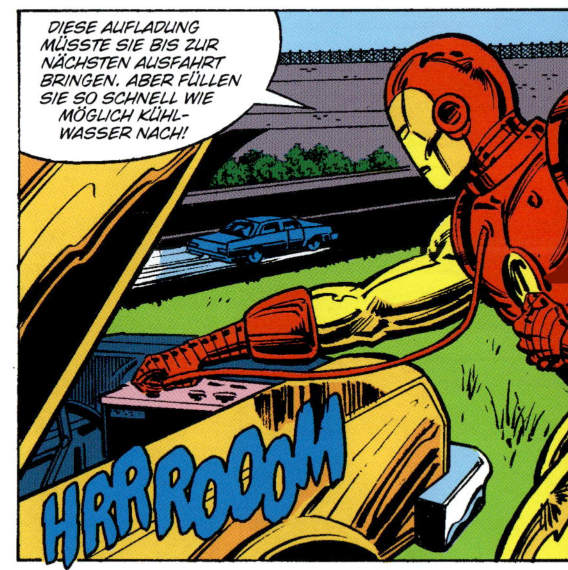
DIESE AUFLADUNG MÜSSTE SIE BIS ZUR NÄCHSTEN AUSFAHRT BRINGEN. ABER FÜLLEN SIE SO SCHNELL WIE MÖGLICH KÜHLWASSER NACH!
HRRROOOM

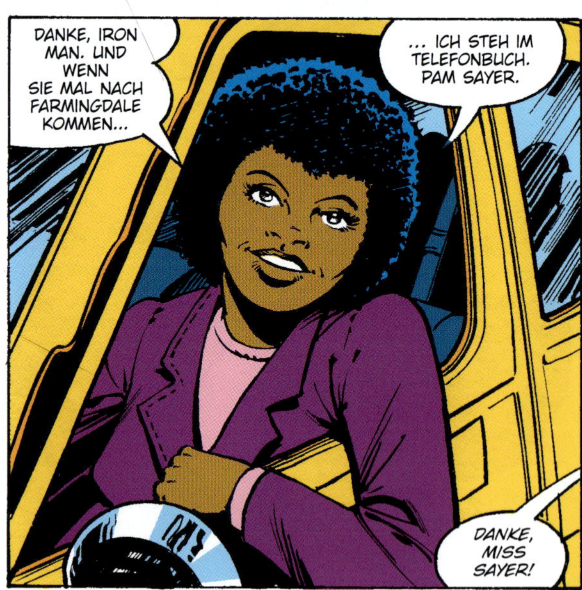
DANKE, IRON MAN. UND WENN SIE MAL NACH FARMINGDALE KOMMEN...
... ICH STEH IM TELEFONBUCH. PAM SAYER.
DANKE, MISS SAYER!

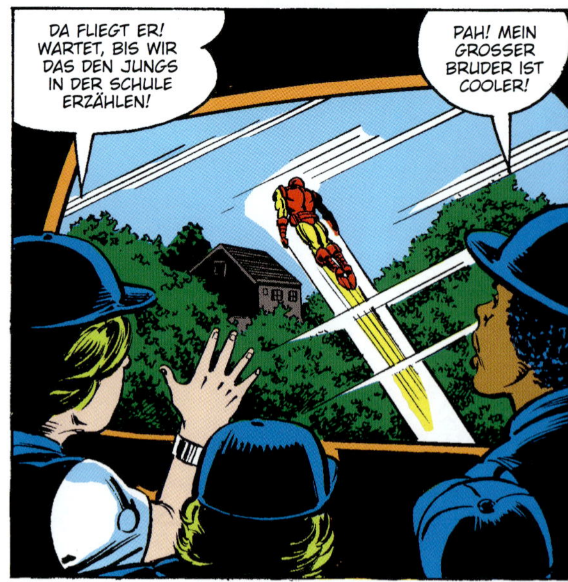
DA FLIEGT ER! WARTET, BIS WIR DAS DEN JUNGS IN DER SCHULE ERZÄHLEN!
PAH! MEIN GROSSER BRUDER IST COOLER!

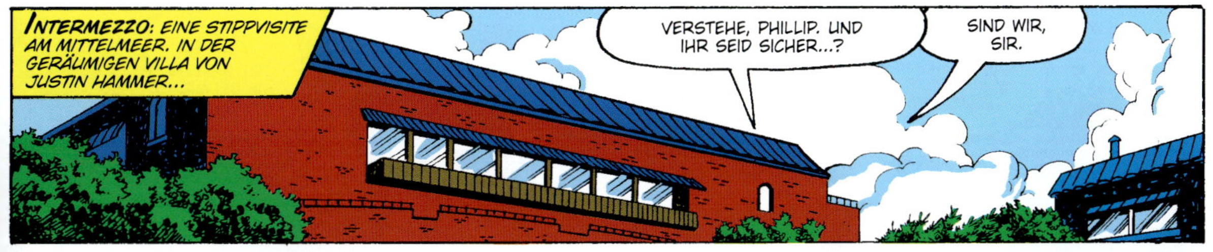
INTERMEZZO: EINE STIPPVISITE AM MITTELMEER. IN DER GERÄUMIGEN VILLA VON JUSTIN HAMMER...
VERSTEHE, PHILLIP. UND IHR SEID SICHER...?
SIND WIR, SIR.

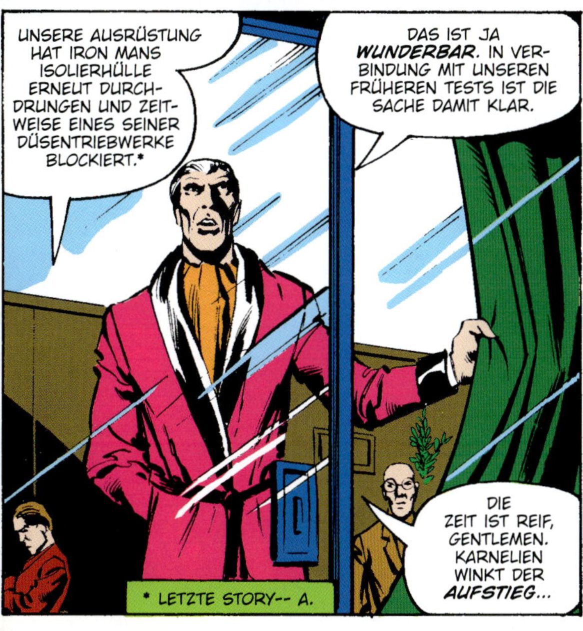
UNSERE AUSRÜSTUNG HAT IRON MANS ISOLIERHÜLLE ERNEUT DURCH-DRUNGEN UND ZEIT-WEISE EINES SEINER DÜSENTRIEBWERKE BLOCKIERT.*
DAS IST JA WUNDERBAR. IN VER-BINDUNG MIT UNSEREN FRÜHEREN TESTS IST DIE SACHE DAMIT KLAR.
DIE ZEIT IST REIF, GENTLEMEN. KARNELIEN WINKT DER AUFSTIEG...
* LETZTE STORY-- A.

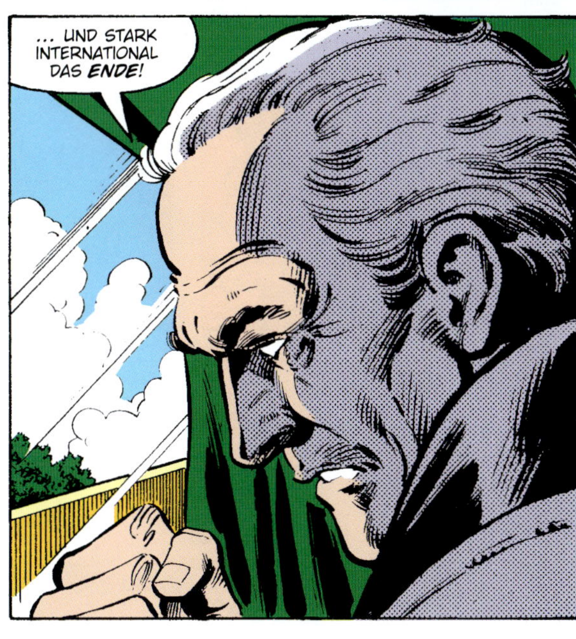
... UND STARK INTERNATIONAL DAS ENDE!

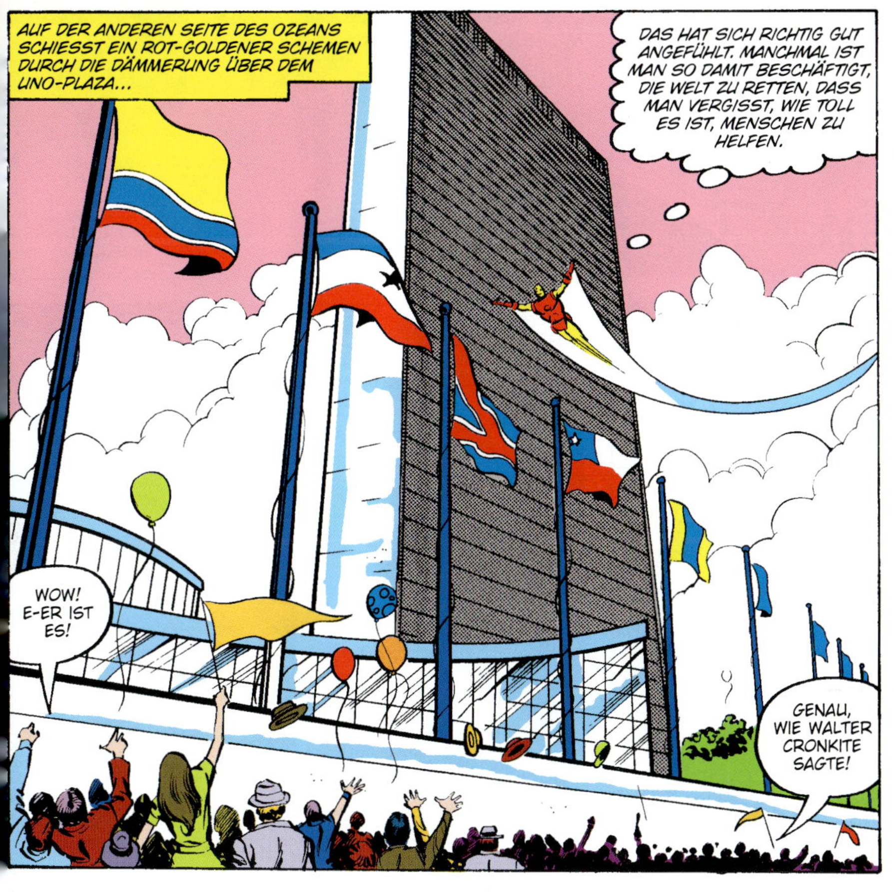
AUF DER ANDEREN SEITE DES OZEANS SCHIESST EIN ROT-GOLDENER SCHEMEN DURCH DIE DÄMMERUNG ÜBER DEM UNO-PLAZA...
DAS HAT SICH RICHTIG GUT ANGEFÜHLT. MANCHMAL IST MAN SO DAMIT BESCHÄFTIGT, DIE WELT ZU RETTEN, DASS MAN VERGISST, WIE TOLL ES IST, MENSCHEN ZU HELFEN.
WOW! E-ER IST ES!
GENAU, WIE WALTER CRONKITE SAGTE!

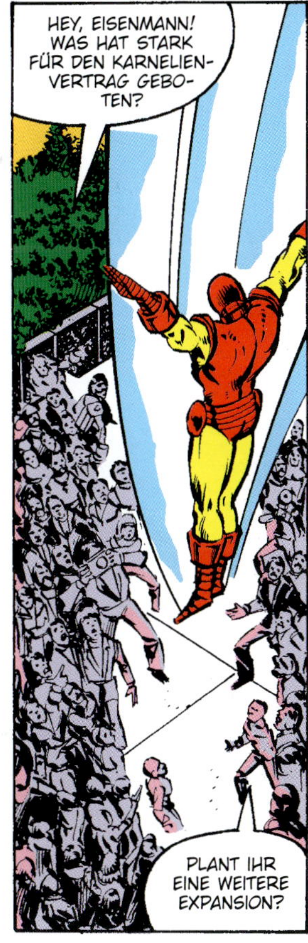
HEY, EISENMANN! WAS HAT STARK FÜR DEN KARNELIEN-VERTRAG GEBO-TEN?
PLANT IHR EINE WEITERE EXPANSION?

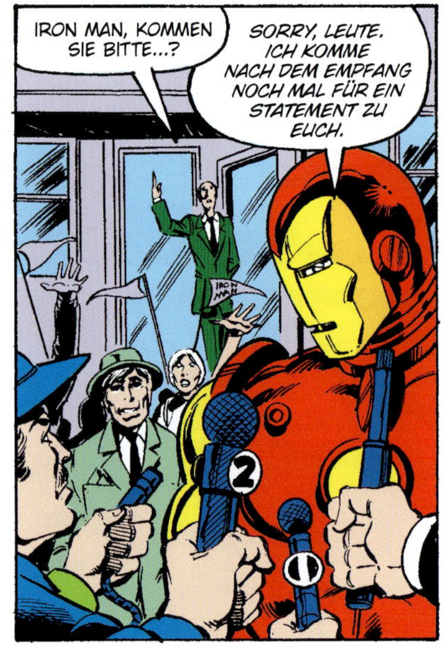
IRON MAN, KOMMEN SIE BITTE...?
SORRY, LEUTE. ICH KOMME NACH DEM EMPFANG NOCH MAL FÜR EIN STATEMENT ZU EUCH.

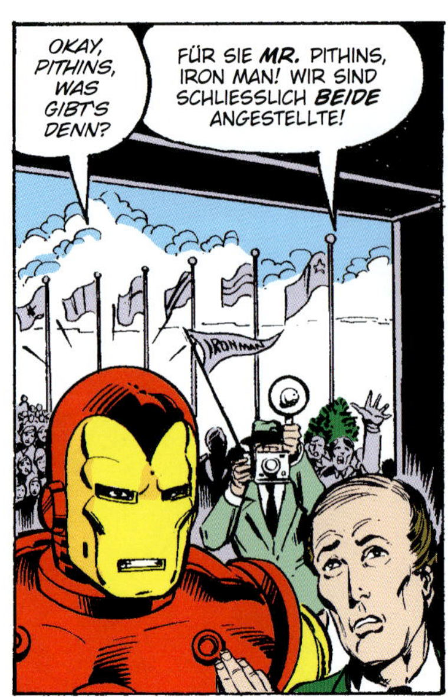
OKAY, PITHINS, WAS GIBT'S DENN?
FÜR SIE **MR.** PITHINS, IRON MAN! WIR SIND SCHLIESSLICH **BEIDE** ANGESTELLTE!

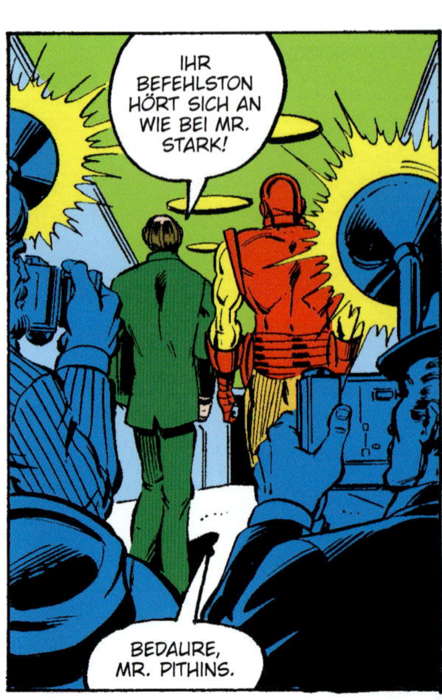
IHR BEFEHLSTON HÖRT SICH AN WIE BEI MR. STARK!
BEDAURE, MR. PITHINS.

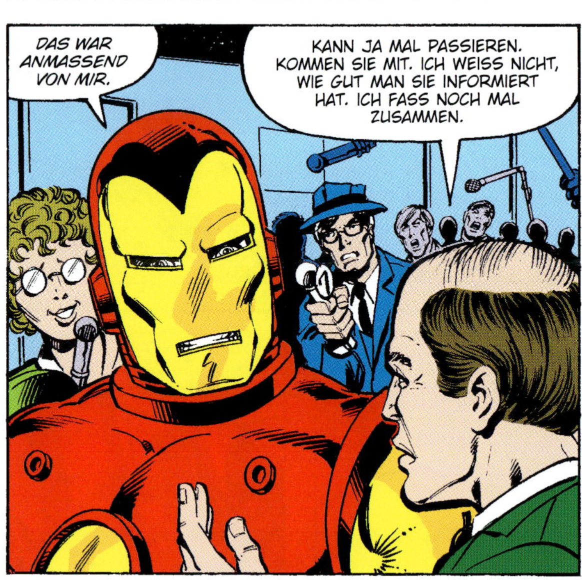
DAS WAR ANMASSEND VON MIR.
KANN JA MAL PASSIEREN. KOMMEN SIE MIT. ICH WEISS NICHT, WIE GUT MAN SIE INFORMIERT HAT. ICH FASS NOCH MAL ZUSAMMEN.

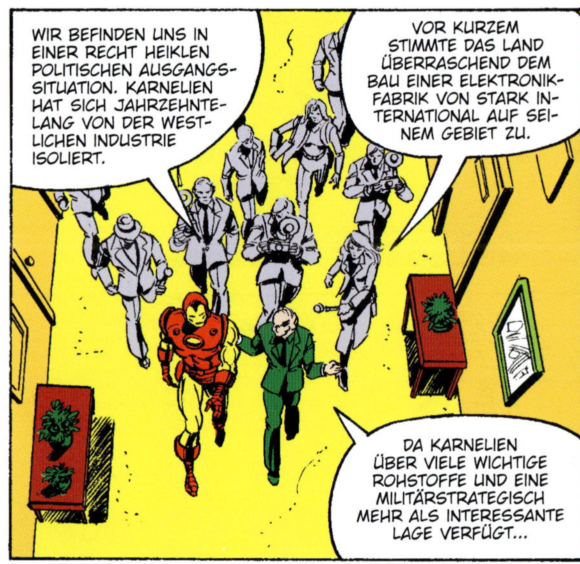
WIR BEFINDEN UNS IN EINER RECHT HEIKLEN POLITISCHEN AUSGANGS-SITUATION. KARNELIEN HAT SICH JAHRZEHNTE-LANG VON DER WEST-LICHEN INDUSTRIE ISOLIERT.
VOR KURZEM STIMMTE DAS LAND ÜBERRASCHEND DEM BAU EINER ELEKTRONIK-FABRIK VON STARK IN-TERNATIONAL AUF SEI-NEM GEBIET ZU.
DA KARNELIEN ÜBER VIELE WICHTIGE ROHSTOFFE UND EINE MILITÄRSTRATEGISCH MEHR ALS INTERESSANTE LAGE VERFÜGT...

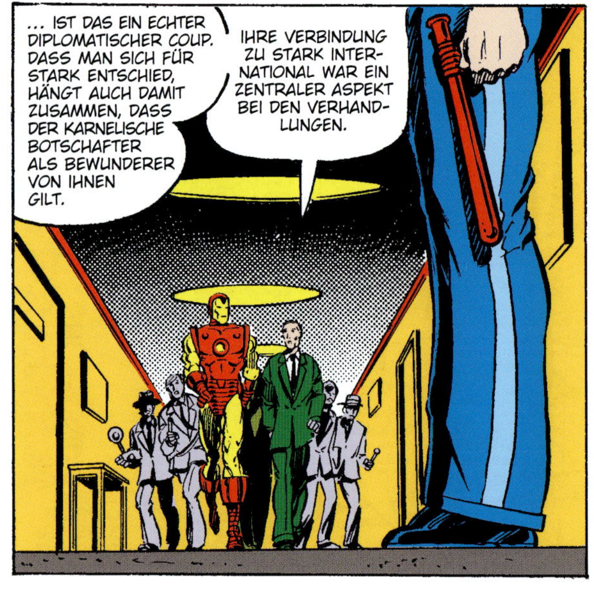
... IST DAS EIN ECHTER DIPLOMATISCHER COUP. DASS MAN SICH FÜR STARK ENTSCHIED, HÄNGT AUCH DAMIT ZUSAMMEN, DASS DER KARNELISCHE BOTSCHAFTER ALS BEWUNDERER VON IHNEN GILT.
IHRE VERBINDUNG ZU STARK INTER-NATIONAL WAR EIN ZENTRALER ASPEKT BEI DEN VERHAND-LUNGEN.

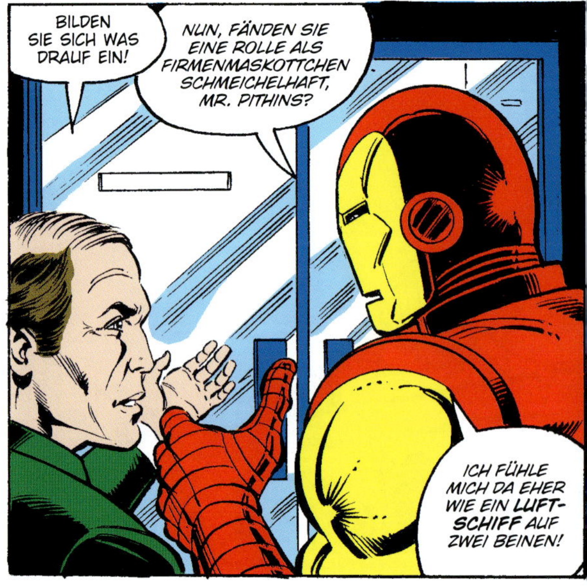
BILDEN SIE SICH WAS DRAUF EIN!
NUN, FÄNDEN SIE EINE ROLLE ALS FIRMENMASKOTTCHEN SCHMEICHELHAFT, MR. PITHINS?
ICH FÜHLE MICH DA EHER WIE EIN **LUFT-SCHIFF** AUF ZWEI BEINEN!

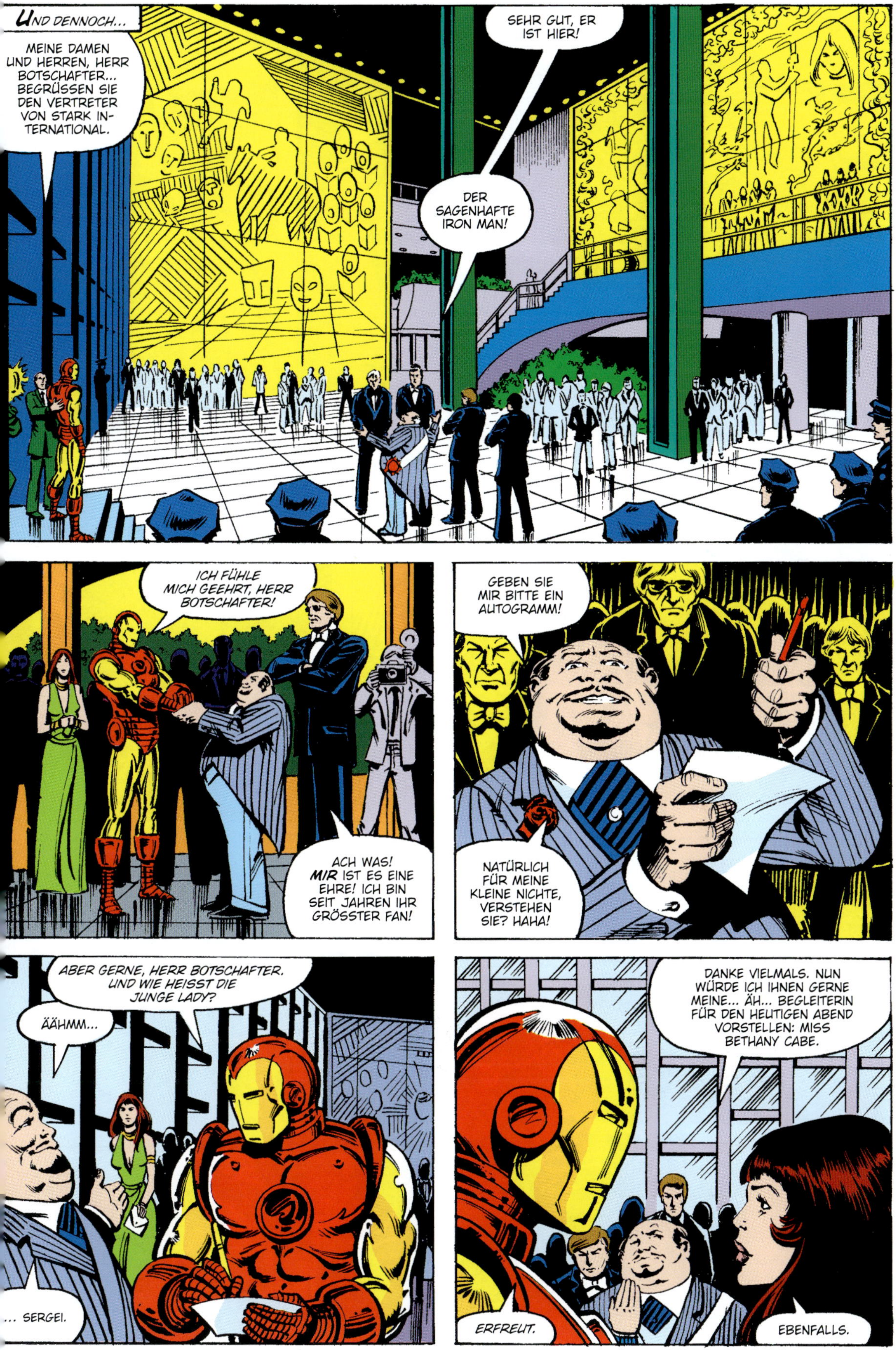

UND DENNOCH...

MEINE DAMEN UND HERREN, HERR BOTSCHAFTER... BEGRÜSSEN SIE DEN VERTRETER VON STARK INTERNATIONAL.

SEHR GUT, ER IST HIER!

DER SAGENHAFTE IRON MAN!

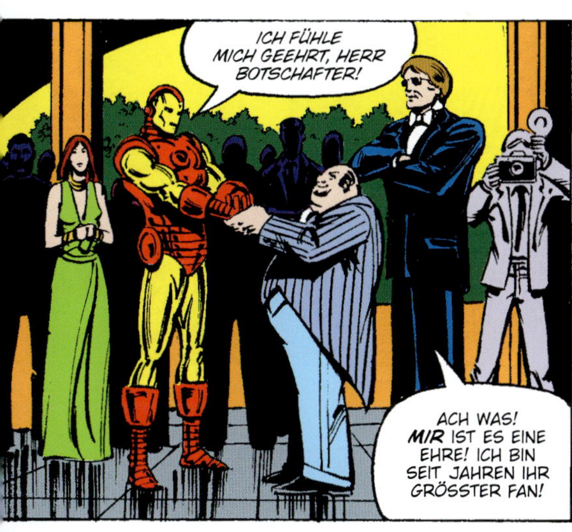

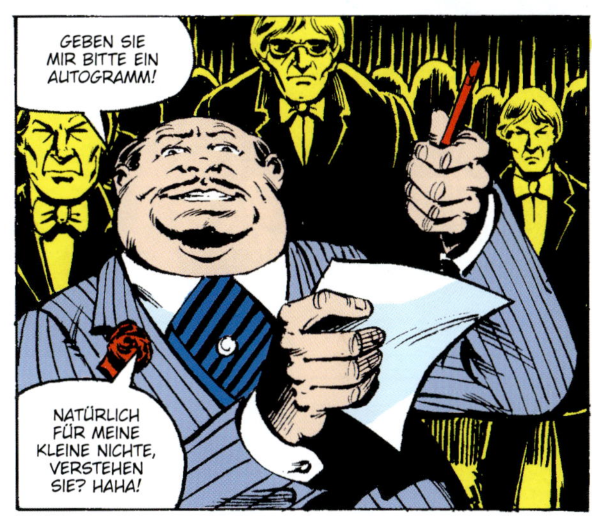

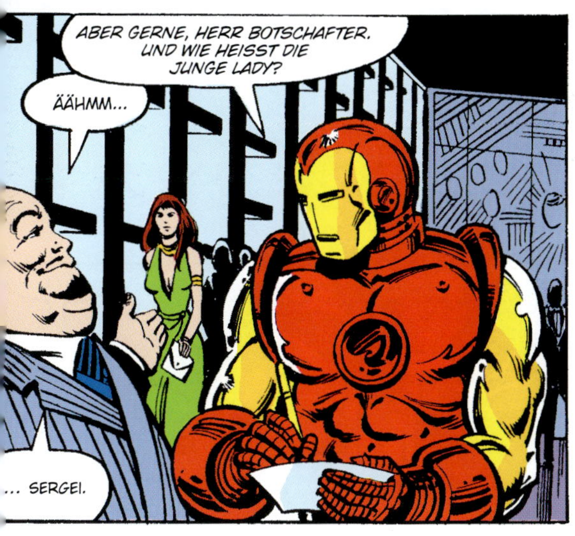

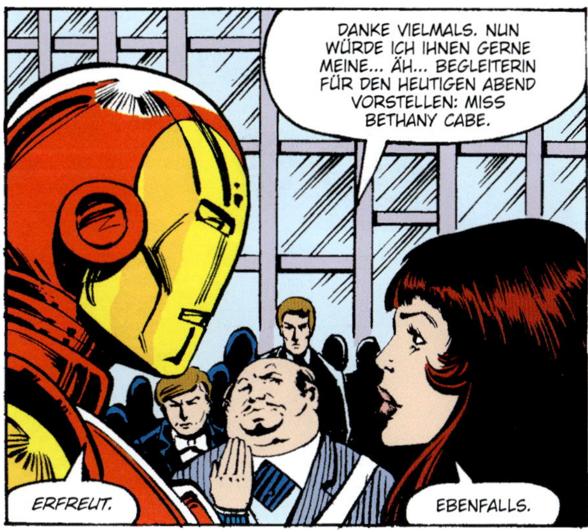

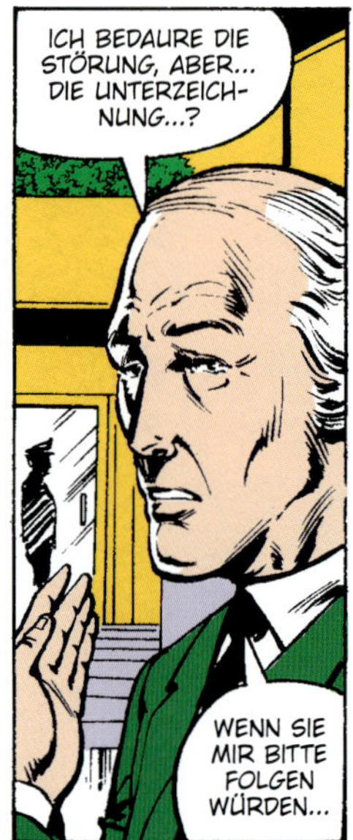
ICH BEDAURE DIE STÖRUNG, ABER... DIE UNTERZEICH-NUNG...?
WENN SIE MIR BITTE FOLGEN WÜRDEN...

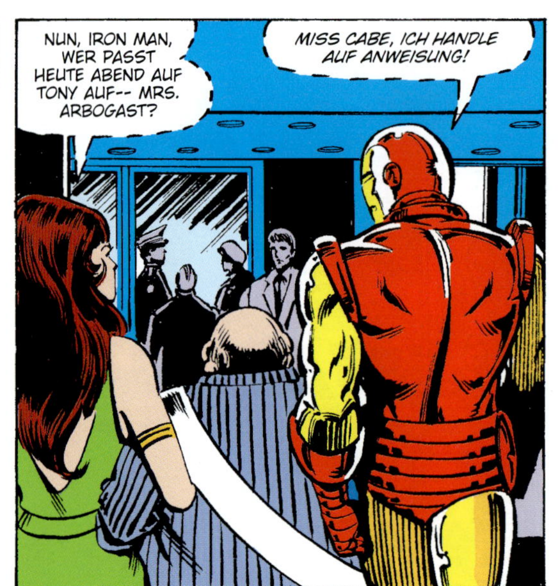
NUN, IRON MAN, WER PASST HEUTE ABEND AUF TONY AUF-- MRS. ARBOGAST?
MISS CABE, ICH HANDLE AUF ANWEISUNG!

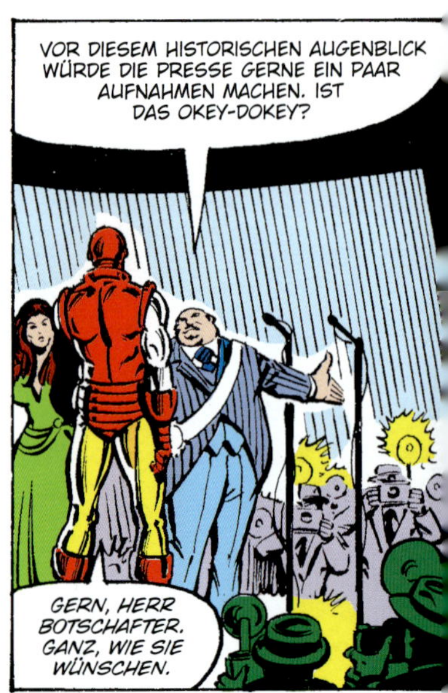
VOR DIESEM HISTORISCHEN AUGENBLICK WÜRDE DIE PRESSE GERNE EIN PAAR AUFNAHMEN MACHEN. IST DAS OKEY-DOKEY?
GERN, HERR BOTSCHAFTER. GANZ, WIE SIE WÜNSCHEN.

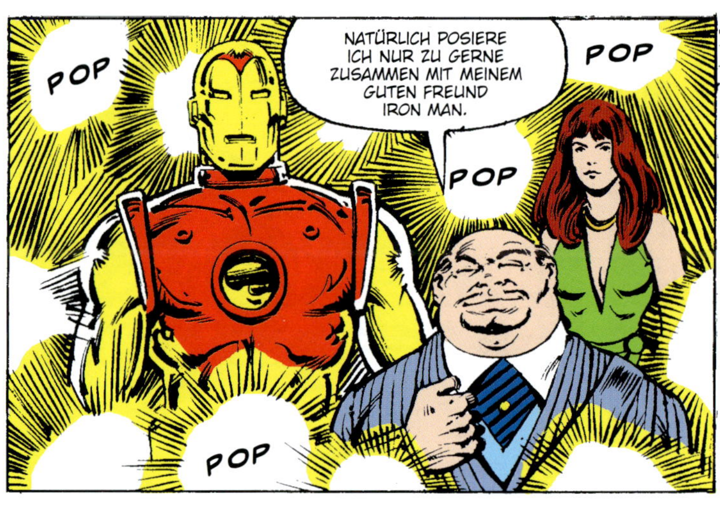
POP
NATÜRLICH POSIERE ICH NUR ZU GERNE ZUSAMMEN MIT MEINEM GUTEN FREUND IRON MAN.
POP
POP
POP

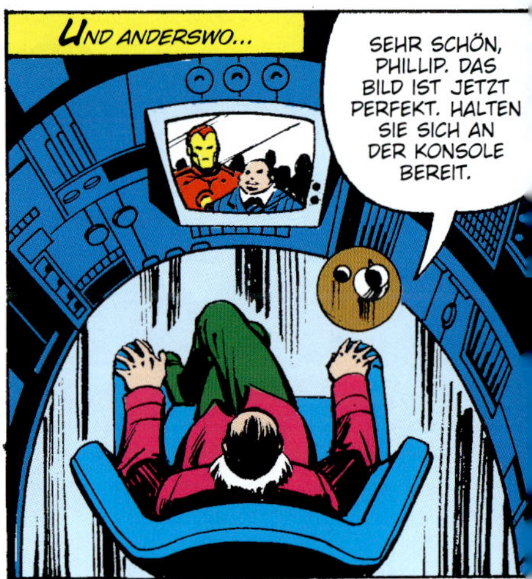
UND ANDERSWO...
SEHR SCHÖN, PHILLIP. DAS BILD IST JETZT PERFEKT. HALTEN SIE SICH AN DER KONSOLE BEREIT.

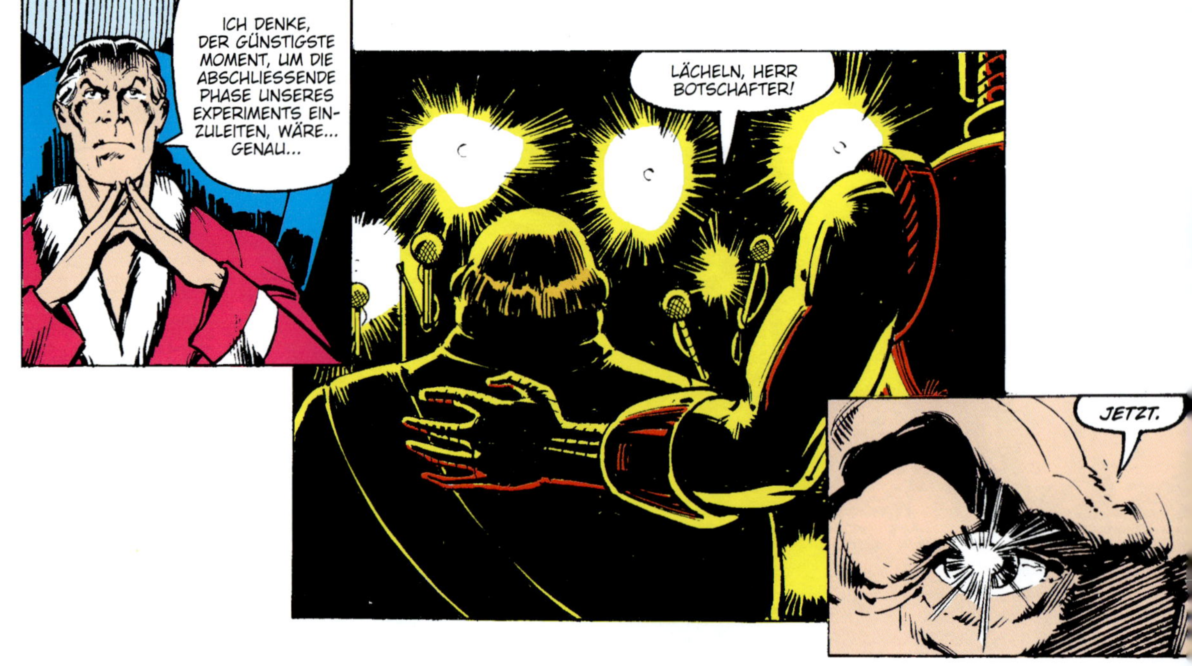
ICH DENKE, DER GÜNSTIGSTE MOMENT, UM DIE ABSCHLIESSENDE PHASE UNSERES EXPERIMENTS EIN-ZULEITEN, WÄRE... GENAU...
LÄCHELN, HERR BOTSCHAFTER!
JETZT.

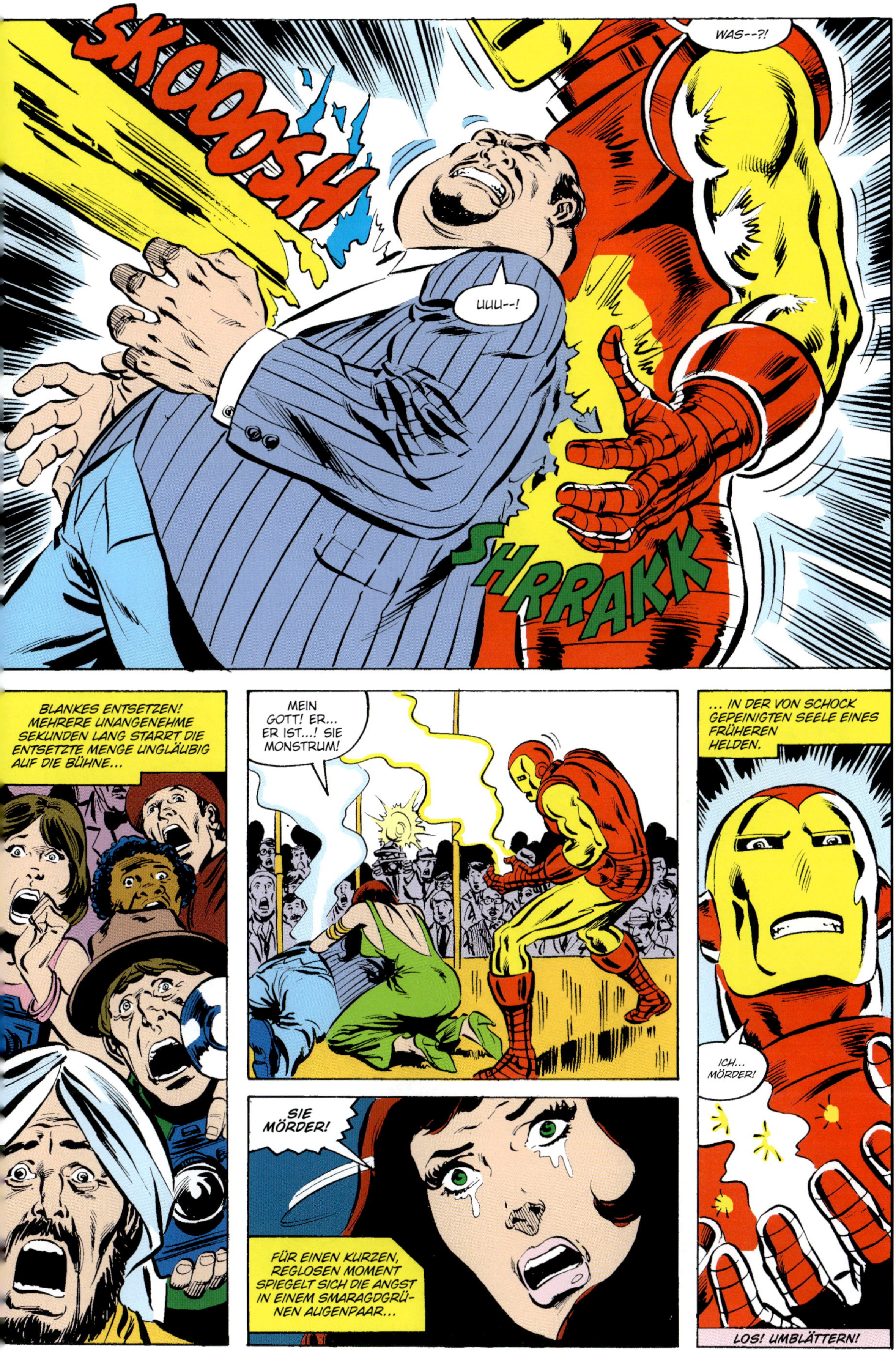

SKOOOSH
WAS--?!
UUU--!
SHRRAKK

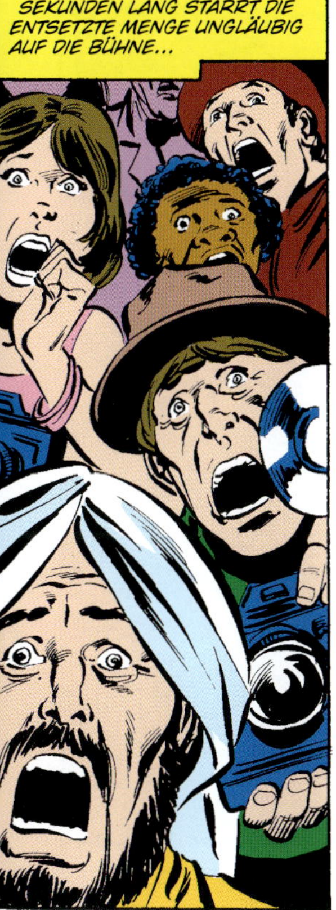

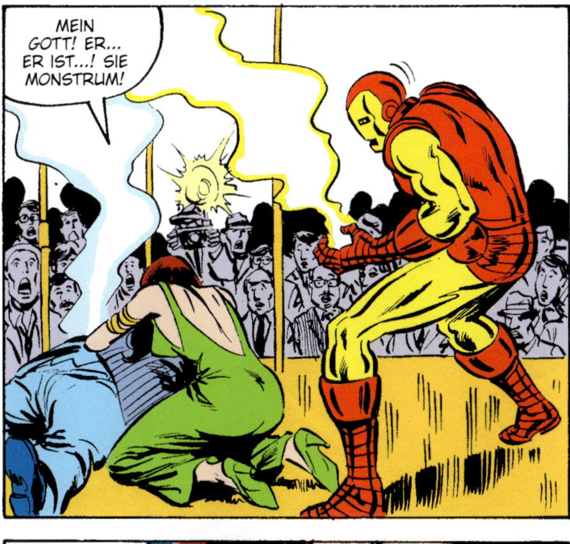

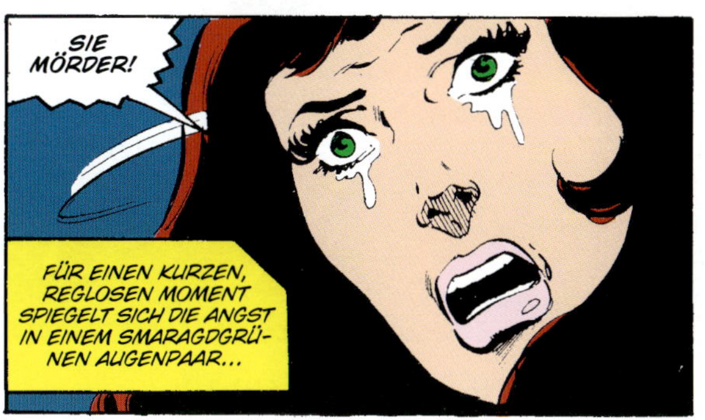

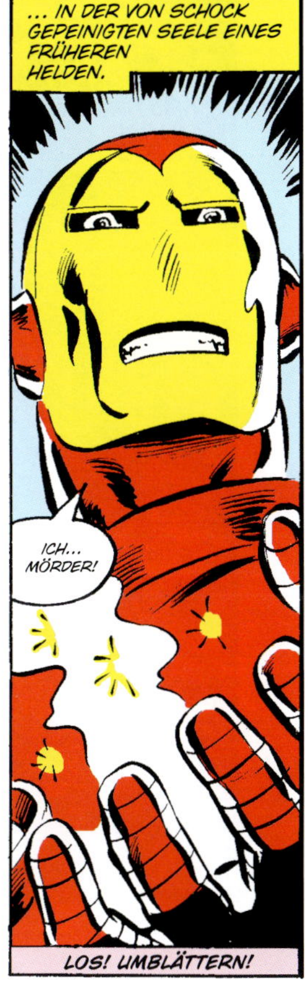

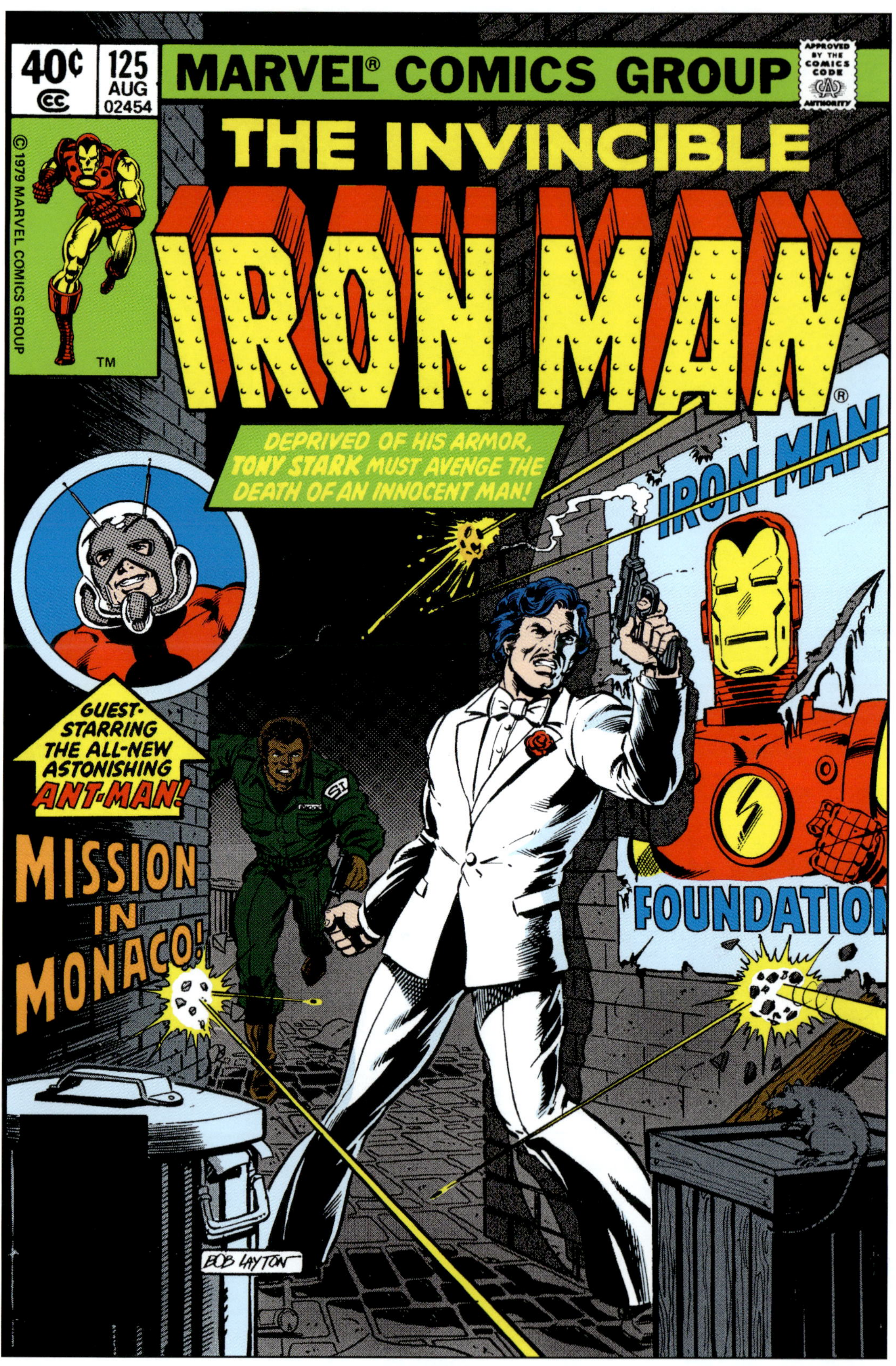

Iron Man (1968) 125
Cover von **BOB LAYTON**

Wenn der millionenschwere Unternehmer und meisterliche Erfinder **Tony Stark** in seine solarbetriebene Stahlrüstung klettert, wird er zur weltweit stärksten menschlichen Kampfmaschine...

STAN LEE PRÄSENTIERT: DER UNBESIEGBARE IRON MAN®

DAVID MICHELINIE STORY · JOHN ROMITA JR. ZEICHNUNGEN · BOB LAYTON TUSCHE/PLOT · BEN SEAN FARBEN · ALEXANDER RÖSCH ÜBERSETZUNG · FABIO CIACCI LETTERING · ROGER STERN & JIM SHOOTER REDAKTION USA

THE MONACO PRELUDE*

JOHN GUNTHER HAT ES MIT DEM TITEL SEINER MEMOIREN GUT AUF DEN PUNKT GEBRACHT: "TOD, SEI NICHT STOLZ".

HIER, AUF DEM MONDBESCHIENENEN PLAZA DES ILLUSTREN UNO-HAUPTQUARTIERS HAT IRON MANS REPULSORSTRAHL GERADE DAS LEBEN EINES WEHRLOSEN OPFERS AUSGELÖSCHT-- DAS LEBEN EINES UNSCHULDIGEN. DAS LEBEN EINES BOTSCHAFTERS... UND BEWUNDERERS.

UND WAS DER GOLDENE RÄCHER FÜHLT, IST WEIT, WEIT ENTFERNT VON STOLZ. ES GLEICHT EHER EINER ZITTRIGEN ÜBELKEIT UND EINEM EISIGEN, LEEREN SCHAUDER. BLANKES ENTSETZEN!

OKAY, IRON MAN! RÜHR DICH NICHT VOM FLECK! DU BIST FESTGENOMMEN!

LG467

* DAS MONACO-VORSPIEL

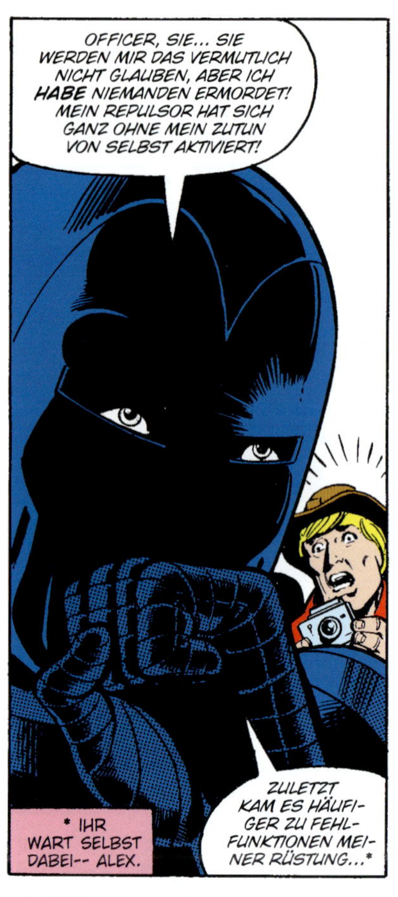
OFFICER, SIE... SIE WERDEN MIR DAS VERMUTLICH NICHT GLAUBEN, ABER ICH **HABE** NIEMANDEN ERMORDET! MEIN REPULSOR HAT SICH GANZ OHNE MEIN ZUTUN VON SELBST AKTIVIERT!
ZULETZT KAM ES HÄUFIGER ZU FEHLFUNKTIONEN MEINER RÜSTUNG...*
* IHR WART SELBST DABEI-- ALEX.

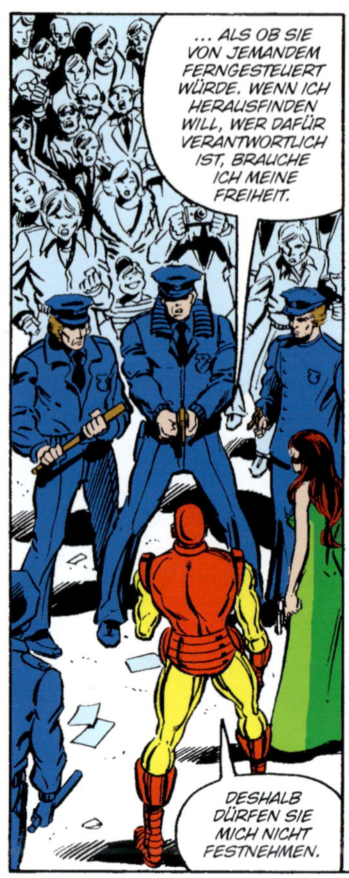
... ALS OB SIE VON JEMANDEM FERNGESTEUERT WÜRDE. WENN ICH HERAUSFINDEN WILL, WER DAFÜR VERANTWORTLICH IST, BRAUCHE ICH MEINE FREIHEIT.
DESHALB DÜRFEN SIE MICH NICHT FESTNEHMEN.

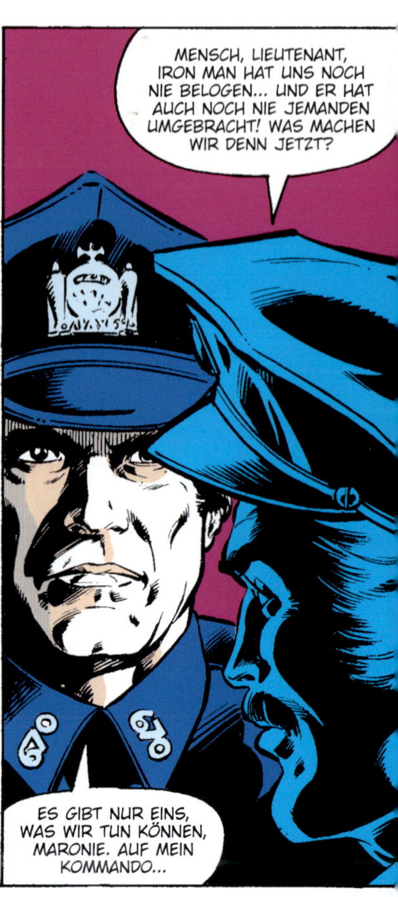
MENSCH, LIEUTENANT, IRON MAN HAT UNS NOCH NIE BELOGEN... UND ER HAT AUCH NOCH NIE JEMANDEN UMGEBRACHT! WAS MACHEN WIR DENN JETZT?
ES GIBT NUR EINS, WAS WIR TUN KÖNNEN, MARONIE. AUF MEIN KOMMANDO...

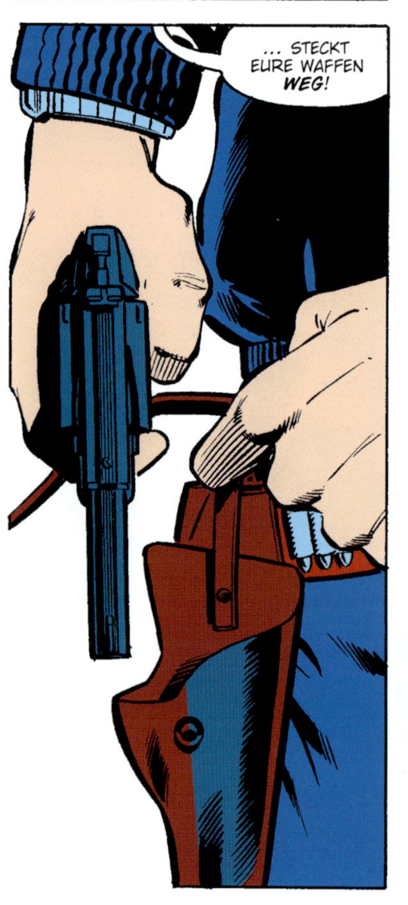
... STECKT EURE WAFFEN **WEG**!

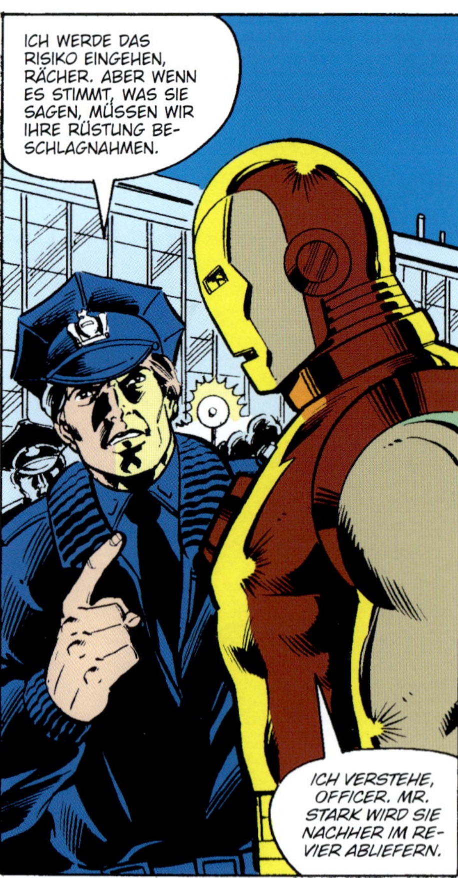
ICH WERDE DAS RISIKO EINGEHEN, RÄCHER. ABER WENN ES STIMMT, WAS SIE SAGEN, MÜSSEN WIR IHRE RÜSTUNG BESCHLAGNAHMEN.
ICH VERSTEHE, OFFICER. MR. STARK WIRD SIE NACHHER IM REVIER ABLIEFERN.

WAS?! DIESER ZINNSOLDAT VON ATTENTÄTER ERMORDET DEN KARNELISCHEN BOTSCHAFTER VOR HUNDERTEN VON AUGENZEUGEN...
... UND SIE LASSEN IHN EINFACH LAUFEN?!

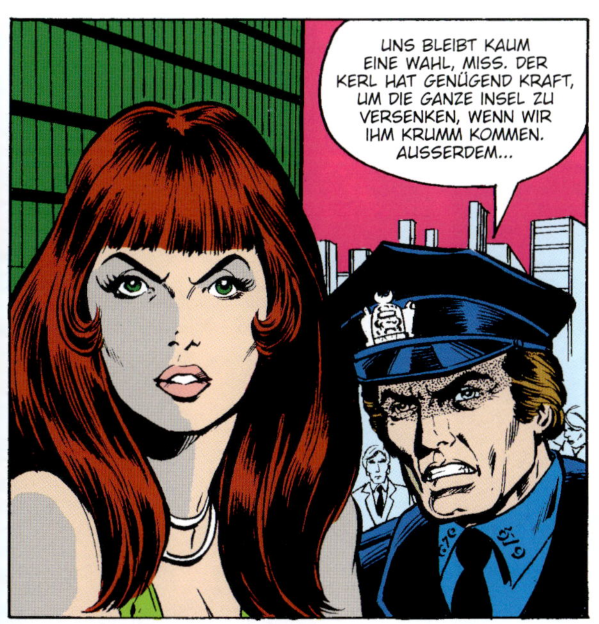
UNS BLEIBT KAUM EINE WAHL, MISS. DER KERL HAT GENÜGEND KRAFT, UM DIE GANZE INSEL ZU VERSENKEN, WENN WIR IHM KRUMM KOMMEN. AUSSERDEM...

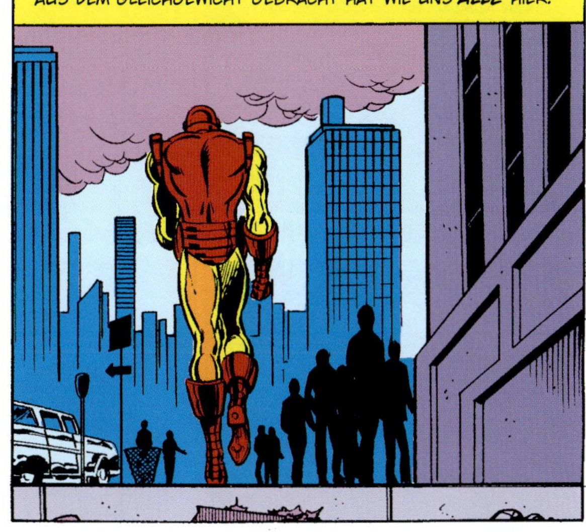
"... HABE ICH NACH 13 JAHREN IM DIENST GELERNT, AUF MEIN BAUCHGEFÜHL ZU HÖREN. UND DAS SAGT MIR, DASS DIE SACHE DEN MANN IN DER METALLHÜLLE MINDESTENS GENAUSO AUS DEM GLEICHGEWICHT GEBRACHT HAT WIE UNS ALLE HIER!"

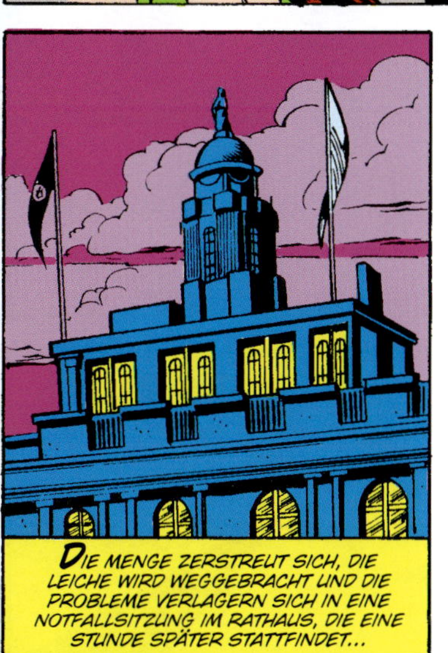
DIE MENGE ZERSTREUT SICH, DIE LEICHE WIRD WEGGEBRACHT UND DIE PROBLEME VERLAGERN SICH IN EINE NOTFALLSITZUNG IM RATHAUS, DIE EINE STUNDE SPÄTER STATTFINDET...

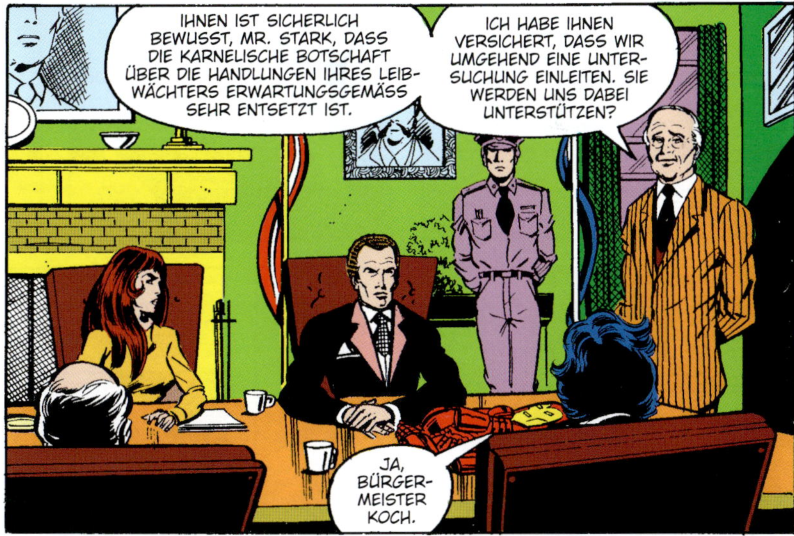
IHNEN IST SICHERLICH BEWUSST, MR. STARK, DASS DIE KARNELISCHE BOTSCHAFT ÜBER DIE HANDLUNGEN IHRES LEIBWÄCHTERS ERWARTUNGSGEMÄSS SEHR ENTSETZT IST.
ICH HABE IHNEN VERSICHERT, DASS WIR UMGEHEND EINE UNTERSUCHUNG EINLEITEN. SIE WERDEN UNS DABEI UNTERSTÜTZEN?
JA, BÜRGERMEISTER KOCH.

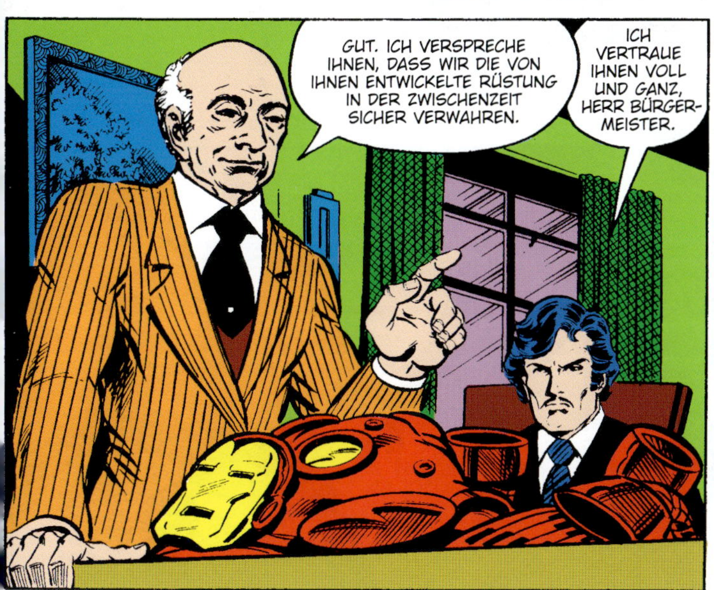
GUT. ICH VERSPRECHE IHNEN, DASS WIR DIE VON IHNEN ENTWICKELTE RÜSTUNG IN DER ZWISCHENZEIT SICHER VERWAHREN.
ICH VERTRAUE IHNEN VOLL UND GANZ, HERR BÜRGERMEISTER.

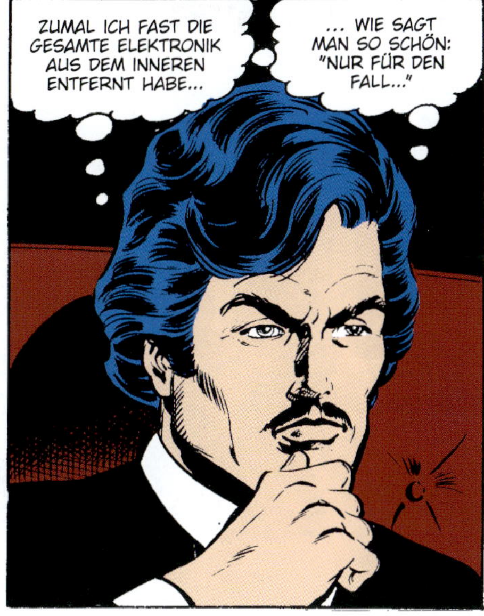
ZUMAL ICH FAST DIE GESAMTE ELEKTRONIK AUS DEM INNEREN ENTFERNT HABE...
... WIE SAGT MAN SO SCHÖN: "NUR FÜR DEN FALL..."

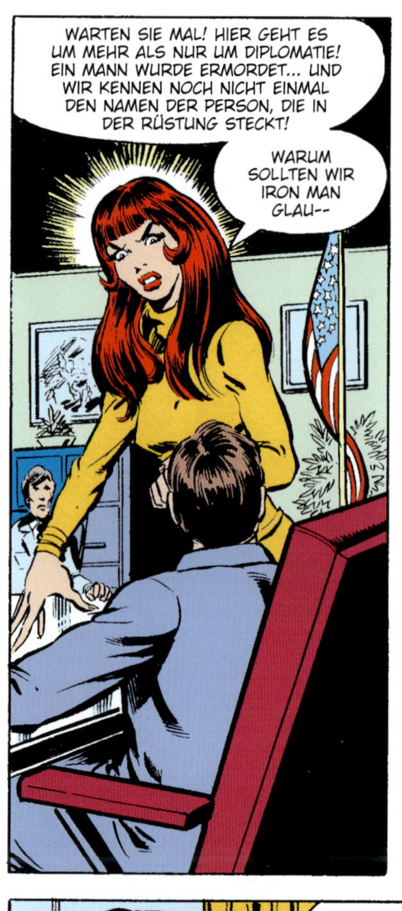
WARTEN SIE MAL! HIER GEHT ES UM MEHR ALS NUR UM DIPLOMATIE! EIN MANN WURDE ERMORDET... UND WIR KENNEN NOCH NICHT EINMAL DEN NAMEN DER PERSON, DIE IN DER RÜSTUNG STECKT!
WARUM SOLLTEN WIR IRON MAN GLAU--
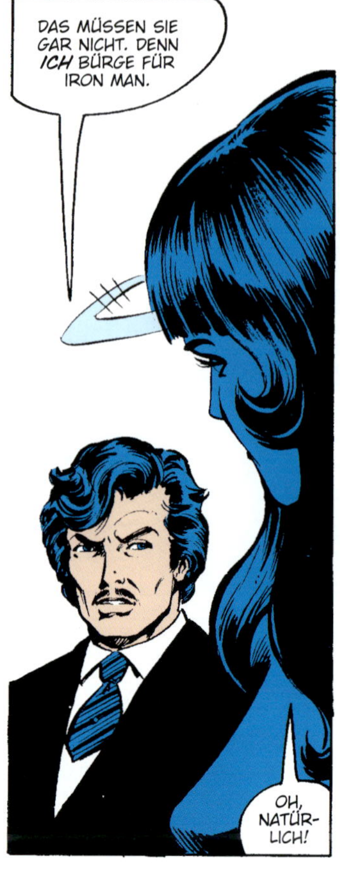
DAS MÜSSEN SIE GAR NICHT. DENN ICH BÜRGE FÜR IRON MAN.
OH, NATÜR-LICH!
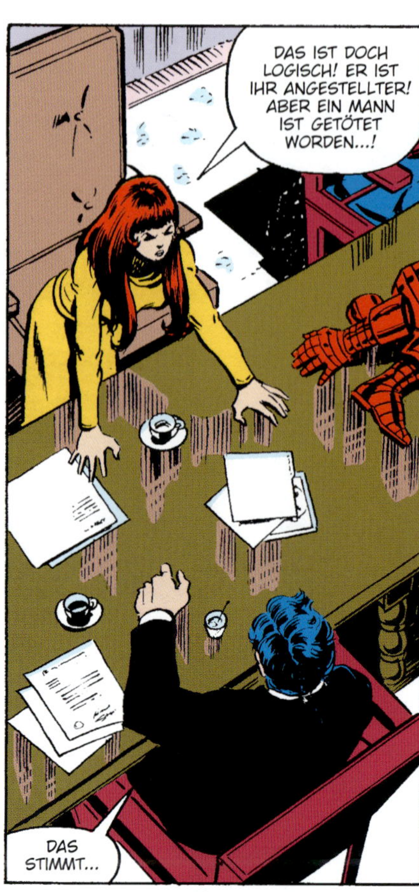
DAS IST DOCH LOGISCH! ER IST IHR ANGESTELLTER! ABER EIN MANN IST GETÖTET WORDEN...!
DAS STIMMT...
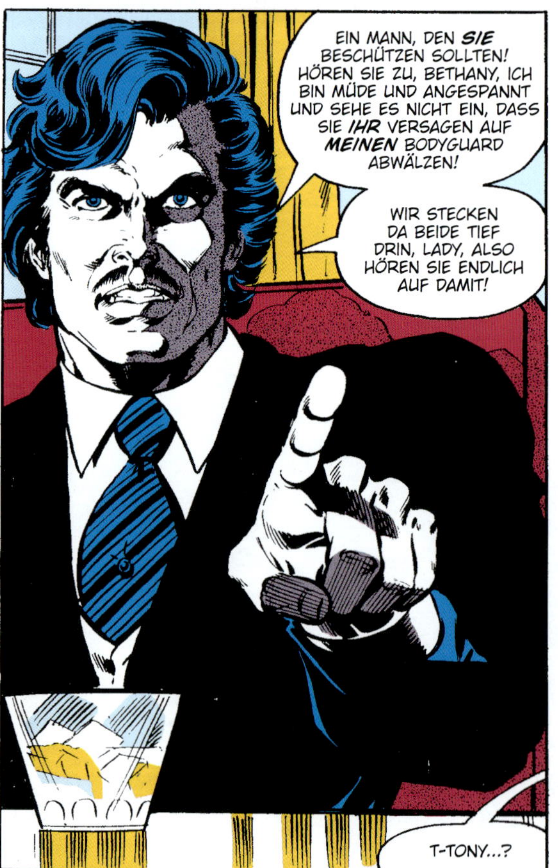
EIN MANN, DEN SIE BESCHÜTZEN SOLLTEN! HÖREN SIE ZU, BETHANY, ICH BIN MÜDE UND ANGESPANNT UND SEHE ES NICHT EIN, DASS SIE IHR VERSAGEN AUF MEINEN BODYGUARD ABWÄLZEN!
WIR STECKEN DA BEIDE TIEF DRIN, LADY, ALSO HÖREN SIE ENDLICH AUF DAMIT!
T-TONY...?
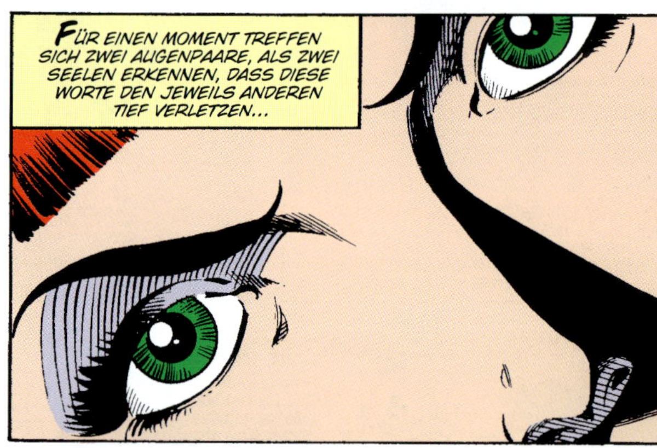
FÜR EINEN MOMENT TREFFEN SICH ZWEI AUGENPAARE, ALS ZWEI SEELEN ERKENNEN, DASS DIESE WORTE DEN JEWEILS ANDEREN TIEF VERLETZEN...
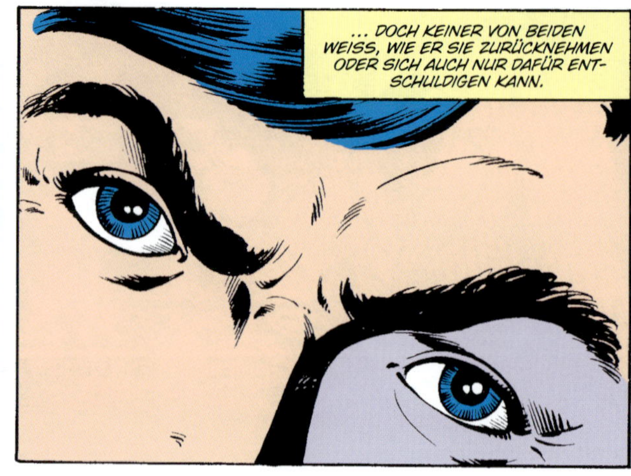
... DOCH KEINER VON BEIDEN WEISS, WIE ER SIE ZURÜCKNEHMEN ODER SICH AUCH NUR DAFÜR ENT-SCHULDIGEN KANN.

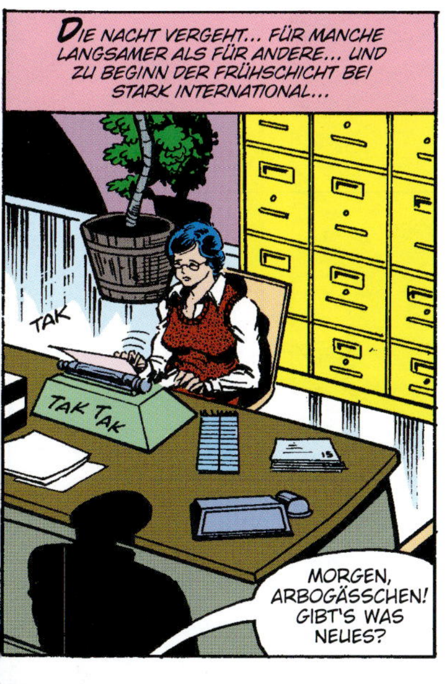
DIE NACHT VERGEHT... FÜR MANCHE LANGSAMER ALS FÜR ANDERE... UND ZU BEGINN DER FRÜHSCHICHT BEI STARK INTERNATIONAL...
TAK
TAK TAK
MORGEN, ARBOGÄSSCHEN! GIBT'S WAS NEUES?

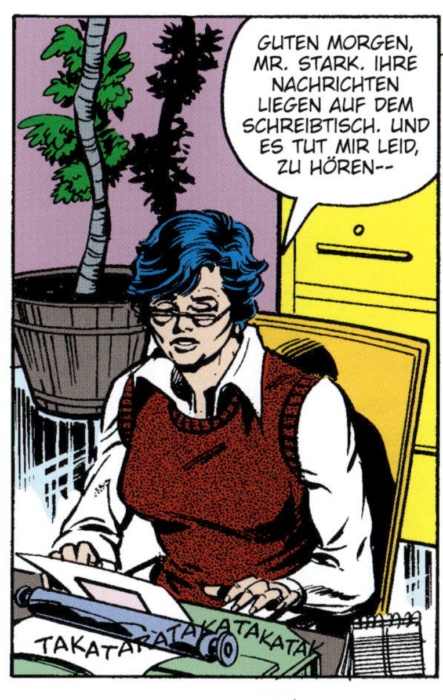
GUTEN MORGEN, MR. STARK. IHRE NACHRICHTEN LIEGEN AUF DEM SCHREIBTISCH. UND ES TUT MIR LEID, ZU HÖREN--
TAKATAKATAKATAKATAK

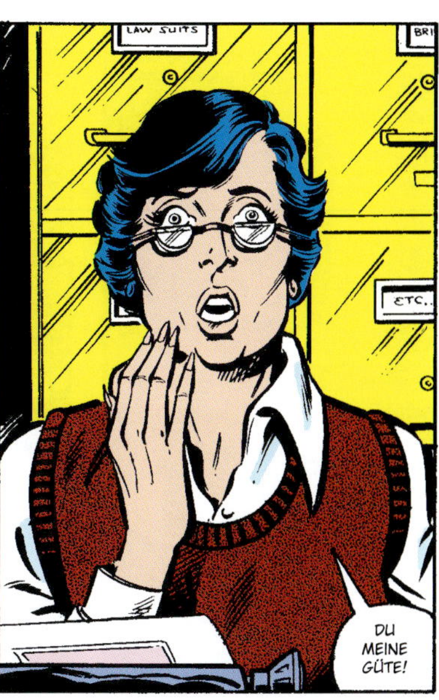
DU MEINE GÜTE!

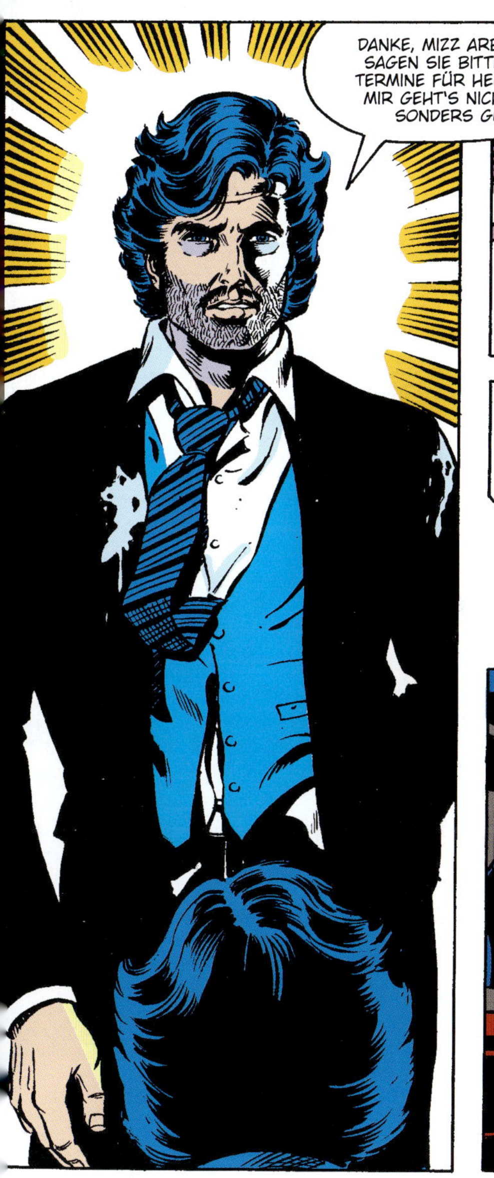
DANKE, MIZZ ARBOGAS'. SAGEN SIE BITTE ALLE TERMINE FÜR HEUTE AB. MIR GEHT'S NICHT BESONDERS GUT.
HÖREN SIE, MR. STARK, DIE FRAGE STEHT MIR ZWAR NICHT ZU... ABER RIECHE ICH DA ETWA WHISKEY?
NEIN, MA-AM...

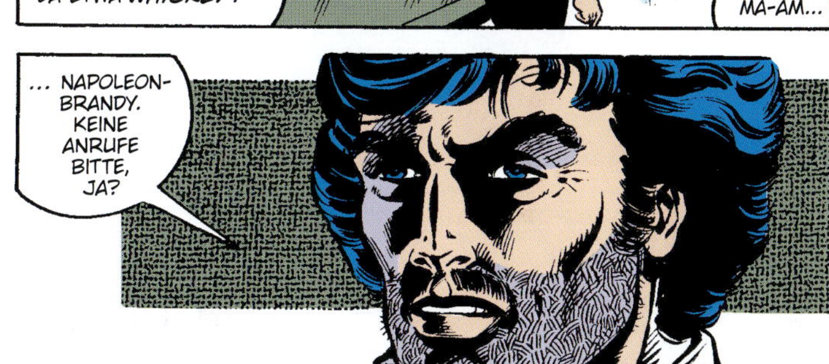
... NAPOLEON-BRANDY. KEINE ANRUFE BITTE, JA?

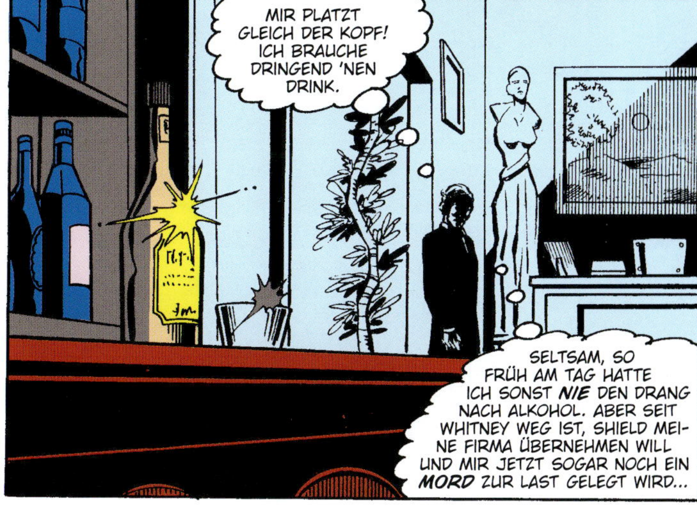
MIR PLATZT GLEICH DER KOPF! ICH BRAUCHE DRINGEND 'NEN DRINK.
SELTSAM, SO FRÜH AM TAG HATTE ICH SONST NIE DEN DRANG NACH ALKOHOL. ABER SEIT WHITNEY WEG IST, SHIELD MEINE FIRMA ÜBERNEHMEN WILL UND MIR JETZT SOGAR NOCH EIN MORD ZUR LAST GELEGT WIRD...

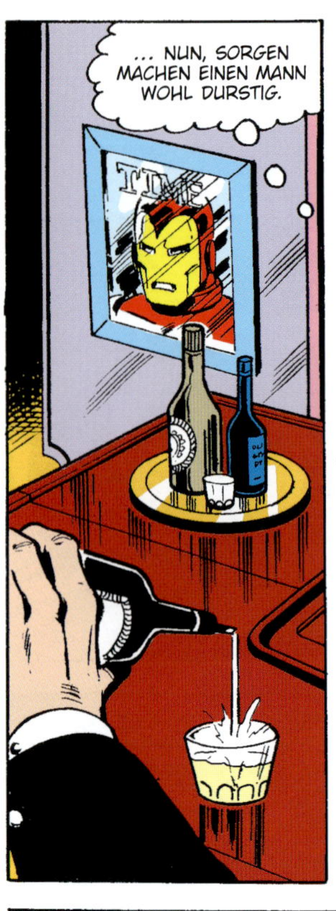
... NUN, SORGEN MACHEN EINEN MANN WOHL DURSTIG.

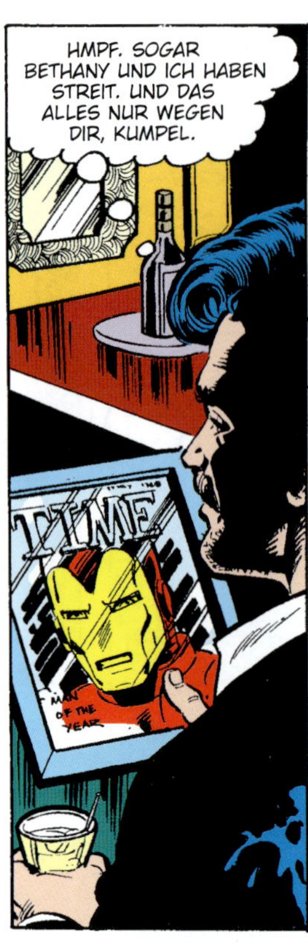
HMPF. SOGAR BETHANY UND ICH HABEN STREIT. UND DAS ALLES NUR WEGEN DIR, KUMPEL.

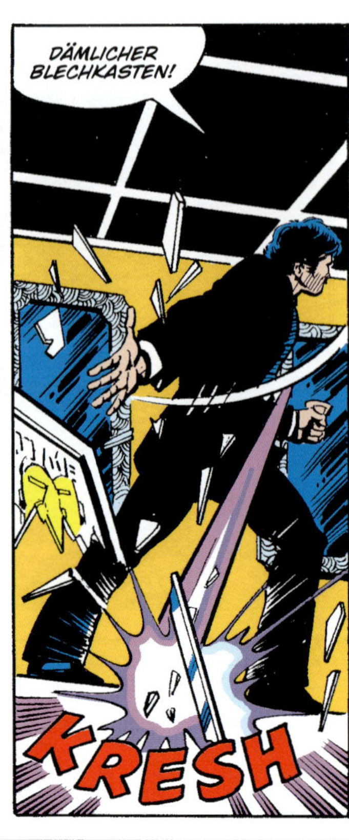
DÄMLICHER BLECHKASTEN!
KRESH

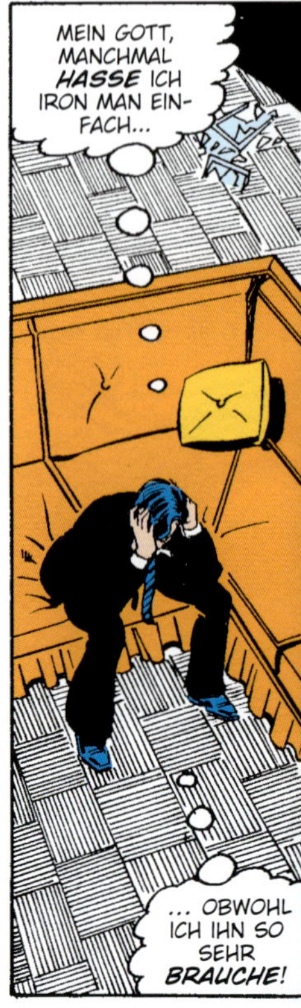
MEIN GOTT, MANCHMAL HASSE ICH IRON MAN EINFACH...
... OBWOHL ICH IHN SO SEHR BRAUCHE!

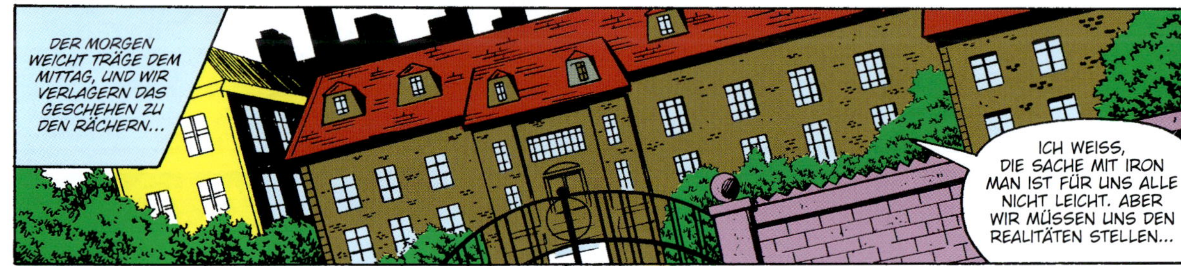
DER MORGEN WEICHT TRÄGE DEM MITTAG, UND WIR VERLAGERN DAS GESCHEHEN ZU DEN RÄCHERN...
ICH WEISS, DIE SACHE MIT IRON MAN IST FÜR UNS ALLE NICHT LEICHT. ABER WIR MÜSSEN UNS DEN REALITÄTEN STELLEN...

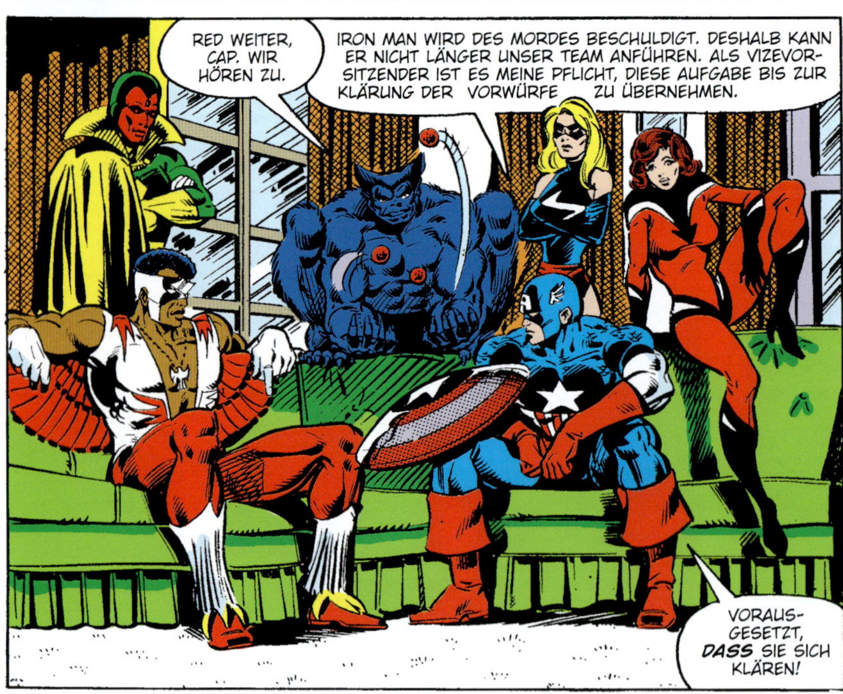
RED WEITER, CAP. WIR HÖREN ZU.
IRON MAN WIRD DES MORDES BESCHULDIGT. DESHALB KANN ER NICHT LÄNGER UNSER TEAM ANFÜHREN. ALS VIZEVORSITZENDER IST ES MEINE PFLICHT, DIESE AUFGABE BIS ZUR KLÄRUNG DER VORWÜRFE ZU ÜBERNEHMEN.
VORAUSGESETZT, DASS SIE SICH KLÄREN!

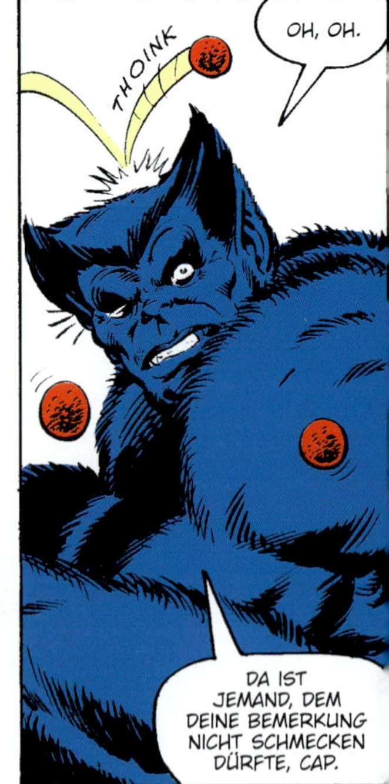
THOINK
OH, OH.
DA IST JEMAND, DEM DEINE BEMERKUNG NICHT SCHMECKEN DÜRFTE, CAP.

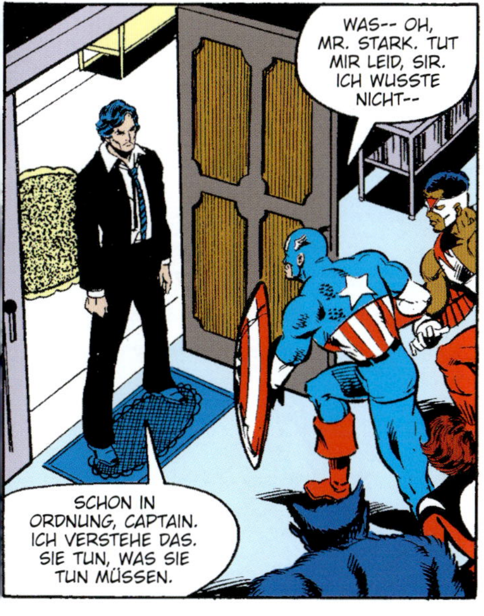
WAS-- OH, MR. STARK. TUT MIR LEID, SIR. ICH WUSSTE NICHT--
SCHON IN ORDNUNG, CAPTAIN. ICH VERSTEHE DAS. SIE TUN, WAS SIE TUN MÜSSEN.
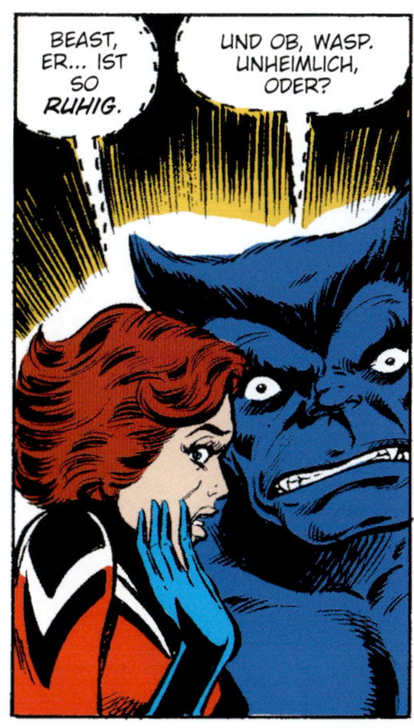
BEAST, ER... IST SO *RUHIG*.
UND OB, WASP. UNHEIMLICH, ODER?
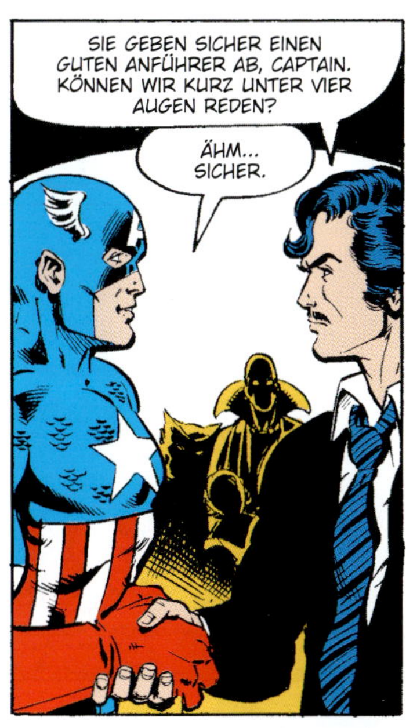
SIE GEBEN SICHER EINEN GUTEN ANFÜHRER AB, CAPTAIN. KÖNNEN WIR KURZ UNTER VIER AUGEN REDEN?
ÄHM... SICHER.
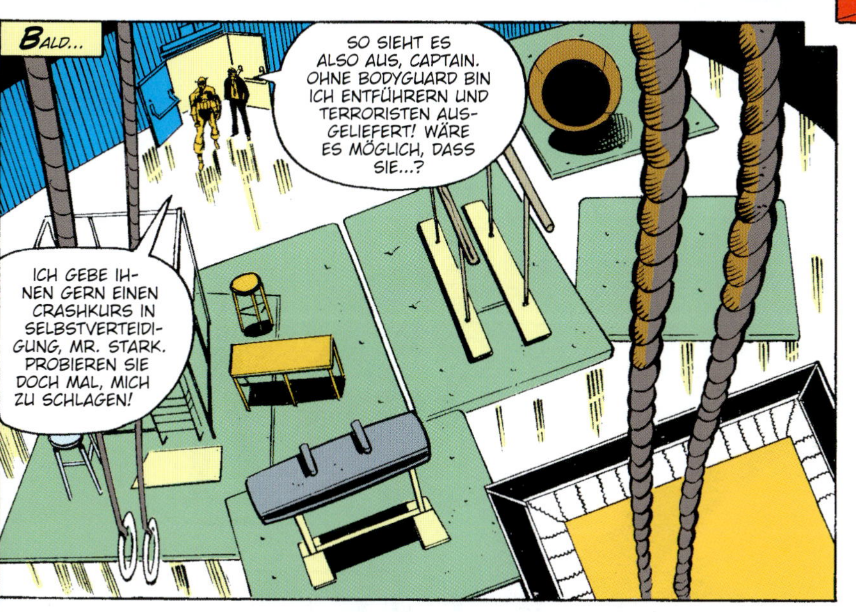
BALD...
SO SIEHT ES ALSO AUS, CAPTAIN. OHNE BODYGUARD BIN ICH ENTFÜHRERN UND TERRORISTEN AUSGELIEFERT! WÄRE ES MÖGLICH, DASS SIE...?
ICH GEBE IHNEN GERN EINEN CRASHKURS IN SELBSTVERTEIDIGUNG, MR. STARK. PROBIEREN SIE DOCH MAL, MICH ZU SCHLAGEN!
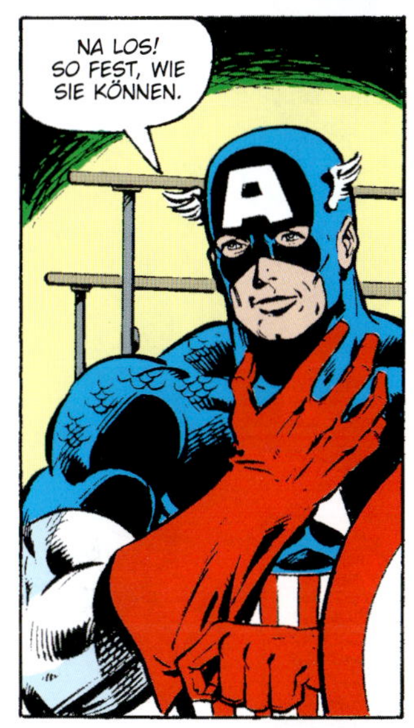
NA LOS! SO FEST, WIE SIE KÖNNEN.
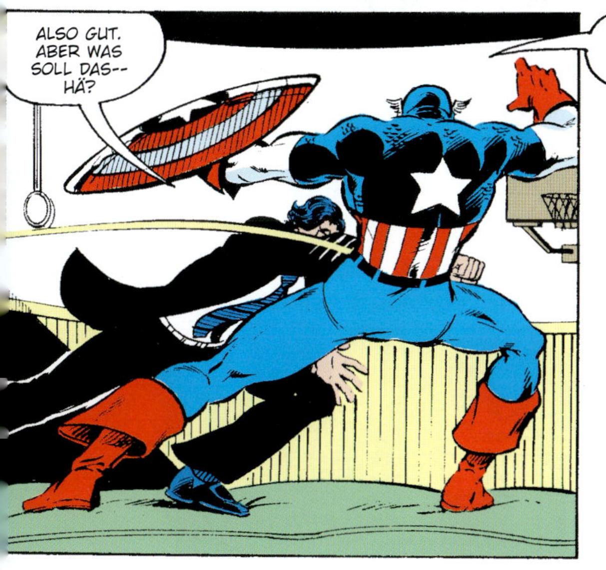
ALSO GUT. ABER WAS SOLL DAS-- HÄ?
IHRE ERSTE LEKTION, MR. STARK.
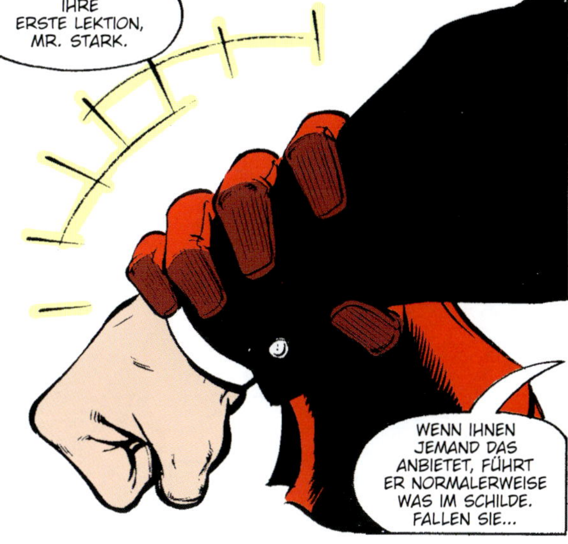
WENN IHNEN JEMAND DAS ANBIETET, FÜHRT ER NORMALERWEISE WAS IM SCHILDE. FALLEN SIE...

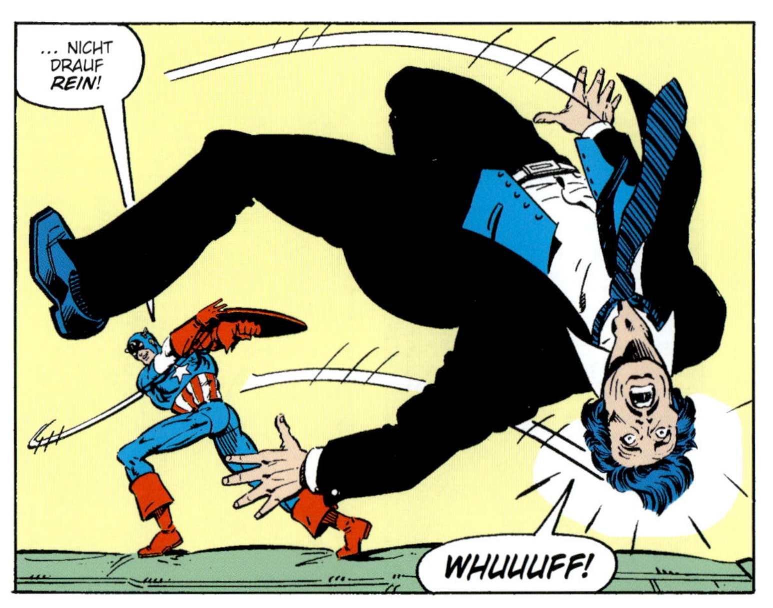

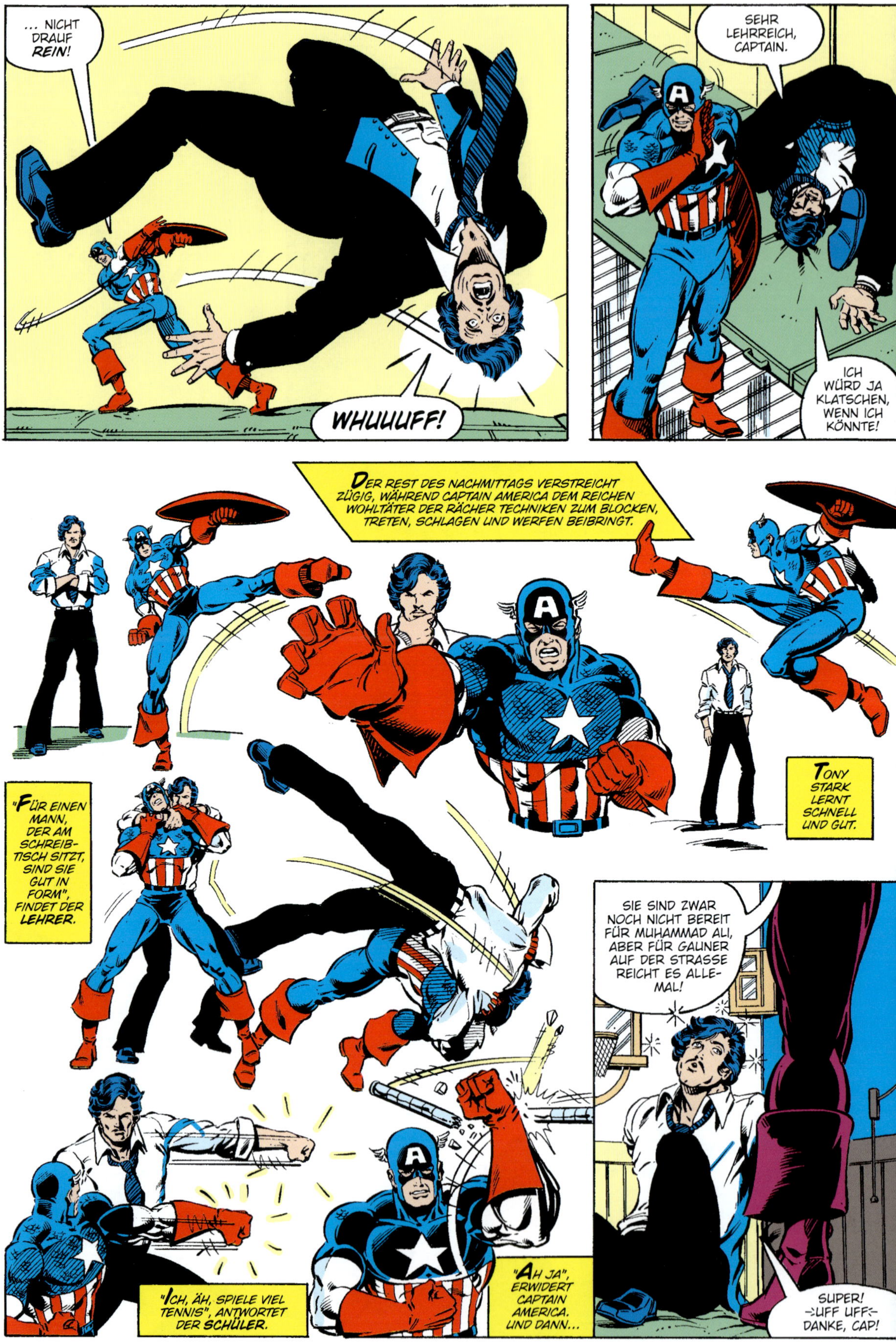

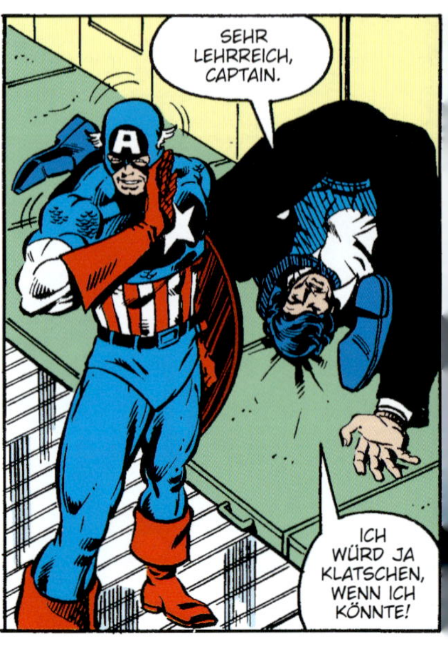

DER REST DES NACHMITTAGS VERSTREICHT ZÜGIG, WÄHREND CAPTAIN AMERICA DEM REICHEN WOHLTÄTER DER RÄCHER TECHNIKEN ZUM BLOCKEN, TRETEN, SCHLAGEN UND WERFEN BEIBRINGT.

TONY STARK LERNT SCHNELL UND GUT.

„FÜR EINEN MANN, DER AM SCHREIBTISCH SITZT, SIND SIE GUT IN FORM", FINDET DER **LEHRER**.

„ICH, ÄH, SPIELE VIEL TENNIS", ANTWORTET DER **SCHÜLER**.

„AH JA", ERWIDERT CAPTAIN AMERICA. UND DANN ...

SIE SIND ZWAR NOCH NICHT BEREIT FÜR MUHAMMAD ALI, ABER FÜR GAUNER AUF DER STRASSE REICHT ES ALLE-MAL!

SUPER! –UFF UFF– DANKE, CAP!

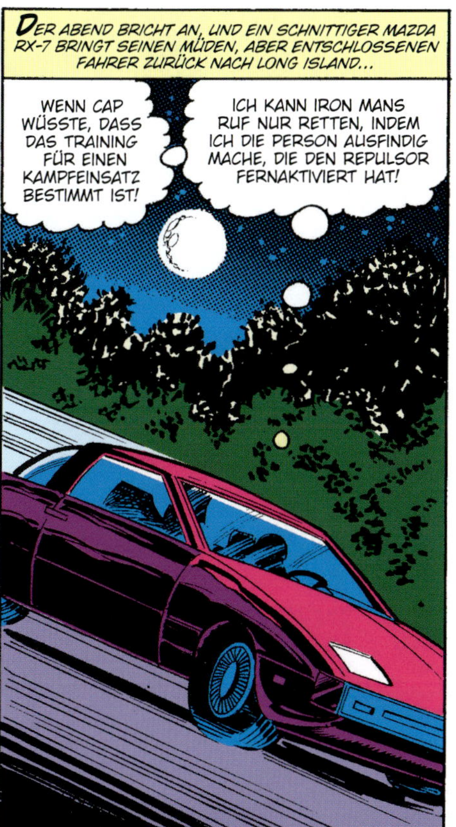
DER ABEND BRICHT AN, UND EIN SCHNITTIGER MAZDA RX-7 BRINGT SEINEN MÜDEN, ABER ENTSCHLOSSENEN FAHRER ZURÜCK NACH LONG ISLAND...
WENN CAP WÜSSTE, DASS DAS TRAINING FÜR EINEN KAMPFEINSATZ BESTIMMT IST!
ICH KANN IRON MANS RUF NUR RETTEN, INDEM ICH DIE PERSON AUSFINDIG MACHE, DIE DEN REPULSOR FERNAKTIVIERT HAT!

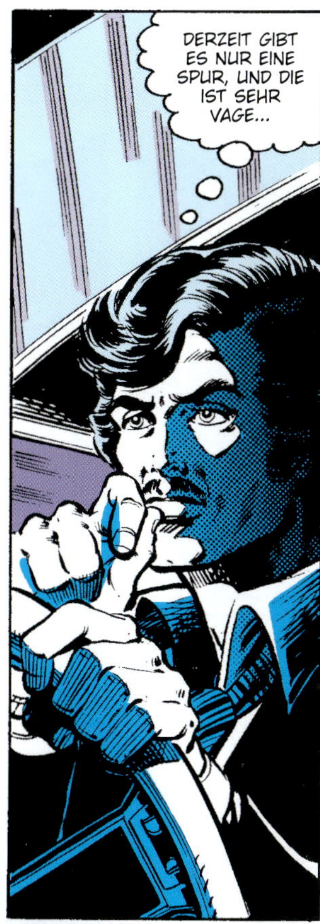
DERZEIT GIBT ES NUR EINE SPUR, UND DIE IST SEHR VAGE...

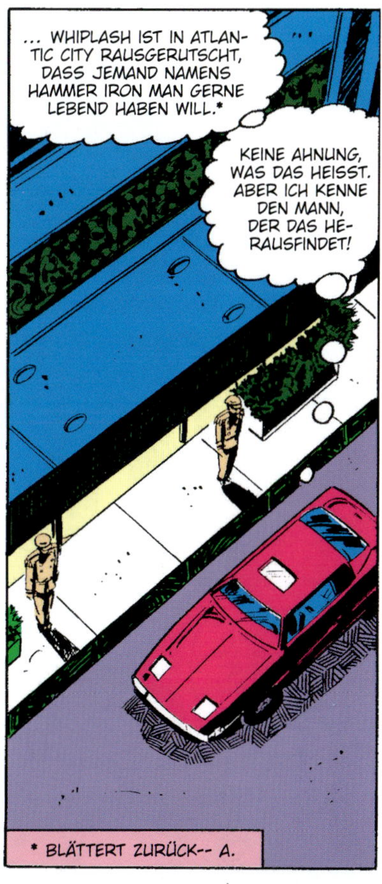
... WHIPLASH IST IN ATLANTIC CITY RAUSGERUTSCHT, DASS JEMAND NAMENS HAMMER IRON MAN GERNE LEBEND HABEN WILL.*
KEINE AHNUNG, WAS DAS HEISST. ABER ICH KENNE DEN MANN, DER DAS HERAUSFINDET!
* BLÄTTERT ZURÜCK-- A.

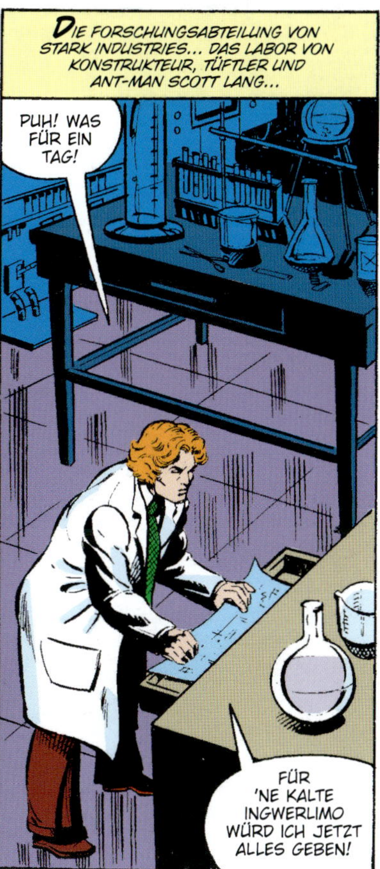
DIE FORSCHUNGSABTEILUNG VON STARK INDUSTRIES... DAS LABOR VON KONSTRUKTEUR, TÜFTLER UND ANT-MAN SCOTT LANG...
PUH! WAS FÜR EIN TAG!
FÜR 'NE KALTE INGWERLIMO WÜRD ICH JETZT ALLES GEBEN!

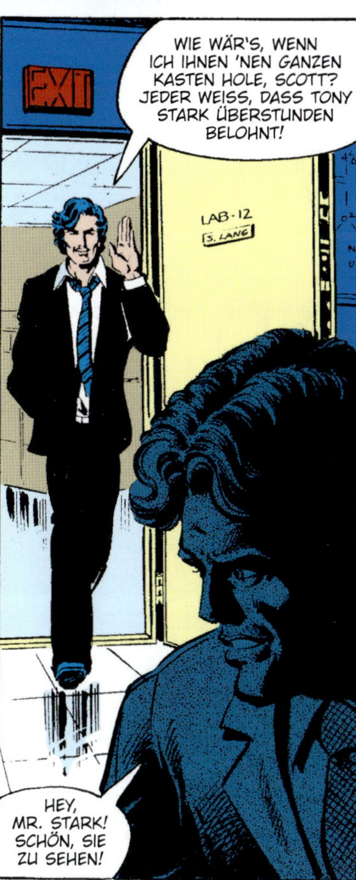
WIE WÄR'S, WENN ICH IHNEN 'NEN GANZEN KASTEN HOLE, SCOTT? JEDER WEISS, DASS TONY STARK ÜBERSTUNDEN BELOHNT!
EXIT
LAB-12
S. LANG
HEY, MR. STARK! SCHÖN, SIE ZU SEHEN!

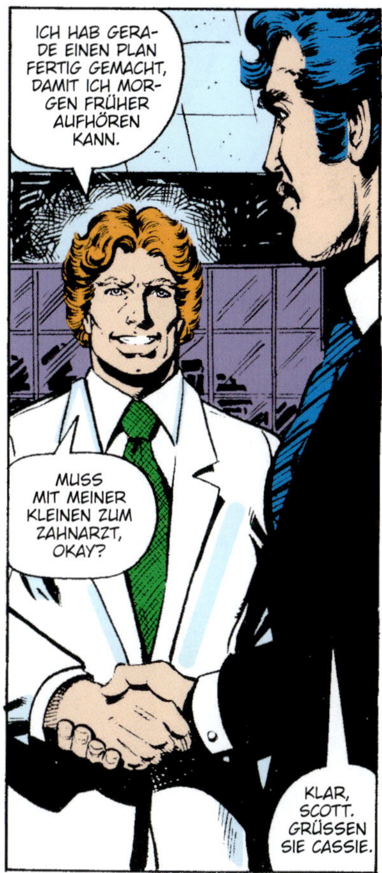
ICH HAB GERADE EINEN PLAN FERTIG GEMACHT, DAMIT ICH MORGEN FRÜHER AUFHÖREN KANN.
MUSS MIT MEINER KLEINEN ZUM ZAHNARZT, OKAY?
KLAR, SCOTT. GRÜSSEN SIE CASSIE.

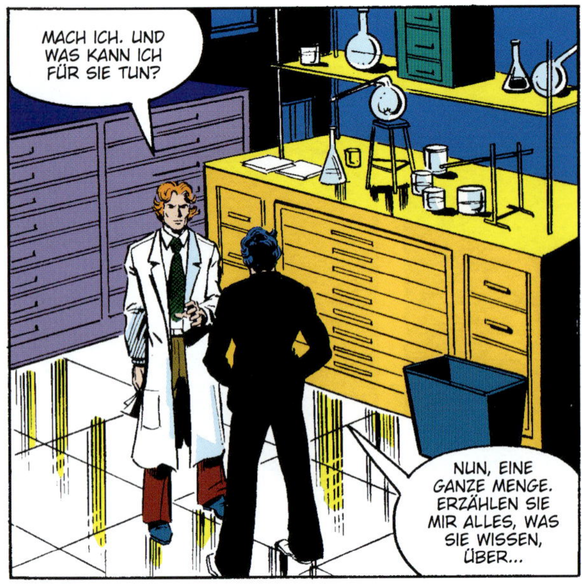
MACH ICH. UND WAS KANN ICH FÜR SIE TUN?
NUN, EINE GANZE MENGE. ERZÄHLEN SIE MIR ALLES, WAS SIE WISSEN, ÜBER...

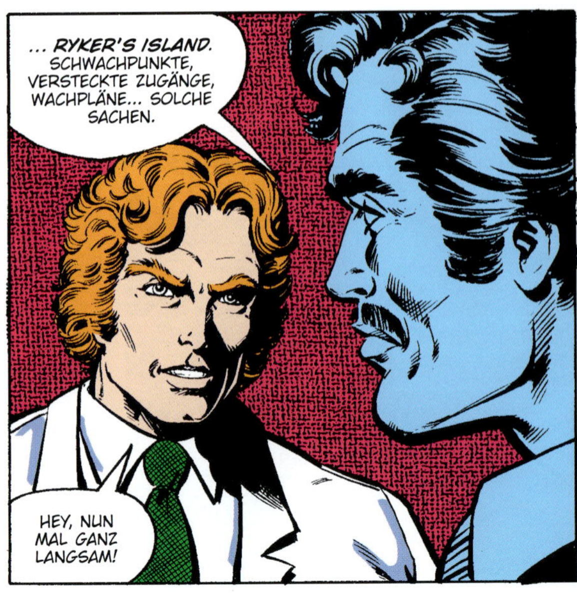
... RYKER'S ISLAND. SCHWACHPUNKTE, VERSTECKTE ZUGÄNGE, WACHPLÄNE... SOLCHE SACHEN.
HEY, NUN MAL GANZ LANGSAM!

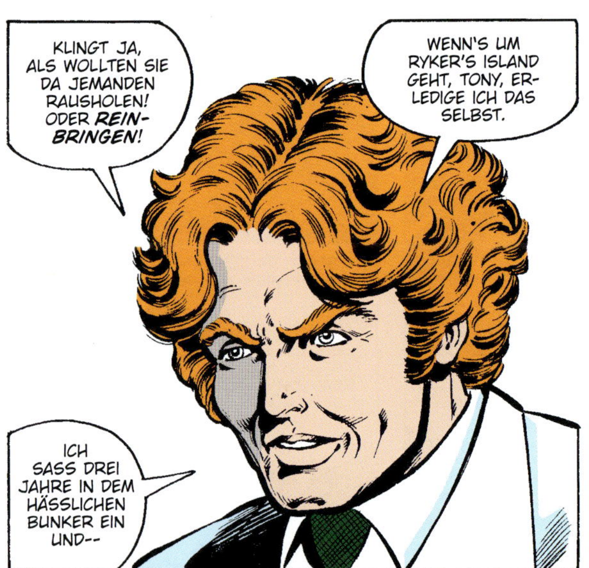
KLINGT JA, ALS WOLLTEN SIE DA JEMANDEN RAUSHOLEN! ODER REIN-BRINGEN!
WENN'S UM RYKER'S ISLAND GEHT, TONY, ER-LEDIGE ICH DAS SELBST.
ICH SASS DREI JAHRE IN DEM HÄSSLICHEN BUNKER EIN UND--

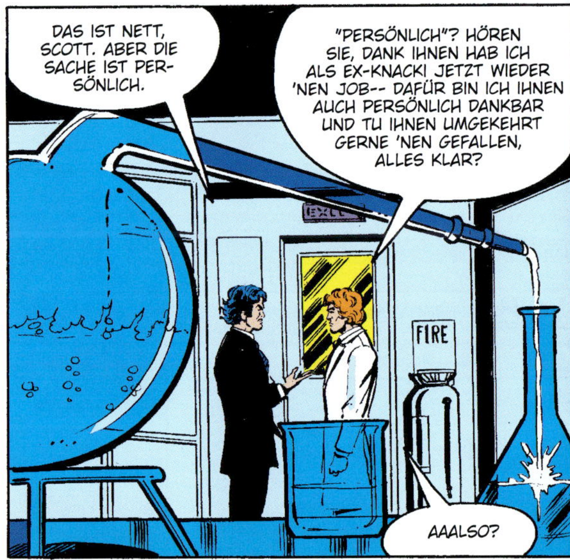
DAS IST NETT, SCOTT. ABER DIE SACHE IST PER-SÖNLICH.
"PERSÖNLICH"? HÖREN SIE, DANK IHNEN HAB ICH ALS EX-KNACKI JETZT WIEDER 'NEN JOB-- DAFÜR BIN ICH IHNEN AUCH PERSÖNLICH DANKBAR UND TU IHNEN UMGEKEHRT GERNE 'NEN GEFALLEN, ALLES KLAR?
FIRE
AAALSO?

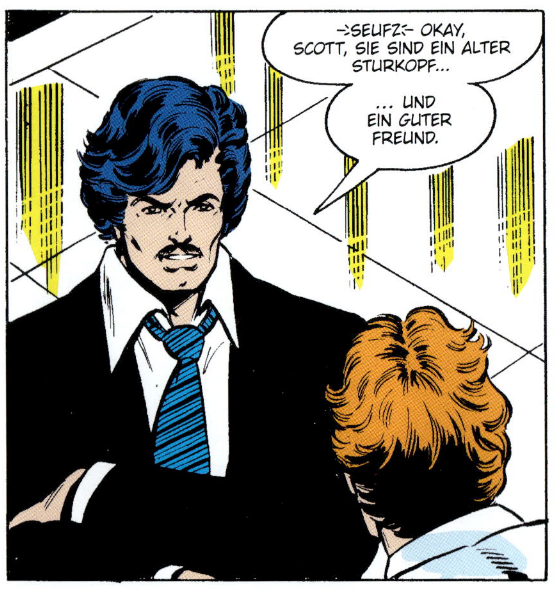
-SEUFZ- OKAY, SCOTT, SIE SIND EIN ALTER STURKOPF...
... UND EIN GUTER FREUND.

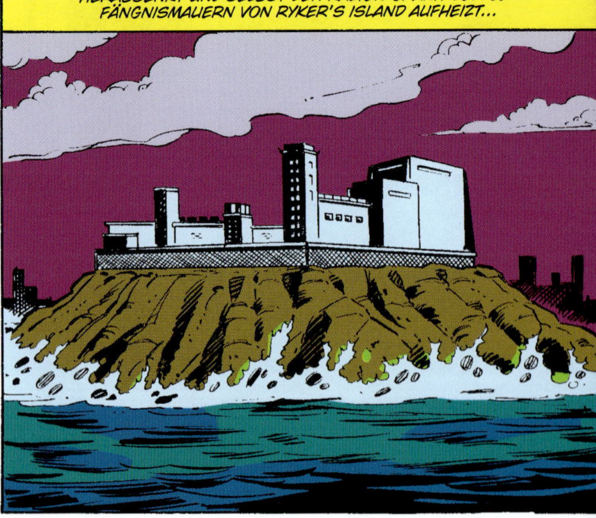
EINE STUNDE VERSTREICHT, WÄHREND DIE HEISSE SOMMERNACHT SICH SCHWER ÜBER DEN HAFEN VON NEW YORK HERABSENKT UND SELBST DEN KALTEN GRANIT DER GEFÄNGNISMAUERN VON RYKER'S ISLAND AUFHEIZT...

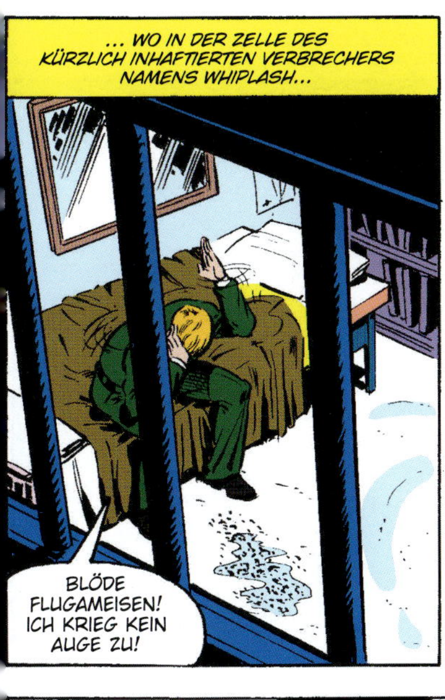
... WO IN DER ZELLE DES KÜRZLICH INHAFTIERTEN VERBRECHERS NAMENS WHIPLASH...
BLÖDE FLUGAMEISEN! ICH KRIEG KEIN AUGE ZU!

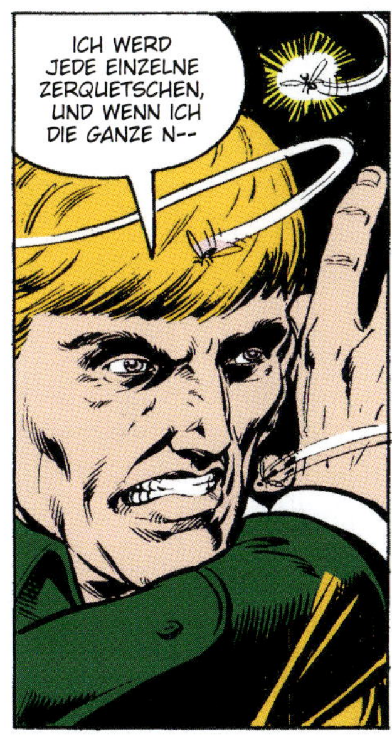
ICH WERD JEDE EINZELNE ZERQUETSCHEN, UND WENN ICH DIE GANZE N--

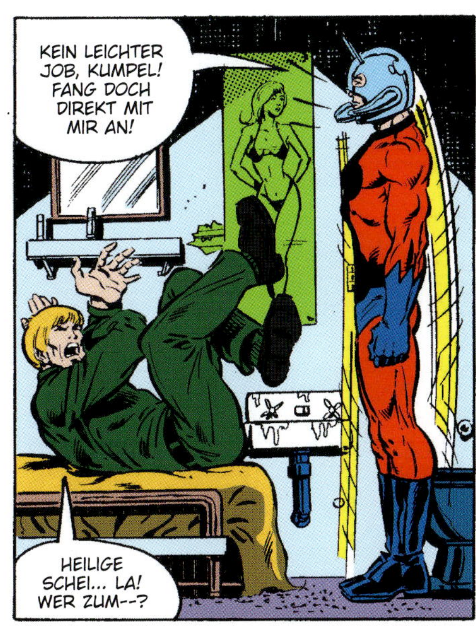
KEIN LEICHTER JOB, KUMPEL! FANG DOCH DIREKT MIT MIR AN!
HEILIGE SCHEI... LA! WER ZUM--?

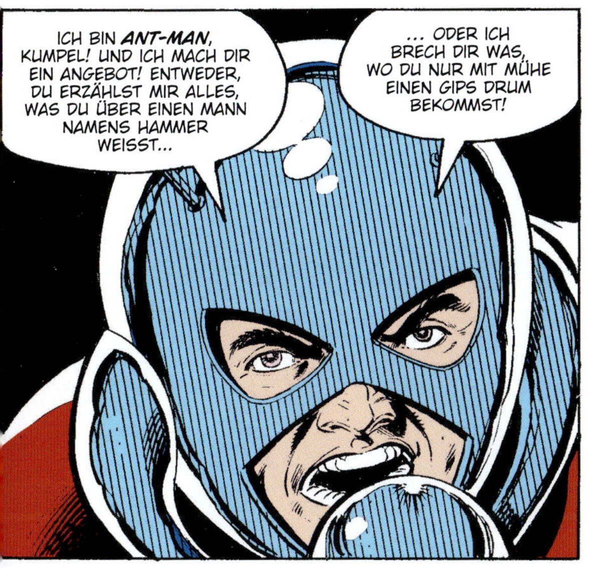
ICH BIN ANT-MAN, KUMPEL! UND ICH MACH DIR EIN ANGEBOT! ENTWEDER, DU ERZÄHLST MIR ALLES, WAS DU ÜBER EINEN MANN NAMENS HAMMER WEISST...
... ODER ICH BRECH DIR WAS, WO DU NUR MIT MÜHE EINEN GIPS DRUM BEKOMMST!

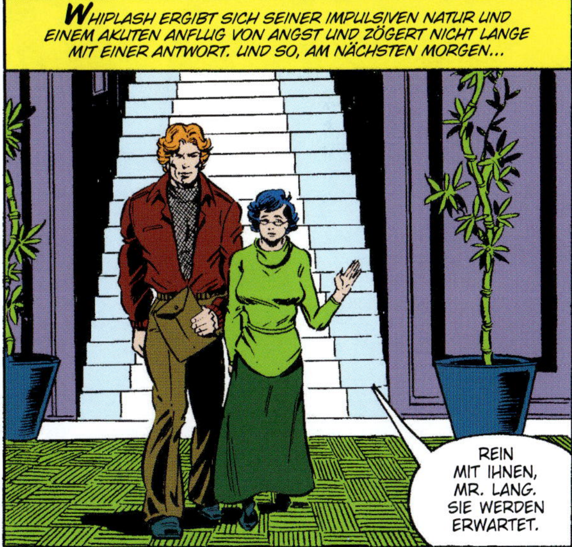
WHIPLASH ERGIBT SICH SEINER IMPULSIVEN NATUR UND EINEM AKUTEN ANFLUG VON ANGST UND ZÖGERT NICHT LANGE MIT EINER ANTWORT. UND SO, AM NÄCHSTEN MORGEN...
REIN MIT IHNEN, MR. LANG. SIE WERDEN ERWARTET.

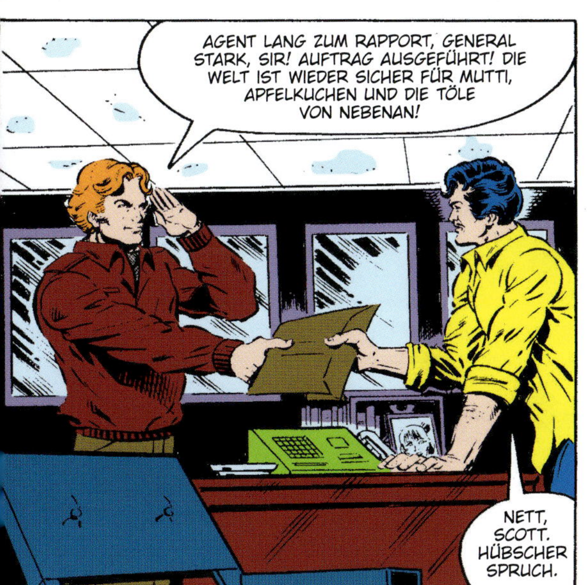
AGENT LANG ZUM RAPPORT, GENERAL STARK, SIR! AUFTRAG AUSGEFÜHRT! DIE WELT IST WIEDER SICHER FÜR MUTTI, APFELKUCHEN UND DIE TÖLE VON NEBENAN!
NETT, SCOTT. HÜBSCHER SPRUCH.

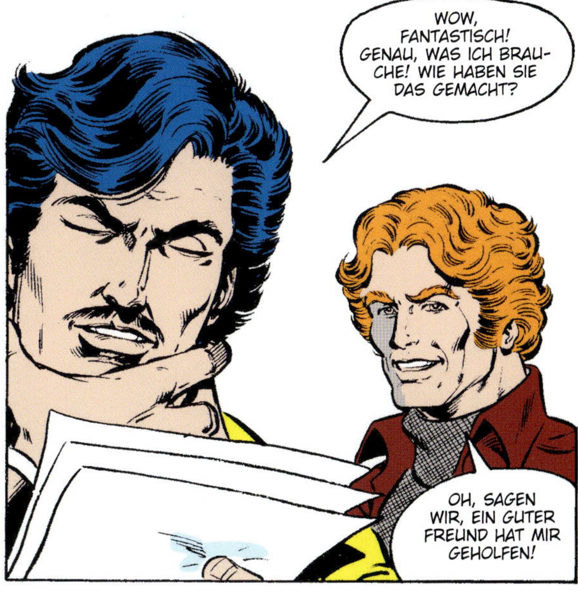
WOW, FANTASTISCH! GENAU, WAS ICH BRAUCHE! WIE HABEN SIE DAS GEMACHT?
OH, SAGEN WIR, EIN GUTER FREUND HAT MIR GEHOLFEN!

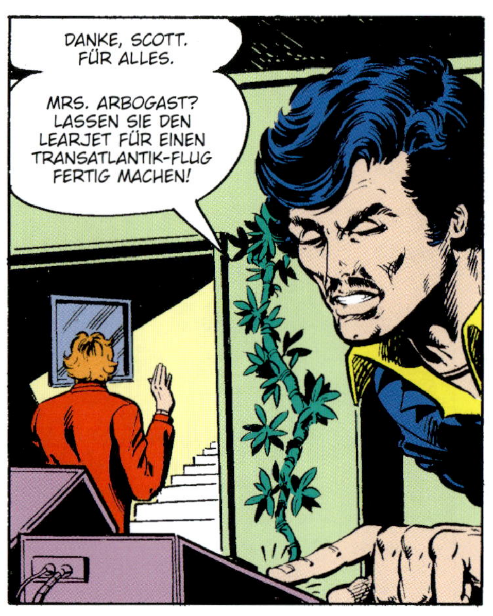

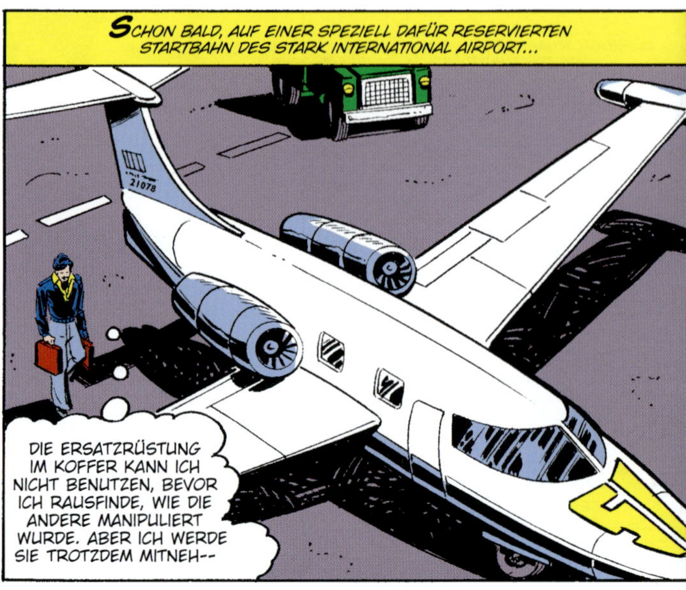

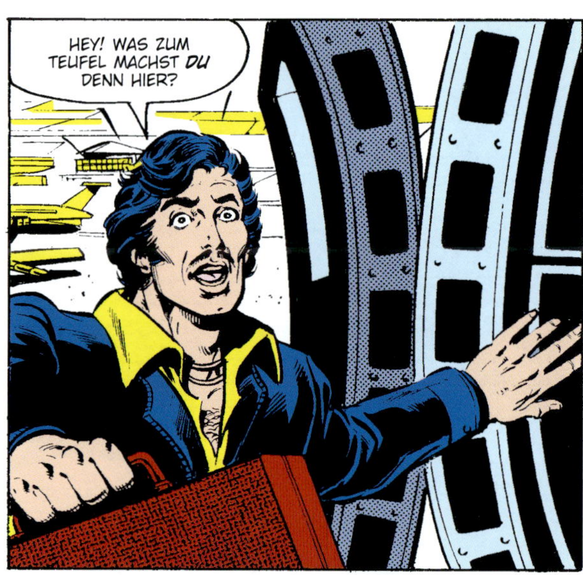

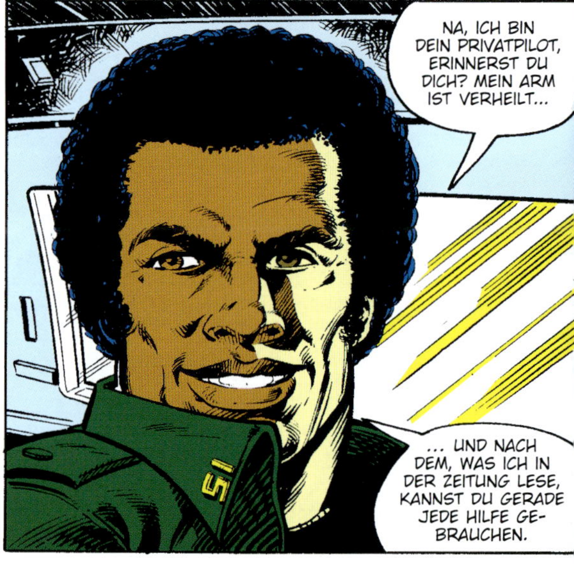

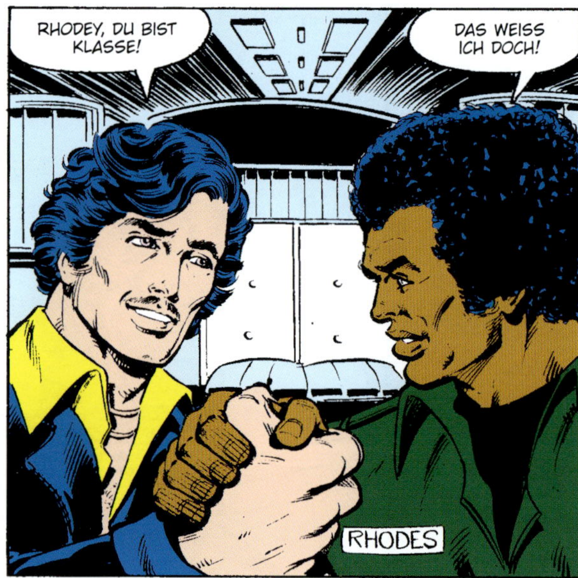

DER SCHLANKE LEARJET SCHIESST WIE EINE RAKETE IN DEN HIMMEL UND FLIEGT GEN OSTEN. TONY STARK WEIHT SEINEN NEUEN MITSTREITER IN DIE PLANUNGEN EIN...

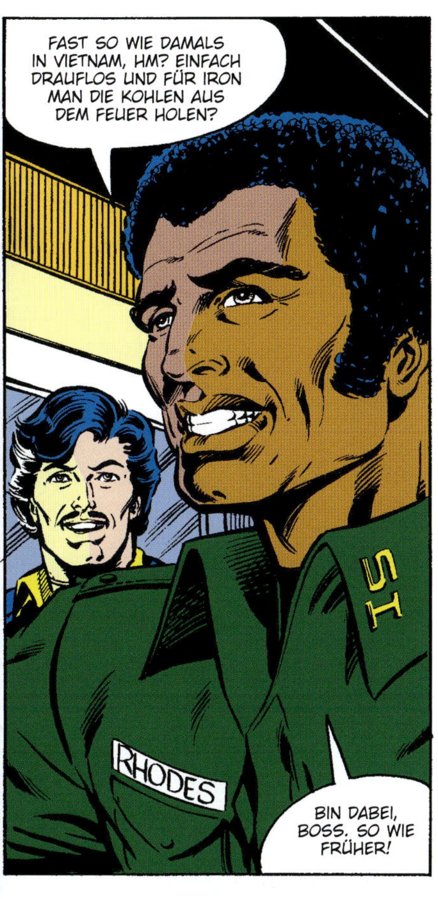
FAST SO WIE DAMALS IN VIETNAM, HM? EINFACH DRAUFLOS UND FÜR IRON MAN DIE KOHLEN AUS DEM FEUER HOLEN?
RHODES
BIN DABEI, BOSS. SO WIE FRÜHER!

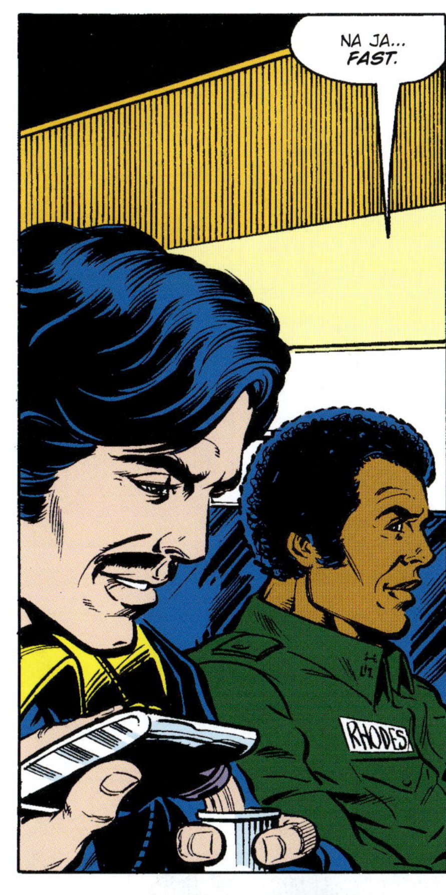
NA JA... FAST.
RHODES

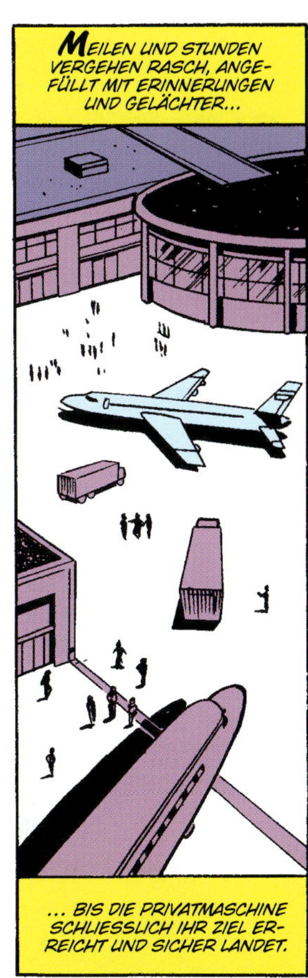
MEILEN UND STUNDEN VERGEHEN RASCH, ANGEFÜLLT MIT ERINNERUNGEN UND GELÄCHTER...
... BIS DIE PRIVATMASCHINE SCHLIESSLICH IHR ZIEL ERREICHT UND SICHER LANDET.

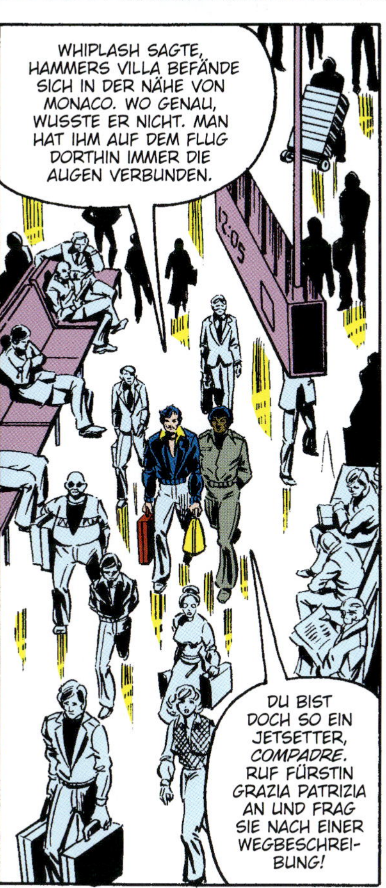
WHIPLASH SAGTE, HAMMERS VILLA BEFÄNDE SICH IN DER NÄHE VON MONACO. WO GENAU, WUSSTE ER NICHT. MAN HAT IHM AUF DEM FLUG DORTHIN IMMER DIE AUGEN VERBUNDEN.
12:05
DU BIST DOCH SO EIN JETSETTER, COMPADRE. RUF FÜRSTIN GRAZIA PATRIZIA AN UND FRAG SIE NACH EINER WEGBESCHREIBUNG!

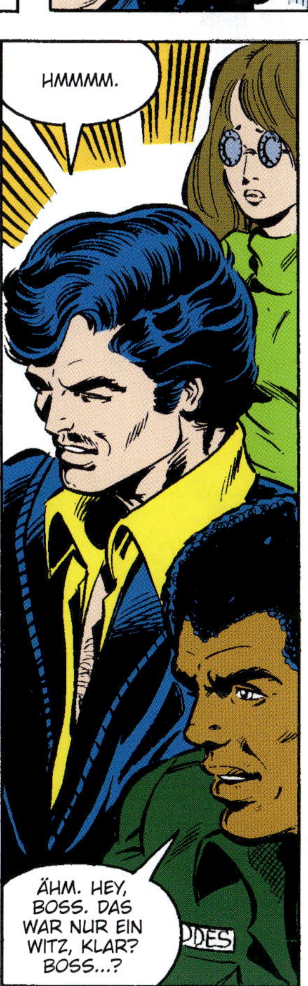
HMMMM.
ÄHM. HEY, BOSS. DAS WAR NUR EIN WITZ, KLAR? BOSS...?

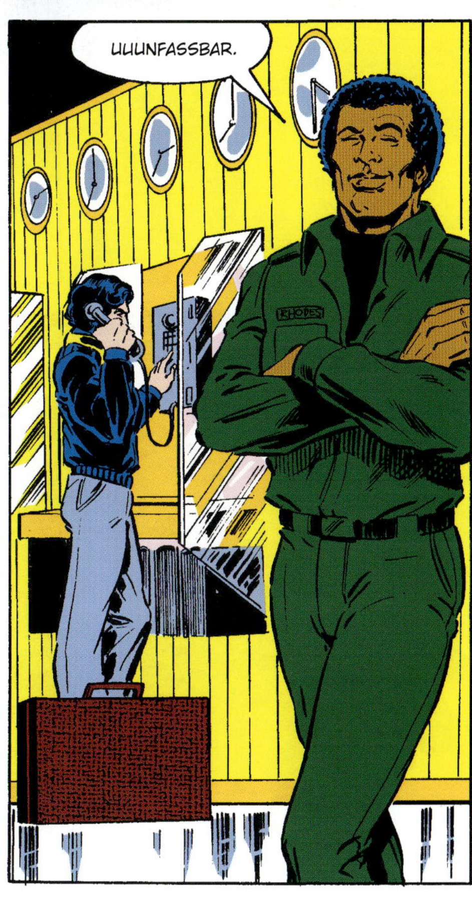
UUUNFASSBAR.

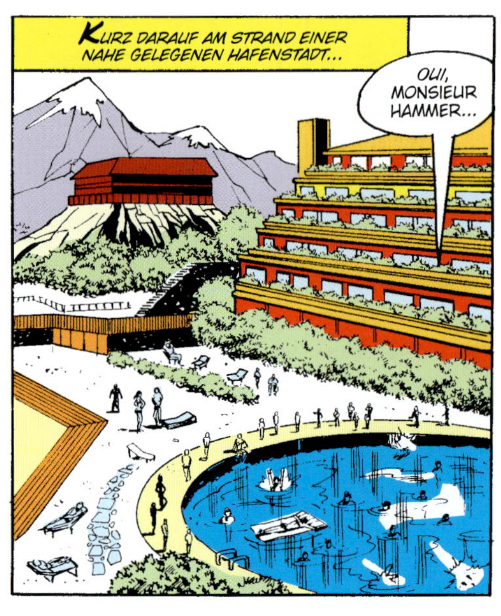
KURZ DARAUF AM STRAND EINER NAHE GELEGENEN HAFENSTADT...
OUI, MONSIEUR HAMMER...

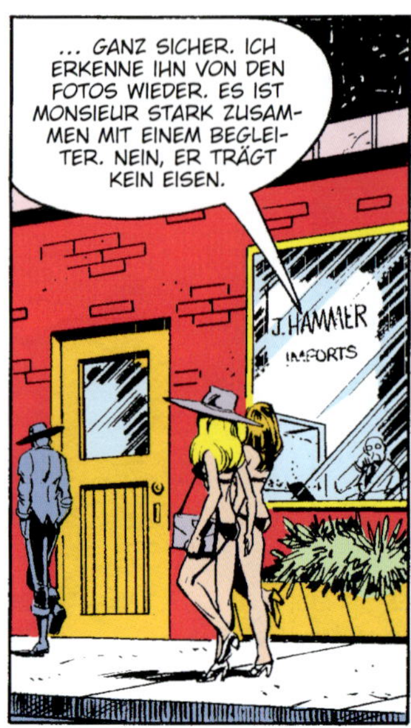
... GANZ SICHER. ICH ERKENNE IHN VON DEN FOTOS WIEDER. ES IST MONSIEUR STARK ZUSAMMEN MIT EINEM BEGLEITER. NEIN, ER TRÄGT KEIN EISEN.
J. HAMMER
IMPORTS

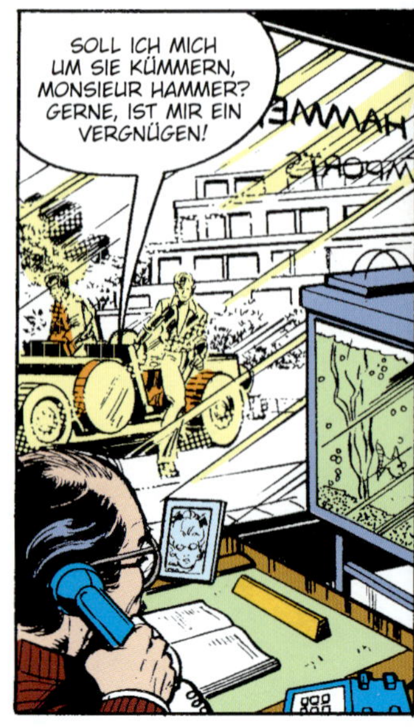
SOLL ICH MICH UM SIE KÜMMERN, MONSIEUR HAMMER? GERNE, IST MIR EIN VERGNÜGEN!

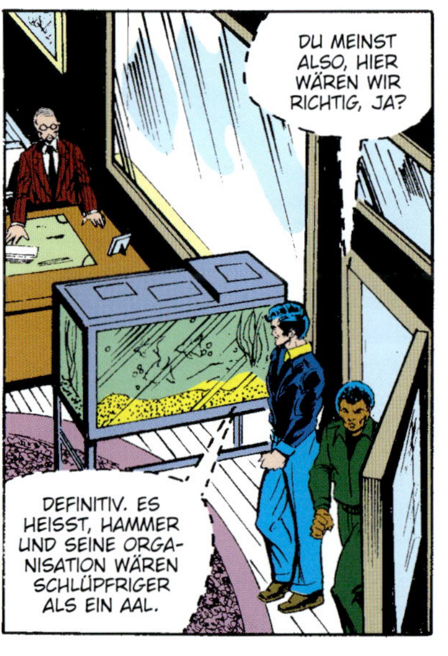
DU MEINST ALSO, HIER WÄREN WIR RICHTIG, JA?
DEFINITIV. ES HEISST, HAMMER UND SEINE ORGANISATION WÄREN SCHLÜPFRIGER ALS EIN AAL.

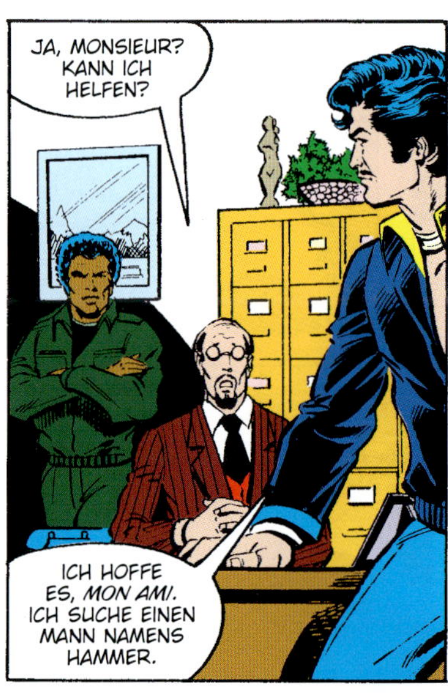
JA, MONSIEUR? KANN ICH HELFEN?
ICH HOFFE ES, MON AMI. ICH SUCHE EINEN MANN NAMENS HAMMER.

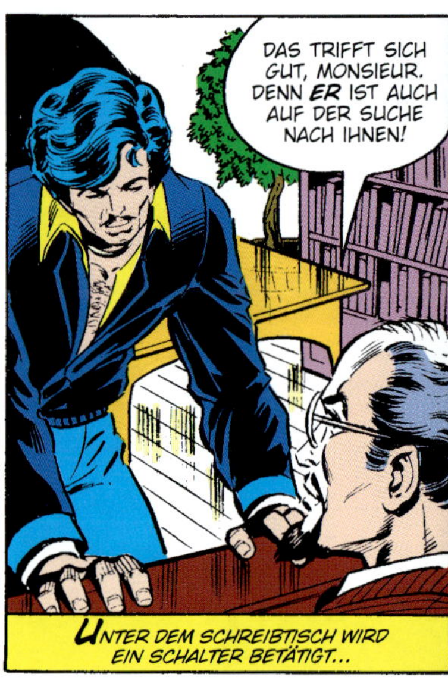
DAS TRIFFT SICH GUT, MONSIEUR. DENN ER IST AUCH AUF DER SUCHE NACH IHNEN!
UNTER DEM SCHREIBTISCH WIRD EIN SCHALTER BETÄTIGT...

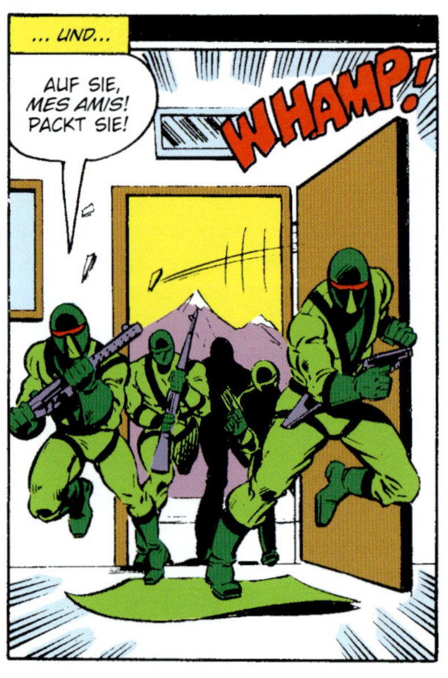
... UND...
AUF SIE, MES AMIS! PACKT SIE!
WHAMP!

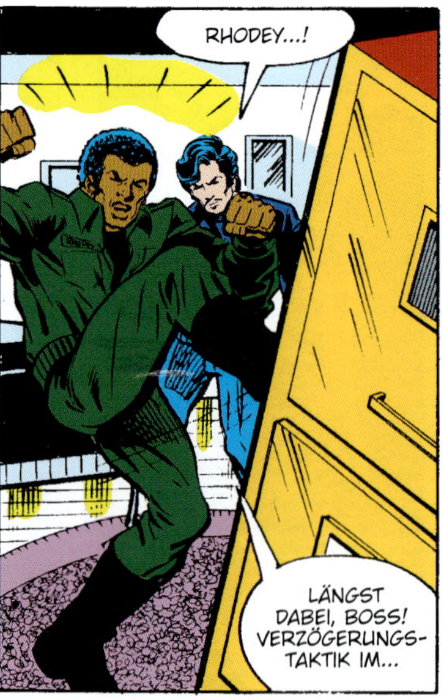
RHODEY...!
LÄNGST DABEI, BOSS! VERZÖGERUNGSTAKTIK IM...

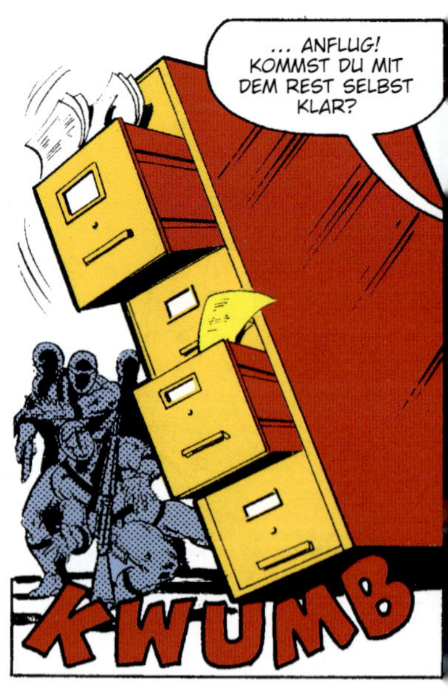
... ANFLUG! KOMMST DU MIT DEM REST SELBST KLAR?
KWUMB

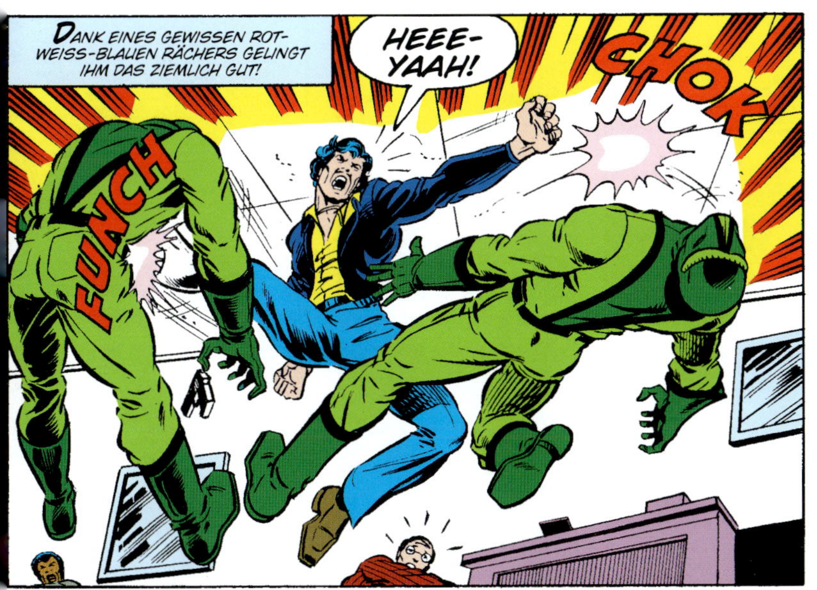
DANK EINES GEWISSEN ROT-WEISS-BLAUEN RÄCHERS GELINGT IHM DAS ZIEMLICH GUT!
HEEE-YAAH!
CHOK
FUNCH

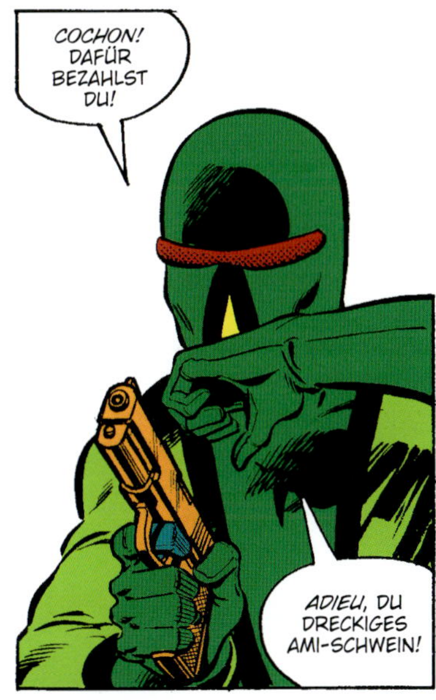
COCHON! DAFÜR BEZAHLST DU!
ADIEU, DU DRECKIGES AMI-SCHWEIN!

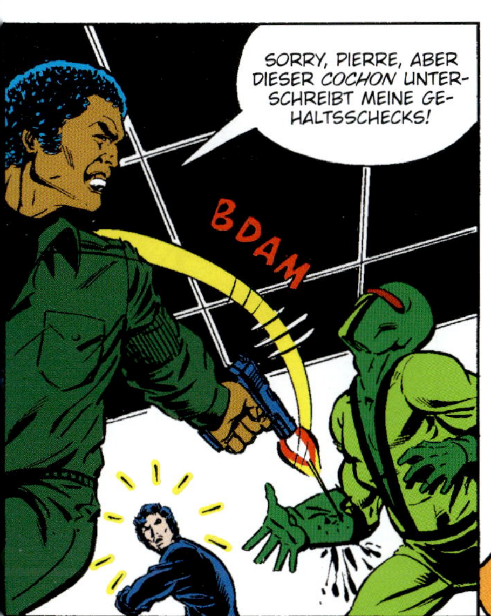
SORRY, PIERRE, ABER DIESER COCHON UNTER-SCHREIBT MEINE GE-HALTSSCHECKS!
BDAM

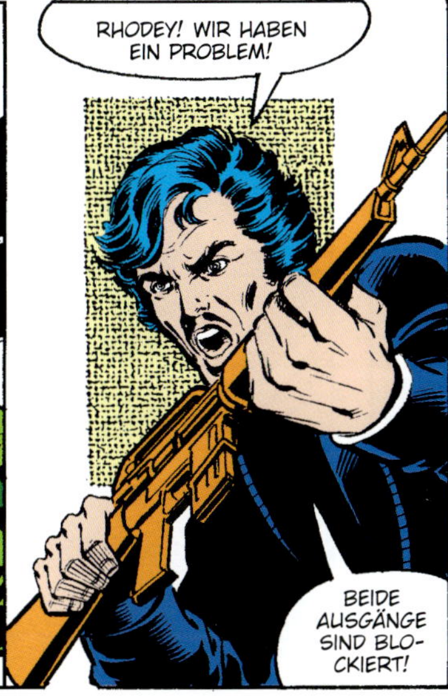
RHODEY! WIR HABEN EIN PROBLEM!
BEIDE AUSGÄNGE SIND BLO-CKIERT!

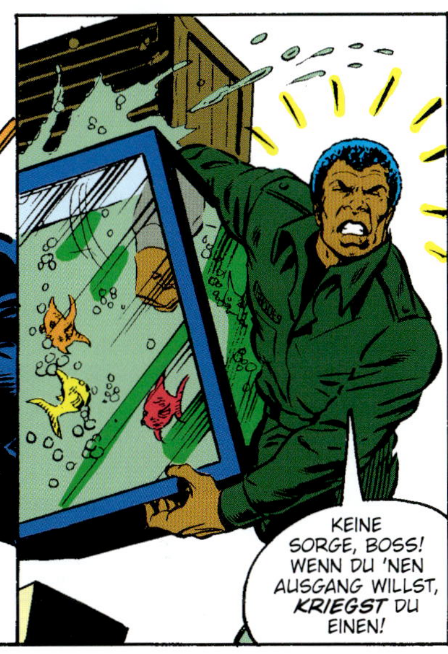
KEINE SORGE, BOSS! WENN DU 'NEN AUSGANG WILLST, KRIEGST DU EINEN!

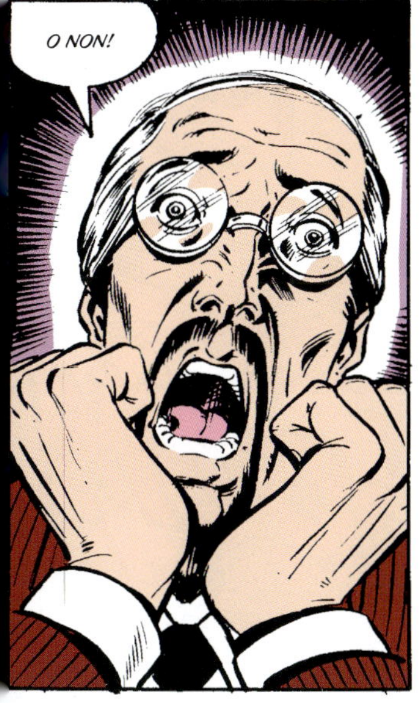
O NON!

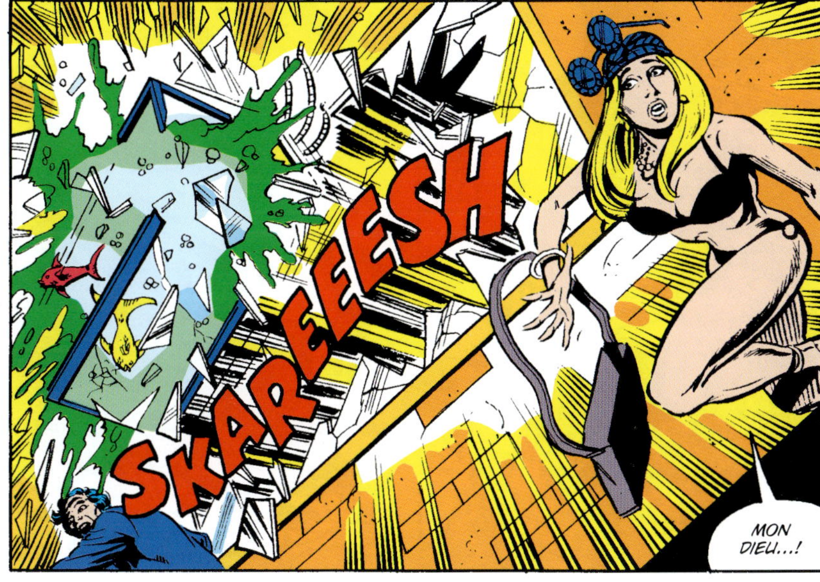
SKAREEESH
MON DIEU...!

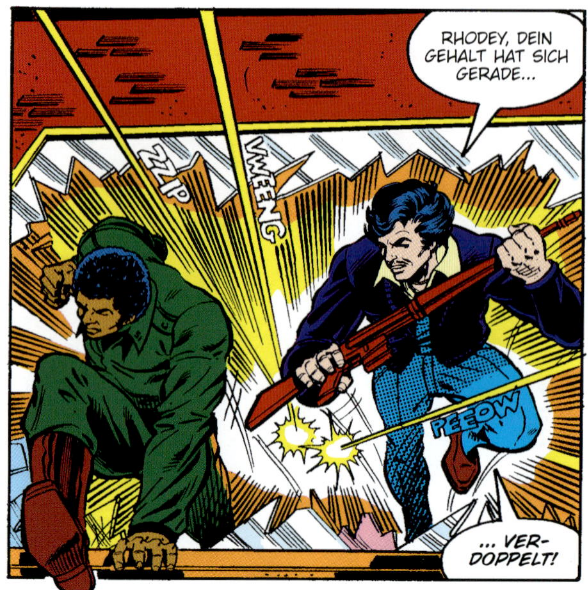
RHODEY, DEIN GEHALT HAT SICH GERADE...
ZZIP
VWEENG
PEEOW
... VER-DOPPELT!

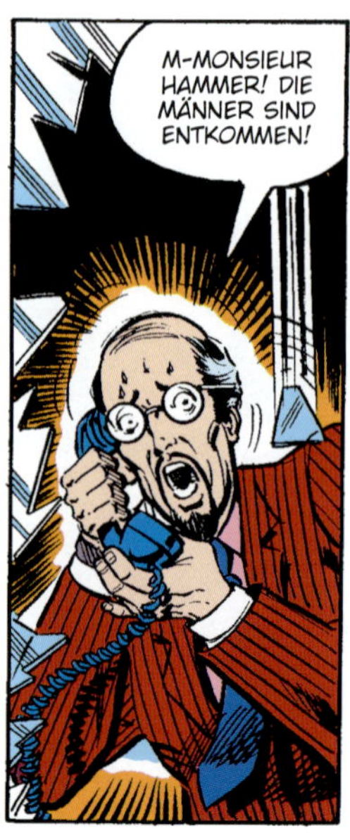
M-MONSIEUR HAMMER! DIE MÄNNER SIND ENTKOMMEN!

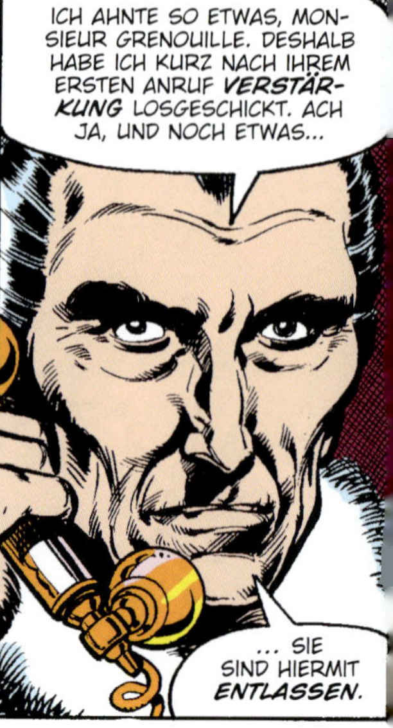
ICH AHNTE SO ETWAS, MONSIEUR GRENOUILLE. DESHALB HABE ICH KURZ NACH IHREM ERSTEN ANRUF VERSTÄRKUNG LOSGESCHICKT. ACH JA, UND NOCH ETWAS...
... SIE SIND HIERMIT ENTLASSEN.

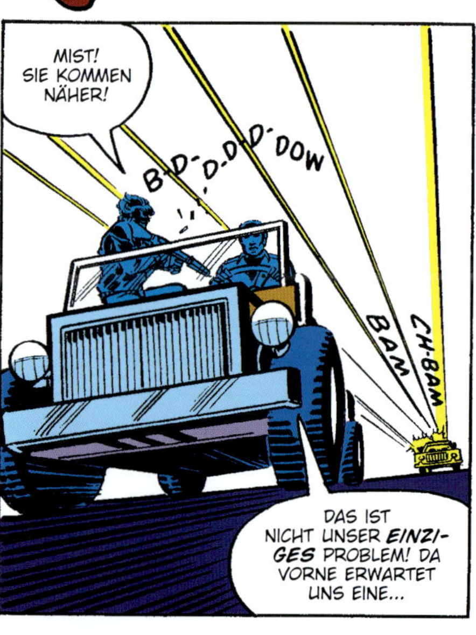
MIST! SIE KOMMEN NÄHER!
B-D-D-D-D-DOW
BAM
CH-BAM
DAS IST NICHT UNSER EINZIGES PROBLEM! DA VORNE ERWARTET UNS EINE...

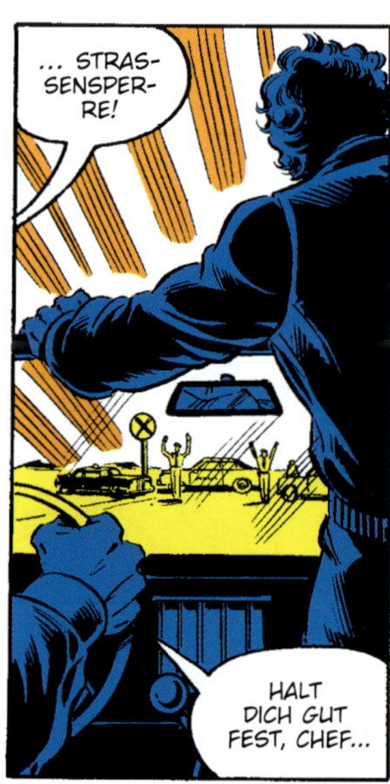
... STRASSENSPERRE!
HALT DICH GUT FEST, CHEF...

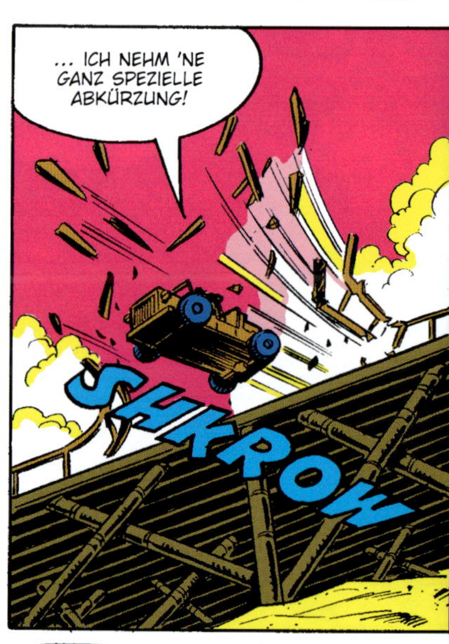
... ICH NEHM 'NE GANZ SPEZIELLE ABKÜRZUNG!
SHKROW

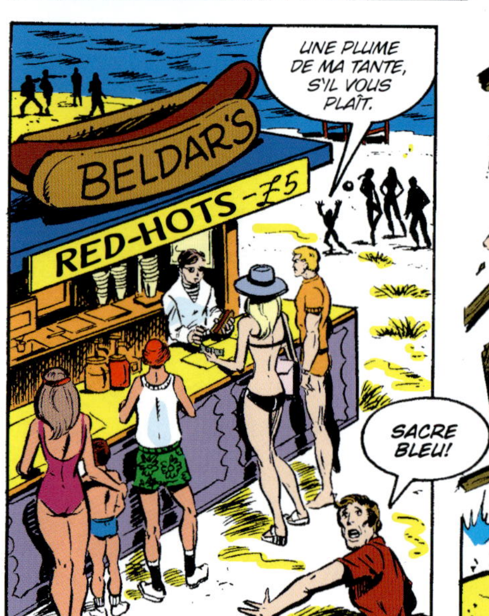
BELDAR'S
RED-HOTS-£5
UNE PLUME DE MA TANTE, S'IL VOUS PLAÎT.
SACRE BLEU!

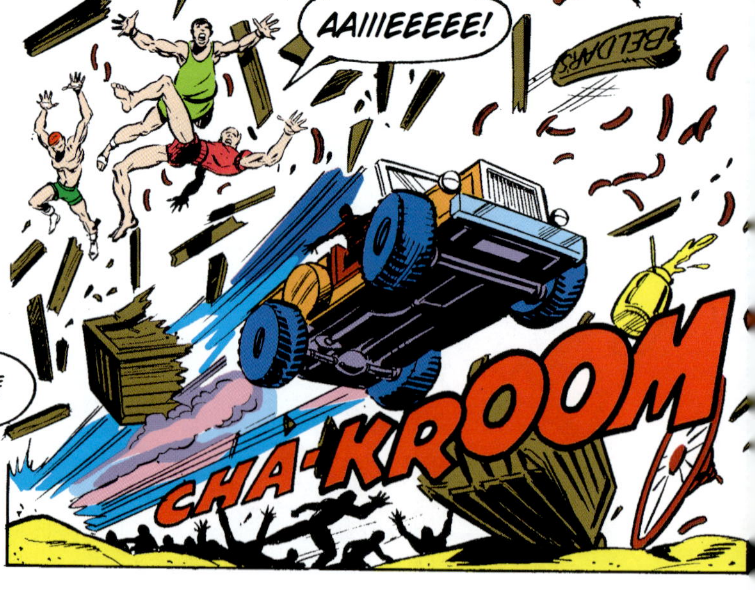
AAIIIEEEEE!
BELDAR'S
CHA-KROOM

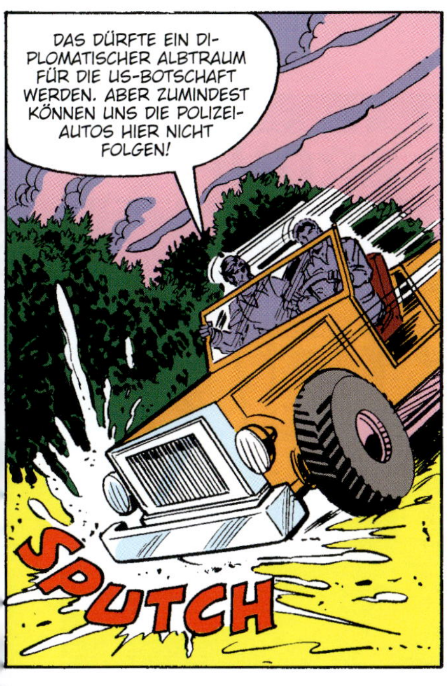

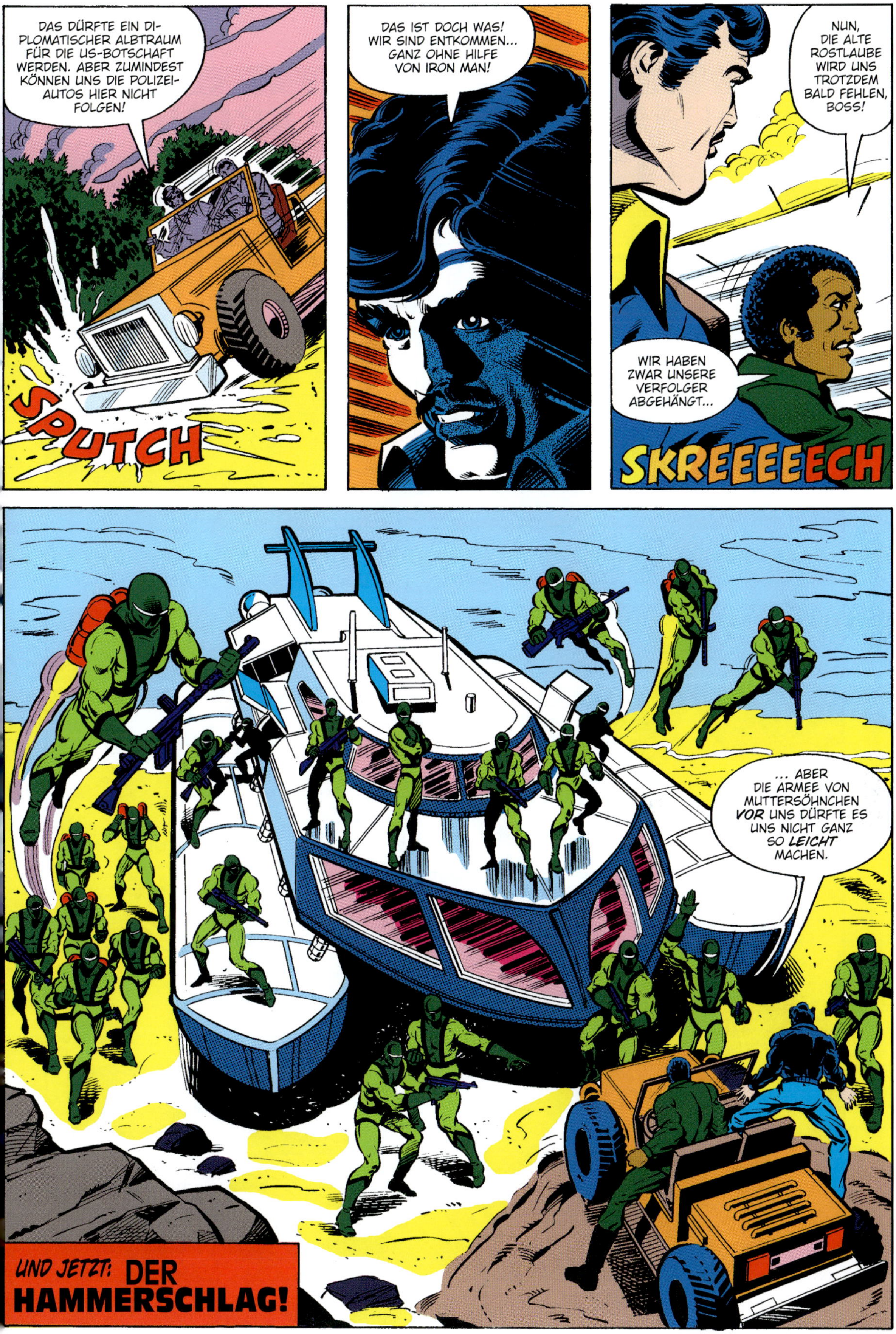

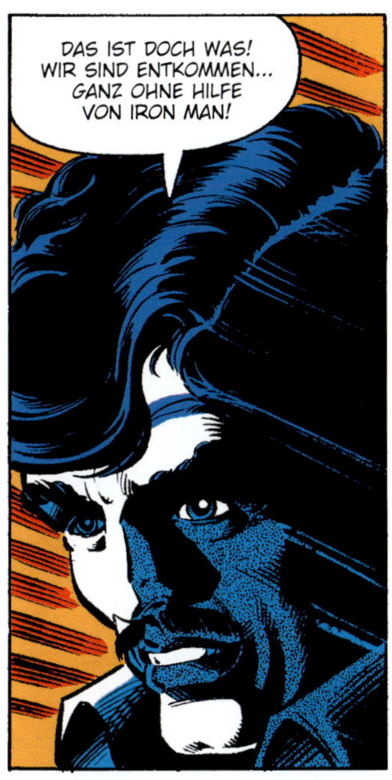

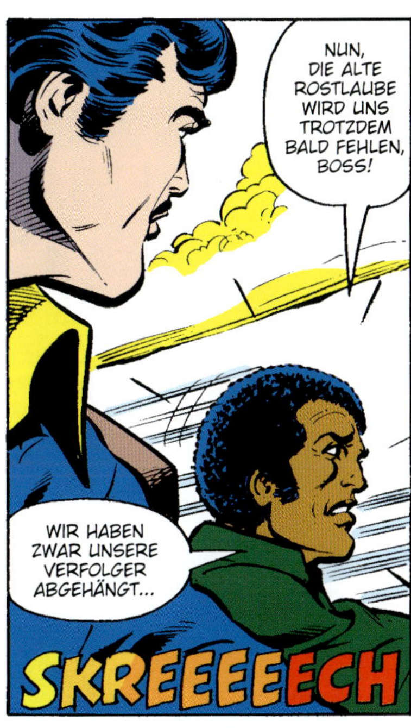

... ABER DIE ARMEE VON MUTTERSÖHNCHEN ***VOR*** UNS DÜRFTE ES UNS NICHT GANZ SO ***LEICHT*** MACHEN.

UND JETZT: **DER HAMMERSCHLAG!**

DER HAMMERSCHLAG!

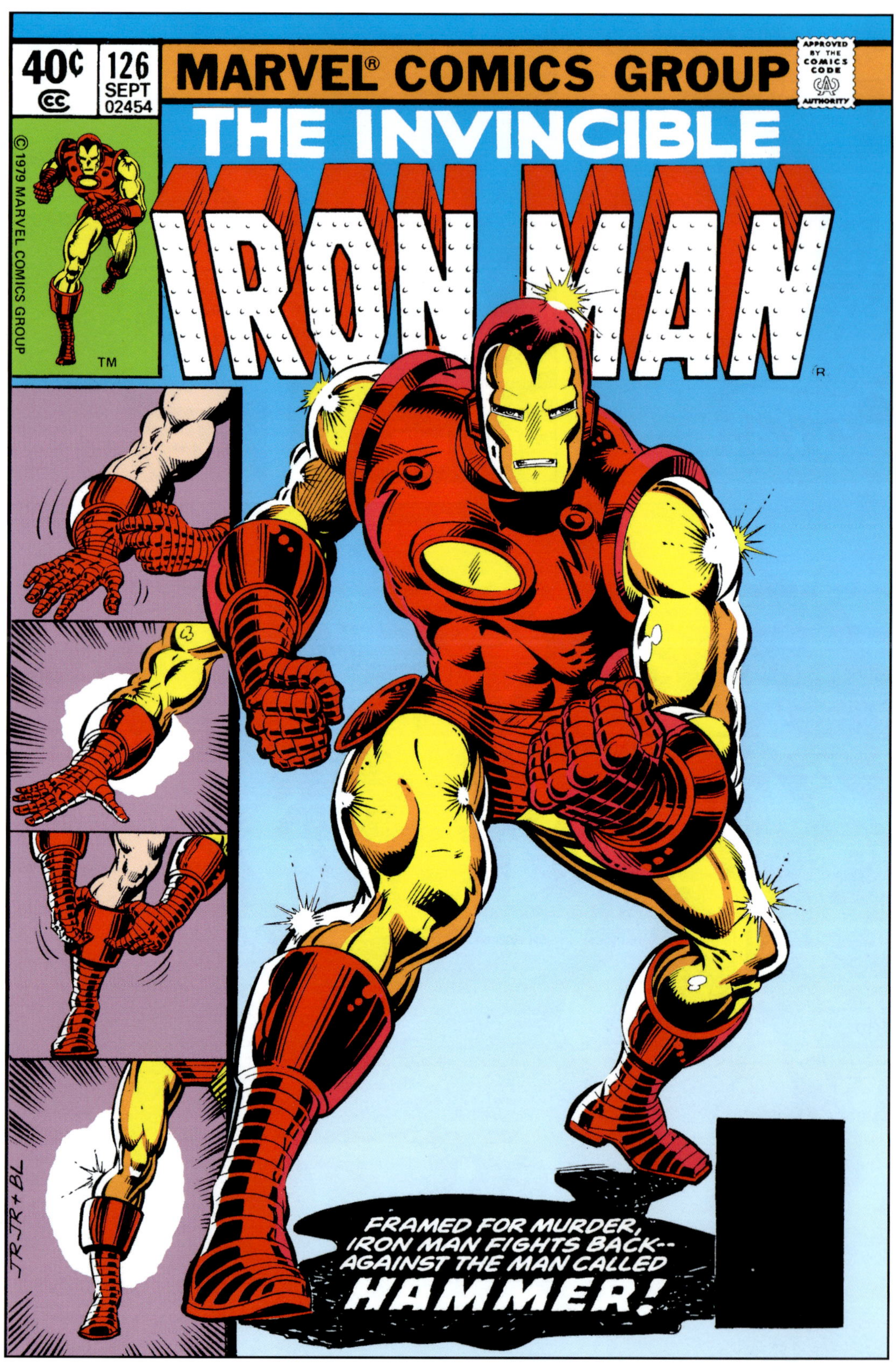

Iron Man (1968) 126

Cover von **JOHN ROMITA JR.**

Wenn der millionenschwere Unternehmer und meisterliche Erfinder **Tony Stark** in seine solarbetriebene Stahlrüstung klettert, wird er zur weltweit stärksten menschlichen Kampfmaschine…

Stan Lee präsentiert: DER UNBESIEGBARE IRON MAN®

DAVID MICHELINIE STORY
JOHN ROMITA JR. ZEICHNUNGEN
BOB LAYTON TUSCHE/PLOT
BEN SEAN FARBEN
ALEXANDER RÖSCH ÜBERSETZUNG
FABIO CIACCI LETTERING
ROGER STERN & JIM SHOOTER REDAKTION USA

MONACO. EIN UNGEMÜTLICHES NACHSPIEL.

AMI-SCHWEIN!

MIESER YANKEE!

MEIN VOLK MAG SIE NICHT, MONSIEUR. UND ICH EHRLICH GESAGT AUCH NICHT.

HÖREN SIE, ICH HAB'S IHNEN DOCH ERKLÄRT! ICH KANN NICHTS DAFÜR. VOR EIN PAAR MINUTEN WAR DIESER STRAND VOLLER SOLDATEN. ICH KÄMPFTE UM MEIN LEBEN.

HÄTTE –AUA!– ***FAST*** GEWONNEN.

THE HAMMER STRIKES!*

* DER HAMMERSCHLAG!

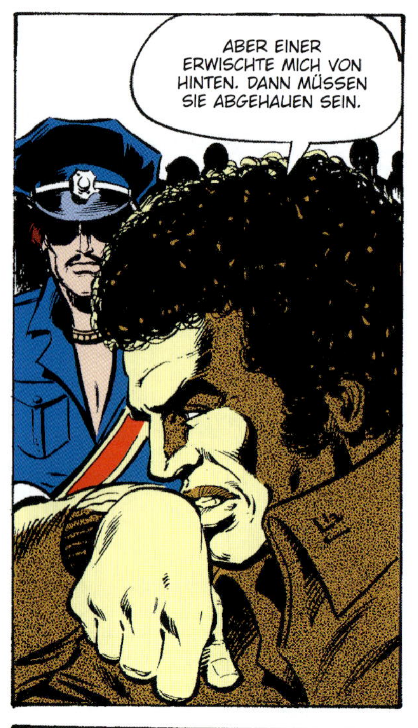
ABER EINER ERWISCHTE MICH VON HINTEN. DANN MÜSSEN SIE ABGEHAUEN SEIN.

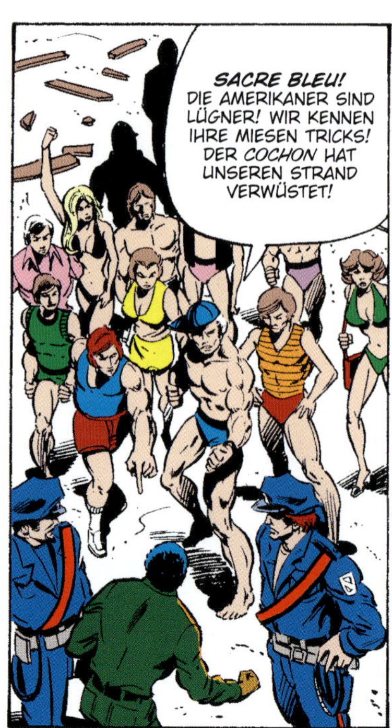
SACRE BLEU! DIE AMERIKANER SIND LÜGNER! WIR KENNEN IHRE MIESEN TRICKS! DER COCHON HAT UNSEREN STRAND VERWÜSTET!

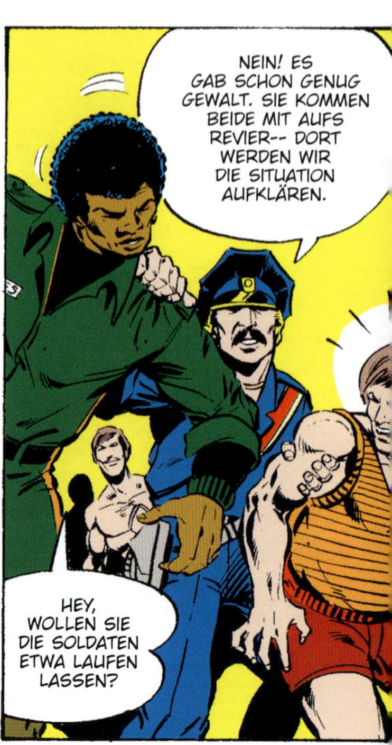
NEIN! ES GAB SCHON GENUG GEWALT. SIE KOMMEN BEIDE MIT AUFS REVIER-- DORT WERDEN WIR DIE SITUATION AUFKLÄREN.
HEY, WOLLEN SIE DIE SOLDATEN ETWA LAUFEN LASSEN?

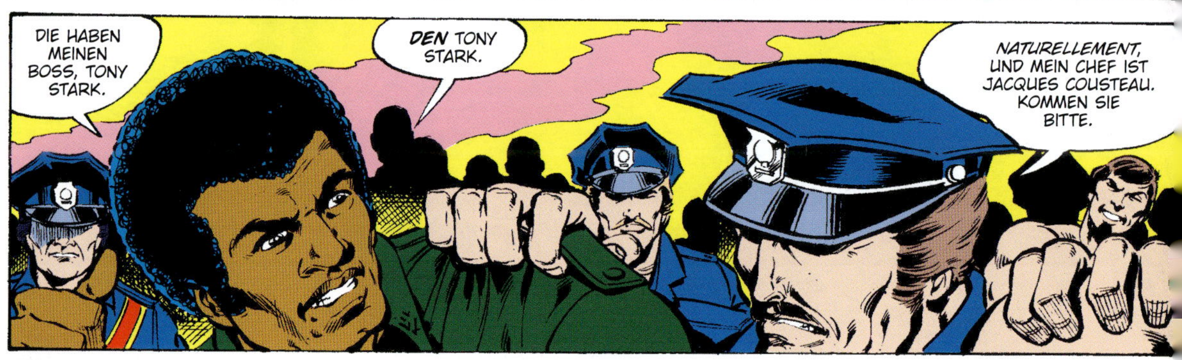
DIE HABEN MEINEN BOSS, TONY STARK.
DEN TONY STARK.
NATURELLEMENT, UND MEIN CHEF IST JACQUES COUSTEAU. KOMMEN SIE BITTE.

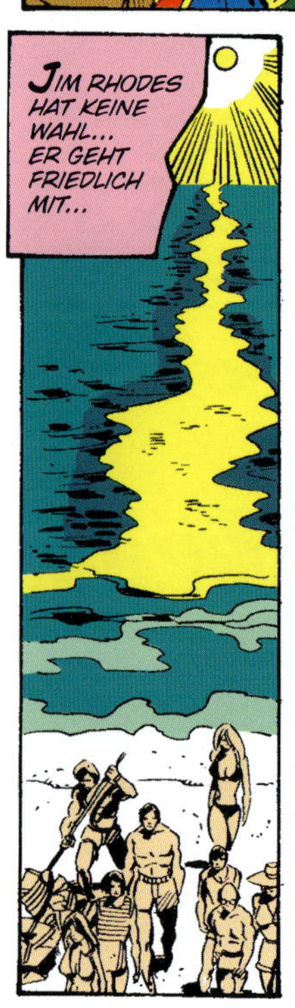
JIM RHODES HAT KEINE WAHL... ER GEHT FRIEDLICH MIT...

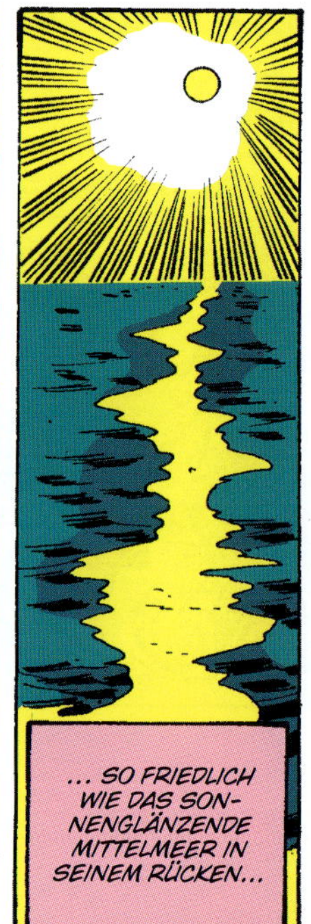
... SO FRIEDLICH WIE DAS SON-NENGLÄNZENDE MITTELMEER IN SEINEM RÜCKEN...

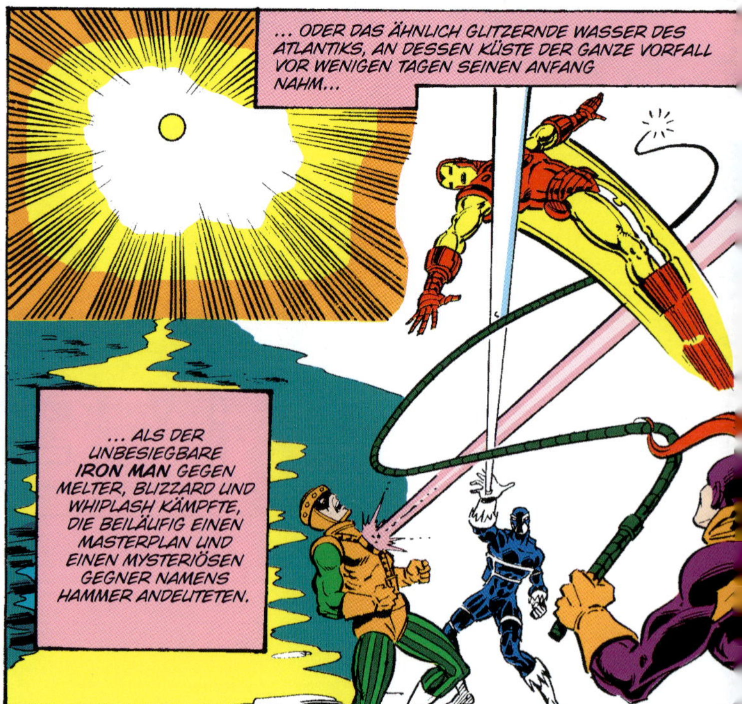
... ODER DAS ÄHNLICH GLITZERNDE WASSER DES ATLANTIKS, AN DESSEN KÜSTE DER GANZE VORFALL VOR WENIGEN TAGEN SEINEN ANFANG NAHM...
... ALS DER UNBESIEGBARE IRON MAN GEGEN MELTER, BLIZZARD UND WHIPLASH KÄMPFTE, DIE BEILÄUFIG EINEN MASTERPLAN UND EINEN MYSTERIÖSEN GEGNER NAMENS HAMMER ANDEUTETEN.

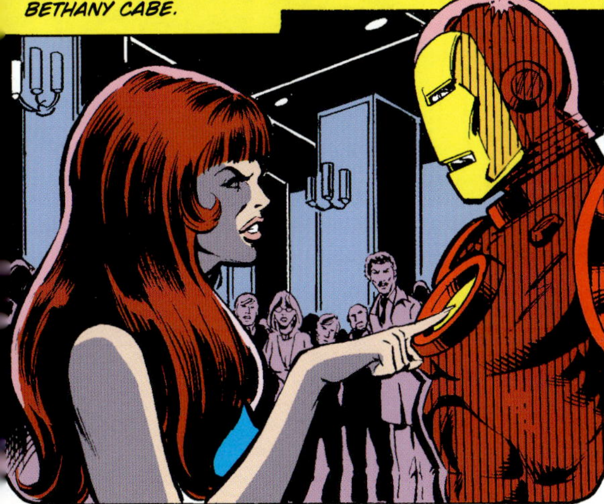
ABER DEM GOLDENEN RÄCHER BLIEB WENIG ZEIT, UM ÜBER SPUREN ODER VERSCHWÖRUNGEN NACHZUDENKEN, DENN DERSELBE KAMPF FÜHRTE ZU EINEM DISPUT ZWISCHEN IHM UND TONY STARKS BEGLEITERIN BETHANY CABE.

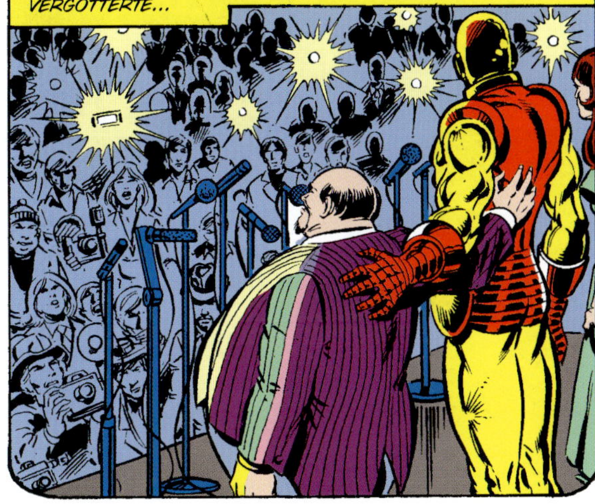
DESHALB WOLLTE ER SICH IN SEINE ARBEIT STÜRZEN UND WOHNTE ALS VERTRETER VON STARK INTERNATIONAL EINER VERTRAGSUNTERZEICHNUNG MIT DEM KARNELISCHEN BOTSCHAFTER BEI, DER IHN FÖRMLICH VERGÖTTERTE...

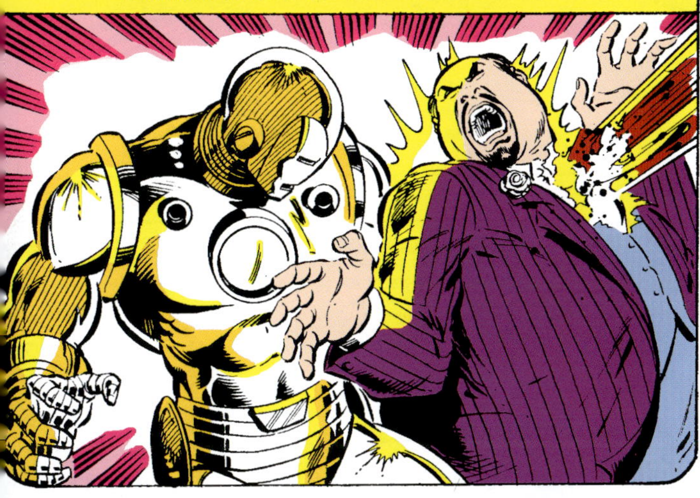
... DOCH DANN SCHLUG DER FESTAKT IN PANIK UM, ALS EINE FEHLFUNKTION SEINES REPULSORS DEN DIPLOMATEN DURCHLÖCHERTE WIE EIN STÜCK SCHWEIZER KÄSE.

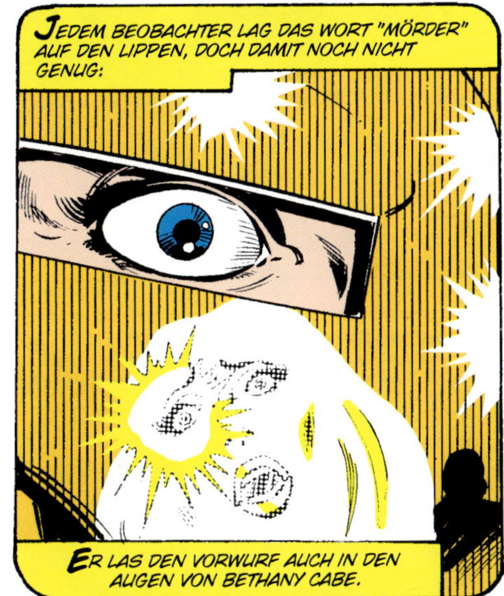
JEDEM BEOBACHTER LAG DAS WORT "MÖRDER" AUF DEN LIPPEN, DOCH DAMIT NOCH NICHT GENUG:
ER LAS DEN VORWURF AUCH IN DEN AUGEN VON BETHANY CABE.

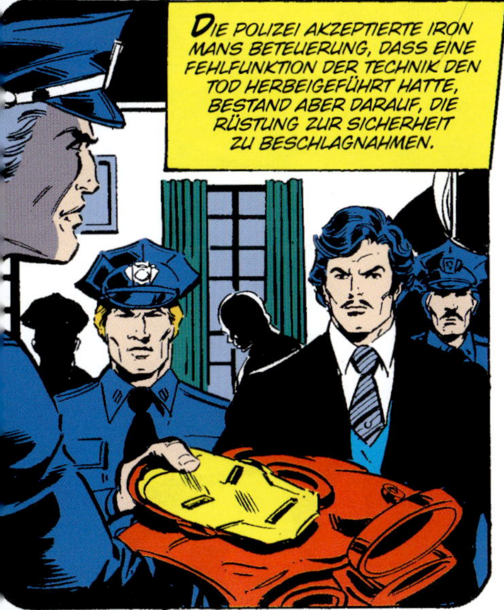
DIE POLIZEI AKZEPTIERTE IRON MANS BETEUERUNG, DASS EINE FEHLFUNKTION DER TECHNIK DEN TOD HERBEIGEFÜHRT HATTE, BESTAND ABER DARAUF, DIE RÜSTUNG ZUR SICHERHEIT ZU BESCHLAGNAHMEN.

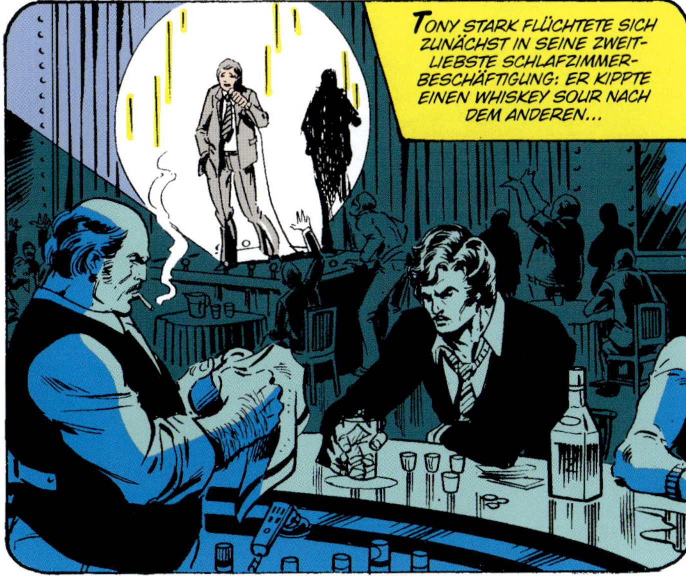
TONY STARK FLÜCHTETE SICH ZUNÄCHST IN SEINE ZWEITLIEBSTE SCHLAFZIMMERBESCHÄFTIGUNG: ER KIPPTE EINEN WHISKEY SOUR NACH DEM ANDEREN...

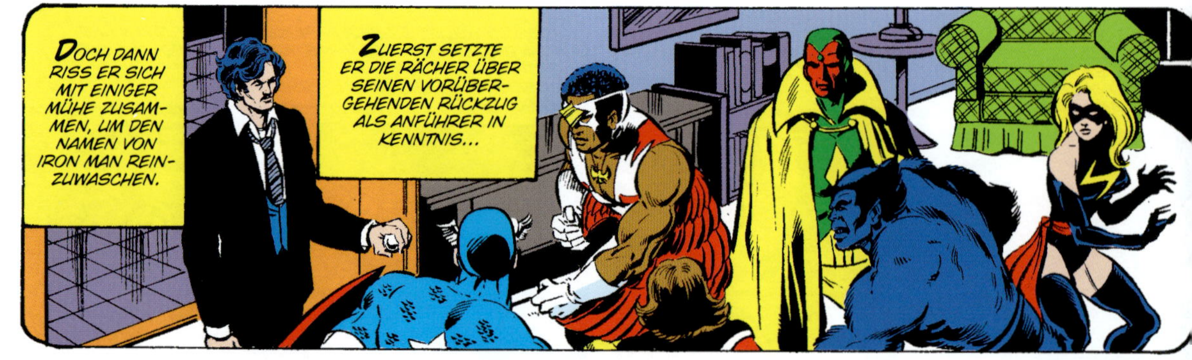

DOCH DANN RISS ER SICH MIT EINIGER MÜHE ZUSAMMEN, UM DEN NAMEN VON IRON MAN REINZUWASCHEN.
ZUERST SETZTE ER DIE RÄCHER ÜBER SEINEN VORÜBERGEHENDEN RÜCKZUG ALS ANFÜHRER IN KENNTNIS...

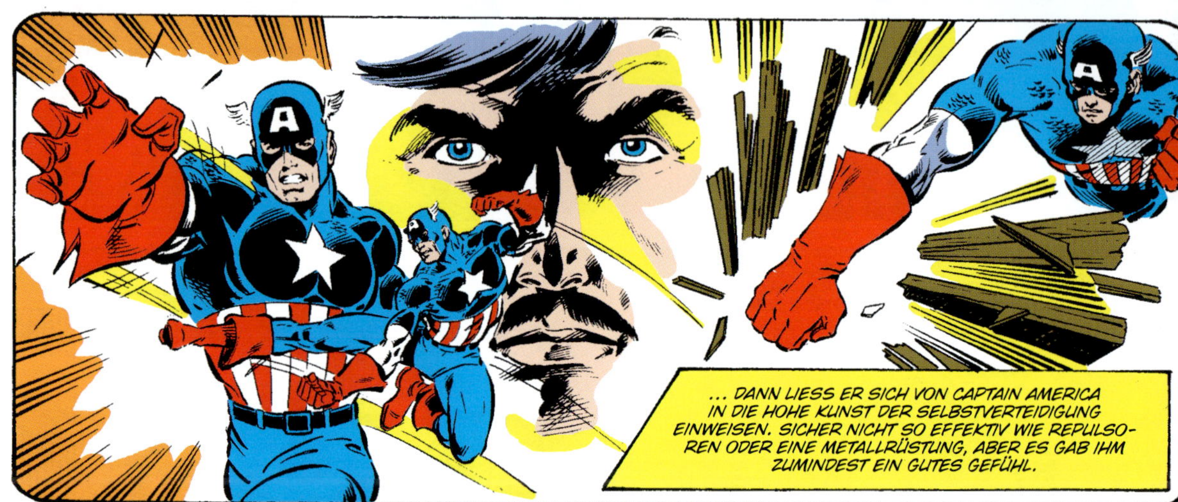

... DANN LIESS ER SICH VON CAPTAIN AMERICA IN DIE HOHE KUNST DER SELBSTVERTEIDIGUNG EINWEISEN. SICHER NICHT SO EFFEKTIV WIE REPULSOREN ODER EINE METALLRÜSTUNG, ABER ES GAB IHM ZUMINDEST EIN GUTES GEFÜHL.

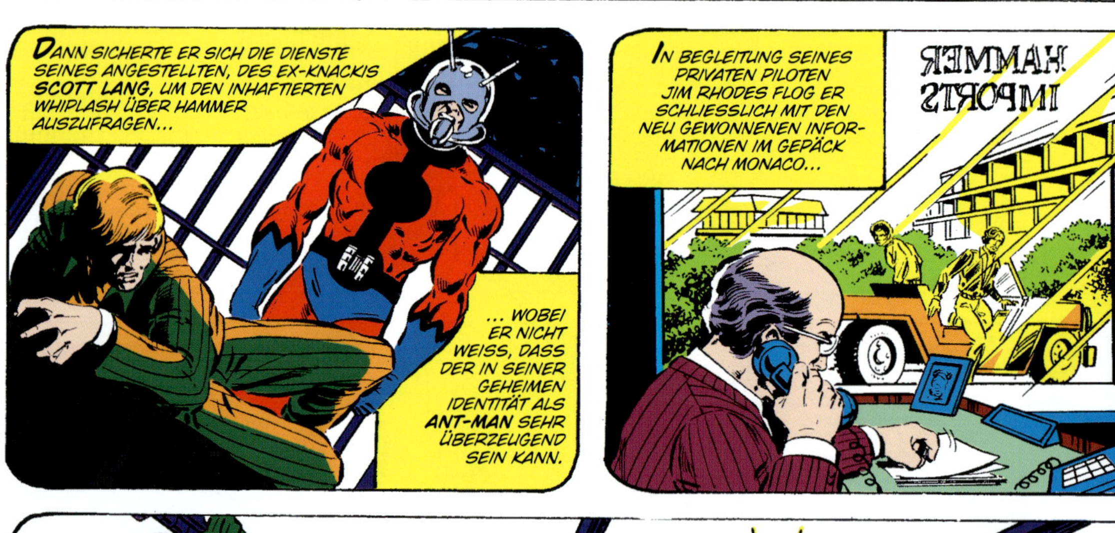

DANN SICHERTE ER SICH DIE DIENSTE SEINES ANGESTELLTEN, DES EX-KNACKIS **SCOTT LANG**, UM DEN INHAFTIERTEN WHIPLASH ÜBER HAMMER AUSZUFRAGEN...
... WOBEI ER NICHT WEISS, DASS DER IN SEINER GEHEIMEN IDENTITÄT ALS **ANT-MAN** SEHR ÜBERZEUGEND SEIN KANN.
IN BEGLEITUNG SEINES PRIVATEN PILOTEN JIM RHODES FLOG ER SCHLIESSLICH MIT DEN NEU GEWONNENEN INFORMATIONEN IM GEPÄCK NACH MONACO...

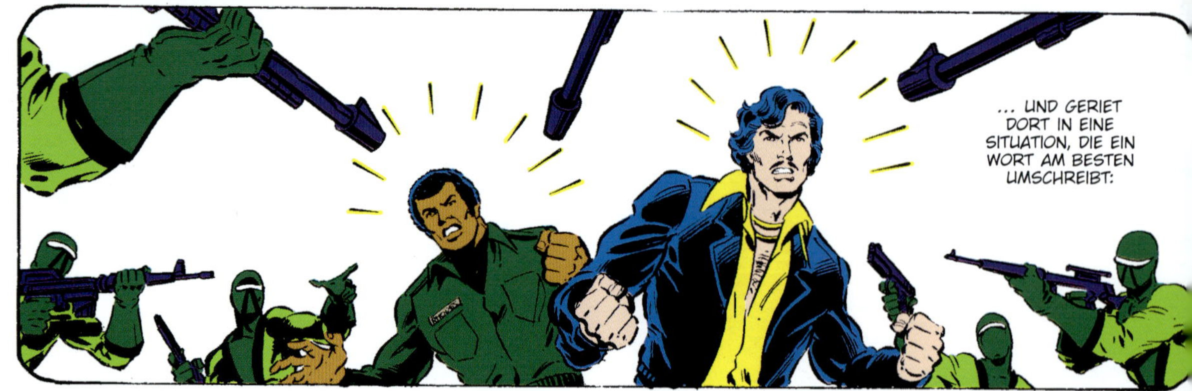

... UND GERIET DORT IN EINE SITUATION, DIE EIN WORT AM BESTEN UMSCHREIBT:

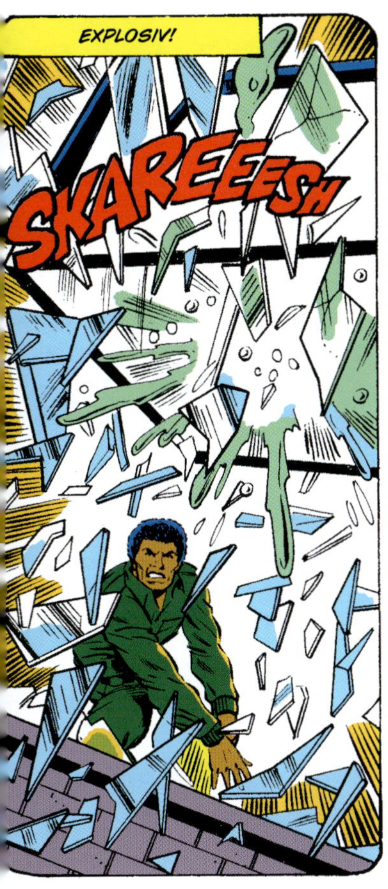
EXPLOSIV!
SKAREEEESH

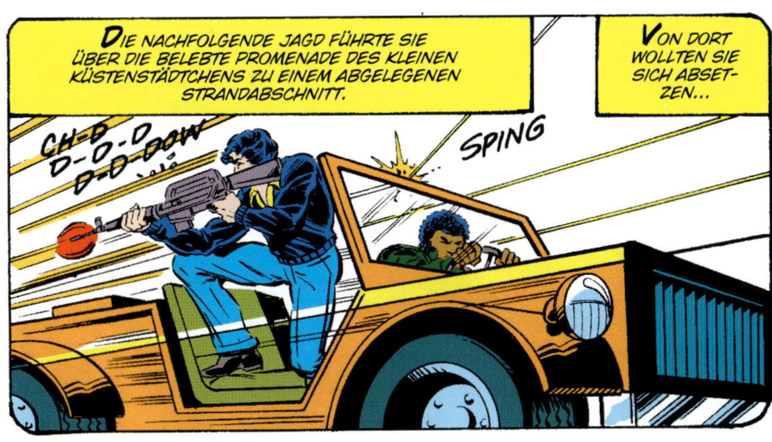
DIE NACHFOLGENDE JAGD FÜHRTE SIE ÜBER DIE BELEBTE PROMENADE DES KLEINEN KÜSTENSTÄDTCHENS ZU EINEM ABGELEGENEN STRANDABSCHNITT.
VON DORT WOLLTEN SIE SICH ABSETZEN...
CH-D D-D-D D-D-DOW
SPING

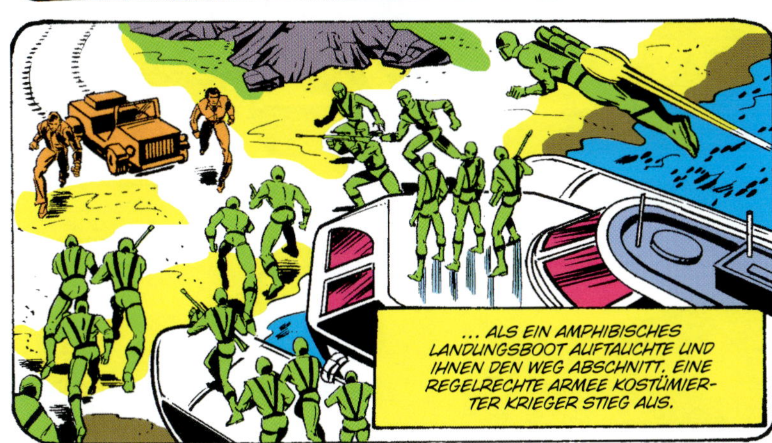
... ALS EIN AMPHIBISCHES LANDUNGSBOOT AUFTAUCHTE UND IHNEN DEN WEG ABSCHNITT. EINE REGELRECHTE ARMEE KOSTÜMIERTER KRIEGER STIEG AUS.

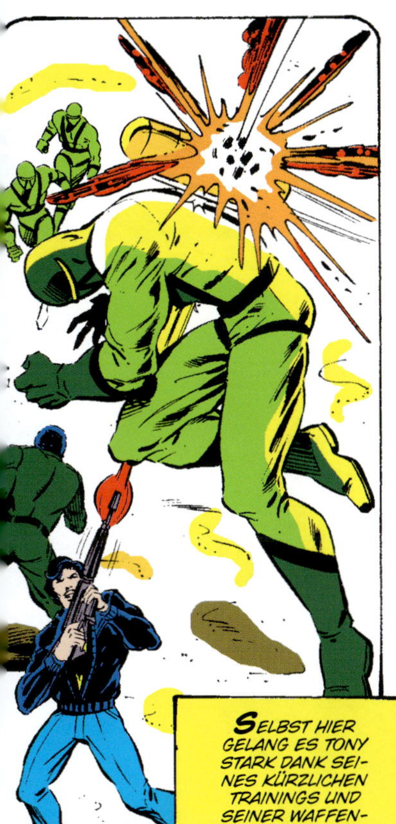
SELBST HIER GELANG ES TONY STARK DANK SEINES KÜRZLICHEN TRAININGS UND SEINER WAFFENERFAHRUNG, SICH ZU BEHAUPTEN.

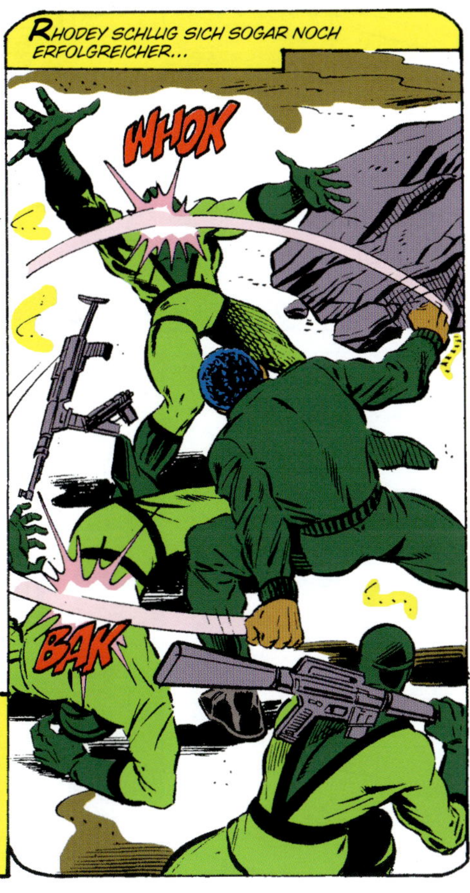
RHODEY SCHLUG SICH SOGAR NOCH ERFOLGREICHER...
WHOK
BAK

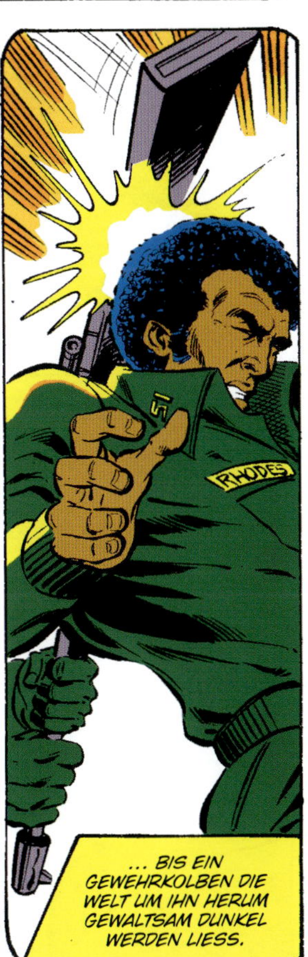
RHODES
... BIS EIN GEWEHRKOLBEN DIE WELT UM IHN HERUM GEWALTSAM DUNKEL WERDEN LIESS.

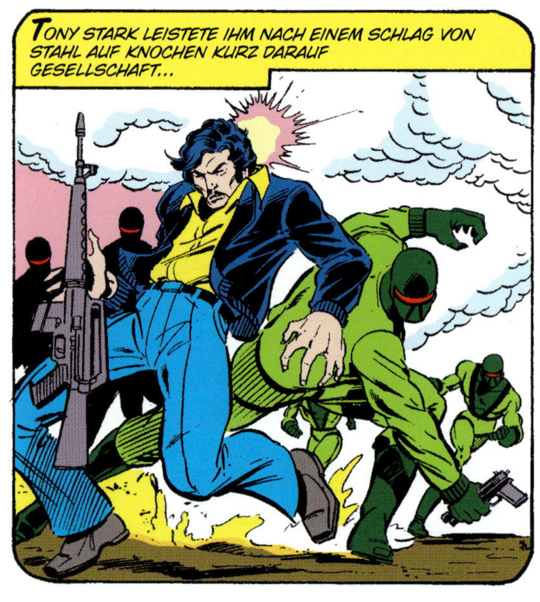

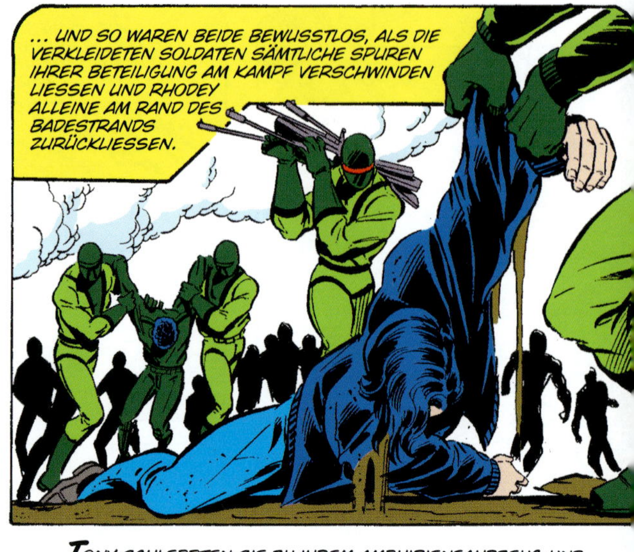

TONY SCHLEPPTEN SIE ZU IHREM AMPHIBIENFAHRZEUG UND VERSCHWANDEN MIT IHM IN DEN WEITEN DES MITTELMEERS...

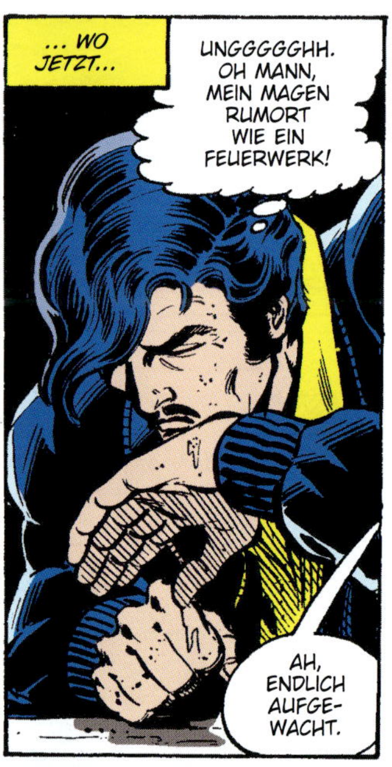

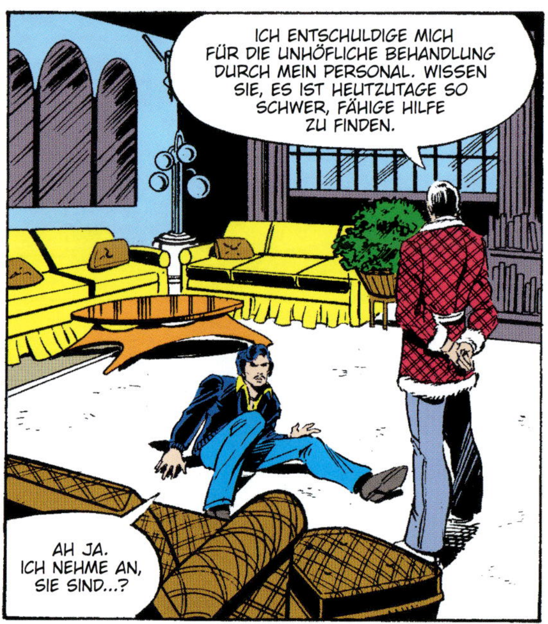

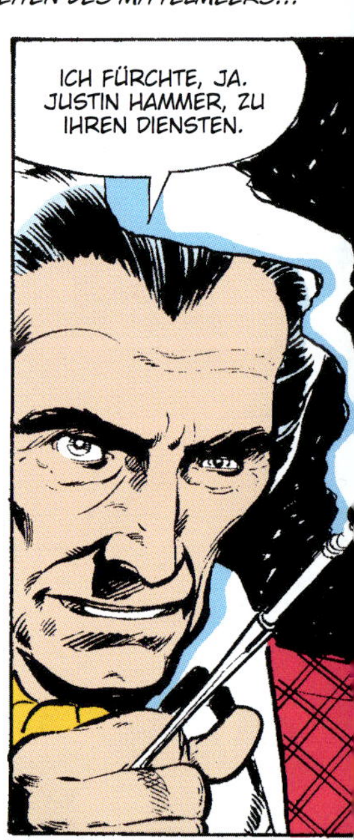

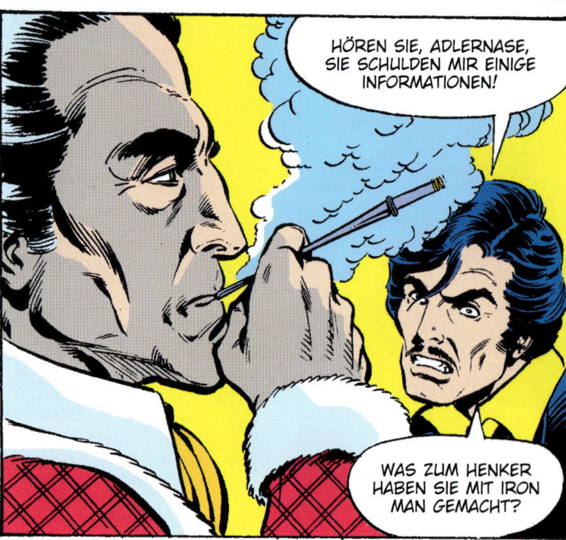

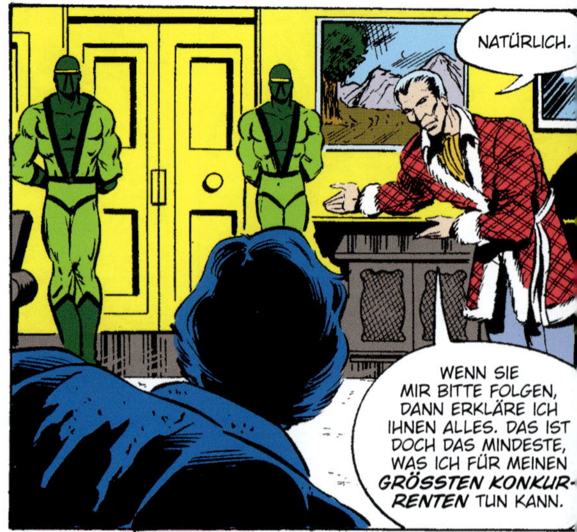

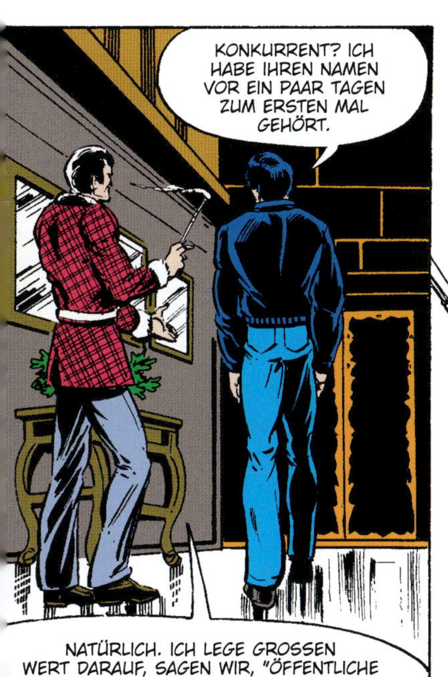
KONKURRENT? ICH HABE IHREN NAMEN VOR EIN PAAR TAGEN ZUM ERSTEN MAL GEHÖRT.
NATÜRLICH. ICH LEGE GROSSEN WERT DARAUF, SAGEN WIR, "ÖFFENTLICHE AUFMERKSAMKEIT" ZU VERMEIDEN. DESHALB VERTEILE ICH MEINE BETEILIGUNGEN AUF VIELE UNTERSCHIEDLICHE UNTERNEHMEN.

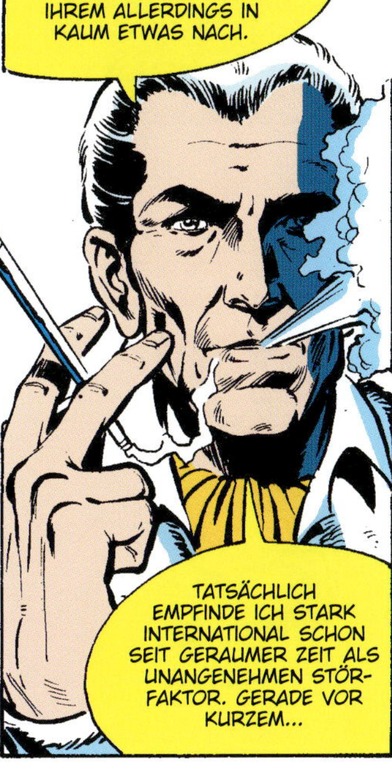
MEIN EINFLUSS IN DER GESCHÄFTSWELT STEHT IHREM ALLERDINGS IN KAUM ETWAS NACH.
TATSÄCHLICH EMPFINDE ICH STARK INTERNATIONAL SCHON SEIT GERAUMER ZEIT ALS UNANGENEHMEN STÖRFAKTOR. GERADE VOR KURZEM...

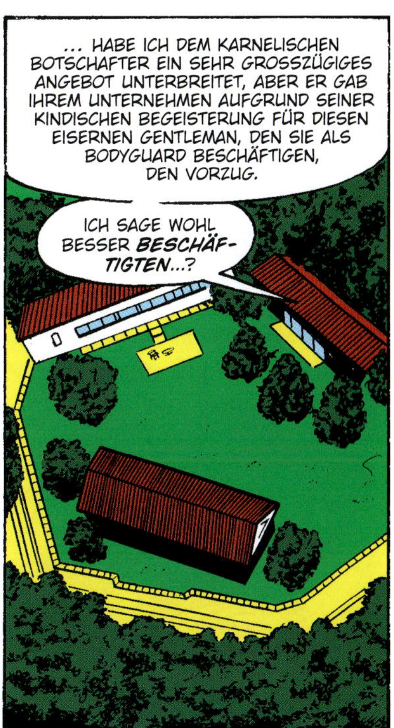
... HABE ICH DEM KARNELISCHEN BOTSCHAFTER EIN SEHR GROSSZÜGIGES ANGEBOT UNTERBREITET, ABER ER GAB IHREM UNTERNEHMEN AUFGRUND SEINER KINDISCHEN BEGEISTERUNG FÜR DIESEN EISERNEN GENTLEMAN, DEN SIE ALS BODYGUARD BESCHÄFTIGEN, DEN VORZUG.
ICH SAGE WOHL BESSER ***BESCHÄFTIGTEN***...?

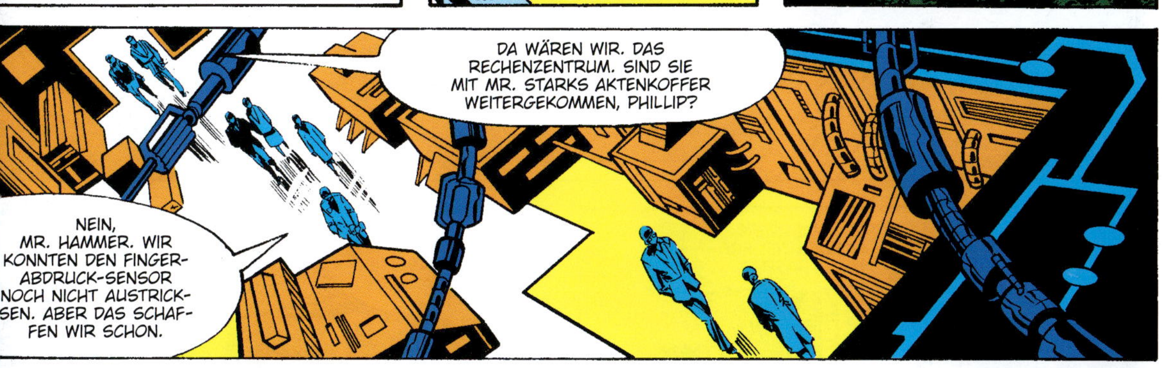
DA WÄREN WIR. DAS RECHENZENTRUM. SIND SIE MIT MR. STARKS AKTENKOFFER WEITERGEKOMMEN, PHILLIP?
NEIN, MR. HAMMER. WIR KONNTEN DEN FINGERABDRUCK-SENSOR NOCH NICHT AUSTRICKSEN. ABER DAS SCHAFFEN WIR SCHON.

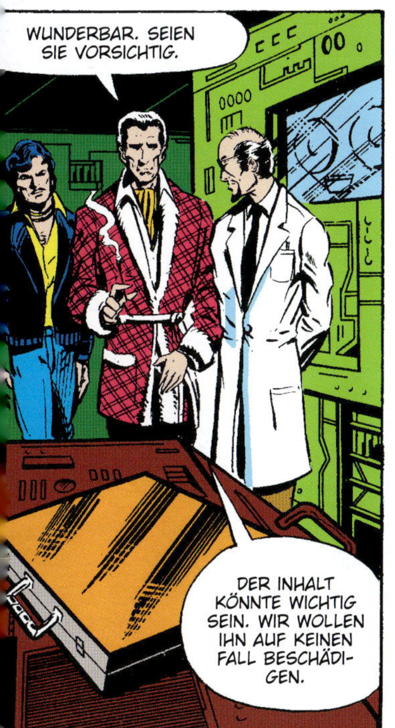
WUNDERBAR. SEIEN SIE VORSICHTIG.
DER INHALT KÖNNTE WICHTIG SEIN. WIR WOLLEN IHN AUF KEINEN FALL BESCHÄDIGEN.

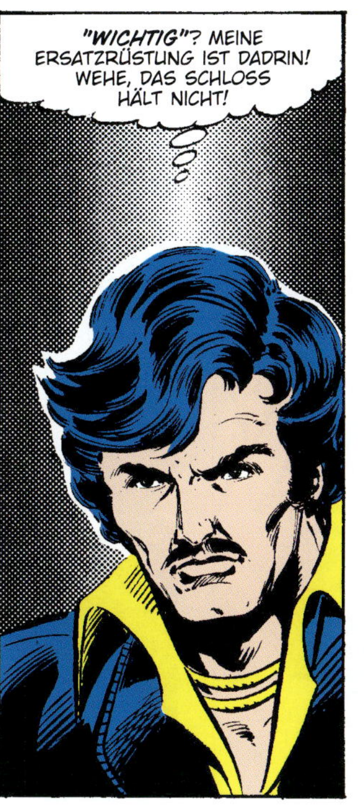
"WICHTIG"? MEINE ERSATZRÜSTUNG IST DADRIN! WEHE, DAS SCHLOSS HÄLT NICHT!

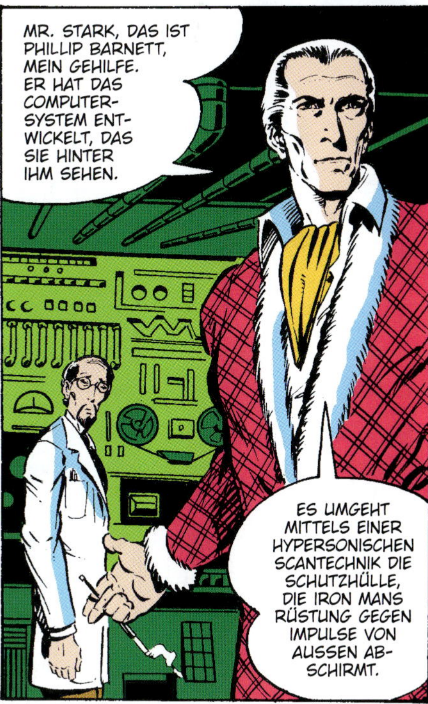
MR. STARK, DAS IST PHILLIP BARNETT, MEIN GEHILFE. ER HAT DAS COMPUTERSYSTEM ENTWICKELT, DAS SIE HINTER IHM SEHEN.
ES UMGEHT MITTELS EINER HYPERSONISCHEN SCANTECHNIK DIE SCHUTZHÜLLE, DIE IRON MANS RÜSTUNG GEGEN IMPULSE VON AUSSEN ABSCHIRMT.

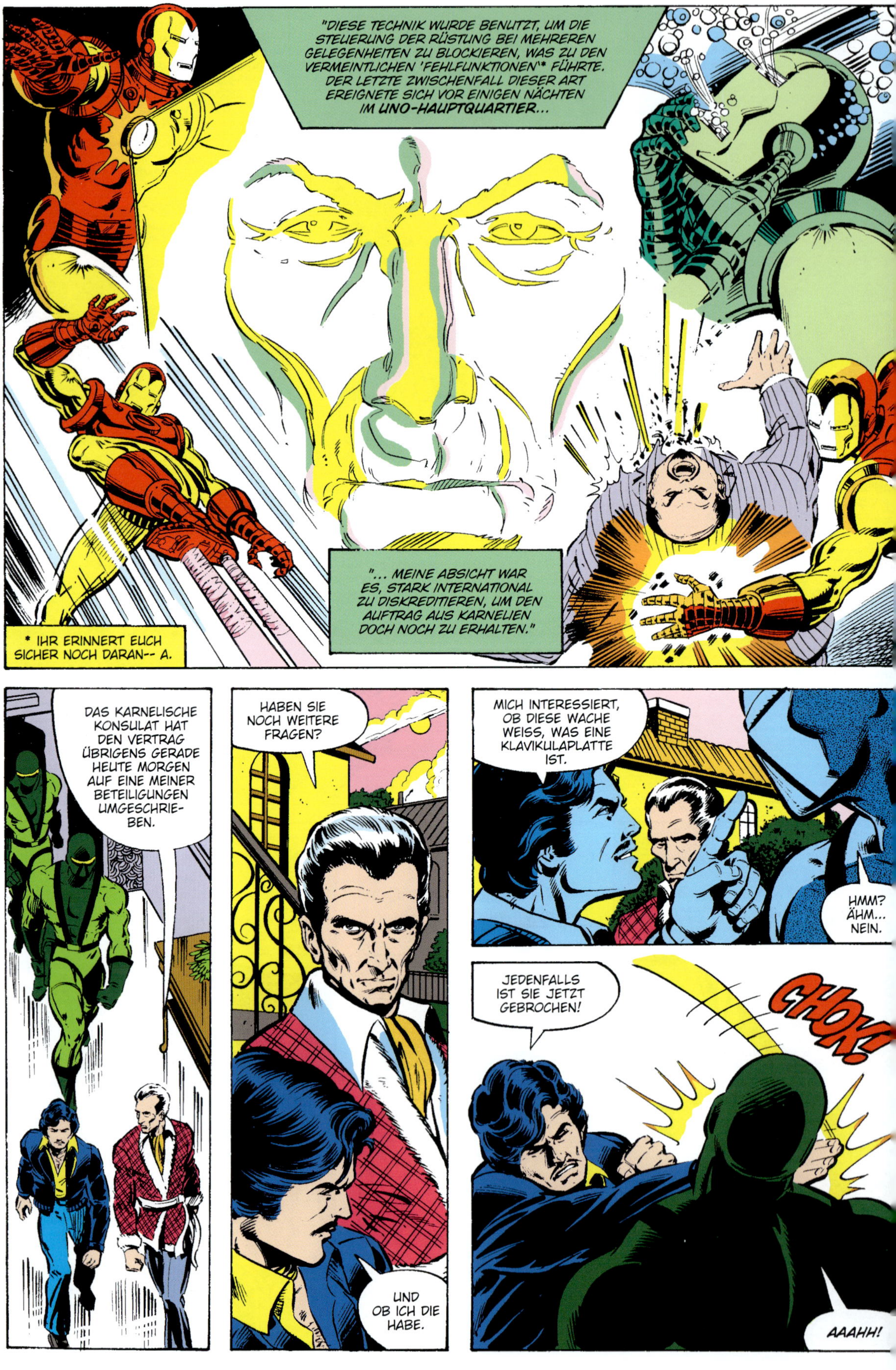

"DIESE TECHNIK WURDE BENUTZT, UM DIE STEUERUNG DER RÜSTUNG BEI MEHREREN GELEGENHEITEN ZU BLOCKIEREN, WAS ZU DEN VERMEINTLICHEN 'FEHLFUNKTIONEN'* FÜHRTE. DER LETZTE ZWISCHENFALL DIESER ART EREIGNETE SICH VOR EINIGEN NÄCHTEN IM **UNO-HAUPTQUARTIER**...

"... MEINE ABSICHT WAR ES, STARK INTERNATIONAL ZU DISKREDITIEREN, UM DEN AUFTRAG AUS KARNELIEN DOCH NOCH ZU ERHALTEN."

* IHR ERINNERT EUCH SICHER NOCH DARAN-- A.

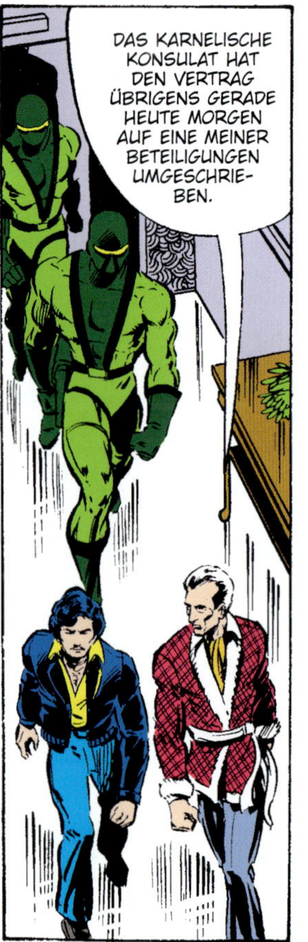

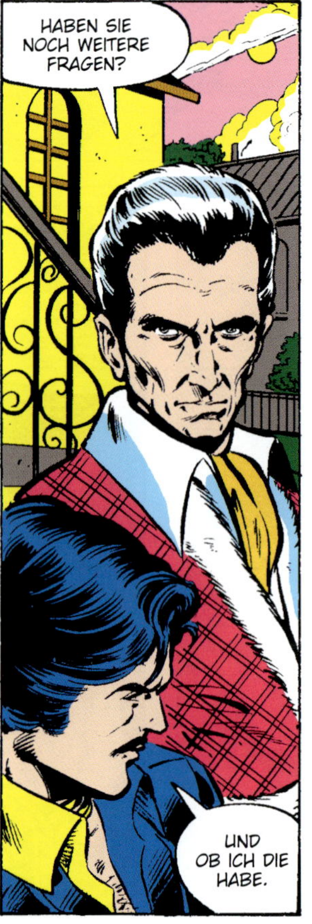

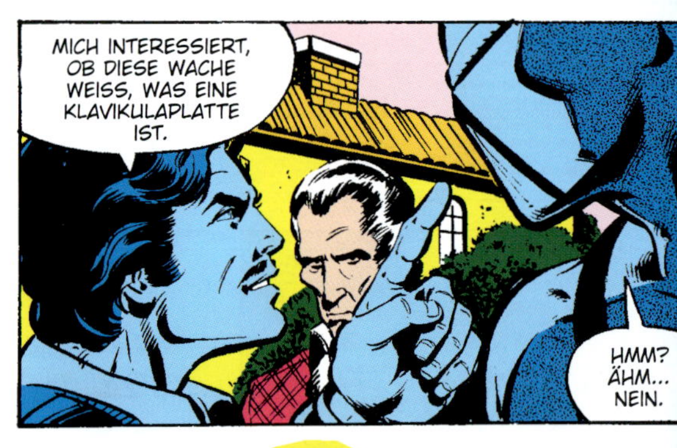

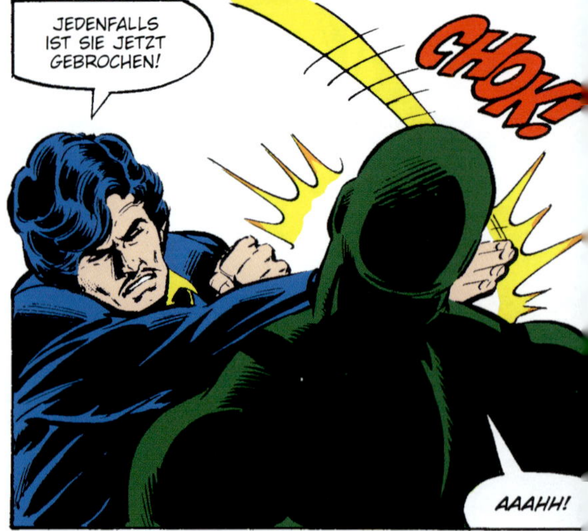

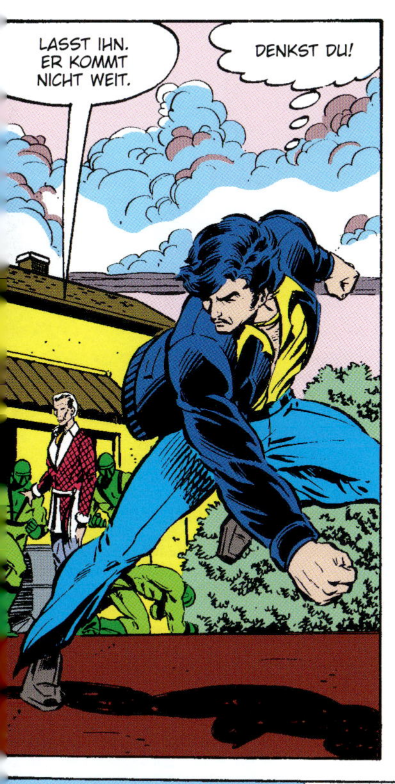
LASST IHN. ER KOMMT NICHT WEIT.
DENKST DU!

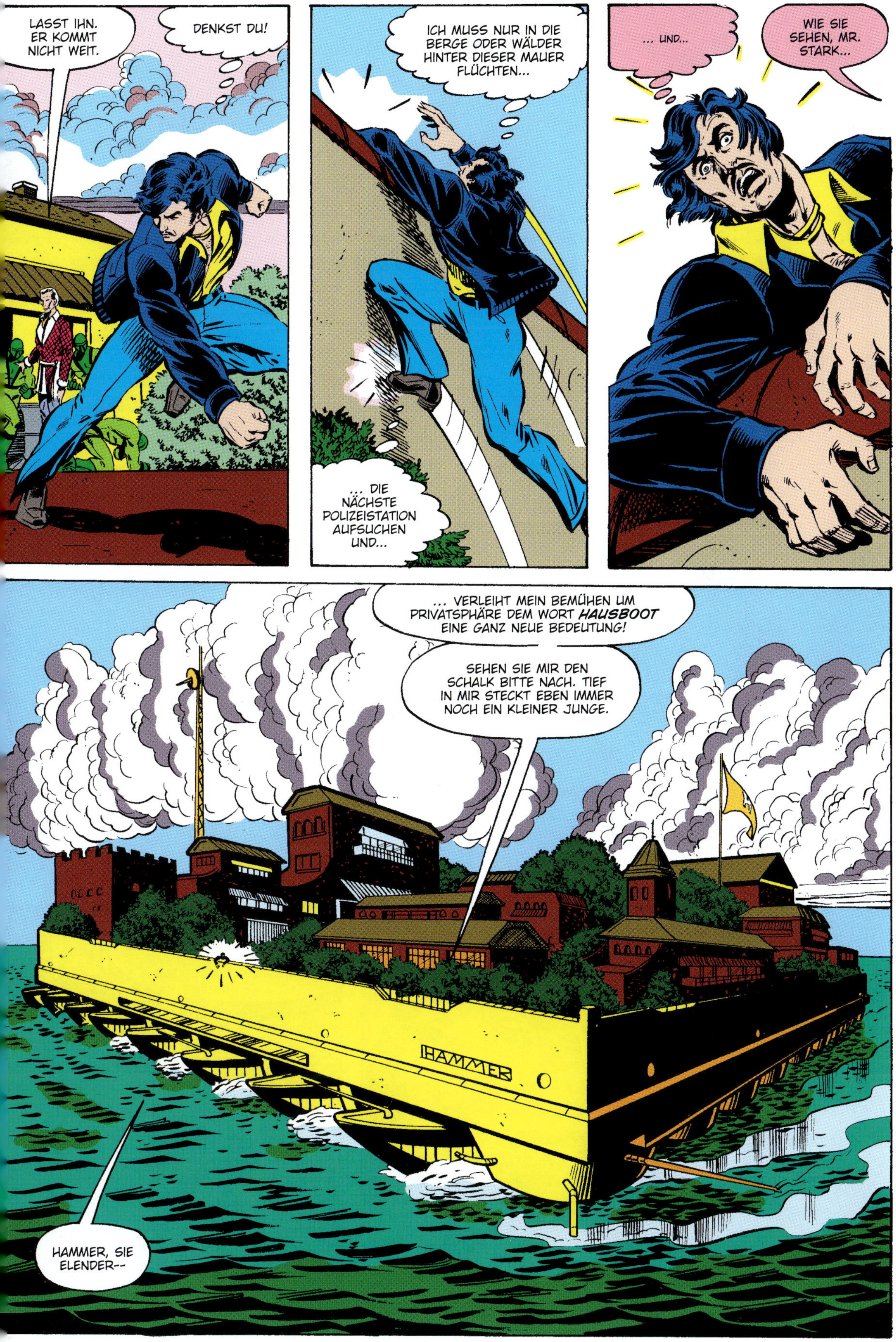

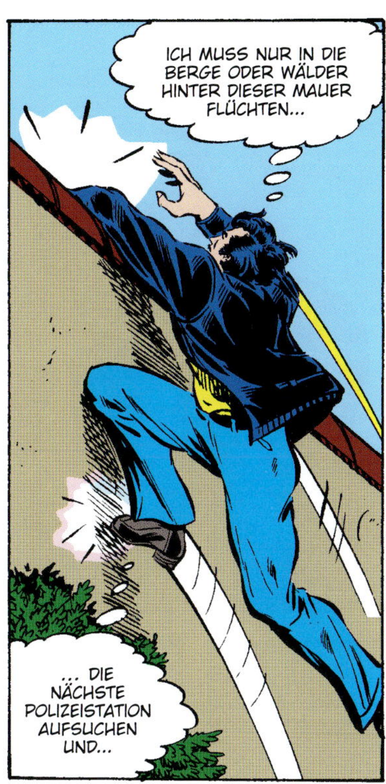
ICH MUSS NUR IN DIE BERGE ODER WÄLDER HINTER DIESER MAUER FLÜCHTEN...
... DIE NÄCHSTE POLIZEISTATION AUFSUCHEN UND...

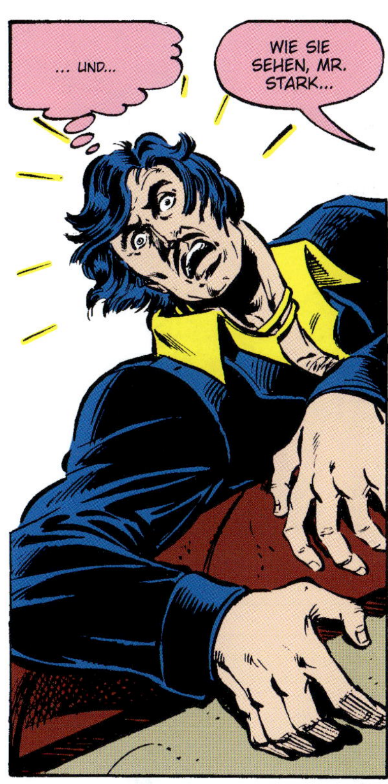
... UND...
WIE SIE SEHEN, MR. STARK...

... VERLEIHT MEIN BEMÜHEN UM PRIVATSPHÄRE DEM WORT ***HAUSBOOT*** EINE GANZ NEUE BEDEUTUNG!
SEHEN SIE MIR DEN SCHALK BITTE NACH. TIEF IN MIR STECKT EBEN IMMER NOCH EIN KLEINER JUNGE.
HAMMER
HAMMER, SIE ELENDER--

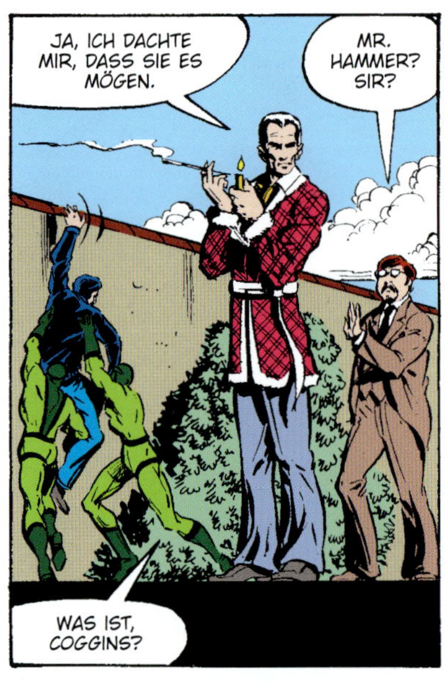
JA, ICH DACHTE MIR, DASS SIE ES MÖGEN.
MR. HAMMER? SIR?
WAS IST, COGGINS?

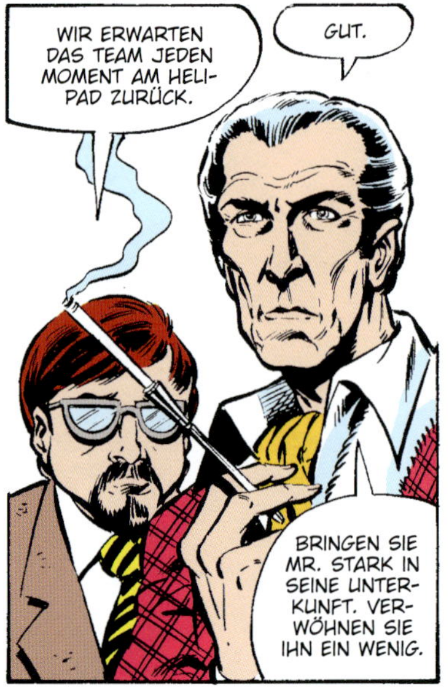
WIR ERWARTEN DAS TEAM JEDEN MOMENT AM HELI-PAD ZURÜCK.
GUT.
BRINGEN SIE MR. STARK IN SEINE UNTER-KUNFT. VER-WÖHNEN SIE IHN EIN WENIG.

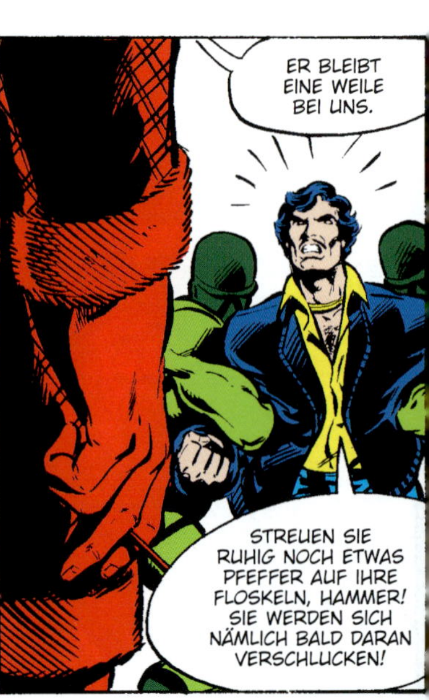
ER BLEIBT EINE WEILE BEI UNS.
STREUEN SIE RUHIG NOCH ETWAS PFEFFER AUF IHRE FLOSKELN, HAMMER! SIE WERDEN SICH NÄMLICH BALD DARAN VERSCHLUCKEN!

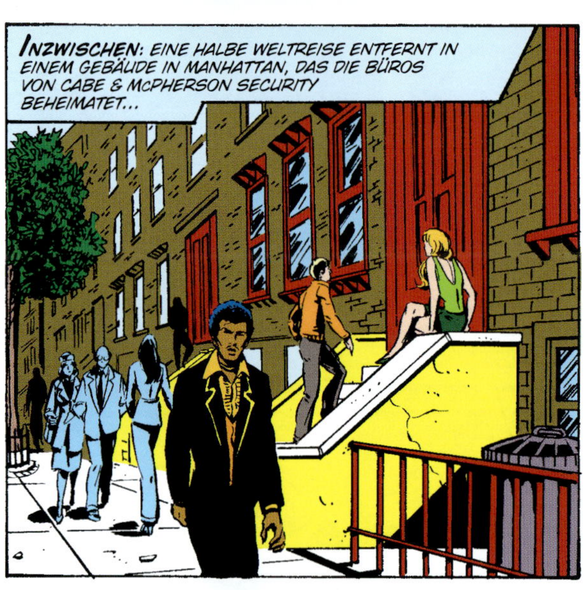
INZWISCHEN: EINE HALBE WELTREISE ENTFERNT IN EINEM GEBÄUDE IN MANHATTAN, DAS DIE BÜROS VON CABE & McPHERSON SECURITY BEHEIMATET...

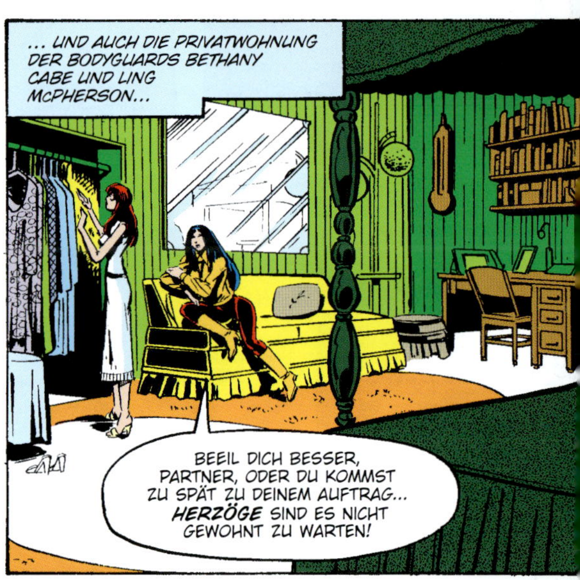
... UND AUCH DIE PRIVATWOHNUNG DER BODYGUARDS BETHANY CABE UND LING McPHERSON...
BEEIL DICH BESSER, PARTNER, ODER DU KOMMST ZU SPÄT ZU DEINEM AUFTRAG... HERZÖGE SIND ES NICHT GEWOHNT ZU WARTEN!

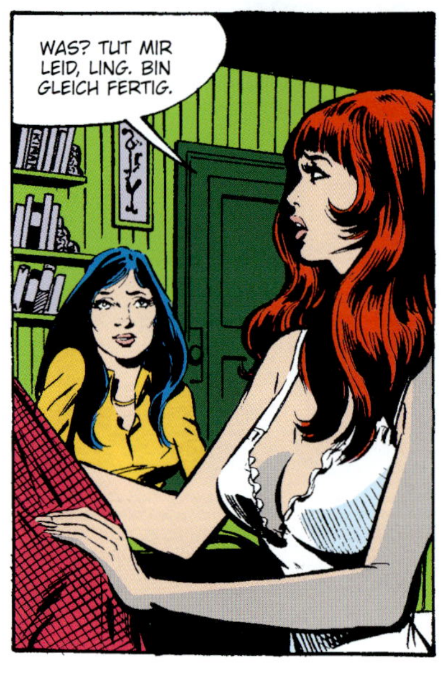
WAS? TUT MIR LEID, LING. BIN GLEICH FERTIG.

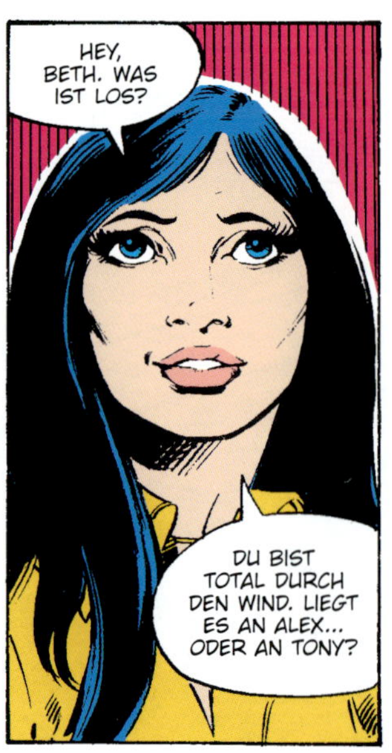
HEY, BETH. WAS IST LOS?
DU BIST TOTAL DURCH DEN WIND. LIEGT ES AN ALEX... ODER AN TONY?

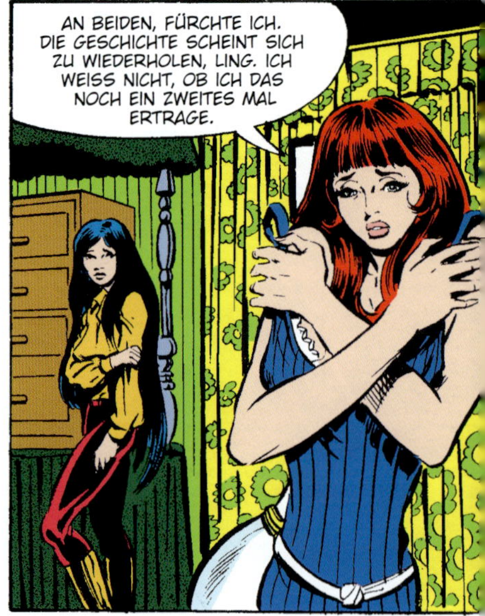
AN BEIDEN, FÜRCHTE ICH. DIE GESCHICHTE SCHEINT SICH ZU WIEDERHOLEN, LING. ICH WEISS NICHT, OB ICH DAS NOCH EIN ZWEITES MAL ERTRAGE.

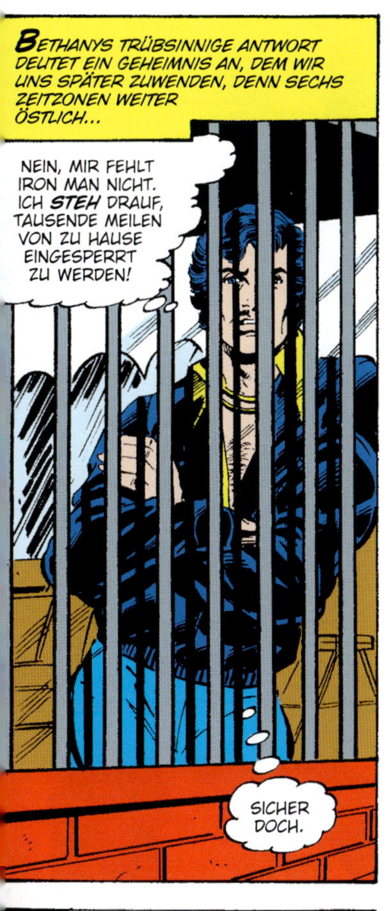
BETHANYS TRÜBSINNIGE ANTWORT DEUTET EIN GEHEIMNIS AN, DEM WIR UNS SPÄTER ZUWENDEN, DENN SECHS ZEITZONEN WEITER ÖSTLICH...
NEIN, MIR FEHLT IRON MAN NICHT. ICH STEH DRAUF, TAUSENDE MEILEN VON ZU HAUSE EINGESPERRT ZU WERDEN!
SICHER DOCH.

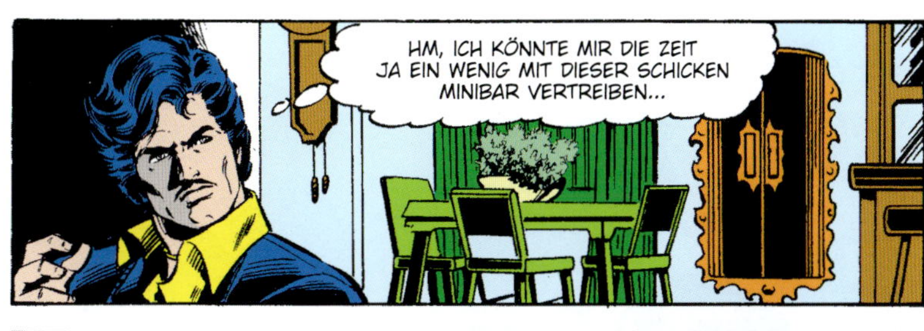
HM, ICH KÖNNTE MIR DIE ZEIT JA EIN WENIG MIT DIESER SCHICKEN MINIBAR VERTREIBEN...

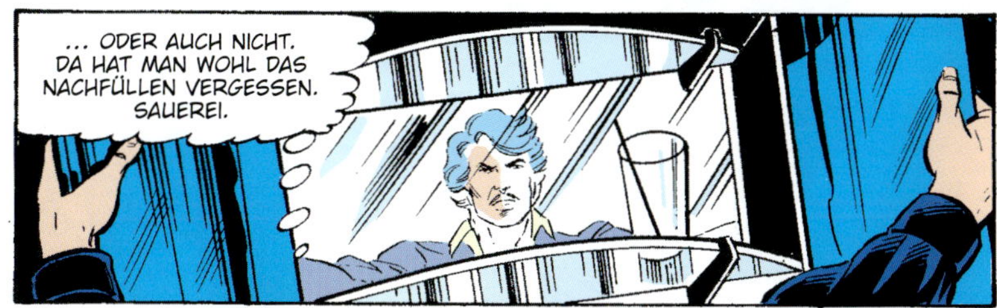
... ODER AUCH NICHT. DA HAT MAN WOHL DAS NACHFÜLLEN VERGESSEN. SAUEREI.

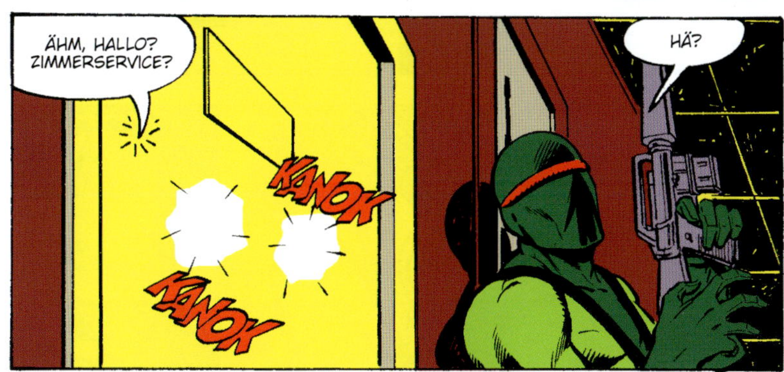
ÄHM, HALLO? ZIMMERSERVICE?
KANOK
KANOK
HÄ?

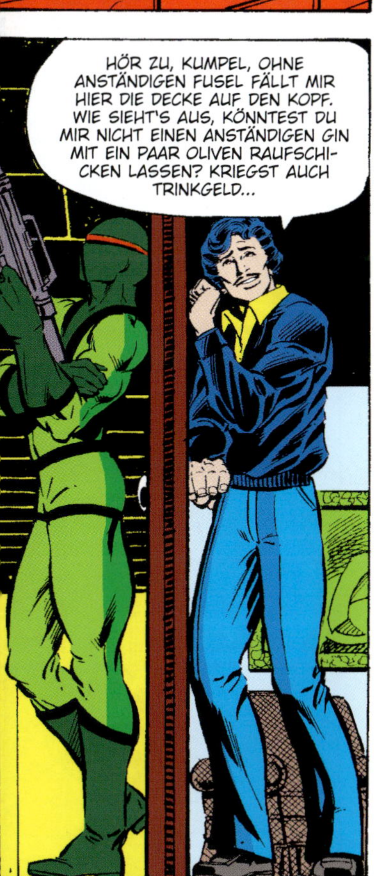
HÖR ZU, KUMPEL, OHNE ANSTÄNDIGEN FUSEL FÄLLT MIR HIER DIE DECKE AUF DEN KOPF. WIE SIEHT'S AUS, KÖNNTEST DU MIR NICHT EINEN ANSTÄNDIGEN GIN MIT EIN PAAR OLIVEN RAUFSCHICKEN LASSEN? KRIEGST AUCH TRINKGELD...

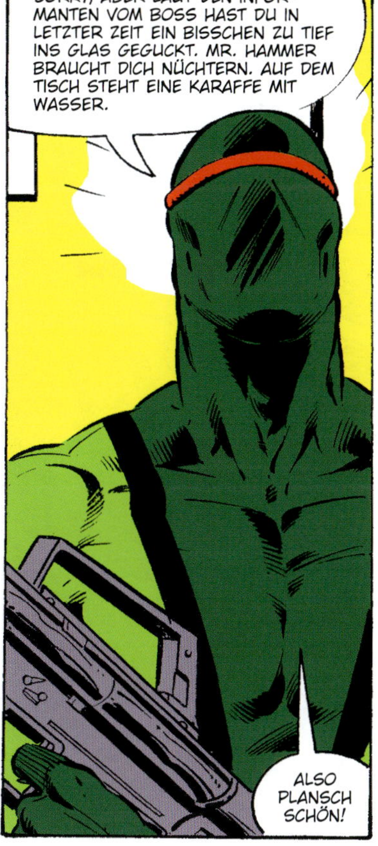
SORRY, ABER LAUT DEN INFORMANTEN VOM BOSS HAST DU IN LETZTER ZEIT EIN BISSCHEN ZU TIEF INS GLAS GEGUCKT. MR. HAMMER BRAUCHT DICH NÜCHTERN. AUF DEM TISCH STEHT EINE KARAFFE MIT WASSER.
ALSO PLANSCH SCHÖN!

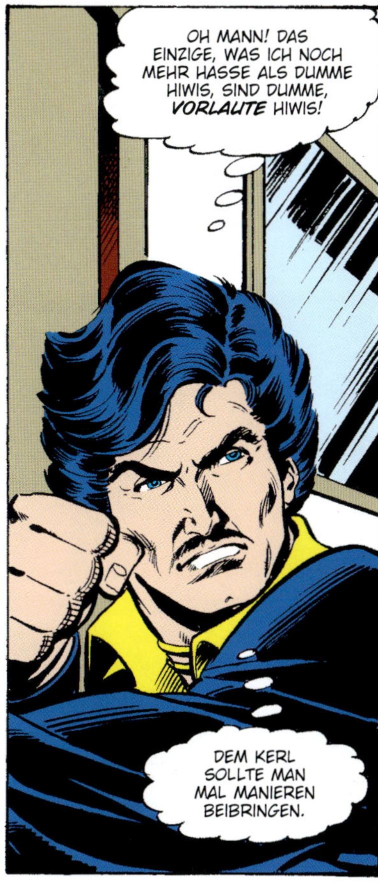
OH MANN! DAS EINZIGE, WAS ICH NOCH MEHR HASSE ALS DUMME HIWIS, SIND DUMME, VORLAUTE HIWIS!
DEM KERL SOLLTE MAN MAL MANIEREN BEIBRINGEN.

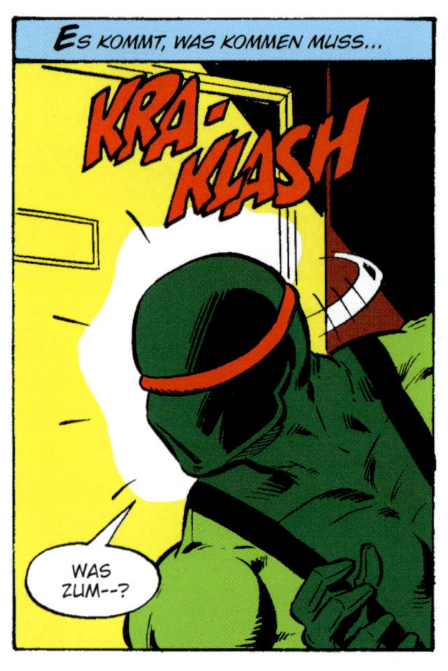
ES KOMMT, WAS KOMMEN MUSS...
KRA-KLASH
WAS ZUM--?

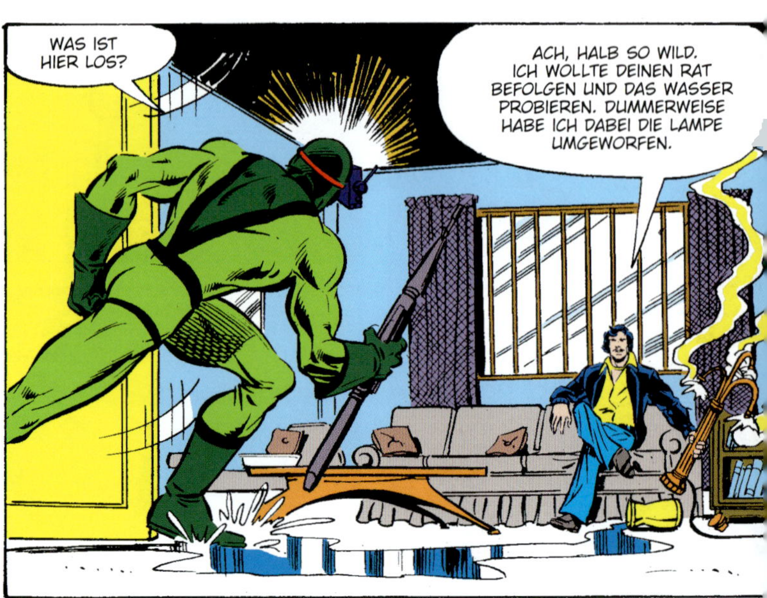
WAS IST HIER LOS?
ACH, HALB SO WILD. ICH WOLLTE DEINEN RAT BEFOLGEN UND DAS WASSER PROBIEREN. DUMMERWEISE HABE ICH DABEI DIE LAMPE UMGEWORFEN.

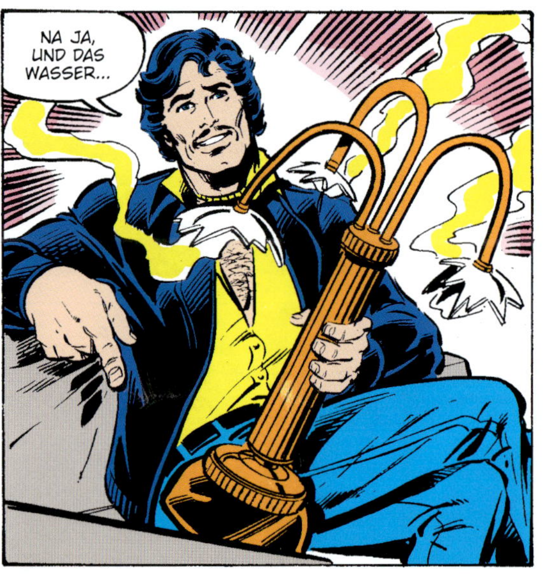
NA JA, UND DAS WASSER...

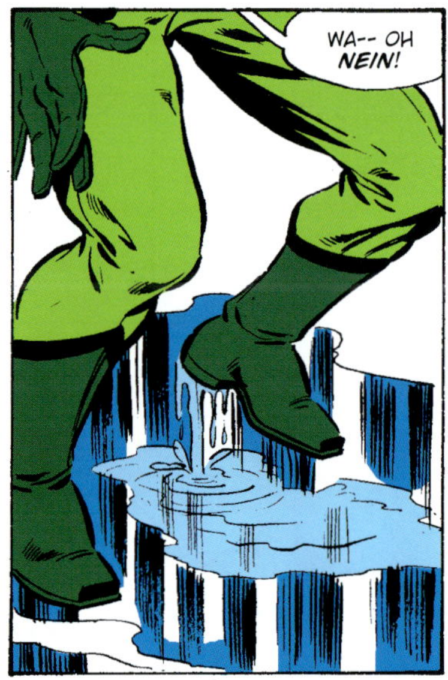
WA-- OH NEIN!

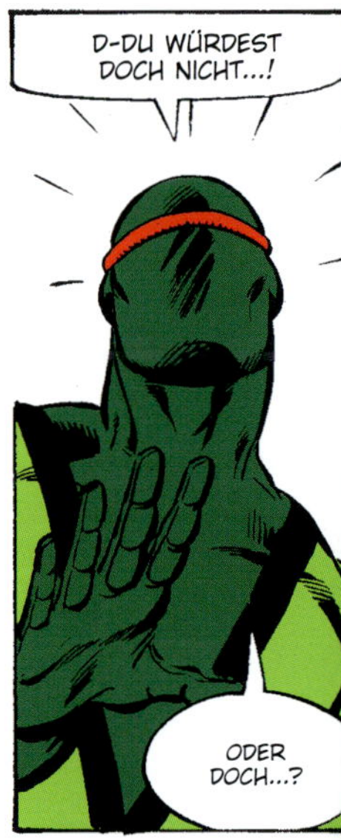
D-DU WÜRDEST DOCH NICHT...!
ODER DOCH...?

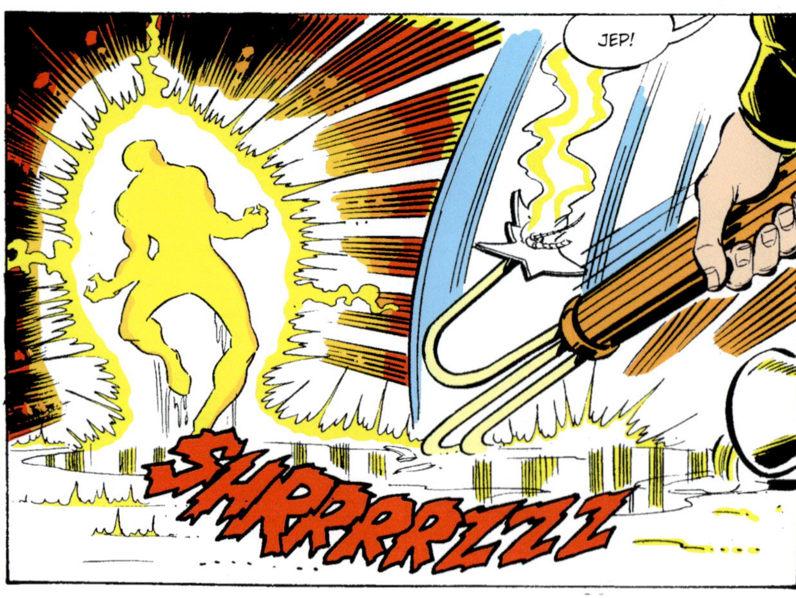
JEP!
SHRRRRZZZ

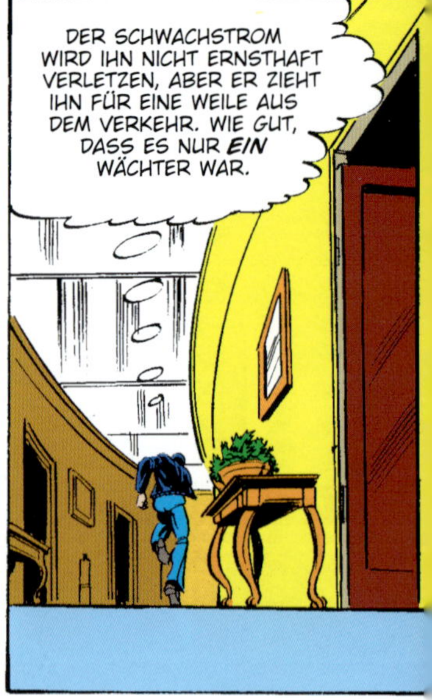
DER SCHWACHSTROM WIRD IHN NICHT ERNSTHAFT VERLETZEN, ABER ER ZIEHT IHN FÜR EINE WEILE AUS DEM VERKEHR. WIE GUT, DASS ES NUR EIN WÄCHTER WAR.

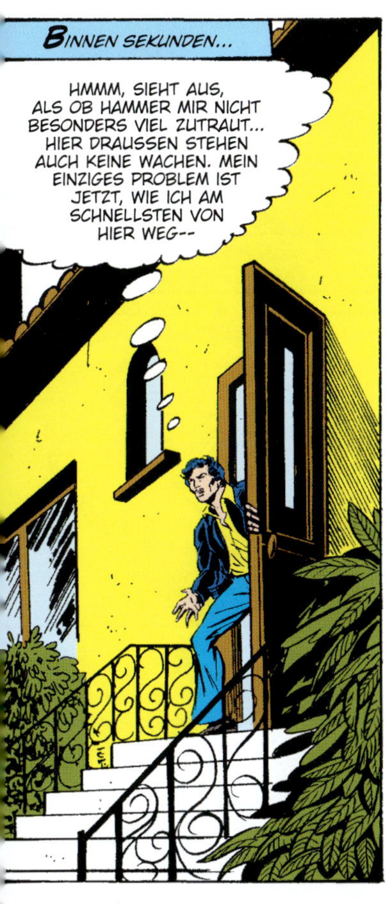
BINNEN SEKUNDEN...
HMMM, SIEHT AUS, ALS OB HAMMER MIR NICHT BESONDERS VIEL ZUTRAUT... HIER DRAUSSEN STEHEN AUCH KEINE WACHEN. MEIN EINZIGES PROBLEM IST JETZT, WIE ICH AM SCHNELLSTEN VON HIER WEG--

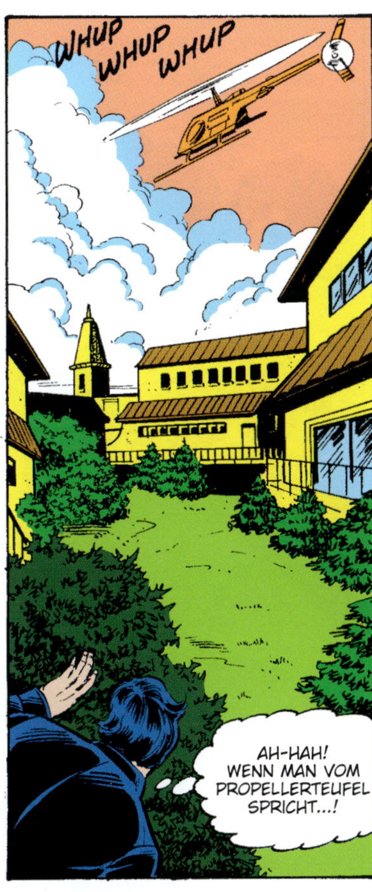
WHUP WHUP WHUP
AH-HAH! WENN MAN VOM PROPELLERTEUFEL SPRICHT...!

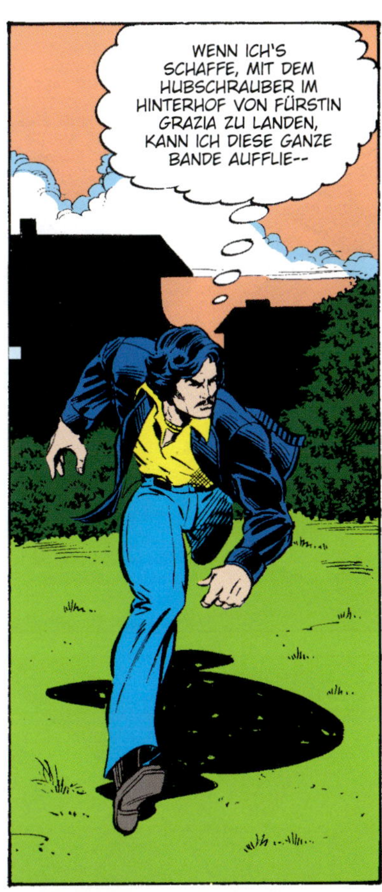
WENN ICH'S SCHAFFE, MIT DEM HUBSCHRAUBER IM HINTERHOF VON FÜRSTIN GRAZIA ZU LANDEN, KANN ICH DIESE GANZE BANDE AUFFLIE--

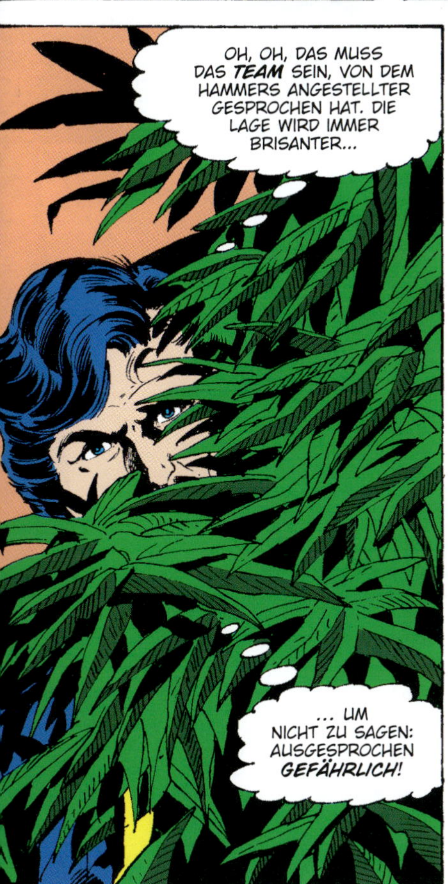
OH, OH, DAS MUSS DAS **TEAM** SEIN, VON DEM HAMMERS ANGESTELLTER GESPROCHEN HAT. DIE LAGE WIRD IMMER BRISANTER...
... UM NICHT ZU SAGEN: AUSGESPROCHEN ***GEFÄHRLICH!***

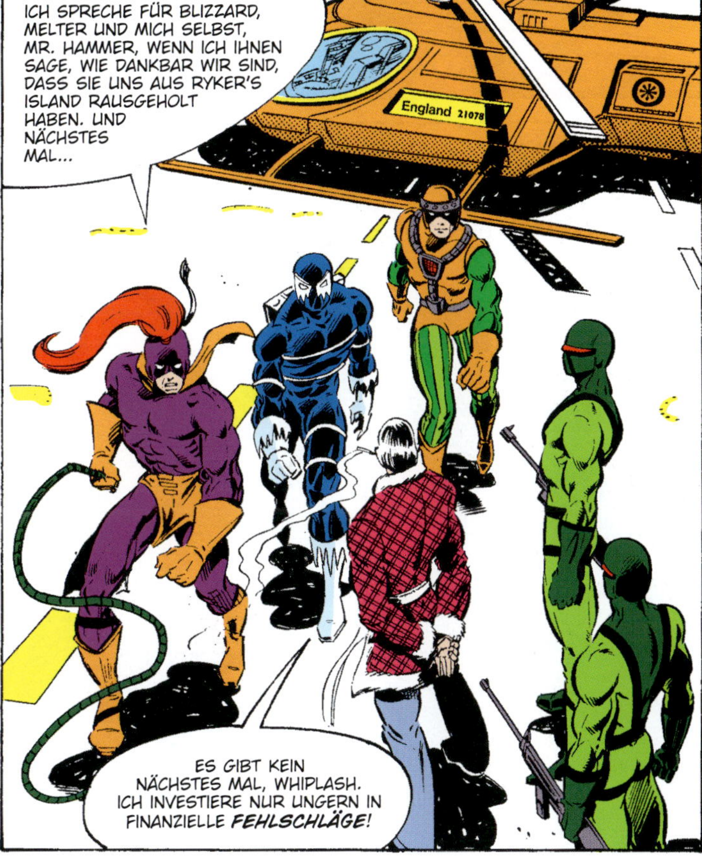
ICH SPRECHE FÜR BLIZZARD, MELTER UND MICH SELBST, MR. HAMMER, WENN ICH IHNEN SAGE, WIE DANKBAR WIR SIND, DASS SIE UNS AUS RYKER'S ISLAND RAUSGEHOLT HABEN. UND NÄCHSTES MAL...
England 21078
ES GIBT KEIN NÄCHSTES MAL, WHIPLASH. ICH INVESTIERE NUR UNGERN IN FINANZIELLE ***FEHLSCHLÄGE!***

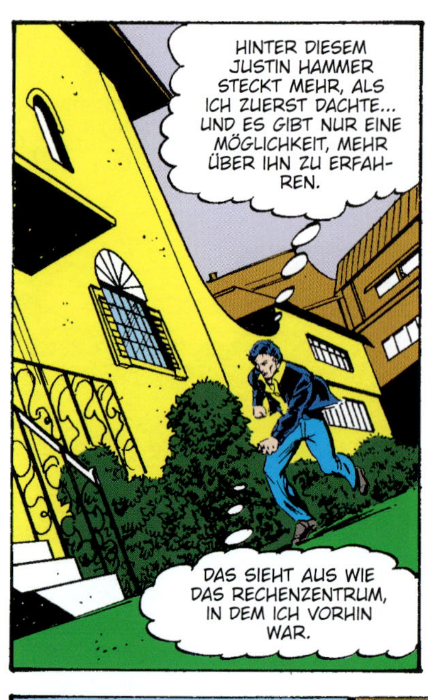
HINTER DIESEM JUSTIN HAMMER STECKT MEHR, ALS ICH ZUERST DACHTE... UND ES GIBT NUR EINE MÖGLICHKEIT, MEHR ÜBER IHN ZU ERFAHREN.
DAS SIEHT AUS WIE DAS RECHENZENTRUM, IN DEM ICH VORHIN WAR.

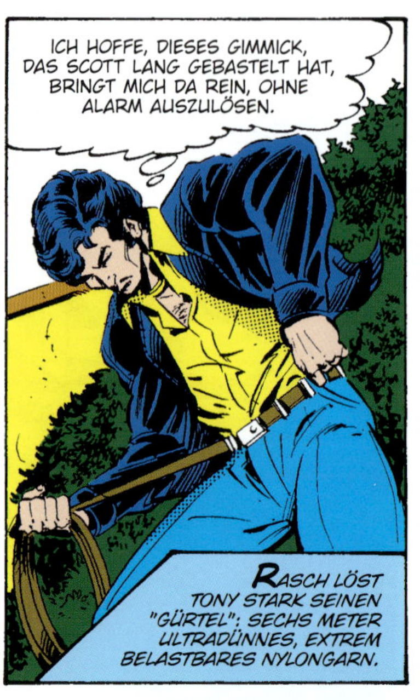
ICH HOFFE, DIESES GIMMICK, DAS SCOTT LANG GEBASTELT HAT, BRINGT MICH DA REIN, OHNE ALARM AUSZULÖSEN.
RASCH LÖST TONY STARK SEINEN "GÜRTEL": SECHS METER ULTRADÜNNES, EXTREM BELASTBARES NYLONGARN.

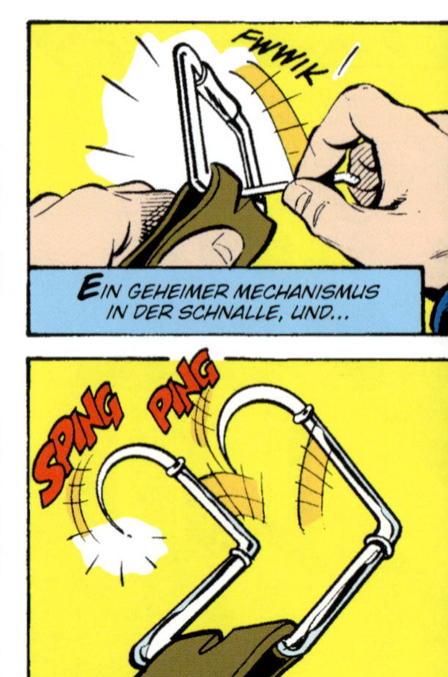
FWWIK
EIN GEHEIMER MECHANISMUS IN DER SCHNALLE, UND...
SPING
PING

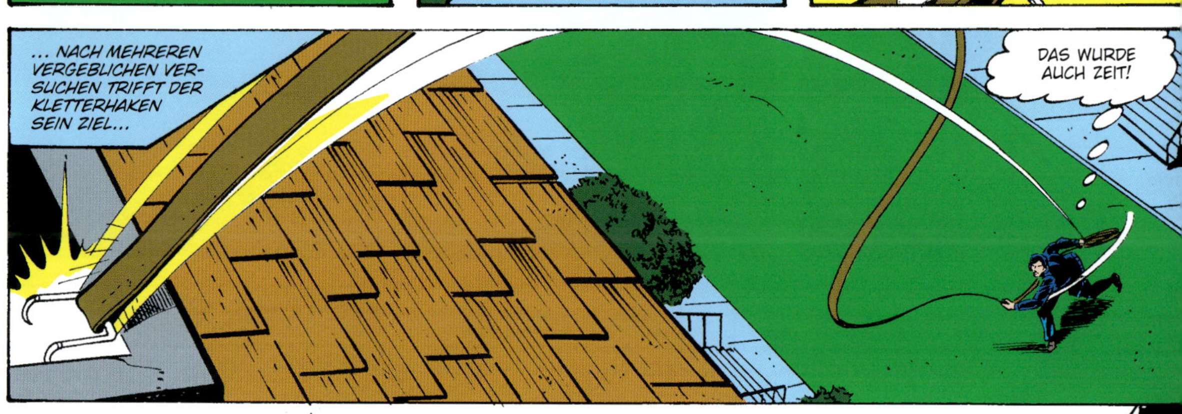
... NACH MEHREREN VERGEBLICHEN VERSUCHEN TRIFFT DER KLETTERHAKEN SEIN ZIEL...
DAS WURDE AUCH ZEIT!

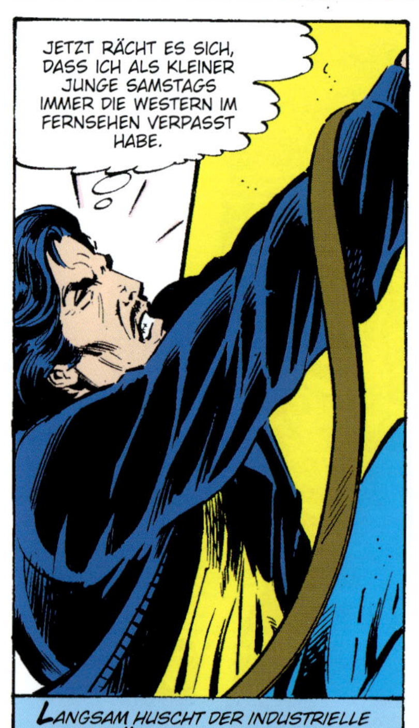
JETZT RÄCHT ES SICH, DASS ICH ALS KLEINER JUNGE SAMSTAGS IMMER DIE WESTERN IM FERNSEHEN VERPASST HABE.
LANGSAM HUSCHT DER INDUSTRIELLE ZUM GEBÄUDE UND KLETTERT AN DER MAUER HOCH...

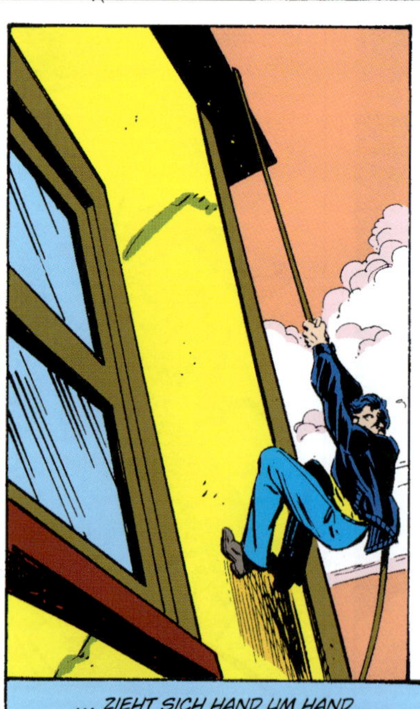

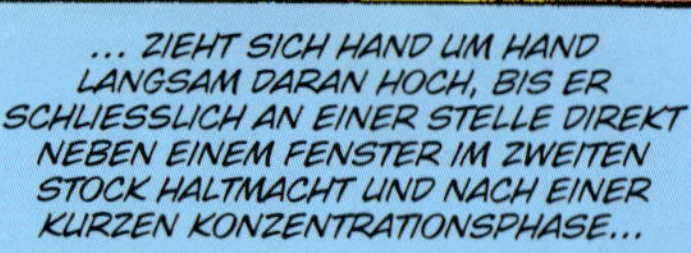
... ZIEHT SICH HAND UM HAND LANGSAM DARAN HOCH, BIS ER SCHLIESSLICH AN EINER STELLE DIREKT NEBEN EINEM FENSTER IM ZWEITEN STOCK HALTMACHT UND NACH EINER KURZEN KONZENTRATIONSPHASE...

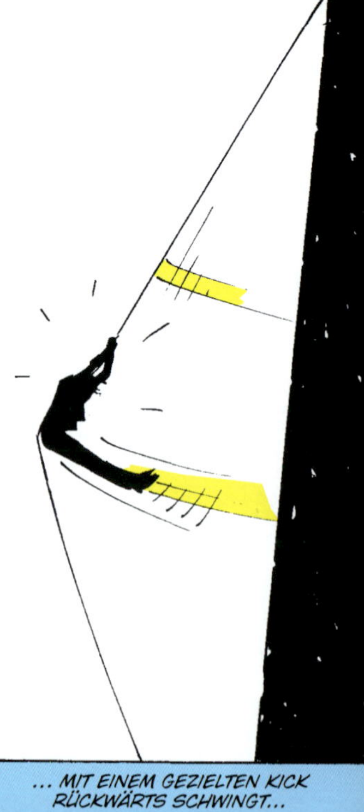
... MIT EINEM GEZIELTEN KICK RÜCKWÄRTS SCHWINGT...

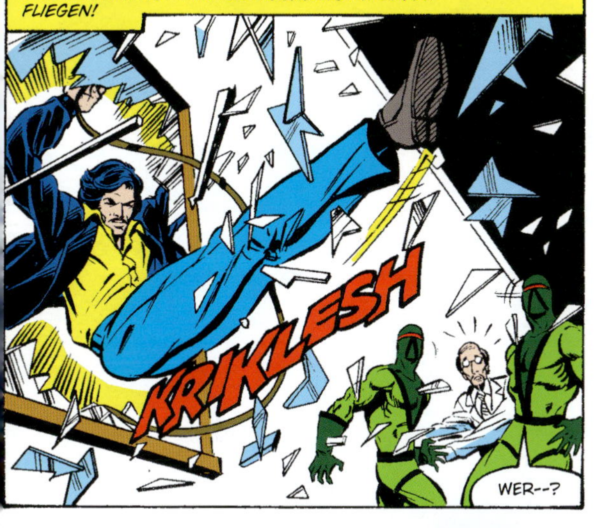
... UM DANN MIT WUCHT NACH VORNE GEGEN DAS FENSTER ZU PRALLEN UND IN EINEM GLITZERNDEN REGEN VON KRISTALLSPLITTERN IN DAS RECHENZENTRUM ZU FLIEGEN!
KRIKLESH
WER--?

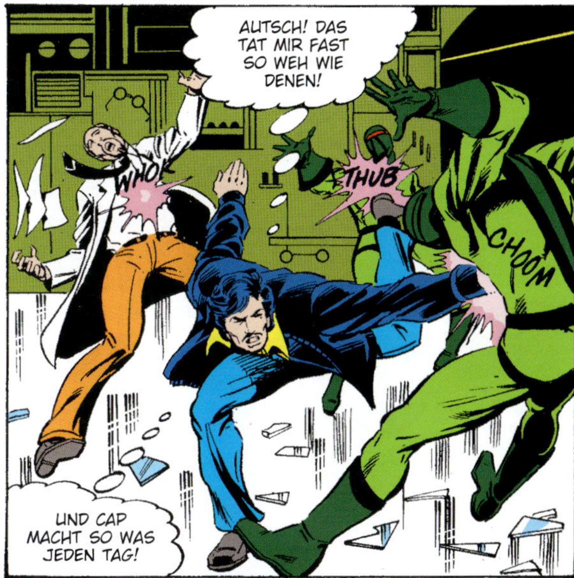
AUTSCH! DAS TAT MIR FAST SO WEH WIE DENEN!
WHOK
THUB
CHOOM
UND CAP MACHT SO WAS JEDEN TAG!

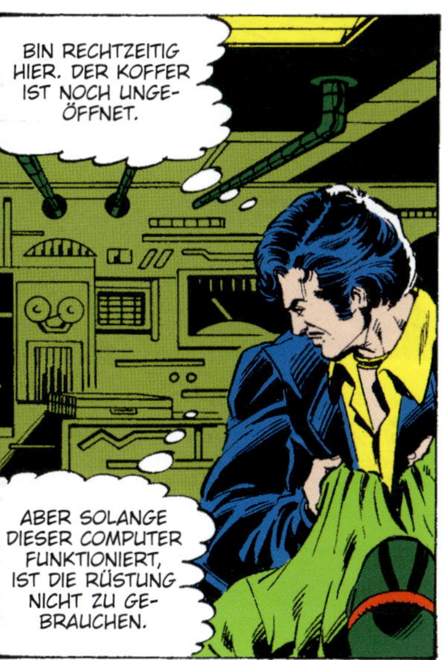
BIN RECHTZEITIG HIER. DER KOFFER IST NOCH UNGE-ÖFFNET.
ABER SOLANGE DIESER COMPUTER FUNKTIONIERT, IST DIE RÜSTUNG NICHT ZU GE-BRAUCHEN.

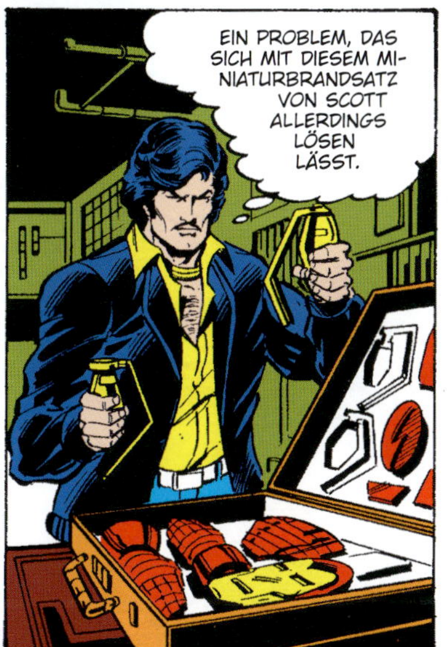
EIN PROBLEM, DAS SICH MIT DIESEM MI-NIATURBRANDSATZ VON SCOTT ALLERDINGS LÖSEN LÄSST.

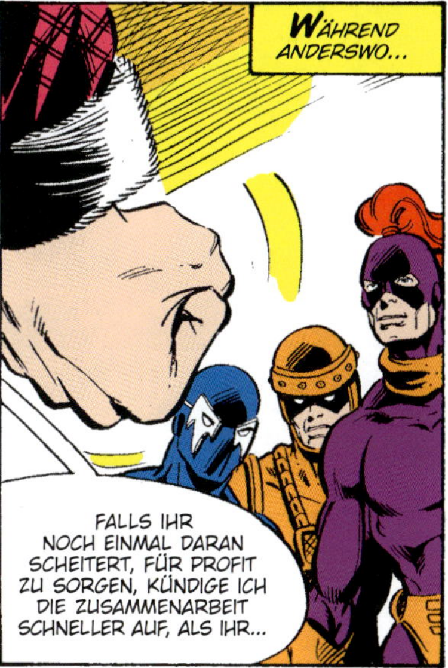
WÄHREND ANDERSWO...
FALLS IHR NOCH EINMAL DARAN SCHEITERT, FÜR PROFIT ZU SORGEN, KÜNDIGE ICH DIE ZUSAMMENARBEIT SCHNELLER AUF, ALS IHR...

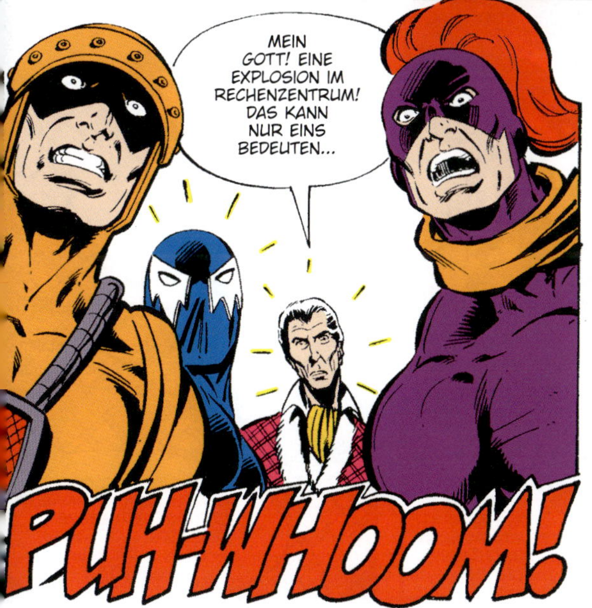
MEIN GOTT! EINE EXPLOSION IM RECHENZENTRUM! DAS KANN NUR EINS BEDEUTEN...
PUH-WHOOM!

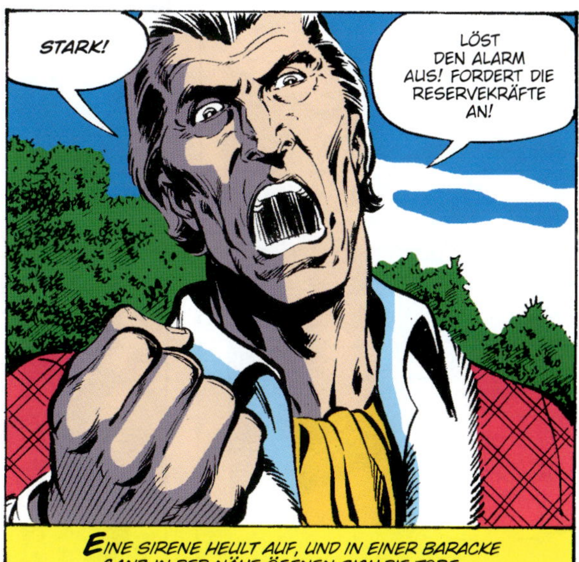
STARK!
LÖST DEN ALARM AUS! FORDERT DIE RESERVEKRÄFTE AN!
EINE SIRENE HEULT AUF, UND IN EINER BARACKE GANZ IN DER NÄHE ÖFFNEN SICH DIE TORE...

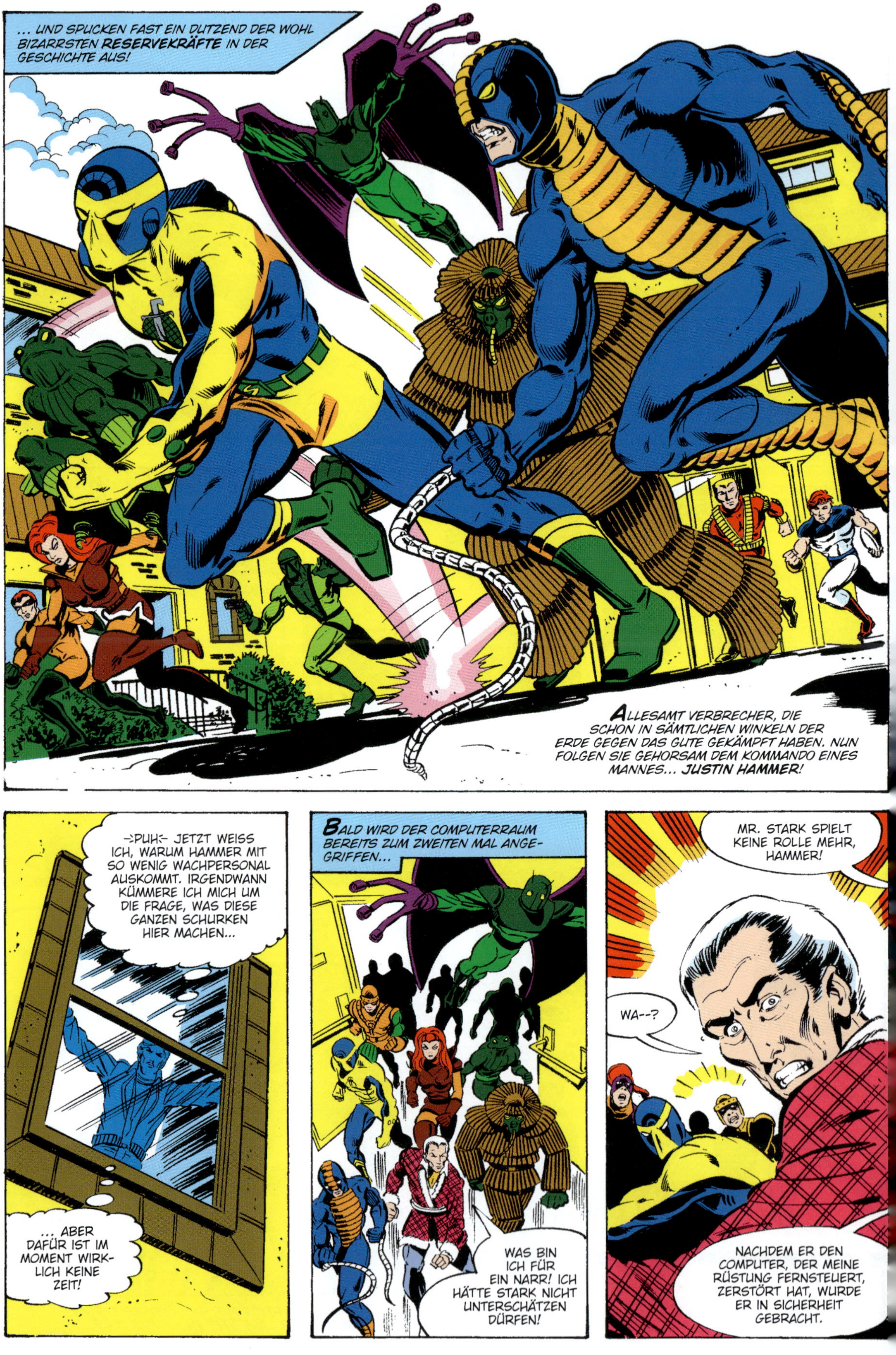

... UND SPUCKEN FAST EIN DUTZEND DER WOHL BIZARRSTEN **RESERVEKRÄFTE** IN DER GESCHICHTE AUS!
ALLESAMT VERBRECHER, DIE SCHON IN SÄMTLICHEN WINKELN DER ERDE GEGEN DAS GUTE GEKÄMPFT HABEN. NUN FOLGEN SIE GEHORSAM DEM KOMMANDO EINES MANNES... **JUSTIN HAMMER!**

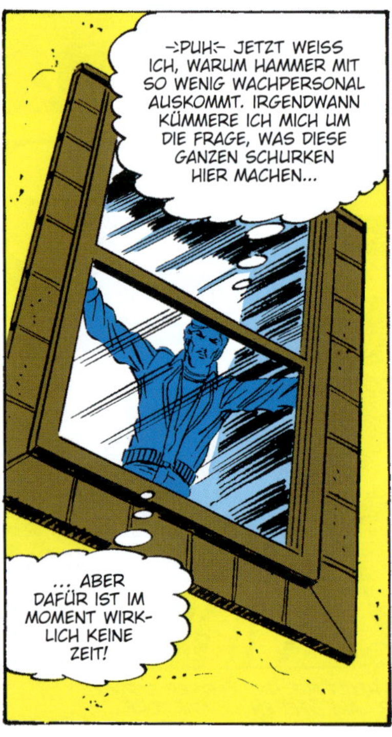
-PUH- JETZT WEISS ICH, WARUM HAMMER MIT SO WENIG WACHPERSONAL AUSKOMMT. IRGENDWANN KÜMMERE ICH MICH UM DIE FRAGE, WAS DIESE GANZEN SCHURKEN HIER MACHEN...
... ABER DAFÜR IST IM MOMENT WIRKLICH KEINE ZEIT!

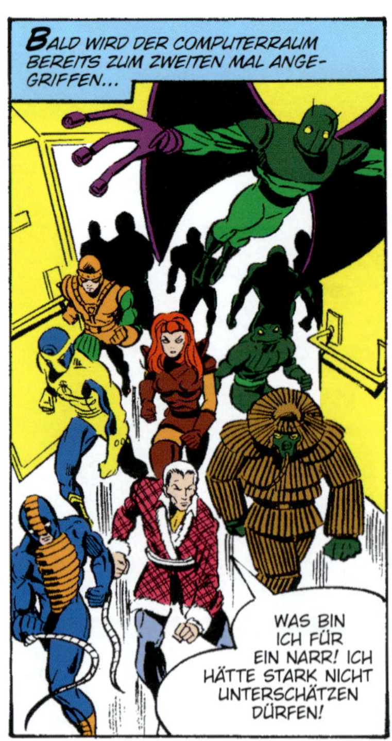
BALD WIRD DER COMPUTERRAUM BEREITS ZUM ZWEITEN MAL ANGEGRIFFEN...
WAS BIN ICH FÜR EIN NARR! ICH HÄTTE STARK NICHT UNTERSCHÄTZEN DÜRFEN!

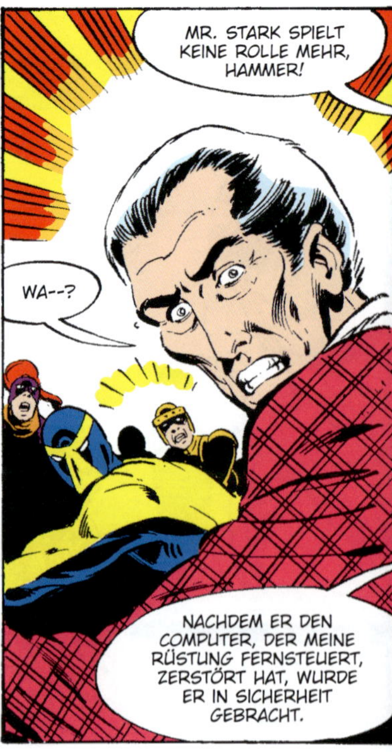
MR. STARK SPIELT KEINE ROLLE MEHR, HAMMER!
WA--?
NACHDEM ER DEN COMPUTER, DER MEINE RÜSTUNG FERNSTEUERT, ZERSTÖRT HAT, WURDE ER IN SICHERHEIT GEBRACHT.

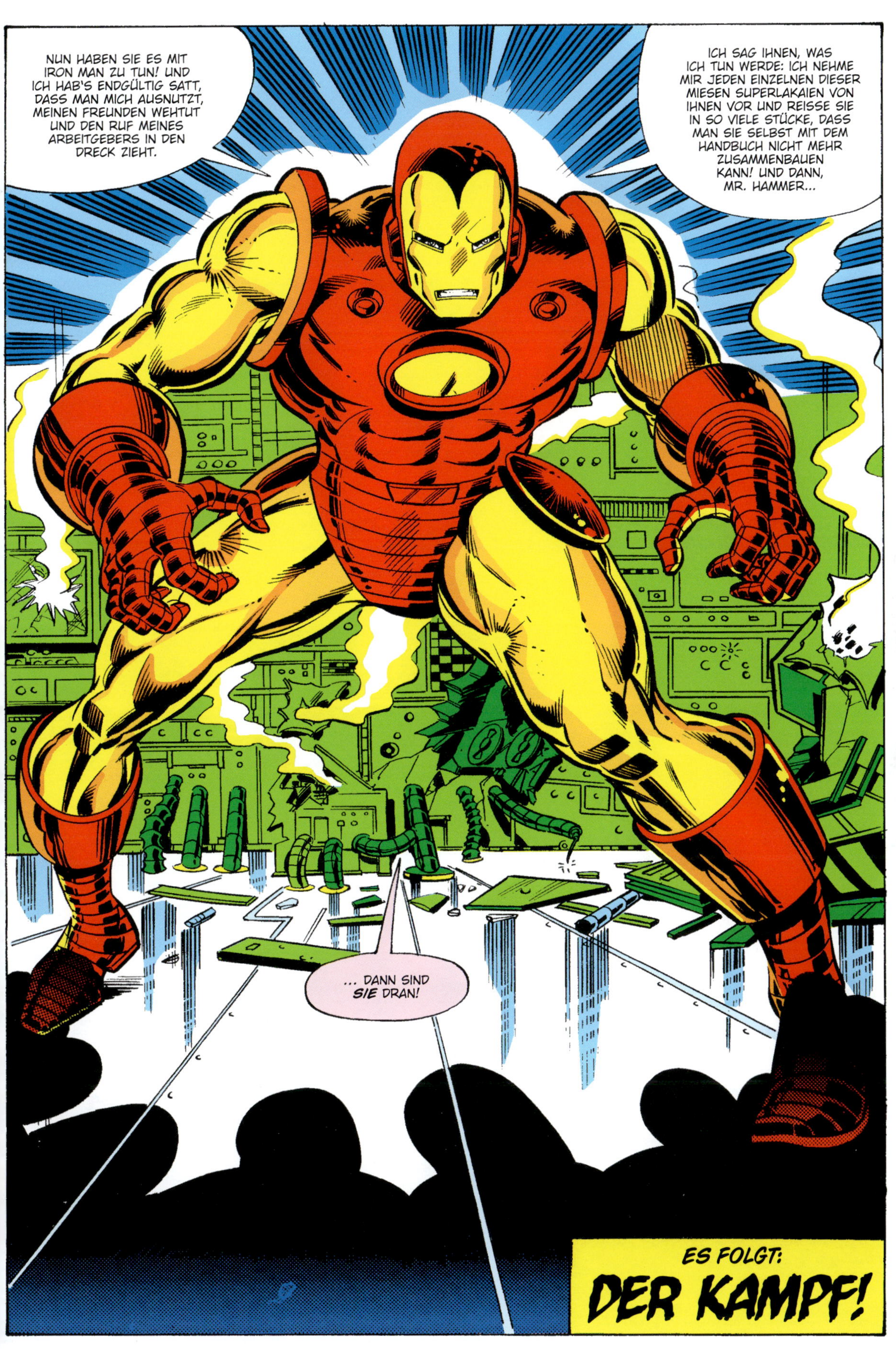
NUN HABEN SIE ES MIT IRON MAN ZU TUN! UND ICH HAB'S ENDGÜLTIG SATT, DASS MAN MICH AUSNUTZT, MEINEN FREUNDEN WEHTUT UND DEN RUF MEINES ARBEITGEBERS IN DEN DRECK ZIEHT.
ICH SAG IHNEN, WAS ICH TUN WERDE: ICH NEHME MIR JEDEN EINZELNEN DIESER MIESEN SUPERLAKAIEN VON IHNEN VOR UND REISSE SIE IN SO VIELE STÜCKE, DASS MAN SIE SELBST MIT DEM HANDBUCH NICHT MEHR ZUSAMMENBAUEN KANN! UND DANN, MR. HAMMER...
... DANN SIND *SIE* DRAN!
ES FOLGT:
DER KAMPF!

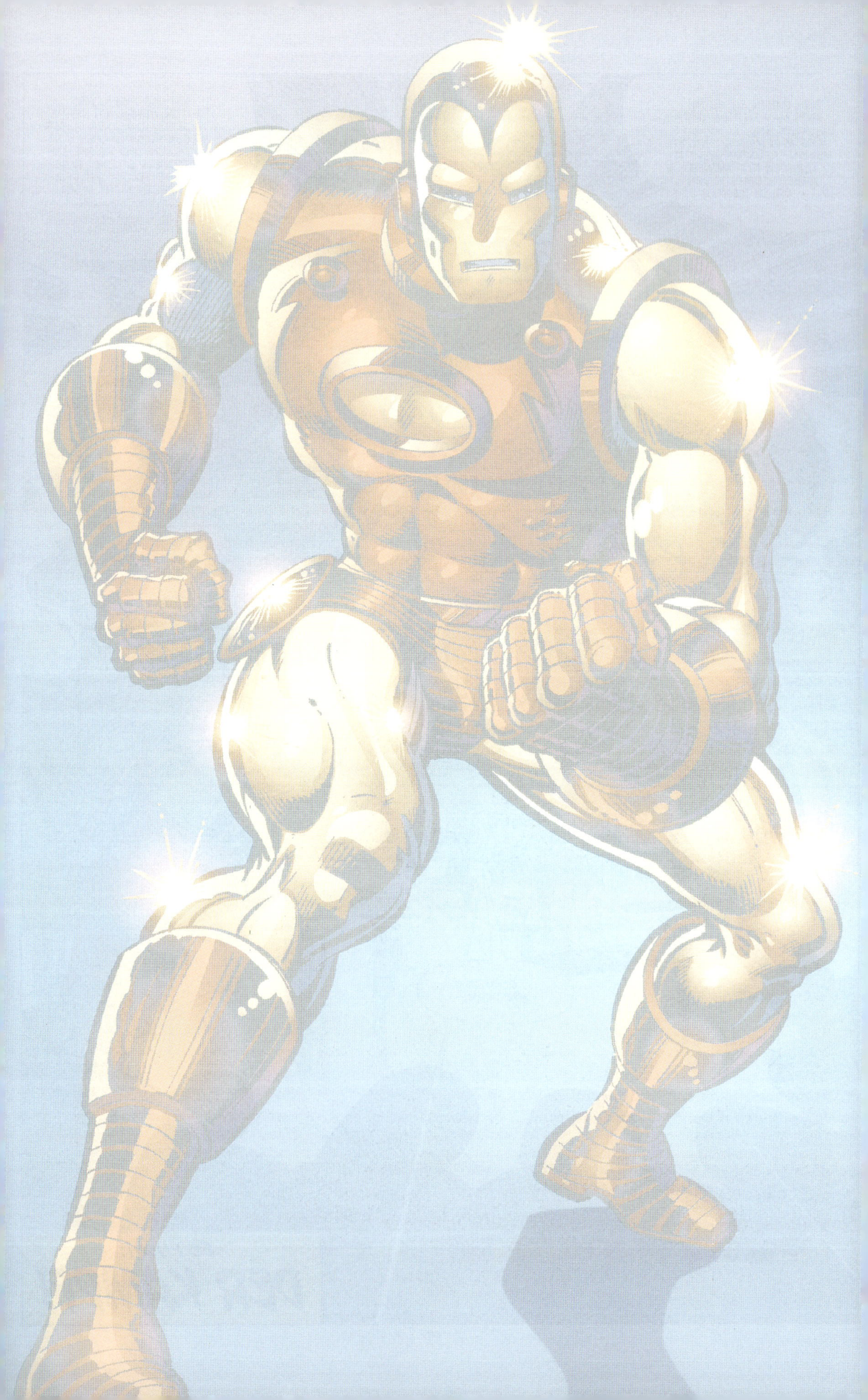

MEIN HAUS IST MEIN SCHLACHTFELD!

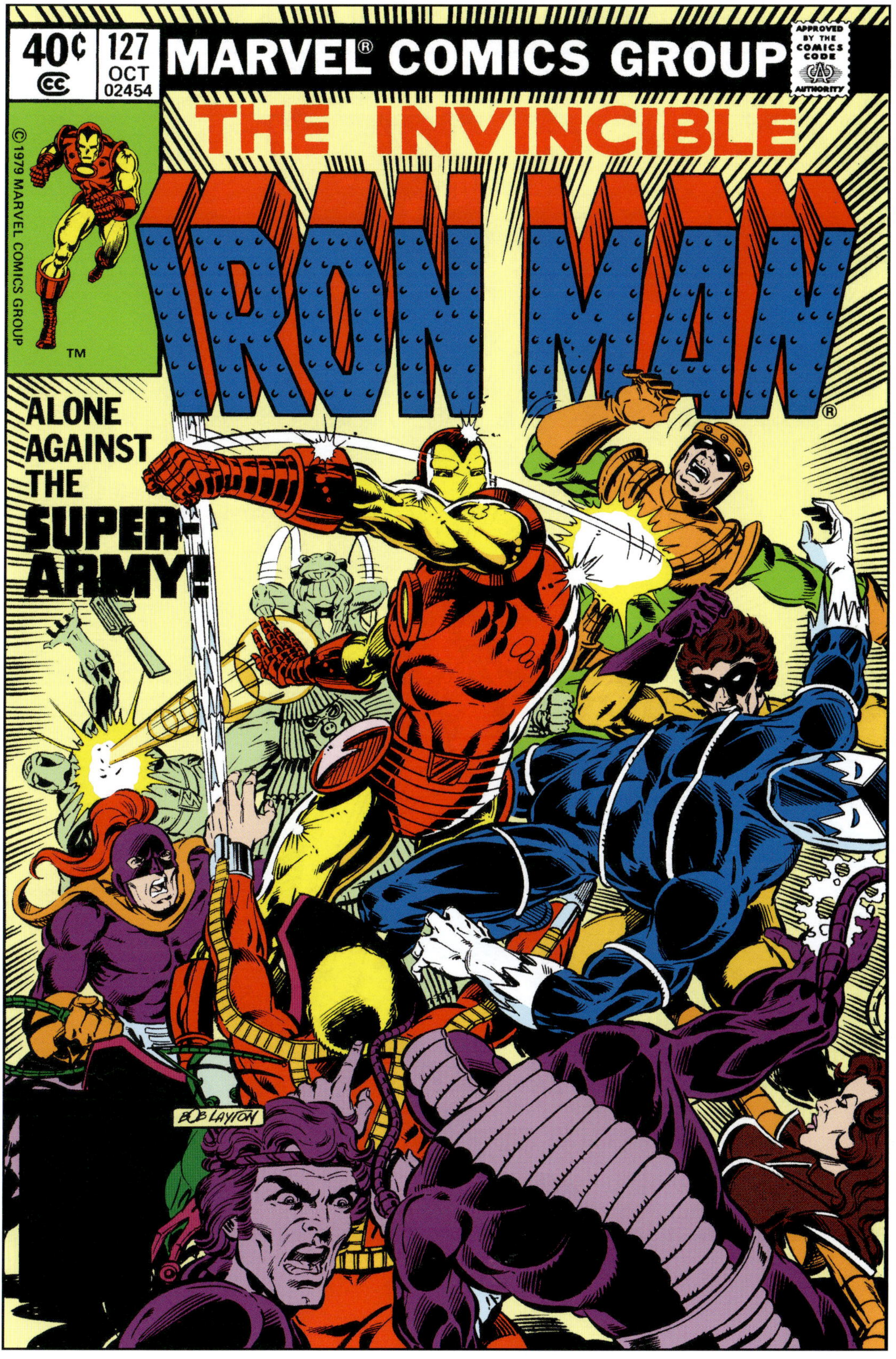

Iron Man (1968) 127
Cover von **BOB LAYTON**

Wenn der millionenschwere Unternehmer und meisterliche Erfinder **Tony Stark** in seine solarbetriebene Stahlrüstung klettert, wird er zur weltweit stärksten menschlichen Kampfmaschine…

Stan Lee PRÄSENTIERT:

DER UNBESIEGBARE IRON MAN®

DAVID MICHELINIE	JOHN ROMITA JR.	BOB LAYTON	BEN SEAN	ALEXANDER RÖSCH	FABIO CIACCI	ROGER STERN & JIM SHOOTER
STORY	ZEICHNUNGEN	TUSCHE/PLOT	FARBEN	ÜBERSETZUNG	LETTERING	REDAKTION USA

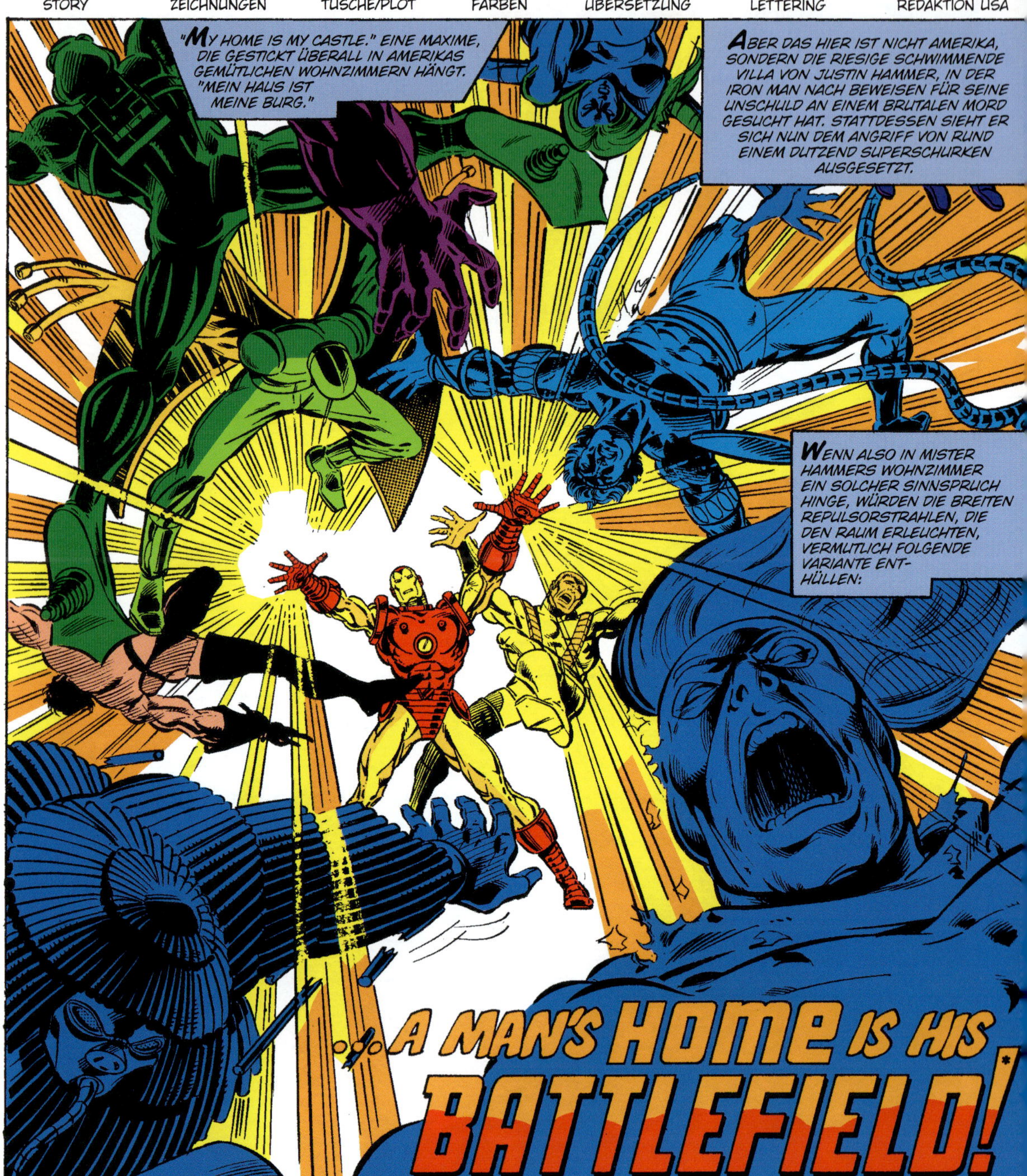

* MEIN HAUS IST MEIN SCHLACHTFELD!

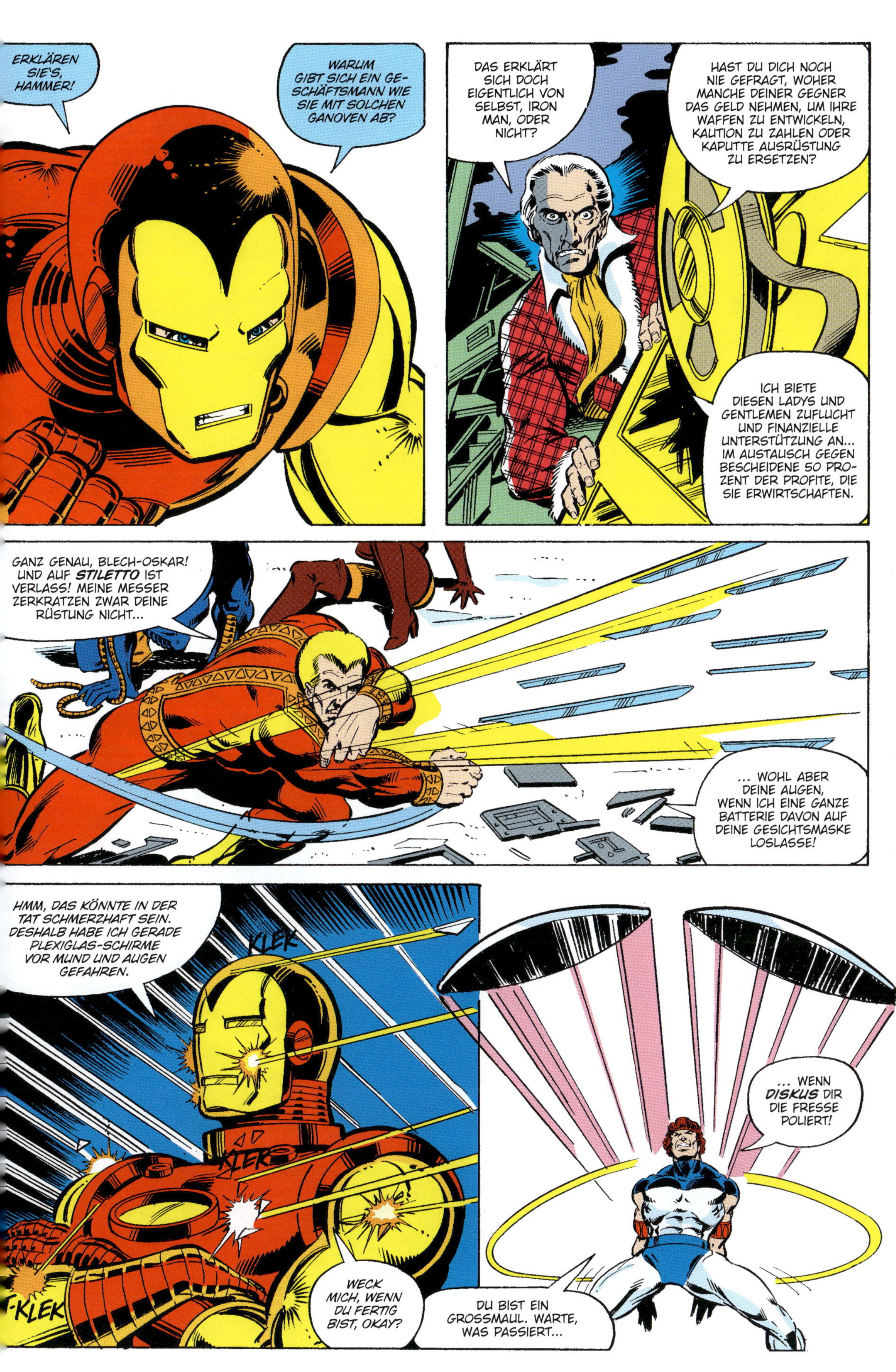
ERKLÄREN SIE'S, HAMMER!
WARUM GIBT SICH EIN GESCHÄFTSMANN WIE SIE MIT SOLCHEN GANOVEN AB?
DAS ERKLÄRT SICH DOCH EIGENTLICH VON SELBST, IRON MAN, ODER NICHT?
HAST DU DICH NOCH NIE GEFRAGT, WOHER MANCHE DEINER GEGNER DAS GELD NEHMEN, UM IHRE WAFFEN ZU ENTWICKELN, KAUTION ZU ZAHLEN ODER KAPUTTE AUSRÜSTUNG ZU ERSETZEN?
ICH BIETE DIESEN LADYS UND GENTLEMEN ZUFLUCHT UND FINANZIELLE UNTERSTÜTZUNG AN... IM AUSTAUSCH GEGEN BESCHEIDENE 50 PROZENT DER PROFITE, DIE SIE ERWIRTSCHAFTEN.
GANZ GENAU, BLECH-OSKAR! UND AUF STILETTO IST VERLASS! MEINE MESSER ZERKRATZEN ZWAR DEINE RÜSTUNG NICHT...
... WOHL ABER DEINE AUGEN, WENN ICH EINE GANZE BATTERIE DAVON AUF DEINE GESICHTSMASKE LOSLASSE!
HMM, DAS KÖNNTE IN DER TAT SCHMERZHAFT SEIN. DESHALB HABE ICH GERADE PLEXIGLAS-SCHIRME VOR MUND UND AUGEN GEFAHREN.
KLEK
KLEK
T-KLEK
WECK MICH, WENN DU FERTIG BIST, OKAY?
DU BIST EIN GROSSMAUL. WARTE, WAS PASSIERT...
... WENN DISKUS DIR DIE FRESSE POLIERT!

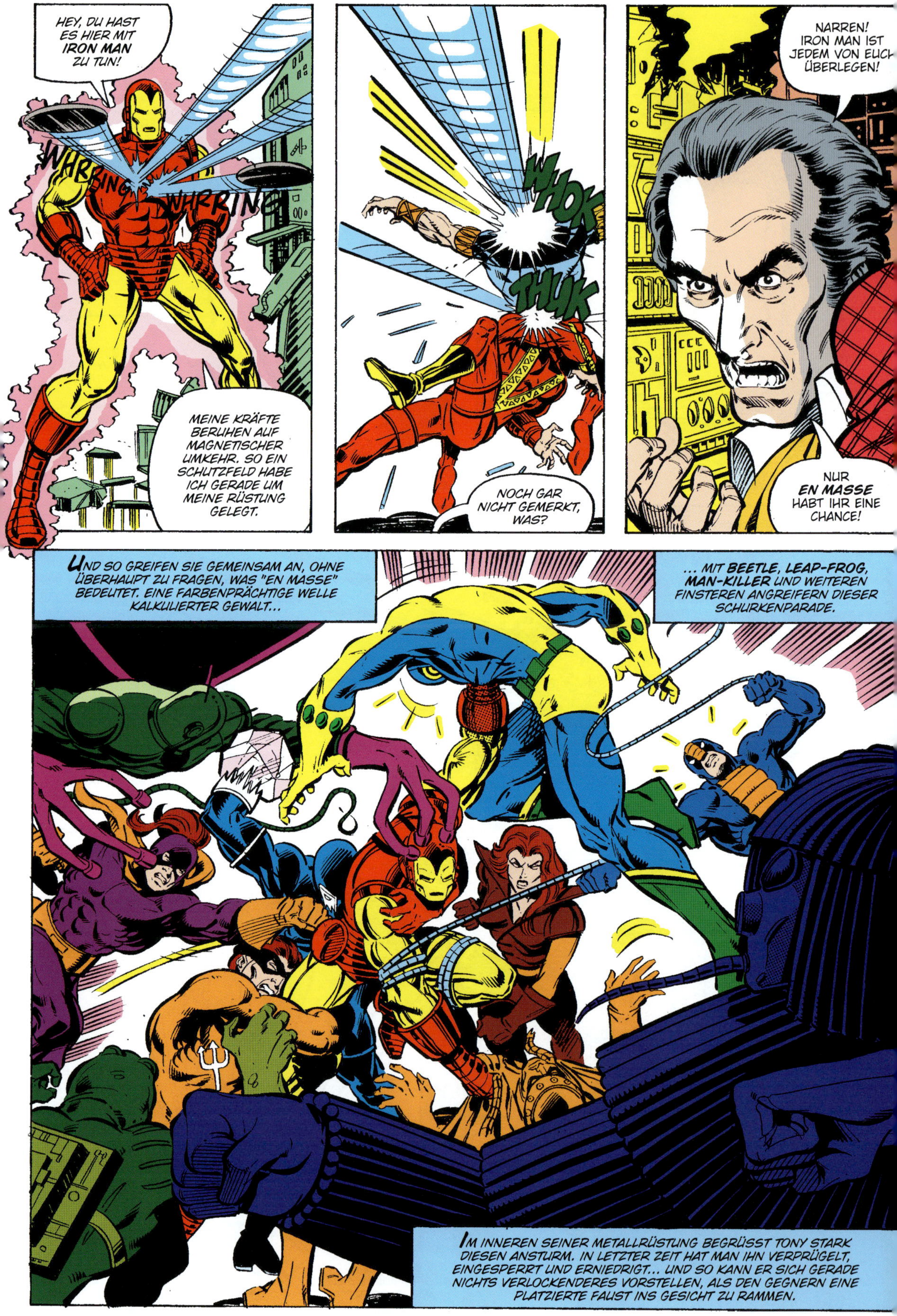

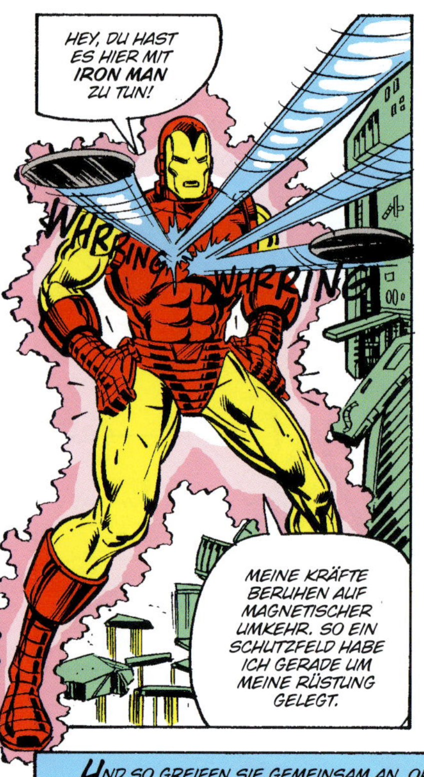

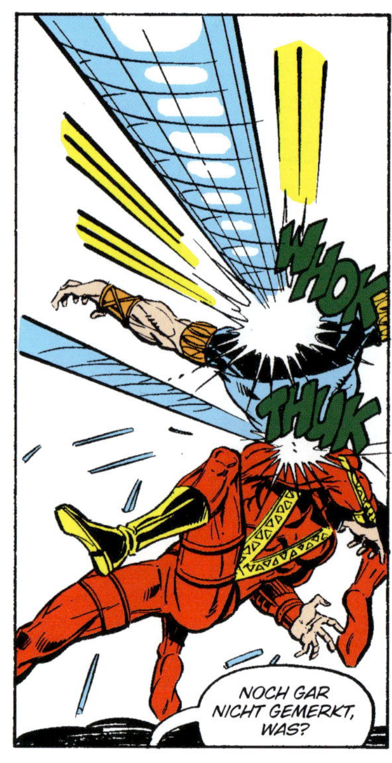

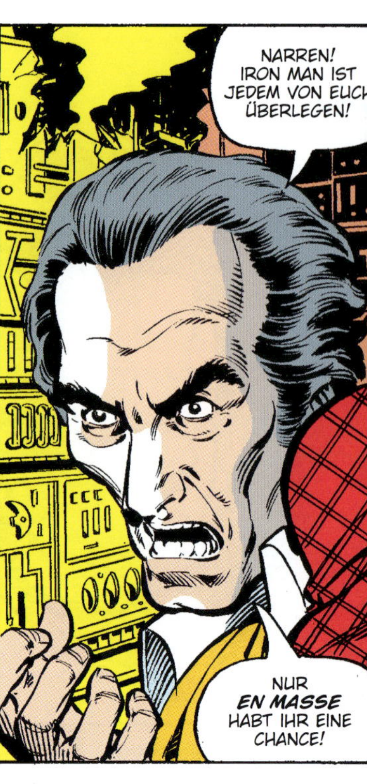

UND SO GREIFEN SIE GEMEINSAM AN, OHNE ÜBERHAUPT ZU FRAGEN, WAS "EN MASSE" BEDEUTET. EINE FARBENPRÄCHTIGE WELLE KALKULIERTER GEWALT...

... MIT **BEETLE**, **LEAP-FROG**, **MAN-KILLER** UND WEITEREN FINSTEREN ANGREIFERN DIESER SCHURKENPARADE.

IM INNEREN SEINER METALLRÜSTUNG BEGRÜSST TONY STARK DIESEN ANSTURM. IN LETZTER ZEIT HAT MAN IHN VERPRÜGELT, EINGESPERRT UND ERNIEDRIGT... UND SO KANN ER SICH GERADE NICHTS VERLOCKENDERES VORSTELLEN, ALS DEN GEGNERN EINE PLATZIERTE FAUST INS GESICHT ZU RAMMEN.

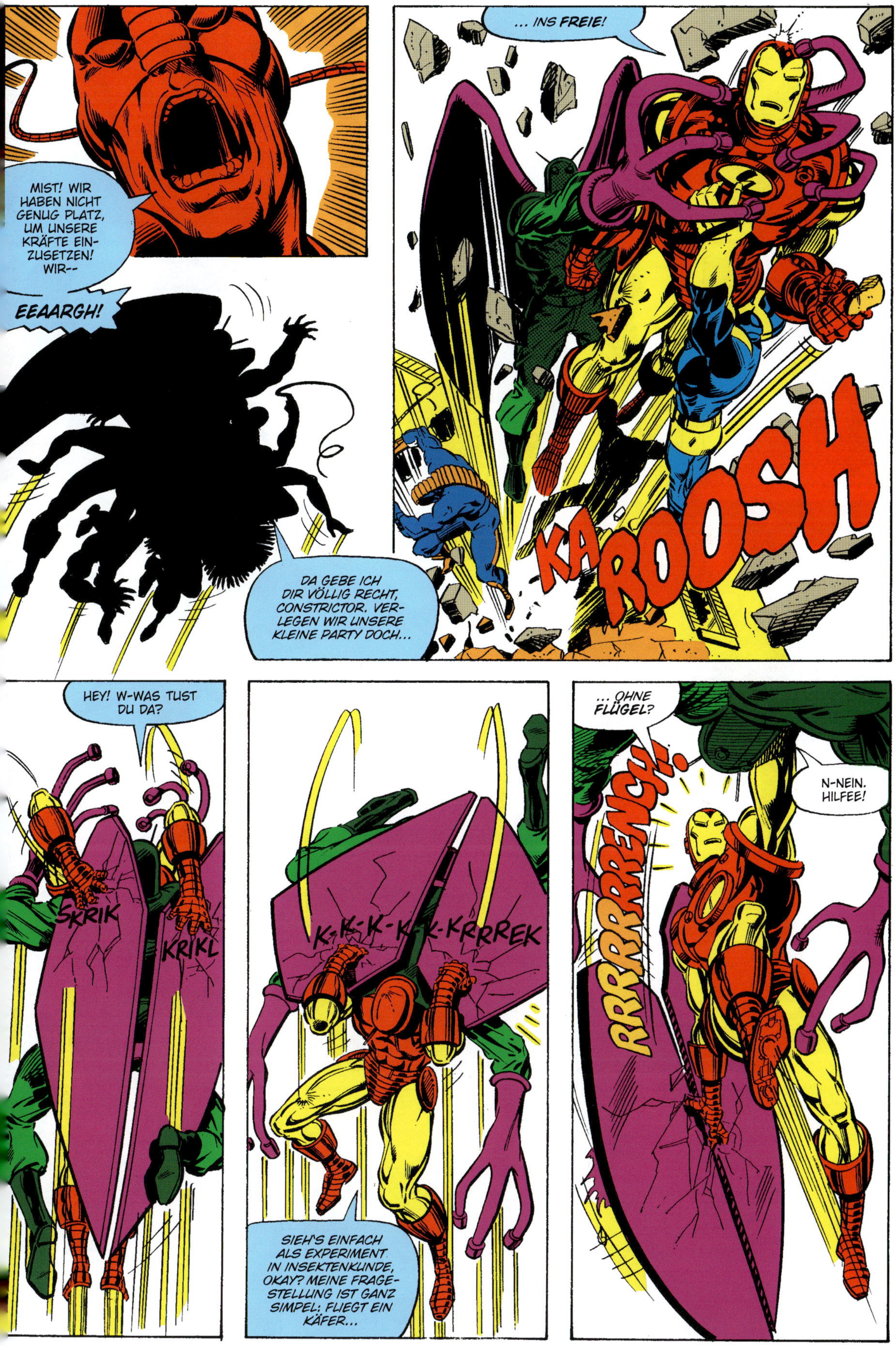

MIST! WIR HABEN NICHT GENUG PLATZ, UM UNSERE KRÄFTE EIN-ZUSETZEN! WIR--

EEAARGH!

DA GEBE ICH DIR VÖLLIG RECHT, CONSTRICTOR. VERLEGEN WIR UNSERE KLEINE PARTY DOCH...

... INS FREIE!

KA ROOSH

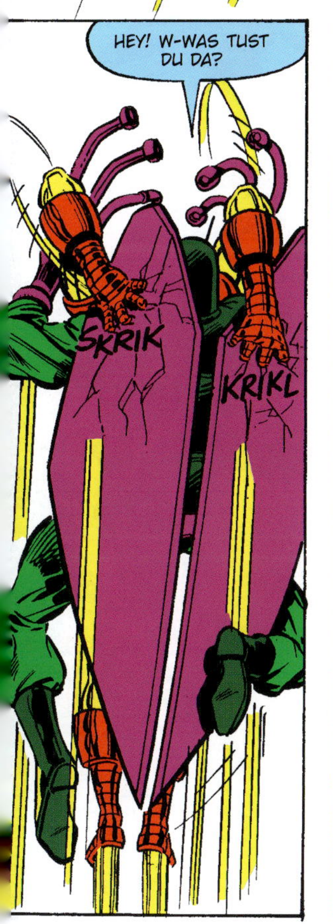

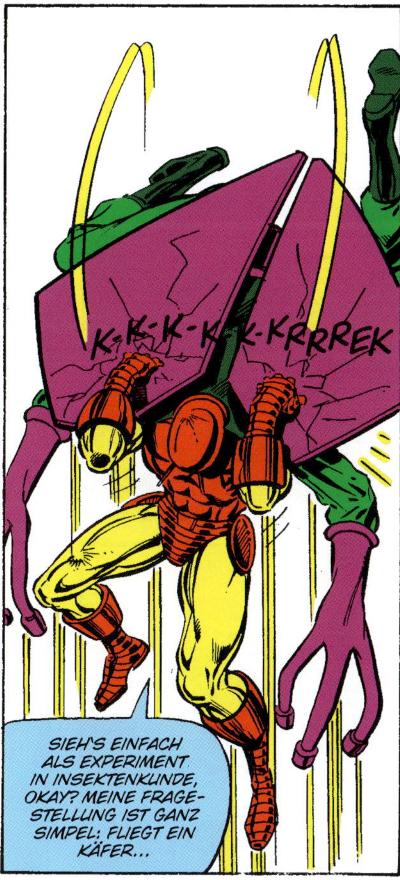

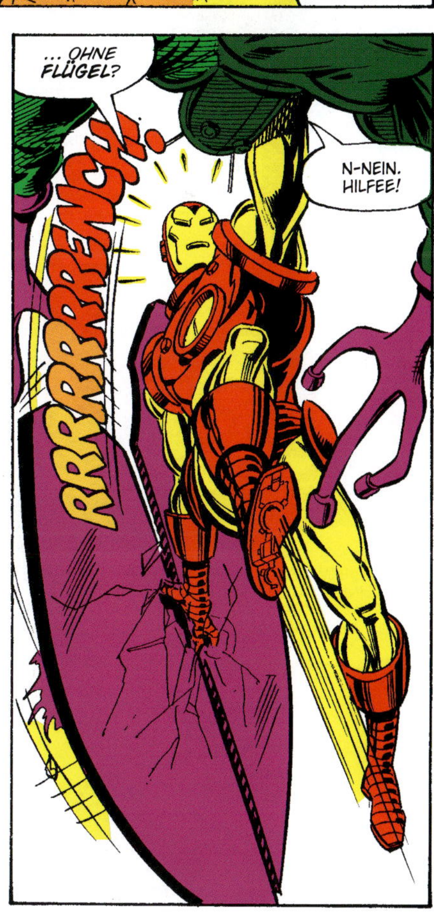

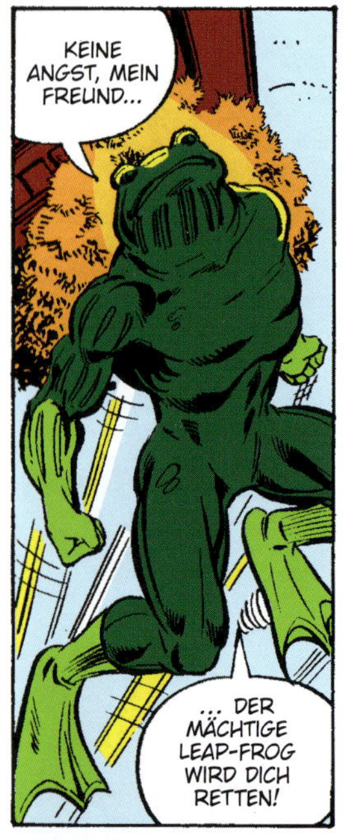
KEINE ANGST, MEIN FREUND...
... DER MÄCHTIGE LEAP-FROG WIRD DICH RETTEN!

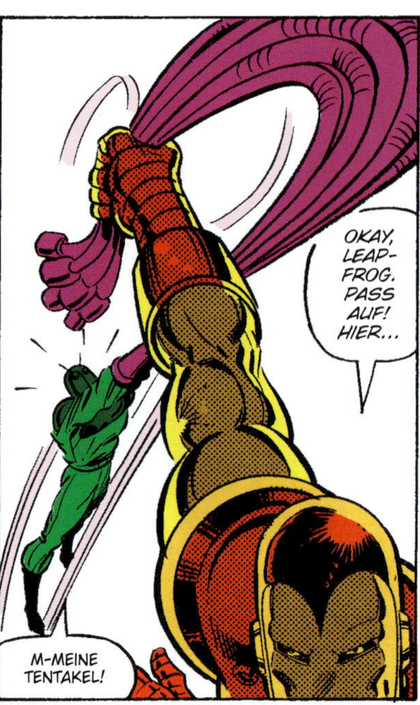
M-MEINE TENTAKEL!
OKAY, LEAP-FROG. PASS AUF! HIER...

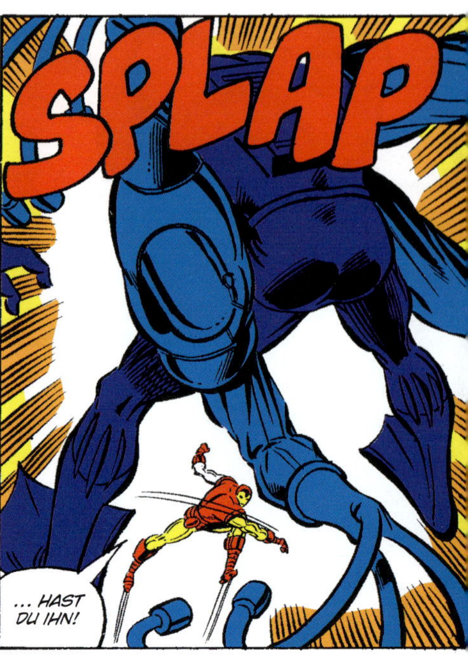
SPLAP
... HAST DU IHN!

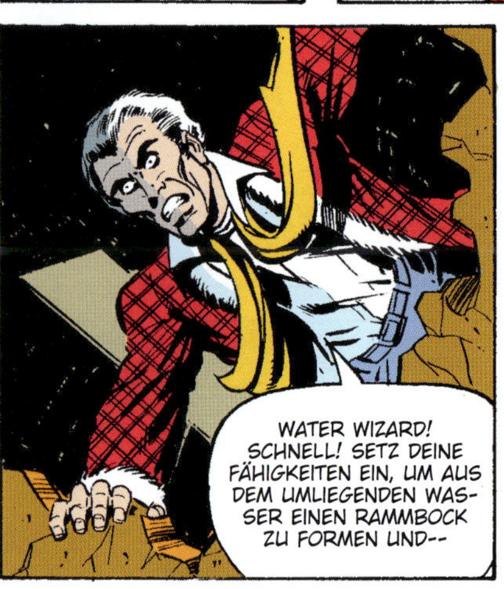
WATER WIZARD! SCHNELL! SETZ DEINE FÄHIGKEITEN EIN, UM AUS DEM UMLIEGENDEN WASSER EINEN RAMMBOCK ZU FORMEN UND--

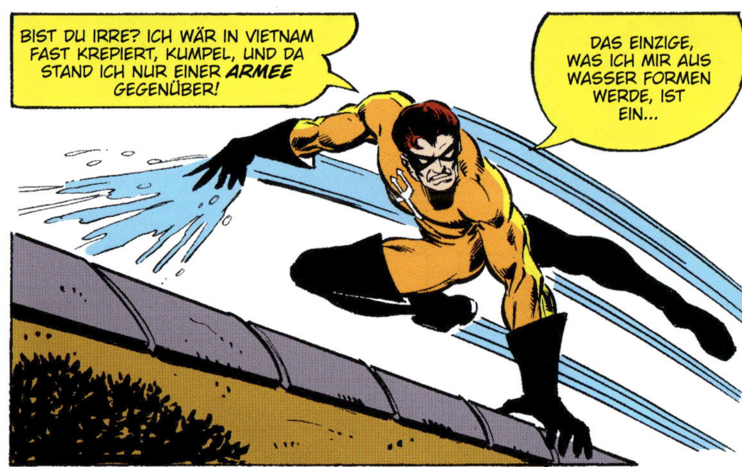
BIST DU IRRE? ICH WÄR IN VIETNAM FAST KREPIERT, KUMPEL, UND DA STAND ICH NUR EINER ARMEE GEGENÜBER!
DAS EINZIGE, WAS ICH MIR AUS WASSER FORMEN WERDE, IST EIN...

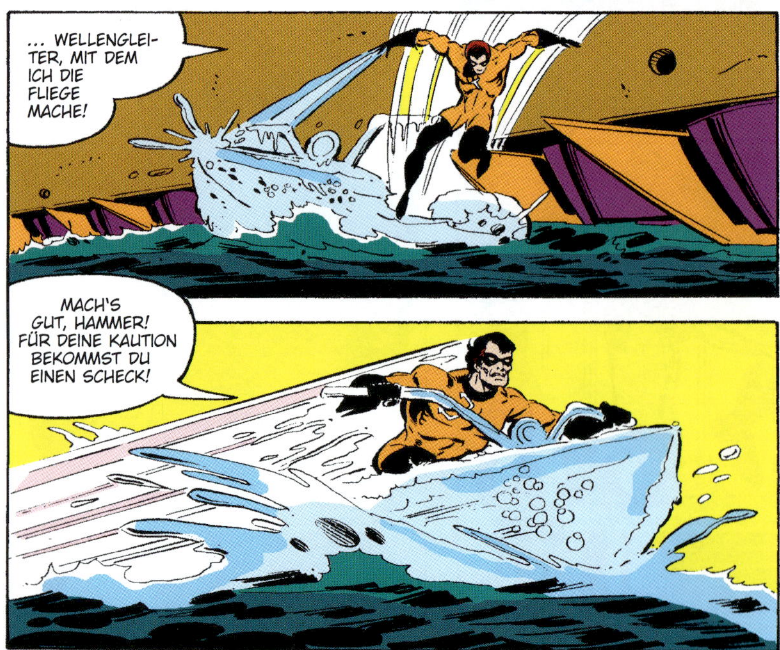
... WELLENGLEITER, MIT DEM ICH DIE FLIEGE MACHE!
MACH'S GUT, HAMMER! FÜR DEINE KAUTION BEKOMMST DU EINEN SCHECK!

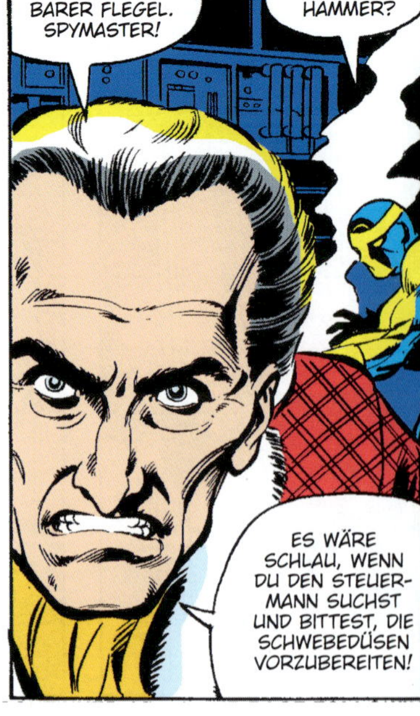
UNDANKBARER FLEGEL. SPYMASTER!
JA, MR. HAMMER?
ES WÄRE SCHLAU, WENN DU DEN STEUERMANN SUCHST UND BITTEST, DIE SCHWEBEDÜSEN VORZUBEREITEN!

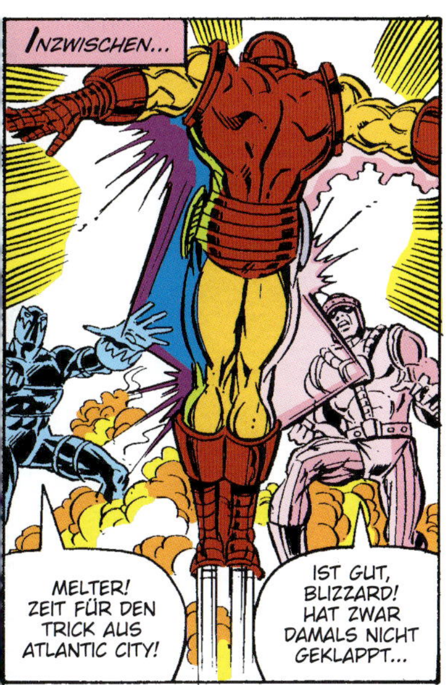
INZWISCHEN...
MELTER! ZEIT FÜR DEN TRICK AUS ATLANTIC CITY!
IST GUT, BLIZZARD! HAT ZWAR DAMALS NICHT GEKLAPPT...

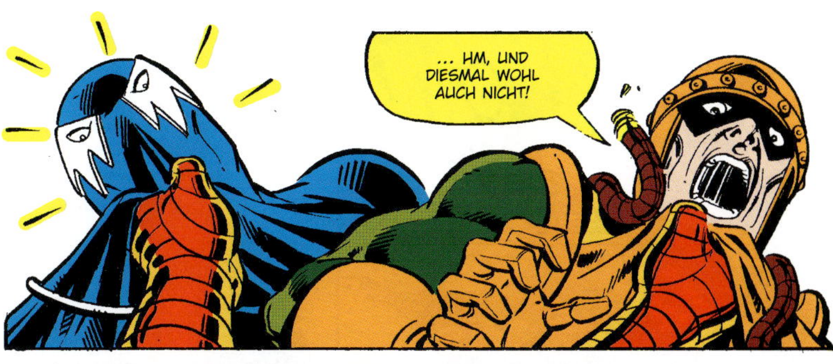
... HM, UND DIESMAL WOHL AUCH NICHT!

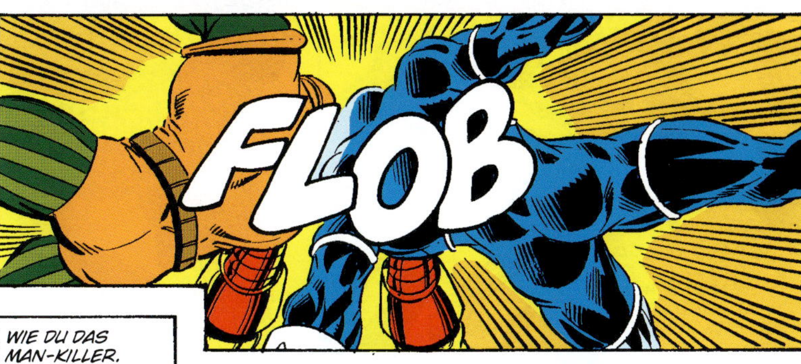
FLOB

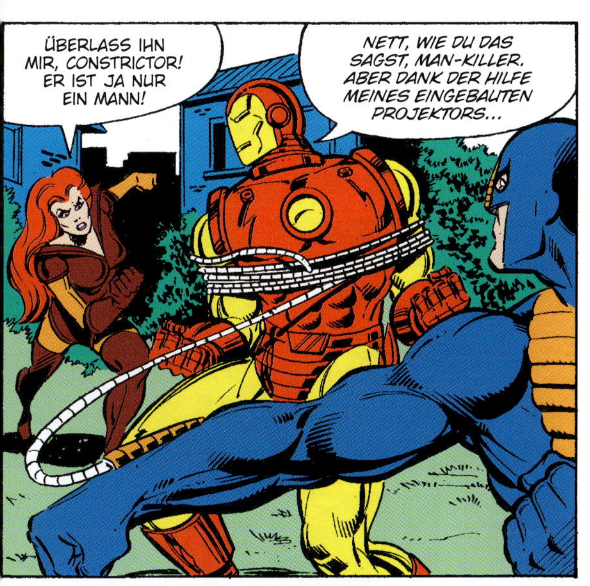
ÜBERLASS IHN MIR, CONSTRICTOR! ER IST JA NUR EIN MANN!
NETT, WIE DU DAS SAGST, MAN-KILLER. ABER DANK DER HILFE MEINES EINGEBAUTEN PROJEKTORS...

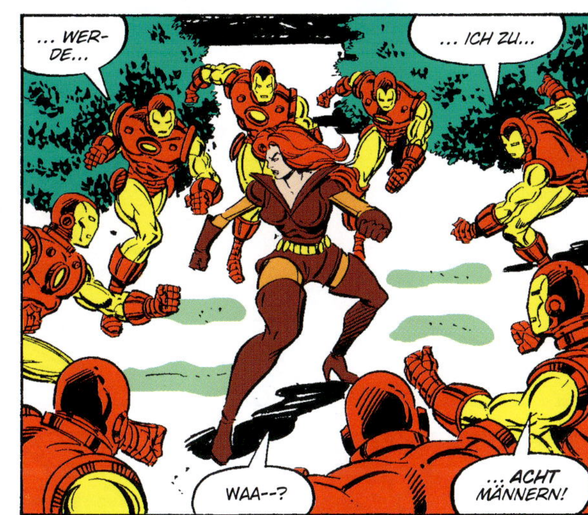
... WER-DE...
... ICH ZU...
WAA--?
... ACHT MÄNNERN!

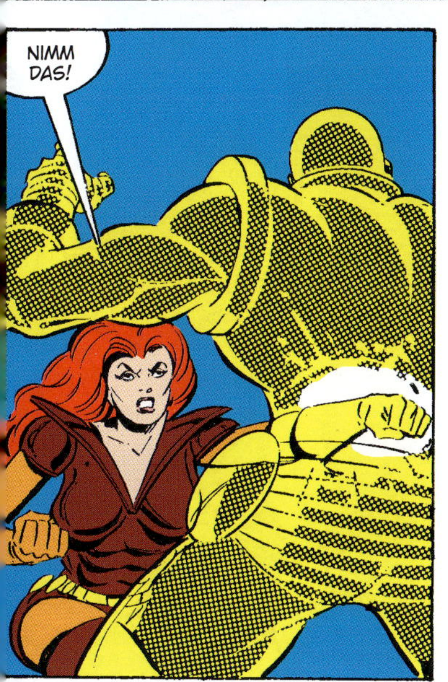
NIMM DAS!

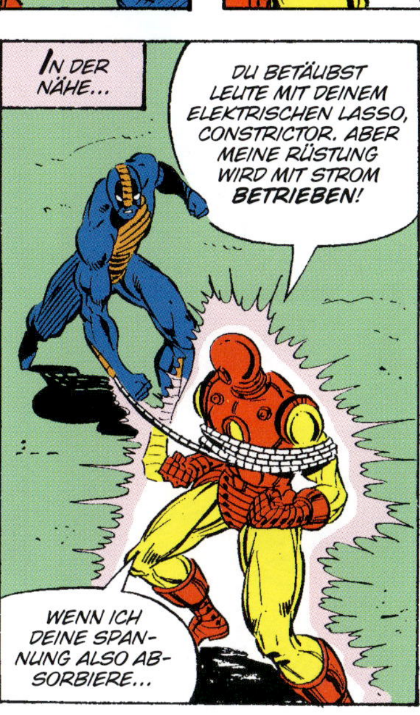
IN DER NÄHE...
DU BETÄUBST LEUTE MIT DEINEM ELEKTRISCHEN LASSO, CONSTRICTOR. ABER MEINE RÜSTUNG WIRD MIT STROM BETRIEBEN!
WENN ICH DEINE SPAN-NUNG ALSO AB-SORBIERE...

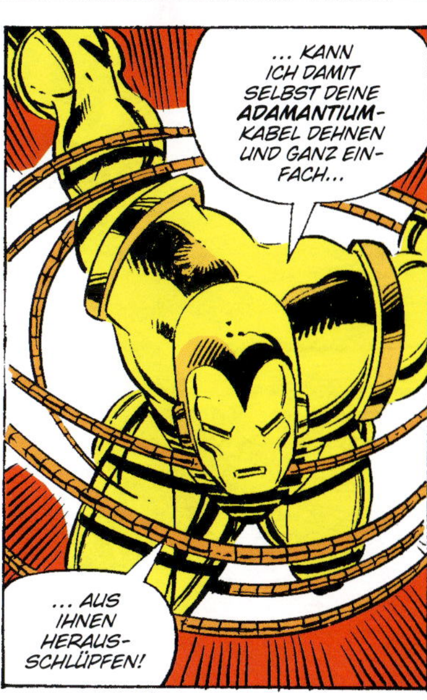
... KANN ICH DAMIT SELBST DEINE ADAMANTIUM-KABEL DEHNEN UND GANZ EIN-FACH...
... AUS IHNEN HERAUS-SCHLÜPFEN!

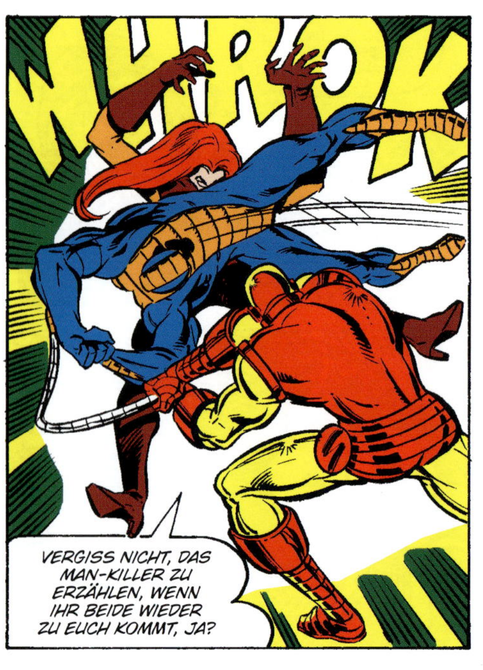
WHROK
VERGISS NICHT, DAS MAN-KILLER ZU ERZÄHLEN, WENN IHR BEIDE WIEDER ZU EUCH KOMMT, JA?

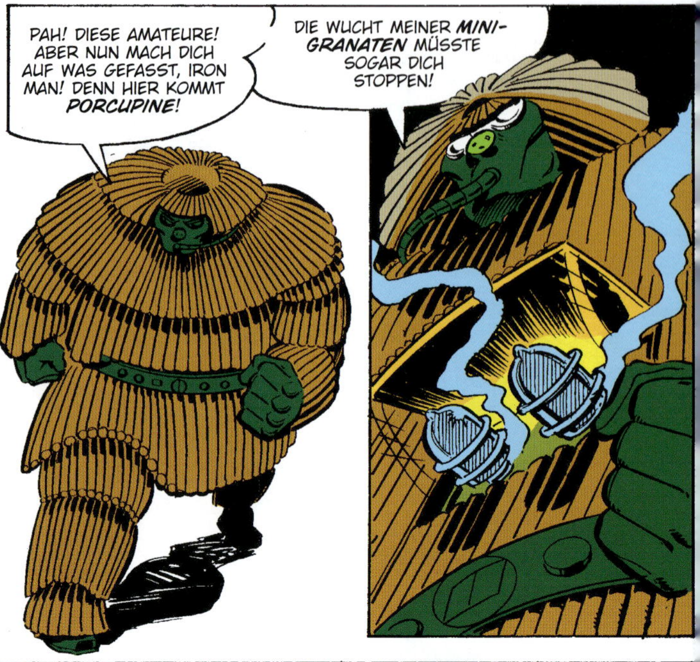
PAH! DIESE AMATEURE! ABER NUN MACH DICH AUF WAS GEFASST, IRON MAN! DENN HIER KOMMT **PORCUPINE!**
DIE WUCHT MEINER **MINI-GRANATEN** MÜSSTE SOGAR DICH STOPPEN!

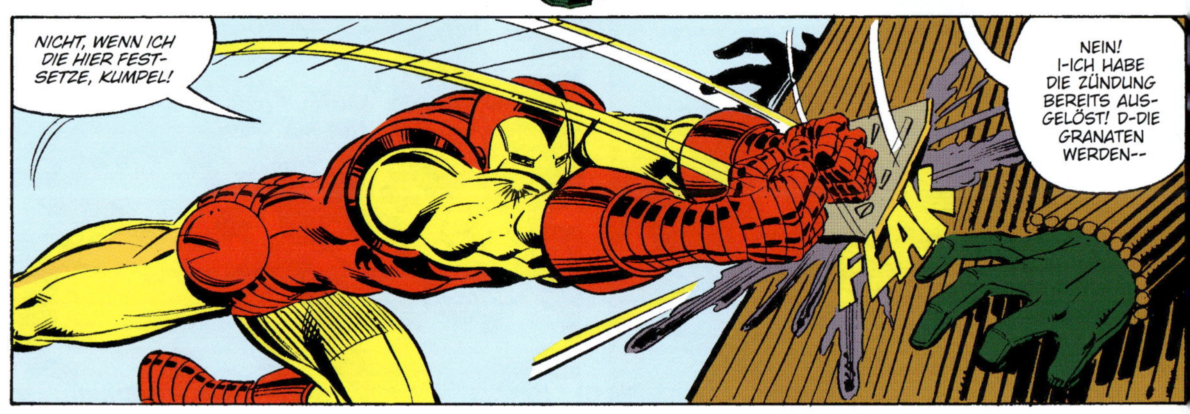
NICHT, WENN ICH DIE HIER FEST-SETZE, KUMPEL!
FLAK
NEIN! I-ICH HABE DIE ZÜNDUNG BEREITS AUS-GELÖST! D-DIE GRANATEN WERDEN--

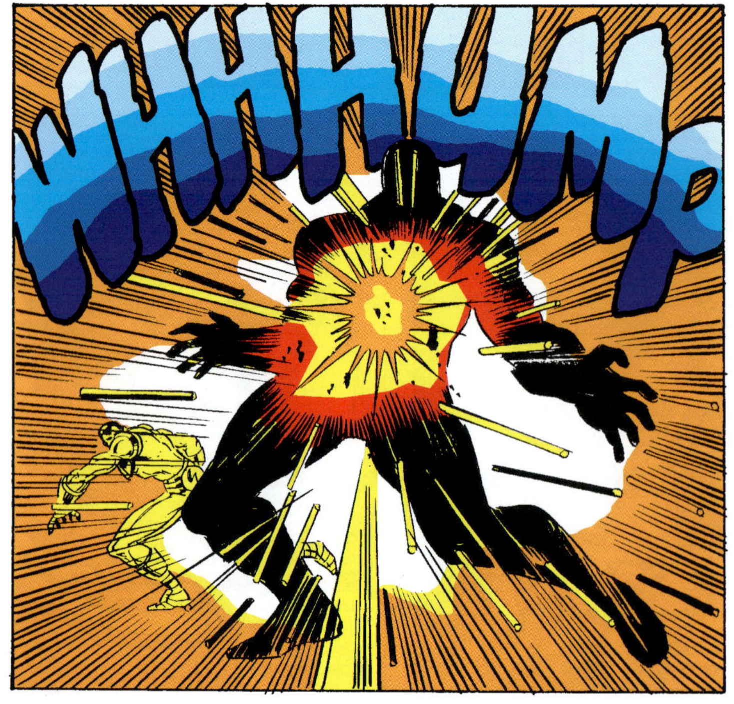
WHHHUMP

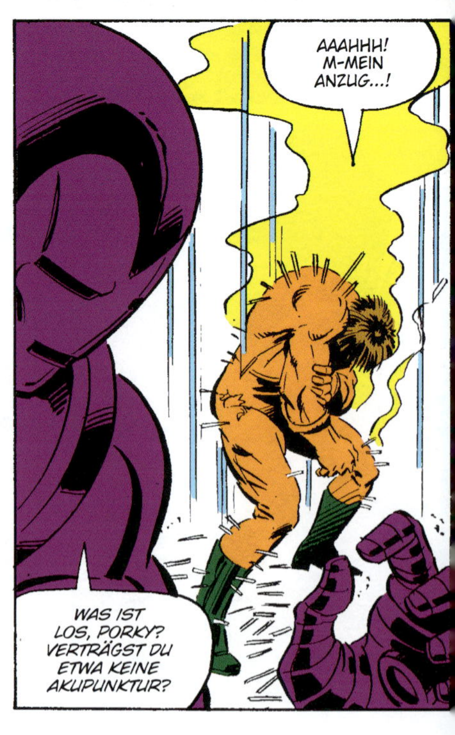
AAAHHH! M-MEIN ANZUG...!
WAS IST LOS, PORKY? VERTRÄGST DU ETWA KEINE AKUPUNKTUR?

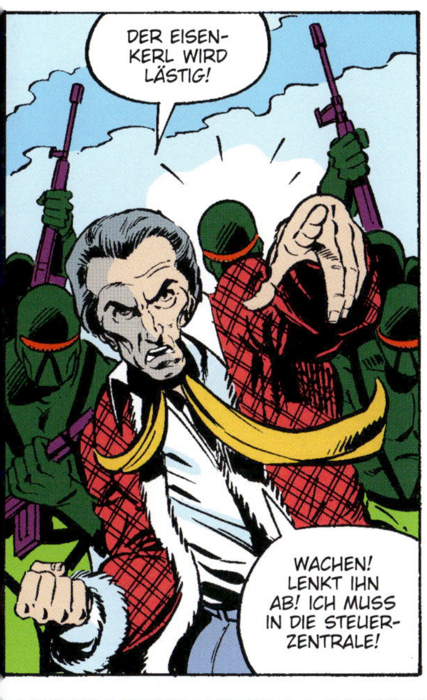

DER EISEN-KERL WIRD LÄSTIG!
WACHEN! LENKT IHN AB! ICH MUSS IN DIE STEUER-ZENTRALE!

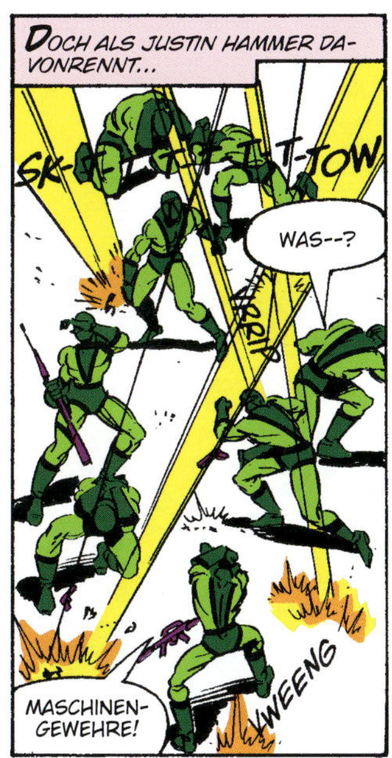

DOCH ALS JUSTIN HAMMER DAVONRENNT...
T-TOW
WAS--?
MASCHINEN-GEWEHRE!
WEENG

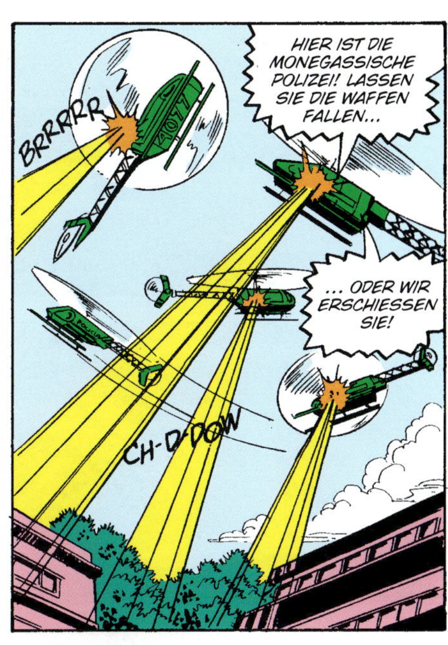

HIER IST DIE MONEGASSISCHE POLIZEI! LASSEN SIE DIE WAFFEN FALLEN...
BRRRRR
... ODER WIR ERSCHIESSEN SIE!
CH-D-DOW

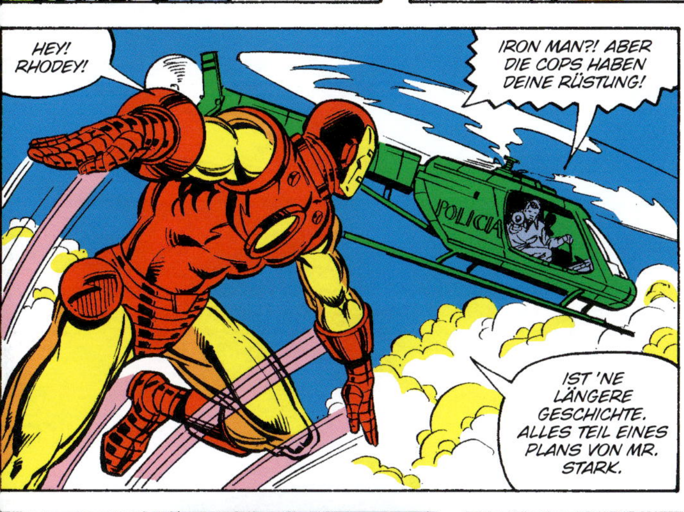

HEY! RHODEY!
IRON MAN?! ABER DIE COPS HABEN DEINE RÜSTUNG!
IST 'NE LÄNGERE GESCHICHTE. ALLES TEIL EINES PLANS VON MR. STARK.

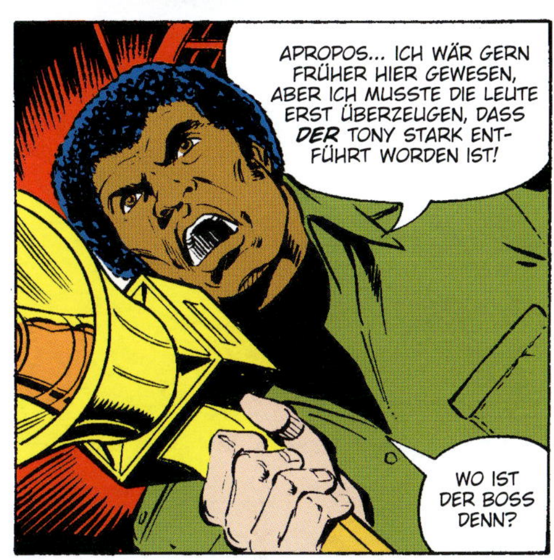

APROPOS... ICH WÄR GERN FRÜHER HIER GEWESEN, ABER ICH MUSSTE DIE LEUTE ERST ÜBERZEUGEN, DASS DER TONY STARK ENTFÜHRT WORDEN IST!
WO IST DER BOSS DENN?

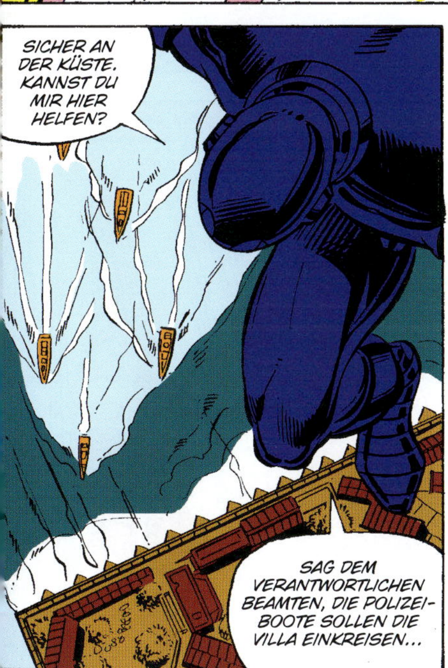

SICHER AN DER KÜSTE. KANNST DU MIR HIER HELFEN?
SAG DEM VERANTWORTLICHEN BEAMTEN, DIE POLIZEI-BOOTE SOLLEN DIE VILLA EINKREISEN...

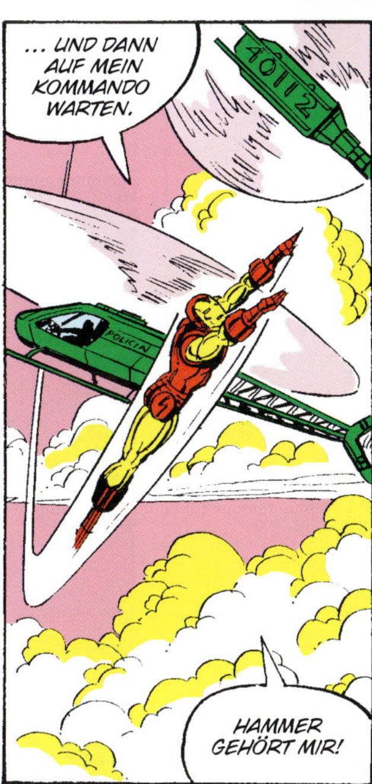

... UND DANN AUF MEIN KOMMANDO WARTEN.
HAMMER GEHÖRT MIR!

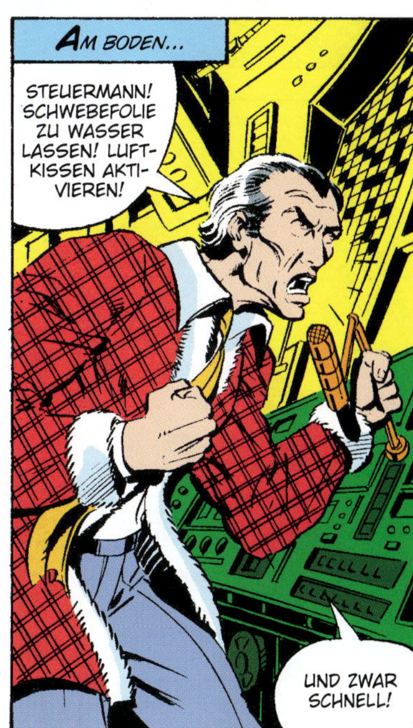

AM BODEN...
STEUERMANN! SCHWEBEFOLIE ZU WASSER LASSEN! LUFT-KISSEN AKTI-VIEREN!
UND ZWAR SCHNELL!

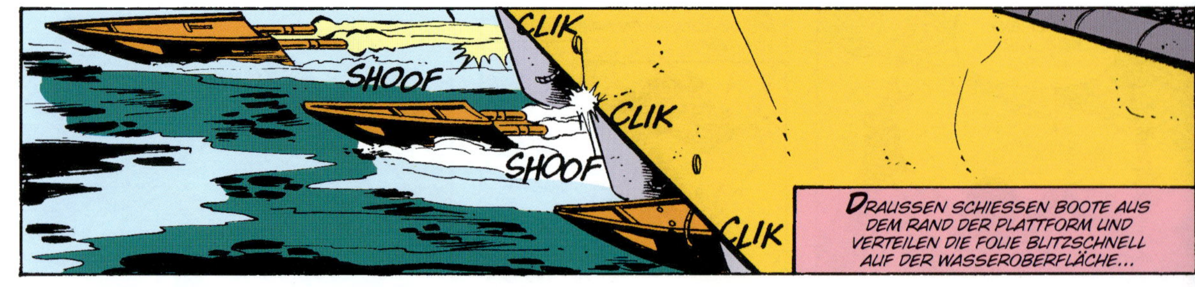
CLIK
SHOOF
CLIK
SHOOF
CLIK
DRAUSSEN SCHIESSEN BOOTE AUS DEM RAND DER PLATTFORM UND VERTEILEN DIE FOLIE BLITZSCHNELL AUF DER WASSEROBERFLÄCHE...

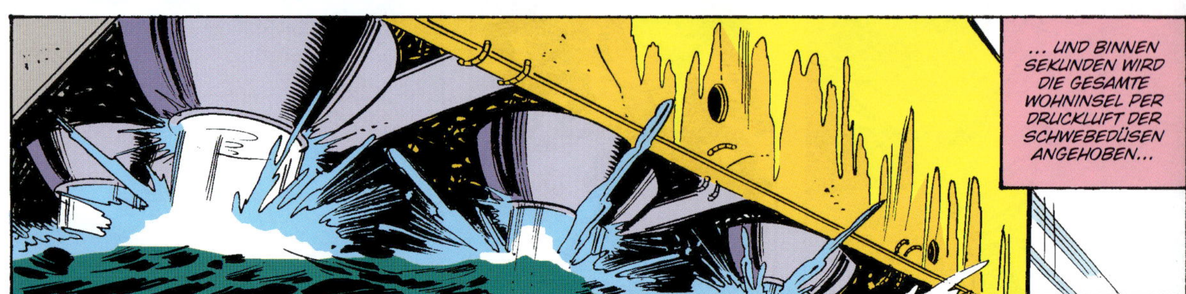
... UND BINNEN SEKUNDEN WIRD DIE GESAMTE WOHNINSEL PER DRUCKLUFT DER SCHWEBEDÜSEN ANGEHOBEN...

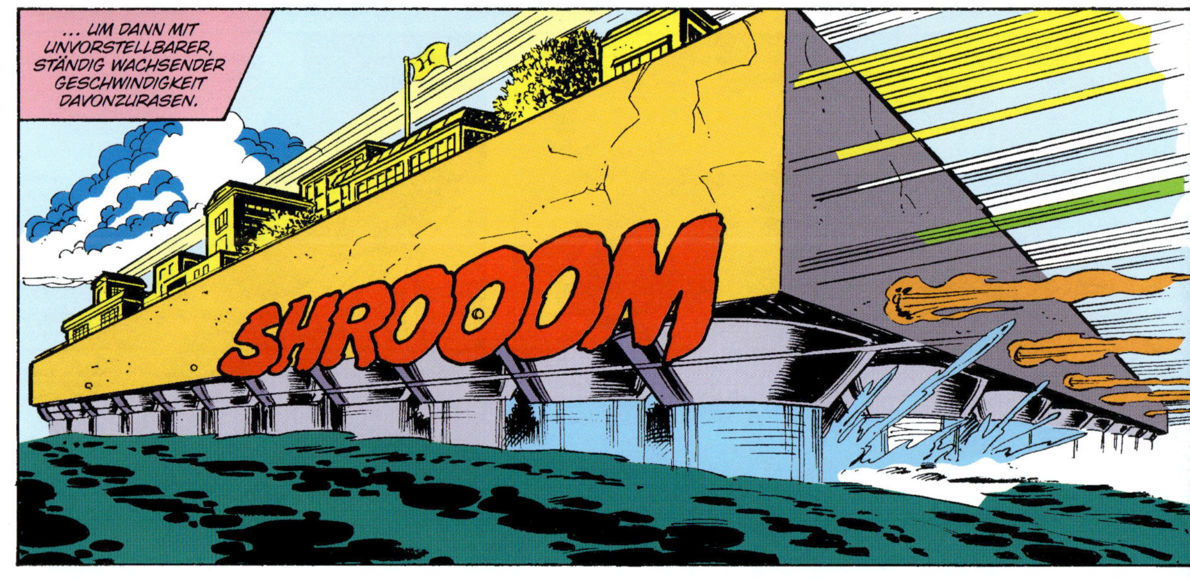
... UM DANN MIT UNVORSTELLBARER, STÄNDIG WACHSENDER GESCHWINDIGKEIT DAVONZURASEN.
SHROOOM

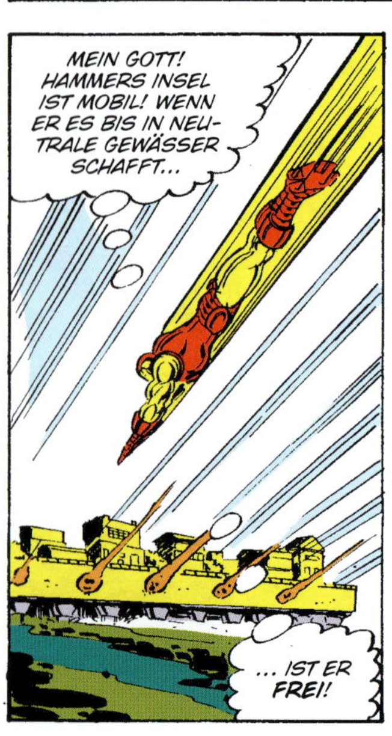
MEIN GOTT! HAMMERS INSEL IST MOBIL! WENN ER ES BIS IN NEUTRALE GEWÄSSER SCHAFFT...
... IST ER FREI!

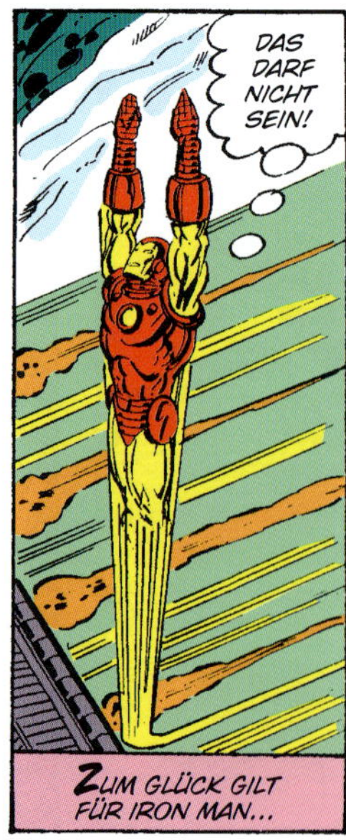
DAS DARF NICHT SEIN!
ZUM GLÜCK GILT FÜR IRON MAN...

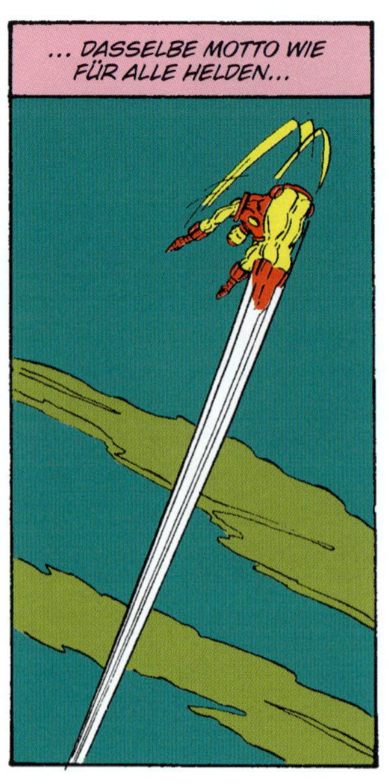
... DASSELBE MOTTO WIE FÜR ALLE HELDEN...

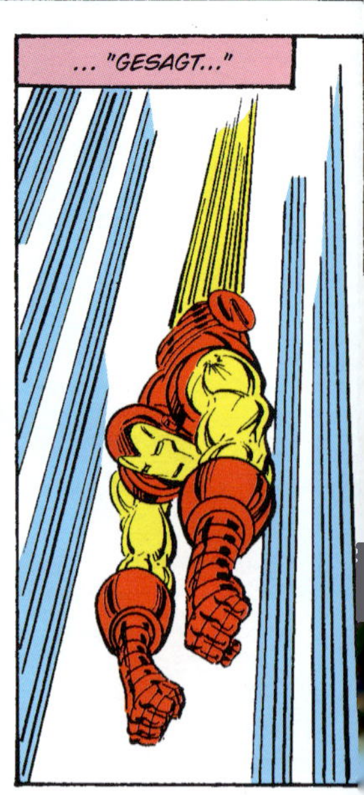
... "GESAGT..."

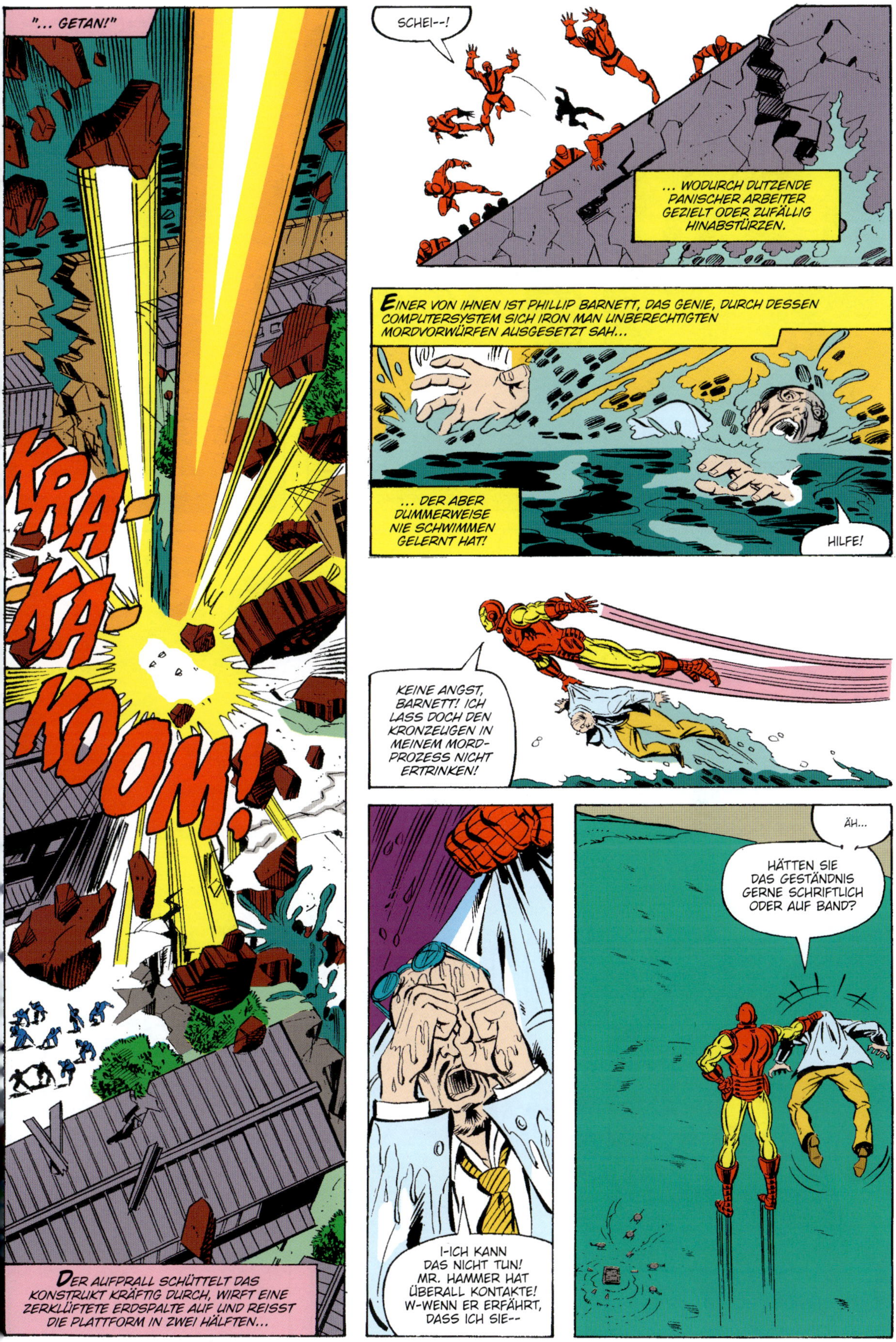

"... GETAN!"

KRA-KA-KOOM!

DER AUFPRALL SCHÜTTELT DAS KONSTRUKT KRÄFTIG DURCH, WIRFT EINE ZERKLÜFTETE ERDSPALTE AUF UND REISST DIE PLATTFORM IN ZWEI HÄLFTEN...

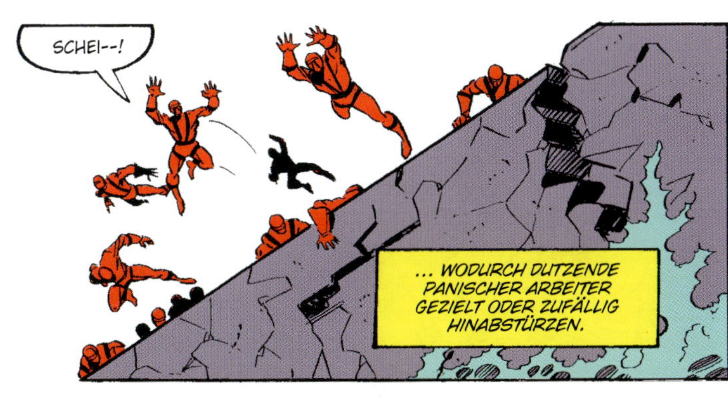

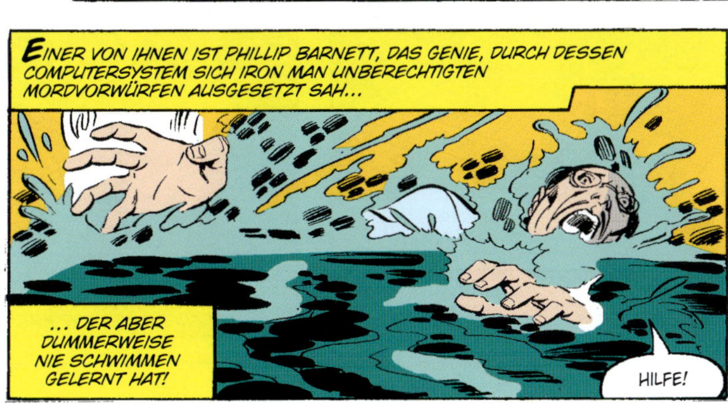

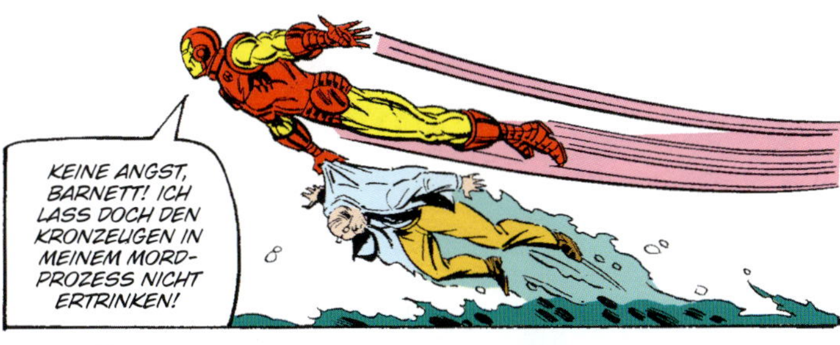

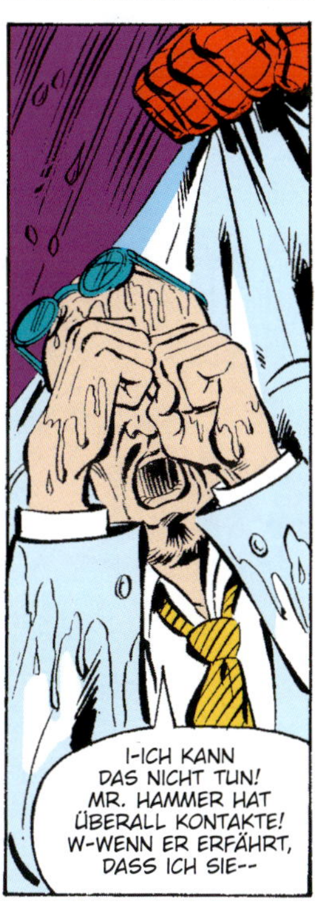

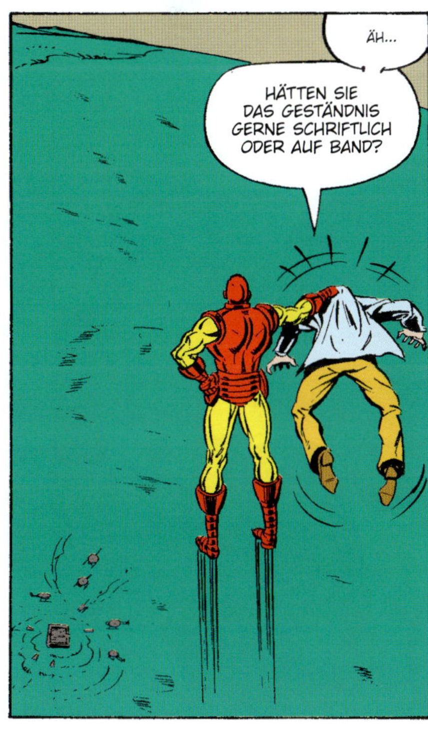

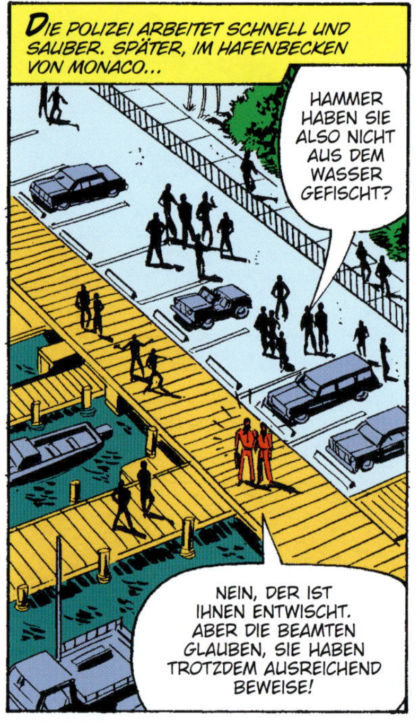
DIE POLIZEI ARBEITET SCHNELL UND SAUBER. SPÄTER, IM HAFENBECKEN VON MONACO...
HAMMER HABEN SIE ALSO NICHT AUS DEM WASSER GEFISCHT?
NEIN, DER IST IHNEN ENTWISCHT. ABER DIE BEAMTEN GLAUBEN, SIE HABEN TROTZDEM AUSREICHEND BEWEISE!

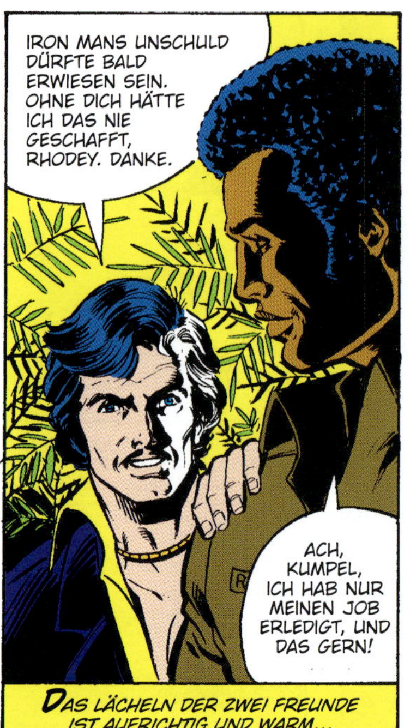
IRON MANS UNSCHULD DÜRFTE BALD ERWIESEN SEIN. OHNE DICH HÄTTE ICH DAS NIE GESCHAFFT, RHODEY. DANKE.
ACH, KUMPEL, ICH HAB NUR MEINEN JOB ERLEDIGT, UND DAS GERN!
DAS LÄCHELN DER ZWEI FREUNDE IST AUFRICHTIG UND WARM...

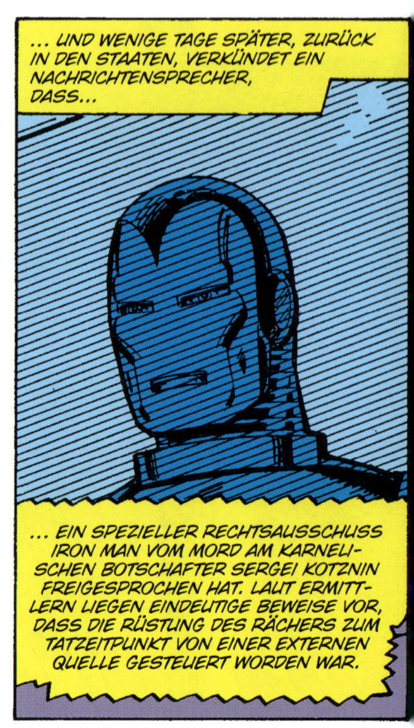
... UND WENIGE TAGE SPÄTER, ZURÜCK IN DEN STAATEN, VERKÜNDET EIN NACHRICHTENSPRECHER, DASS...
... EIN SPEZIELLER RECHTSAUSSCHUSS IRON MAN VOM MORD AM KARNELISCHEN BOTSCHAFTER SERGEI KOTZNIN FREIGESPROCHEN HAT. LAUT ERMITTLERN LIEGEN EINDEUTIGE BEWEISE VOR, DASS DIE RÜSTUNG DES RÄCHERS ZUM TATZEITPUNKT VON EINER EXTERNEN QUELLE GESTEUERT WORDEN WAR.

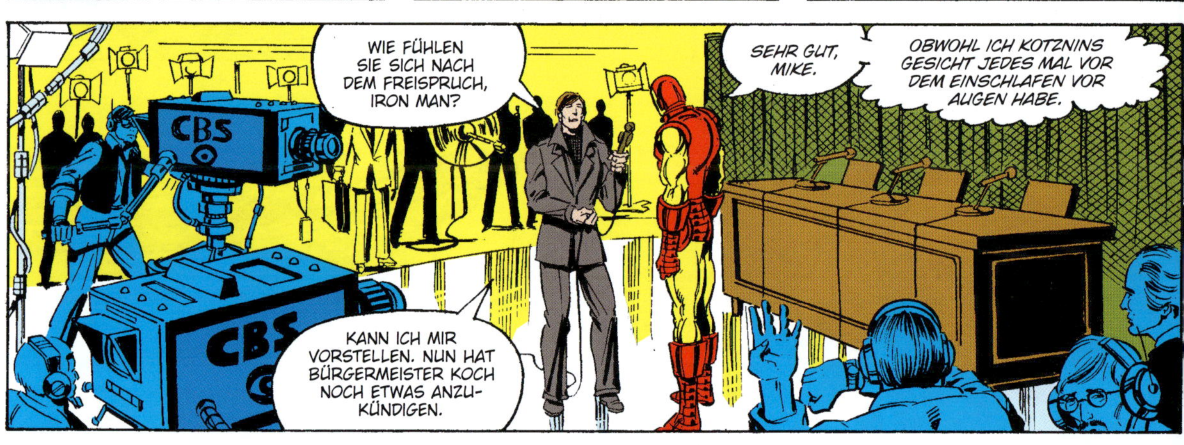
WIE FÜHLEN SIE SICH NACH DEM FREISPRUCH, IRON MAN?
SEHR GUT, MIKE.
OBWOHL ICH KOTZNINS GESICHT JEDES MAL VOR DEM EINSCHLAFEN VOR AUGEN HABE.
KANN ICH MIR VORSTELLEN. NUN HAT BÜRGERMEISTER KOCH NOCH ETWAS ANZUKÜNDIGEN.
CBS

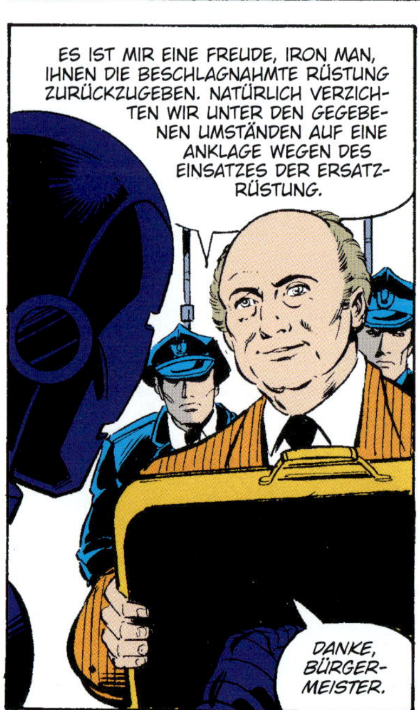
ES IST MIR EINE FREUDE, IRON MAN, IHNEN DIE BESCHLAGNAHMTE RÜSTUNG ZURÜCKZUGEBEN. NATÜRLICH VERZICHTEN WIR UNTER DEN GEGEBENEN UMSTÄNDEN AUF EINE ANKLAGE WEGEN DES EINSATZES DER ERSATZRÜSTUNG.
DANKE, BÜRGERMEISTER.

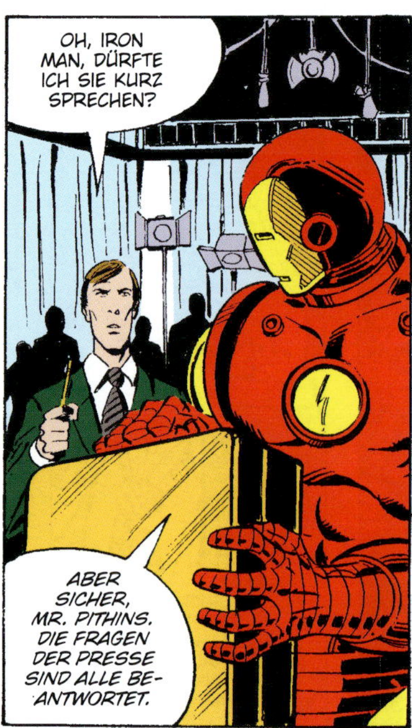
OH, IRON MAN, DÜRFTE ICH SIE KURZ SPRECHEN?
ABER SICHER, MR. PITHINS. DIE FRAGEN DER PRESSE SIND ALLE BEANTWORTET.

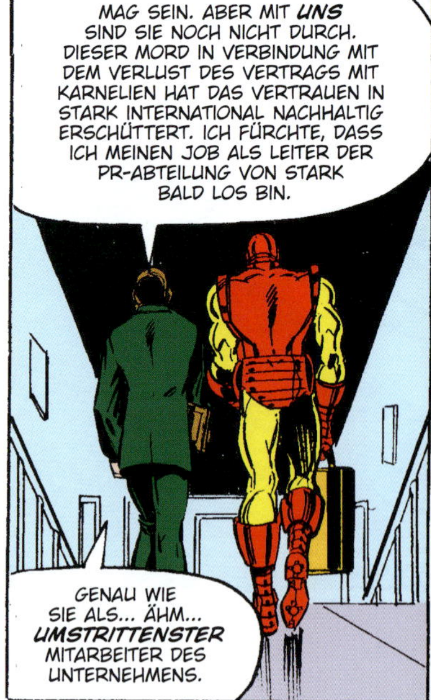
MAG SEIN. ABER MIT UNS SIND SIE NOCH NICHT DURCH. DIESER MORD IN VERBINDUNG MIT DEM VERLUST DES VERTRAGS MIT KARNELIEN HAT DAS VERTRAUEN IN STARK INTERNATIONAL NACHHALTIG ERSCHÜTTERT. ICH FÜRCHTE, DASS ICH MEINEN JOB ALS LEITER DER PR-ABTEILUNG VON STARK BALD LOS BIN.
GENAU WIE SIE ALS... ÄHM... UMSTRITTENSTER MITARBEITER DES UNTERNEHMENS.

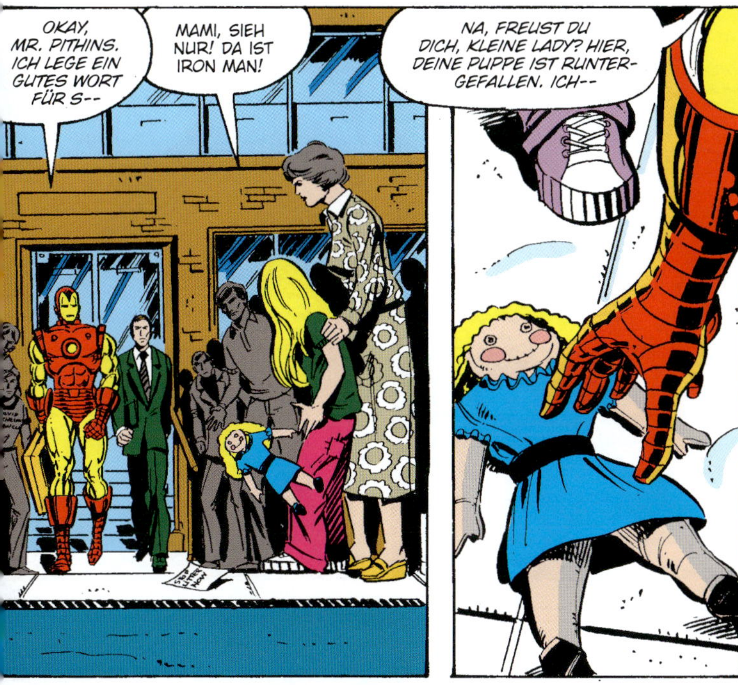
OKAY, MR. PITHINS. ICH LEGE EIN GUTES WORT FÜR S--
MAMI, SIEH NUR! DA IST IRON MAN!
NA, FREUST DU DICH, KLEINE LADY? HIER, DEINE PUPPE IST RUNTERGEFALLEN. ICH--

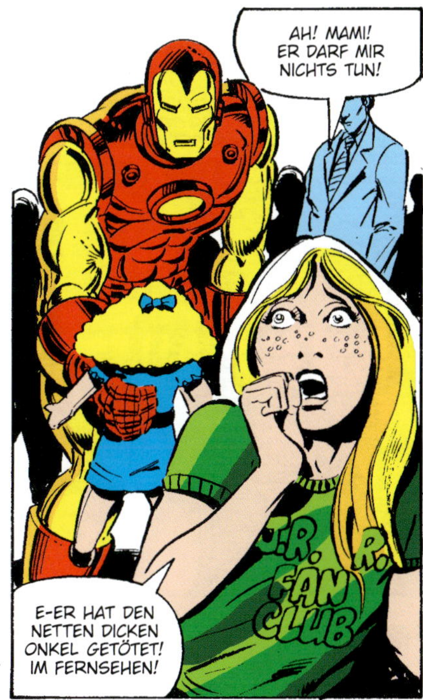
AH! MAMI! ER DARF MIR NICHTS TUN!
J.R. R. FAN CLUB
E-ER HAT DEN NETTEN DICKEN ONKEL GETÖTET! IM FERNSEHEN!

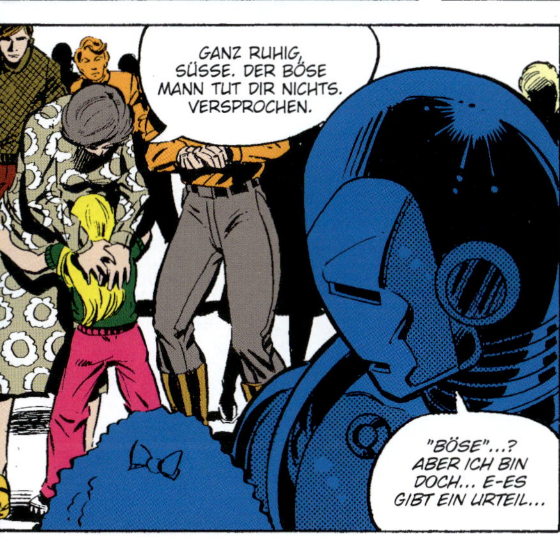
GANZ RUHIG, SÜSSE. DER BÖSE MANN TUT DIR NICHTS. VERSPROCHEN.
"BÖSE"...? ABER ICH BIN DOCH... E-ES GIBT EIN URTEIL...

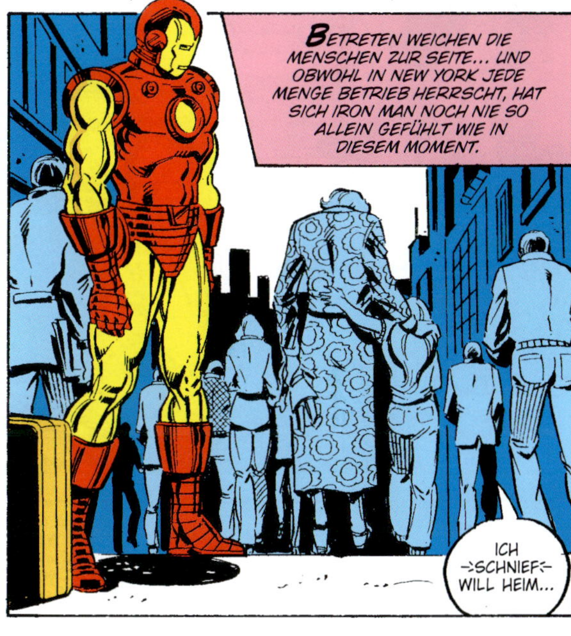
BETRETEN WEICHEN DIE MENSCHEN ZUR SEITE... UND OBWOHL IN NEW YORK JEDE MENGE BETRIEB HERRSCHT, HAT SICH IRON MAN NOCH NIE SO ALLEIN GEFÜHLT WIE IN DIESEM MOMENT.
ICH -SCHNIEF- WILL HEIM...

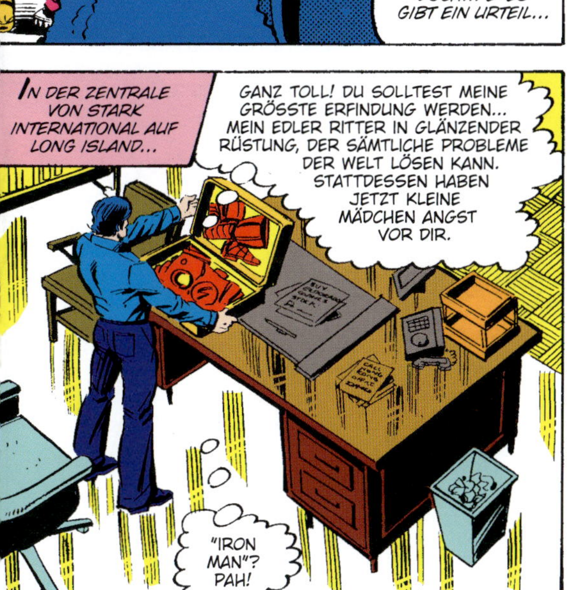
IN DER ZENTRALE VON STARK INTERNATIONAL AUF LONG ISLAND...
GANZ TOLL! DU SOLLTEST MEINE GRÖSSTE ERFINDUNG WERDEN... MEIN EDLER RITTER IN GLÄNZENDER RÜSTUNG, DER SÄMTLICHE PROBLEME DER WELT LÖSEN KANN. STATTDESSEN HABEN JETZT KLEINE MÄDCHEN ANGST VOR DIR.
"IRON MAN"? PAH!

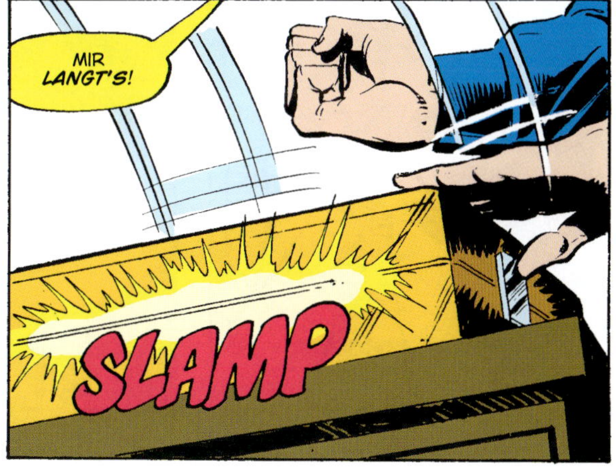
MIR LANGT'S!
SLAMP

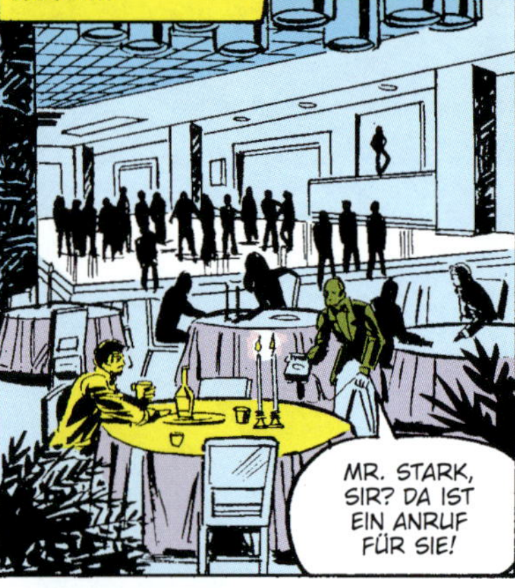
AM ABEND STATTET DER SCHLECHT GELAUNTE UNTERNEHMER EINEM BELIEBTEN NACHTCLUB IN FOREST HILLS EINEN BESUCH AB. DORT VERMAG SELBST EIN 100 JAHRE ALTER BRANDY SEINE STIMMUNG NICHT AUFZUHEITERN. ER STEIGT AUF COGNAC UM, ABER DAS ÄNDERT AUCH NICHTS DARAN...
MR. STARK, SIR? DA IST EIN ANRUF FÜR SIE!

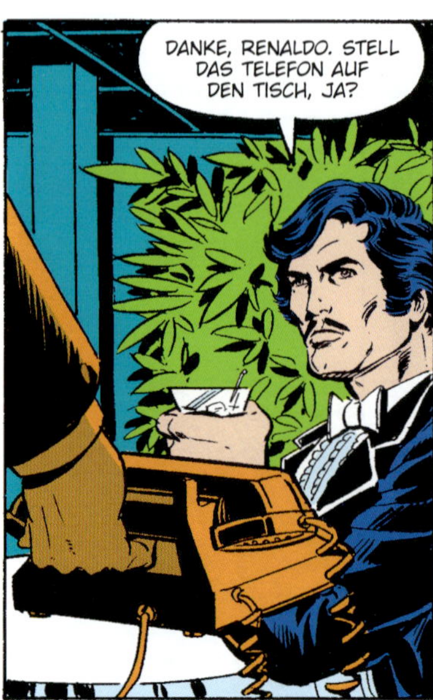
DANKE, RENALDO. STELL DAS TELEFON AUF DEN TISCH, JA?

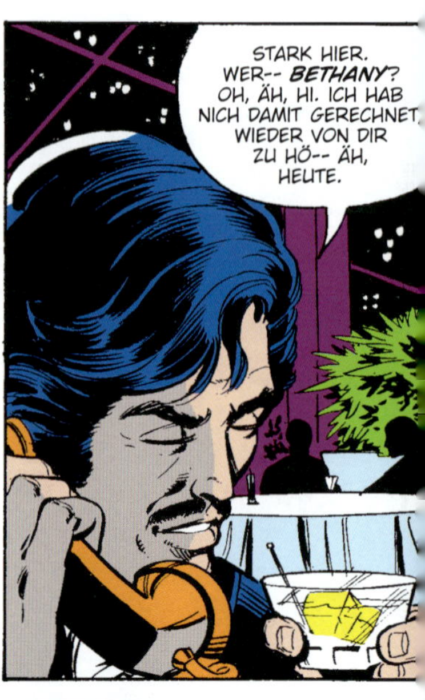
STARK HIER. WER-- BETHANY? OH, ÄH, HI. ICH HAB NICH DAMIT GERECHNET, WIEDER VON DIR ZU HÖ-- ÄH, HEUTE.

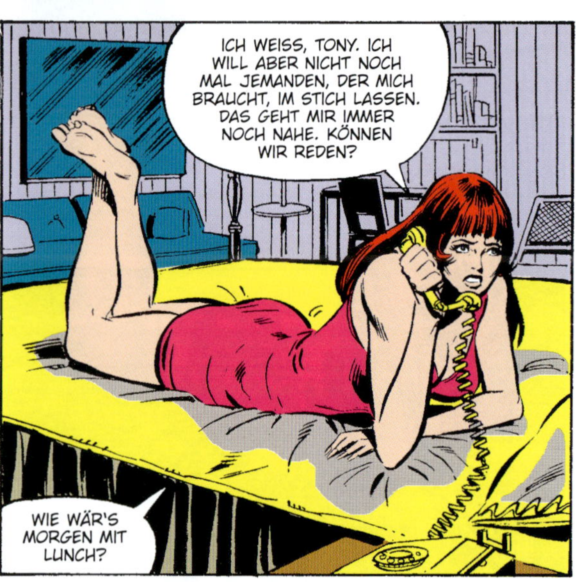
ICH WEISS, TONY. ICH WILL ABER NICHT NOCH MAL JEMANDEN, DER MICH BRAUCHT, IM STICH LASSEN. DAS GEHT MIR IMMER NOCH NAHE. KÖNNEN WIR REDEN?
WIE WÄR'S MORGEN MIT LUNCH?

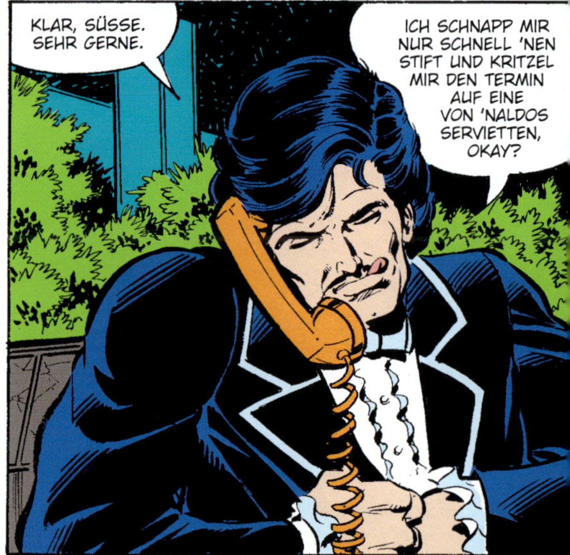
KLAR, SÜSSE. SEHR GERNE.
ICH SCHNAPP MIR NUR SCHNELL 'NEN STIFT UND KRITZEL MIR DEN TERMIN AUF EINE VON 'NALDOS SERVIETTEN, OKAY?

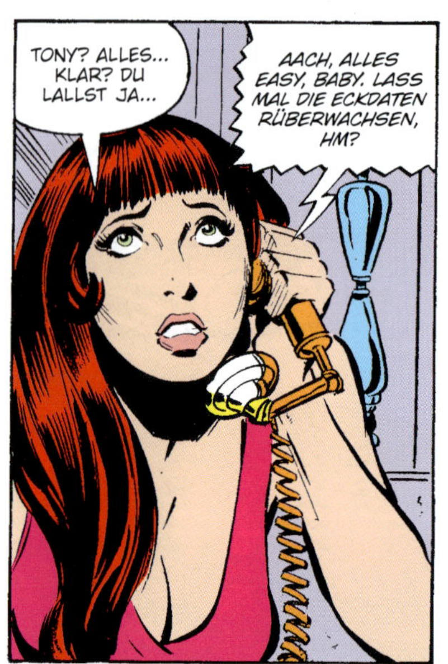
TONY? ALLES... KLAR? DU LALLST JA...
AACH, ALLES EASY, BABY. LASS MAL DIE ECKDATEN RÜBERWACHSEN, HM?

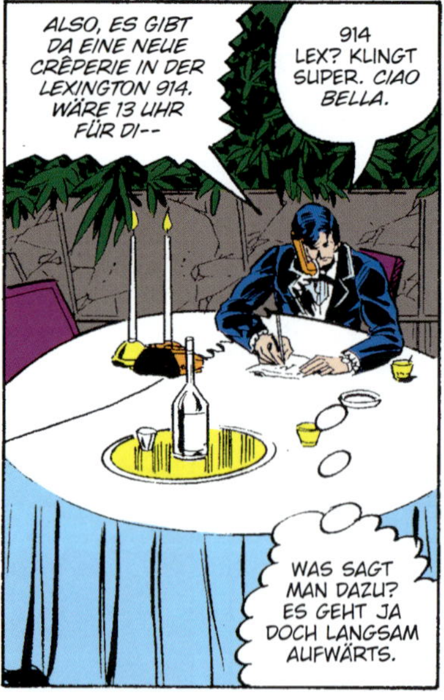
ALSO, ES GIBT DA EINE NEUE CRÊPERIE IN DER LEXINGTON 914. WÄRE 13 UHR FÜR DI--
914 LEX? KLINGT SUPER. CIAO BELLA.
WAS SAGT MAN DAZU? ES GEHT JA DOCH LANGSAM AUFWÄRTS.

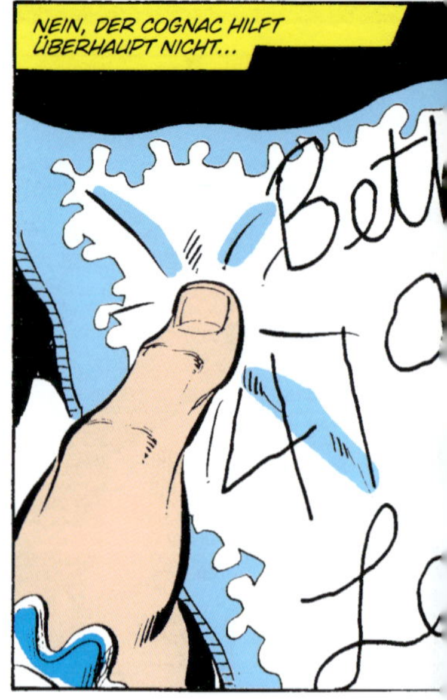
NEIN, DER COGNAC HILFT ÜBERHAUPT NICHT...

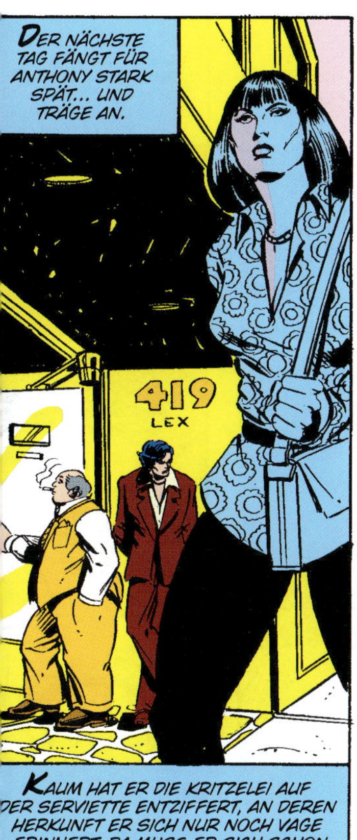
DER NÄCHSTE TAG FÄNGT FÜR ANTHONY STARK SPÄT... UND TRÄGE AN.
419 LEX
KAUM HAT ER DIE KRITZELEI AUF DER SERVIETTE ENTZIFFERT, AN DEREN HERKUNFT ER SICH NUR NOCH VAGE ERINNERT, DA MUSS ER SICH SCHON AUF DEN WEG IN DIE LEXINGTON AVENUE 419 MACHEN, UM PÜNKTLICH ZU SEIN.

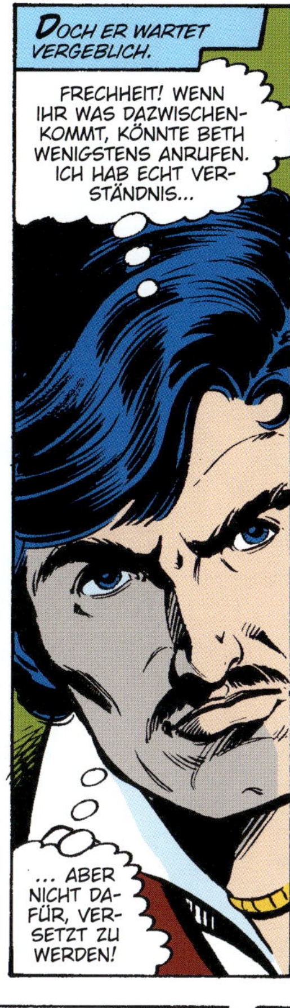
DOCH ER WARTET VERGEBLICH.
FRECHHEIT! WENN IHR WAS DAZWISCHEN-KOMMT, KÖNNTE BETH WENIGSTENS ANRUFEN. ICH HAB ECHT VER-STÄNDNIS...
... ABER NICHT DA-FÜR, VER-SETZT ZU WERDEN!

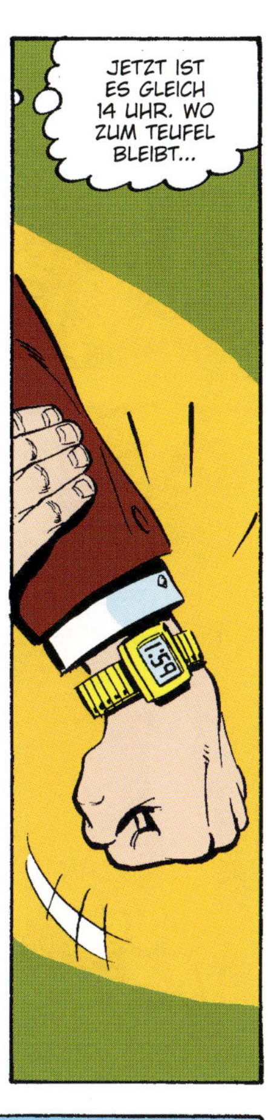
JETZT IST ES GLEICH 14 UHR. WO ZUM TEUFEL BLEIBT...

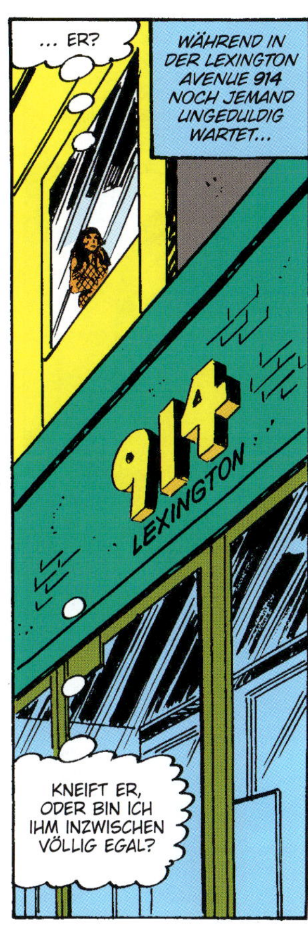
WÄHREND IN DER LEXINGTON AVENUE 914 NOCH JEMAND UNGEDULDIG WARTET...
... ER?
914 LEXINGTON
KNEIFT ER, ODER BIN ICH IHM INZWISCHEN VÖLLIG EGAL?

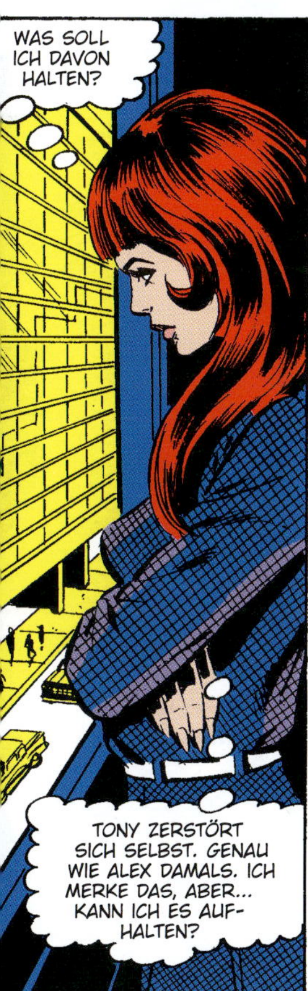
WAS SOLL ICH DAVON HALTEN?
TONY ZERSTÖRT SICH SELBST. GENAU WIE ALEX DAMALS. ICH MERKE DAS, ABER... KANN ICH ES AUF-HALTEN?

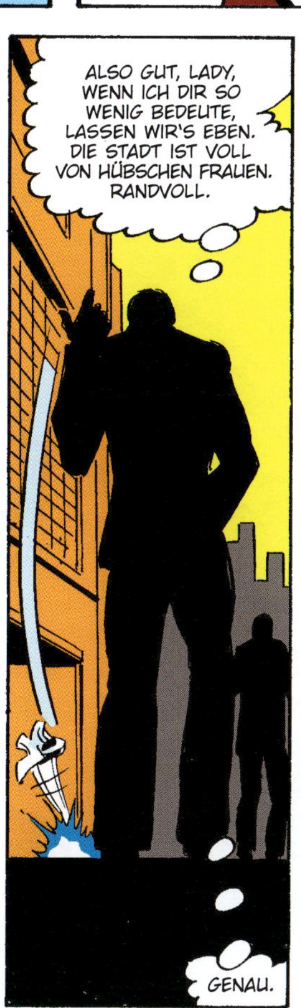
ALSO GUT, LADY, WENN ICH DIR SO WENIG BEDEUTE, LASSEN WIR'S EBEN. DIE STADT IST VOLL VON HÜBSCHEN FRAUEN. RANDVOLL.
GENAU.

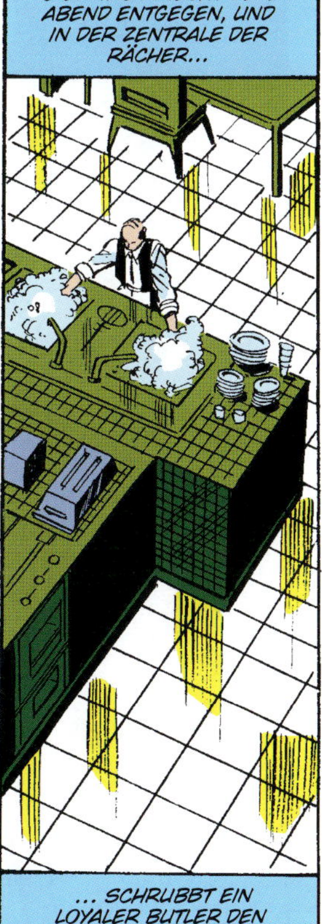
DER TAG KRIECHT DEM ABEND ENTGEGEN, UND IN DER ZENTRALE DER RÄCHER...
... SCHRUBBT EIN LOYALER BUTLER DEN LETZTEN DER SIEBEN TELLER VOM ABENDESSEN.

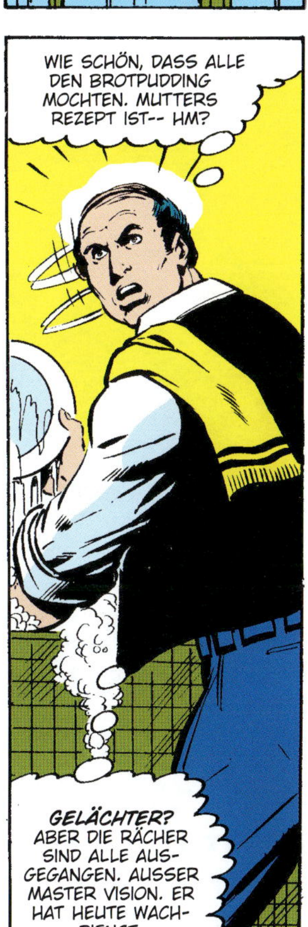
WIE SCHÖN, DASS ALLE DEN BROTPUDDING MOCHTEN. MUTTERS REZEPT IST-- HM?
GELÄCHTER? ABER DIE RÄCHER SIND ALLE AUS-GEGANGEN. AUSSER MASTER VISION. ER HAT HEUTE WACH-DIENST.

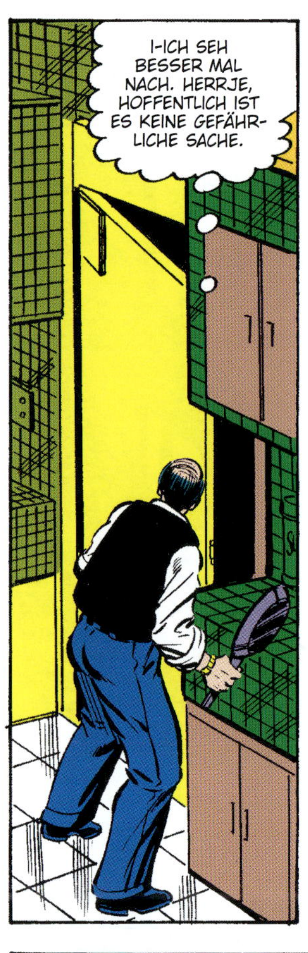

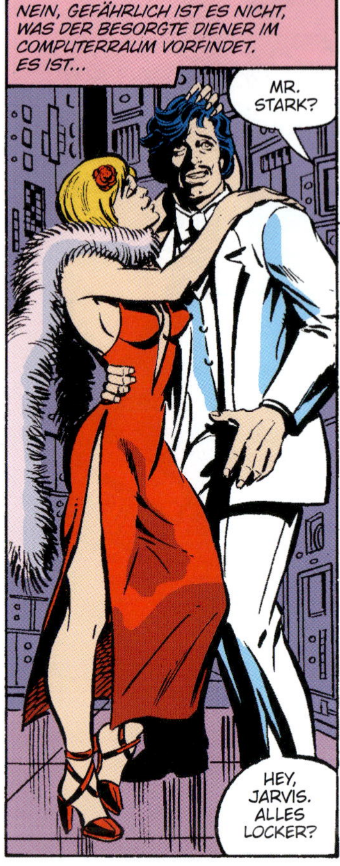

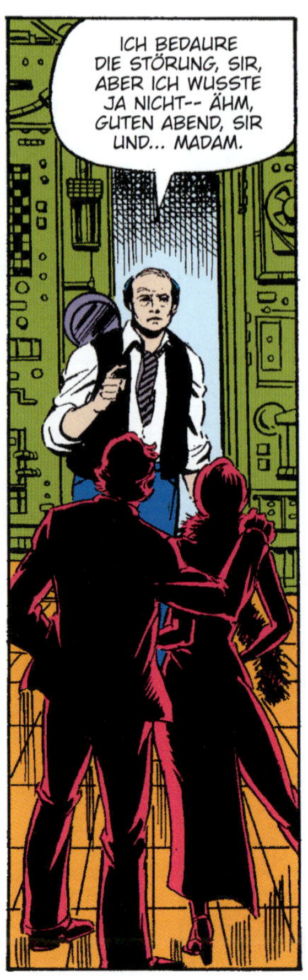

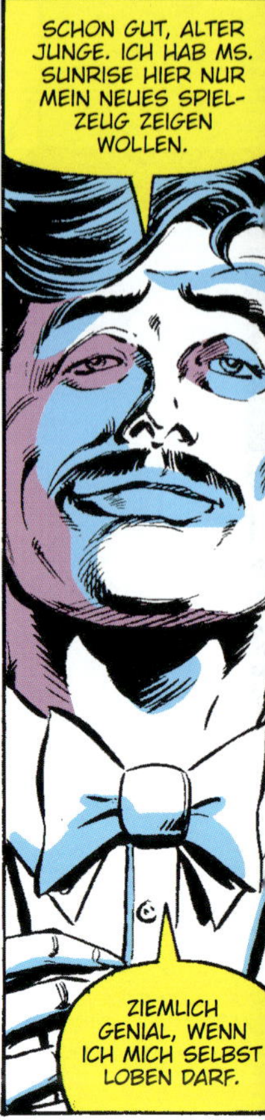

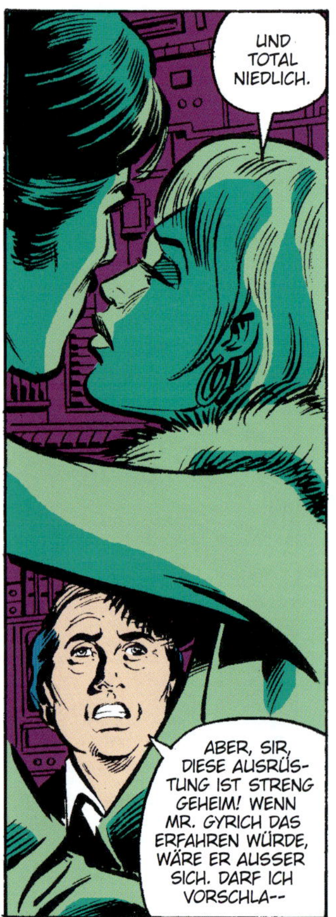

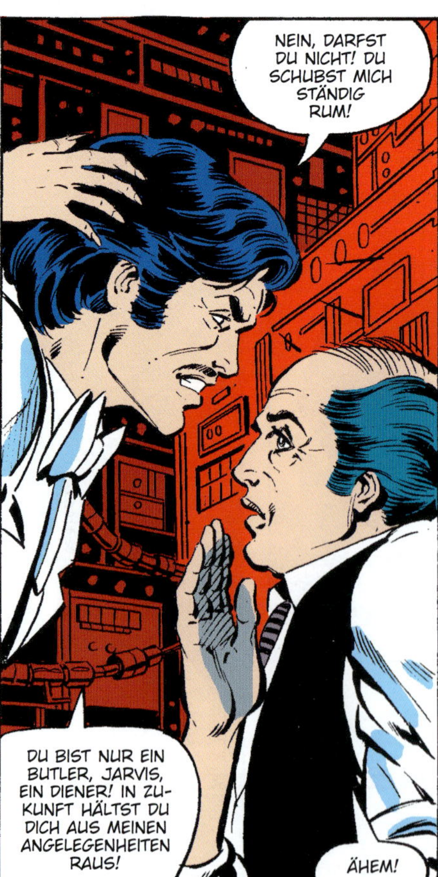

JARVIS ***IST*** *EIN BUTLER. DER BESTE. UND DESHALB LÄSST ER DAS ENTSETZEN, DAS SICH IN IHM AUSBREITET, UND DEN SCHMERZ IN SEINEN AUGEN NICHT NACH AUSSEN DRINGEN. ER SAGT LEDIGLICH:*

JA, SIR!

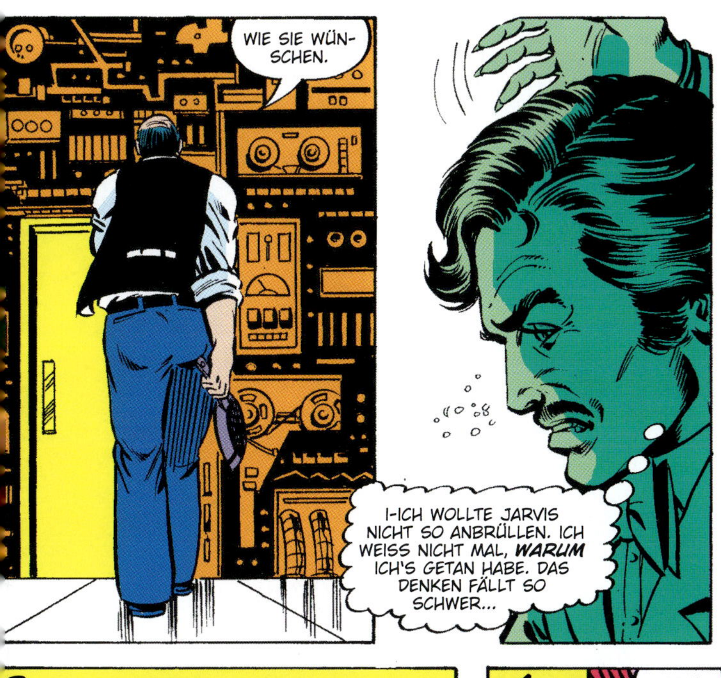
WIE SIE WÜN-
SCHEN.
I-ICH WOLLTE JARVIS NICHT SO ANBRÜLLEN. ICH WEISS NICHT MAL, ***WARUM*** ICH'S GETAN HABE. DAS DENKEN FÄLLT SO SCHWER...

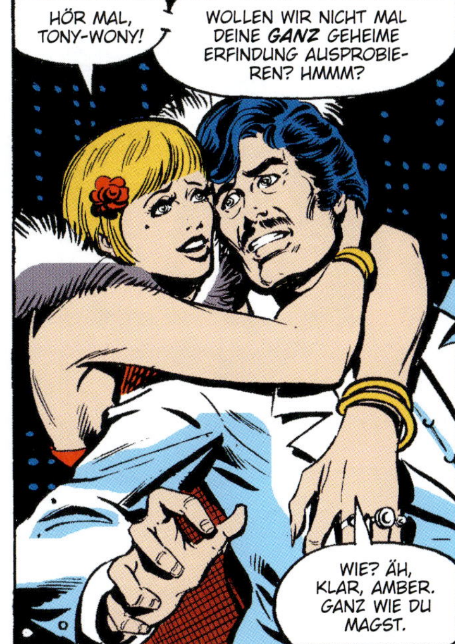
HÖR MAL, TONY-WONY!
WOLLEN WIR NICHT MAL DEINE ***GANZ*** GEHEIME ERFINDUNG AUSPROBIE-REN? HMMM?
WIE? ÄH, KLAR, AMBER. GANZ WIE DU MAGST.

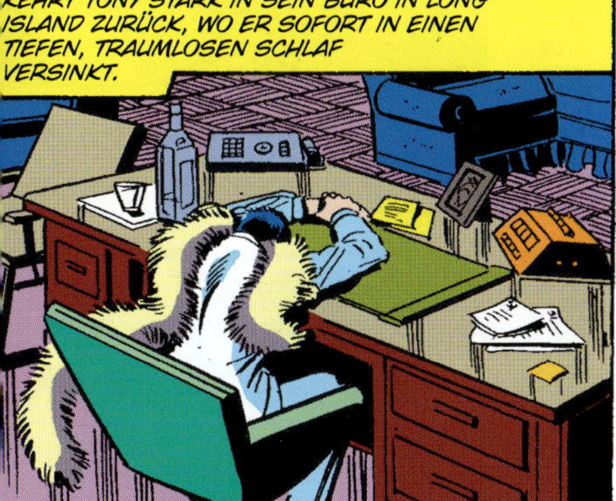
DIE NACHT UND DER NÄCHSTE MORGEN VERSTREICHEN. ERST AM FRÜHEN NACHMITTAG KEHRT TONY STARK IN SEIN BÜRO IN LONG ISLAND ZURÜCK, WO ER SOFORT IN EINEN TIEFEN, TRAUMLOSEN SCHLAF VERSINKT.

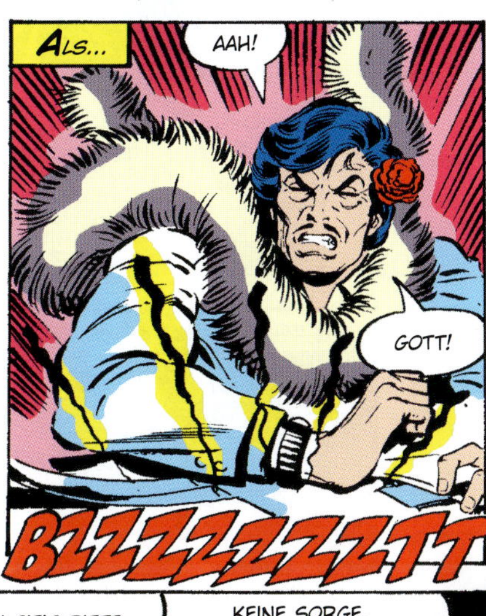
ALS...
AAH!
GOTT!
BZZZZZZZZTT

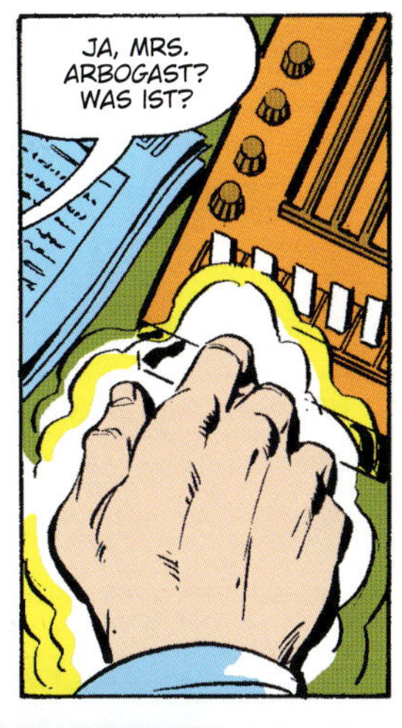
JA, MRS. ARBOGAST? WAS IST?

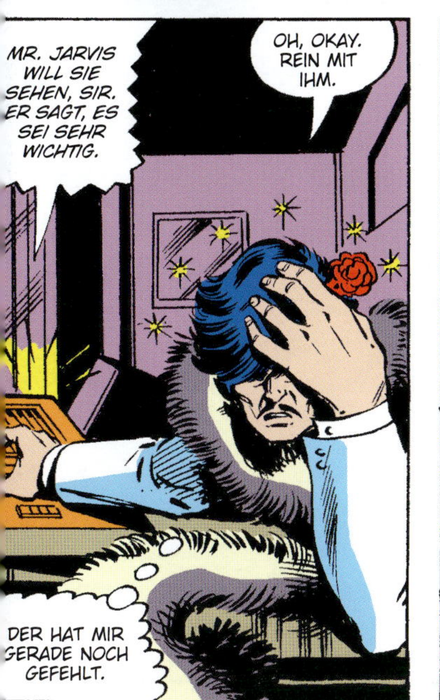
MR. JARVIS WILL SIE SEHEN, SIR. ER SAGT, ES SEI SEHR WICHTIG.
OH, OKAY. REIN MIT IHM.
DER HAT MIR GERADE NOCH GEFEHLT.

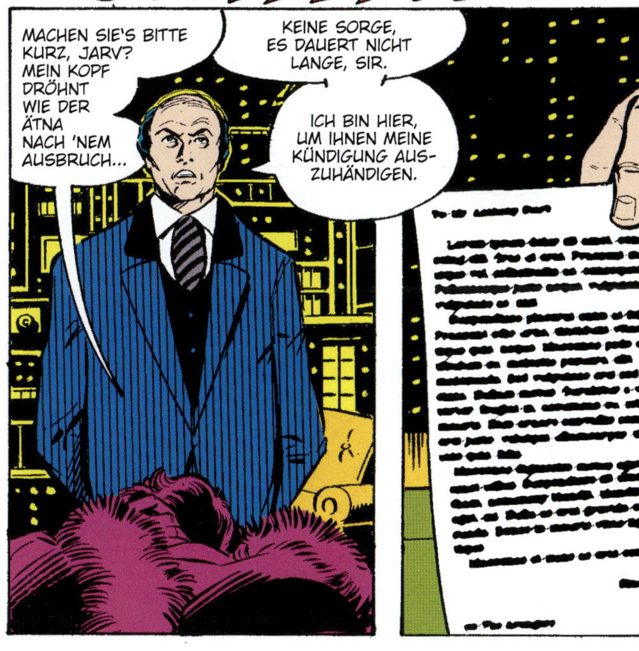
MACHEN SIE'S BITTE KURZ, JARV? MEIN KOPF DRÖHNT WIE DER ÄTNA NACH 'NEM AUSBRUCH...
KEINE SORGE, ES DAUERT NICHT LANGE, SIR.
ICH BIN HIER, UM IHNEN MEINE KÜNDIGUNG AUS-ZUHÄNDIGEN.

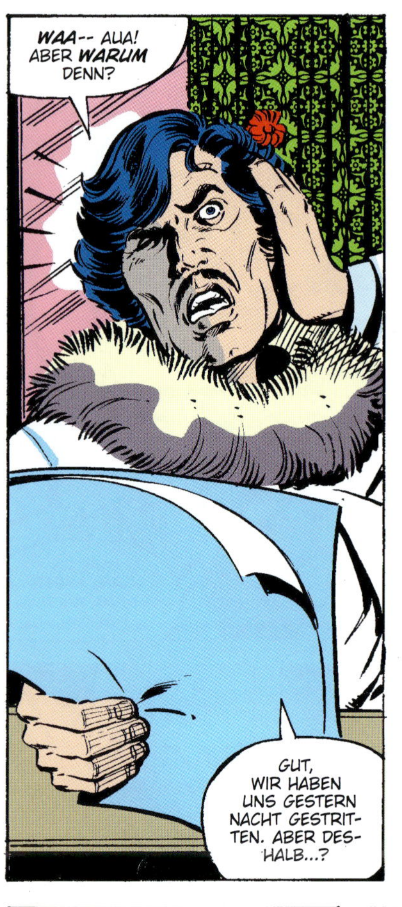
WAA-- AUA! ABER WARUM DENN?
GUT, WIR HABEN UNS GESTERN NACHT GESTRITTEN. ABER DESHALB...?

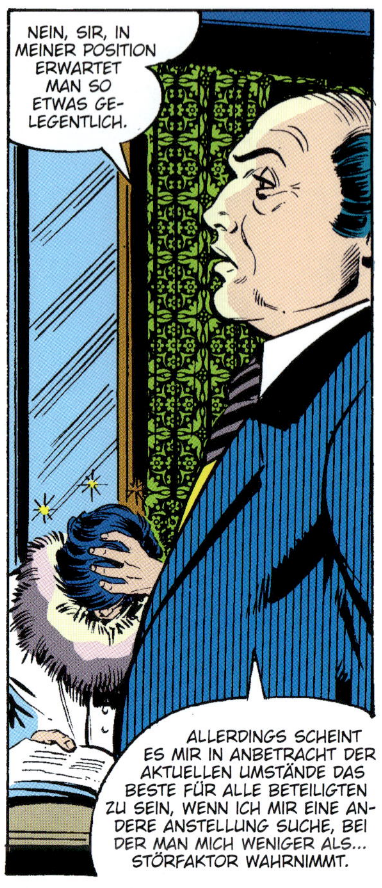
NEIN, SIR, IN MEINER POSITION ERWARTET MAN SO ETWAS GELEGENTLICH.
ALLERDINGS SCHEINT ES MIR IN ANBETRACHT DER AKTUELLEN UMSTÄNDE DAS BESTE FÜR ALLE BETEILIGTEN ZU SEIN, WENN ICH MIR EINE ANDERE ANSTELLUNG SUCHE, BEI DER MAN MICH WENIGER ALS... STÖRFAKTOR WAHRNIMMT.

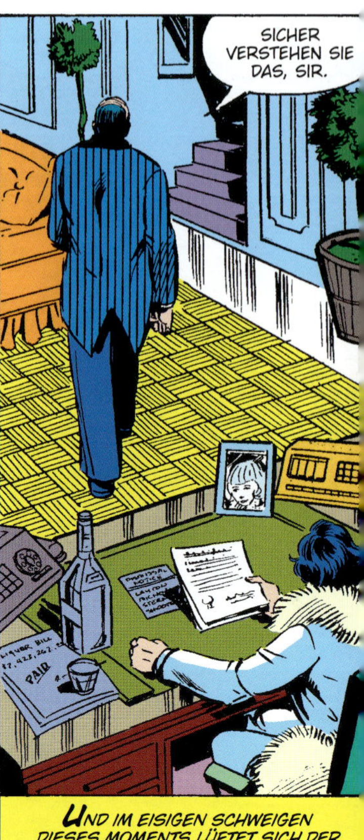
SICHER VERSTEHEN SIE DAS, SIR.
PAID
UND IM EISIGEN SCHWEIGEN DIESES MOMENTS LÜFTET SICH DER SCHLEIER VOM VERSTAND DES MILLIONÄRS, UND ER BEGREIFT ENDLICH.

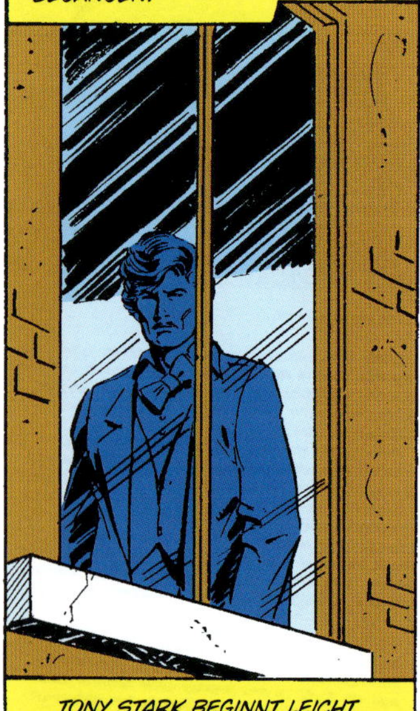
BEGREIFT, DASS ER IN DEN LETZTEN WOCHEN SEINE EIGENE SCHULD AUF EINE LEBLOSE RÜSTUNG IN ROT UND GOLD ABGESCHOBEN HAT-- AUF EINEN SÜNDENBOCK AUS METALL. DENN NICHT IRON MAN HAT JARVIS ANGESCHRIEN ODER SONST EINEN SEINER FEHLER BEGANGEN.
TONY STARK BEGINNT LEICHT ZU ZITTERN, ALS ES IHM AUFGEHT: DIE WURZEL ALLEN ÜBELS HINTER DEM VERWORRENEN CHAOS, IN DAS SICH SEIN LEBEN VERWANDELT HAT, WAR UND IST...

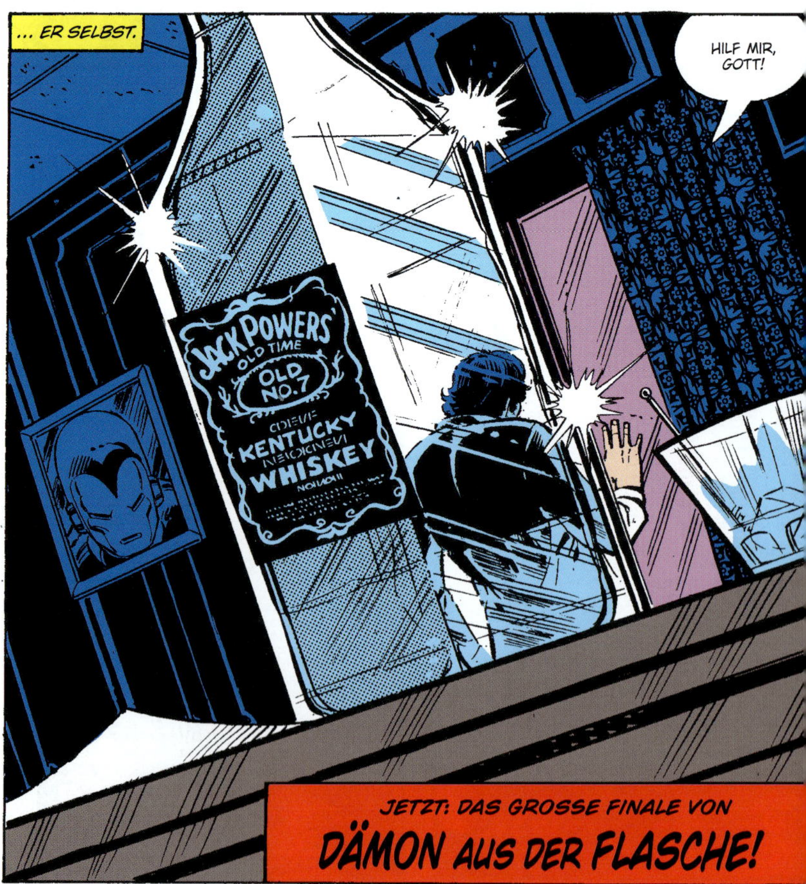
... ER SELBST.
HILF MIR, GOTT!
JACK POWERS
OLD TIME
OLD No. 7
KENTUCKY
WHISKEY
JETZT: DAS GROSSE FINALE VON
DÄMON AUS DER FLASCHE!

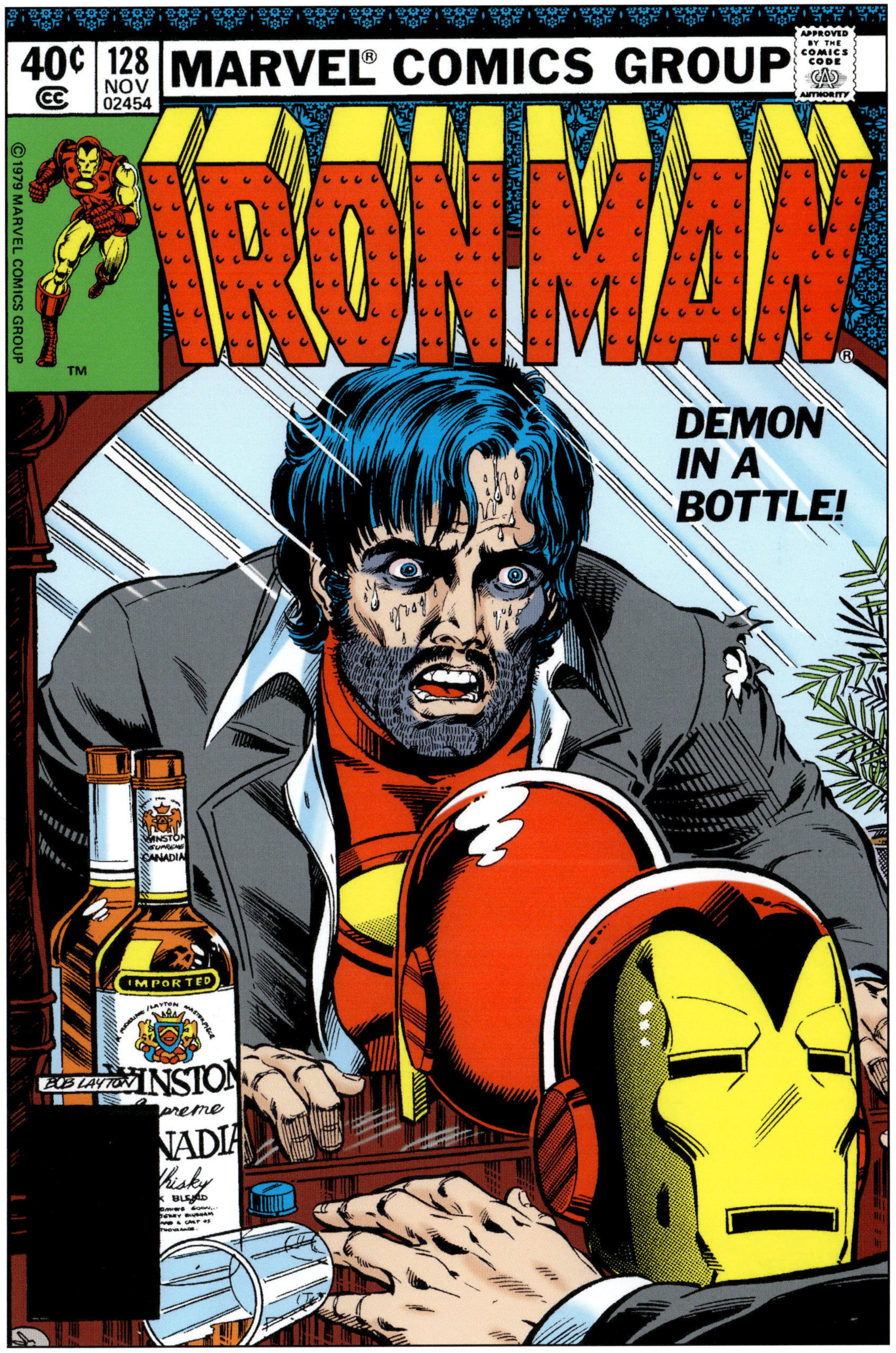

Iron Man (1968) 128
Cover von **BOB LAYTON**

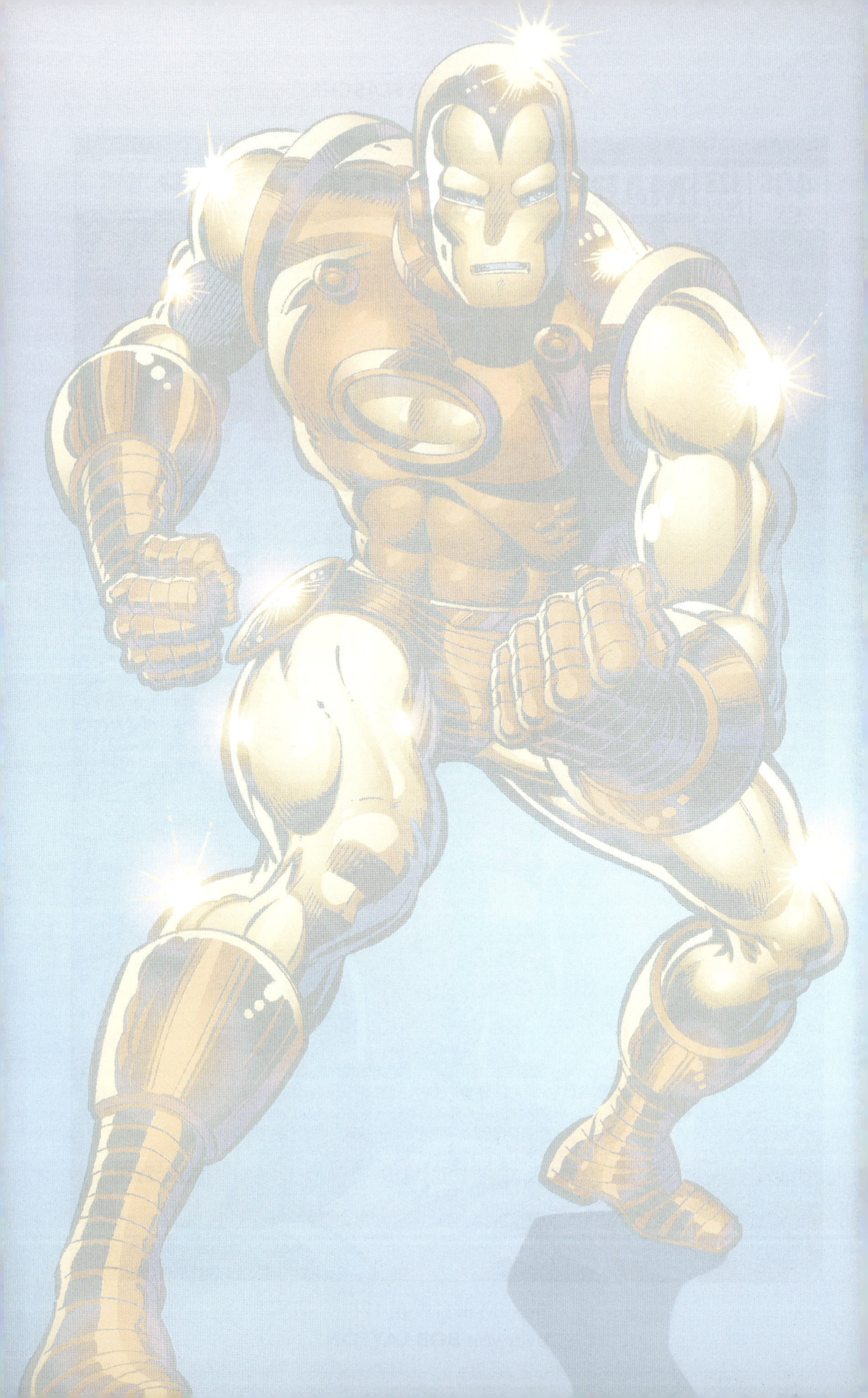

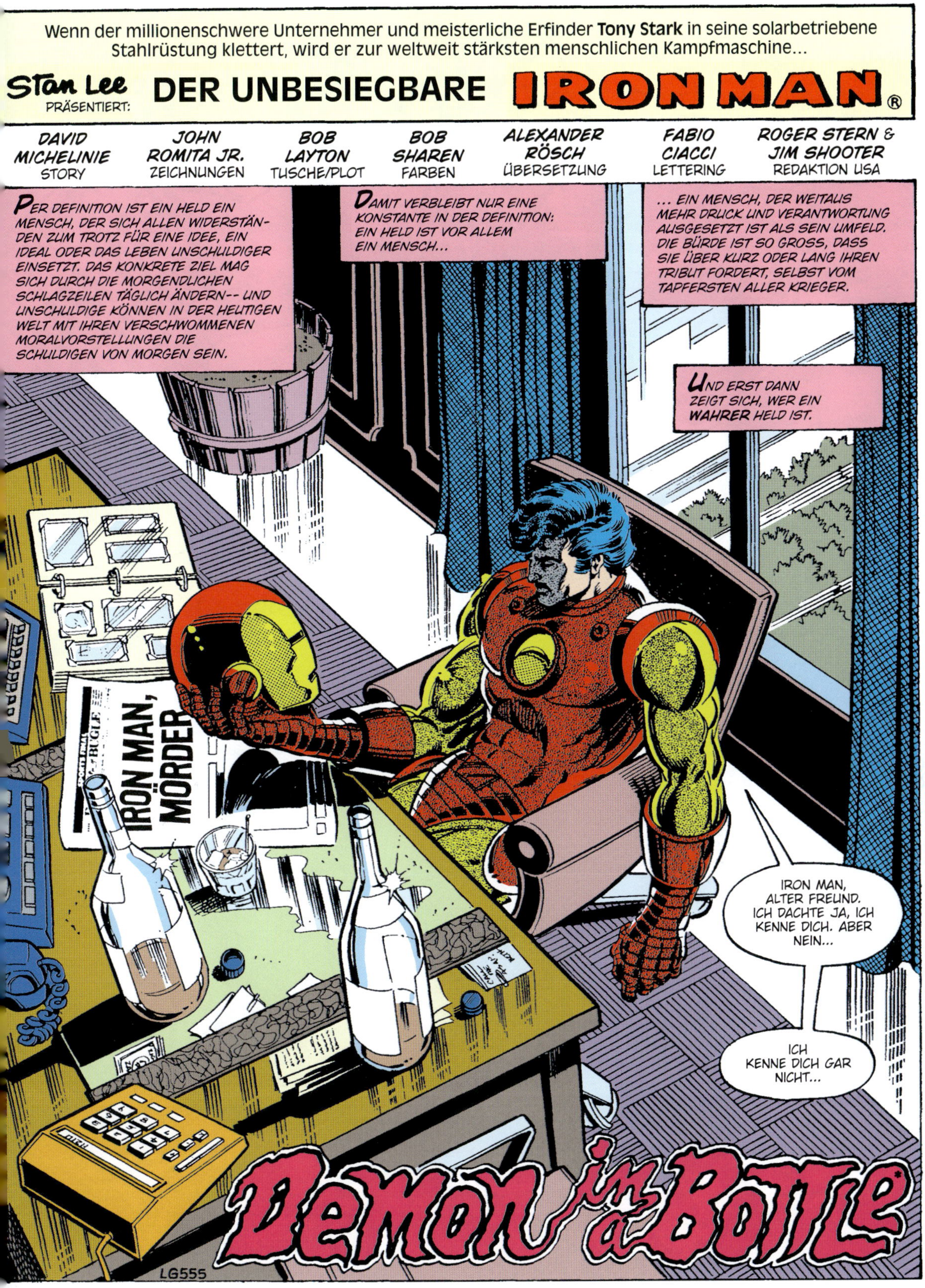

Wenn der millionenschwere Unternehmer und meisterliche Erfinder **Tony Stark** in seine solarbetriebene Stahlrüstung klettert, wird er zur weltweit stärksten menschlichen Kampfmaschine...

Stan Lee PRÄSENTIERT: DER UNBESIEGBARE 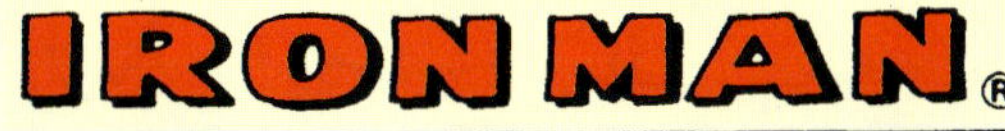

DAVID MICHELINIE	JOHN ROMITA JR.	BOB LAYTON	BOB SHAREN	ALEXANDER RÖSCH	FABIO CIACCI	ROGER STERN & JIM SHOOTER
STORY	ZEICHNUNGEN	TUSCHE/PLOT	FARBEN	ÜBERSETZUNG	LETTERING	REDAKTION USA

PER DEFINITION IST EIN HELD EIN MENSCH, DER SICH ALLEN WIDERSTÄNDEN ZUM TROTZ FÜR EINE IDEE, EIN IDEAL ODER DAS LEBEN UNSCHULDIGER EINSETZT. DAS KONKRETE ZIEL MAG SICH DURCH DIE MORGENDLICHEN SCHLAGZEILEN TÄGLICH ÄNDERN-- UND UNSCHULDIGE KÖNNEN IN DER HEUTIGEN WELT MIT IHREN VERSCHWOMMENEN MORALVORSTELLUNGEN DIE SCHULDIGEN VON MORGEN SEIN.

DAMIT VERBLEIBT NUR EINE KONSTANTE IN DER DEFINITION: EIN HELD IST VOR ALLEM EIN MENSCH...

... EIN MENSCH, DER WEITAUS MEHR DRUCK UND VERANTWORTUNG AUSGESETZT IST ALS SEIN UMFELD. DIE BÜRDE IST SO GROSS, DASS SIE ÜBER KURZ ODER LANG IHREN TRIBUT FORDERT, SELBST VOM TAPFERSTEN ALLER KRIEGER.

UND ERST DANN ZEIGT SICH, WER EIN **WAHRER** HELD IST.

IRON MAN, MÖRDER

IRON MAN, ALTER FREUND. ICH DACHTE JA, ICH KENNE DICH. ABER NEIN...

ICH KENNE DICH GAR NICHT...

Demon in a Bottle*

LG555

* DÄMON AUS DER FLASCHE

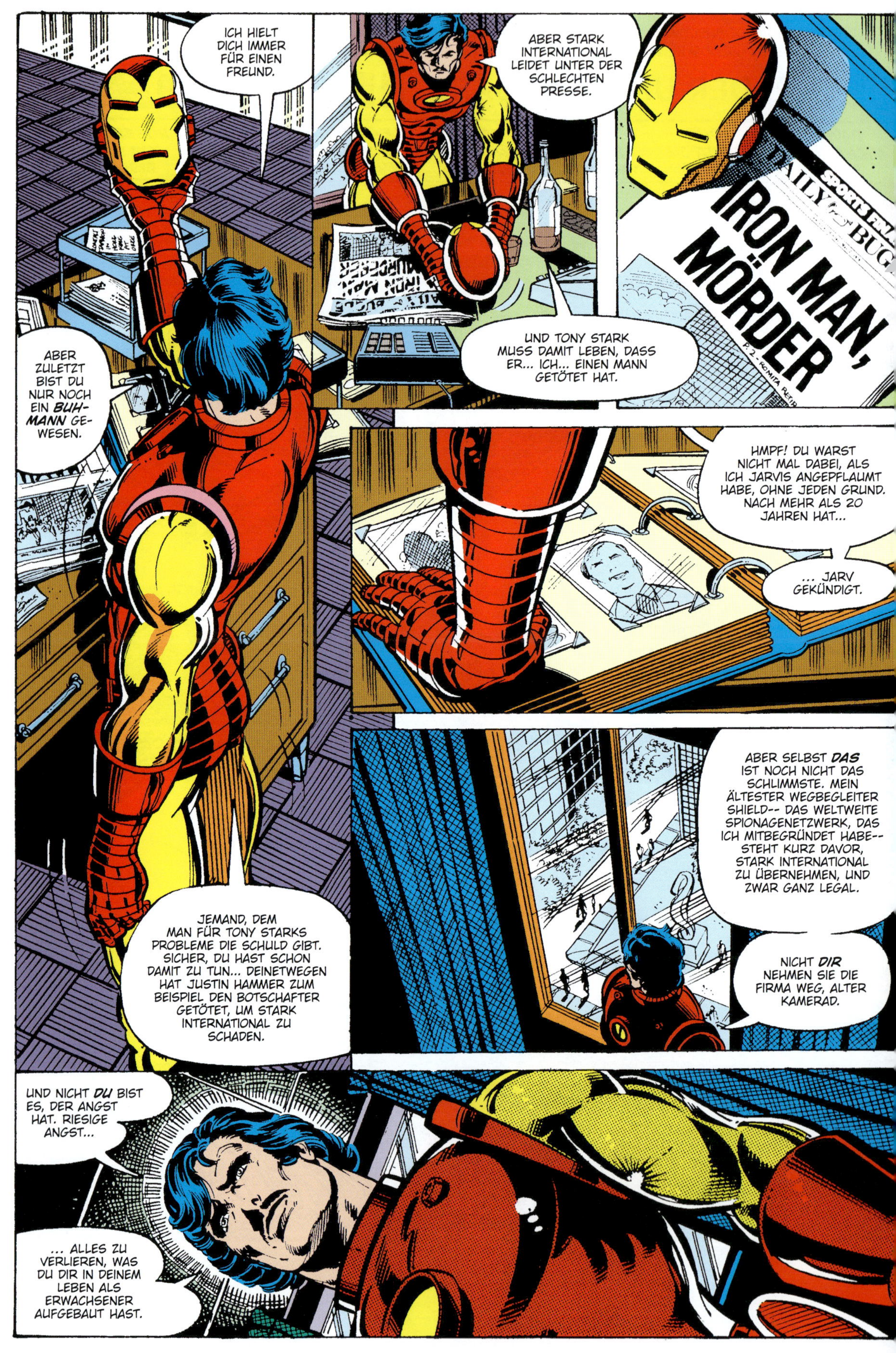
ICH HIELT DICH IMMER FÜR EINEN FREUND.
ABER ZULETZT BIST DU NUR NOCH EIN BUH-MANN GEWESEN.
ABER STARK INTERNATIONAL LEIDET UNTER DER SCHLECHTEN PRESSE.
DAILY BUGLE
SPORTS FINAL
IRON MAN, MÖRDER
UND TONY STARK MUSS DAMIT LEBEN, DASS ER... ICH... EINEN MANN GETÖTET HAT.
JEMAND, DEM MAN FÜR TONY STARKS PROBLEME DIE SCHULD GIBT. SICHER, DU HAST SCHON DAMIT ZU TUN... DEINETWEGEN HAT JUSTIN HAMMER ZUM BEISPIEL DEN BOTSCHAFTER GETÖTET, UM STARK INTERNATIONAL ZU SCHADEN.
HMPF! DU WARST NICHT MAL DABEI, ALS ICH JARVIS ANGEPFLAUMT HABE, OHNE JEDEN GRUND. NACH MEHR ALS 20 JAHREN HAT...
... JARV GEKÜNDIGT.
ABER SELBST DAS IST NOCH NICHT DAS SCHLIMMSTE. MEIN ÄLTESTER WEGBEGLEITER SHIELD-- DAS WELTWEITE SPIONAGENETZWERK, DAS ICH MITBEGRÜNDET HABE-- STEHT KURZ DAVOR, STARK INTERNATIONAL ZU ÜBERNEHMEN, UND ZWAR GANZ LEGAL.
NICHT DIR NEHMEN SIE DIE FIRMA WEG, ALTER KAMERAD.
UND NICHT DU BIST ES, DER ANGST HAT. RIESIGE ANGST...
... ALLES ZU VERLIEREN, WAS DU DIR IN DEINEM LEBEN ALS ERWACHSENER AUFGEBAUT HAST.

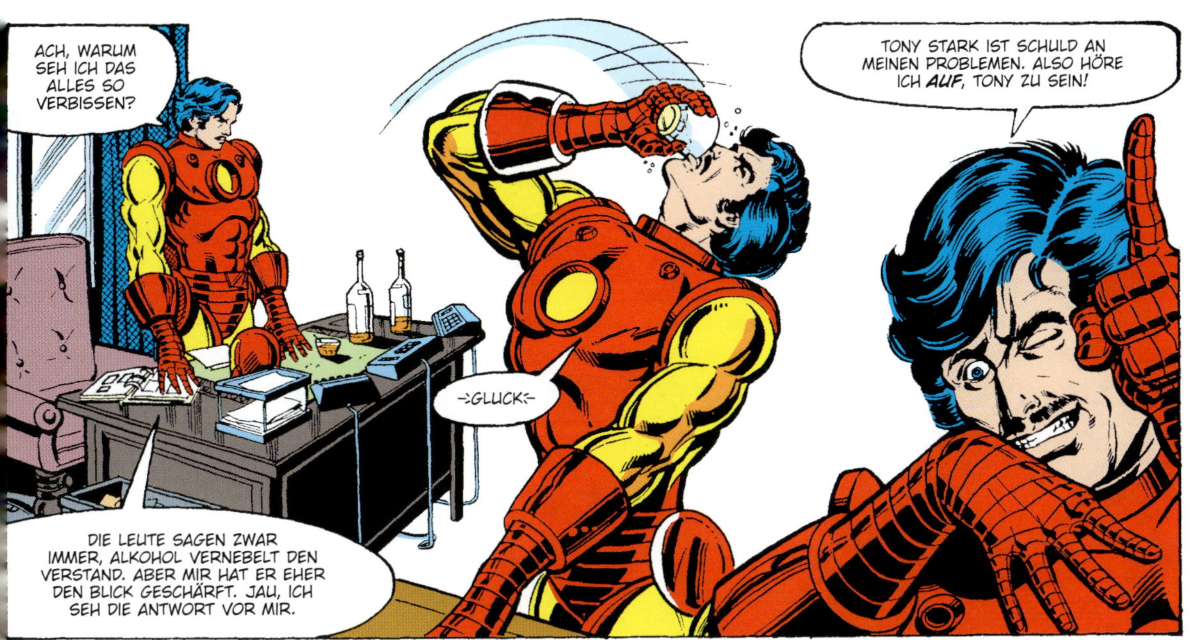
ACH, WARUM SEH ICH DAS ALLES SO VERBISSEN?
DIE LEUTE SAGEN ZWAR IMMER, ALKOHOL VERNEBELT DEN VERSTAND. ABER MIR HAT ER EHER DEN BLICK GESCHÄRFT. JAU, ICH SEH DIE ANTWORT VOR MIR.
GLUCK
TONY STARK IST SCHULD AN MEINEN PROBLEMEN. ALSO HÖRE ICH *AUF*, TONY ZU SEIN!

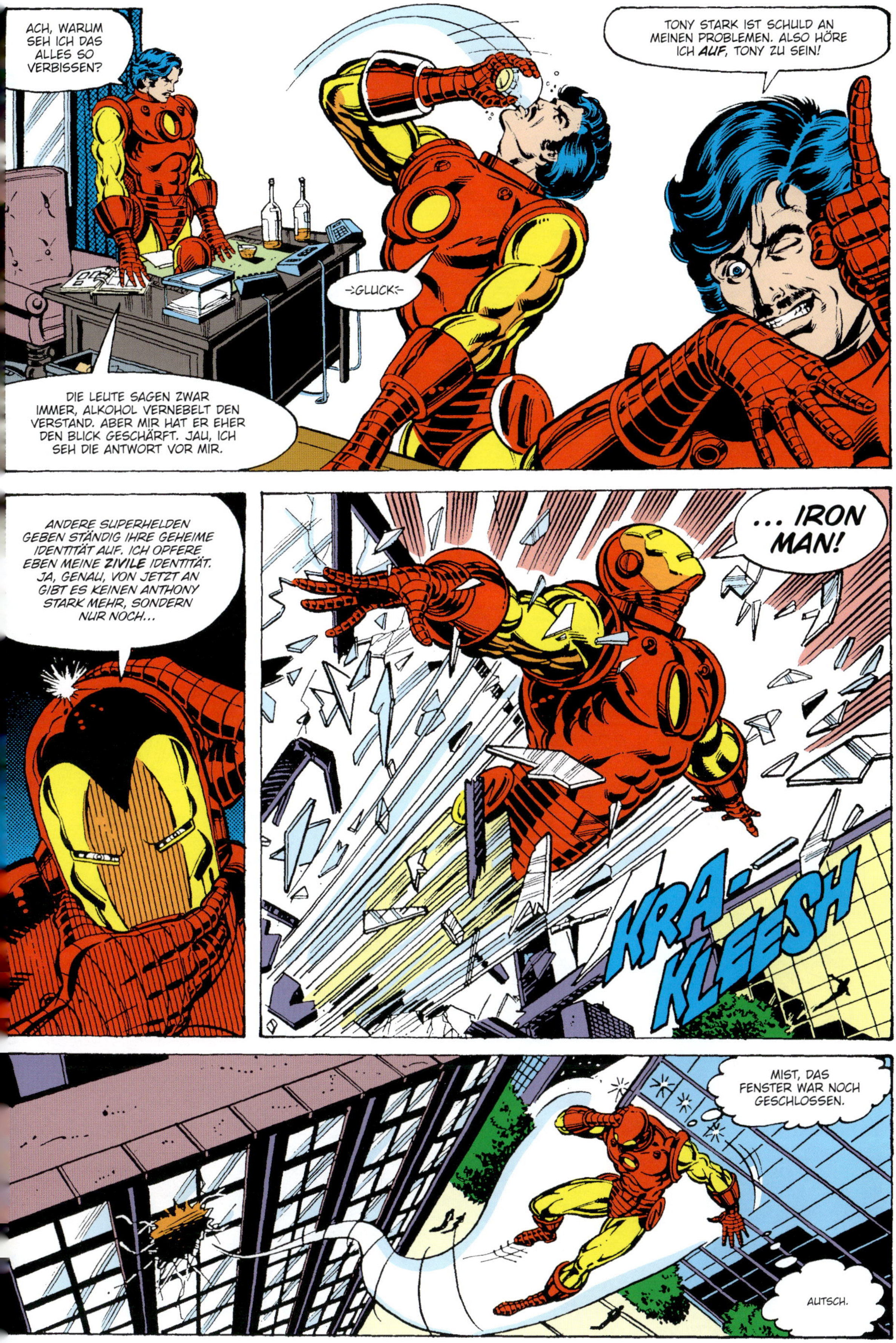

ANDERE SUPERHELDEN GEBEN STÄNDIG IHRE GEHEIME IDENTITÄT AUF. ICH OPFERE EBEN MEINE **ZIVILE** IDENTITÄT. JA, GENAU, VON JETZT AN GIBT ES KEINEN ANTHONY STARK MEHR, SONDERN NUR NOCH...
... IRON MAN!
KRA-KLEESH

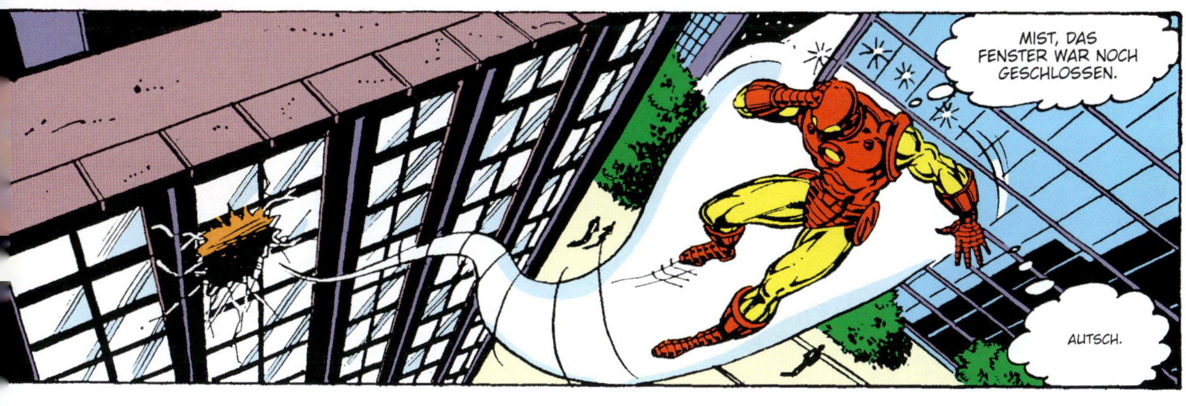
MIST, DAS FENSTER WAR NOCH GESCHLOSSEN.
AUTSCH.

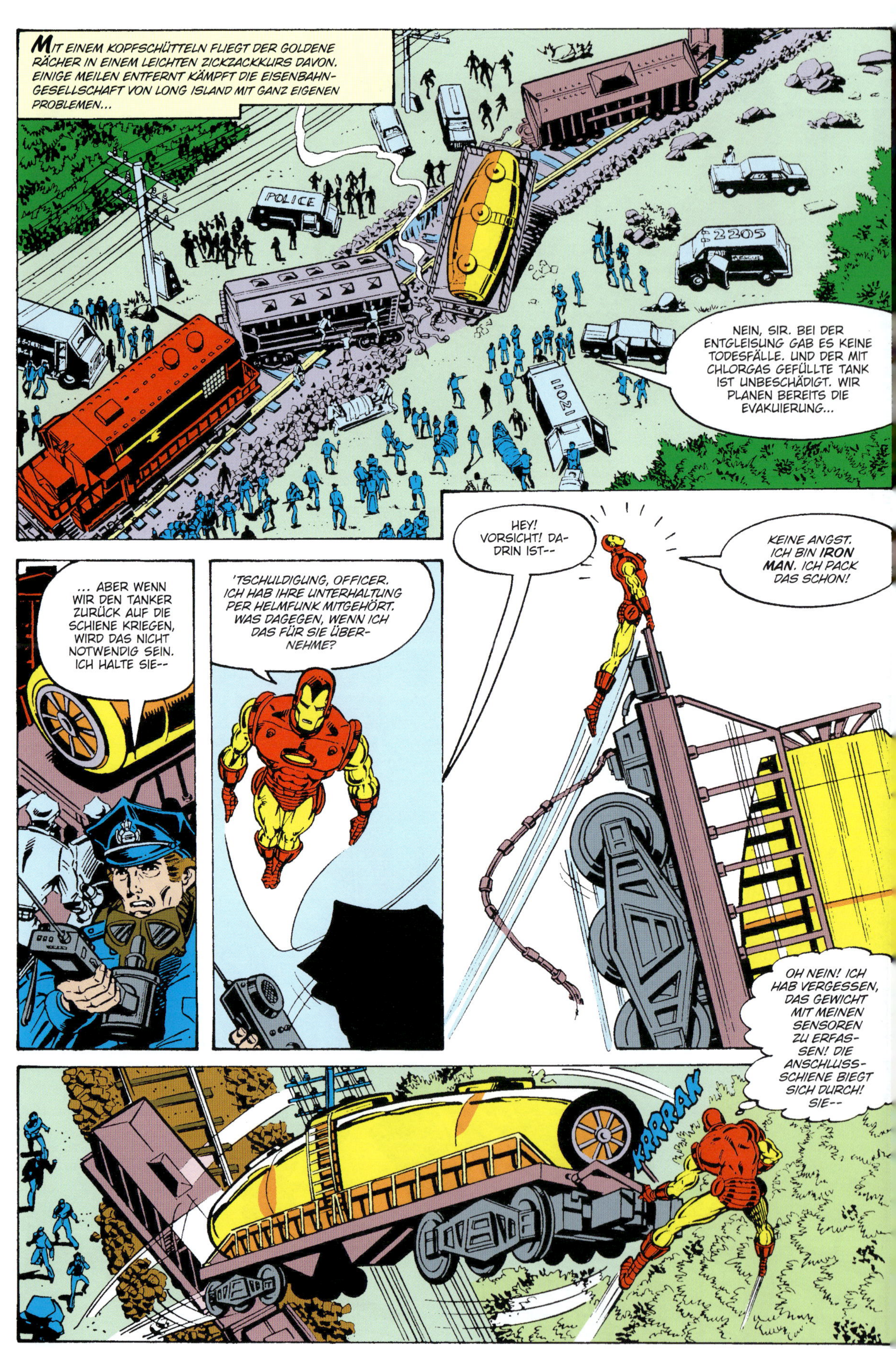
MIT EINEM KOPFSCHÜTTELN FLIEGT DER GOLDENE RÄCHER IN EINEM LEICHTEN ZICKZACKKURS DAVON. EINIGE MEILEN ENTFERNT KÄMPFT DIE EISENBAHN-GESELLSCHAFT VON LONG ISLAND MIT GANZ EIGENEN PROBLEMEN...
POLICE
2205
NEIN, SIR. BEI DER ENTGLEISUNG GAB ES KEINE TODESFÄLLE. UND DER MIT CHLORGAS GEFÜLLTE TANK IST UNBESCHÄDIGT. WIR PLANEN BEREITS DIE EVAKUIERUNG...
... ABER WENN WIR DEN TANKER ZURÜCK AUF DIE SCHIENE KRIEGEN, WIRD DAS NICHT NOTWENDIG SEIN. ICH HALTE SIE--
'TSCHULDIGUNG, OFFICER. ICH HAB IHRE UNTERHALTUNG PER HELMFUNK MITGEHÖRT. WAS DAGEGEN, WENN ICH DAS FÜR SIE ÜBERNEHME?
HEY! VORSICHT! DADRIN IST--
KEINE ANGST. ICH BIN IRON MAN. ICH PACK DAS SCHON!
OH NEIN! ICH HAB VERGESSEN, DAS GEWICHT MIT MEINEN SENSOREN ZU ERFASSEN! DIE ANSCHLUSSSCHIENE BIEGT SICH DURCH! SIE--
KRRRAK

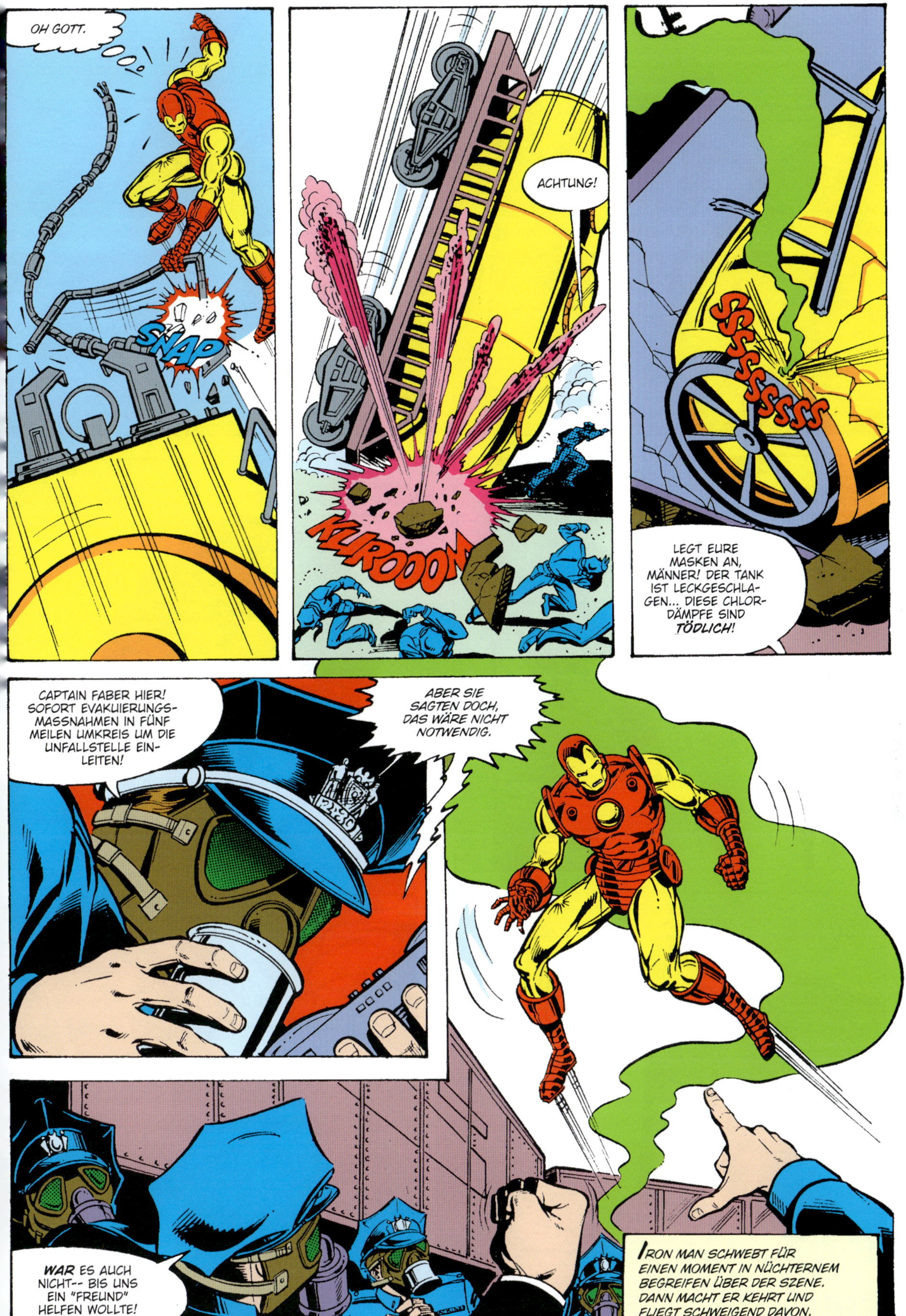
OH GOTT.
SNAP
ACHTUNG!
KUROOOOM
SSSSSSSSS
LEGT EURE MASKEN AN, MÄNNER! DER TANK IST LECKGESCHLAGEN... DIESE CHLORDÄMPFE SIND TÖDLICH!
CAPTAIN FABER HIER! SOFORT EVAKUIERUNGSMASSNAHMEN IN FÜNF MEILEN UMKREIS UM DIE UNFALLSTELLE EINLEITEN!
ABER SIE SAGTEN DOCH, DAS WÄRE NICHT NOTWENDIG.
WAR ES AUCH NICHT-- BIS UNS EIN "FREUND" HELFEN WOLLTE!
IRON MAN SCHWEBT FÜR EINEN MOMENT IN NÜCHTERNEM BEGREIFEN ÜBER DER SZENE. DANN MACHT ER KEHRT UND FLIEGT SCHWEIGEND DAVON.

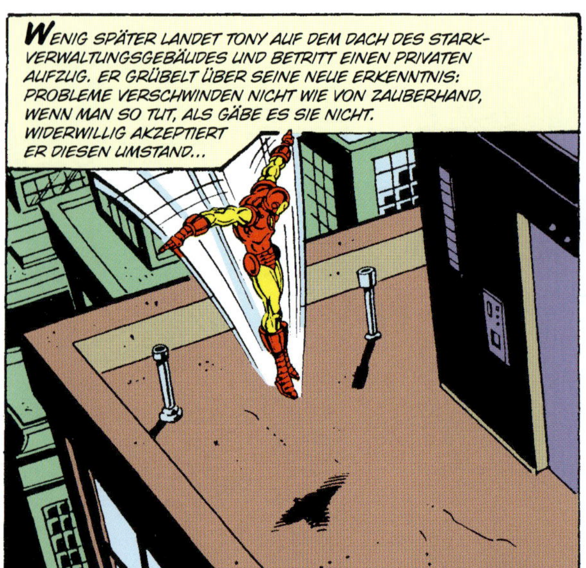
WENIG SPÄTER LANDET TONY AUF DEM DACH DES STARK-VERWALTUNGSGEBÄUDES UND BETRITT EINEN PRIVATEN AUFZUG. ER GRÜBELT ÜBER SEINE NEUE ERKENNTNIS: PROBLEME VERSCHWINDEN NICHT WIE VON ZAUBERHAND, WENN MAN SO TUT, ALS GÄBE ES SIE NICHT. WIDERWILLIG AKZEPTIERT ER DIESEN UMSTAND...

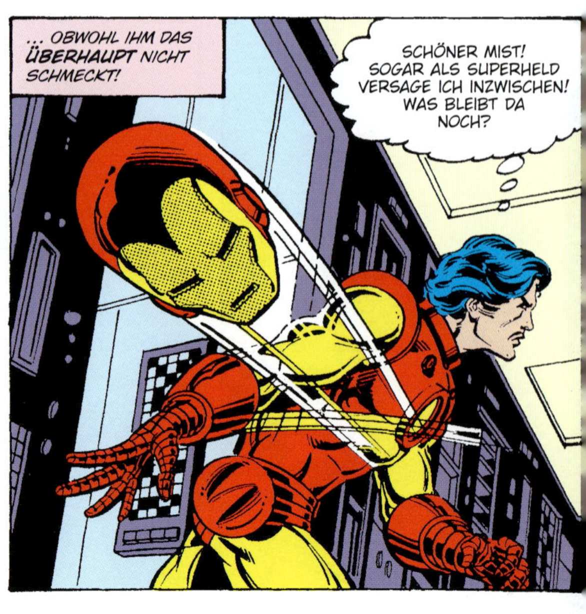
... OBWOHL IHM DAS ÜBERHAUPT NICHT SCHMECKT!
SCHÖNER MIST! SOGAR ALS SUPERHELD VERSAGE ICH INZWISCHEN! WAS BLEIBT DA NOCH?

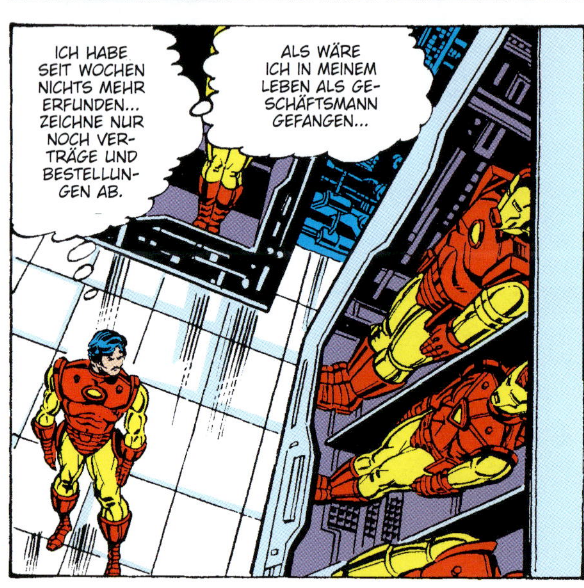
ICH HABE SEIT WOCHEN NICHTS MEHR ERFUNDEN... ZEICHNE NUR NOCH VERTRÄGE UND BESTELLUNGEN AB.
ALS WÄRE ICH IN MEINEM LEBEN ALS GESCHÄFTSMANN GEFANGEN...

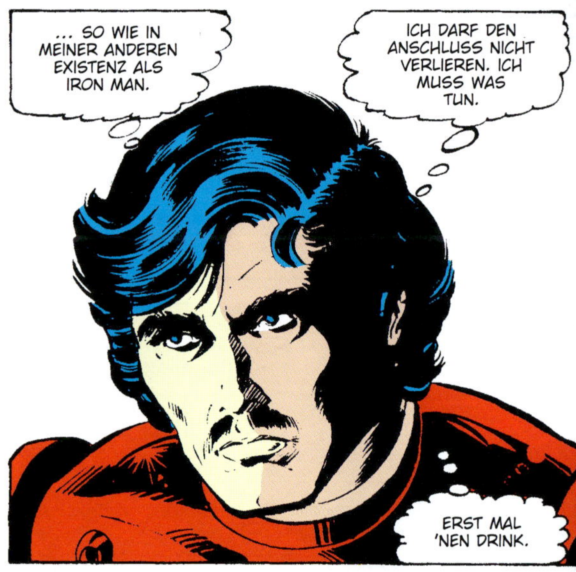
... SO WIE IN MEINER ANDEREN EXISTENZ ALS IRON MAN.
ICH DARF DEN ANSCHLUSS NICHT VERLIEREN. ICH MUSS WAS TUN.
ERST MAL 'NEN DRINK.

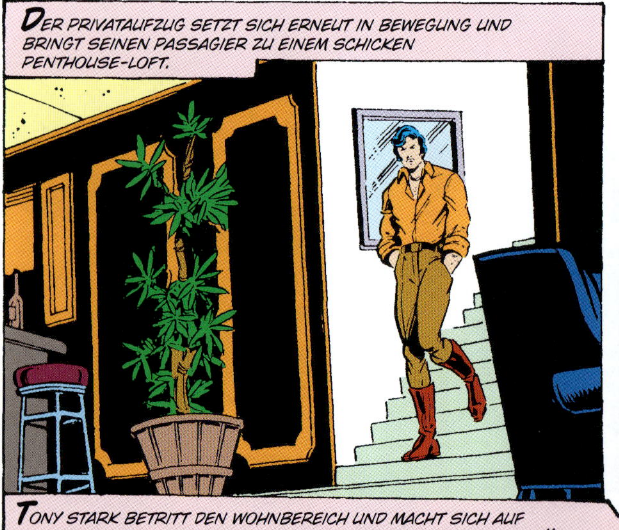
DER PRIVATAUFZUG SETZT SICH ERNEUT IN BEWEGUNG UND BRINGT SEINEN PASSAGIER ZU EINEM SCHICKEN PENTHOUSE-LOFT.
TONY STARK BETRITT DEN WOHNBEREICH UND MACHT SICH AUF DEN VERTRAUTEN WEG ZU SEINER EXKLUSIVEN HAUSBAR. DORT GÖNNT ER SICH EINEN KRÄFTIGEN SCHLUCK IMPORTIERTEN SCOTCH. ZUMINDEST...

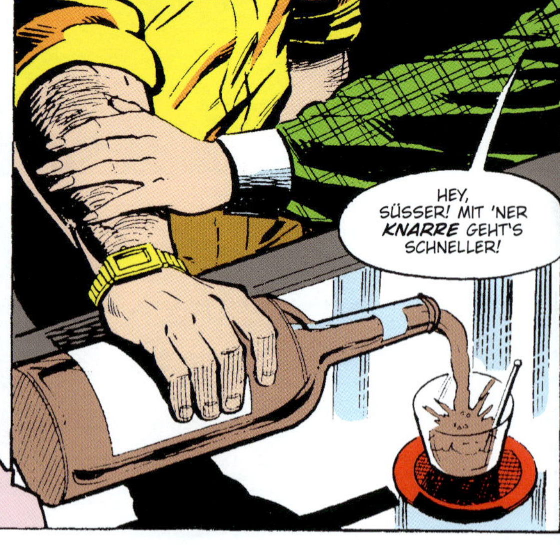
... VERSUCHT ER'S.
HEY, SÜSSER! MIT 'NER KNARRE GEHT'S SCHNELLER!

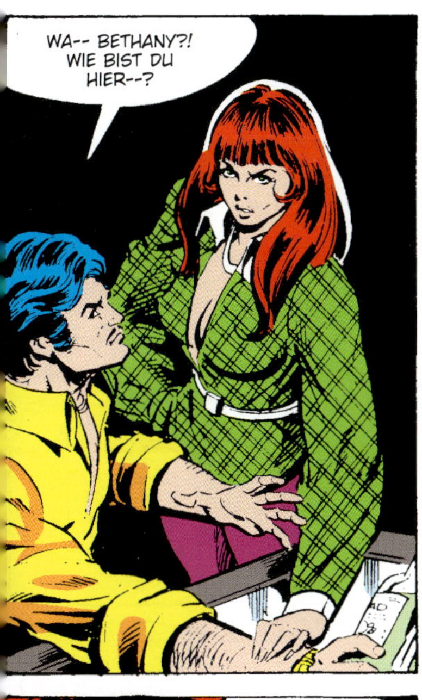
WA-- BETHANY?! WIE BIST DU HIER--?

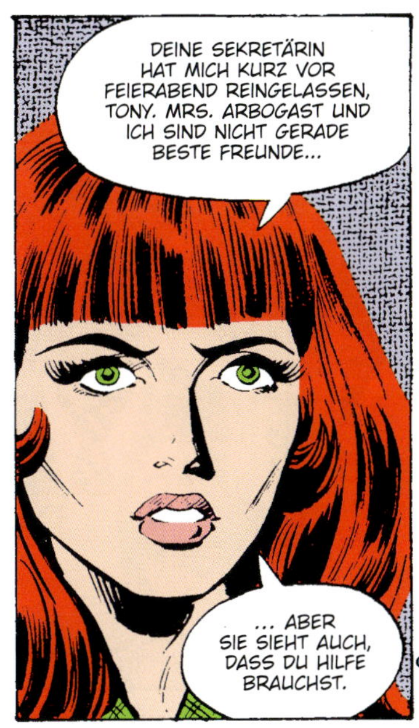
DEINE SEKRETÄRIN HAT MICH KURZ VOR FEIERABEND REINGELASSEN, TONY. MRS. ARBOGAST UND ICH SIND NICHT GERADE BESTE FREUNDE...
... ABER SIE SIEHT AUCH, DASS DU HILFE BRAUCHST.

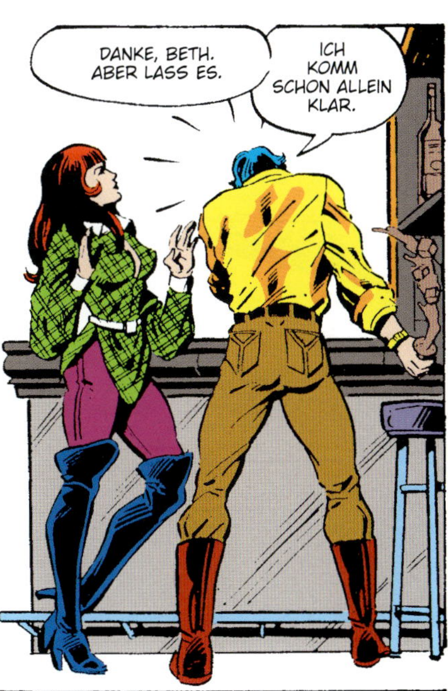
DANKE, BETH. ABER LASS ES.
ICH KOMM SCHON ALLEIN KLAR.

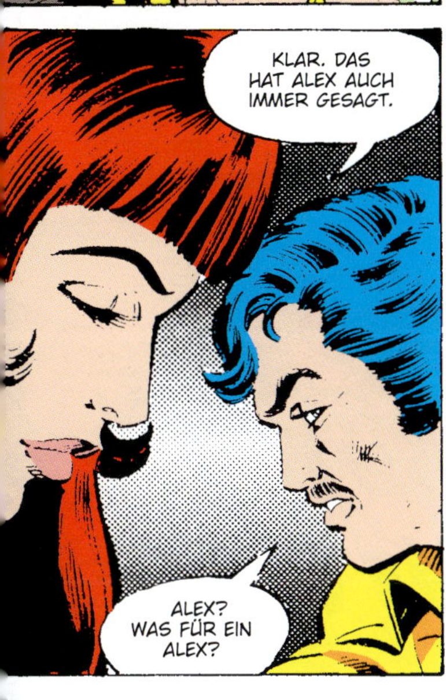
KLAR. DAS HAT ALEX AUCH IMMER GESAGT.
ALEX? WAS FÜR EIN ALEX?

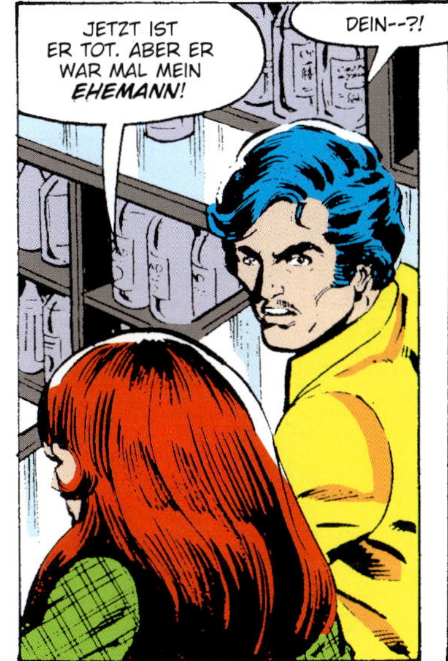
JETZT IST ER TOT. ABER ER WAR MAL MEIN *EHEMANN*!
DEIN--?!

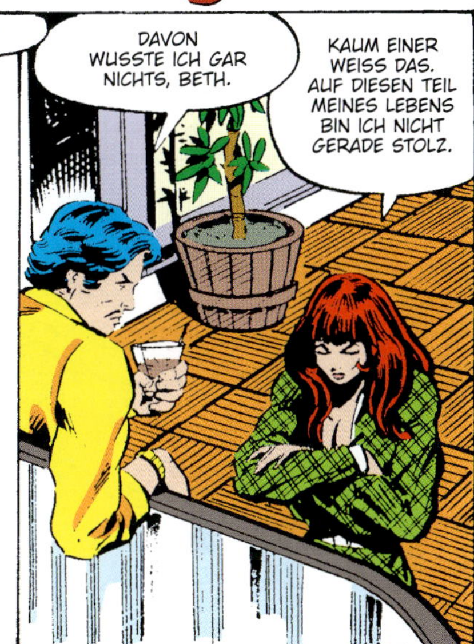
DAVON WUSSTE ICH GAR NICHTS, BETH.
KAUM EINER WEISS DAS. AUF DIESEN TEIL MEINES LEBENS BIN ICH NICHT GERADE STOLZ.

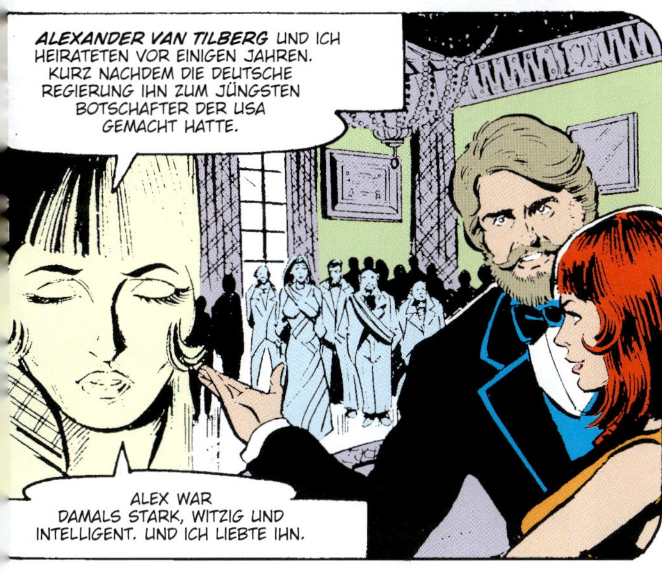
ALEXANDER VAN TILBERG UND ICH HEIRATETEN VOR EINIGEN JAHREN. KURZ NACHDEM DIE DEUTSCHE REGIERUNG IHN ZUM JÜNGSTEN BOTSCHAFTER DER USA GEMACHT HATTE.
ALEX WAR DAMALS STARK, WITZIG UND INTELLIGENT. UND ICH LIEBTE IHN.

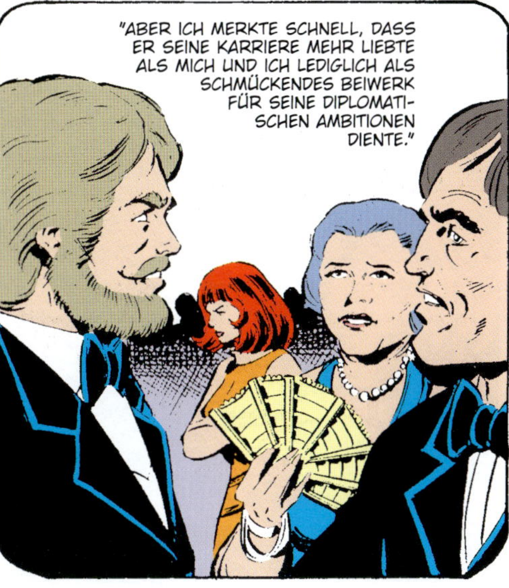
"ABER ICH MERKTE SCHNELL, DASS ER SEINE KARRIERE MEHR LIEBTE ALS MICH UND ICH LEDIGLICH ALS SCHMÜCKENDES BEIWERK FÜR SEINE DIPLOMATISCHEN AMBITIONEN DIENTE."

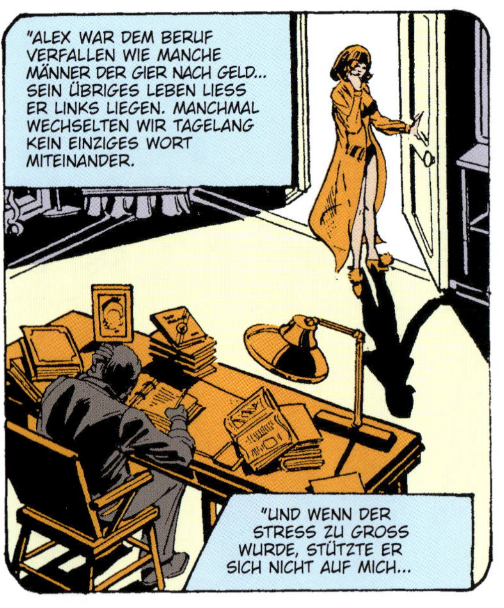
"ALEX WAR DEM BERUF VERFALLEN WIE MANCHE MÄNNER DER GIER NACH GELD... SEIN ÜBRIGES LEBEN LIESS ER LINKS LIEGEN. MANCHMAL WECHSELTEN WIR TAGELANG KEIN EINZIGES WORT MITEINANDER.
"UND WENN DER STRESS ZU GROSS WURDE, STÜTZTE ER SICH NICHT AUF MICH...

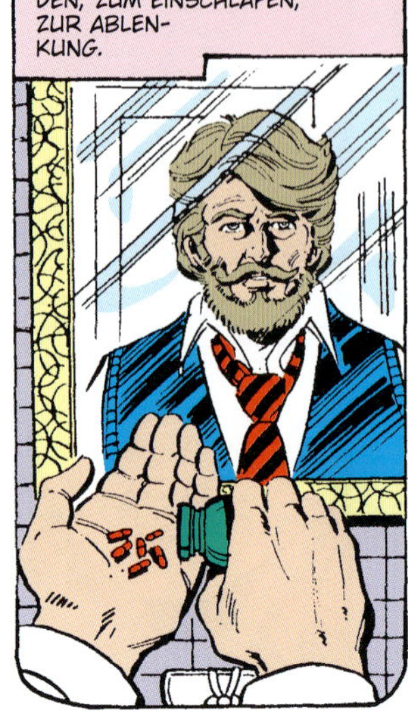
"... SONDERN AUF SEINE TABLETTEN... ZUM WACHWERDEN, ZUM EINSCHLAFEN, ZUR ABLENKUNG.

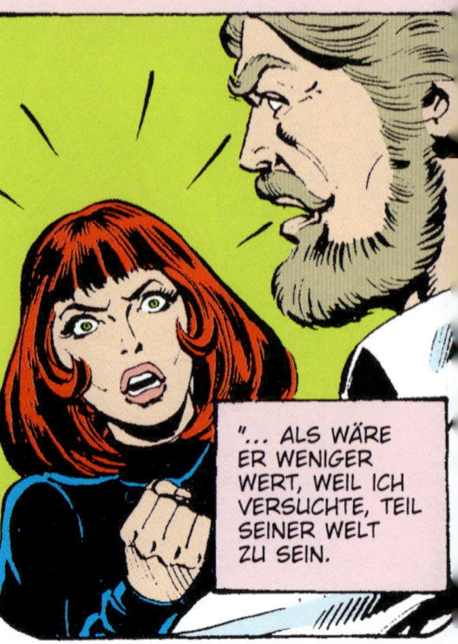
"ABER SOBALD ICH IHN DARAUF ANSPRACH, WURDE ER AGGRESSIV UND BRÜLLTE, ER WERDE SCHON ALLEIN DAMIT FERTIG...
"... ALS WÄRE ER WENIGER WERT, WEIL ICH VERSUCHTE, TEIL SEINER WELT ZU SEIN.

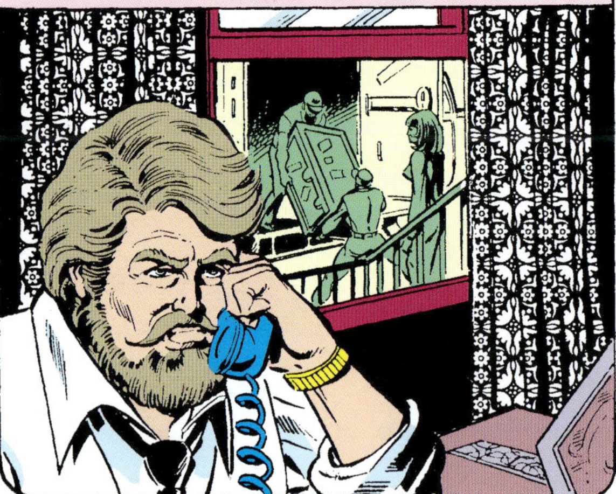
"ICH WAR DAMALS JUNG. LEICHT VERLETZBAR. DESHALB PROBIERTE ICH GAR NICHT ERST, SEINE UNSICHERHEITEN UND BEDÜRFNISSE ZU VERSTEHEN. ICH VERLIESS IHN-- ÜBERLIESS IHN SICH SELBST.

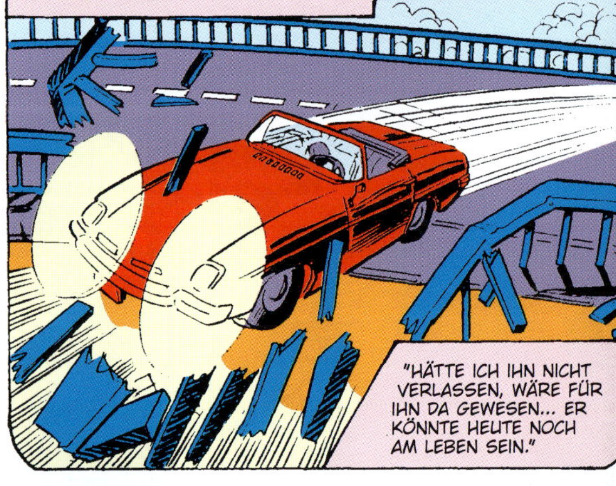
"EINEN MONAT SPÄTER GERIET SEIN WAGEN AUF EINER BRÜCKE AUSSER KONTROLLE. ER STARB. DIE ÄRZTE FANDEN NIE HERAUS, OB EIN HERZINFARKT WEGEN ÜBERARBEITUNG ODER VERLANGSAMTE REFLEXE AUFGRUND DER PILLEN DIE TODESURSACHE WAREN. NICHT DASS ES EINE ROLLE GESPIELT HÄTTE...
"HÄTTE ICH IHN NICHT VERLASSEN, WÄRE FÜR IHN DA GEWESEN... ER KÖNNTE HEUTE NOCH AM LEBEN SEIN."

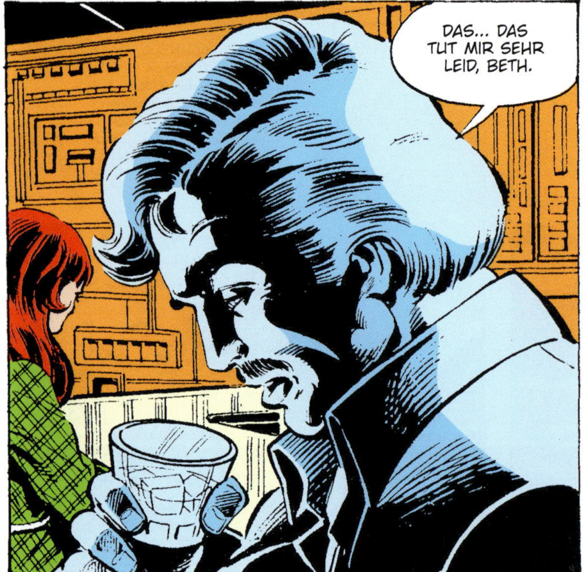
DAS... DAS TUT MIR SEHR LEID, BETH.

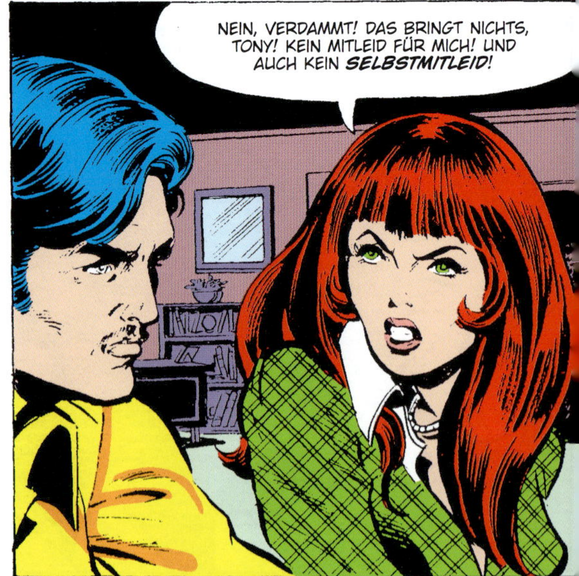
NEIN, VERDAMMT! DAS BRINGT NICHTS, TONY! KEIN MITLEID FÜR MICH! UND AUCH KEIN ***SELBSTMITLEID***!

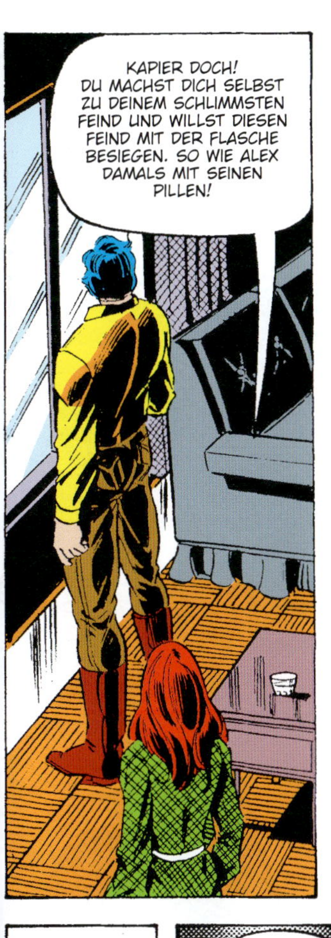
KAPIER DOCH! DU MACHST DICH SELBST ZU DEINEM SCHLIMMSTEN FEIND UND WILLST DIESEN FEIND MIT DER FLASCHE BESIEGEN. SO WIE ALEX DAMALS MIT SEINEN PILLEN!
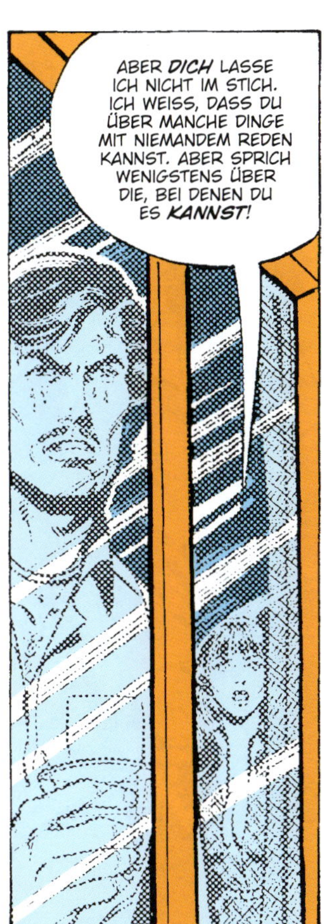
ABER DICH LASSE ICH NICHT IM STICH. ICH WEISS, DASS DU ÜBER MANCHE DINGE MIT NIEMANDEM REDEN KANNST. ABER SPRICH WENIGSTENS ÜBER DIE, BEI DENEN DU ES KANNST!
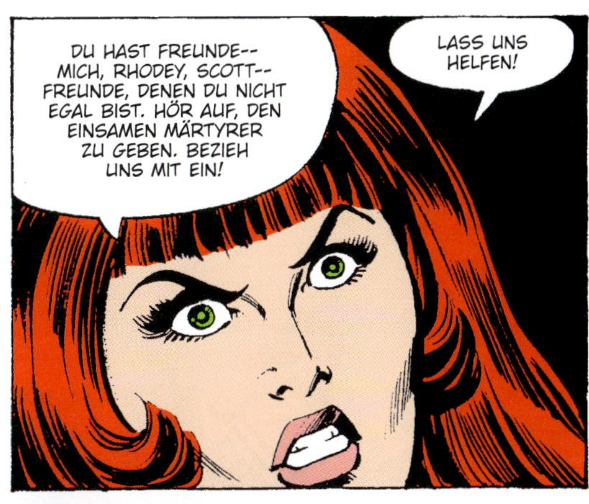
DU HAST FREUNDE-- MICH, RHODEY, SCOTT-- FREUNDE, DENEN DU NICHT EGAL BIST. HÖR AUF, DEN EINSAMEN MÄRTYRER ZU GEBEN. BEZIEH UNS MIT EIN!
LASS UNS HELFEN!
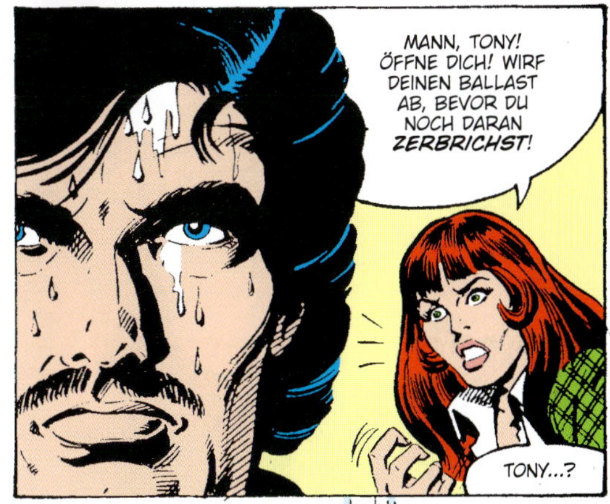
MANN, TONY! ÖFFNE DICH! WIRF DEINEN BALLAST AB, BEVOR DU NOCH DARAN ZERBRICHST!
TONY...?
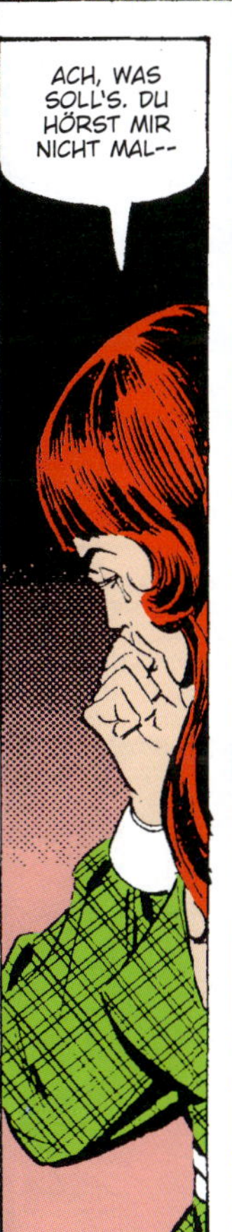
ACH, WAS SOLL'S. DU HÖRST MIR NICHT MAL--
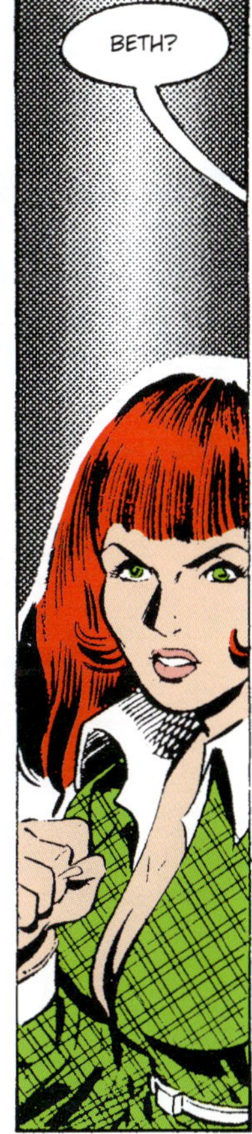
BETH?
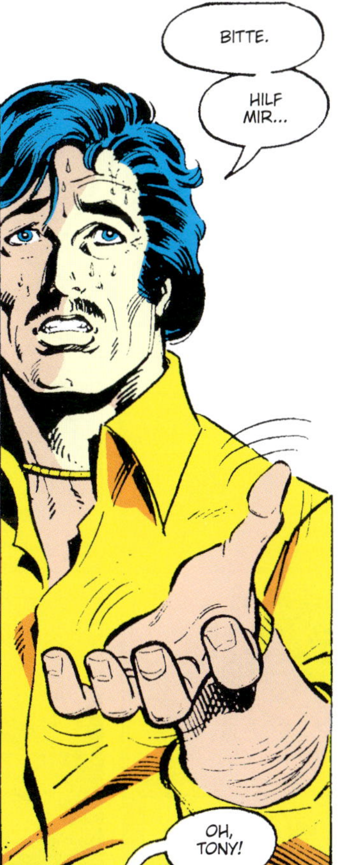
BITTE.
HILF MIR...
OH, TONY!
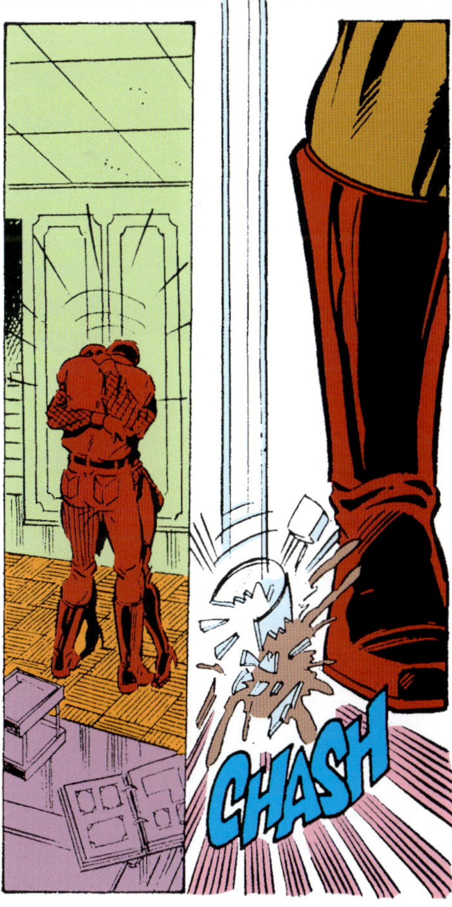
CHASH

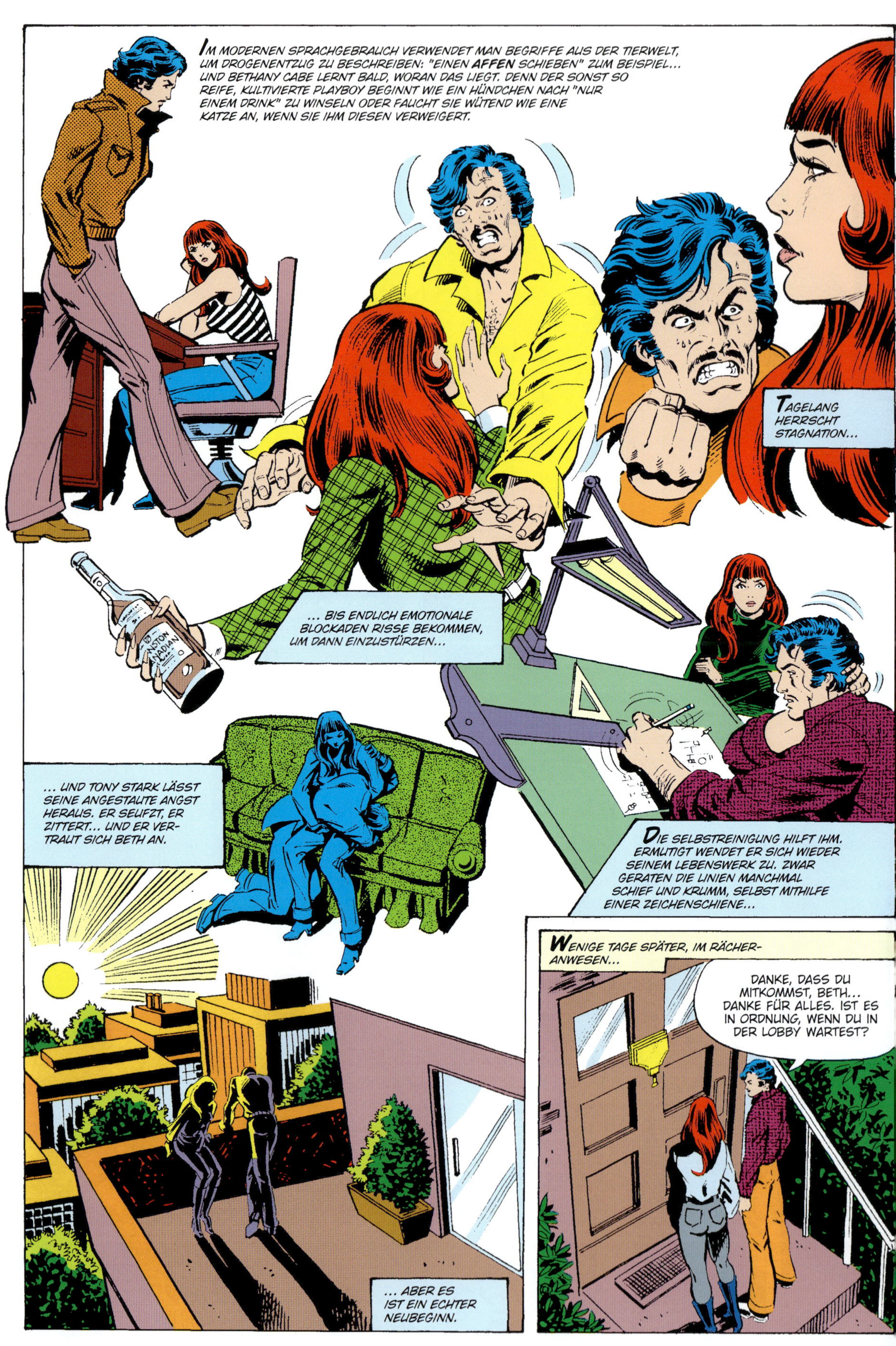
IM MODERNEN SPRACHGEBRAUCH VERWENDET MAN BEGRIFFE AUS DER TIERWELT, UM DROGENENTZUG ZU BESCHREIBEN: "EINEN AFFEN SCHIEBEN" ZUM BEISPIEL... UND BETHANY CABE LERNT BALD, WORAN DAS LIEGT. DENN DER SONST SO REIFE, KULTIVIERTE PLAYBOY BEGINNT WIE EIN HÜNDCHEN NACH "NUR EINEM DRINK" ZU WINSELN ODER FAUCHT SIE WÜTEND WIE EINE KATZE AN, WENN SIE IHM DIESEN VERWEIGERT.
TAGELANG HERRSCHT STAGNATION...
... BIS ENDLICH EMOTIONALE BLOCKADEN RISSE BEKOMMEN, UM DANN EINZUSTÜRZEN...
... UND TONY STARK LÄSST SEINE ANGESTAUTE ANGST HERAUS. ER SEUFZT, ER ZITTERT... UND ER VERTRAUT SICH BETH AN.
DIE SELBSTREINIGUNG HILFT IHM. ERMUTIGT WENDET ER SICH WIEDER SEINEM LEBENSWERK ZU. ZWAR GERATEN DIE LINIEN MANCHMAL SCHIEF UND KRUMM, SELBST MITHILFE EINER ZEICHENSCHIENE...
... ABER ES IST EIN ECHTER NEUBEGINN.
WENIGE TAGE SPÄTER, IM RÄCHER-ANWESEN...
DANKE, DASS DU MITKOMMST, BETH... DANKE FÜR ALLES. IST ES IN ORDNUNG, WENN DU IN DER LOBBY WARTEST?

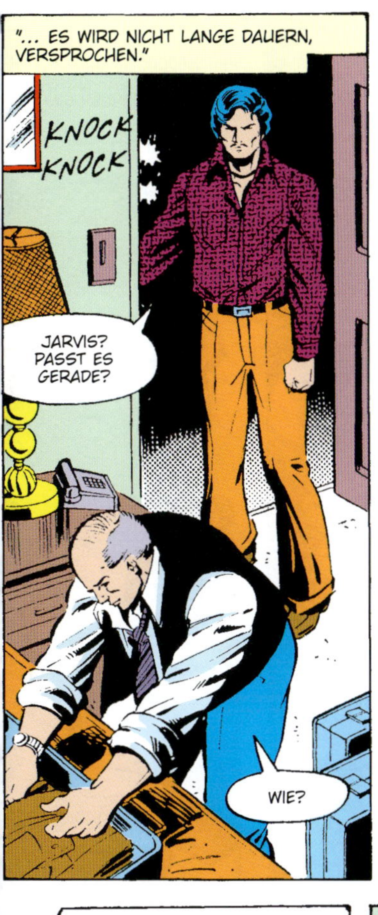
"... ES WIRD NICHT LANGE DAUERN, VERSPROCHEN."
KNOCK KNOCK
JARVIS? PASST ES GERADE?
WIE?

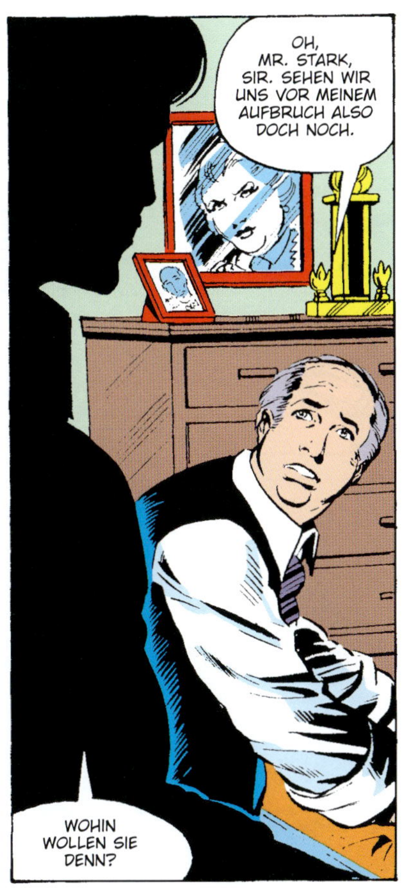
OH, MR. STARK, SIR. SEHEN WIR UNS VOR MEINEM AUFBRUCH ALSO DOCH NOCH.
WOHIN WOLLEN SIE DENN?

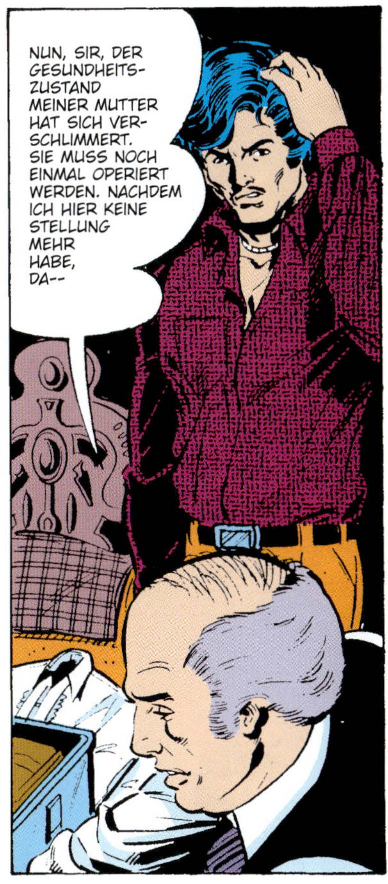
NUN, SIR, DER GESUNDHEITS-ZUSTAND MEINER MUTTER HAT SICH VER-SCHLIMMERT. SIE MUSS NOCH EINMAL OPERIERT WERDEN. NACHDEM ICH HIER KEINE STELLUNG MEHR HABE, DA--

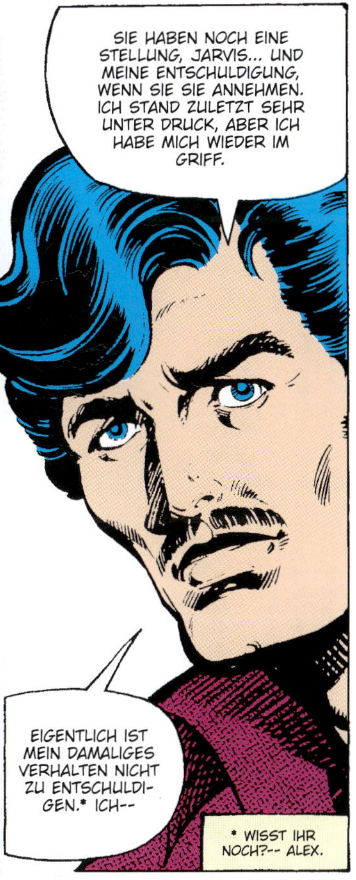
SIE HABEN NOCH EINE STELLUNG, JARVIS... UND MEINE ENTSCHULDIGUNG, WENN SIE SIE ANNEHMEN. ICH STAND ZULETZT SEHR UNTER DRUCK, ABER ICH HABE MICH WIEDER IM GRIFF.
EIGENTLICH IST MEIN DAMALIGES VERHALTEN NICHT ZU ENTSCHULDI-GEN.* ICH--
* WISST IHR NOCH?-- ALEX.

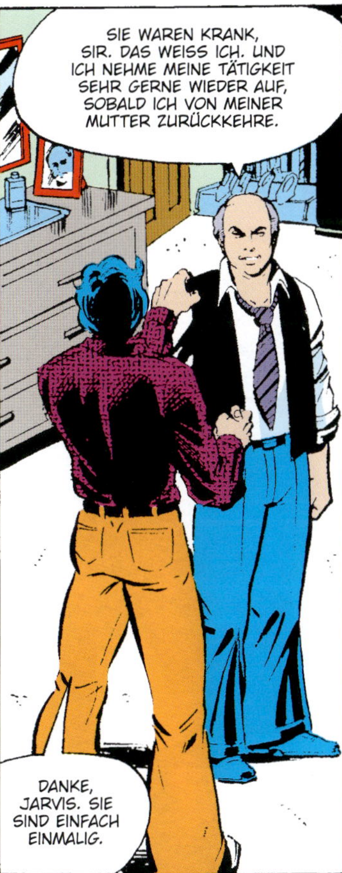
SIE WAREN KRANK, SIR. DAS WEISS ICH. UND ICH NEHME MEINE TÄTIGKEIT SEHR GERNE WIEDER AUF, SOBALD ICH VON MEINER MUTTER ZURÜCKKEHRE.
DANKE, JARVIS. SIE SIND EINFACH EINMALIG.

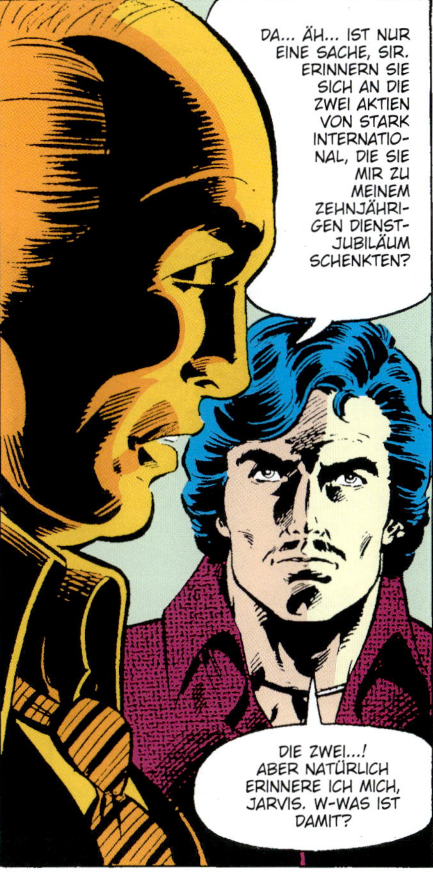
DA... ÄH... IST NUR EINE SACHE, SIR. ERINNERN SIE SICH AN DIE ZWEI AKTIEN VON STARK INTERNATIO-NAL, DIE SIE MIR ZU MEINEM ZEHNJÄHRI-GEN DIENST-JUBILÄUM SCHENKTEN?
DIE ZWEI...! ABER NATÜRLICH ERINNERE ICH MICH, JARVIS. W-WAS IST DAMIT?

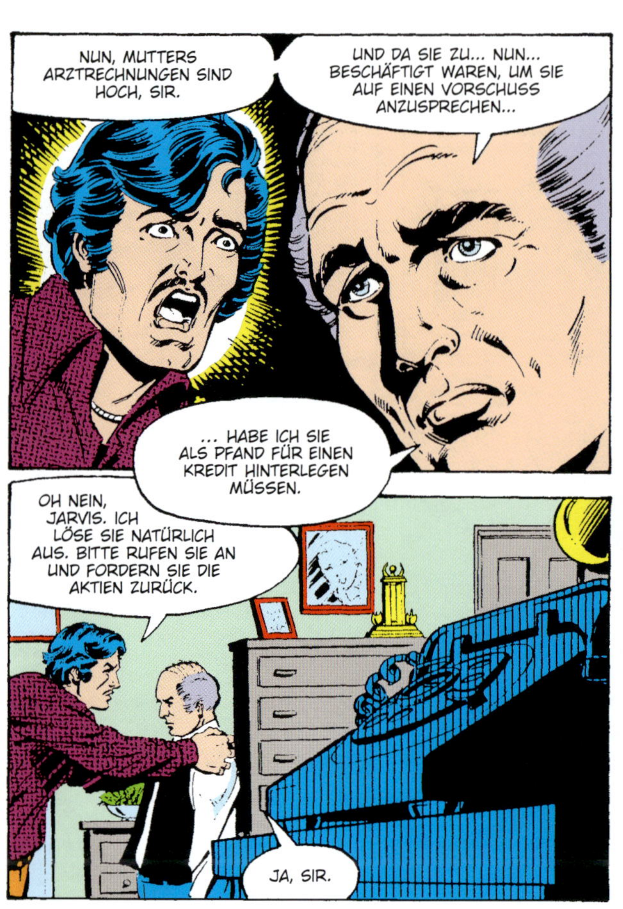
NUN, MUTTERS ARZTRECHNUNGEN SIND HOCH, SIR.
UND DA SIE ZU... NUN... BESCHÄFTIGT WAREN, UM SIE AUF EINEN VORSCHUSS ANZUSPRECHEN...
... HABE ICH SIE ALS PFAND FÜR EINEN KREDIT HINTERLEGEN MÜSSEN.
OH NEIN, JARVIS. ICH LÖSE SIE NATÜRLICH AUS. BITTE RUFEN SIE AN UND FORDERN SIE DIE AKTIEN ZURÜCK.
JA, SIR.
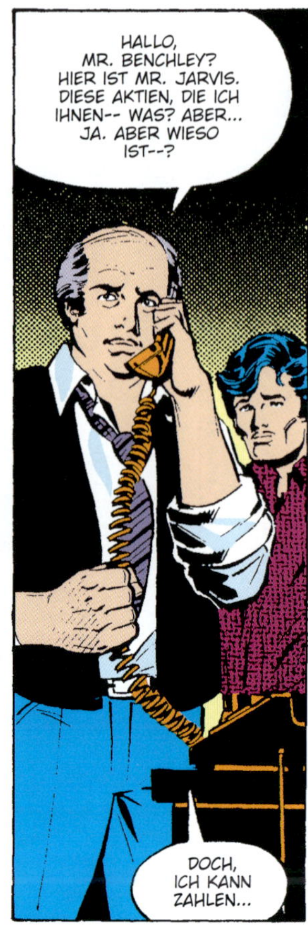
HALLO, MR. BENCHLEY? HIER IST MR. JARVIS. DIESE AKTIEN, DIE ICH IHNEN-- WAS? ABER... JA. ABER WIESO IST--?
DOCH, ICH KANN ZAHLEN...
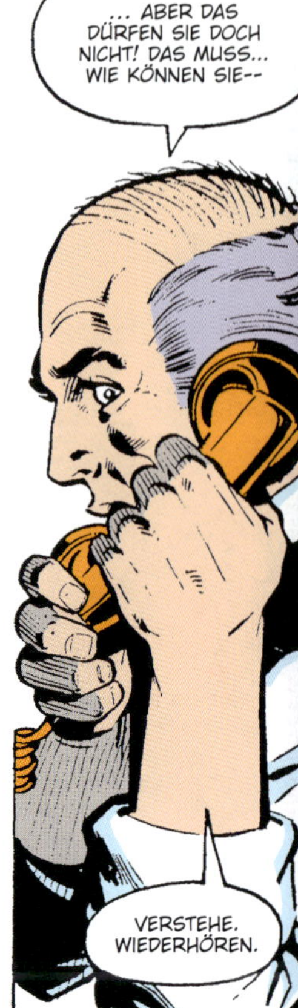
... ABER DAS DÜRFEN SIE DOCH NICHT! DAS MUSS... WIE KÖNNEN SIE--
VERSTEHE. WIEDERHÖREN.
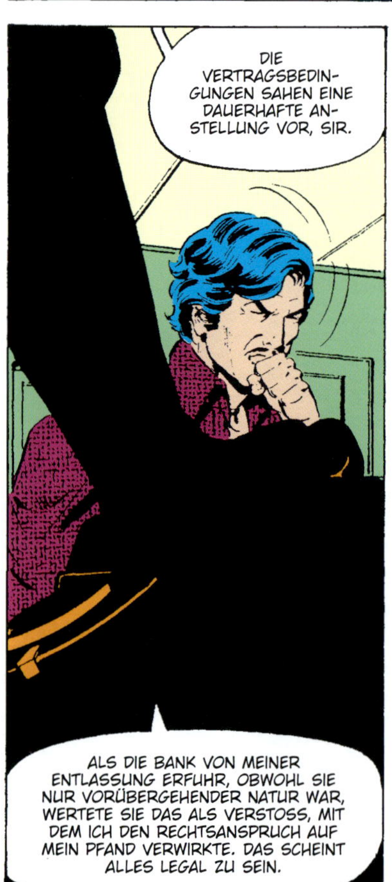
DIE VERTRAGSBEDINGUNGEN SAHEN EINE DAUERHAFTE ANSTELLUNG VOR, SIR.
ALS DIE BANK VON MEINER ENTLASSUNG ERFUHR, OBWOHL SIE NUR VORÜBERGEHENDER NATUR WAR, WERTETE SIE DAS ALS VERSTOSS, MIT DEM ICH DEN RECHTSANSPRUCH AUF MEIN PFAND VERWIRKTE. DAS SCHEINT ALLES LEGAL ZU SEIN.
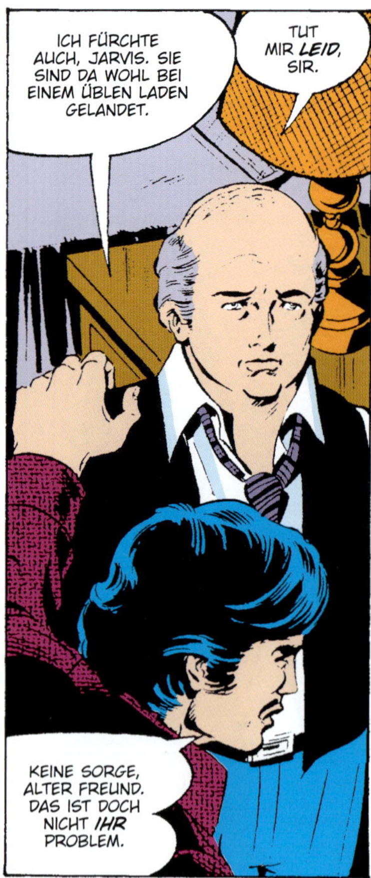
ICH FÜRCHTE AUCH, JARVIS. SIE SIND DA WOHL BEI EINEM ÜBLEN LADEN GELANDET.
TUT MIR *LEID*, SIR.
KEINE SORGE, ALTER FREUND. DAS IST DOCH NICHT *IHR* PROBLEM.
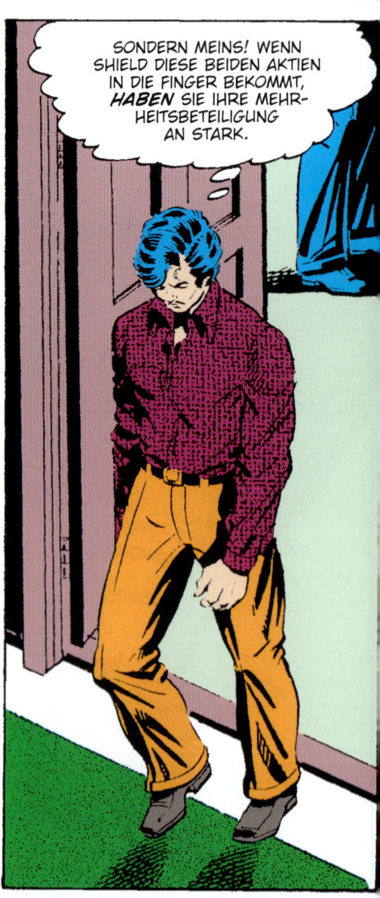
SONDERN MEINS! WENN SHIELD DIESE BEIDEN AKTIEN IN DIE FINGER BEKOMMT, **HABEN** SIE IHRE MEHRHEITSBETEILIGUNG AN STARK.

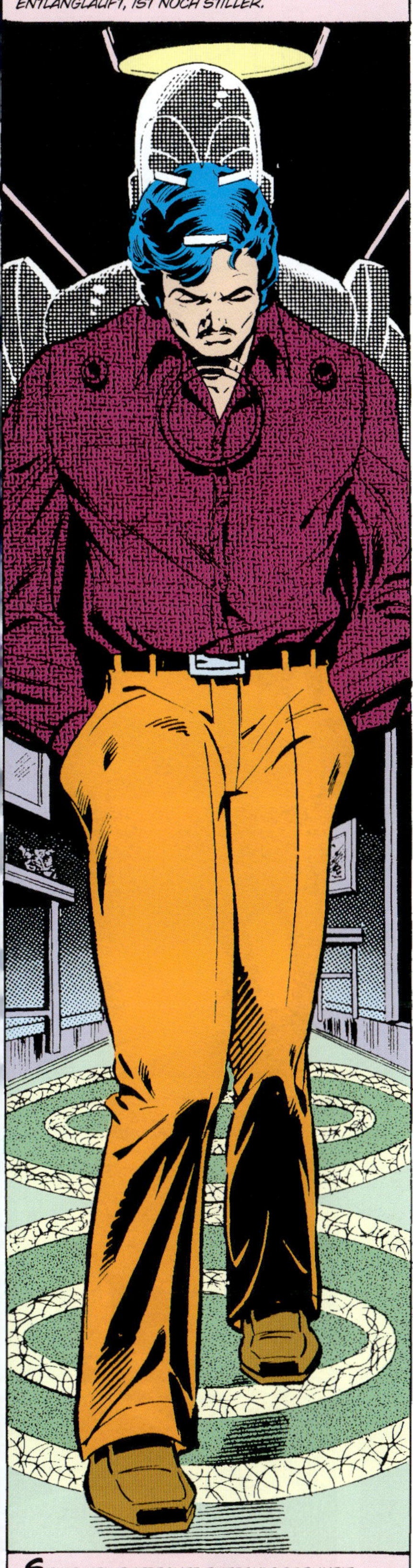
DIE FLURE DES RÄCHER-ANWESENS SIND STILL... DER MANN, DER SIE ENTLANGLÄUFT, IST NOCH STILLER.
SEINE NEU ENTDECKTE ENTSCHLOSSENHEIT IST INS WANKEN GERATEN. ER SEHNT SICH WIEDER NACH DER FLASCHE.

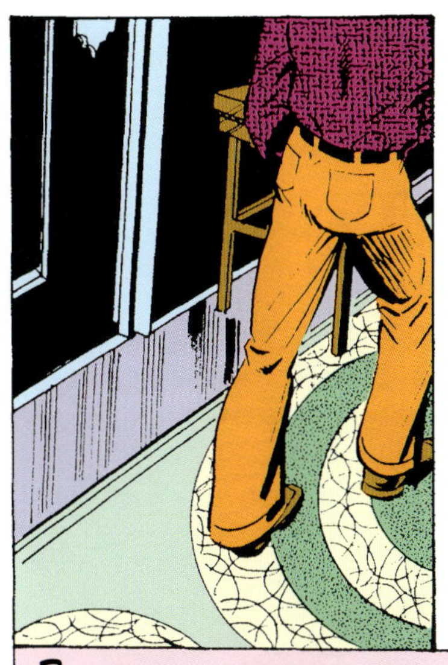
DOCH ES GELINGT IHM, AM FÜR TONY STARK RESERVIERTEN ZIMMER VORBEIZUGEHEN, IN DEM EINE FUNKELNDE FLASCHE HINTER DEM DUNKLEN EICHENHOLZ EINER KOMMODENTÜR AUF IHN WARTET...

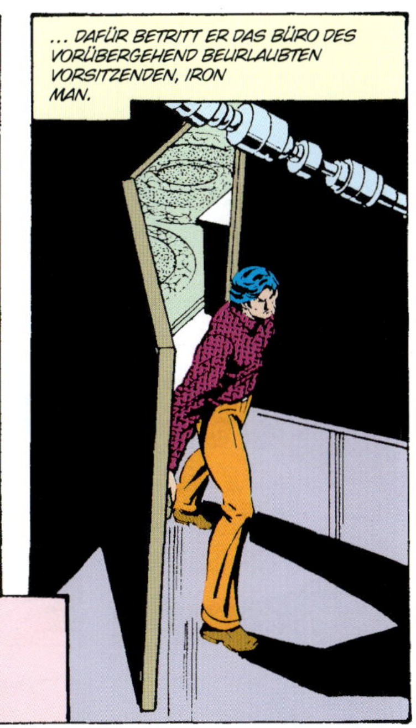
... DAFÜR BETRITT ER DAS BÜRO DES VORÜBERGEHEND BEURLAUBTEN VORSITZENDEN, IRON MAN.

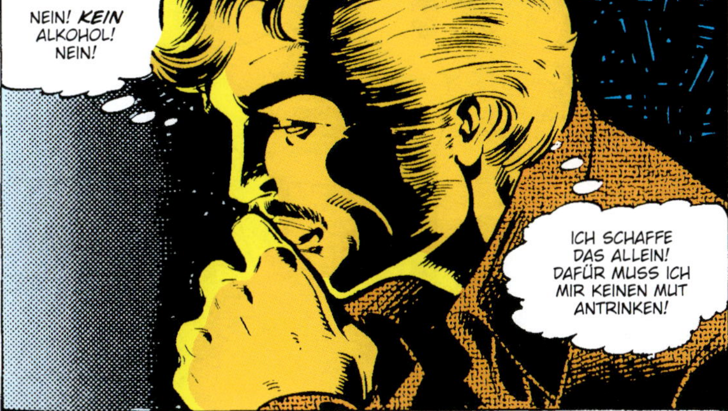
NEIN! KEIN ALKOHOL! NEIN!
ICH SCHAFFE DAS ALLEIN! DAFÜR MUSS ICH MIR KEINEN MUT ANTRINKEN!

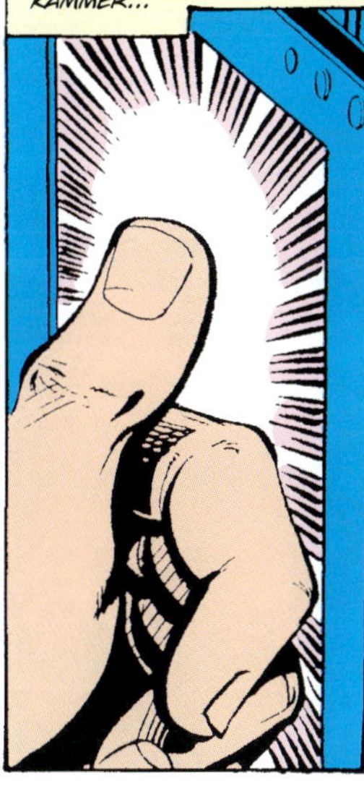
TONY STARK IST DAVON EHRLICH ÜBERZEUGT UND ÖFFNET PER FINGER-SENSOR EINE VERSTECKTE KAMMER...

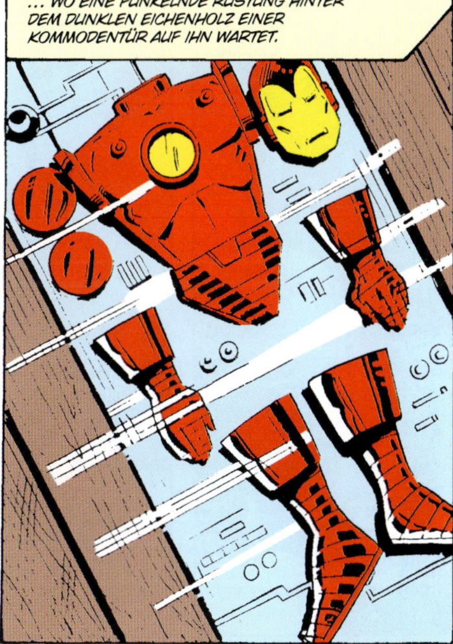
... WO EINE FUNKELNDE RÜSTUNG HINTER DEM DUNKLEN EICHENHOLZ EINER KOMMODENTÜR AUF IHN WARTET.

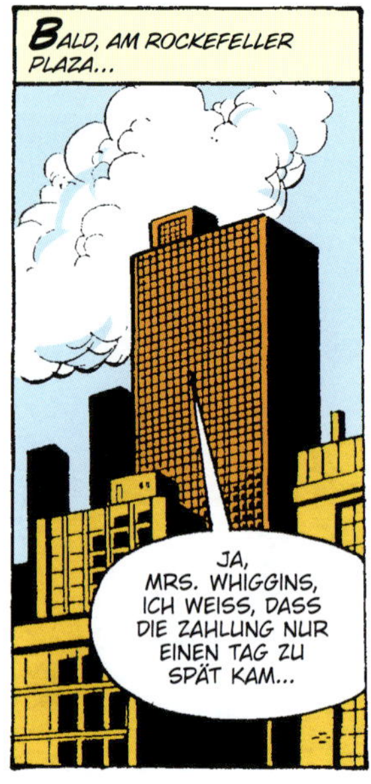
BALD, AM ROCKEFELLER PLAZA...
JA, MRS. WHIGGINS, ICH WEISS, DASS DIE ZAHLUNG NUR EINEN TAG ZU SPÄT KAM...

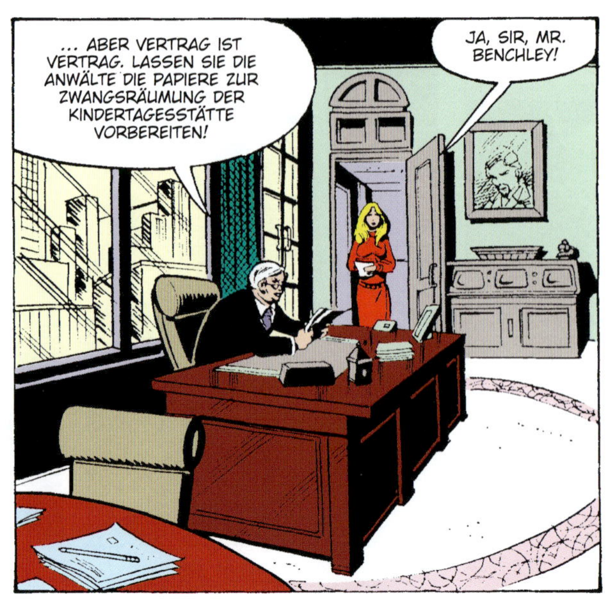
... ABER VERTRAG IST VERTRAG. LASSEN SIE DIE ANWÄLTE DIE PAPIERE ZUR ZWANGSRÄUMUNG DER KINDERTAGESSTÄTTE VORBEREITEN!
JA, SIR, MR. BENCHLEY!

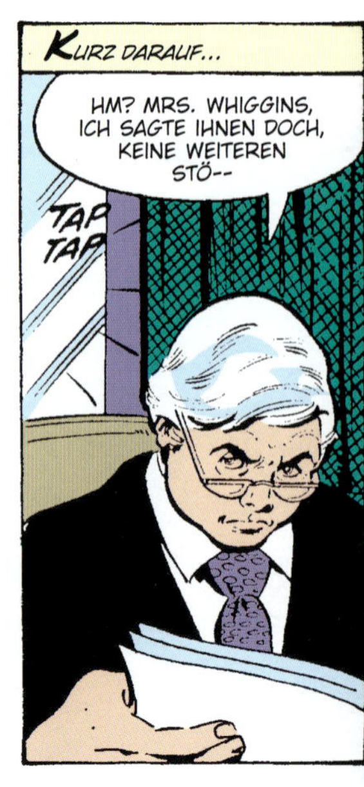
KURZ DARAUF...
HM? MRS. WHIGGINS, ICH SAGTE IHNEN DOCH, KEINE WEITEREN STÖ--
TAP TAP

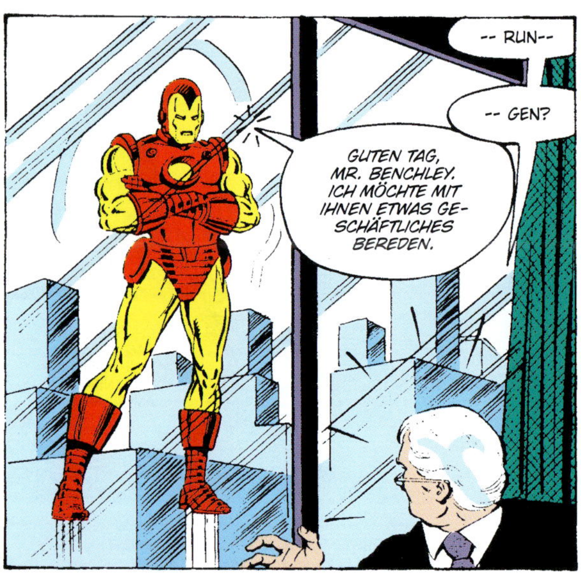
GUTEN TAG, MR. BENCHLEY. ICH MÖCHTE MIT IHNEN ETWAS GESCHÄFTLICHES BEREDEN.
-- RUN--
-- GEN?

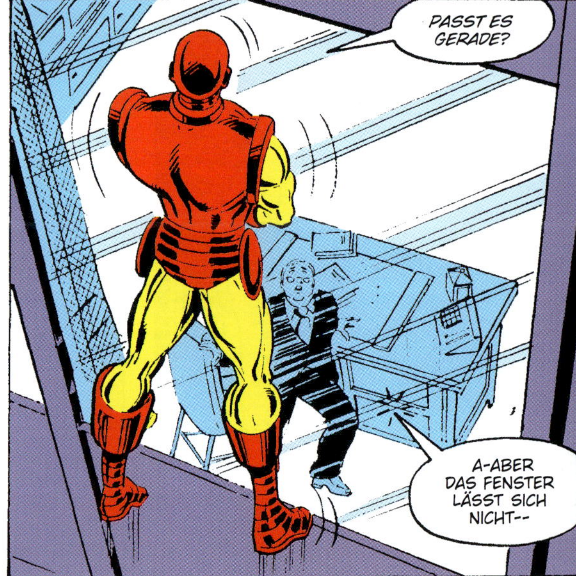
PASST ES GERADE?
A-ABER DAS FENSTER LÄSST SICH NICHT--

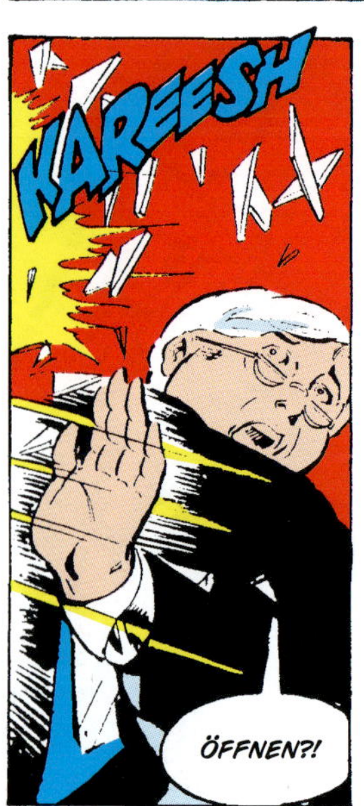
KAREESH
ÖFFNEN?!

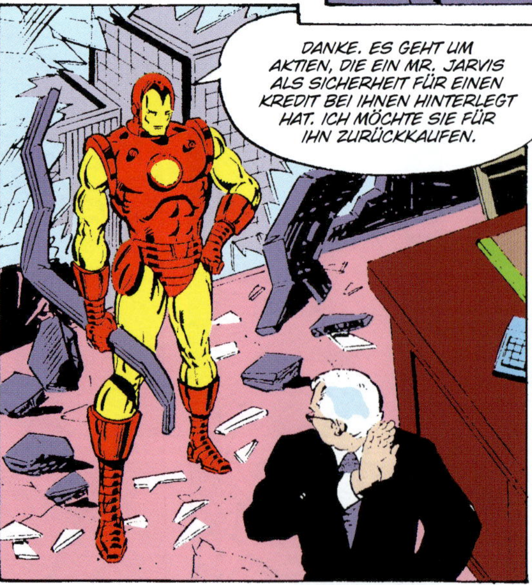
DANKE. ES GEHT UM AKTIEN, DIE EIN MR. JARVIS ALS SICHERHEIT FÜR EINEN KREDIT BEI IHNEN HINTERLEGT HAT. ICH MÖCHTE SIE FÜR IHN ZURÜCKKAUFEN.

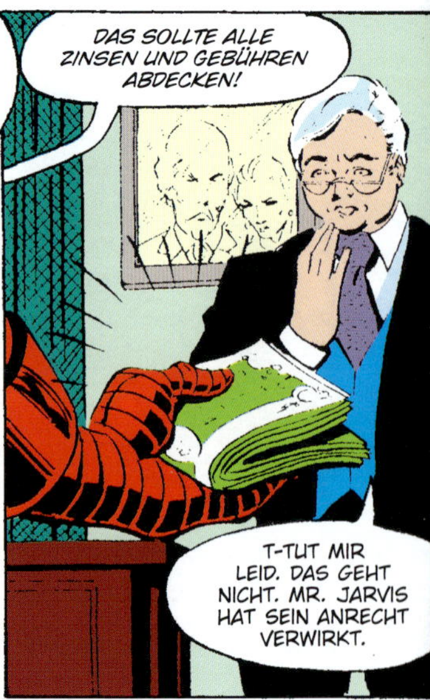
DAS SOLLTE ALLE ZINSEN UND GEBÜHREN ABDECKEN!
T-TUT MIR LEID. DAS GEHT NICHT. MR. JARVIS HAT SEIN ANRECHT VERWIRKT.

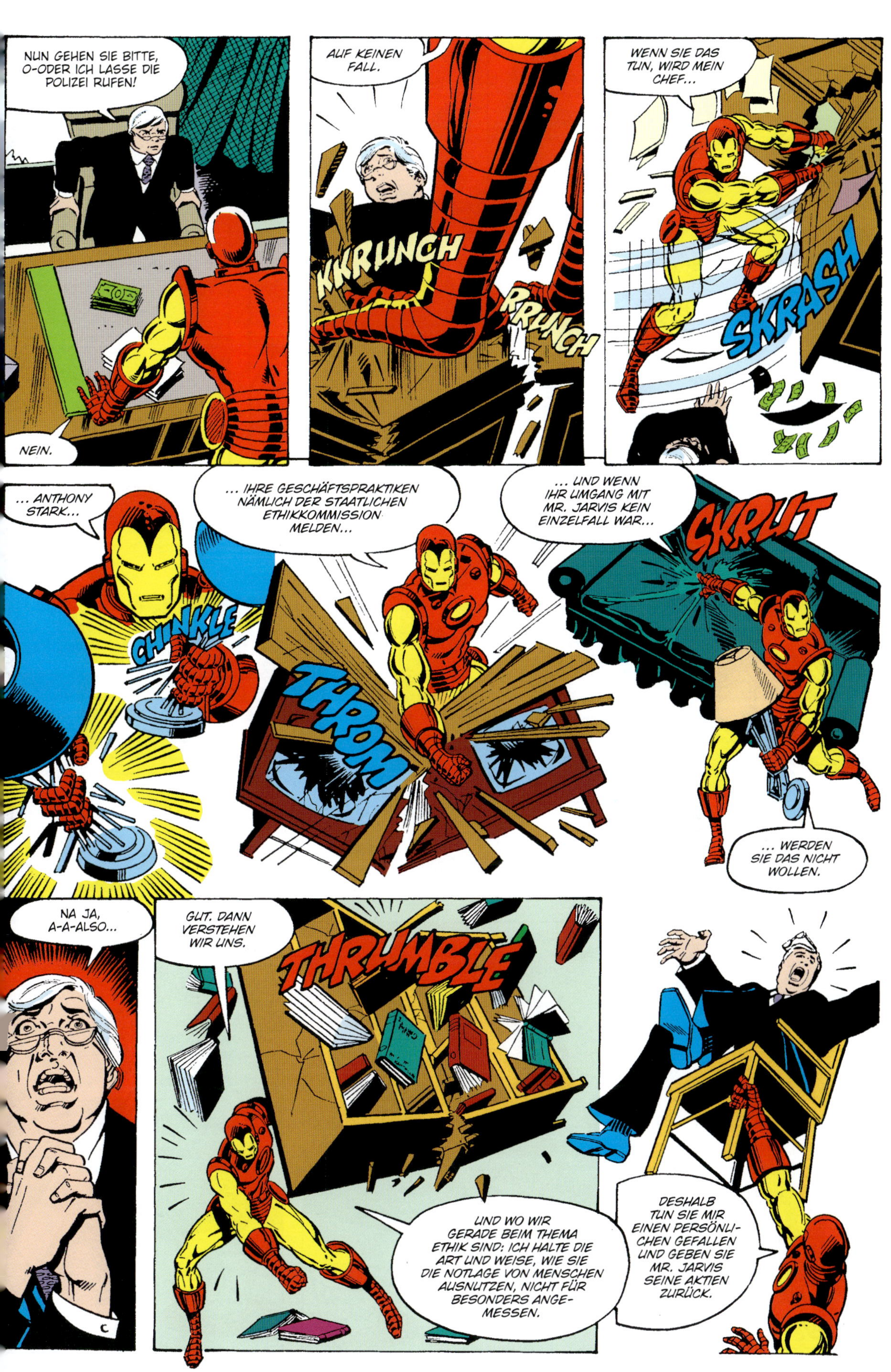
NUN GEHEN SIE BITTE, O-ODER ICH LASSE DIE POLIZEI RUFEN!
NEIN.
AUF KEINEN FALL.
KKRUNCH
RRUNCH
WENN SIE DAS TUN, WIRD MEIN CHEF…
SKRASH
… ANTHONY STARK…
CHINKLE
… IHRE GESCHÄFTSPRAKTIKEN NÄMLICH DER STAATLICHEN ETHIKKOMMISSION MELDEN…
THROM
… UND WENN IHR UMGANG MIT MR. JARVIS KEIN EINZELFALL WAR…
SKRUT
… WERDEN SIE DAS NICHT WOLLEN.
NA JA, A-A-ALSO…
GUT. DANN VERSTEHEN WIR UNS.
THRUMBLE
UND WO WIR GERADE BEIM THEMA ETHIK SIND: ICH HALTE DIE ART UND WEISE, WIE SIE DIE NOTLAGE VON MENSCHEN AUSNUTZEN, NICHT FÜR BESONDERS ANGE-MESSEN.
DESHALB TUN SIE MIR EINEN PERSÖNLI-CHEN GEFALLEN UND GEBEN SIE MR. JARVIS SEINE AKTIEN ZURÜCK.

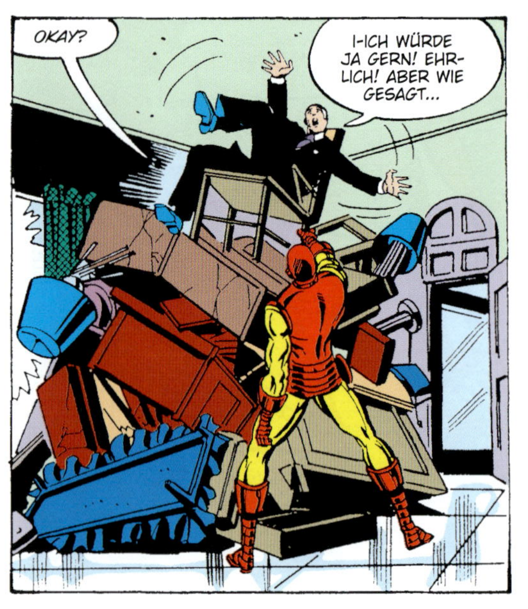
OKAY?
I-ICH WÜRDE JA GERN! EHR-LICH! ABER WIE GESAGT...

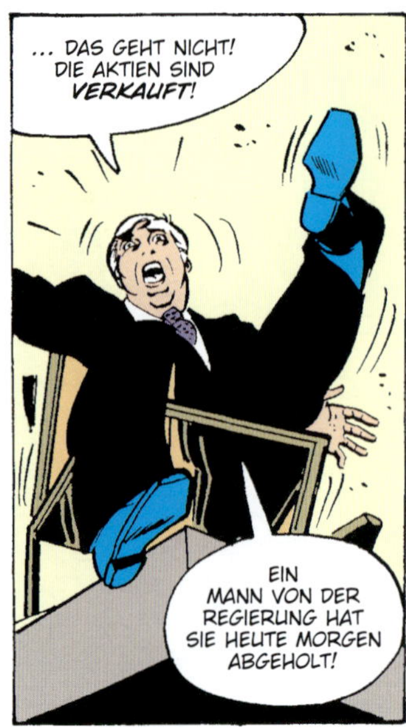
... DAS GEHT NICHT! DIE AKTIEN SIND **VERKAUFT**!
EIN MANN VON DER REGIERUNG HAT SIE HEUTE MORGEN ABGEHOLT!

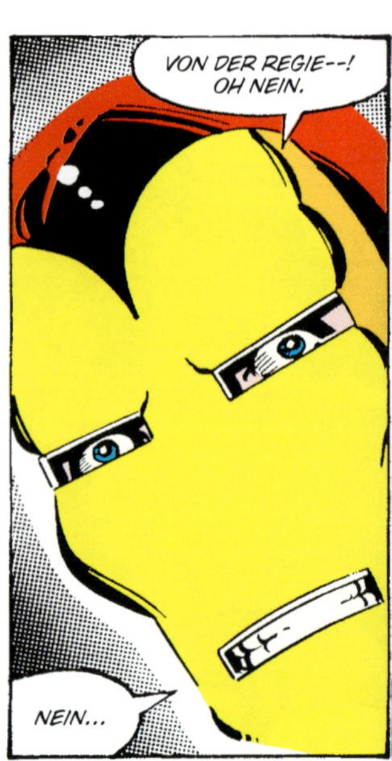
VON DER REGIE--! OH NEIN.
NEIN...

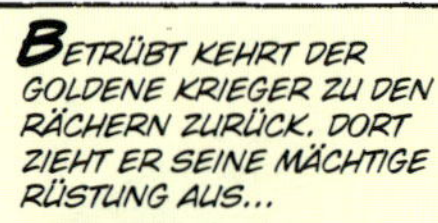
BETRÜBT KEHRT DER GOLDENE KRIEGER ZU DEN RÄCHERN ZURÜCK. DORT ZIEHT ER SEINE MÄCHTIGE RÜSTUNG AUS...

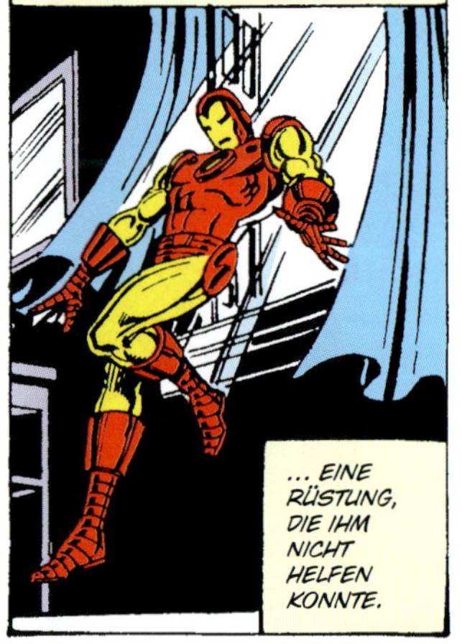
... EINE RÜSTUNG, DIE IHM NICHT HELFEN KONNTE.

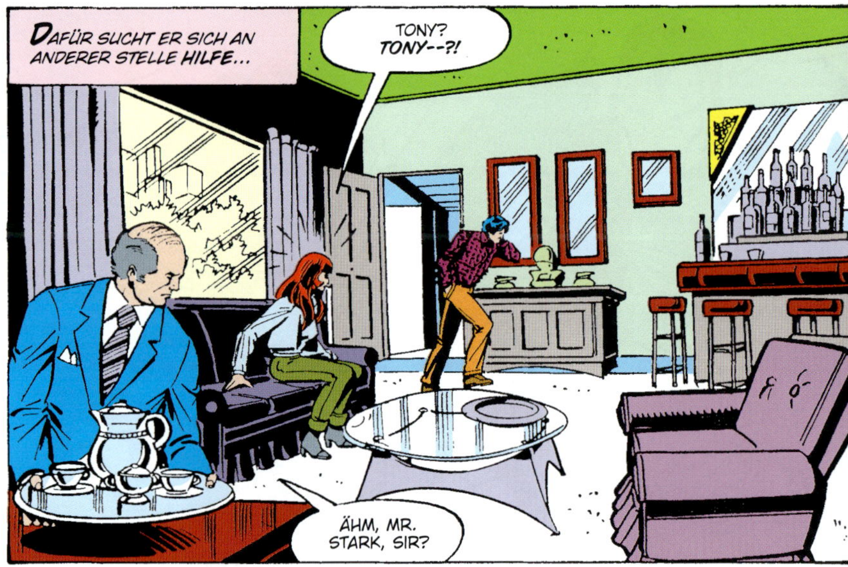
DAFÜR SUCHT ER SICH AN ANDERER STELLE **HILFE**...
TONY? **TONY--?!**
ÄHM, MR. STARK, SIR?

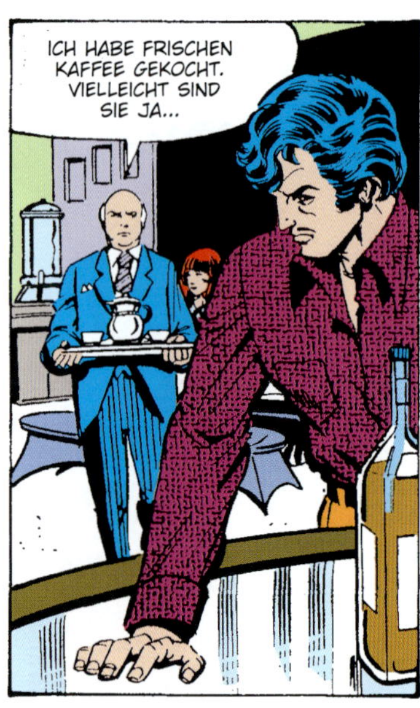
ICH HABE FRISCHEN KAFFEE GEKOCHT. VIELLEICHT SIND SIE JA...

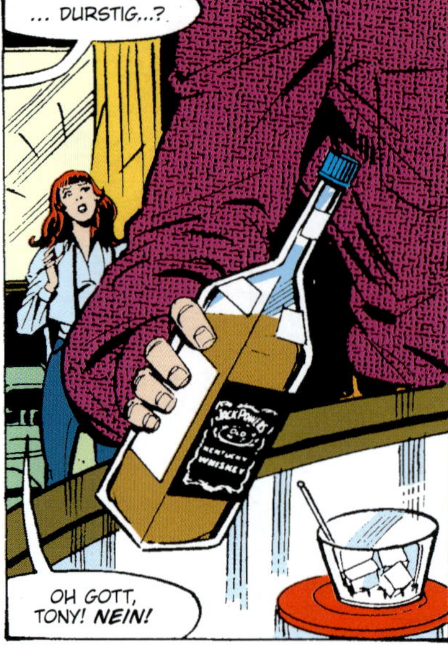
... DURSTIG...?
OH GOTT, TONY! **NEIN!**

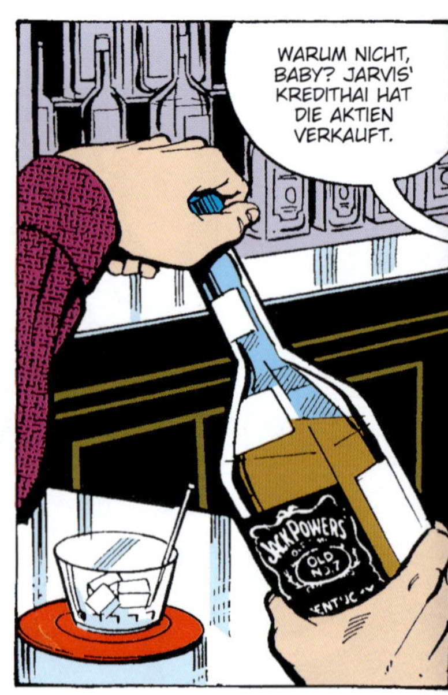
WARUM NICHT, BABY? JARVIS' KREDITHAI HAT DIE AKTIEN VERKAUFT.

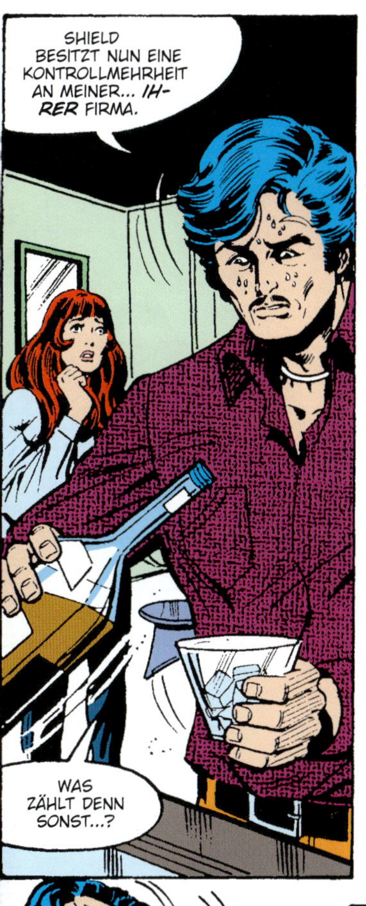
SHIELD BESITZT NUN EINE KONTROLLMEHRHEIT AN MEINER... IHRER FIRMA.
WAS ZÄHLT DENN SONST...?

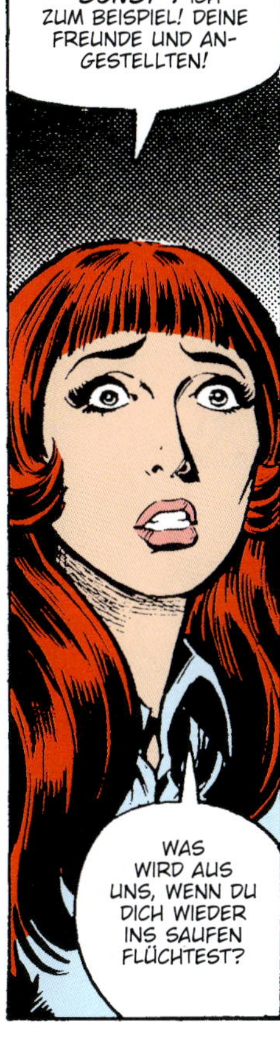
"SONST"? ICH ZUM BEISPIEL! DEINE FREUNDE UND ANGESTELLTEN!
WAS WIRD AUS UNS, WENN DU DICH WIEDER INS SAUFEN FLÜCHTEST?

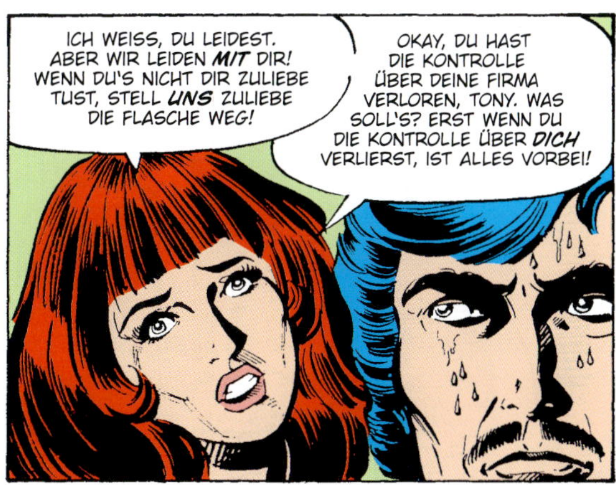
ICH WEISS, DU LEIDEST. ABER WIR LEIDEN MIT DIR! WENN DU'S NICHT DIR ZULIEBE TUST, STELL UNS ZULIEBE DIE FLASCHE WEG!
OKAY, DU HAST DIE KONTROLLE ÜBER DEINE FIRMA VERLOREN, TONY. WAS SOLL'S? ERST WENN DU DIE KONTROLLE ÜBER DICH VERLIERST, IST ALLES VORBEI!

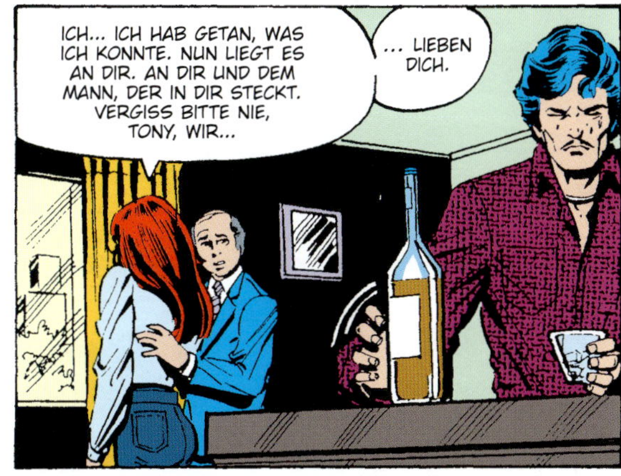
ICH... ICH HAB GETAN, WAS ICH KONNTE. NUN LIEGT ES AN DIR. AN DIR UND DEM MANN, DER IN DIR STECKT. VERGISS BITTE NIE, TONY, WIR...
... LIEBEN DICH.

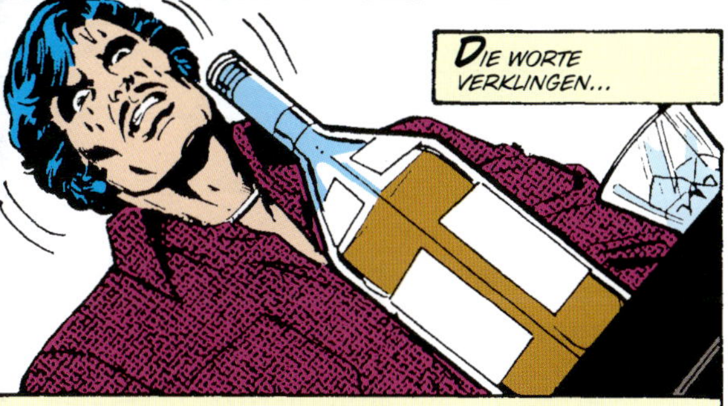
DIE WORTE VERKLINGEN...
... GANZ ALLEIN UND IN STILLE TRÄGT TONY STARK DEN HÄRTESTEN KAMPF SEINES LEBENS AUS. SEINE HÄNDE ZITTERN, SEIN MUND FÜHLT SICH AN WIE MIT WATTE GEPOLSTERT. ER WEISS GENAU, DASS ER NUR EIN GLAS WEIT ENTFERNT VON DER BARMHERZIGEN ERLÖSUNG IST.

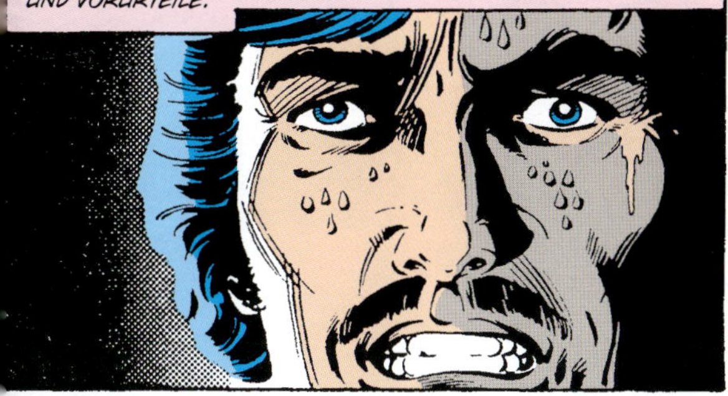
ABER BETHANYS WORTE KLINGEN IN IHM NACH, ERINNERN IHN DARAN, DASS SEIN LEBENSTRAUM DARIN BESTEHT, ANDEREN ZU HELFEN... ENTWEDER ALS SUPERHELD ODER DURCH REVOLUTIONÄRE ERFINDUNGEN... UND IMMER UNTER AUSKLAMMERUNG SEINER PERSÖNLICHEN ÄNGSTE UND VORURTEILE.

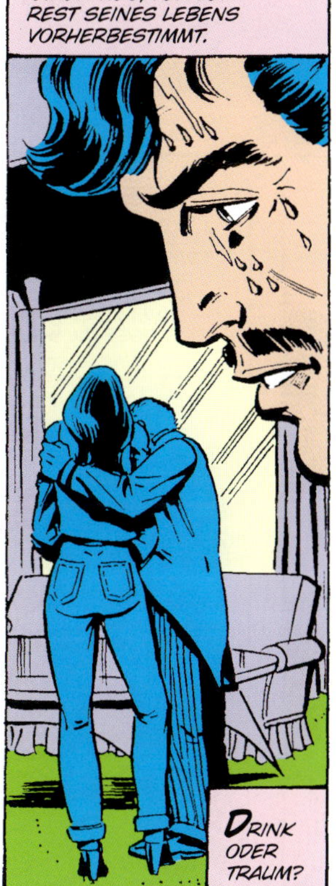
DRINK... ODER TRAUM? BEIDE FÜHREN IHN AUF EINEN WEG, DER DEN REST SEINES LEBENS VORHERBESTIMMT.
DRINK ODER TRAUM?

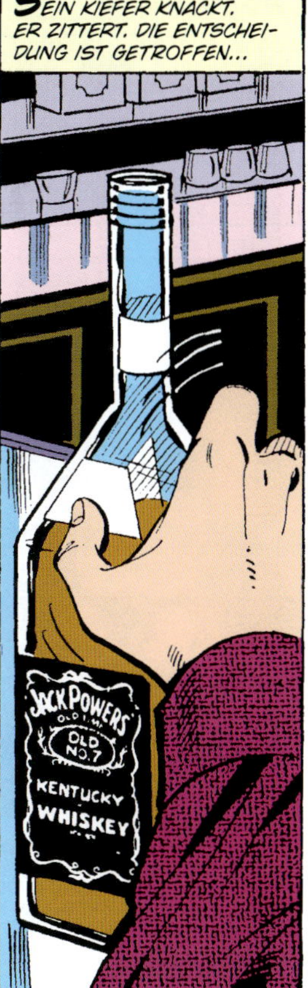
SEIN KIEFER KNACKT. ER ZITTERT. DIE ENTSCHEIDUNG IST GETROFFEN...
JACK POWERS
OLD NO. 7
KENTUCKY WHISKEY

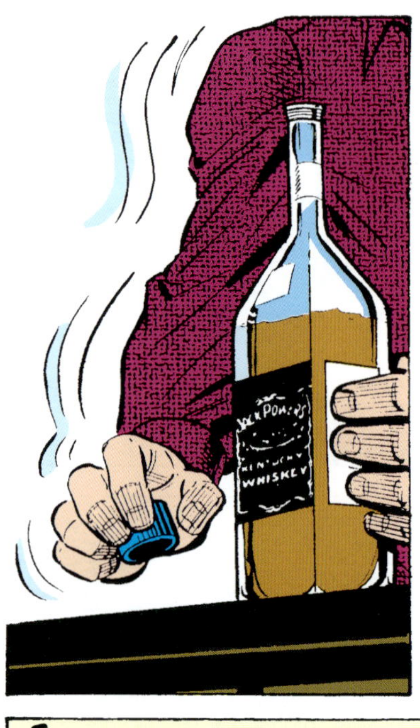

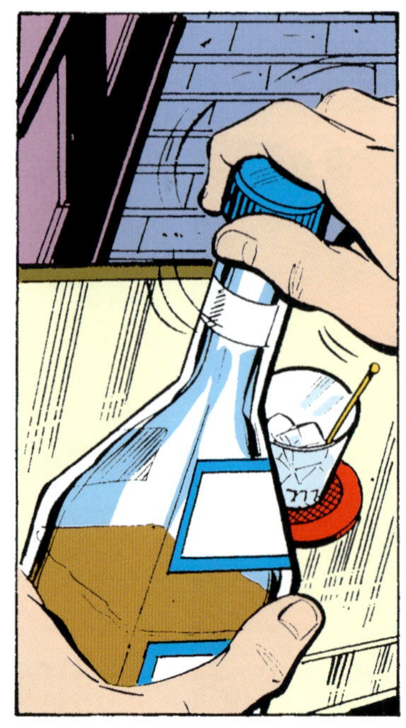

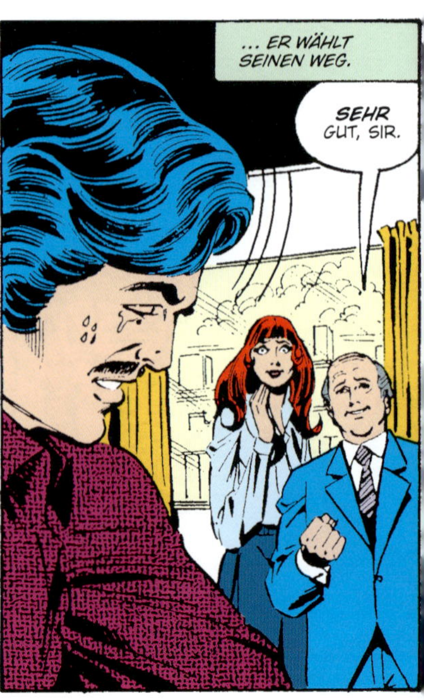

... ER WÄHLT SEINEN WEG.
SEHR GUT, SIR.

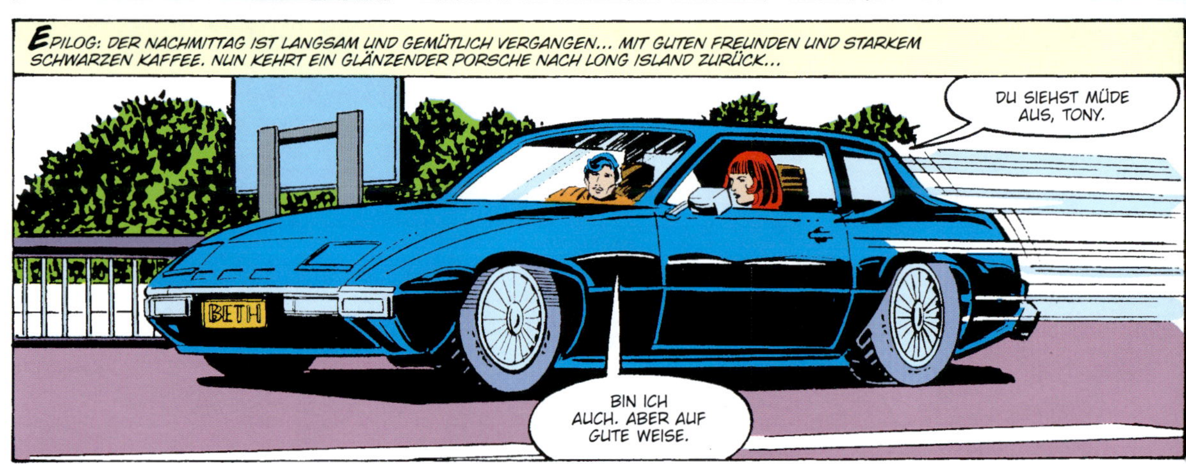

EPILOG: DER NACHMITTAG IST LANGSAM UND GEMÜTLICH VERGANGEN... MIT GUTEN FREUNDEN UND STARKEM SCHWARZEN KAFFEE. NUN KEHRT EIN GLÄNZENDER PORSCHE NACH LONG ISLAND ZURÜCK...
DU SIEHST MÜDE AUS, TONY.
BETH
BIN ICH AUCH. ABER AUF GUTE WEISE.

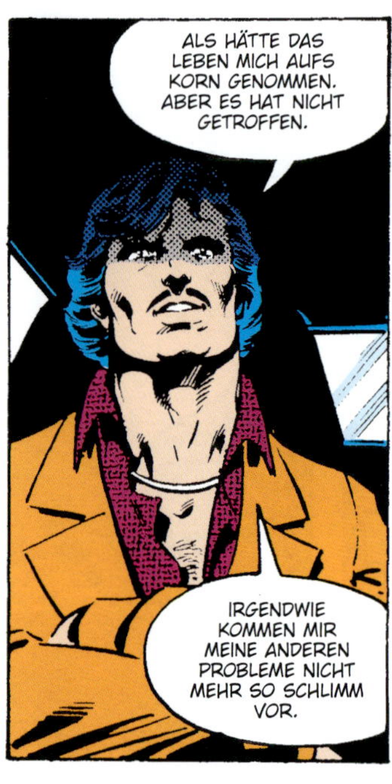

ALS HÄTTE DAS LEBEN MICH AUFS KORN GENOMMEN. ABER ES HAT NICHT GETROFFEN.
IRGENDWIE KOMMEN MIR MEINE ANDEREN PROBLEME NICHT MEHR SO SCHLIMM VOR.

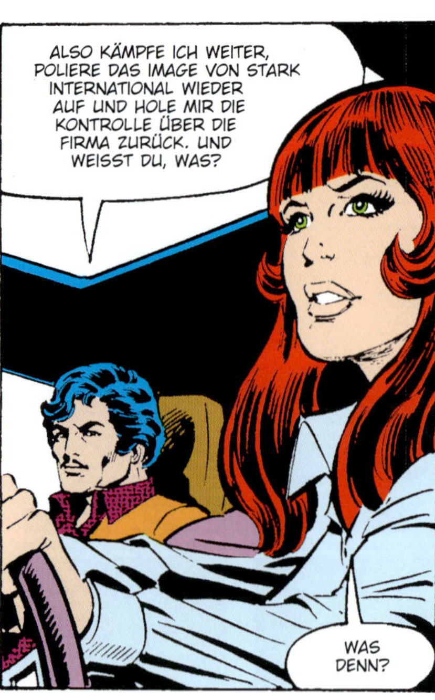

ALSO KÄMPFE ICH WEITER, POLIERE DAS IMAGE VON STARK INTERNATIONAL WIEDER AUF UND HOLE MIR DIE KONTROLLE ÜBER DIE FIRMA ZURÜCK. UND WEISST DU, WAS?
WAS DENN?

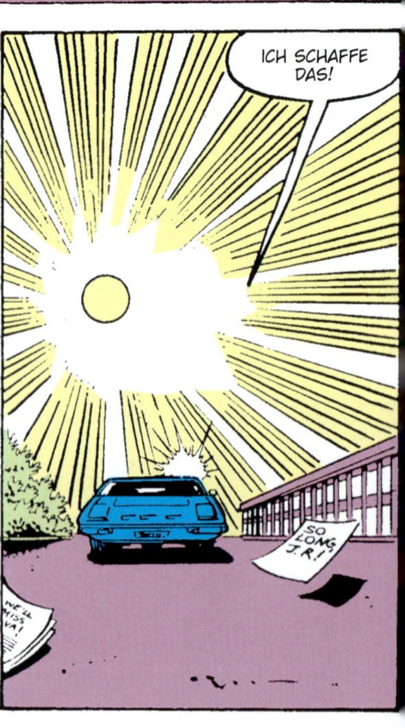

ICH SCHAFFE DAS!
SO LONG, J.R.!

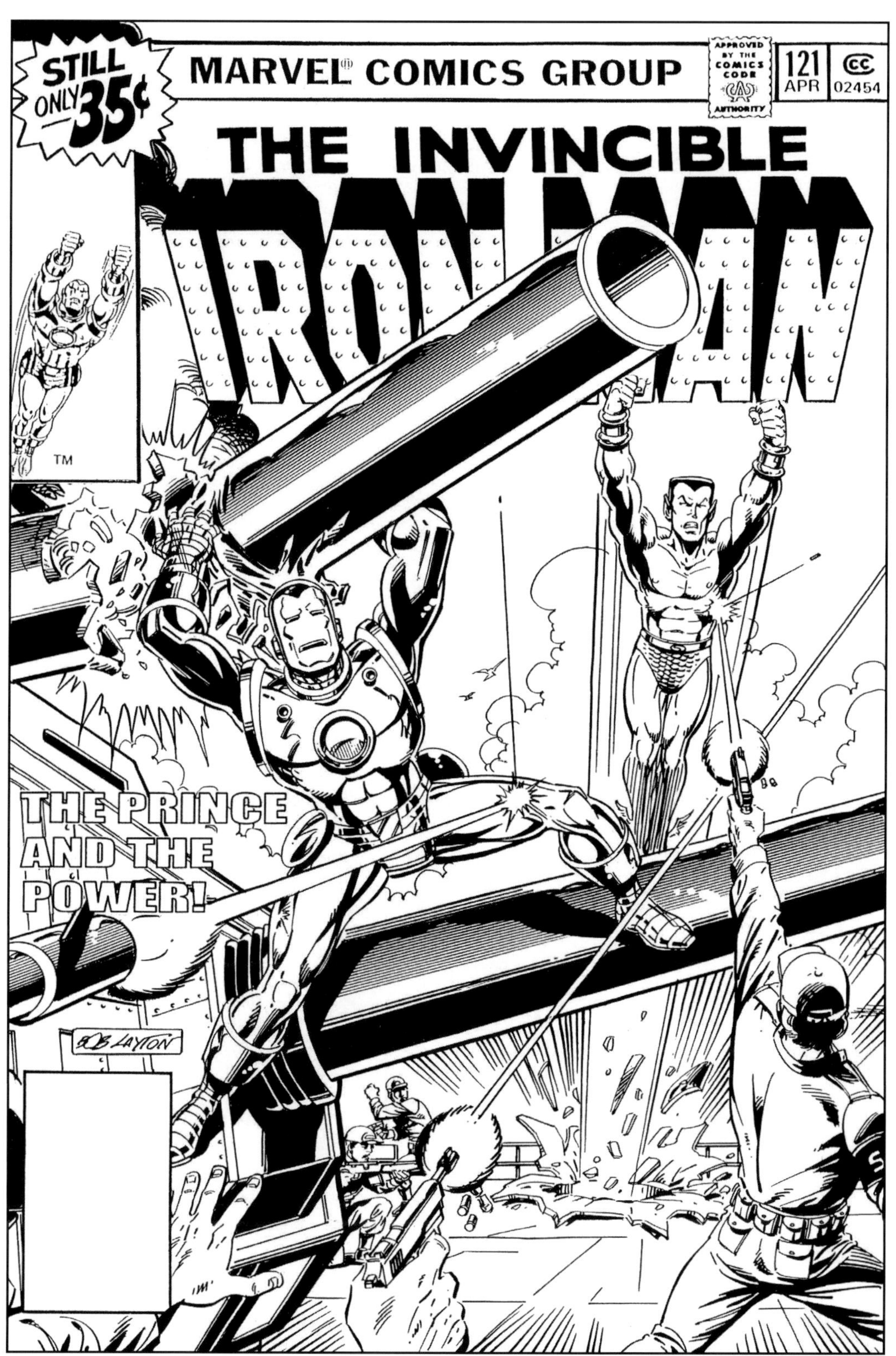

Iron Man (1968) 121, nicht verwendetes Cover:
„Diese Seite wurde abgelehnt, weil die Figuren als zu hoch im Bild angesehen wurden. Außerdem war der Redakteur der Meinung, dass Iron Man dynamischer werden sollte."

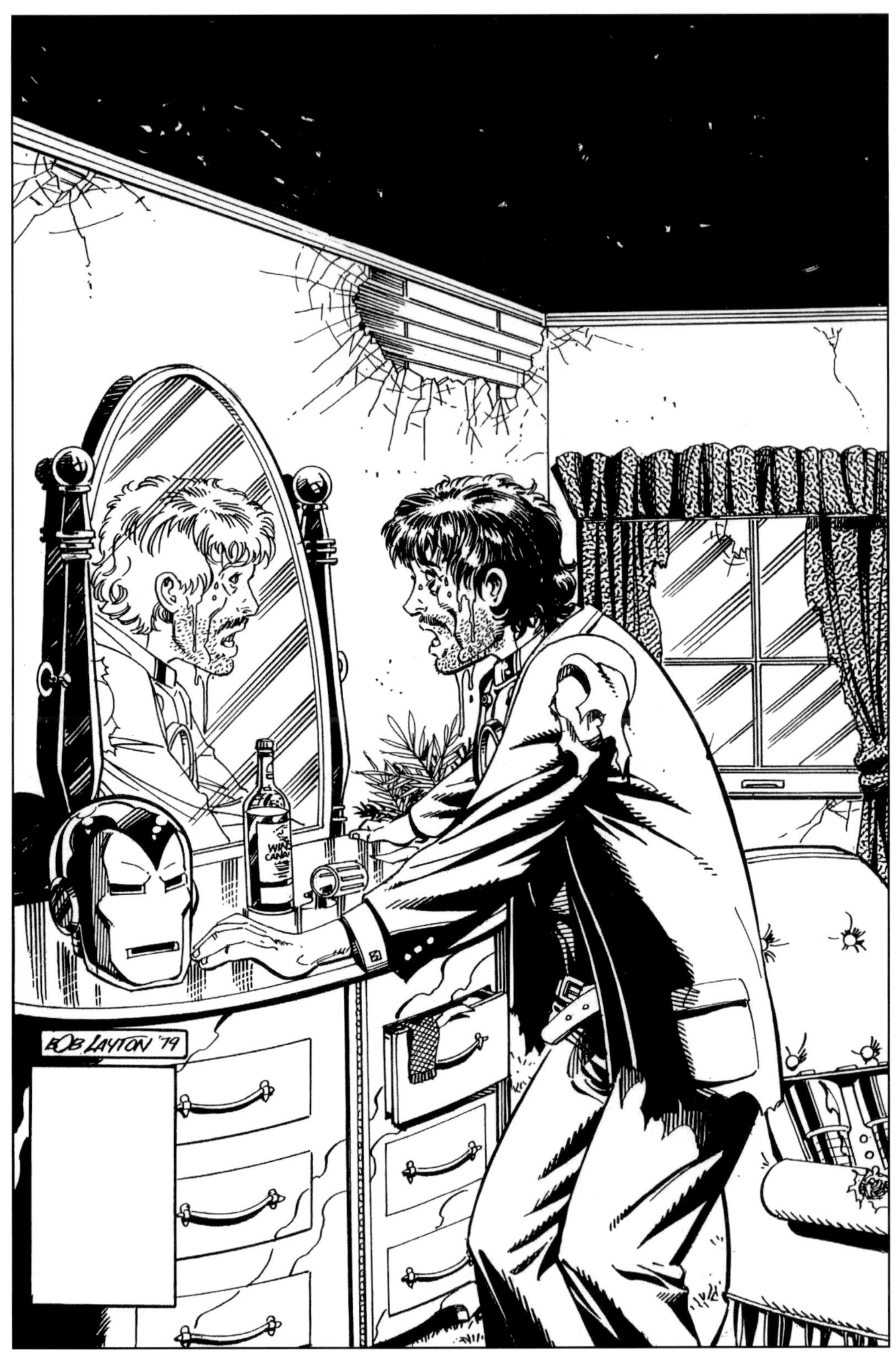

Iron Man (1968) 128, nicht verwendetes Cover:
„Das war mein ursprünglicher Entwurf ... Wenn ihr die Zeichnung anschaut, seht ihr genau, wieso sie nicht verwendet wurde. Sie hatte einfach keinen ‚Uff'-Effekt ... wenn ihr wisst, was ich meine." – Bob Layton

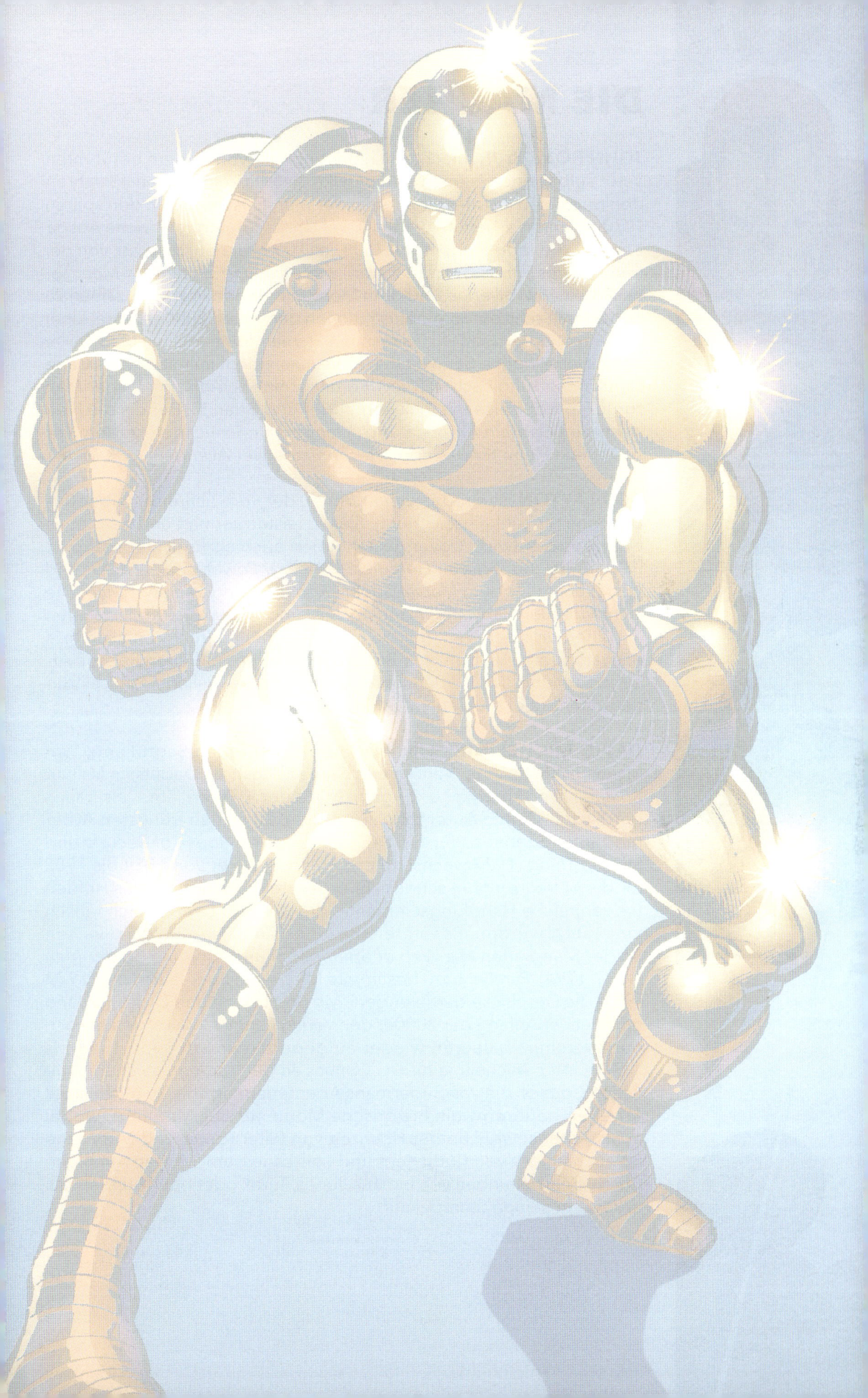

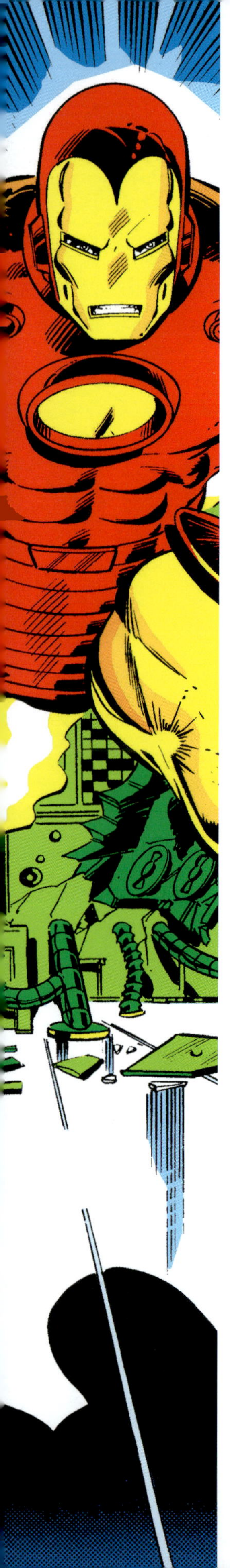

DIE MACHER

JOHN ROMITA JR. machte sich unabhängig von seinem berühmten Vater selbst einen Namen und entwarf bereits im Alter von 13 Jahren den originalen Prowler für eine Spider-Man-Geschichte. In den späten 1970er-Jahren arbeitete er für Marvel UK. Es folgten zahlreiche Ausgaben von *Amazing Spider-Man*, *Daredevil* (zwei Serien, die stark von der Kunst seines Vaters geprägt waren), *Iron Man* und *Uncanny X-Men*. Seine Arbeit an *Wolverine* und dem Mehrteiler *World War Hulk* zählen zu den dynamischsten Comic-Illustrationen der frühen 2000er-Jahre. Einer Zusammenarbeit mit Neil Gaiman bei *Eternals* folgte die mit Mark Millar produzierte eigene Serie *Kick-Ass*, die einen Kinofilm mit Nicolas Cage samt Fortsetzung nach sich zog. Romita kehrte zu *Amazing Spider-Man* zurück, produzierte mit Rick Remender und Brian M. Bendis die Neustarts von *Captain America* und *Avengers* und zeichnete zudem verschiedene Hefte für das erfolgreiche Crossover *Avengers vs. X-Men*.

BOB LAYTON ist ein Universal-Könner, der vom Schreiben über das Zeichnen bis zur Reinzeichnung alles zu leisten vermag und dazu noch Charaktere entwirft, Cover gestaltet und auch als Redakteur tätig ist. Er war Mitschöpfer von *Hercules: Prince of Power* und *X-Factor* und gestaltete außerdem *Marvel Super Heroes Secret Wars*, *Ant-Man*, *The Incredible Hulk*, *Power Man and Iron Fist* und *Micronauts*. In den Jahren, in denen er zusammen mit David Michelinie an *Iron Man* arbeitete, entwarf er eine Vielzahl von Rüstungen für den goldenen Rächer. Als Layton Anfang der 1990er-Jahre mit Jim Shooter Valiant Comics gründete, startete er die Serie *X-O Manowar*.

DAVID MICHELINIE verhalf Ikonen wie Ant-Man Scott Lang, War Machine Jim Rhodes, Venom und Carnage zu ihren Debüts im Marvel-Kosmos. Der Amerikaner begann Mitte der 1970er-Jahre, als hauptberuflicher Comic-Autor tätig zu werden. Zu seinen frühesten Arbeiten zählen Szenarios für die DC-Comic-Serien *House of Secrets* und *Swamp Thing*. 1977 wechselte er zu Marvel, wo er von 1978 bis 1982 für die Serie *Iron Man* schrieb. Er ergänzte die Biografie des Helden um zahlreiche Handlungselemente, die von Bob Layton zeichnerisch umgesetzt wurden. Es folgte eine lange Zeit als Autor an diversen Spider-Man-Serien wie *Web of Spider-Man* und *Amazing Spider-Man* (1987-1994). Parallel dazu bestimmte Michelinie zwei Jahre lang (1979-1981) die Geschicke der Avengers. Mit Bob Layton und Dick Giordano gründete er Anfang der 2000er den Verlag Future Comics, den er nach nur zweieinhalb Jahren wieder aufgegeben musste. Von 1994 bis 1997 schrieb Michelinie für DC Comics an der traditionsreichen Serie *Action Comics*, die von Supermans Abenteuern erzählt. Zu Michelinies Arbeiten gehören viele historische Momente des Mediums, wobei er als Autor sowohl an der Hochzeit von Peter Parker und Mary Jane als auch an der von Clark Kent und Lois Lane beteiligt war. Auch den Comic-Bearbeitungen von Indiana Jones, Turok oder den ThunderCats drückte er seinen Stempel auf.

IRON MAN

DÄMON AUS DER FLASCHE

BONUSTEIL

- HINTER DEN KULISSEN
- TIMELINE
- WEITERE LEKTÜRE
- ANMERKUNGEN
- WEITERE MUST-HAVE-TITEL

Die späten 1970er-Jahre waren die Ära von *Star Wars*, und dessen Erfolg führte zu einem Boom von Science-Fiction-Action in der gesamten Medienlandschaft. **David Michelinie**, **Bob Layton** und **John Romita Jr.** brachten **Iron Man** mit einer Reihe von rasanten Hightech-Abenteuern auf den neuesten Stand …

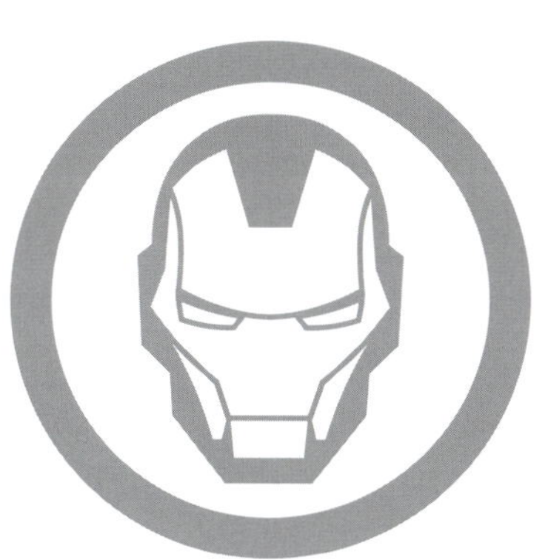

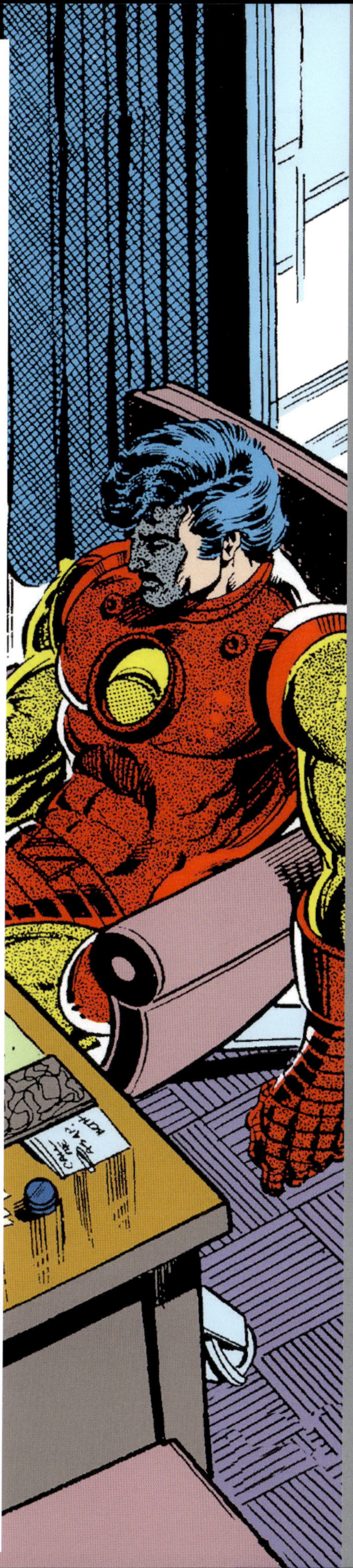

Der gefallene Held

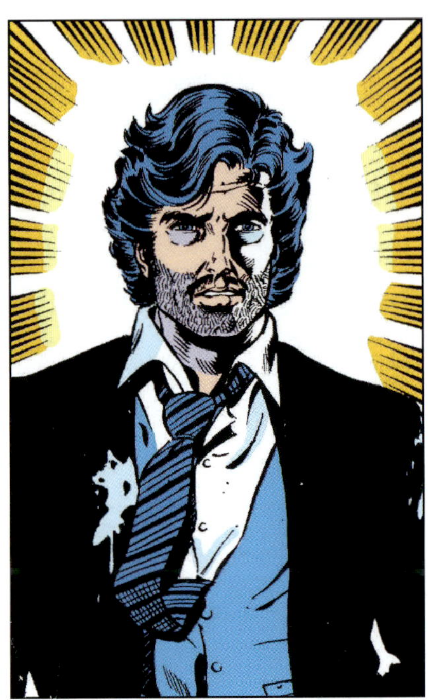

Tony Stark verfällt dem Alkohol. Zeichnung von John Romita Jr. und Bob Layton.

David Michelinie erinnert sich: „Nachdem ich fünf Jahre lang für DC geschrieben hatte, wechselte ich zu Marvel und bekam sofort zwei Serien zugeteilt: *The Avengers* und *Iron Man*. Ich hatte vorher noch nie eine **Iron Man**-Geschichte gelesen, also habe ich mir als Erstes die letzten sechs Hefte zu Gemüte geführt, bevor meine erste fällig war. Ich sah einen Mann, **Tony Stark**, dessen Welt aus den Fugen geriet: Es drohte eine feindliche Übernahme seiner Firma, die Regierung versuchte, sein Team – die **Avengers** – zu regulieren, und sein Liebesleben ging den Bach runter. Mir schien, dass ein echter Mensch in dieser Situation verzweifelt nach einem Ausweg suchen würde, nach einer Möglichkeit, den Stress abzubauen. Und da schon lange feststand, dass Tony ein Gesellschaftstrinker war, dachte ich, dass es ein logischer Schritt wäre, dies zu Tonys Ventil – und seiner Sucht – zu machen. Ich schlug es meinem Co-Plotter **Bob Layton** vor, er fand es gut, und so legten wir die Idee Chefredakteur **Jim Shooter** vor. Jim gab grünes Licht mit einer einzigen Bedingung: ‚Mach es gut.'"

Es war eine dramatische Entwicklung im Leben von Tony Stark. „Natürlich war die Alkoholismus-Geschichte eine unglaubliche Herausforderung – und daher sehr befriedigend zu verwirklichen", sagte Michelinie. „Viele Leser dachten, wir würden die Figur versauen, aber schließlich wurden sie eines Besseren belehrt und erkannten, dass wir seine Kerneigenschaften – seinen Mut und seinen angeborenen Edelmut – stärken, indem wir ihn über seinen heimtückischsten und intimsten Feind triumphieren lassen: seine eigene Schwäche.

„Es ist unmöglich, dass die Geschichte heute auf dieselbe Weise veröffentlicht würde. Dafür gibt es viele Gründe: Die Autoren sind anders, die Künstler sind anders, und die Redakteure sind anders. Aber am wichtigsten ist, dass Marvel Comics heute sowohl kommerziell als auch kreativ ein anderes Unternehmen ist. Die Geschichte könnte heute angegangen werden, und sie könnte sogar besser sein als das Original, aber sie wäre definitiv nicht dieselbe."

▶ John Romita Jr. begann seine lange Comic-Karriere Mitte der 1970er-Jahre als Zeichner für Marvels britische Titel. Nach *Iron Man* arbeitete er an *Amazing Spider-Man* mit Autor **Roger Stern** und *Uncanny X-Men* mit **Chris Claremont**. Er hat an vielen anderen Serien mitgewirkt, darunter *Thor* mit **Dan Jurgens**, *Wolverine* mit **Mark Millar**, *Daredevil* mit **Ann Nocenti** und *World War Hulk* mit **Greg Pak**.

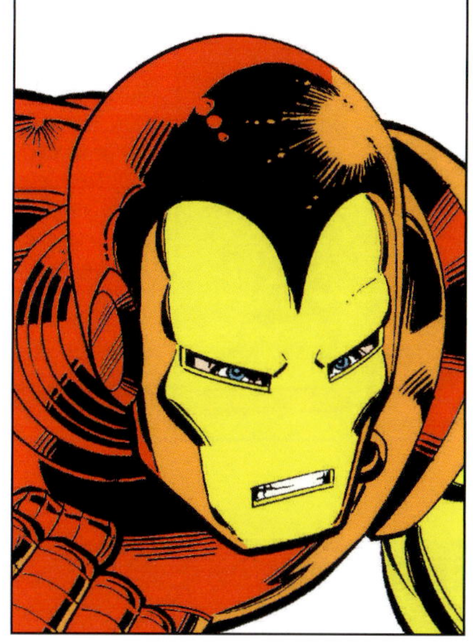

Die Tuschearbeit von Bob Layton verleiht Iron Man zum ersten Mal einen metallischen Glanz. Zeichnung von John Romita Jr. und Bob Layton.

David Michelinie und Bob Layton begannen ihre Zusammenarbeit als Autoren bei DC mit den Titeln *Claw the Unconquered* und *Star Hunters*. *Iron Man* war ihre erste Marvel-Reihe. Layton fertigte auch die Tuschezeichnungen zu den Bleistiftentwürfen von **John Romita Jr.** an. „Die Innovation, die mir oft zugeschrieben wird, ist die Verwandlung von Iron Man in einen metallisch aussehenden Helden", so Layton. „Bevor ich an der Reihe mitgearbeitet habe, wurde er wie so ziemlich jeder andere Kostümierte gezeichnet. Ich habe die Faustregeln, die ich von meinen Mentoren gelernt hatte, auf die Rüstung angewandt, damit sie wie ein Metallanzug aussieht und nicht wie ein weiteres Superheldenkostüm aus Spandex.

„Der Hauptgrund, warum wir die Alkoholismus-Storyline gemacht haben, war, dass Tonys Herzproblem keins mehr war. Mitte der 1970er-Jahre waren Herztransplantationen gang und gäbe. Wir bauten seine Welt etwas um, schufen eine Welt der Konzerne, der globalen Intrigen. Und wir dachten über eine Managerkrankheit nach – auch Leute in den höchsten Positionen werden kokain- oder alkoholabhängig.

„Wir bekamen Säcke voller Post. Die Briefe waren herzzerreißend: ‚Ich dachte, mein Vater sei ein schlechter Mensch, bis ich *Iron Man* gelesen habe und mir klar wurde, dass er eine Krankheit hat und ich ihn nicht hassen muss.' Und: ‚Wenn Tony Stark das kann, kann mein Vater das auch.' Ich bekomme immer noch ständig solche Briefe."

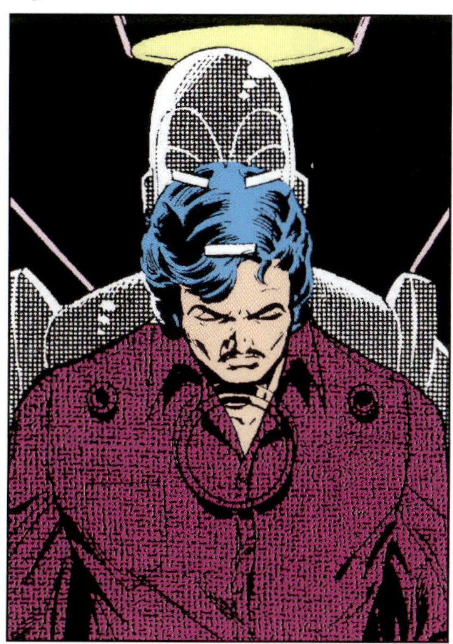

Diese Ära von Iron Man konzentrierte sich stark auf Tony Stark. Zeichnung von John Romita Jr. und Bob Layton.

Michelinie und Layton erweiterten auch die Stammbesetzung von *Iron Man*. „Meine liebsten Nebenfiguren waren **Jim Rhodes**, **Bethany Cabe** und **Mrs. Arbogast**", so Layton. „Mrs. Arbogast war wegen ihres bissigen Witzes und ihrer Unempfindlichkeit gegenüber Tonys Charme besonders amüsant. Wir hatten keine Ahnung, dass Jim Rhodes so eine feste Größe werden würde, als David und ich ihn in *Iron Man* 118 erdachten. Er entwickelte sich von einer kleinen Nebenrolle zu einem wichtigen Akteur in unseren Handlungssträngen. Ich glaube nicht, dass Dave oder ich damals wussten, wie groß er in der Serie werden würde."

TIMELINE

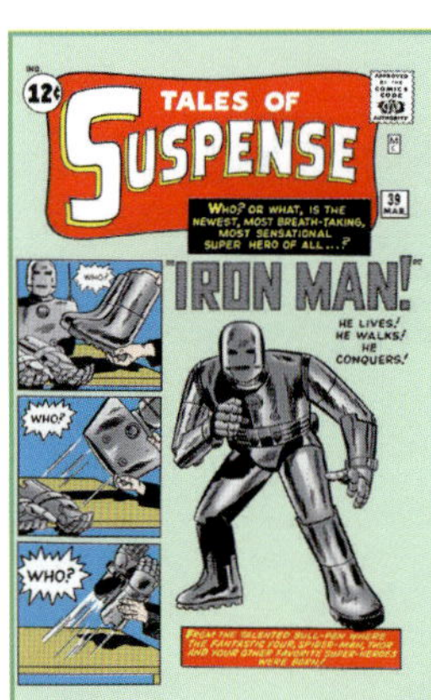

***Tales of Suspense* 39 (1963)**
STAN LEE
LARRY LIEBER
DON HECK
Der geniale Erfinder Tony Stark wird in Asien entführt und gezwungen, eine Rüstung zu bauen, um zu entkommen.

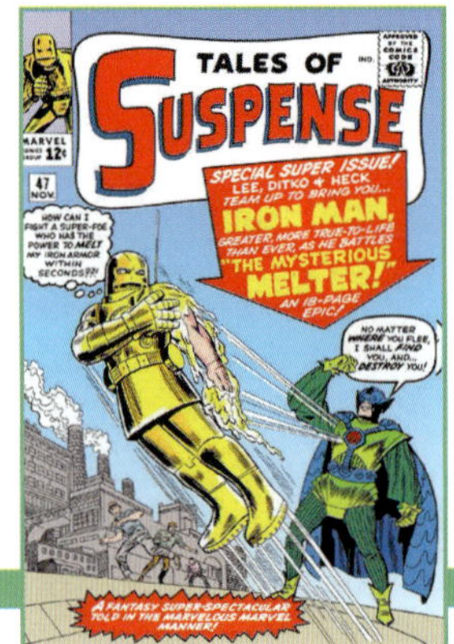

***Tales of Suspense* 47 (1963)**
STAN LEE
STEVE DITKO
Der erste Auftritt von ***Melter****. Ein Geschäftsrivale greift das Hauptquartier von Tony Stark an, was zu einer Konfrontation mit Iron Man führt.*

IRON MAN
DÄMON AUS DER FLASCHE

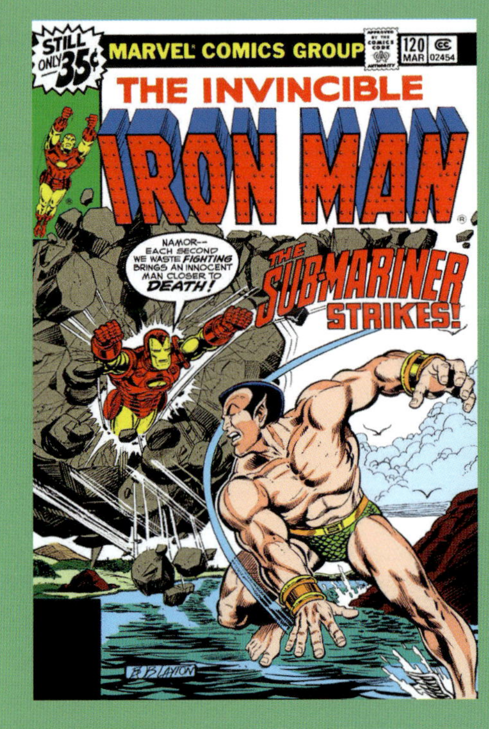

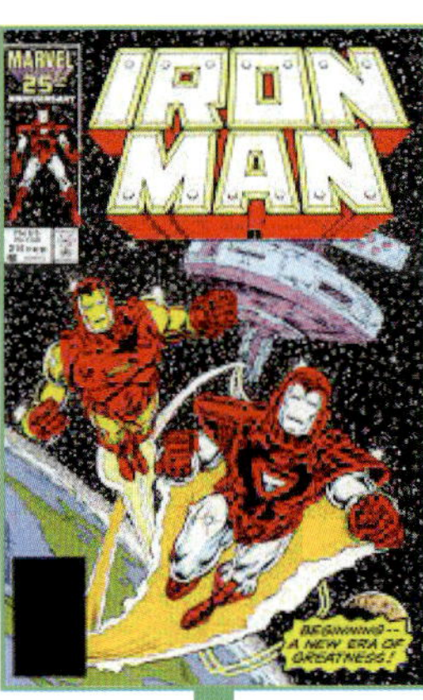

***Iron Man* 215 (1987)**
DAVID MICHELINIE
BOB LAYTON
MARK BRIGHT
Michelinie *und* ***Layton*** *kehren für eine zweite Runde von Geschichten zurück. Tony Stark und James Rhodes versuchen mit vereinten Kräften, eine Raumstation zu retten.*

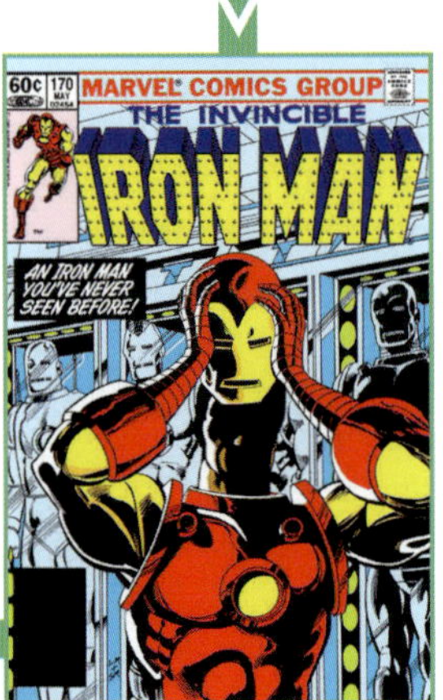

***Iron Man* 170 (1983)**
DENNY O'NEIL
LUKE McDONNELL
Da Tony Stark betrunken ist, muss ***Rhodey*** *zu Iron Man werden, um die Stark International-Fabrik vor einem Angriff zu schützen.*

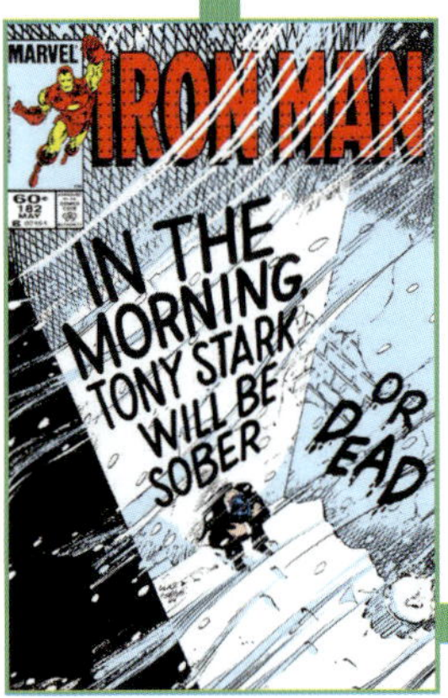

***Iron Man* 182 (1984)**
DENNY O'NEIL
LUKE McDONNELL
Ein betrunkener, obdachloser Tony Stark rettet ein Baby, nachdem seine Mutter bei der Geburt gestorben ist. Er bekommt die emotionale Stärke, sein Leben neu zu beginnen.

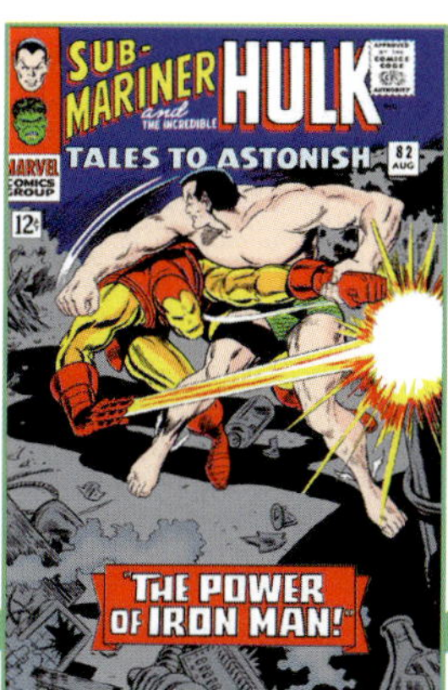

***Tales to Astonish* 82 (1966)**
STAN LEE
ROY THOMAS
JACK KIRBY
GENE COLAN
*Der erste große Kampf zwischen Iron Man und dem **Sub-Mariner**.*

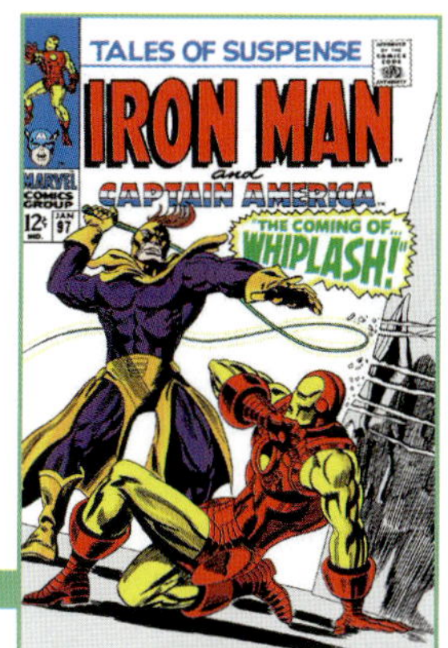

***Tales of Suspense* 97 (1968)**
STAN LEE
GENE COLAN
*Der erste Auftritt von **Whiplash**. Die **Maggia** heuert den Killer an, um Iron Man zu töten.*

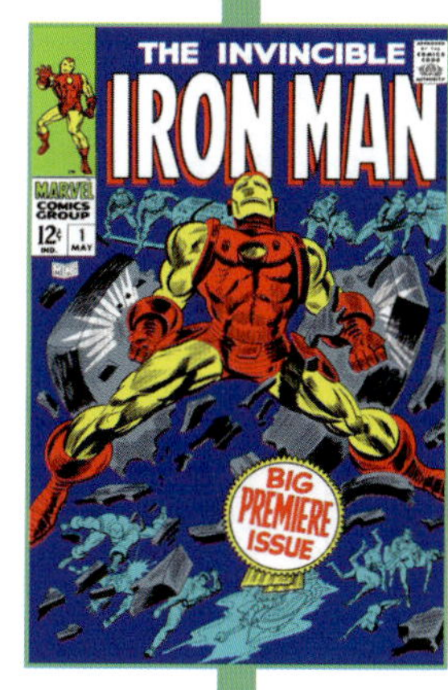

***Iron Man* 1 (1968)**
ARCHIE GOODWIN
GENE COLAN
*Der erste Iron Man-Solo-Comic. Iron Man wird an Bord eines U-Boots von **AIM** gefangen gehalten.*

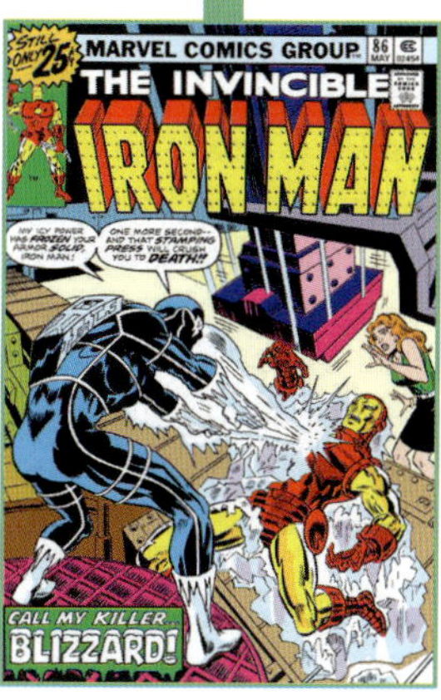

***Iron Man* 86 (1976)**
BILL MANTLO
GEORGE TUSKA
*Einer der ersten Feinde von Iron Man, **Jack Frost**, kehrt mit neuem Kostüm und neuem Namen zurück – **Blizzard**. Der Schurke bricht in Tony Starks Fabrik ein, um das Climatron zu stehlen.*

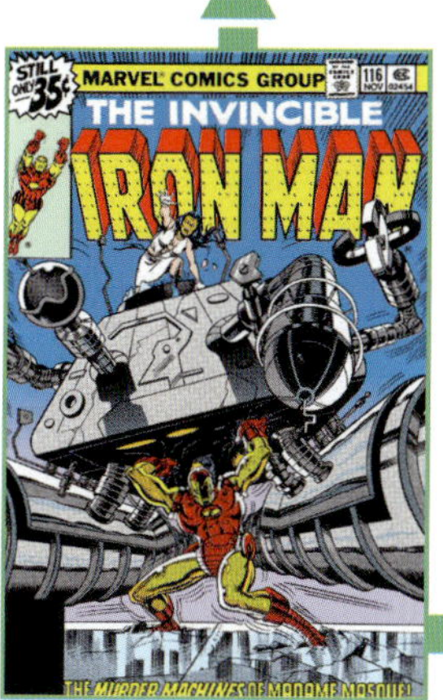

***Iron Man* 116 (1978)**
DAVID MICHELINIE
BOB LAYTON
JOHN ROMITA JR.
*Das neue Kreativteam ist da. Iron Man kämpft gegen die Frau, die er liebt, **Madame Masque**.*

Die Standardbeschreibung für die Marvel-Helden in den 1960er- und 1970er-Jahren lautete „Superhelden mit Problemen“. Im Gegensatz zu ihren Kollegen beim Hauptkonkurrenten DC hatten die Marvel-Helden mit einer Reihe persönlicher Schwierigkeiten zu kämpfen: Unsicherheit, Entfremdung, Schulden und sogar körperliche Behinderungen. *Demon in a Bottle* war eine natürliche Erweiterung dieses Ansatzes, da **Tony Stark** einem der größten Übel der Gesellschaft zum Opfer fiel – dem Alkohol. Diese Geschichte veränderte die Figur für immer und verlieh **Iron Man** eine größere Tiefe und Resonanz in der Öffentlichkeit.

Der unendliche Kampf

Denny O'Neil übernahm *Iron Man* 1982 und zu ihm gesellte sich bald der Zeichner **Luke McDonnell**. Das Team begann eine neue Serie von Geschichten, in denen **Tony Starks** Alkoholismus wieder ein wichtiges Handlungselement war. O'Neil war selbst ein trockener Alkoholiker und verstand, dass Tony Starks ständiger Kampf mit seiner Sucht fast zwangsläufig sowohl mit Rückschlägen als auch Erfolgen einhergehen würde. In *Iron Man* 162 deckt Iron Man einen Plan auf, der darauf abzielt, die Kontrolle über den Verstand der Angestellten von Stark International zu erlangen und Tod und Zerstörung zu verursachen. Der Schurke, der dafür verantwortlich ist, entpuppt sich als **Obadiah Stane**, ein Geschäftsrivale. Stane benutzt eine schöne Frau, **Indries Moomji**, als Geheimagentin. Tony verliebt sich in sie, während Stark International einer feindlichen Übernahme durch Stane zum Opfer fällt. Indries weist Tony grausam zurück, und er sucht wieder Trost im Alkohol. Tonys Freund **James Rhodes** ist gezwungen, die Rolle von **Iron Man** zu übernehmen, als Tony zum betrunkenen Obdachlosen wird. Tony lehnt jede Hilfe ab, die ihm von seinen Freunden angeboten wird, und fällt in tiefste Verzweiflung. Mit der Zeit beginnt er, sich zu wehren, sowohl gegen Stane als auch gegen seine eigene Sucht, und baut sich eine neue Rüstung. In *Iron Man* 200 von Denny O'Neil und **Mark Bright** besiegt Iron Man Stane, der sich nun **Iron Monger** nennt. Stane bringt sich lieber um, als sich vor einem Gericht für seine Verbrechen zu verantworten.

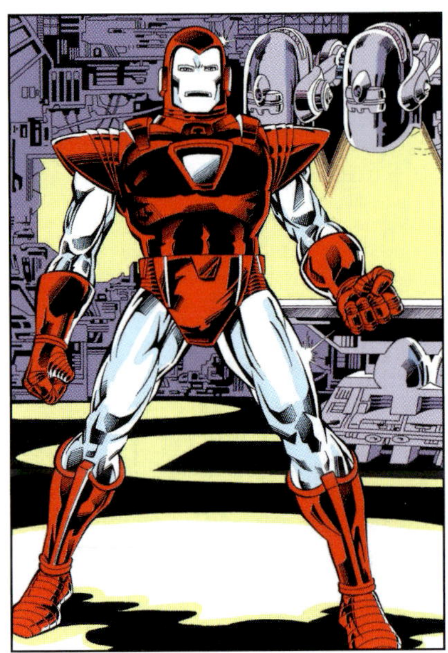

Die neue Rüstung, die Tony Stark für den Kampf gegen Obadiah Stane baut. Zeichnung von Mark Bright, **Ian Akin** und **Brian Garvey**.

David Michelinie und **Bob Layton** kehrten 1987 für eine zweite Zusammenarbeit zu *Iron Man* zurück. Die neue Geschichte *Armor Wars* lief in *Iron Man* 225-232 mit Mark Bright als Zeichner. Tony Stark findet heraus, dass **Spymaster** Daten über wichtige Schaltkreise aus seiner Iron Man-Rüstung gestohlen und an **Justin Hammer** verkauft hat. Viele gepanzerte Schurken haben diese Technologie genutzt, um zu töten und zu stehlen. Tony wird von Schuldgefühlen geplagt und begibt sich auf eine düstere Suche nach allen Verbrechern, die von seinem Genie profitiert haben.

▶ In *Iron Man* 232 von David Michelinie, Bob Layton und **Barry Windsor-Smith** hat Tony Stark einen Albtraum, in dem er von einer furchterregenden Roboterkreatur verfolgt wird. Tony findet sich inmitten eines Leichenbergs wieder, den Opfern seiner gestohlenen Technologie. Eine Traumversion von Rhodey wirft sie auf einen Scheiterhaufen. Tony bittet um einen Drink, aber der Traum-Rhodey weigert sich, ihm einen zu geben. Die Kreatur ist eine verzerrte Version von ihm selbst, die er mit Rhodeys Hilfe besiegt.

James Rhodes

James „Rhodey" Rhodes wurde in Philadelphia, Pennsylvania, geboren und wuchs dort auch auf. Als Kind wurde er von weißen Kindern rassistisch beschimpft und auch von schwarzen Gang-Mitgliedern unter Druck gesetzt. Rhodey konzentrierte sich auf seine Ausbildung und trat den United States Marines bei, wo er Pilot wurde. Bei einem Einsatz in Asien wurde sein Hubschrauber abgeschossen. Rhodey überstand den Absturz unversehrt und versuchte, die Maschine wieder flugfähig zu machen, als er **Tony Stark** in seiner ersten **Iron Man**-Rüstung begegnete. Stark hatte seine Rüstung gerade erst fertiggestellt, nachdem er seinen Mitgefangenen **Professor Yinsen** gerächt hatte. Iron Man bewies Rhodey, dass er ein Freund war, und Rhodey erlaubte ihm, die Batterien des Hubschraubers zu leeren, um seine Rüstung aufzuladen. Die beiden Männer entdeckten eine versteckte feindliche Raketenbasis. Sie stahlen dort einen Hubschrauber, zerstörten die Basis und flogen zur nächstgelegenen US-Basis. Tony Stark bot Rhodey einen Job als Pilot an, sobald sein Militärdienst beendet war. Nachdem er eine Zeit lang als Söldner gearbeitet hatte, nahm Rhodey das Angebot schließlich an und die beiden Männer wurden gute Freunde. Rhodey wurde für einige Zeit der zweite Iron Man, bis Tony Stark sich von einer Phase des Alkoholmissbrauchs erholte. Stark entwarf eine neue Rüstung für ihn, und Rhodey wurde War Machine.

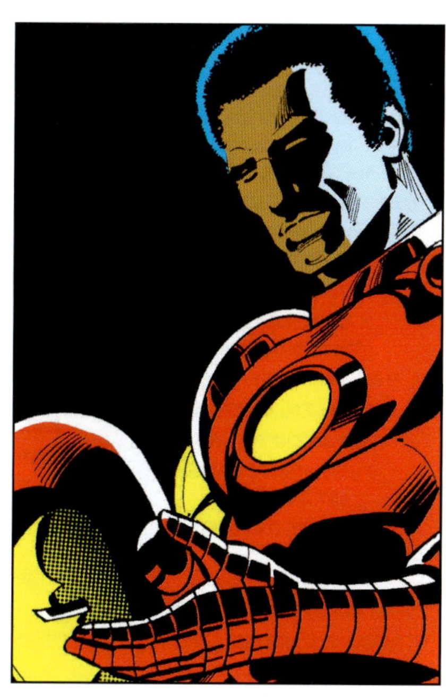

Jim Rhodes trägt für einige Zeit die Iron Man-Rüstung. Zeichnung von **Luke McDonnell** und **Steve Mitchell**.

James Rhodes ist ein erfahrener Pilot. Er ist ein geschickter Nahkämpfer und kann mit den meisten Gewehren und Handfeuerwaffen umgehen. Als **War Machine** kann er mit Überschallgeschwindigkeit fliegen. Seine Rüstung ist stärker bewaffnet als die von Iron Man. Zusätzlich zu den Repulsorstrahlen ist War Machine mit Laserstrahlern, einer Gatling-Gun, einem Raketenwerfer und Miniatur-Wärmesuchraketen ausgestattet. War Machine ist in der Lage, zwischen 85 und 100 Tonnen zu heben. Die Energiezellen der Rüstung sind mit einer Kombination aus Solarkonvertern, elektrischen Batterien und einem eingebauten Generator ausgestattet, der die Absorption von Beta-Teilchen als Energiequelle nutzt. Die Rüstung kann im Vakuum oder unter Wasser vollständig versiegelt werden und ist gegen Strahlung abgeschirmt.

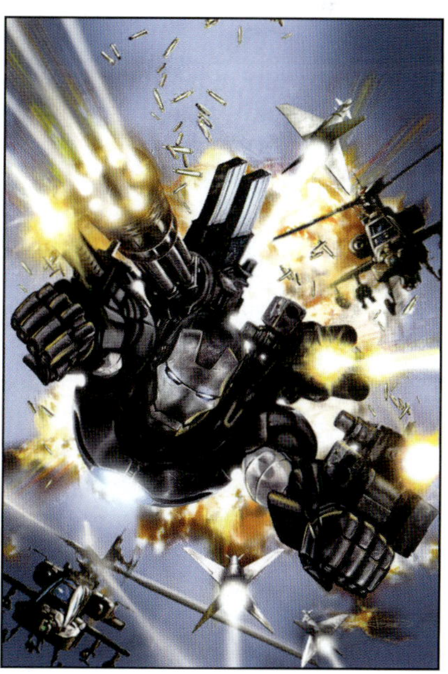

War Machine ist inzwischen ein etablierter Held. Zeichnung von **Leonardo Manco**.

WEITERE MUST-HAVE-TITEL

BEREITS ERHÄLTLICH

CIVIL WAR
AVENGERS: HELDENFALL
SPIDER-MAN: SPIDER-VERSE
WOLVERINE: OLD MAN LOGAN
DEADPOOL KILLT DAS MARVEL-UNIVERSUM
THANOS: DIE GEBURT EINES MONSTERS
DAREDEVIL: DER MANN OHNE FURCHT
MILES MORALES: ULTIMATE SPIDER-MAN
MS. MARVEL: META-MORPHOSE
DER TOD VON WOLVERINE
INFINITY GAUNTLET: DIE EWIGE FEHDE
PLANET HULK
X-MEN: DIE DARK PHOENIX SAGA
VENOM: DARK ORIGIN
IRON MAN: EXTREMIS
FANTASTIC FOUR - 4
PUNISHER: FRANK IST ZURÜCK!
MARVEL KNIGHTS SPIDER-MAN
BLACK PANTHER: WER IST BLACK PANTHER?
X-MEN: EIN NEUER ANFANG
FANTASTIC FOUR: ALLES GELÖST?!
SPIDER-MAN: HEIMKEHR
CAPTAIN AMERICA: WINTER SOLDIER
ASTONISHING X-MEN: BEGABT
SPIDER-MAN: KRAVENS LETZTE JAGD
HOUSE OF M
DEADPOOL: WEIBER, WUMMEN UND WADE WILSON
AVENGERS: AUSBRUCH
ULTIMATE SPIDER-MAN: LEKTIONEN FÜRS LEBEN

DER TOD VON CAPTAIN AMERICA
ANNIHILATION
MARVELS
DAREDEVIL: AUFERSTEHUNG
GUARDIANS OF THE GALAXY: SPACE-AVENGERS
AVENGERS PRIME
WOLVERINE: STAATSFEIND
THE SIEGE - DIE BELAGERUNG
SPIDER-MAN/BLACK CAT
DAREDEVIL: IN DEN ARMEN DES TEUFELS
THOR: DIE RÜCKKEHR DES DONNERS
SECRET INVASION
UNCANNY AVENGERS: DER ROTE SCHATTEN
WOLVERINE: WAFFE X
MARVEL ZOMBIES
DOCTOR STRANGE: DER EID
SILVER SURFER: REQUIEM
X-MEN: BEDROHTE SPEZIES
FEAR ITSELF - NACKTE ANGST
THOR: AUF DER SUCHE NACH GÖTTERN
WORLD WAR HULK
SPIDER-MAN: QUALEN
WOLVERINE
NEW AVENGERS: ILLUMINATI
SECRET WAR
THANOS KEHRT ZURÜCK
GHOST RIDER: STRASSE ZUR VERDAMMNIS
AVENGERS: ULTRONS RACHE
DEADPOOL: DREI GLORREICHE HALUNKEN
SPIDER-MAN: ERSTAUNLICHER NEUSTART
AVENGERS FOREVER
X-MEN: SCHISMA - GETRENNTE WEGE
SUB-MARINER: DIE TIEFE
AGE OF ULTRON
SECRET WARS
HULK: GRAU

NEW MUTANTS: HÖLLENBIEST
X-MEN: MAGNETO - TESTAMENT
SILVER SURFER: PARABEL
IRON MAN: DIE FÜNF ALBTRÄUME
CAPTAIN AMERICA: NEUE GEGNER
THOR: GOTT DES DONNERS - GÖTTERSCHLÄCHTER
MARVEL SUPER HEROES SECRET WARS
GUARDIANS OF THE GALAXY: KRIEGER DES ALLS
HULK: DYSTOPIA
SPIDER-MAN NOIR
DEADPOOL: DIE WETTE
DAREDEVIL & ECHO: TEILE DER LEERE
DOCTOR STRANGE: ANFANG UND ENDE
DAREDEVIL: FATHER
SPIDER-MAN: FAMILIENTRADITION
AVENGERS: ROTE ZONE
X-MEN: ZUKUNFT IST VERGANGENHEIT
SPIDER-MAN: BLUE
PUNISHER: BLUTSPUR
THANOS: HERRSCHER DES UNIVERSUMS
VENOM: NETZ DES TODES
X-FORCE: SEX + GEWALT
MARVEL 1602
MYTHOS
CIVIL WAR II
PUNISHER WAR ZONE
DER TOD VON CAPTAIN MARVEL
SPIDER-MAN: IM KÖRPER DES FEINDES
DEADPOOL: TREIBJAGD
WOLVERINE: NOCH NICHT TOT
SPIDER-MAN: DIE RACHE DER SINISTER SIX
VISION

JETZT ERHÄLTLICH

IRON MAN: DÄMON AUS DER FLASCHE

DEMNÄCHST

HULK: TEMPEST FUGIT - DER STURM